HISTOIRE DU CORPS

2

De la Révolution à la Grande Guerre

OUVRAGE PUBLIÉ AVEC LE CONCOURS
DU CENTRE NATIONAL DU LIVRE

Éditions du Seuil
25, bd Romain-Rolland, Paris XIVe

Histoire du corps
dirigée par Alain Corbin, Jean-Jacques Courtine, Georges Vigarello

sous la direction de Georges Vigarello
De la Renaissance aux Lumières
2005

sous la direction d'Alain Corbin
De la Révolution à la Grande Guerre
2005

sous la direction de Jean-Jacques Courtine
Les Mutations du regard. Le XXe siècle
2005

HISTOIRE DU CORPS

SOUS LA DIRECTION DE
ALAIN CORBIN, JEAN-JACQUES COURTINE, GEORGES VIGARELLO

2

De la Révolution à la Grande Guerre

VOLUME DIRIGÉ PAR ALAIN CORBIN

avec
Alain Corbin
Olivier Faure
Richard Holt
Ségolène Le Men
Henri-Jacques Stiker
Georges Vigarello
Henri Zerner

CE LIVRE EST PUBLIÉ DANS LA COLLECTION
L'UNIVERS HISTORIQUE

Le texte de Richard Holt a été traduit de l'anglais
par William O. Desmond et mis au point par Alain Corbin

ISBN 978-2-02-022453-6
(ISBN édition complète : 2-02-022455-0)

www.seuil.com

INTRODUCTION

« Il est étrange pour nous d'être par notre corps, dont on perçoit les variations selon les âges de la vie et surtout à l'approche de la mort, semblable à n'importe laquelle des choses de ce monde[1]. » Or cette étrangeté radicale s'allie à une totale familiarité, ce qui impose la distinction classique entre le corps objet et le corps propre.

Le corps occupe un lieu dans l'espace. Il est lui-même un espace qui possède ses enveloppes : la peau, le halo sonore de sa voix, l'aura de sa perspiration. Ce corps physique, matériel, peut être touché, senti, contemplé. Il est cette chose que les autres voient, scrutent dans leur désir. Il s'use avec le temps. Il est objet de science. Les savants le manipulent et le dissèquent. Ils mesurent sa masse, sa densité, son volume, sa température. Ils analysent son mouvement. Ils le travaillent. Mais ce corps des anatomistes ou des physiologistes diffère radicalement du corps de jouissance ou de douleur.

Dans la perspective du sensualisme, qui triomphe quand commence la période étudiée dans ce livre, le corps est le lieu des sensations. Le fait de s'éprouver soi-même constitue la vie, l'origine de l'expérience, la temporalité vécue, ce qui situe le corps du « côté de la subjectivité pathétique, de la chair, de la sensibilité[2] ».

Je suis dans mon corps et ne puis le quitter. Cette co-présence continue à soi fonde l'une des interrogations fondamentales des Idéologues, notamment de Maine de Biran. Le sujet – le moi – n'existe qu'incarné ; aucune distance ne peut être établie entre son corps et lui. Cependant, le corps échappe de toute part au moi dans – ou par – le sommeil, la fatigue, la possession, l'extase, la mort. Il est cadavre à venir. Pour tout cela, la tradition philosophique ancienne le perçoit comme une prison de l'âme, comme un tombeau, le corps est « du côté obscur de la force, de l'impureté, de l'opacité, de la déchéance et de la résistance matérielle [3] ». Les modalités de l'union de l'âme et du corps – plus tard du psychique et du somatique – ne cessent de hanter les discours.

Or, le plus souvent, les historiens se sont montrés oublieux de la tension instaurée entre l'objet de science, de travail, le corps productif, expérimental, et le corps fantasmé, « ensemble de forces et de défaillances, d'actions et d'affections, d'énergie ou de faiblesse [4] ». C'est le rétablissement d'un équilibre qui est tenté dans ce livre. Le corps jouissant, le corps souffrant, le corps fantasmé y trouvent une place au moins équivalente à celle du corps disséqué ou du corps travaillé.

À partir de la fin du XIXe siècle, la distinction classique que je viens d'évoquer en quelques lignes, qui fait du corps le territoire stable du sujet, se trouve déplacée. La conscience de la gestion sociale du corps s'impose peu à peu. Dans cette nouvelle perspective culturaliste, ce dernier apparaît comme le résultat d'une construction, d'un équilibre établi entre le dedans et le dehors, entre la chair et le monde. Un ensemble de règles, un travail quotidien des apparences, de complexes rituels d'interaction, la liberté dont chacun dispose de jouer avec le style commun, avec les postures, les attitudes enjointes, les façons habituelles de regarder, de se tenir, de se déplacer, composent la fabrique sociale du corps. Les manières de se maquiller, de se peindre, voire de se tatouer – au besoin de se mutiler – et de se vêtir sont autant de signes du genre, de la classe d'âge, du statut social ou de la prétention d'y accéder. La transgression même dit l'emprise du contexte social et idéologique.

La distinction trop sommaire établie entre le corps objet et le corps propre s'enrichit de celle qui oppose le corps pour moi et le corps pour autrui et qui provoque le sentiment éventuel d'une tentative de dépossession, la crainte que me soit ravi « le privilège d'être un sujet, maître de mon univers ». En permanence, l'individu se sent atteint, observé, désiré, repoussé dans et par son corps. Cette tension entre le corps existé et le corps aliéné, repérée naguère par Jean-Paul Sartre, le risque de la possession par autrui, de soumission au pouvoir, aux projets, au désir de l'autre fondent, notamment, l'importance du rapport sexuel. Une place lui est accordée dans ce livre, à côté de celle faite au processus de construction sociale des types corporels. L'union sexuelle, la tentative de fusion qui la constitue, comme toute caresse, produit une double incarnation réciproque. L'interpénétration des zones érogènes et la construction éventuelle de l'image du corps de chacun qui en résulte se situent, à l'évidence, au centre de toute histoire du corps.

La porosité des frontières entre le corps sujet et le corps objet, entre le corps individuel et le corps collectif, entre le dedans et le dehors s'est raffinée et compliquée au XXe siècle du fait de l'essor de la psychanalyse. Celle-ci déborde les limites temporelles de ce volume. Mais il faut tenir compte de la force de cette référence, ne fût-elle que silencieuse, dans l'exploration actuelle de la corporéité. Le corps est une fiction, un ensemble de représentations mentales, une image inconsciente qui s'élabore, se dissout, se reconstruit au fil de l'histoire du sujet, sous la médiation des discours sociaux et des systèmes symboliques. La structure libidinale de cette image et tout ce qui vient la troubler constituent le corps en corps clinique, en corps symptôme. Cet ensemble de données, compte tenu des risques d'anachronisme et de la difficulté de combiner les approches, ne sera pas posé au cœur de notre problématique. Mais, comme en bien des travaux de notre temps, l'écho en sera audible au fil des pages, notamment dans celles consacrées par Henri Zerner au corps imaginé.

À l'évidence, la lecture de ce livre ne peut être qu'une incursion dans un objet historique dont la dimension défie toute tentative de synthèse véritable. Rien, ici, sur le sommeil, rien sur la perception du vieillissement. Le corps du soldat, l'exhibition du monstre sont réservés au volume suivant. Celui de la parturiente a été décrit dans le précédent. Le long XIXe siècle dont il est ici question était suffisamment riche de novation pour justifier que l'accent fût mis sur des processus aussi actifs que l'emprise de la médecine anatomo-clinique et de la phrénologie, l'avènement de l'anesthésie, l'émergence de la sexologie, l'essor de la gymnastique et du sport, l'apparition de nouvelles formes d'usines imposée par la révolution industrielle, l'édification d'une taxinomie sociale du corps, la rupture radicale de la représentation du moi ; et ce ne sont que des exemples. Ce volume ne peut, toutefois, être pleinement compris qu'en fonction de celui qui le précède et de celui qui le suit.

ALAIN CORBIN

PREMIÈRE PARTIE

Regards croisés sur le corps

QUEL ÉTAIT LE SAVOIR DES MÉDECINS SUR LE CORPS, SON ANATOMIE ET SA PHYSIOLOGIE ? COMMENT CE SAVOIR S'EST-IL CONSTITUÉ ET A-T-IL ÉVOLUÉ AU COURS DU SIÈCLE ? QUE REPRÉSENTAIT LE CORPS AUX YEUX DES CLERCS ET DES CHRÉTIENS FERVENTS ? QUEL SYSTÈME DE NORMES RÉSULTAIT DE CES CROYANCES ? QUEL REGARD LES ARTISTES PORTAIENT-ILS SUR LE CORPS ? QUELLES OBSESSIONS, QUELS FANTASMES – VOIRE QUELLE ANGOISSE – ONT GUIDÉ CE REGARD, TANDIS QUE SE CONSTRUISAIT UN IMAGINAIRE SOCIAL, INCARNÉ EN UNE SÉRIE DE TYPES ? AUTANT DE QUESTIONS DONT LES RÉPONSES CONDITIONNENT LE PROPOS D'UNE HISTOIRE DU CORPS AU XIXe SIÈCLE. IL NOUS FAUT DONC LES ABORDER D'ENTRÉE DE JEU, AVANT D'EN VENIR À L'HISTOIRE DES PLAISIRS ET DE LA DOULEUR.

1

Le regard des médecins

OLIVIER FAURE

On ne saurait plus aujourd'hui parler de notre corps et de son fonctionnement sans recourir au vocabulaire médical. Pour nous le corps est « naturellement » un ensemble d'organes sièges de processus physiologiques et biochimiques. Nous désignons et localisons nos maladies selon une géographie et une terminologie de type médical, même si celles-ci ne recouvrent pas parfaitement la nosologie officielle.

Loin d'être sans conséquence, cet emprunt de mots oriente notre représentation et notre expérience du corps. Le vocabulaire technique que nous utilisons nous permet de faire de notre corps un objet extérieur avec lequel nous pouvons prendre un minimum de distance et de conjurer les inquiétudes qu'il nous inspire. Nul doute aussi que cette grille d'analyse conditionne l'écoute de notre corps et nous rende plus attentifs aux malaises audibles par le médecin qu'aux autres. Il serait pourtant exagéré de croire que notre lecture du corps soit uniquement médicale. Beaucoup de nos autodiagnostics ne correspondent pas au savoir médical contemporain qui ignore ces fameuses crises de foie que nos voisins d'outre-Manche ne reconnaissent pas non plus. Quant à la maladie, elle est loin d'être dite et interprétée comme un phénomène purement physiologique. Les décès provoqués par le cancer sont encore annoncés comme les suites d'« une douloureuse maladie ». Lorsqu'il s'agit de rendre compte des causes de la maladie, l'hérédité, le mode de vie, le destin, la faute sont plus souvent invoqués que les purs mécanismes biologiques. Contrairement à ce que l'on pourrait croire, ces attitudes ne sont pas seulement le résidu de croyances irrationnelles venues du fond des âges ou les signes d'une résistance à une médecine technicienne et dépersonnalisante. Elles se nourrissent en effet largement de représentations médicales des deux derniers siècles qui font du corps un organisme dépendant de son environnement et des comportements de celui qui le possède. Ainsi la vision médicale contemporaine du corps est loin de le réduire à une série d'organes, de cellules et de mécanismes gérés par des lois physico-chimiques. L'idée que la médecine occidentale aurait, depuis deux siècles, fait disparaître l'existence du malade et l'autonomie de l'individu en morcelant le corps et la maladie est sans doute une vision caricaturale. Si le schéma médical est devenu dominant dans nos façons de dire et de vivre son corps, c'est peut-être parce qu'il est plus complexe qu'une certaine vulgate dénonciatrice ne l'a dit.

On tentera de retracer ici un épisode essentiel de la constitution et de la diffusion de ce schéma dans la société. Certes, les médecins d'avant la clinique n'ignorent pas le corps mais ils s'en tiennent à distance. Les indications qu'il leur fournit (les symptômes) ne sont pas leur unique boussole. À partir de 1750 au contraire, l'observation devient, en médecine comme dans les autres sciences, l'opération essentielle. Le corps en est l'objet principal même s'il n'est pas unique. Si la vision globale d'un corps ancré dans un environnement est loin de disparaître, il s'y ajoute une série de photographies, de plus en plus précises mais de plus en plus partielles, d'un corps humain composé d'organes, de tissus, de cellules. Certes les médecins de la fin du XIXe siècle n'aperçoivent pas encore les molécules mais la tendance à fragmenter le corps est déjà bien établie. À ces images statiques s'ajoutent plus tard des films qui retracent le fonctionnement de l'organisme. Dans le même temps, l'environnement total du malade devient aussi un terrain privilégié de l'observation. Là aussi, la démarche n'est pas inédite et Hippocrate, redécouvert à la fin du XVIIIe siècle, avait déjà insisté sur ces facteurs dans son fameux traité *Des airs, des lieux et des eaux*. Loin d'être concurrentes, les deux approches, environnementale et globale d'un côté, physiologiste et localiste de l'autre, constituent les deux piliers de la médecine moderne, même si la seconde, plus technique, plus révolutionnaire, acquiert plus de prestige et frappe plus les imaginations que la première.

Le propos qui suit ne veut pas dresser un bilan exhaustif des connaissances médicales sur le corps au XIXe siècle ni retracer leur évolution. Il existe pour cela de récentes synthèses et d'excellents ouvrages d'histoire des sciences[1]. Le but n'est pas non plus de retracer une fois de plus la lente et relative progression du pouvoir et du monopole médicaux[2] mais plutôt de poser la question de la formation et de l'extension d'un code de lecture et de pratique du corps. En effet tout ce qui, dans ce volume, nous est dit du corps dans tous ses états est largement influencé par les normes médicales. Souvent décrit par des médecins, le corps infirme, malade, supplicié ou mort est soumis à des procédures élaborées au cœur ou sur les marges de la médecine. Tout en faisant preuve d'imagination, les peintres et les littérateurs ont souvent étudié l'anatomie, visité l'amphithéâtre de dissection, lu ou fréquenté les médecins. Au-delà, on peut imaginer que par le biais de ces lectures, de consultations médicales plus fréquentes, des individus issus de sphères sociales de plus en plus larges aient pu être marqués par ces nouveaux codes. Il serait pourtant exagéré et faux d'imaginer que les représentations médicales s'imposent spontanément à l'ensemble de la société par leurs seules vertus démonstratives. Si la médecine devient le principal guide de lecture du corps et de la maladie, c'est parce que la science médicale s'élabore au sein de la société et en réponse à ses questionnements, et non dans un univers scientifique totalement éthéré.

Concrètement, il s'agira donc de montrer comment, dans cette dynamique de relations plus intenses, naissent et se développent de nouvelles approches médicales du corps, sans jamais perdre de vue qu'elles modifient et sont modifiées par la pratique de la médecine, par les relations entre médecins et malades. Finalement, elles changent les attitudes et les croyances de la population vis-à-vis du corps tout en s'adaptant à elles. Plutôt que de dérouler successivement ces trois registres (la science, la pratique, l'imaginaire) ou d'établir une chronologie forcément triomphaliste, on a choisi ici, malgré l'artifice, d'exposer successivement les conceptions scientifiques du corps autour des deux opérations centrales de la médecine contemporaine, la clinique et la physiologie. On verra au fur et à mesure combien ces disciplines sont loin d'apporter des réponses univoques et complètes aux questions que posent le corps et son fonctionnement. En effet, derrière la démarche la plus visible et la plus connue qui consiste à morceler le corps pour mieux le décrire et le soigner, les médecins n'oublient pas que ce corps est aussi celui d'une personne, qu'il est intégré dans un environnement physique et humain qui le menace autant qu'il peut le menacer.

I. CORPS EXPLORÉ, CORPS MORCELÉ, CORPS NIÉ ?

Il est de bon ton aujourd'hui de critiquer une médecine spécialisée, technicienne, dans laquelle le médecin traite un organe, un dysfonctionnement, et non plus la personne ni même le corps du malade. Cette tendance lourde est à l'œuvre depuis au moins deux siècles. Loin d'être à l'origine la preuve d'un désintérêt pour l'homme, elle est l'expression d'un nouvel humanisme. Outre qu'elle permet un accroissement des connaissances sur l'organisme, sinon un perfectionnement des traitements, elle n'a pas pour seul effet de réduire le patient au statut d'objet d'études.

Cette approche de plus en plus pointilliste et technique pèse naturellement sur la pratique médicale et les relations entre les médecins et les patients. Plus largement, elle modifie les rapports des individus et de la société au corps : la représentation naturaliste du corps bouleverse les représentations philosophiques de l'être humain ; l'approche localiste a des répercussions sur les rapports que les individus entretiennent avec leur corps et la maladie. Ces changements sont d'autant plus sensibles que la médecine opère une seconde révolution, parallèle à la première. Plus nombreux, plus présents, plus visités, les médecins pénètrent dans des milieux sociaux jusqu'alors à l'écart de leur influence.

Il faut ici se méfier de deux écueils. Le premier consiste à croire qu'il a existé avant le XIXe siècle une approche totalement profane et purement métaphorique du corps. Le second serait de croire que les nouvelles représentations médicales font disparaître totalement les précédentes. Ne serait-ce que par fréquentation du monde animal, les gens du peuple ont, depuis longtemps, une vision anatomique précise du corps humain. Bien plus, issue de l'ancienne médecine savante, la représentation d'un corps essentiellement composé de quatre humeurs (sang, bile, phlegme et atrabile) a fortement pénétré le corps social. On lit ouvertement dans les correspondances et les journaux intimes du XVIIIe siècle le caractère dominant de la représentation humorale du corps[3]. On la devine aussi dans ces cohortes de paysans qui vont se faire saigner régulièrement et préventivement ou dans ces appellations qui répartissent les individus selon des tempéraments hérités de la vision humorale. Ces représentations perdurent, non sans se combiner aux nouvelles approches essentiellement anatomiques et physiologiques. Toutes font néanmoins bon ménage avec le nouveau discours sur le rôle de l'environnement et les croyances plus anciennes dans le rôle de l'hérédité ou du surnaturel.

1. La naissance de la médecine moderne

Recueillir des informations auprès des patients, les examiner avec attention (clinique), faire le lien entre leurs symptômes et des lésions organiques (démarche anatomo-clinique), étudier les différents éléments du corps humain (organes, tissus, cellules) en santé ou en maladie (anatomie et anatomie pathologique) : ces activités sont au cœur de la médecine d'aujourd'hui et constituent les principales de ses sous-disciplines. Leur promotion s'effectue en à peine un siècle qui s'étend de 1750 à 1850. Cette révolution est pourtant amorcée depuis longtemps. Déjà présente chez Hippocrate, l'observation revient en force avant même le XVIe siècle. Loin de se limiter aux seuls symptômes, elle se porte largement sur l'anatomie. Disparues depuis la période hellénistique, les autopsies et les dissections sont à nouveau pratiquées ouvertement dès le début du XIVe siècle et se multiplient à partir du XVIe siècle[4]. Particulièrement fréquentes en Italie, elles permettent de repérer les lésions anatomiques provoquées par les maladies. Parallèlement, las des systèmes spéculatifs, certains médecins comme Sydenham et Boerhaave prônent une description attentive des maladies. D'après le premier, « celui qui voudra donner une histoire des maladies doit renoncer à toute hypothèse philosophique et noter avec beaucoup d'exactitude les plus petits phénomènes des maladies qui sont clairs et naturels, imitant en cela les peintres qui, dans leurs portraits, ont grand soin de reproduire jusqu'aux moindres taches des personnes qu'ils veulent représenter ». Cette citation de 1676 dit beaucoup. Outre l'influence de l'empirisme de Bacon et de Descartes, la comparaison du peintre et du médecin laisse entendre que la médecine participe du lent changement mental qui bouleverse l'Europe des élites à partir du XVIe siècle. L'observation naît partiellement de la découverte du Nouveau Monde avec ses plantes, ses animaux et ses hommes étranges. L'apaisement temporaire des crises, l'enrichissement de quelques-uns, le reflux partiel de l'emprise religieuse donnent plus de poids à la vie terrestre et à l'existence individuelle. Dans ce cadre, le souci d'écarter la maladie et de repousser l'heure de la mort exerce sur le médecin une demande sociale de soins et/ou de guérison à laquelle la médecine galénique ne peut répondre. Dans ce contexte scientifique nouveau, les médecins et chirurgiens les plus novateurs vont emboîter le pas aux disciplines plus « avancées » que sont la botanique et la zoologie et se convertir à l'observation.

Malgré les précurseurs déjà signalés, le mouvement de la médecine clinique ne s'exprime massivement qu'après 1750. Jusque-là, l'attachement des facultés à la médecine humorale réduit les novateurs à des expériences informelles. Dans l'institutionnalisation de la démarche clinique, les historiens ont volontiers insisté sur le rôle des États. Soucieux d'accroître leur population pour augmenter leurs puissances militaire et économique, les souverains absolus s'intéressent à la santé de leurs sujets. Si les initiatives inspirées par le populationnisme et le caméralisme privilégient la surveillance des professions de santé et la promotion de l'hygiène, elles se traduisent aussi par un soutien aux médecins novateurs. En Autriche surtout, le despote éclairé Joseph II crée l'hôpital général de Vienne (1784) puis l'Académie de médecine et de chirurgie (1785), deux institutions dans lesquelles la formation clinique est au centre du dispositif. Plus prudente, la monarchie française se contente de moderniser la formation des médecins et chirurgiens du service de santé militaire en créant les hôpitaux-amphithéâtres d'instruction (1771) et en autorisant l'ouverture de l'hospice de perfectionnement du Collège de chirurgie (1774) [5]. L'essentiel n'est pourtant pas là mais dans les créations spontanées. Ainsi se multiplient à Londres (hôpitaux Saint-Guy, Saint-Thomas, Saint-Barthélemy), en Italie (Pavie 1770), au Danemark (Copenhague 1761), en Allemagne dans les années 1750-1780 [6], en France à l'Hôtel-Dieu et à la Charité de Paris, dans plusieurs villes de province, des cours de médecine et chirurgie pratique donnés aux volontaires par des médecins et chirurgiens des hôpitaux. Il faut y ajouter les enseignements pratiques donnés à des élèves sages-femmes soit dans les hôpitaux soit dans des cours itinérants comme celui de Mme du Coudray. Là aussi, l'observation, la démonstration, la pratique sont à la base de l'enseignement. Après un long débat historiographique, il est acquis que, dès le milieu du XVIIe siècle, les cliniques ne sont pas, contrairement à celle de Boerhaave à Leyde, des « théâtres nosologiques » où n'auraient été présentés que des cas illustrant un enseignement magistral mais bien des lieux d'observations authentiques recueillies dans l'ensemble des services hospitaliers [7].

Même si elle ne crée pas la clinique hospitalière comme on l'a longtemps dit, la Révolution française et la loi de Ventôse an XI qui en codifie les acquis rendent la clinique obligatoire dans la formation médicale et les examens qui conduisent au doctorat français. Les trois facultés de médecine ouvrent des cours de clinique confiés à des professeurs munis de services particuliers dans les hôpitaux. Là où il n'existe pas de faculté, les hôpitaux deviennent le lieu principal de la formation médicale. Avec la promotion de la pratique, les fonctions de garçon-chirurgien, jusque-là placées tout au bas de l'échelle, deviennent, avec le nouveau titre d'interne, des fonctions recherchées et bientôt le début de la voie royale des carrières médicales. En effet, ces fonctions qui permettent de résider en permanence à l'hôpital et d'acquérir une expérience incomparable sont si prisées qu'elles ne sont accessibles que par la voie de concours très sélectifs [8]. Ce que l'on appelle parfois l'école de Paris devient ainsi un modèle de formation médicale pour toute l'Europe de la première moitié du XIXe siècle [9].

Mouvement scientifique et organisation institutionnelle se conjuguent pour conférer à l'observation une place de choix dans la médecine et ouvrir un mouvement sans fin dans lequel le corps est exploré puis analysé de façon sans cesse plus fine et plus approfondie.

2. L'exploration du corps

Si l'observation médicale en général fait une grande place à l'environnement, elle tend, dans les hôpitaux, à se polariser sur le corps du malade, qu'il soit vivant ou mort. En effet, ces lieux offrent aux médecins une masse de corps relativement soumis. Ouverts aux seuls indigents, les hôpitaux passent avec eux un contrat tacite selon lequel « le malheureux qui vient réclamer des secours paie à la médecine ce qu'il doit à la charité ». Le contrat s'applique aussi au corps mort qui, lorsqu'il n'est pas réclamé, est mis à la disposition des médecins qui peuvent « quand l'art est vaincu par la maladie [...] la poursuivre jusque dans l'organe qu'elle a altéré et surprendre ses secrets dans les entrailles même de ses victimes »[10]. Ainsi s'opère dans les hôpitaux la synthèse entre deux démarches déjà existantes mais jusque-là séparées. Le lien établi entre l'observation des symptômes du malade et l'anatomie pathologique constitue la médecine anatomo-clinique. D'abord indépendantes de l'observation clinique lorsqu'elles se contentent de repérer le siège des maladies, puis subordonnées à elle lorsqu'elles servent seulement à vérifier les constatations *ante mortem*, les autopsies, en se multipliant, permettent de mieux distinguer et définir les entités nosologiques, de dévoiler les effets cachés de la maladie et d'aider à sa compréhension. Bref, le corps mort devient aussi important dans la médecine que le corps vivant.

Convertis à cette démarche mais soumis à la pression de la clientèle et face à la nécessité d'agir, les médecins ordinaires ne peuvent pourtant se contenter d'attendre la mort du patient pour comprendre la maladie, établir le diagnostic, définir le traitement. Aussi cherchent-ils le moyen « de rendre visible l'intérieur du corps humain, de faire une sorte d'autopsie sans dissection[11] ». Certes, les explorations vaginales et anales, l'usage des sondes, bougies et stylets étaient pratiqués depuis l'Antiquité malgré un déclin à la période classique. Le renouveau de l'exploration interne du corps passe d'abord par l'utilisation plus systématique du *speculum uteri* perfectionné par Récamier entre 1812 et 1835. Dérivés du *speculum uteri*, des instruments pénètrent d'autres cavités du corps : le spéculum urétro-cystique explore la vessie ; l'otoscope l'oreille. La lumière est aussi mobilisée pour examiner l'œil grâce à l'ophtalmoscope de Hermann von Helmholtz (1851) et l'appareil urinaire grâce aux premiers urétroscopes (1853) dont l'inventeur, Désormeaux, entrevoit les prolongements pour l'exploration de l'appareil digestif. Pourtant, sauf le premier, ces instruments restent d'un usage limité et ne dépassent guère le stade de l'invention, tant la mise au point d'une technique ne détermine pas son emploi immédiat.

A contrario, l'aventure du stéthoscope, le succès de la percussion, le triomphe plus tardif des rayons X démontrent le caractère finalement second de la technique. Proposée par Auenbrugger en 1761, la percussion est d'une simplicité rare. D'après la légende, le seul génie de son inventeur aurait consisté à transférer sur le corps humain la technique des vignerons qui évaluent le contenu des fûts selon le son qu'ils émettent lorsqu'ils les frappent. Simple, cette technique n'est pourtant guère utilisée dans l'immédiat tant elle est dépourvue de résultats interprétables dans le contexte scientifique du moment. Délaissée au temps d'Auenbrugger, la méthode prend seulement un sens lorsque Corvisart s'en empare quarante-cinq ans après sa mise au point, au moment où triomphe la méthode anatomo-clinique[12].

La mise au point du stéthoscope est encore plus caricaturale et illustrative[13]. C'est bien parce qu'il est un élève de Corvisart que Laennec recherche et met au point un moyen de perfectionner l'écoute du corps. Là aussi, il s'agit d'un système d'amplification des sons très simple, inspiré, dit-on, par des jeux d'enfants. Avec un simple rouleau de papier puis des cylindres de bois artisanalement « bricolés », Laennec réussit à mieux entendre les sons des cavités pulmonaires tout en respectant sa pudeur et celle de ses patientes. Parce qu'il correspond aux attentes de nombreux médecins, l'appareil et la méthode ont un prompt succès. Traduit en anglais deux ans après sa parution (1819), le *Traité de l'auscultation médiate* est publié aux États-Unis dès 1823 alors que le stéthoscope arrive au Canada en 1827.

Le destin du thermomètre est bien différent. Mis au point depuis longtemps, ne posant pas de problème majeur d'emploi, il ne figure que tardivement au rang des instruments de mesure médicaux. L'usage du thermomètre tel que nous le connaissons suppose que l'on accorde une signification à une série de chiffres. L'opération n'est pensable qu'après l'introduction de la méthode numérique (statistique) en médecine à partir des années 1820 autour du docteur Louis[14]. Plus encore, la prise de la température requiert que la fièvre cesse d'être considérée comme une maladie en elle-même pour devenir un simple témoin de différents états pathologiques. Ce changement passe par une longue pratique de l'observation clinique hospitalière. Aussi ne s'étonne-t-on pas que les premières mesures systématiques de la température ne s'effectuent qu'à partir des années 1840 dans les services du docteur Wunderlich[15].

Encore rare à la fin de notre période, la prise de la tension artérielle illustre le rôle des facteurs sociaux dans la diffusion de nouvelles pratiques de mesure. Elle montre aussi comment une technique diagnostique ne se contente pas de révéler une pathologie mais peut la créer. Là aussi, le problème n'est pas principalement technique. Réalisée par Stephen Hales au XVIIIe siècle, la mesure de la tension artérielle est perfectionnée par le médecin-ingénieur Poiseuille à la fin des années 1820. À partir des années 1860, dans certains services cliniques comme celui de Potain à l'Hôtel-Dieu de Paris, la prise de la tension artérielle est systématique et interprétée comme un signe clinique parmi d'autres de différentes maladies. Elle ne se généralise et ne contribue à créer la notion d'hypertension qu'à la fin du XIXe siècle sous la pression des compagnies d'assurances sur la vie. Nées à la fin du XVIIIe siècle en Angleterre, acclimatées en France dans les années 1820-1830, elles assurent près d'un million de Français en 1887. Cette année-là paraît un *Traité de l'examen médical dans les assurances sur la vie* qui expose différentes méthodes pour repérer les maladies obscures et les moyens d'en estimer la probabilité. Au sein des techniques proposées dans le cadre de la première médecine prédictive, la prise de la tension permet de déterminer progressivement un nouveau risque et une nouvelle maladie, l'hypertension[16].

Beaucoup plus tard, la découverte des rayons X par Roentgen, fin 1895, est l'objet d'une passion immédiate et générale à laquelle le monde médical n'échappe pas. Cette appropriation d'une rapidité étonnante s'explique certes par le succès général de l'image (la découverte des rayons X est parfaitement contemporaine du cinématographe) et l'engouement pour l'électricité, mais elle trouve en médecine un usage immédiat et massif dans le cadre de la mobilisation générale contre deux maladies définies comme fléaux sociaux : la tuberculose et le cancer[17]. Faute de moyens de guérison, la stratégie principale reste celle du dépistage précoce. Les rayons X y sont particulièrement propices puisqu'ils peuvent détecter des tubercules et des tumeurs naissants.

De plus en plus profondément exploré par des appareils, le corps est aussi appréhendé de façon toujours plus fine et morcelée. À la décomposition du corps, organe par organe et appareil par appareil, s'en ajoute une autre, fondée au départ sur la pratique des autopsies. En se multipliant, celles-ci changent de nature. Dans les musées anatomiques où s'accumulent des collections de membres présentés isolément, le regard se porte au-delà du spectacle global. Dès la fin du XVIIIe siècle, en Angleterre, avec Cullen, Hunter et Smith, en France avec Bichat, les médecins étudient les tissus. Quelques années plus tard, appuyés sur les recherches antérieures des naturalistes, les cliniciens découvrent que les tissus sont composés de cellules. De tissulaire, la pathologie devient cellulaire avec Virchow[18]. Quoique mis au point au XVIIe siècle, l'usage du microscope ne joue un rôle décisif et ne se perfectionne qu'à partir du moment où l'étude des tissus devient importante dans la démarche médicale. Une fois de plus, c'est la démarche scientifique qui crée l'objet, beaucoup plus que l'inverse.

L'introduction de techniques particulières qu'il faut maîtriser, les études scientifiques poussées que nécessitent la pathologie cellulaire et l'histologie ne sont pas réalisables partout ni par tous. Ainsi s'amorce une diversification des cursus, des pratiques et des lieux d'exercice médicaux. Cette esquisse de spécialisation est cependant loin de donner au médecin qui s'y adonne une supériorité sur ses collègues. Longtemps domaine de professionnels aux marges de la médecine, comme les dentistes ou les bandagistes herniaires, la spécialisation « moderne » concerne d'abord les maladies maudites, difficilement curables ou peu prestigieuses comme l'aliénation mentale et les maladies vénériennes, les accouchements, les maladies des femmes et des enfants. Ceux qui s'y vouent le font plus par hasard et par obligation que par choix. Malgré le dynamisme dont ils font preuve et les novations qu'on leur reconnaît aujourd'hui, ils restent des marginaux et passent pour de demi-médecins aux yeux des cliniciens régnant sur des services généralistes qui distinguent seulement entre les blessés et les fiévreux. Dans les écoles de médecine de province, on voit pendant toute la première moitié du siècle des professeurs passer d'une chaire à l'autre. Certes, la spécialisation s'impose dans les hôpitaux tout au long du siècle et dans les facultés françaises après 1870, mais elle passe difficilement dans les cabinets privés où seule une minorité de praticiens hospitaliers affichent une spécialité, qui ne les empêche pas de se présenter comme des médecins à part entière et de soigner toutes les affections[19]. Malgré la réalité, la médecine continue à se présenter comme une science unique qui prétend rendre compte du fonctionnement global de l'organisme humain et de tous ses désordres.

3. La douleur éludée?

Il est devenu courant depuis une vingtaine d'années d'identifier cette nouvelle démarche au passage d'une médecine holistique, prenant en compte l'individu dans son ensemble et son milieu, à une médecine sans cesse plus spécialisée, technicienne et déshumanisée, traitant des organes plutôt que des individus. Frôlant l'anachronisme, ce procès pose néanmoins un vrai problème. Selon l'interprétation précédente, l'introduction de ces nouvelles conceptions et pratiques aurait fait disparaître l'homme malade de la relation thérapeutique.

L'un des attendus du procès fait sous cette rubrique aux médecins et à la médecine du XIXe siècle concerne l'oubli ou le mépris dont ils auraient fait preuve vis-à-vis de la douleur du malade[20]. Pour emporter la conviction, l'accusation cite volontiers les déclarations de deux médecins célèbres. Le premier est Velpeau, l'immortel inventeur de la bande qui porte son nom, déclarant en 1840: « Éviter la douleur par des moyens artificiels est une chimère. » Le second est le célèbre physiologiste et expérimentateur Magendie, maître de Claude Bernard, prononçant lors du débat sur l'anesthésie de 1847 toute une série de condamnations d'ordre moral et éthique. Ces prises de position seraient emblématiques de l'attitude globale du corps médical, non seulement durant tout le XIXe siècle, mais jusqu'à la fin du suivant. Évidentes jusqu'à il y a quelques années, les résistances manifestes de nombreux médecins à employer la morphine, y compris pour les malades en fin de vie, contribuent largement à asseoir l'idée de l'indifférence des médecins à la douleur.

Trois éléments essentiels sont invoqués pour rendre compte de cette permanence. Le premier est l'héritage chrétien, surtout catholique, qui fait de la douleur et de la souffrance une grâce autant qu'une punition. Il semble d'autant plus pesant que les réticences à l'emploi des calmants sont plus fortes dans les pays de tradition catholique que dans les pays réformés. Le second élément est la tradition clinique. Plus puissante et plus exaltée en France qu'en Allemagne, elle serait une autre responsable de cette indifférence. En effet, l'investigation clinique voit dans la douleur et le récit qu'en fait le malade un des éléments essentiels d'établissement du diagnostic. Enfin, le vitalisme représente le dernier élément d'explication essentiel. Dépassant de loin la seule école de la fin du XVIIIe siècle qui porte ce nom, cette interprétation durable fait, ouvertement ou non, une large part à un processus immatériel, la force vitale, dans le déclenchement de la maladie et le retour de la santé. Voyant dans la douleur le signe d'une réaction de la force vitale et une étape nécessaire sur le chemin de la guérison, le médecin imprégné de vitalisme n'a donc aucune raison, bien au contraire, de s'opposer à cette manifestation d'une future guérison spontanée.

Bien entendu, la réalité est plus complexe et surtout plus changeante que ce schéma ne l'indique. Il paraît acquis que la fin du XVIIIe siècle et le début du XIXe siècle qui voient triompher la médecine clinique représentent une période de regain d'intérêt pour la douleur. Largement dégagée de ses significations religieuses aux yeux des médecins et des philosophes, elle est d'abord un moyen d'accéder à la connaissance des sens et de la sensibilité, centre des interrogations des philosophes qui tentent de décrire et d'expliquer une nature humaine libérée de son seul statut de créature de Dieu. La capacité de sentir et de ressentir est vite considérée comme le propre de l'homme. Objet de spéculations philosophiques chez Condillac, l'étude de la sensibilité stimule les recherches de médecins-physiologistes comme Albrecht von Haller et de médecins-philosophes comme Georges Cabanis. Dans ce cadre, la douleur est au centre des recherches sur la sensibilité aussi bien que sur la maladie. La douleur est observée, répartie en une multitude de catégories selon son intensité et ses formes. Nombreux sont les médecins qui essaient, aussi bien par l'anamnèse que par l'examen physiologique, de traquer son siège et de décrire ses manifestations. Si la recherche du bonheur et l'humanitarisme qui sont au cœur des Lumières en tempèrent les excès, le regain d'intérêt pour la douleur aboutit à la parer de vertus positives. « Cri de la sensibilité par lequel notre intelligence est avertie du danger qui nous menace », selon Marc-Antoine Petit (1799)[21], symbole de l'expulsion d'humeurs peccantes pour le « mécanicien » Hoffmann, manifestation de la réaction du malade après une opération, elle est largement considérée comme une indication et une réaction fournies par la nature. À l'époque où celle-ci est le guide suprême, la douleur est donc une manifestation salutaire qu'il ne faut surtout pas empêcher. Sans aller jusqu'à l'exalter, Cabanis signale qu'elle peut fortifier le corps.

Au-delà de ces prises de position officielles, il est bien difficile de connaître les pratiques au chevet des malades. Les rares éléments dont on dispose mettent en valeur un certain nombre d'apparentes contradictions. Avant le plein développement des travaux physiologiques, la douleur ne parvient au médecin qu'au travers du récit du malade. Dans ce dialogue, les médecins ont un indispensable besoin du récit du malade mais ils s'en méfient tant ils reprennent à leur compte les préjugés des élites sur les gens du peuple toujours prêts à se plaindre et à exagérer leurs malheurs pour en tirer profit. Pourtant, malgré les procédures mises en place pour objectiver les affirmations des malades, le récit des douleurs reste un espace de négociation entre médecins et malades. Ceux-ci finissent par imposer à leurs interlocuteurs la reconnaissance du caractère individuel de la douleur. Face à elle, la théorie thérapeutique se divise à parts presque égales entre deux stratégies radicalement différentes. La première, issue d'Hippocrate, consiste à provoquer artificiellement une douleur plus grande que celle dont souffre le malade de façon à l'obscurcir. De là la mode toujours forte de l'usage des cautères, des vésicatoires et des sétons. L'usage thérapeutique de la douleur est renforcé par la volonté de stimuler la force vitale. La tendance culmine dans l'usage des moxas importés de Chine mais rendus plus redoutables par la substitution du coton à l'armoise. La technique consiste à appliquer sur la peau, au plus près de l'endroit naturellement douloureux, un cylindre de coton et à le faire brûler. Critiquée à cause de ses excès, la méthode se voit opposer, sans grand succès, une autre méthode venue de Chine, l'acupuncture dont les aiguilles peuvent être des conducteurs d'un courant électrique.

La vogue de la théorie de la douleur dérivée n'empêche pourtant pas l'usage des calmants dont le principal est l'opium, lui aussi importé d'Orient et surtout utilisé depuis le XVIIe siècle sous forme de préparations liquides dont la plus connue est le laudanum de Sydenham. En revanche, l'usage du principe actif de l'opium, la morphine, isolée en 1817, pose d'emblée problème, autant à cause des risques réels précocement révélés par des expérimentations massives et sérieuses que de la méfiance des médecins légistes.

Soucieux d'affirmer leur ascendant, ils développent une véritable hantise de l'empoisonnement. Pourtant, en dehors de ses usages hédonistes chez des artistes, des médecins et des coloniaux, la morphine gagne sa place dans la médecine entre les années 1850 et 1875 [22]. Cette introduction se fait largement dans le sillage de l'usage anesthésique de l'éther et du chloroforme à partir de 1847 [23].

Très vite répandue et acceptée d'emblée avec enthousiasme par l'immense majorité des médecins et des autorités médicales, l'introduction de l'anesthésie fait l'effet d'une révolution dans un contexte jusque-là plutôt attentif aux indications de la douleur. À vrai dire, les recherches sur les usages de l'éther et le chloroforme ne se font pas dans les sphères médicales ou liées à la médecine. Si le premier produit est connu depuis longtemps, la mise au point du second (baptisé ainsi en 1834) vient de chimistes peu intéressés par la médecine et les premières expérimentations de l'éther sur l'homme ont lieu aux États-Unis dans le cadre de spectacles de cirque. De là elles gagnent les professions paramédicales, en particulier les dentistes qui sont les premiers à en user dans le but de supprimer la douleur, proverbiale, de leurs patients. La mise en évidence des propriétés anesthésiantes de l'éther avait donc tout pour révulser les médecins établis et les académies. Pourtant, à peine les premières expériences relatées par la presse médicale, des médecins se précipitent pour pratiquer des anesthésies, parfois sans beaucoup de précautions. Les académies s'emparent immédiatement du sujet et lui font un accueil étonnamment favorable, rapidement acquis et presque unanimement malgré les accidents et les incertitudes. Certes, on peut arguer que, dans une situation de crise de la profession et de la science médicale [24], la tentation était grande de s'emparer d'une découverte vraisemblablement populaire et pleine de perspectives pour sortir la chirurgie de l'abstention. En effet, on a voulu voir dans la conversion précipitée du corps médical à l'anesthésie une soudaine attention aux demandes de leurs clients, dont le seuil de sensibilité à la douleur se serait brusquement abaissé. Intellectuellement séduisante, la théorie de la pression de la clientèle n'est pas facile à prouver. Certes, les guerres de l'Empire, avec leur débauche de souffrances, ont bien pu modifier l'attention des médecins à la douleur, comme le montrent les réactions des principaux chirurgiens militaires. Bien sûr, la presse généraliste s'empare de cette découverte plus que d'aucune autre, signe qu'elle pouvait trouver plus de retentissement chez les lecteurs que n'importe quelle autre. Si le débat médical note de façon neutre qu'opérer sans douleur est un net progrès, il montre que les médecins sont loin de capituler devant une demande des malades. Ceux-ci sont du reste exclus du débat et l'État délègue son pouvoir aux académies chargées de dire à sa place si l'anesthésie est dangereuse ou pas. Dès lors, l'introduction de l'anesthésie implique bien une transformation des relations entre le patient et le médecin mais elle ne se fait pas uniquement en faveur du premier. Comme le note Magendie, l'anesthésie contribue à livrer totalement le malade au médecin et à le priver de tout contrôle sur l'opération, si tant est que celle-ci ait pu exister. De plus, l'anesthésie expose le malade à des risques qui sont longtemps non négligeables puisque l'on compterait un accident pour quatre anesthésies dans l'Angleterre des années 1880. Rien n'est prévu pour tenir le malade informé des risques qu'il court et les rares procédures judiciaires ouvertes à la suite d'accidents d'anesthésie aboutissent très vite à des non-lieux. Bref, si les opérés bénéficient de la disparition sans doute souhaitée d'insupportables douleurs, leur corps individuel et leur vie sont plus soumis au médecin qu'ils ne l'étaient auparavant. Il n'empêche que s'établit durablement à partir de ce moment un mode de fonctionnement médical où le grand nombre l'emporte sur l'individu.

Les médecins du temps de la clinique n'ont donc pas été indifférents à la douleur de leurs patients. La présence permanente et active de ces derniers modifie plus largement les perceptions médicales du corps.

4. Le corps dans la relation thérapeutique

Si l'on veut bien sortir des condamnations *a posteriori*, la disparition du malade dans le regard du médecin est loin d'être avérée. Certes, l'entretien avec le malade est de plus en plus concurrencé par l'examen physique et l'anamnèse tourne à l'interrogatoire. Les guides à l'usage des médecins leur recommandent de poser aux malades des questions précises auxquelles ils ne peuvent répondre que de façon brève sans laisser libre cours à leurs interprétations. Dans ce cadre idéal, le dialogue est entièrement dominé par le médecin. Le malade et son corps ne fournissent plus que des indices auxquels le médecin seul peut donner un sens en les transformant en signes. Avec la promotion de la sémiologie, seul le médecin peut tenir un discours sur la maladie. Le diagnostic anatomo-pathologique entraîne par ailleurs une recomposition de la nosologie. Celle-ci ne dépend plus des symptômes que le malade éprouve et peut exprimer mais des signes que le médecin repère. Le passage de la phtisie à la tuberculose est le meilleur révélateur de la rupture introduite entre les perceptions médicales et les désignations profanes de la maladie. Avec le diagnostic de phtisie, malade et médecin ont un langage commun. Ils désignent tous deux une maladie localisée dans les poumons et caractérisée par des symptômes comme l'hémoptysie ou crachement de sang. Forgé à partir des tubercules que Laennec et ses successeurs suspectent grâce au stéthoscope et retrouvent lors des dissections, le mot de « tuberculose » désigne toute une série d'affections pulmonaires, osseuses et autres qui correspondent à des localisations et à des symptômes différents. Le diagnostic anatomo-pathologique dépossède bien le malade de la faculté de dire sa maladie.

Ce schéma de confiscation du corps morcelé du malade par le médecin reste pourtant bien théorique. On sait hélas bien peu de chose de la pratique concrète et quotidienne des médecins, de leurs compétences réelles, de leur équipement en matériel, de leur capacité à intégrer les nouveautés scientifiques au cours de leur carrière, de la résistance des schémas de la médecine humorale. Récemment étudiée, la pratique d'un médecin de campagne landais permet d'approcher la complexité des choses. Né en 1780, fils de chirurgien, formé à l'École de santé de Paris, temple de la médecine clinique, Léon Dufour (1780-1865)[25] n'applique guère lui-même dans sa pratique des techniques nouvelles que par ailleurs il maîtrise et approuve. Autant entomologiste que médecin, il dissèque une multitude d'insectes et opère les autopsies que lui demandent les autorités judiciaires. Pourtant le même Léon Dufour se fait, tant qu'il le peut, accompagner par un chirurgien lorsqu'il faut opérer certains actes sur le corps du malade. Au milieu du siècle, il encourage vivement son fils à s'initier à la pratique de l'auscultation et de la percussion (preuve qu'il les connaît et les apprécie), mais il ne semble jamais s'être livré lui-même à ces investigations jusqu'à la fin de sa carrière en 1865. Au contraire, il continue d'examiner ses malades selon les recommandations d'Hippocrate et rédige l'histoire de la maladie à partir du récit du patient. Au fur et à mesure que se déroule sa carrière, les signes physiologiques constatés par le médecin s'ajoutent aux signes physiques fournis par le patient mais ne les font jamais disparaître. De même, la douleur, les impressions subjectives du malade ne sont pas censurées dans les comptes rendus du médecin. Au-delà des limites de cet exemple privilégié, on aperçoit combien l'art du diagnostic est le fruit de paramètres multiples et d'héritages variés. Le souci de connaître doit s'accommoder de la nécessité de compatir, le souvenir de la formation acquise pactiser avec le maintien des traces de distinction entre chirurgie et médecine.

Le simple fait que le mot « tuberculose » mette un demi-siècle pour remplacer celui de « phtisie » dans la totalité de la littérature médicale laisse planer un doute sur l'extension rapide de l'approche nouvelle dans l'ensemble du corps médical. On peut en revanche être sûr que la pratique de ville ne décalque pas parfaitement la pratique hospitalière, ne serait-ce que pour des raisons matérielles. Ce que l'on sait des conditions économiques et sociales dans lesquelles se déroule la médecine à domicile incite à penser que les compromis avec la clientèle ont été dominants. Trop nombreux face à une clientèle solvable et guettés par une concurrence aiguë, les médecins ne pouvaient guère faire subir à leurs clients ce qu'ils refusaient obstinément sous peine de les voir leur échapper. Resterait à savoir dans quelle mesure certains clients, fascinés par la technique nouvelle et rassurés par l'objet, ont pu encourager les médecins à utiliser ces nouveautés. Il faudrait savoir aussi combien au contraire ont pu refuser ces examens non dépourvus d'inconvénients : une douleur plus grande au moment où le seuil de tolérance à celle-ci semble s'abaisser, quoique inégalement ; une violation de leur intimité sans cesse plus valorisée ; une atteinte à leur pudeur même si les interdits pesant sur le corps et la sexualité s'affaissent imperceptiblement malgré le discours dominant.

Il n'est guère plus facile de raisonner autrement que de façon hypothétique lorsqu'il s'agit d'examiner les influences qu'ont pu avoir ces nouvelles conceptions et pratiques médicales sur les perceptions et les comportements profanes vis-à-vis du corps.

Le regard des médecins

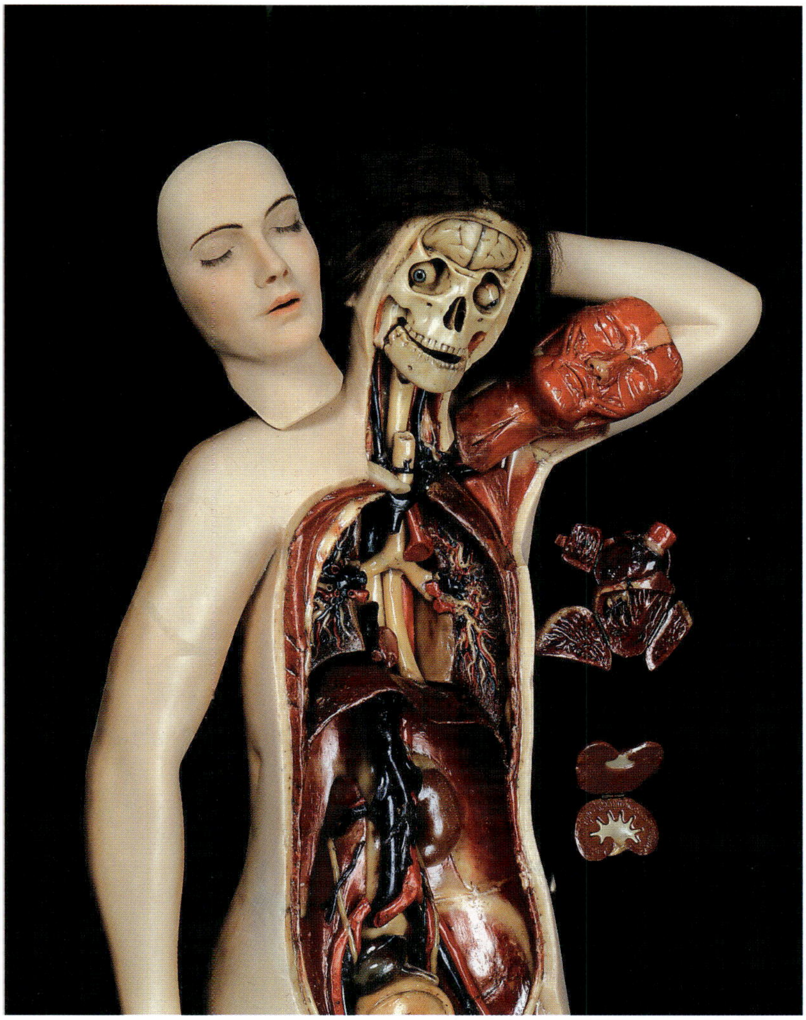

1. *Vénus anatomique se détachant en quarante parties,* XIXe siècle, Montpellier, musée de la Faculté des sciences.

En plein essor depuis le XVIe siècle, l'anatomie devient la première discipline enseignée aux étudiants. Faute de cadavres en nombre suffisant, on doit recourir à des écorchés de cire. Pour scientifiques et réalistes qu'ils soient, ces mannequins ne rompent pas totalement avec l'héritage macabre qui invite à l'humilité.

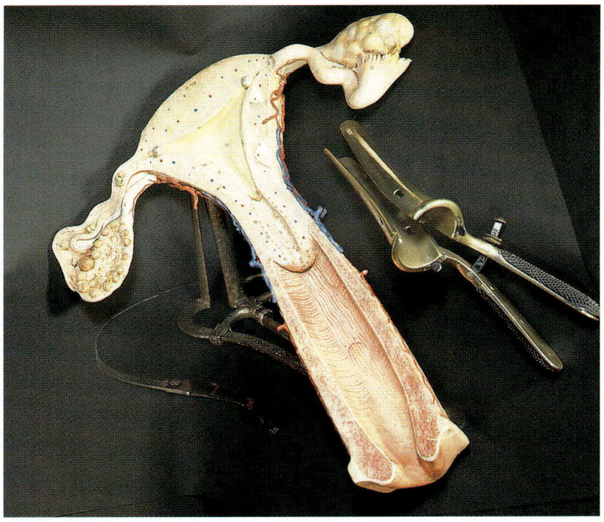

2. Moulage d'un utérus et spéculums, XIXe siècle, Paris, musée d'Histoire de la médecine.

3. En bas, à droite, Théobald Chartran, *Laennec à l'hôpital Necker ausculte un phtisique devant ses élèves,* 1816, Paris, Sorbonne.

4. Ci-dessous, Chazal, *Exploration d'une femme debout,* XIXe siècle, Paris, Académie de médecine.

À l'hôpital [3], les médecins scrutent le corps des malades avec leurs sens [4] et parfois avec l'aide d'instruments sommaires, stéthoscope et *speculum uteri* [2 et 3]. Si les organes féminins fascinent [2], l'observation ne peut « passer la pudeur » [4].

5. Hieronymus Loeschenkohl, *Inauguration de l'académie médico-chirurgicale militaire fondée par l'empereur Joseph II, 1785,* Vienne, Institut pour l'histoire de la médecine.

6. François Bouchot, *Les Élèves de la clinique,* XIXe siècle, Paris, bibliothèque de la Faculté de médecine.

Apprendre la médecine, c'est d'abord voir des malades. Si les amphithéâtres comme celui de l'Académie militaire de chirurgie de Vienne [5] décuplent la visibilité, les ciels de lit, que défendent les religieuses [6], sont un obstacle à la toute-puissance du regard médical.

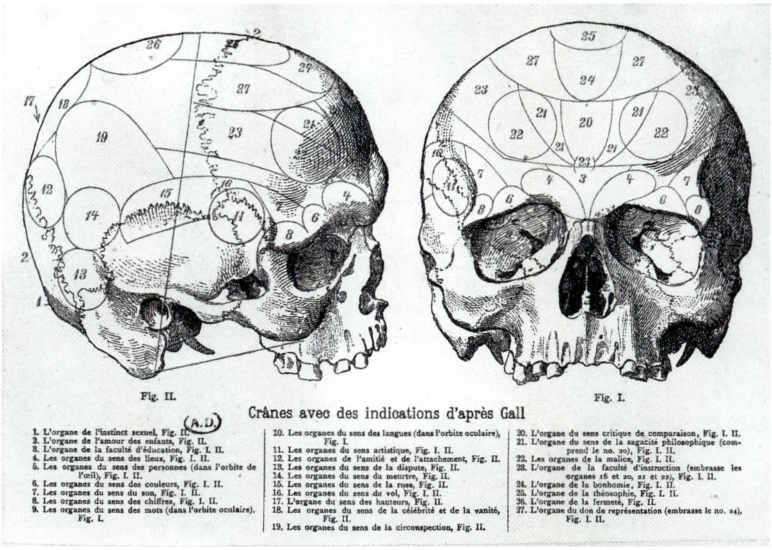

7. École française, *Crâne annoté d'indications phrénologiques d'après Franz-Joseph Gall*, XIXe siècle, Paris, bibliothèque des Arts décoratifs.

8. François Nicolas Augustin Feyen-Perrin, *Alfred Velpeau, chirurgien français à la Charité, allant procéder à l'autopsie d'un cadavre*, XIXe siècle, musée de Tours.

Longtemps spectacle mis en scène et représenté [8], l'autopsie devient un acte banal. Malgré ses dérives et ses outrances, la phrénologie de Gall (1758-1829), qui repose sur l'examen systématique des crânes [7], est bien à la fois une utopie généreuse et une étape fondamentale dans la connaissance des aires cérébrales.

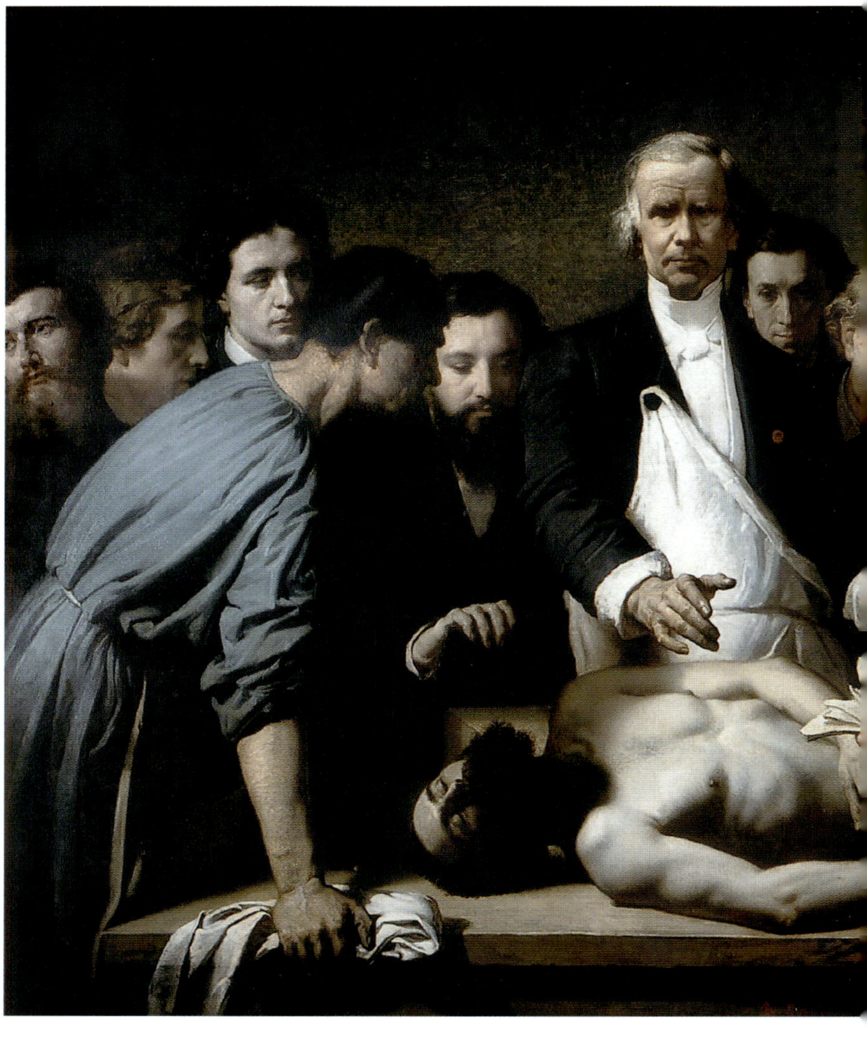

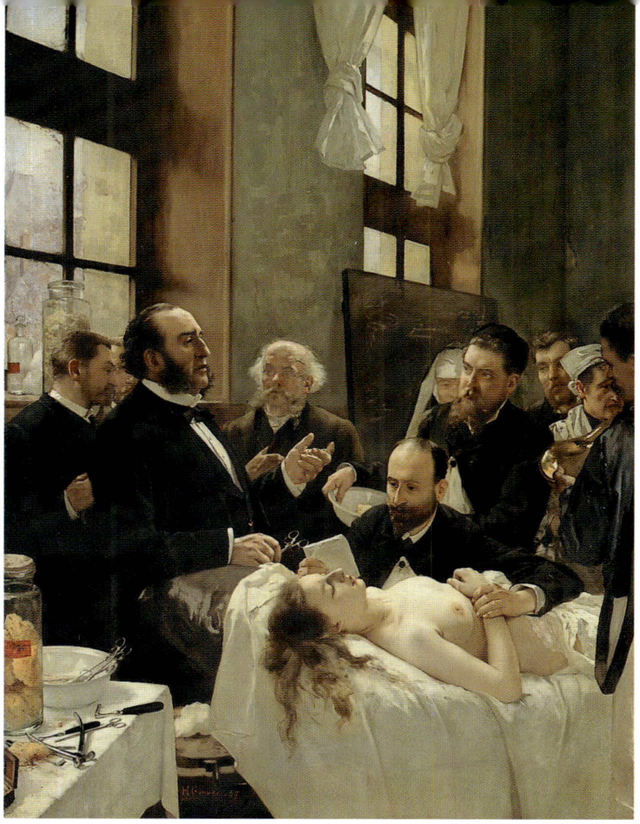

9. Henri Gervex, *Avant l'opération, ou le docteur Péan enseignant à l'hôpital Saint-Louis sa découverte du pincement des vaisseaux*, 1887, Paris, musée d'Orsay.

10. Lucien Jonas, *Les Médecins*, Salon de 1911.

Si le malade hospitalisé s'en remet totalement au médecin [9], celui qui reste à domicile peut compter sur la présence de ses proches et des omniprésentes religieuses pour négocier son traitement avec des médecins qu'il n'hésite pas à convoquer ensemble afin d'obtenir des avis qui ne sont pas toujours convergents [10].

11. Max Pietschmann, *Robert Koch au laboratoire,* 1896, Francfort, coll. part.

S'il est toujours le principal héros de la découverte médicale, le médecin génial – ici Robert Koch (1843-1910), découvreur du bacille de la tuberculose – n'est désormais plus seul. Pour « faire avancer la science », il a de plus en plus besoin d'assistants, de matériel et de laboratoires.

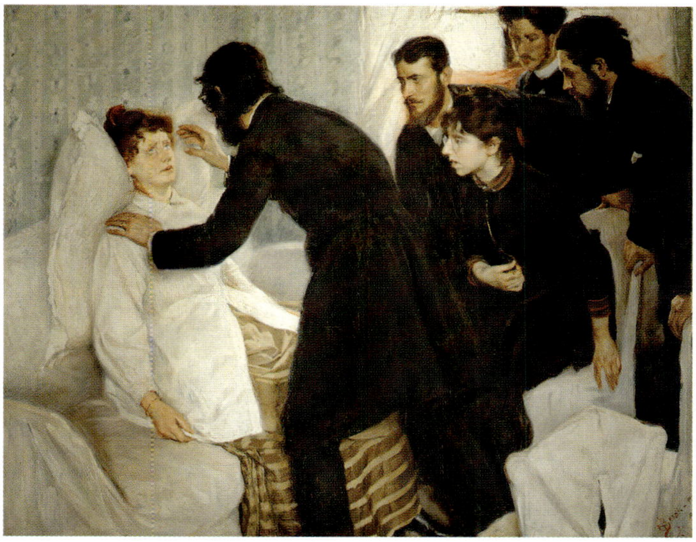

12. Sven Richard Bergh, *Séance d'hypnose,* 1887, Stockholm, Musée national.

13. Natale Attanasio, *Les Fous,* 1900, gravure.

« Le délire mystique soigné par la dévotion raisonnable », tel pourrait être le titre de cette xylographie [13], qui illustre bien les rapports ambigus entre folie et religion. De Mesmer à Charcot, dans un cadre hospitalier ou mondain, l'hypnose, qui en fascine plus d'un, reste l'objet de vifs débats [12].

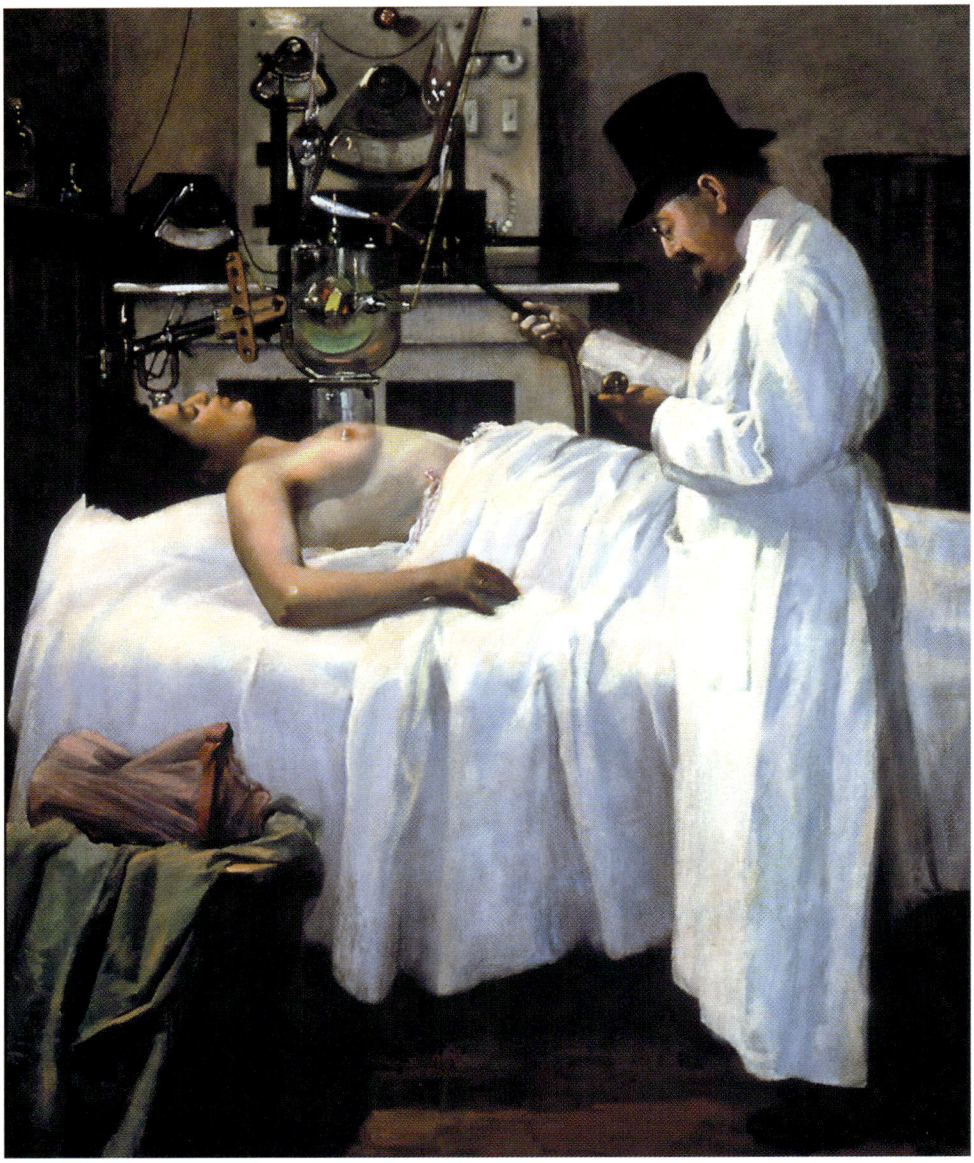

14. Georges-Alexandre Chicotot, *Premiers essais du traitement du cancer par rayons X*, 1907, Paris, musée de l'Assistance publique.

Dans un intérieur bourgeois du tout début du XXe siècle, un médecin en gibus manie la radiothérapie pour combattre le cancer. La technique ultramoderne se veut désormais curative et plus seulement exploratoire.

Nul doute que le recours plus fréquent et socialement mieux partagé à la consultation médicale ait modifié les perceptions du corps. On imagine la somme des apprentissages qui se nouent lors de ces milliers d'entretiens entre les patients et leurs médecins : apprentissages de mots pour dire les différentes formes de la douleur ; apprentissage d'une géographie pour dire les lieux de la souffrance ; apprentissage du temps médical pour dire l'histoire de la maladie. À des degrés divers, qu'il est difficile de préciser, le vocabulaire médical du corps et de la maladie pénètre le discours profane. On le sait depuis Michel Foucault et d'autres, le discours est aussi une réalité dont l'usage modifie les perceptions et les sensations. En obligeant le malade à décrire sa douleur, son intensité et sa forme, à la localiser précisément, à reconstituer l'histoire de ses trajets, la consultation médicale a forcément accentué l'attention portée aux malaises physiques, désormais plus finement perçus parce que devant être dits selon une procédure précise. Le développement d'une écoute plus attentive du corps se serait fait d'autant plus facilement qu'il aurait rencontré le processus plus ancien de contrôle des affects et des pulsions qui oblige à une surveillance toujours accrue des manifestations corporelles[26]. L'invasion des normes médicales se fait d'autant plus en douceur que l'anamnèse confine le malade à l'énoncé de ses symptômes, même s'il doit les préciser. Le partage des tâches entre celui qui énonce et celui qui interprète est autant source de compromis que de malentendus. Si le vocabulaire est progressivement commun aux malades et aux médecins, les mêmes mots peuvent recouvrir des réalités et des interprétations différentes. Devenu fléau social et hantise individuelle, la tuberculose profane se réduit à la tuberculose pulmonaire des médecins et se repère dans les familles par des signes extérieurs (pâleur, maigreur, crachements de sang) et non par la présence de tubercules ou de bacilles. En ce qui concerne son étiologie, le fossé est encore plus grand. Bien après que le bacille de Koch a été identifié (1882) comme le responsable de la maladie, son origine héréditaire reste une interprétation si répandue que les médecins français eux-mêmes renoncent à faire inscrire la tuberculose au rang des maladies contagieuses à déclaration obligatoire. Plus tragique encore, les différents cancers diagnostiqués par les médecins se conjuguent au singulier dans l'imaginaire des malades. Imprudemment diffusée par la propagande sanitaire, l'image du crabe qui ronge l'organisme empêche, par son succès même, l'émergence d'une représentation plus précise de la maladie.

Il semble donc bien difficile de plaider pour une transformation totale des perceptions du corps malade même à l'intérieur de la sphère directement contrôlée par les médecins.

II. LE RETOUR DU CORPS-MACHINE ET SES LIMITES

L'ambition de comprendre les mécanismes de la maladie et le fonctionnement du corps amène certains médecins, formés à la démarche clinique, à quitter partiellement ou totalement les salles d'hôpital pour le laboratoire, préférant l'étude des organes, des tissus, des fonctions à l'examen de malades. Sans que ses évidents acquis soient pour autant négligés, l'extraordinaire développement de la physiologie expérimentale passe souvent pour avoir contribué à la déshumanisation d'une médecine s'intéressant désormais plus aux processus, aux lois chimiques qui animent le corps humain, qu'au malade dans sa totalité et dans son expérience vécue. Au-delà, présenter l'organisme humain comme « une machine vivante constituée d'un agrégat d'éléments organiques », dire que « les maladies ne sont au fond que des phénomènes physiologiques » (Claude Bernard) prête le flanc à ces accusations. Dès qu'elles sont proposées, ces affirmations révolutionnaires ont des répercussions considérables, comme en témoigne le débat philosophique qu'elles suscitent. Pourtant, au XIXe siècle au moins, ce bouleversement a sans doute moins d'effets sur les représentations profanes du corps et de la maladie que la révolution clinique. En effet, si la médecine expérimentale de Claude Bernard, de ses devanciers et successeurs, constitue au XIXe siècle une révolution scientifique et épistémologique, son influence sur la pratique médicale et sur la thérapeutique est faible. Sortie elle aussi du laboratoire et de l'expérimentation animale, la théorie microbienne est d'un retentissement immédiat dans la mesure où elle promet des traitements préventifs et désigne une cause simple aux maladies qu'elle combat. Quoique invisible, le microbe est aisément intégré dans l'imaginaire populaire même si sa représentation diffère de celle des médecins.

1. Le corps : un « milieu intérieur »

Ne s'agissant pas ici d'une histoire de la médecine, on se contentera de rappeler les principales conséquences de la médecine expérimentale dans la représentation du fonctionnement de l'organisme et les conceptions de la maladie avant d'insister un peu plus sur les phénomènes principaux qui expliquent les succès et les limites de leur diffusion dans le corps médical et le public. L'expérimentation au sens contemporain du terme naît en physique et en chimie à partir de la première révolution scientifique du XVIIe siècle. Ce sont les physiciens et surtout les chimistes qui se livrent à des expériences mettant en jeu les animaux. Chacun connaît la fameuse expérience de la fin du XVIIe siècle mettant en évidence le caractère mortel de la respiration prolongée de gaz carbonique. C'est dans le sillage de la chimie que se développe largement la physiologie expérimentale. Son acte fondateur est la publication en 1821 du premier numéro du *Journal de physiologie expérimentale*, lancé par le médecin François Magendie avec l'appui des chimistes Bertholet et Laplace. Quoique médecin des hôpitaux de Paris et chef de service à l'Hôtel-Dieu de cette ville, Magendie n'accède pas au professorat de médecine tant sa démarche paraît loin de la pratique clinique alors au pinacle. Heureusement, le Collège de France, qui offre un refuge aux maudits de génie, crée pour lui une chaire de médecine expérimentale dans laquelle il donne toute sa mesure, avant de céder son poste à son élève, Claude Bernard[27]. Outre les liens avec les chimistes et autres scientifiques, renforcés par l'élection de Magendie à l'Académie des sciences, la démarche expérimentale bénéficie de ses attaches avec le courant philosophique positiviste qui connaît un succès croissant à partir des années 1840. Contrairement à la vulgate scientiste, le positivisme n'est pas la conséquence philosophique de découvertes scientifiques mais plutôt le milieu qui les favorise. Très marquée par le sceau d'Auguste Comte, la « Société de biologie », créée en 1848, est une institution fondamentale dans l'essor de la démarche expérimentale et la diffusion de ses interprétations. À la fois membre fondateur de la société et médecin personnel de Napoléon III, Rayer joue un rôle essentiel dans la légitimation de la médecine expérimentale. Celle-ci passe entre autres par les honneurs acquis sous l'Empire par Claude Bernard, nommé sénateur en 1869[28].

Il est vrai que, malgré le fossé souvent noté qui se creuse entre cliniciens et physiologistes, la coupure entre les deux n'est pas radicale et les continuités existent. Certes, il est juste de reconnaître que l'expérimentation est plus un complément de la clinique qu'une opposition à cette dernière dans la mesure où elle « pallie ses insuffisances en variant les conditions de manière à tester les hypothèses sur les liens de causalité[29] ». Pourtant, il s'agit là plus d'un constat intellectuel et *a posteriori* que d'une affirmation d'ordre historique. En revanche, la continuité s'établit par l'étude des tissus, l'histologie que mènent déjà des héros de la période clinique comme Bichat. Celui-ci étudie les tissus, soit à l'état naturel, soit après les avoir soumis à différents « traitements » dont l'emploi de substances chimiques.

Assez vite pourtant, les deux voies divergent au moins en France, à l'époque ou la médecine de ce pays sert de modèle au reste du monde. Le divorce n'est pas de nature essentiellement technique mais bien professionnelle. Organisée depuis peu autour des postulats de la clinique, la médecine ne fait qu'une place très modeste aux sciences dites auxiliaires dans le cursus de formation et l'organisation des enseignements. Très vite, la pratique de l'observation du malade devient le critère de la hiérarchisation professionnelle. Débutant par l'externat, se prolongeant par l'internat, positions qui donnent l'occasion d'être en permanence au chevet des malades, la voie royale culmine par l'attribution d'un service hospitalier de médecine ou de chirurgie. Au sein des facultés, les chaires de clinique interne ou externe bénéficient du plus grand prestige. Dans ces conditions, les recherches expérimentales sont menées en dehors du cadre hospitalier et des facultés de médecine, dans les facultés des sciences, au Collège de France, à l'École normale supérieure. Même lorsqu'elles concernent la physiologie humaine, elles attirent plus de physiciens comme Pasteur que de médecins. Ces derniers passent pour des « ratés » de la profession, à l'instar de Claude Bernard, étudiant en médecine tardif et plutôt médiocre, docteur en médecine embauché au Collège de France pour sa seule dextérité manuelle. Encore bénéficie-t-il d'une chance insigne tant sont rares les laboratoires prêts à les accueillir. La vie de laboratoire n'offre guère d'attrait en ce temps. Si on a sans doute exagéré la misère de ces lieux pour mieux faire valoir le génie des Pasteur et Bernard, les émoluments sont modestes, le travail ingrat, les résultats aléatoires et l'anonymat garanti. Travaillant sur des animaux et pratiquant la vivisection, les expérimentateurs sont aussi critiqués pour ce fait. Si la réprobation n'atteint pas en France le niveau de celle qui se développe au Royaume-Uni[30], les conflits de Claude Bernard avec sa femme et ses filles sont assez évocateurs de la montée d'une nouvelle forme de protection animale, la protection de sensibilité qui tend à l'emporter sur la plus ancienne protection d'utilité[31]. Dans ces conditions on comprend que les cliniciens n'aient guère prêté attention à ce qui se réalisait si loin d'eux.

Les raisons professionnelles et organisationnelles ne sont pas les seules à limiter la portée des découvertes de la médecine expérimentale. En Angleterre, où le système est moins centralisé qu'en France, les recherches peuvent se faire dans des structures privées comme le célèbre Institut de médecine pneumatique de Bristol où le chimiste Humphry Davy et le médecin Thomas Beddoes sont surtout connus pour leur expérimentation sur eux-mêmes et sur les malades des nouveaux gaz mis au point par la chimie. En Allemagne[32], la réorganisation universitaire du début du siècle repose sur l'étroite association entre la recherche et l'enseignement. Cette double fonction se traduit par la mise en place de séminaires ou d'instituts plutôt bien dotés. Certes, comme à Göttingen en 1823, la plupart d'entre eux sont des instituts cliniques, mais ils côtoient un institut de chimie, un institut vétérinaire, un cabinet d'histoire naturelle, un jardin botanique. Aussi ne s'étonne-t-on pas que l'Allemagne occupe à partir de 1850 le premier rang dans la nouvelle orientation médicale et que des cliniciens comme Schönlein pratiquent très vite des analyses chimiques et microscopiques. Ces rapprochements n'empêchent pourtant pas un affrontement entre cliniciens et physiologistes assez voisin de celui qui se produit partout.

Le débat commence bien avant que les recherches expérimentales aient débouché sur des acquis incontestables. Lançant leur revue *Archiv für physiologische Heilkunde*, en 1842, les jeunes-turcs de la médecine allemande affirment : « Nous croyons que le temps est venu d'essayer de fonder une science positive à partir du matériel fait d'expériences prudemment accumulées, [...] une science qui permette de comprendre les phénomènes et évite les illusions de la pratique[33]. » Trois ans plus tôt, dans un texte plus confidentiel, Magendie est encore plus ambitieux en exposant ses buts à ses auditeurs : « Ce que je veux, c'est établir avec vous quelques propositions fondamentales fondées sur une physiologie saine. Si de là nous avons le temps de faire quelque incursion dans le domaine de la pathologie, nous serons d'autant plus en mesure de le faire que souvent dans les maladies vous reconnaîtrez la main de l'expérimentateur, dans l'homme qui souffre l'animal chez lequel vous déterminez à votre gré de semblables souffrances[34]. » Aussi les revendications des physiologistes à expliquer seuls à la fois le fonctionnement du corps et le siège de la maladie, voire à s'emparer de la thérapeutique, n'attend pas la célèbre *Introduction à la médecine expérimentale* que Claude Bernard publie en 1865, et dans laquelle il affirme que « si la médecine débute nécessairement par la clinique, celle-ci n'est pas pour cela la base de la médecine scientifique [...] c'est la physiologie qui est la base de la médecine scientifique parce que c'est elle qui doit donner l'explication des phénomènes morbides ».

Dans les années 1830-1840 au moins, le programme des physiologistes doit plus à leurs convictions profondes qu'aux preuves qu'ils peuvent administrer. Que leurs convictions aient été fécondes par la suite est un fait postérieur qui ne peut être invoqué pour condamner certaines réactions de leurs contemporains. En plus de la réaction assez naturellement défensive des cliniciens en place face aux critiques acerbes et peu nuancées de jeunes médecins outrecuidants, l'hostilité est amplifiée par des considérations politiques et idéologiques. Les premiers manifestes physiologistes émanent souvent de médecins, qui, comme Rudolf Virchow, sont très actifs dans la dénonciation de l'ordre médical et social. 1848 renforce l'hostilité des conservateurs aux physiologistes assimilés aux révolutionnaires. La conjoncture et les appartenances politiques des protagonistes ne sauraient rendre compte à elles seules de la vigueur du débat. Plutôt conservateur et favorable au second Empire, Claude Bernard proclame des assertions qui ont de quoi scandaliser plus d'un[35]. Tirant les leçons de ses expériences, tant sur les effets du curare que sur la fonction glycogénique du foie, Claude Bernard en arrive à donner des définitions générales et révolutionnaires de l'organisme et de la maladie.

Même s'il introduit une distinction entre les phénomènes de destruction organique, purement chimiques, et les phénomènes d'organisation, comme la nutrition, qui échappent aux seules implications physico-chimiques, il affirme que ces derniers obéissent pourtant à des lois de la nature inerte même si elles ne sont pas encore connues. Ainsi, dans la fabrication de sucre par le foie, la transformation du glycogène en sucre appartient à la première catégorie de phénomènes alors que la création du glycogène est un « acte vital dont l'origine essentielle est encore inconnue ». Dans sa progressive définition du milieu intérieur, Claude Bernard passe d'affirmations marquées du sceau du vitalisme à une présentation sans cesse plus matérialiste. En 1854, il définit la nutrition comme « une sorte d'attraction élective qu'exerce une molécule sur le milieu ambiant pour attirer à elle les éléments qui doivent la constituer[36] ». La même année, il définit son programme comme la volonté « de comprendre comment l'individu placé dans un milieu accomplit sa destinée : vivre et se reproduire ». Quelques années plus tard (1857), l'être vivant n'est plus qu'un réceptacle au sein duquel « les tissus sont soustraits aux influences extérieures directes et protégés par un véritable milieu intérieur qui est surtout constitué de liquides qui circulent dans le corps ». Ces liquides apportent de l'extérieur aux organes, aux tissus (puis aux cellules) les matériaux et les conditions nécessaires à leur fonctionnement, et les délestent de leurs déchets. Un peu plus tard, Claude Bernard affirme que les milieux intérieurs sont « le produit des organes et des appareils de nutrition qui n'ont pas d'autre but que de préparer un liquide général nourricier dans lequel vivent les éléments organiques ». Sa vision se complète par la mise en évidence d'un système de régulation de l'organisme par le système nerveux. Il s'opère par les centres nerveux qui excitent ou freinent l'absorption et la sécrétion. Le système bernardien débouche aussi sur la proposition que « la thérapeutique pourra agir sur les éléments organiques par l'intermédiaire du milieu organique intérieur modifié au moyen de certaines substances toxiques ». Dans cette conception, la différence entre maladie et santé n'est plus une question de nature mais une simple question de degré.

L'affirmation menace toute l'organisation contemporaine de la médecine. Puisque toute maladie concerne désormais l'organisme tout entier, la clinique, l'étude des lésions anatomiques, n'a, à terme, plus guère d'intérêt.

Cette perspective professionnelle explique autant l'accueil mitigé fait aux paradigmes de la médecine expérimentale que ses implications philosophiques. Celles-ci ne sont pourtant pas minces. Définissant en 1864 le corps comme « un agrégat d'éléments organiques ou même d'organismes élémentaires innombrables associés existant dans un milieu liquide qui doit être doué de chaleur et contenir de l'air, de l'eau et des matières nutritives », Claude Bernard affirme l'année suivante dans l'*Introduction à la médecine expérimentale* que « l'organisme n'est qu'une machine vivante » et prête le flanc aux accusations de matérialisme en semblant reprendre le message cartésien repoussé par les vitalistes. Pourtant, en définissant dans ses derniers écrits la vie comme un contact, une relation, un conflit et non une résultante ni un principe[37], Claude Bernard se situait aussi loin d'un mécanicisme sommaire que de l'essentialisme chrétien. C'est dire que le débat sur la nature de l'homme et le statut du corps se présente selon une configuration beaucoup plus complexe que celle d'un combat permanent et frontal entre matérialistes et spiritualistes, mécanicistes et vitalistes. D'autres épisodes antérieurs à Claude Bernard le montrent.

2. Du moral au psychique

Aussi nombreuses et fructueuses qu'elles soient, les observations cliniques récoltées par le siècle des Lumières sont loin de pouvoir rendre compte de tous les mystères qui régissent le fonctionnement du corps humain et le font passer de l'état de santé à celui de maladie. Aussi, les théories explicatives reviennent en force et font bon ménage avec l'observation[38]. Les espoirs ouverts par la démarche anatomo-pathologique sont eux aussi déçus. Même s'il affirme que si « vous ouvrez quelques cadavres, vous verrez disparaître l'obscurité que la seule observation n'avait pu dissiper », Xavier Bichat, en définissant la vie comme « l'ensemble des forces qui résistent à la mort », avoue les limites de la démarche qu'il prône. En invoquant des forces non définies, il s'intègre dans l'interprétation vitaliste. Celle-ci dépasse largement, chronologiquement et géographiquement, le groupe organisé à Montpellier autour de Bordeu, Barthez et quelques autres. Le vitalisme est l'héritier de l'animisme, codifié par Stahl au début du XVIIIe siècle. Sans nier les constatations empiriques, Stahl fait de l'âme la force qui régit l'organisme et dont l'affaiblissement entraîne la maladie. Abandonnant la notion d'âme, trop connotée religieusement, l'interprétation vitaliste, fortement ancrée dans la médecine d'observation, voit dans la force vitale, qui n'est ni définie, ni localisée, le moteur de la vie aussi bien que la source de la maladie et de la santé. En fonction de ce principe, la médecine doit se contenter d'entretenir ou de stimuler la force vitale. Même si elle est largement répandue, l'orientation vitaliste recoupe souvent des engagements religieux et politiques favorables à la tradition. Dans la première moitié du XIXe siècle où les débats idéologiques font rage, philosophie, politique et médecine sont profondément liées, le rapprochement du vitalisme et de la « réaction » suscite une forte contestation. Ainsi la célèbre doctrine de Broussais, qui ramène toute maladie à une cause physiologique unique, l'inflammation des muqueuses, devient le point de ralliement de tous les intellectuels qui sont hostiles à l'Église et à la monarchie. Ils sont à leur tour traités de matérialistes et suscitent un regain de spiritualisme qui trouve dans l'homéopathie [39] un lieu d'épanouissement parmi d'autres.

Le contexte d'affrontement idéologique explique que les Idéologues [40], et leurs successeurs, les phrénologues, aient été traités de matérialistes par leurs adversaires. La réalité de leur message est pourtant singulièrement plus riche et complexe. Les Idéologues, inspirés dans ce domaine de réflexion par le médecin Georges Cabanis, contribuent largement à frayer la voie à une représentation de l'homme qui n'est ni une créature divine menée par son âme ni un animal particulier uniquement mû par ses sensations.

Courant à la fois philosophique, scientifique et politique, l'Idéologie se donne deux buts essentiels. Sur le plan scientifique, il s'agit de dépasser l'avalanche des observations accumulées au siècle des Lumières pour les organiser autour de lois et de principes généraux. Cette recherche implique que la philosophie (l'idéologie au sens propre) y prenne une part décisive. L'autre but de l'Idéologie est d'établir une science de l'homme susceptible de mettre en place une société harmonieuse au sortir des injustices de l'Ancien Régime et des troubles de la Révolution. Pour Cabanis, comme pour beaucoup de médecins de son temps, la médecine doit être le pivot de cette science de l'homme au nom de la métaphore organiciste qui veut que le corps social fonctionne comme le corps humain. Celui qui connaît et soigne celui-ci peut comprendre et guérir celui-là. La médecine de Cabanis est avant tout anthropologique. Voulant connaître l'homme dans son entier, elle est amenée à réfléchir aux relations entre le physique et le moral[41] (nous dirions aujourd'hui le mental). Au lieu de faire dépendre l'un de l'autre comme les animistes ou les sensualistes, les Idéologues pensent les relations en termes d'interdépendance et de réciprocité. Faisant le lien entre les deux, la sensibilité, propriété unique du vivant, reçoit non seulement des impressions externes, comme l'avaient déjà montré les sensualistes, mais aussi des impressions internes. Les unes et les autres généreraient des idées (de l'ordre de la raison) et des passions (de l'ordre de l'instinct) ayant des effets aussi bien sur le moral que sur le physique. Malgré les accusations de matérialisme, ces théories sont partiellement ratifiées par les spiritualistes. Dans ses *Nouvelles considérations sur les rapports du physique et du mental*, qui répondent explicitement à l'ouvrage du même titre de Cabanis, Maine de Biran admet lui aussi que l'homme est constitué de deux parts indissolubles, l'être sensible et la force active, mises en relation par l'imagination. En revanche, il dote la force active du libre arbitre et lui confie la propriété du soi[42]. Quoique très spéculative, la pensée des Idéologues est d'une grande portée. Considérée sur le long terme, elle constitue la première réflexion sur le fonctionnement du psychisme et ses effets sur l'organisme, établissant la première étape d'une filiation longue et riche. Dans l'immédiat, elle acclimate dans la plupart des milieux intellectuels, y compris les spiritualistes, la notion de l'unité de l'individu, vision bien éloignée du traditionnel dualisme entre l'âme et le corps.

D'un côté très théorique et philosophique, le débat sur les relations entre le moral et le physique trouve très vite des débouchés concrets et des méthodes d'observation scientifiques. Après la Révolution, la déviance, la folie, la criminalité et la délinquance sont des problèmes que l'on souhaite régler par la prévention et la réintégration des coupables dans la société. Le traitement des problèmes sociaux relève tout autant de la science que de la politique. Dans ce cadre, la phrénologie[43] séduit beaucoup de médecins, d'aliénistes et de réformateurs sociaux qui y voient une méthode d'analyse rigoureuse fondée sur l'observation et débouchant sur l'amélioration des individus et de la société. Authentique médecin, Franz-Joseph Gall (1758-

1828) observe la nature comme ses contemporains. À partir de constats très pragmatiques – il avait remarqué que tous ses condisciples qui avaient bonne mémoire avaient de grands yeux saillants –, il systématise l'examen des crânes à la recherche de la localisation des penchants et des facultés, conformément à l'anatomo-localisme régnant en médecine. À partir de palpations et d'autopsies *post mortem*, il en arrive à déterminer l'existence de vingt-sept aires fonctionnelles dans le cerveau, dont dix-neuf communes à l'homme et à l'animal. Il déduit ensuite que les creux et bosses apparents du crâne reflètent la plus ou moins grande importance de l'aire correspondante et donc la plus ou moins grande prédisposition de l'individu à développer la fonction afférente. En effet, même si elle fait l'objet d'une multitude d'interprétations et de dénonciations en son temps, la théorie de Gall n'est ni totalement déterministe, ni totalement matérialiste. Pour Gall, les qualités propres à l'homme lui permettent de surveiller les pulsions qu'il partage avec les animaux. En effet, il attribue au cerveau de l'homme une aire de la métaphysique et une aire du sentiment religieux. Pour beaucoup de ses disciples, la phrénologie doit déboucher sur une éducation propre à refréner les prédispositions dangereuses et à développer les qualités utiles à la société.

Vivement combattue en son temps, en partie discréditée par des démonstrations aussi hasardeuses que spectaculaires, bientôt dépassée par les physiologistes par son refus de pratiquer la vivisection, la phrénologie a vite été repoussée au rang des théories absurdes. Voir en elle une tentative méconnue qui mènerait, sans solution de continuité, aux expériences de Broca et aux analyses contemporaines du cerveau serait tout aussi excessif que d'en faire une pure supercherie. L'historien peut seulement noter l'ampleur et la diversité de l'attrait qu'exerce la phrénologie sur les élites des débuts de la monarchie de Juillet, aussi bien dans le monde médical (les Broussais, Andral, Bouillaud) et en particulier chez les premiers aliénistes (Foville, Bottex, Brierre de Boismont, Falret, Delasiauve), que chez les hygiénistes, les philanthropes (Appert) et les réformateurs sociaux (en particulier les saint-simoniens). Ce rassemblement en apparence hétéroclite témoigne surtout de la vigueur de la réflexion, de l'ouverture des esprits et de la perméabilité des prétendues frontières entre le matérialisme et le spiritualisme. En effet, les prétendus matérialistes comme Broussais y rencontrent des confrères adeptes de l'homéopathie et du magnétisme, censés être marqués du sceau du spiritualisme et du vitalisme. Les authentiques républicains positivistes y côtoient des saint-simoniens chez qui la part faite au religieux et au sacré est fondamentale[44]. Au total, le destin de la phrénologie montre la force de l'héritage des Idéologues et remet en cause les idées simples sur le message philosophique de la médecine. En ce temps du moins, la médecine n'est pas tout entière matérialiste, pas plus qu'elle n'est divisée en deux camps hostiles et bien tranchés, celui des vitalistes spiritualistes et celui des matérialistes athées.

Si elle reste longtemps globalement valable, cette approche complexe du corps et de l'homme est particulièrement à l'œuvre chez les aliénistes. Ceux-ci semblent hésiter entre l'interprétation physiologique et l'interprétation psychologique, mais en fait ils associent les deux sans y voir de contradictions. Très lié aux Idéologues, Pinel[45] applique d'abord la méthode anatomo-clinique pour trouver dans le cerveau le siège des maladies mentales. Après plus de 250 autopsies, il conclut dans son célèbre traité de 1808[46] que les anomalies fondamentales du cerveau ne sauraient expliquer la plupart des maladies mentales. S'il ne renonce pas à l'espoir de trouver d'autres localisations anatomiques des délires, il met néanmoins l'accent sur le traitement moral. Celui-ci ne naît pas d'une longue réflexion philosophique, ni de l'échec de la démarche anatomique. Il est beaucoup plus prosaïquement né de la pratique de Pinel à Bicêtre et de l'expérience de Pussin, le surveillant en chef de l'établissement[47]. Certes, le traitement moral se ressent de la pensée des Idéologues puisqu'il vise essentiellement à agir sur la sensibilité de l'aliéné dans l'espoir que ces mises en scène et manifestations d'intérêt aient des effets, autant sur le physique que le moral des patients. On a vu combien les successeurs de Pinel ont été tentés par la phrénologie. Associant démarche anatomique et croyance dans la possibilité d'agir par l'éducation sur les capacités physiquement repérées de l'individu, la démarche séduit les aliénistes car elle vient justifier les orientations déjà choisies et les confirme durablement. L'association se poursuit avec Charcot. Formé à la physiologie et à l'anatomo-pathologie, il est aussi celui qui développe le recours à l'hypnose dans le traitement des hystériques, sans négliger les facteurs environnementaux dans l'étude étiologique de la maladie[48]. Loin d'être exceptionnelle, la démarche se retrouve aussi chez des gens comme Charles Richet

(1850-1935), à la fois découvreur de l'anaphylaxie (propriété d'un venin de diminuer l'immunité), représentant d'un eugénisme extrême et par ailleurs fort intéressé par les phénomènes occultes. C'est dire, une fois de plus, la vanité des frontières entre écoles et approches, la complexité des conceptions médicales du corps et de la santé, y compris chez un même individu.

3. Le corps dans le « milieu extérieur »

Avec Richet, on en arrive à Pasteur dont il était aussi l'un des fidèles. Les épisodes, les effets et les conséquences libératrices tardives des découvertes des bactériologistes sont tellement connus que l'on pourra directement ici se contenter de montrer combien elles ont réactivé, tout en le modifiant, le rôle jamais totalement oublié de l'environnement sur le corps et la maladie. Au risque de nous joindre à la nombreuse cohorte des contempteurs de Pasteur, on insistera surtout ici sur l'enracinement de la révolution pastorienne dans une vision du corps plus ancienne. En mettant en évidence l'existence d'organismes vivants responsables de nombreuses maladies, la conception microbienne de la maladie tend à considérer l'organisme comme un tout confronté à d'autres organismes vivants. Cette conception uniciste de l'individu s'impose d'autant plus facilement qu'elle rejoint une tradition très ancienne revigorée à la fin du XVIIIe siècle et qu'elle permet de dramatiser et de rationaliser toute une série de défis qu'affronte la société au temps de Koch et de Pasteur.

L'idée selon laquelle le corps de l'homme est une composante de l'univers influencée par la marche de ce dernier est au moins aussi ancienne que la médecine occidentale. L'idée que l'homme est un microcosme de l'univers est à la base d'un millénaire de vision médicale qui suppose que l'organisme est composé de quatre humeurs (sang, bile, phlegme, atrabile) à l'image de l'univers fait de quatre éléments fondamentaux (air, eau, terre, feu). Dominant jusqu'à la fin du XVIIIe siècle, ce modèle survit aujourd'hui, à l'état de trace, à la fois dans le vocabulaire qui désigne les caractères (sanguin, bilieux, atrabilaire, flegmatique) selon des termes humoraux et dans la lecture des horoscopes, voire la croyance dans le rôle des astres sur la destinée humaine. Au XIXe siècle, ce schéma interprétatif n'est pas encore relégué au rayon des préjugés populaires.

En effet, si la médecine d'observation récuse la théorie des humeurs, elle ne renonce pas au lien entre l'homme et le monde. Bien au contraire, elle lui donne un fondement scientifique qui passe pour irréfutable. La tradition, le bon sens et la théorie scientifique nouvelle contribuent à asseoir l'emprise de la médecine environnementaliste[49]. L'observation de l'homme et de la nature confirme les données accumulées du bon sens. La statistique des maladies ratifie l'idée reçue que le temps, la température et l'humidité ont des conséquences sur l'état de santé. Les saisons humides et fraîches voient régner les maladies respiratoires alors que l'été est le terrain favori des maladies digestives. Si l'observation privilégie l'atmosphère, elle ne néglige pas le rôle des lieux et celui des eaux. La relecture d'Hippocrate survient à point pour guider les observateurs du XVIIIe siècle finissant et donner à leurs investigations pragmatiques un grain de justification théorique. La période voit donc fleurir les topographies médicales, ouvrages dans lesquels l'état de santé d'une population paraît la résultante mécanique des facteurs physiques (sols, temps, eaux) qui l'entourent. Cette description est pourtant caricaturale. Sensibles aux problèmes sociaux comme toutes les élites des Lumières, les médecins introduisent les mœurs dans leur schéma explicatif de la santé et de la maladie[50]. Désignant l'ensemble des facteurs humains, les mœurs regroupent à la fois les conditions de travail, l'habitat, les habitudes alimentaires, sexuelles, morales, bref le mode de vie. Si la contestation dominante de l'Ancien Régime contribue à incriminer le rôle des facteurs sociaux exogènes, le nouvel ordre postrévolutionnaire amène les médecins, intégrés aux nouvelles élites ou souhaitant l'être, à minorer le rôle des conditions dues au nouvel ordre social. Néanmoins, ils renoncent d'autant moins à la recherche de causes environnementales que la révolution clinique ne débouche pas sur une amélioration sensible des résultats de la thérapeutique. Celle-ci est donc largement négligée au profit de l'étiologie des maladies. Les facteurs morbides les plus scrutés et les plus invoqués concernent la sphère personnelle et font appel à la responsabilité individuelle devenue centrale dans la société libérale. Pour caricaturer, les hygiénistes comme Villermé rendent globalement les ouvriers responsables de leur misère matérielle et de leur dégradation physique. Toujours imprévoyants, parfois débauchés, systématiquement paresseux et profiteurs, fréquemment tentés par la boisson, parfaitement imperméables aux exigences de la propreté, volontiers attachés à des habitudes anciennes et dangereuses, ils forgeraient de leurs mains leur triste condition. Ce discours atteint son premier apogée lors des épidémies de choléra, face auxquelles on appelle, avec plus d'inconscience que de cynisme, les pauvres à garder leur sang-froid, à nettoyer leurs taudis et à se bien nourrir [51]. Si la vision d'un destin commandé par l'environnement extérieur est partagée par le peuple, habitué à constater les effets des catastrophes répétées, le message hygiéniste est quant à lui beaucoup moins bien reçu. Faisant l'impasse sur les conditions de travail et les inégalités sociales, servant de prétexte à contrôler les individus pauvres, le premier hygiénisme est socialement trop marqué pour emporter l'adhésion.

L'échec est d'autant plus patent que la seule opération préventive relativement efficace à la disposition de la médecine d'avant Pasteur est l'objet de nombreux malentendus. La vaccination [52], exclusivement antivariolique et fondée sur l'inoculation de la variole des vaches (*cow-pox*) aux hommes, n'a pas rencontré l'hostilité populaire systématique qu'ont invoquée des médecins remplis de préjugés et soucieux de se dédouaner. Leur responsabilité dans les limites de la vaccination est en effet évidente. Refusant très vite de déléguer le soin de vacciner à des gens proches du peuple, comme les sages-femmes, niant jusqu'à l'absurde le caractère miscible du virus vaccinal, prenant comme un malin plaisir à contredire les désirs des mères, le corps médical semble avoir tout fait pour freiner la diffusion d'une opération par ailleurs faillible et soumise à des problèmes techniques délicats.

Faire de Pasteur et de ses confrères les sauveurs providentiels et conscients de cet hygiénisme dans l'impasse serait encore plus faux que réducteur. Il n'empêche que la découverte des germes donne naissance à un nouvel hygiénisme dans lequel survivent de nombreux présupposés de la période précédente. Faute de pouvoir trouver dans l'immédiat (sauf exception de la rage et de la diphtérie) les moyens techniques de tuer les germes ou d'éviter leur développement, la révolution pastorienne confirme l'orientation préventive du premier hygiénisme. En revanche, la lutte est profondément modifiée puisqu'il s'agit désormais de traquer des organismes vivants dûment repérés et baptisés et non plus de s'épuiser en voulant changer radicalement les modes de vie. Chargés de détecter les individus suspects d'être porteurs de germe et d'examiner les produits de leur corps grâce à l'analyse bactériologique et aux rayons X, les dispensaires, dirigés par des médecins, semblent des institutions qui symbolisent la rupture avec l'hygiénisme moralisateur antérieur. C'est pourtant autour et à propos de ces « vigies » que s'élaborent des discours et des pratiques qui confondent la protection de la santé avec le contrôle moral et social [53], recherche de bacilles et stigmatisation des déviants. Marquant durablement l'organisation et la philosophie du système de santé publique, la mise en place de cet hygiénisme social doit beaucoup au contexte idéologique, social et politique de la fin du siècle qu'il n'est pas question d'analyser ici. Il n'empêche que la hantise de la dépopulation, de la dégénérescence et du déclin joue un rôle déterminant dans l'émergence d'une nouvelle représentation uniciste du corps. Celui-ci devient le réceptacle de toutes les menaces qui guettent la société, le lieu d'inscription manifeste de toutes les débauches présentes ou passées. En ce temps qui se revendique comme scientiste et positiviste, cette représentation largement métaphorique du corps nourrit et révèle la croyance revitalisée dans le rôle de l'hérédité. Reconnue depuis des temps immémoriaux, assise sur des constats irréfutables, l'hérédité fait l'objet d'un regain d'intérêt dont la raison principale n'est pas la découverte des lois de Mendel (1866), qui reste méconnue, mais plutôt l'obsession de la décadence. Le phénomène ne touche pas seulement le « grand public ». En toute bonne foi et convaincus de réaliser des études impeccablement scientifiques, des médecins élaborent la théorie de l'hérédosyphilis qui rallie la quasi-totalité de leurs confrères, séduit les littérateurs et finit par terroriser une partie de la population, au moins dans la bourgeoisie [54]. Affirmant que la syphilis d'un ancêtre peut contaminer ses lointains descendants, la théorie de la syphilis héréditaire tardive contamine la lecture d'autres fléaux sociaux désignés, comme l'alcoolisme dont on dénonce aussi les effets mortifères sur les descendants des buveurs. Ajoutée à la peur de la contagion, la hantise de l'hérédité justifie et amplifie les rêves et les politiques de santé publique. Parmi celles-ci l'eugénisme, qui se veut scientifique et protecteur, est le moins exempt d'arrière-pensées et de fantasmes et le plus sujet aux dérives. L'hygiénisme, né d'une vision globale de l'individu, donne naissance à la santé publique qui intègre l'individu dans un ensemble plus vaste, la société, et donne la priorité à celle-ci sur celui-là.

CONCLUSION

Terminer la revue des visions médicales du corps sur une évocation de l'eugénisme pourrait laisser entendre que celui-ci était le terme inéluctable d'une évolution implacable. Rien ne serait pourtant plus faux. L'eugénisme n'est que la conséquence temporaire d'une vision d'un corps intégré dans la chaîne des générations. Loin de résumer l'hypothétique pensée unique d'une époque, il ne traduit même pas, sauf exception, la totalité des réflexions de ses responsables, comme on l'a vu avec Richet. Ce constat peut s'étendre à la totalité du siècle. Comme on a essayé de le montrer, les représentations médicales du corps ne se succèdent pas les unes aux autres mais coexistent et s'entremêlent. Réduire le XIXe siècle à une évolution qui irait du plus spéculatif au mieux démontré, du plus général au plus particulier, du spiritualisme au matérialisme est une reconstruction réductrice et orientée. Si l'on abandonne le monde des idées pour celui des hommes, il est évident que plusieurs visions du corps ont animé une même génération. Les médecins du triomphe de la clinique qui observent le corps mort ou vivant sont pour la plupart des vitalistes qui par ailleurs privilégient le rôle de l'environnement dans l'étiologie des maladies. Même s'ils pratiquent la démarche expérimentale, les pastoriens sont eux aussi amenés à prôner des mesures qui les rapprochent des premiers hygiénistes et pour certains d'entre eux à proférer des slogans (la tuberculose s'attrape sur le zinc) plutôt que des préceptes scientifiques. Ce faisant, ils montrent que leur vision médicale du corps et de la maladie n'est pas plus que les autres le seul produit d'un raisonnement scientifique élaboré à l'écart du monde et de ses passions.

On pourrait multiplier à l'infini les exemples de ces enchevêtrements et de ces télescopages entre la science et le politique. On préfère en déduire l'hypothèse selon laquelle la médecine du XIXe siècle a plus ouvert le champ des possibles qu'elle n'a défini une seule orientation. Le corps qui émerge peu à peu est à la fois un agrégat de cellules mais aussi un organisme animé par des lois physiques et chimiques. Si plus aucun médecin ne nie cette nouvelle réalité à la fin du siècle, personne, pas même Claude Bernard, ne résume la vie à l'obéissance à des lois générales. Même si certains ont pensé ou espéré qu'elle se réduirait, la part du corps restée libre de la domination des lois de la nature, toujours considérable, s'est encore accrue. Bien sûr le champ des interprétations est ici plus vaste et les choix plus ouverts. Le corps décrit par les médecins est resté un corps social, en partie modelé par son appartenance à une lignée familiale, modifié par ses conditions d'existence, tant physiques que sociales, et finalement influencé par son psychisme. Si ce dernier constat est tardif et à peine ébauché à la fin du XIXe siècle, il ne constitue pas une révolution totale dans la mesure où il s'inscrit dans une longue série de réflexions sur les rapports entre le physique et le moral. Le génie de Freud consiste à inverser la proposition traditionnelle et à s'interroger sur les influences du moral sur le physique.

Il n'empêche que la description d'une médecine imposant ses visions à la société ou la convainquant de leur bien-fondé peut être remise en cause. Si le succès des visions médicales du corps est indéniable, il faut peut-être y voir autre chose que les effets d'un complot instrumenté par les médecins. Plus qu'à la rigueur de ses conceptions et à la fermeté de son évolution, le recours au discours médical, que l'on retrouvera tout au long de ce volume, tient plutôt à la plasticité, aux contradictions de discours multiples de médecins hésitants et en proie au doute permanent. L'impulsion viendrait donc dans ce cas plus d'une société de plus en plus obsédée, fascinée, révulsée par le corps et le destin des individus que de la médecine.

2

L'emprise de la religion

ALAIN CORBIN

I. LE CHRISTIANISME, RELIGION DE L'INCARNATION

Le XIXe siècle est communément perçu comme le temps d'un désenchantement du monde. La pratique religieuse s'affaisse. Ce n'est pas ici le lieu de revenir trop longuement sur les acquis de ceux qui se sont efforcés de mesurer l'évolution de la ferveur[1]. Soulignons seulement que l'effacement de l'emprise du catholicisme – puisque c'est de lui qu'il s'agit, pour l'essentiel – ne fut ni massif ni linéaire. Si la pratique religieuse masculine devient alors très minoritaire, l'Église compte sur les femmes pour assurer la permanence de son influence. D'autre part, l'enrichissement du dogme et la rigueur accrue de la discipline, datant du XVIe siècle, ne se sont diffusés que peu à peu. Bien des historiens de la religion estiment, à ce propos, que le XIXe siècle a vu s'approfondir, au sein des populations ferventes, la spiritualité et la morale tridentines*.

Nombre d'individus, devenus athées ou agnostiques, conservaient des épaves d'une culture héritée de la fréquentation juvénile du catéchisme, entretenue par l'assistance aux offices, ne fût-ce qu'à l'occasion de la célébration des rites de passage, des « bonnes fêtes[2] » ou des missions. Une élite de catholiques avait fréquenté les pensionnats religieux, voire les petits séminaires. La lecture des livres de piété était massive, comme l'a montré Claude Savart à propos du second Empire[3]. L'*Imitation de Jésus-Christ* demeura longtemps un best-seller ; et nombre de jeunes filles s'en étaient imprégnées.

* Qui caractérise les décisions du concile de Trente (1545-1563).

À l'issue de la lecture de plusieurs milliers d'ouvrages scolaires, Christian Amalvi note que Bossuet se situait au quatrième rang du palmarès des grands hommes qui s'y trouvaient célébrés[4]. On s'entassait à Notre-Dame pour écouter les conférences de Carême du père Lacordaire. Le recrutement des religieuses suivit une courbe ascendante jusqu'au cœur des années 1860 et, selon Claude Langlois, ce ne sont pas moins de 200 000 filles qui ont choisi de consacrer leur vie à Dieu[5], sans compter les femmes pieuses qui composaient les tiers ordres[6]. Ce siècle fut celui du saint curé d'Ars, de Bernadette Soubirous et de Thérèse de l'Enfant-Jésus. Les foules qui se rendaient en pèlerinage à Lourdes, conduites par les assomptionnistes, stupéfiaient les observateurs par leur massiveté. Bref, oublier la pesée du catholicisme sur les représentations et les usages du corps serait se condamner à l'incompréhension de la culture somatique de ce XIXe siècle, qui fut aussi celui de la mariophanie*.

Or, notre XXIe siècle a perdu le contact avec ce temps proche de nous mais loin duquel nous avons dérivé, au risque de ne plus le comprendre. Il nous faut donc faire un effort particulier d'empathie. Tout ce qui concerne le corps, au regard de la religion catholique, porte alors, à nos yeux, le sceau de l'étrangeté. En tout premier lieu, il faut garder en mémoire que le christianisme, à la différence des deux autres grandes religions monothéistes, est fondé sur l'Incarnation de la divinité, célébrée le jour de Noël ; ce qui pose le corps de l'Enfant Jésus, puis du Christ, au centre du système de croyances. Les affres, les tendresses et les tourments de la maternité, les sueurs de sang de la préscience de l'agonie, les horreurs du supplice : autant d'émotions et de sentiments plus ou moins ressassés par le fidèle selon le degré de sa foi et de sa ferveur mais qui, de toute manière, se réfèrent directement à la condition charnelle ; autant d'affects qui tiennent éloigné de la conception, tout au plus métaphorique ou consciemment anthropomorphique, du corps du Dieu de l'Ancien Testament, lequel demeure, comme celui de l'islam, une figure abstraite, courroucée, justicière ou miséricordieuse. En outre, aux yeux des catholiques, l'Église entre dans le corps mystique du Christ ressuscité, qui réunit les vivants et les morts.

* Apparition de la Vierge Marie.

Voulu par Dieu, qui a créé l'homme à son image, le corps, réceptacle de l'âme, est aussi un temple prêt à recevoir celui du Christ dans le sacrement de l'eucharistie ; ce qui explique la fréquence du terme « tabernacle » pour le désigner. Les rites du baptême, de la confirmation et, plus encore, de l'extrême-onction manifestent cette sacralité du corps de l'homme, promis, lui aussi, à la résurrection. Mais une fois réduit au statut de cadavre, il devient vite cette sanie qui, selon Tertullien traduit par Bossuet dans son sermon sur la mort, n'a de nom dans aucune langue ; enveloppe retournée à la poussière après avoir libéré l'âme qu'il emprisonnait.

Le corps qui, selon cette tension, constitue l'homme en parcelle de la divinité, de la même manière que l'Incarnation fondait l'humanité du Christ, est hanté par le démon et par ses tentations. Depuis la faute, par la concupiscence, il échappe à la volonté. Il se manifeste en dehors même de tout accord de l'être intime, comme le montre l'automaticité de l'érection et des autres manifestations du désir. Il faut donc le maîtriser, s'en détacher, y accueillir le Saint-Esprit – tel est le sens du sacrement de la confirmation – afin de se délivrer, notamment, des péchés d'orgueil, de gourmandise et de luxure ; les deux derniers risquant, en effet, de reléguer l'homme au statut de la bête. L'ingérence du démon niché à l'intérieur du corps peut aller jusqu'à la possession. Or, ce même corps est parfois choisi comme lieu privilégié du miracle. Par une guérison qui semble perturbation des lois de la nature, Dieu se manifeste avec la plus grande évidence.

Selon cet ensemble de croyances et de représentations trop vite évoqué, le catholique du XIXe siècle, qui a, par ailleurs, hérité de l'approfondissement du partage entre le corps et l'âme opéré, notamment, au cours du XVIIe siècle, se trouve imprégné d'images des corps du Christ, de la Vierge, des saints martyrs et des anges.

La spiritualité du premier XIXe siècle a insisté avec une violence inouïe sur le corps douloureux du Christ rédempteur dont les souffrances sont décrites avec le plus grand réalisme. Le culte des instruments de la Passion, celui du Sacré-Cœur surtout, s'ils ne datent pas du XIXe siècle, revêtent une ampleur et connaissent une diffusion jusqu'alors inconnues. En 1846, la Vierge qui, au dire de deux bergers, apparaît à La Salette est porteuse des objets symboles des souffrances de Jésus : le fouet de la flagellation, les épines de la couronne, les clous de la crucifixion, la lance plongée dans le côté. La vénération ascendante de la Sainte Face et de Véronique, celle qui, lors de la montée au calvaire, a tendu à Jésus le linge sur lequel son visage s'est imprimé, conforte cette présence insistante du masque ensanglanté. À la fin du siècle, sous l'influence du culte propagé à Tours par sœur Saint-Pierre, Thérèse Martin choisira d'être, au carmel de Lisieux, Thérèse de l'Enfant-Jésus et de la Sainte-Face.

Les exercices spirituels, notamment la méditation sur les mystères douloureux qui sous-tend, en partie, la récitation du rosaire, invitent, dès lors, au ressassement des tortures endurées par le Christ. La pratique du chemin de croix, qui se diffuse vers le milieu du siècle[7], conforte l'insistance d'une telle méditation. Chaque étape des souffrances subies par Jésus fait l'objet d'une station qui oblige le fidèle à détailler la mutilation progressive de l'être corporel. Une littérature pieuse et doloriste, dont témoigne, en 1815, la publication de l'*Intérieur de Jésus et Marie* du jésuite Jean-Nicolas Grou, se délecte du récit des souffrances du Rédempteur, dont le sang jaillit, coule et recouvre le corps. Cette sensibilité tragique se trouve confortée par la croyance en la circulation du sang du Christ dans l'histoire.

En ce temps du triomphe de la médecine anatomo-clinique, puis physiologique, le culte du Sacré-Cœur revêt des formes d'un réalisme inouï. Le corps du Christ est représenté, au sens propre du terme, éviscéré. Parfois, l'installation des instruments de la Passion jusqu'au centre des organes internes redouble le trouble du spectateur; d'autant que, curieusement, cette éviscération qui met en évidence le cœur, c'est-à-dire l'amour que le Rédempteur porte à ses créatures, ne semble pas mettre en péril la vitalité du Christ représenté; lequel, sur certaines images, tend le doigt vers sa poitrine ouverte. Les prières ressassent le désir d'habiter le Cœur de Jésus, refuge idéal; le fidèle espère y parvenir par la méditation et la contemplation des blessures.

Le culte du Sacré-Cœur connaît son apogée au lendemain de la guerre franco-prussienne et de la Commune. Il revêt alors une connotation officielle. L'Assemblée nationale décide la construction de la basilique de Montmartre, qui ne sera achevée que beaucoup plus tard. Les députés cléricaux se rendent en pèlerinage à Paray-le-Monial, consacrer la France au Sacré-

Cœur[8]; et l'on ne compte pas les processions et les cantiques exaltant le viscère sacré. Cela dit, le dolorisme s'était peu à peu estompé depuis le milieu du siècle. Le dogme de l'Immaculée Conception et la mariophanie avaient suggéré une piété plus séraphique et, dans le contexte de l'art Saint-Sulpice, les représentations de Jésus se faisaient plus suaves.

Le corps souffrant du Christ, puis ce cadavre, que les artistes montrent alors qu'on le descend de la croix ou qu'on l'enferme dans le tombeau, est en attente de devenir un corps glorieux. Certes, la matérialité de celui de Jésus ressuscité n'est pas douteuse, aux yeux du catholique. La scène évangélique au cours de laquelle le disciple Thomas enfonce ses doigts dans les trous béants de la crucifixion suffit à le convaincre. Mais la tradition iconique de la Transfiguration sur le mont Thabor et, plus nettement encore, celle de la scène de l'Ascension ordonnent les représentations d'un corps glorieux. L'emprise sur l'imaginaire du dernier de ces épisodes est alors manifeste. Portalis, conseiller du Premier consul, avait tenu à en faire l'une des quatre « fêtes conservées »[9]. Le Rosaire, méditation sur les mystères du corps douloureux, est aussi célébration mentale du corps glorieux, notamment de la figure du Christ-Roi auquel on dédicacera nombre d'édifices religieux.

La promulgation du dogme – longuement attendu – de l'Immaculée Conception est essentielle en ce qui nous occupe. Il n'était guère concevable que le Dieu vivant se fût incarné dans le sein d'une femme marquée par le péché originel. Il est donc une logique simple dans la reconnaissance de la préservation de Marie. C'est ce que le pape Pie IX reconnaît en 1854. Notons que ce dogme ne concerne pas la sexualité, n'était la référence implicite à la grandeur mystérieuse de l'union physique d'Anne et de Joachim, les parents de la Vierge selon les évangiles apocryphes, et le fait que, par son immaculée conception, Marie échappe à la concupiscence. Le dogme, à peine promulgué, bénéficie instantanément d'un grand retentissement auprès du peuple fervent et impose une vision plus suave du corps de Marie que celle de la traditionnelle *Mater Dolorosa.* En quelques années, les édifices consacrés à Marie Immaculée, les institutions qui lui sont dédiées se multiplient; et le 8 décembre devient vite une fête célébrée dans les pensionnats confessionnels.

Cette figure d'un corps féminin préservé du péché originel, né du mystère de l'union charnelle d'Anne et de Joachim, redouble celle du corps qui accède à la maternité sans rapport sexuel. L'Immaculée Conception enrichit la scène de l'Annonciation, laquelle, il est vrai, s'estompe quelque peu dans l'ordre des représentations, si l'on compare à l'insistance des artistes de la Renaissance à la figurer. Reste celle de l'Assomption, la plus difficile à concevoir.

Il n'est pas certain qu'elle ait tenu une plus grande place dans l'esprit des catholiques que précédemment, nonobstant l'activité intense de la congrégation des assomptionnistes. Seules des enquêtes quantitatives permettraient de le dire. Quoi qu'il en soit, l'Assomption pèse fortement sur les représentations du corps féminin en gloire. Celui qui avait reçu en son sein la personne divine de Jésus pouvait difficilement retourner à la sanie, comme les autres corps, et attendre, comme eux, la résurrection; d'où la croyance reconnue en l'assomption de la Vierge, laquelle ne constituait pas encore un article de foi. Les artistes donnent, le plus souvent, à voir, non pas un corps glorieux s'élevant par lui-même au ciel comme celui du Christ lors de l'Ascension, mais un corps bien humain, intact, non encore transfiguré, enlevé en quelque sorte dans toute sa pesanteur par une cohorte d'anges pour être installé, au paradis, à la droite du Fils.

L'Assomption a paru, elle aussi, suffisamment importante aux yeux de Portalis pour justifier une «fête conservée», à la date du 15 août. Elle demeure incrustée, comme l'on sait, dans nos usages. Il faut dire que, très habilement, sous le premier et le second Empire, on l'a fait coïncider avec la fête des souverains, la transformant ainsi, pour un temps, en célébration nationale[10].

Le plus important, pour ce qui nous occupe, est qu'en regard de la présence réelle du corps du Christ dans l'eucharistie celui de la Vierge se soit manifesté, en France, d'une manière sensible au cours du XIXe siècle. Des centaines d'apparitions présumées, revendiquées, ont hanté les esprits de ce temps. L'Église n'en a reconnu que trois: celles de La Salette (1846), de Lourdes (1858) et de Pontmain (1871). Que nous dit-on des apparences de ce corps à la fois virginal et maternel?

La Vierge qui, à les croire, apparaît en 1846 à Mélanie et à Maximin, deux enfants de la petite commune alpine de La Salette, est une Vierge de douleur, à la parole apocalyptique. Elle annonce le malheur. Son corps de femme, à l'allure maternelle, se dessine dans un halo de lumière. En 1870, à Pontmain, petite localité de la Mayenne, la Vierge se manifeste, cette fois encore à des enfants, tandis que les Prussiens menacent d'envahir la région. Sa silhouette se détache sur la nuit étoilée, sous une forme et sous des couleurs qui évoquent celles d'une icône néobyzantine. Entre ces deux dates, au printemps de 1858, Marie apparaît dans une anfractuosité de la grotte de Massabielle, située sur les bords du Gave. Cet événement, dont, bien entendu, il ne peut être présenté de preuves, est particulièrement riche d'enseignements pour notre propos.

La Vierge décrite par Bernadette Soubirous, une bergère âgée de quatorze ans, l'aînée – et donc l'« héritière » – d'une famille pauvre et nombreuse, revêt l'apparence d'une fille de douze ans. Sa taille est inférieure à celle de la voyante, laquelle mesure un mètre quarante. La silhouette de la « petite demoiselle », « bien mignonnette », au dire de Bernadette, s'accorde aux représentations des fées qui, traditionnellement, hantaient les grottes et les fontaines pyrénéennes. Son âge correspond à celui de la Vierge qui, naguère, apparaissait à Thérèse d'Avila[11].

Selon Bernadette, la petite fille est vêtue d'une robe blanche, parée d'une ceinture bleue. Un voile blanc recouvre sa chevelure et ses épaules mais son visage, expressif, est parfaitement visible. Ses pieds nus, ornés de deux roses jaunes, sont d'une éclatante blancheur. Ses deux mains sont jointes à la hauteur de la poitrine. En cela, l'attitude diffère de celle de la Vierge apparue à Catherine Labouré en 1830. Sur la médaille miraculeuse qui commémore cette mariophanie et qui fut distribuée à des dizaines de milliers d'exemplaires lors de l'épidémie de choléra de 1832, les mains étaient tendues en direction du sol et des rayons lumineux émanaient des deux paumes[12]. L'ensemble de la silhouette de la Vierge de Lourdes, quant à elle, est à ce point lumineuse que Bernadette est obligée d'accommoder, après chaque apparition, avant de retrouver la lumière ordinaire du jour.

La « petite demoiselle » s'exprime avec un sourire, parfois voilé de tristesse. Sa parole, rare, est toute de douceur, contrairement à celle de la Vierge de La Salette. Interrogée sur son identité, elle déclare en patois : « Je suis l'Immaculée Conception. » Cette référence décisive au dogme tout récent authentifie l'apparition aux yeux des membres de la hiérarchie catholique.

L'essentiel, pour ce qui nous concerne, est qu'à Lourdes la mariophanie se répète, au fil des jours, dans l'espace public et en présence d'un nombre de témoins qui ne cesse de grandir. Le 4 mars, Bernadette doit fendre une foule de plus de 7 000 personnes afin d'accéder au Gave, qu'elle traverse, les pieds nus, avant de s'agenouiller, les mains jointes serrées sur un chapelet, face à la grotte de Massabielle.

Selon les témoins, le corps de Bernadette se fait miroir de celui de la Vierge. La jeune fille, immobile, les yeux grands ouverts, fixe la niche où, à l'en croire, se tient la Vierge. Son sourire reproduit celui qui se dessine sur les lèvres de l'apparition. Son visage, qui revêt alors la blancheur d'un cierge, et qui semble à certains devenu translucide, atteste, aux yeux des fidèles présents, la réalité du corps contemplé par la voyante. Les larmes qui, parfois, coulent sur ses joues sont comparées à une eau pure. Ses mains jointes sont perçues comme la réplique de celles de la Vierge.

Les témoins les plus sceptiques, qui scrutent le corps de Bernadette, n'y remarquent aucune trace de convulsion. Aucune grimace ne crispe son visage ; difficile, du même coup, de diagnostiquer une crise d'hystérie. L'humilité, la simplicité, la douceur, l'absence de fatigue, la maîtrise d'elle-même dont fait preuve la jeune fille à l'issue de l'extase plaident en faveur de la réalité de l'événement. Celui-ci a puissamment contribué à remodeler la culture dévotionnelle en la rendant « physiquement intense » [13]. Les attitudes de la prière s'en sont trouvées modifiées au cours du second XIXe siècle. « Le corps silencieux de Bernadette en extase, écrit Ruth Harris, présentait une réalité *physique* qui transformait la vie des témoins mieux que ne l'eussent fait de longs discours [14]. »

Reste que l'Église ne pouvait se satisfaire de l'apparence de cette Vierge à l'innocence enfantine. Un travail d'adaptation s'effectue afin de faire correspondre la silhouette aux deux modèles iconiques dominants : celui de la jeune fille de quinze à dix-sept ans qui reçoit la visite de l'archange lors de l'Annonciation et celui de la Vierge à l'Enfant dont les formes attestent la récente maternité. Le sculpteur lyonnais Joseph Fabisch, auteur de la statue appelée à devenir la représentation officielle de Notre-Dame de Lourdes, réussit un compromis. Sa Vierge y revêt la forme d'une jeune femme idéalisée, à la fois douce, souriante et quelque peu distante, tout en accord avec l'art académique du temps.

De la même manière, l'image du corps de Bernadette est soigneusement refaçonnée par le moyen de la photographie. La nature de son caractère, jugée quelque peu sauvage, est subtilement gommée. Éduquée, protégée des pèlerins qui désirent la toucher, dissimulée puis envoyée au carmel de Nevers, Bernadette échappe aux représentations de la maturité. Dans l'esprit des fidèles qui contemplent ses portraits, elle demeure, jusqu'à sa mort, la toute jeune fille des apparitions.

Les figures de la Vierge et, plus largement, le culte marial ont été étudiés, notamment par l'historien Maurice Agulhon[15], en regard des combats de Marianne, symbole de la République. Cette mise en parallèle se justifie pleinement dans le cadre d'une histoire des représentations du corps de la femme et, mieux encore, de la symbolique politique. L'effort accompli par les assomptionnistes afin de propager les représentations de la Vierge, le front ceint d'une couronne, laisse clairement percevoir la visée théocratique. Il en est de même de la volonté d'encourager la célébration du 15 août afin de contrecarrer le prestige de la fête nationale du 14 juillet, perçue comme un moment d'exaltation de la violence révolutionnaire.

Cela dit, la mariophanie constitue, dans la France du XIXe siècle, un phénomène qui, par son intensité, dépasse de beaucoup les domaines du symbolique et de l'affrontement politique. Aux yeux des catholiques fervents, notamment des innombrables pèlerins de Lourdes, la Vierge est une personne qui s'est manifestée dans sa chair sur les bords du Gave et avec laquelle on peut entrer directement en contact, de sujet à sujet, par le moyen de la prière. Sa présence, intermittente mais réelle, s'accorde tout naturellement à la figure du Christ, présent en permanence dans l'eucharistie. Nous reviendrons sur l'influence que cette irruption du corps de la Vierge dans l'histoire a pu exercer sur la culture somatique et sur la manière de se représenter ce qui lie le physique et le moral.

C'est ici le lieu de rappeler l'insistance de la présence du corps de l'ange en ce XIXe siècle que l'on dit, trop vite, déchristianisé. Certes, ce retour de l'angélologie, souligné par Alphonse Dupront[16], était déjà particulièrement rendu manifeste par le décor des églises baroques. Mais il ne s'arrête pas avec le déclin de l'art rococo. Nombre d'institutions d'enseignement sont alors dédicacées à l'ange gardien ; une multitude de chromos, d'images pieuses, notamment de celles qui marquent la communion solennelle, d'abondantes illustrations d'ouvrages religieux, l'art des salons, le décor des églises montrent la place obsédante du corps d'un ange aux formes sexuelles imprécises, attentif compagnon qui a la préservation pour mission ; nous y reviendrons.

Rappeler ces quelques données fondamentales de la sensibilité religieuse et de l'imaginaire du corps était indispensable avant d'explorer les pratiques somatiques induites par cet ensemble de croyances, plus ou moins solidement ancrées. Nous nous en tiendrons à cinq éléments : 1) les débats concernant la valeur de la virginité, la nécessité de la préservation et les risques de la continence ; 2) les injonctions de la théologie morale à destination des époux ; 3) les pratiques visant, par la mortification, à la maîtrise des pulsions du corps ; 4) les effets du culte catholique sur les postures et la gestuelle ; 5) le recours des corps malades et infirmes à l'intercession de la Vierge. À plusieurs reprises, le corps de la religieuse servira de fil conducteur à cette esquisse.

II. VIRGINITÉ ET CONTINENCE

Aux yeux de l'Église, la virginité est, tout à la fois, un état, défini par l'intégrité de la chair, c'est-à-dire par « l'abstinence de tout acte vénérien consommé », et une vertu qui est « parfaite abstinence de toute action volontaire ou de tout plaisir opposé à la chasteté, avec la résolution de rester toujours dans cette abstinence »[17]. Cette vertu, donc, « ne consiste pas dans une disposition du corps, mais bien de l'âme ; elle se conserve malgré des actes involontaires qui font disparaître l'état de vierge » et qui constituent le stupre, c'est-à-dire la défloration illicite d'une jeune fille.

La virginité ainsi entendue prépare celles qui auront su la préserver à recevoir une auréole de gloire, dans l'au-delà. Elles pourront entrer dans les cohortes angéliques qui font cortège au Christ pour l'éternité, dans le chœur qui accompagne l'Agneau dans la Jérusalem céleste ; c'est que la vierge est pareille à la source pure qui jaillissait dans le jardin d'Éden, c'est-à-dire à une eau qui n'a pas encore été séparée de son origine[18]. Pour saint Ambroise, longuement évoqué par Chateaubriand dans *Génie du christianisme*, la vierge est exempte de toute souillure. Elle est par vertu ce que l'ange est par nature; et la virginité «passe bientôt de l'homme aux anges, et des anges à Dieu, où elle se perd[19]». Un demi-siècle plus tard, le médecin Jean-Ennemond Dufieux exalte cette béatitude: «La vie des vierges est belle comme la vie des anges; c'est l'innocence primitive et l'ignorance du péché; la vie des vierges est sublime comme la vie de Dieu, c'est l'abaissement de la chair et la glorification de l'esprit, la vie des vierges est désirable comme on peut désirer Dieu lui-même, c'est l'abandon de la terre et le commencement du ciel[20].»

Pour toutes ces raisons, la vierge est «source des grâces» et perfection de la beauté. Elle émet une sorte de rayonnement. Sa pureté intérieure se reflète à l'extérieur. Le charme, la candeur surtout, la modestie, la simplicité, la discrétion, la douceur, la franchise se combinent en elle; de la même manière qu'à l'inverse le péché et même la défloration conjugale marquent leur empreinte sur le corps. Celle qui a su conserver son trésor et fermer les portes du jardin intérieur de son âme rayonne d'un doux mystère.

La vierge sait s'inspirer de Marie, ignorante de la concupiscence, et implorer l'intercession de son ange gardien ou des saintes, ses patronnes. L'ascension du culte marial, notamment à partir des années 1850, renforce l'emprise du modèle virginal sur les jeunes filles pieuses et en augmente l'attrait auprès des jeunes gens. Nombre de cantiques, soulignait Chateaubriand à l'aube du siècle, glorifiaient celle qui avait, par miracle, combiné «les deux états les plus divins de la femme»: la virginité et la maternité. Marie, «assise sur un trône de candeur, plus éclatant que la neige [...] pourrait faire naître le plus violent amour, si elle ne jetait en même temps dans des extases de vertu»[21]. Les apparitions de la Vierge, sous la forme lumineuse que l'on sait, notamment dans la grotte de Massabielle, près de Lourdes, en 1858, confortaient ce schème.

On a dit et répété que ces images de la virginité s'accordaient à la sensibilité romantique, éprise de ce qui reflétait la pureté des origines et en facilitait la réminiscence. Effectivement, la poésie romantique exalte la jeune fille rêvée, pure, diaphane comme un ange, fervente et bonne; et l'imagerie pieuse, tant abondante sous le second Empire, reflète cet accord[22]. Cela dit, c'est surtout à partir du milieu du siècle que s'affirme l'emprise du modèle; or, le Romantisme, dans le champ littéraire, était déjà discrédité. L'angélisme, le désir de décorporéisation qu'il implique concernent surtout les générations ferventes du second XIXe siècle et s'accordent à l'adoucissement des formes de la piété. Odile Arnold le souligne à propos des religieuses [23]. La série des images de communion solennelle conforte cette constatation.

Particulièrement révélateur de l'emprise de la virginité est alors le culte de Philomène [24]. Venu d'Italie au début du siècle, relayé par le curé d'Ars qui prétendait devoir à la sainte les miracles qu'on lui attribuait, il culmine à l'aube des années 1870. Philomène révèle avec une grande netteté la force de prédication qui émane de la vierge, et le lien qui l'unit au martyre. La sainte – qui, par ailleurs, est une création imaginaire – avait, dès l'âge de onze ans, fait le vœu de virginité perpétuelle. Deux ans plus tard, pour s'être refusée à l'empereur Dioclétien, elle subit la prison et la torture, avant d'être décapitée. Fouettée par un cuir armé d'anneaux de métal, criblée de mille flèches, elle était demeurée impassible dans les tourments; c'est qu'un corps virginal reçoit, avec une force particulière, l'aide du Saint-Esprit au moment du combat.

Pour nombre de jeunes filles des années 1870, Philomène est une protectrice. Sa médaille, son cordon blanc et rouge, couleurs de la virginité et du martyre, que la vierge passe autour de la taille, la lecture du *Messager de sainte Philomène*, les prières qui lui sont adressées aident à triompher du démon, avec l'aide combinée de l'ange gardien et du saint patron. Des rapports affectifs se nouent entre la jeune fille et cette cohorte de personnages célestes. Le culte de la glorieuse martyre manifeste l'emprise des notions de sauvegarde et de préservation qui guident les parents et les éducateurs.

En effet, tout le discours consacré à la virginité et toutes les pratiques spirituelles induites, notamment la confession fréquente et l'effort permanent d'introspection qu'elle implique, se fondent implicitement sur la conviction de la fragilité de la pureté, de l'intensité de la menace qui pèse sur le trésor intérieur: « un regard, une pensée, un mot, un geste, peuvent aussi ternir et même flétrir en vous la plus belle des vertus [25] ». Aussi la sauvegarde de l'innocence première implique-t-elle, en toute logique, l'ignorance des choses de la sexualité et le silence sur cette question.

À ce propos, une digression s'impose. La virginité n'occupe pas une place centrale dans le seul imaginaire religieux de la femme. Médecins, auteurs de la littérature érotique, spécialistes de théologie morale se rencontrent alors en une commune fascination. Celle dont font preuve les seconds ne dérive pas seulement du désir de jouir des prémices, de bénéficier de l'étroitesse fantasmée des orifices et de la douleur infligée en un saccage qui serait aussi révélation du plaisir. En fait, l'imaginaire que révèle l'ensemble de ces discours est structuré par l'impression d'indécision, par le sentiment de la richesse des promesses de la métamorphose. Face à la décorporéisation de l'angélisme, laquelle, par ailleurs, suggère une retenue des postures et des attitudes jusque dans le futur commerce de la chair, se pose la description minutieuse et complaisante, par les médecins [26], de toutes les modifications orageuses du corps, de la puberté à la maternité épanouie. Quant aux auteurs de la littérature érotique, ils attendent de la défloration que la vierge, cessant de n'être qu'une simple esquisse, voie s'accentuer la fermeté comme le coloris de ses traits et la richesse de ses contours [27]. Pour tous, la virginité suscite, avant tout, une attente inquiète et fascinée, souvent impatiente, de la métamorphose, dans la pensée que celle-ci peut conduire à tous les basculements. La fragilité de l'être en devenir ouvre la multiplicité imprévisible des destins. D'où l'extrême importance de la préservation pour les uns, de la scène de l'enseignement du libertinage et de l'initiation érotique pour les autres.

Une série d'études ponctuelles conduisent à souligner le souci constant de préservation des jeunes filles manifesté par le clergé, notamment par celui des paroisses rurales où la surveillance était particulièrement aisée. L'hostilité à la danse dont font preuve les desservants rigoristes du premier XIXe siècle relève de cette préoccupation. Il en va de même de la volonté du prêtre de contrôler toutes les manifestations festives juvéniles au sein de sa paroisse. Le curé d'Ars croyait apercevoir le diable glissé entre les corps des jeunes gens entraînés par les musiciens. Celui de Veretz interdisait à ses paroissiens de danser ; ce qui lui valut les foudres de Paul-Louis Courier. Jean-Louis Flandrin cite une série de curés ou de desservants particulièrement inquisiteurs [28]. L'un d'eux ne craignait pas de monter au clocher, armé de sa lorgnette, pour surveiller les bergères. Nous verrons l'attitude hostile du clergé à l'égard de toutes les formes de sexualité d'attente. Jean Faury évoque la vigilance d'un curé du Tarn qui arpentait les travées de son église, tout en s'efforçant de corriger les tenues ou les chevelures des jeunes paroissiennes trop aguichantes [29]. À Bué-en-Sancerrois, à l'extrême fin du siècle, les filles passent l'après-midi du dimanche en compagnie de monsieur le curé, lequel s'efforce de les distraire et de les promener, tout en les préservant des tentations [30]. Nombre de paroisses possèdent leurs confréries juvéniles, parfois leur cohorte d'Enfants de Marie. Des institutions sont spécifiquement consacrées à la préservation des filles du peuple. La conviction que le temps qui sépare la puberté du mariage est rempli de périls, qu'alors « la grande fille » est soumise à d'intenses tentations, qu'il convient de dompter son corps avec une attention particulière, correspond, répétons-le, aux représentations médicales de la femme.

En effet, les praticiens, dans l'ensemble, s'accordent, à ce propos, au discours des clercs. La jeune fille qui sait résister aux orages de la puberté, maîtriser les élans nés de la métamorphose de son corps et, plus encore, dominer les entraînements de son imagination évite nombre de maux et de pathologies. Préservée, abandonnée intacte à son époux, tout la prédestine à la fidélité et aux maternités heureuses. C'est pourquoi la violence infligée à une vierge, qui constitue une faute d'une gravité exceptionnelle aux yeux des théologiens, est le principal objet de la préoccupation des médecins légistes en matière de violence sexuelle. Notons, à ce propos, le désarroi des spécialistes de ce temps qui sont nombreux à souligner la difficulté, voire l'impossibilité, de détecter à coup sûr les signes de la défloration. L'hymen de certaines jeunes filles, reconnaissent les médecins légistes, a parfois disparu malgré l'absence de tout rapport sexuel. En revanche, il en est d'autres qui ont su maquiller et tromper sur les signes d'une virginité disparue [31].

Il serait absurde de prétendre quantifier les résultats de la volonté de préservation. La conservation de la virginité concerne des cohortes très inégales selon le milieu, la profession, le statut social, le rang dans la fratrie, les normes régionales, le charme, la ferveur, et, à en croire les médecins de ce temps, le tempérament. Les observations des cliniciens spécialistes des maladies de femmes et des pathologies vénériennes donnent à penser que, parmi les ouvrières de la fabrique parisienne, la majorité des filles perdaient leur virginité entre dix-sept et dix-neuf ans [32]. Mais il en est qui restent vierges

L'emprise de la religion

1. École française, *Le Sacré-Cœur*, XIXe siècle, coll. part.

Parmi les innombrables images du Sacré-Cœur de Jésus qui ont circulé au XIXe siècle, celle-ci, particulièrement suave, gomme quelque peu l'intrusion dans le corps du Christ à la recherche du « viscère sacré », symbole, tout à la fois, des souffrances de la Passion et de l'amour du Rédempteur pour chacun de ses fidèles ; ce que figurent ici la petite couronne d'épines, la croix et l'ardeur de la flamme.

2. *Arrête ! Le cœur de Jésus est là !*, fin XIXe siècle, image pieuse.

Au lendemain de la défaite de 1871 et de l'insurrection de la Commune, le culte du Sacré-Cœur s'intensifie. Ce petit dessin, émouvant de simplicité, évoque l'attente du règne du Christ. Il fait peut-être allusion aux assauts de l'anticléricalisme et de la libre pensée.

3. Paul Delaroche, *Sainte Véronique*, XIXe siècle, Paris, musée du Louvre.

La méditation des mystères douloureux et la célébration du chemin de croix placent le récit de la Passion au cœur de la culture des âmes pieuses du XIXe siècle. Véronique essuya le visage du Christ lors de sa montée au Golgotha sur un linge qui conserva les traits de Jésus. Elle est ici représentée par Delaroche comme accablée de ce souvenir, entretenu par la présence de la saisissante relique.

4. Jean Béraud, *Chemin de croix*, Salon de 1912.

Jean Béraud symbolise avec force la violence des combats anticléricaux du début du XXe siècle. Près d'un couple de mondains railleurs, un instituteur laïc invite ses élèves à lapider le Christ, soumis aux coups d'une foule hurlante. En face, des enfants pieux, une religieuse, des communiants prient avec recueillement, tandis qu'une jeune mère tend son bébé au Rédempteur.

5. Le Cerf, *Apparition de la Vierge à sainte Catherine Labouré le 31 juillet 1830*, 1835, coll. part.

Cette apparition de la Vierge à Catherine Labouré à l'issue des journées de la révolution de 1830 – dont le souvenir est conservé, à Paris, dans la chapelle de la rue du Bac – inaugure la mariophanie qui contribua à redessiner les émotions et les attitudes des fidèles dans la France du XIXe siècle. On remarque la figuration du Sacré-Cœur et les rayons lumineux qui émanent des mains de Marie.

6. *Apparition de la Vierge à deux petits bergers sur la montagne de La Salette*, fin XIXe siècle, imagerie Pellerin.

Parmi les centaines d'apparitions revendiquées par des fidèles, qui appartenaient, le plus souvent, au peuple des campagnes, l'Église n'en a reconnu que trois, dont celle de La Salette. Dans cette petite paroisse des Alpes, deux enfants, Mélanie et Maximin, affirmèrent avoir vu une Vierge de douleur, porteuse des instruments de la Passion. Cette apparition suscita un pèlerinage toujours fréquenté.

7. *Je suis l'Immaculée Conception. Notre Dame de Lourdes, priez pour nous*, vers 1900, image pieuse.

Quatre ans après la promulgation du dogme de l'Immaculée Conception, la Vierge apparaît sous ce vocable à Bernadette Soubirous dans une grotte, au bord du Gave. La simplicité de la jeune fille, ses attitudes corporelles, qui semblaient refléter celles de la Vierge, finirent par convaincre la foule qui, durant plusieurs semaines, assista à la réitération de l'événement.

8. *Sainte Bernadette Soubirous en prière.*

Après que ses visions ont été reconnues par l'Église, Bernadette se voit imposer des disciplines somatiques sévères, avant d'être envoyée au carmel de Nevers. Sur ses photographies, soigneusement mises en scène, elle se devait de figurer sans fin l'émotion suscitée par les apparitions, en évitant de donner l'impression de grandir.

9. Louis Janmot, *Première communion*, XIXe siècle, Lyon, musée des Beaux-Arts.

Au XIXe siècle, le souci de la préservation des jeunes filles, du maintien de la pureté de l'âme, hante les confesseurs, les éducatrices, les médecins. L'exaltation de la virginité, évoquée, ici, lors de la cérémonie de la première communion, ordonne les manifestations de la pudeur, pèse sur les conduites de séduction et inspire, *a contrario*, la littérature érotique.

10. *Sainte Philomène, vierge et martyre, thaumaturge du XIXe siècle.*

Venu d'Italie, le culte de sainte Philomène, gardienne de la virginité des jeunes filles, s'est répandu rapidement en France, notamment sous l'impulsion du curé d'Ars. À dire vrai, le destin de cette jeune vierge, martyrisée pour s'être refusée à l'empereur Dioclétien, n'était qu'une construction imaginaire ; ce que l'Église reconnut un siècle plus tard.

11. Marius Granet, *Initiation d'une jeune novice d'Albano dans le chœur du couvent Sainte-Claire de Rome*, XIXe siècle, Paris, musée du Louvre.

Lors de sa prise d'habit, la jeune postulante sacrifie symboliquement sa chevelure, coupée lors de la cérémonie. Dès lors commencent pour elle une vie d'ascèse quotidienne, un permanent contrôle des élans et le renoncement aux satisfactions corporelles.

12-13. *Boîtes confectionnées par les religieuses et figurant l'intérieur d'une cellule,* Pont-Saint-Esprit, musée d'Art sacré du Gard.

Pour bien montrer son renoncement au monde et l'abandon du corps, la carmélite confectionne une poupée qui la figure et qui ne laisse apparaître que les mains et le visage. Cette poupée est installée à l'intérieur d'une boîte qui représente la cellule, décorée d'images pieuses et, parfois, d'instruments de macération.
On note aussi, à l'intérieur de ces boîtes, la présence de quenouilles ou de corbeilles contenant ce qui permet la confection de fleurs artificielles, de chapelets ou le sertissage de fragments de reliques, qui imposent à la carmélite un travail des mains et qui entretiennent, avec les tâches ménagères, une permanente présence de la corporéité à l'intérieur du couvent.

14. Henry Bacon, *Prières de Noël*, 1872, coll. part.

Une donnée quelque peu négligée par les historiens de la religion : le modelage du corps par la pratique des exercices de piété ; et, tout d'abord, les disciplines somatiques imposées à l'église, durant les cérémonies. Malgré le confort assuré, ici, par de profonds coussins, le silence de rigueur, l'agenouillement, le recueillement attesté par la discipline des mains illustrent cette emprise.

15. Sir George Clausen, *Jeunes paysannes françaises priant*, XIXe siècle, Londres, Victoria and Albert Museum.

Loin des paroisses des beaux quartiers, la disciplinarisation du corps n'est pas moins intense. Sans doute se révèle-t-elle plus difficile à l'intérieur des églises de campagne ; ce que suggèrent les attitudes de ces deux jeunes paysannes en prière, agenouillées directement sur les dalles, au pied de l'autel.

17. Arthur Hughes, *L'Heure du coucher*, 1862, Preston, Harris Museum and Art Gallery.

Nombre de parents veillent avec attention à la récitation des prières du soir, qui préparent au sommeil les enfants de tout âge. Ce tableau préraphaélite, daté de 1862, met en scène, selon toute vraisemblance, une famille protestante. Mais ce rituel et l'inculcation des disciplines somatiques qu'il implique concernent alors l'ensemble des familles chrétiennes.

16. École française, *Jeune femme normande*, 1830-1840, Paris, bibliothèque des Arts décoratifs.

Dans l'intimité des intérieurs, la piété marque aussi les corps. Sur cette lithographie datant des années 1830, la jeune Normande, agenouillée, les mains jointes sur la poitrine, adopte spontanément, dans la solitude de sa petite chambre à l'ambiance studieuse, les postures du recueillement qui lui ont été apprises dès l'enfance.

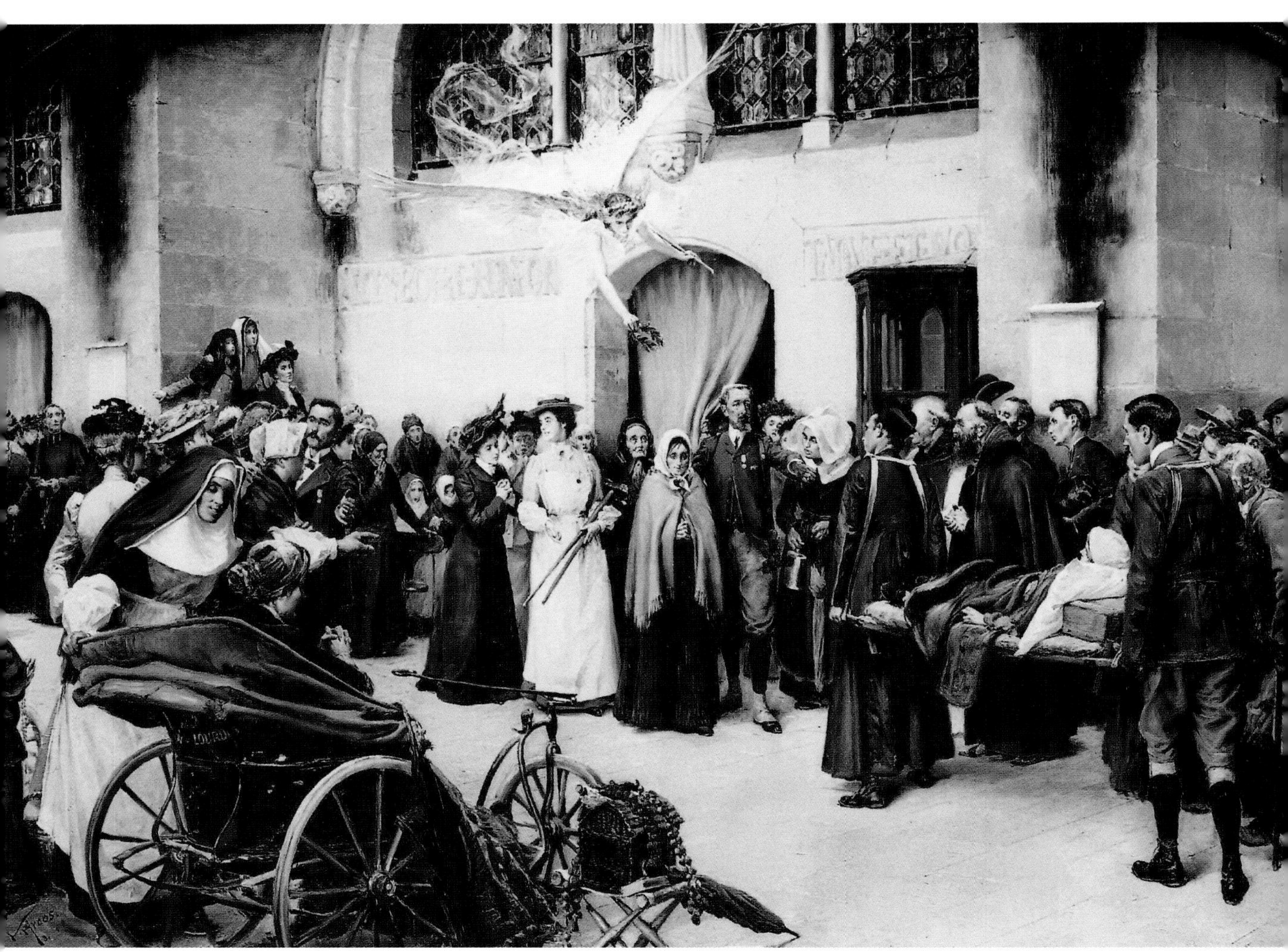

18. Santiago Arcos y Megalde, *Un miracle à Lourdes*, Salon de 1903.

À l'aube du XXe siècle, tandis que le combat anticlérical s'intensifie, les catholiques répliquent par des manifestations de masse. À Lourdes, l'immense exhibition de grabataires entassés dans l'attente du miracle permet aux membres de l'aristocratie de faire preuve d'un ostentatoire dévouement et de se charger de tâches d'ordinaire réservées à la domesticité.

bien au-delà de cet âge, sans qu'on puisse saisir les raisons du succès de cette préservation. Au sein des familles-souches de la France méridionale, la virginité des héritières est plus soigneusement préservée que celle des cadettes et que celle des domestiques venues d'ailleurs[33]. Dans nombre de régions ferventes, la « fille facile », la « brebis galeuse », aux yeux du clergé, celle qui n'a pas failli qu'une fois, succombant aux manœuvres d'un séducteur, mais qui fait figure de pécheresse d'habitude, est bien connue de la jeunesse de la commune. Son comportement peut être dénoncé à l'occasion du carnaval.

En bref, pour la majorité des jeunes filles, avant la révolution sexuelle opérée au cours du XXe siècle, la préservation était un souci constant. Les drames intérieurs, voire le remords, la stigmatisation, la dévalorisation sur le marché matrimonial guettaient celles qui s'étaient, trop tôt, livrées aux délices de l'abandon, eussent-elles évité la grossesse. Certains garçons eux-mêmes, malgré le double standard de la morale sexuelle, attachaient de la valeur à leur virginité. On trouve l'écho d'une telle préoccupation dans certains journaux intimes.

Le souci de la préservation, le prix attaché à la pureté et à l'innocence, la certitude du salut des vierges pouvaient faciliter l'acceptation de la mort des adolescentes. Le curé d'Ars refusait de s'attrister du décès des filles pieuses de son entourage. En janvier 1848, Léon Papin-Dupont, « le saint homme de Tours », se console de la mort de sa fille Henriette, emportée par une fièvre typhoïde à moins de quinze ans, alors qu'elle venait d'être demandée en mariage, à la pensée qu'elle est morte « avant le combat, en état de pureté et d'innocence ». On ne devient père, estime-t-il, « que du moment où le salut de son enfant est assuré » et il invite Laure, sa filleule, à entrer en « contemplation du bonheur d'Henriette ». « Ma fille vierge, écrit, un mois plus tard, Léon Papin-Dupont à une parente, devient à tout jamais épouse bien-aimée de Jésus » ; ce qui le conduit à déclarer à un ami, le 11 décembre 1848, que « la mort d'Henriette lui crée une parenté avec Dieu »[34].

Si, dans l'ensemble de la société, à de très rares exceptions près, la préservation de la jeune fille dans l'attente du mariage ne suscite pas la discussion, il n'est guère d'objet aussi âprement débattu, durant la première moitié du XIXe siècle, que les mérites ou les méfaits de la virginité prolongée et de la continence. Bien entendu, ce sont les membres du clergé qui sont visés.

Le débat a été préparé, dès le milieu du XVIIIe siècle, par celui qui concerne l'éventuel mariage des prêtres[35]. En 1758, le chanoine Desforges publie un ouvrage dont le titre expose bien le contenu : *Avantages du mariage et combien il est salutaire et nécessaire aux prêtres et aux évêques de ce temps à épouser une fille chrétienne.* En 1781, l'abbé Jacques Gaudin fait paraître à Genève son livre intitulé : *Inconvénients du célibat des prêtres*, lequel, largement diffusé, fournit un lourd arsenal polémique aux partisans du mariage des ecclésiastiques.

La nature, argue Gaudin, « acquiert de nouvelles forces à proportion des obstacles qu'on lui oppose [...]. On sait combien l'inexpérience allume l'imagination. Il suffit qu'un plaisir soit hors de notre portée pour lui prêter mille charmes secrets, dont on n'est désabusé qu'après la jouissance [...] ; les célibataires ont, en général, l'imagination plus souillée et le propos plus libertin que les gens mariés » ; or, « la nature semble avoir imposé pour première dette à chaque être l'obligation de produire son semblable ». À ces arguments fondés sur l'ensemble des droits attribués par Dieu et perceptibles par la seule raison, en dehors de l'intervention de toute grâce, s'ajoutent ceux qui relèvent de l'histoire. Il n'est nulle mention d'un devoir de continence dans le texte des Évangiles. La lecture des épîtres de saint Paul montre que la plupart des apôtres étaient mariés. L'essor du célibat caractérise les sociétés décadentes.

En novembre 1791, Antoine Franchet, le curé de Mornand, cite ses luttes en exemple. Depuis le début de son ministère, il n'a cessé de changer de gouvernantes, après les avoir durement traitées, afin de ne pas risquer de céder à la concupiscence. Aussi a-t-il décidé, à l'âge de quarante-neuf ans, de signer un contrat avec la dernière de ces femmes. Puis, écrit-il, « nous en sommes venus à l'acte marital qui nous a réussi ».

Durant la Révolution, pas moins de 6 000 prêtres, pour ne pas parler des religieuses, se sont ainsi mariés, comme le prouvent les dossiers de réconciliation avec l'Église constitués sous le Consulat et l'Empire[36]. Le fait qu'un certain nombre des unions n'aient pas été consommées n'empêche pas que le sujet demeure brûlant durant la première moitié du XIXe siècle.

La majorité des médecins, soucieux du bon accomplissement de toutes les fonctions organiques, déplorent alors, dans leurs écrits, l'existence du célibat ecclésiastique. Ils dénoncent les vœux de chasteté. Leur immense dossier dont il convient ici de ne présenter que les linéaments[37] se fonde sur la fréquence – à les en croire – de l'hystérie, du cancer, des maladies d'organes, des troubles de la menstruation à l'intérieur des communautés religieuses ainsi que sur la mortalité précoce constatée en ce milieu. Ils ressassent de rares cas de satyriasis dont auraient été victimes des ecclésiastiques[38], et la diatribe contre la masturbation, qu'il s'agisse de l'un ou de l'autre sexe, prend parfois appui sur des pratiques cléricales. Les confesseurs eux-mêmes, par leurs questions indiscrètes, sont soupçonnés d'entretenir des rapports troubles avec leurs pénitentes. En bref, le corps trop chaste des membres du clergé apparaît une dangereuse anomalie à la majorité de ces savants, qui s'inscrivent par là dans la continuité de la philosophie des Lumières.

Des médecins catholiques leur répondent. Mieux : certains d'entre eux ont rejoint les couvents, au premier rang desquels le trappiste Debreyne[39]. Ces praticiens de l'autre bord contestent les observations de leurs adversaires et présentent leurs propres statistiques. Ils détaillent les mérites de la virginité. Ils s'emploient à prouver combien les noces des religieuses et de leur époux céleste, sans que cette union s'encombre ici de considérations oiseuses concernant quelque compensation érotique, peut être source d'équilibre et d'épanouissement. De toute manière, la chair doit obéir à l'esprit et le corps être soumis à l'âme.

III. LES DEVOIRS CONJUGAUX

Le débat sur les affres ou les bienfaits de la continence excessive se déploie selon les mêmes formes et les mêmes arguments que celui qui porte sur le célibat ; à cela près qu'il concerne davantage le sexe masculin. Il nous conduit à rappeler très brièvement ce qui justifie, aux yeux des catholiques, la maîtrise des pulsions sexuelles. Comme il a été dit, le message des Pères de l'Église et, en particulier, celui d'Augustin se fondait sur l'indépendance des manifestations somatiques du désir par rapport à la volonté pour faire de la concupiscence le résultat évident de la faute[40]. Dans la perspective de l'enseignement de saint Paul (1 Corinthiens VII), l'état de virginité est jugé préférable à l'entretien de rapports sexuels. La vie de Jésus suffit à le prouver. Néanmoins, mieux vaut, selon Paul, nouer une bonne union conjugale plutôt que de brûler ; manière, de l'avis des théologiens, d'éviter aux deux époux, liés par l'obligation de se rendre le devoir, le châtiment qu'encourt celui qui se livre au stupre, à la fornication ou à l'adultère. Nonobstant la complication des méandres de la théologie morale et l'intervention des découvertes de la physiologie dans ce cheminement, les catholiques, guidés par la Pénitencerie romaine [41], peuvent s'en tenir à de simples mais solides injonctions : les deux époux se livrent à l'acte charnel en vue de la procréation et non par désir de se ménager des instants de volupté. Ils doivent éviter toute manœuvre tendant à la contraception ; et, de ce fait, tout raffinement érotique relevant du coït anal ou buccal ou de la masturbation réciproque [42]. Il leur faut, dans la mesure du possible, éviter une complaisance qui pourrait faire oublier la finalité de la relation charnelle.

En revanche, aucun des deux époux ne doit se refuser à son partenaire, au risque de l'induire en tentation de fornication ou d'adultère. Reste le point litigieux dont débattent les principaux théologiens, tels Mgr Bouvier, évêque du Mans, Mgr Thomas Gousset ou le père Debreyne. Quelle attitude doit adopter l'épouse, en attente du mystère de la conception d'un petit être formé à l'image de Dieu, si elle sait d'expérience que son époux est décidé à pratiquer le coït interrompu, alors en grande expansion ? Si les avis sont partagés, il semble que la majorité des théologiens inclinent alors à l'indulgence ou, si l'on préfère, au laxisme. L'épouse ne doit pas risquer d'entraîner son mari à pécher plus gravement encore en corrompant une femme libre ou, pis, l'épouse d'un autre.

Reste une question subsidiaire : la femme consentante, malgré la prescience de la faute du mari, doit-elle éviter soigneusement la jouissance, sachant pertinemment que celle-ci ne sanctionnera pas une conception possible ou probable ? La majorité des théologiens le lui conseillent mais le père Debreyne, arguant des découvertes des physiologistes, disculpe l'épouse dans la mesure où, à ses yeux, la science a montré que certaines femmes étaient dans l'incapacité d'éviter de jouir au cours d'une relation sexuelle [43].

Quoi qu'il en soit, l'exaltation de la maîtrise de soi et du modèle dessiné par le couple de Joseph et de Marie conduit à juger bénéfique la continence entre époux, une fois assurée la naissance d'une cohorte d'enfants ; à condition, bien entendu, qu'aucun des deux partenaires ne demande à l'autre de lui rendre le devoir.

Même esquissé ainsi à grands traits, le message catholique en matière d'union charnelle ne doit pas être estimé selon la sensibilité de notre XXIe siècle. L'intensité du mystère de la conception [44], la sacralité reconnue du corps de la femme-mère, l'exaltation de la fidélité entre époux et du don réciproque de deux êtres qui, selon les termes bibliques, ne forment plus qu'une seule chair, l'atmosphère de la chambre conjugale des couples chrétiens, le lit souvent surmonté d'un crucifix, le voisinage, parfois, du prie-Dieu ont pu, nonobstant l'absence de raffinement érotique, conférer à l'union charnelle une intensité émotionnelle dont il convient de tenir compte si l'on garde le souci d'éviter tout anachronisme psychologique.

Ajoutons qu'en ce domaine les théologiens de ce temps ne condamnent pas les préliminaires destinés à faciliter la réussite de l'union. Ils admettent la réitération des plaisirs. Ils laissent une certaine liberté des positions amoureuses, tout en conseillant celle dite du missionnaire aux dépens de l'acte retro (*more canum*). Certains d'entre eux admettent même que le partenaire le moins rapide – souvent la femme – fasse en sorte d'éprouver du plaisir après que l'autre a obtenu le sien. À partir du milieu du siècle, certains théologiens commencent, en outre, à considérer l'amour comme une des fins des rapports sexuels ; c'est le cas de Jean Gury, en 1850, qui s'inscrit, par là, dans la ligne de la pensée d'Alphonse de Liguori.

Combien de couples, dira-t-on, ont ainsi maîtrisé leurs pulsions en vue de respecter les injonctions des directeurs de conscience ou des simples confesseurs ? Il serait bien difficile de le dire. Mais l'essentiel, pour notre propos, est l'incessant rappel des normes, compte tenu du recours fréquent de nombreuses femmes au tribunal de la pénitence. Il serait de mauvaise méthode de postuler une désinvolture absolue des couples catholiques à l'égard de la théologie morale ; d'autant que l'aveu au confessionnal impliquait la contrition et qu'il était suivi d'une pénitence, aussi légère fût-elle, ainsi que de bonnes résolutions ; sans oublier le poids du sentiment de la faute sur les émotions éprouvées par ceux qui se laissaient entraîner au non-respect des normes prescrites ; même si l'on estime que l'érotisme se nourrit de la transgression.

IV. LA POSITION ASCÉTIQUE

« Le plus grand de nos ennemis, c'est notre corps[45] », écrivait Alphonse de Liguori à l'influence duquel on attribue, à juste titre, l'adoucissement de la théologie morale au cours de la première moitié du XIXe siècle. « Ce rigorisme implacable » que l'on retrouve chez le curé d'Ars, lequel considérait son corps comme « son cadavre », détermine la « position ascétique » qui est celle de bien des chrétiens du XIXe siècle. Pour les âmes d'élite, éviter la concupiscence ne saurait alors suffire. Il s'agit de « contrarier continuellement la nature et le corps » alors que, dans le même temps, l'histoire naturelle de l'homme et la science médicale, dans la continuité du siècle des Lumières, dispensent un message inverse.

« Qu'exige la mortification du corps ? » interroge en 1884 Désiré Graglia, l'auteur d'instructions spirituelles destinées à la congrégation des sœurs de charité. « – Que nous nourrissions envers [lui] une haine sainte et implacable, en lui refusant les satisfactions qu'il demande [...][46]. »

Ce temps est héritier de la rupture opérée au cours du XVIIe siècle, lorsque s'est approfondie la dissociation du corps et de l'âme, du physique et du spirituel. Toutefois, on ne retrouve pas, au XIXe siècle, la même tentation du mysticisme et le même appétit de mortification. À ce propos, il importe de s'efforcer de distinguer ce qui, pour la période qui nous concerne, se situe dans le droit-fil des disciplines fixées au lendemain du concile de Trente et ce qui relève de la novation. Considérons, dans cette perspective, les pratiques en usage dans les couvents de femmes. Elles constituent le modèle exacerbé, bien souvent inaccessible, proposé aux âmes pieuses.

Le vêtement des religieuses a pour but de nier le corps, voué à la pourriture. « Confusément, écrit Odile Arnold, on refuse d'intégrer celui-ci à la personne ; on l'ensevelit dans un vêtement comme sous un linceul parce que l'on se sent enseveli soi-même dans une condition charnelle à laquelle on rêve d'échapper[47]. » Pour autant, les costumes des religieuses ne sont pas conçus comme des étaux. Ils ne masquent pas les formes féminines. Souvent les corsages sont ajustés et les tailles bien prises; seule exigence: le port du voile et de tout ce qui couvre les cheveux, dans un souci de modestie; exigence antique, rappelée avec force par Augustin au Ve siècle.

Le silence règne dans les couvents. À la Grande Trappe, réformée naguère par l'abbé de Rancé, il est total. En 1847, Chateaubriand, à la demande de son directeur de conscience, revient sur ce profond silence. Il en renouvelle le sens à la lumière de la sensibilité romantique et de l'esthétique du sublime[48]. Ailleurs, on distingue le « grand silence », celui qui règne la nuit, et le « petit silence » qui marque les activités du jour et qui se trouve périodiquement interrompu lors des récréations ou bien à l'occasion de permissions, laissées au gré des supérieures. Le silence est apprentissage et signe de la maîtrise de soi. Il augmente la capacité à dominer ses élans. Il évite la dispersion de l'esprit. Il facilite l'examen intérieur. Il prépare à la prière. Bien entendu, il permet d'échapper au bavardage, à la médisance, à la distraction. Il témoigne de la régularité qui s'impose à toutes les actions. Il est l'une des bases de la règle de vie.

Le jeûne s'accorde au silence. Il favorise le recueillement au réfectoire. Il atteste, lui aussi, la maîtrise des pulsions. L'ascétisme de la nourriture s'impose « comme une condition fondamentale de la vie spirituelle[49] ». À la Trappe, la viande, le poisson, les œufs, le beurre sont interdits, ainsi que les épices, la crème et les pâtisseries. Durant l'Avent et le Carême, le régime se fait plus strict encore; les jours de jeûne, les moines ne prennent qu'un seul repas. La règle des autres communautés est certes moins sévère; elle est généralement modulée selon les usages locaux.

On ne peut considérer le jeûne et l'abstinence, c'est-à-dire l'attitude à l'égard de la nourriture du corps, indépendamment du repas eucharistique, auquel ils préparent et s'accordent. En effet, sur la communion avec le corps du Christ pèse en permanence la crainte du sacrilège. Le jeûne et les macérations contribuent à la désamorcer: c'est que « l'âme est malade dès que la chair n'est pas mortifiée[50] ».

L'usage du cilice et de la discipline est assez largement répandu dans les couvents au XIXe siècle. Le vendredi, jour où l'on commémore le supplice et la mort du Christ, nombre de religieux et de religieuses font usage de la flagellation. Ces pratiques débordent les monastères. Elles concernent bien des membres du clergé séculier, à l'exemple du curé d'Ars, ainsi que des frères engagés dans la vie active, tel le dominicain Lacordaire, le prédicateur de Notre-Dame. Nombre de femmes et de jeunes filles pieuses, notamment les nouvelles converties, portent un cilice. George Sand, qui était, par ailleurs, une fervente lectrice de l'*Imitation*, vécut une crise de mysticisme, durant son adolescence, alors qu'elle était pensionnaire des sœurs augustines. « Je portais autour du cou, confie-t-elle dans son autobiographie, un chapelet de filigrane qui m'écorchait, en guise de cilice. Je sentais la fraîcheur des gouttes de mon sang, et au lieu d'une douleur c'était une sensation agréable [...] mon corps était insensible, il n'existait plus[51]. »

Cela dit, ces macérations se trouvent alors limitées par une série de précautions. À l'intérieur des couvents, elles restent soumises à la permission de la supérieure et doivent se dérouler dans le plus grand secret. En dehors des clôtures, les confesseurs sont là pour éviter les excès ; et nombreux sont ceux qui interdisent de telles pratiques à leurs pénitentes. Le père Debreyne, que nous avons déjà rencontré, directeur de conscience de renom, est un médecin devenu trappiste. Il se dit défavorable aux macérations. Évitons, en outre, de confondre celles-ci avec tout ce qui relève de ce que les médecins appellent alors l'algophilie – amour de la douleur –, avant que ne se diffuse, à la fin du siècle (1886), la notion de masochisme. En se livrant à la mortification de la chair, ces chrétiens fervents entendent accompagner, sans s'y complaire, le Rédempteur dans ses souffrances. La flagellation est indissociable de la méditation sur les mystères douloureux ; elle s'accorde aux efforts d'imagination recommandés dans le cadre des exercices spirituels. Évitons de médicaliser et de considérer, trop vite, comme pathologiques de tels comportements.

D'autant que le XIXe siècle, en la matière, répugne à l'excès, voire au mysticisme. Les fidèles de ce temps recherchent généralement un autre rapport à Dieu que celui qui, jadis, menait à l'extase et à la vision par la nuit des sens un Jean de la Croix ou une Thérèse d'Avila.

Méfiants à l'égard de tout excès, les auteurs de règlements de vie et de manuels de piété, ainsi que les directeurs de conscience, accentuent, en revanche, les injonctions concernant le contrôle quotidien de l'usage des sens, perçus comme autant de portes du démon. « Toute la fonction d'organe de relation se trouve limitée par les réactions intérieures qu'elle risque de susciter[52]. » Dans les couvents, les religieuses s'efforcent de contrôler leurs gestes, de régler leurs mouvements, de vaincre la vivacité et la pétulance des novices. La retenue est sans cesse exigée. Les manières de se tenir assis ou debout, les façons de marcher doivent être maîtrisées. « Les gestes, les rythmes, les sources d'émotion et les apports de la sensibilité[53] » font l'objet d'une permanente vigilance. Les attitudes de la prière sont strictement codifiées. On se doit d'occuper les mains en permanence, seule partie visible du corps, avec le visage. Il importe d'éviter, à l'égard de l'autre, tout ce qui pourrait ressembler à une caresse.

L'essentiel réside dans la maîtrise des cinq sens. Compte tenu des dangers du regard, il faut lutter contre le désir de voir et d'être vue. Bien entendu, tout coup d'œil impudique doit être évité, mais, autant qu'il est possible, il est interdit de dévisager. La religieuse doit fuir tout regard sur sa nudité et oublier sa propre image. Elle n'a pas de miroir à sa disposition. De la même manière, elle ne saurait se délecter des bonnes odeurs. En revanche, elle peut rechercher les puanteurs, surtout lorsque celles-ci suggèrent l'accomplissement d'un geste charitable.

Le soir, la récitation des complies est prière qui prépare à la chasteté du repos et préserve des phantasmes de la nuit. Pour les religieuses comme pour l'ensemble des chrétiens, le sommeil doit évoquer l'image de la mort, le lit celle du tombeau et le réveil, hâtif, celle de la résurrection ; d'où les injonctions concernant la rudesse de la couche, que nous retrouverons sous la plume des médecins[54].

Reste que le plus caractéristique du XIXe siècle, notamment de sa seconde moitié, est bien le raffinement d'une « économie afflictive », la recherche des « petites voies » qui mènent à Dieu, élément majeur, à la fin de la période, de la spiritualité de Thérèse de l'Enfant-Jésus. Confrontée à la grande souffrance, la religieuse doit savoir endurer sans se plaindre, sans rien laisser paraître. Elle peut même refuser les soulagements ; façon discrète de s'unir au Rédempteur. À l'approche de la mort, quand le corps se consume, certaines moniales font preuve d'une sorte d'allégresse, dans l'attente d'une fête de l'âme.

En dehors de toute lutte dramatique, se mène, au quotidien, un travail ininterrompu de soumission et de renoncement à soi-même. Les menus sacrifices imposés au corps sont manière de « thésauriser le maximum d'afflictions, à l'imitation des saints ». Une arithmétique des sacrifices, fait remarquer Claude Savart[55], s'accorde à l'esprit du temps ; comme s'il s'agissait de miser sur l'épargne, sur une forme de capitalisation, qui est investissement au spirituel, en vue d'assurer son salut éternel ; pratiques étayées par l'affinement de plus en plus aigu de l'examen de conscience, par le recours régulier à la confession, assortie de pénitences, et par la pratique de la communion fréquente.

Le modèle proposé par les religieuses se diffuse alors, avec une rigueur atténuée, à l'intérieur des pensionnats et de l'ensemble de la société, sous l'influence des confesseurs, des directeurs de conscience et par le moyen de la lecture de cette littérature pieuse qui, sous le second Empire, notamment, connaît, répétons-le, un succès considérable ; d'où la colère des anticléricaux qui accusent les prêtres de soumettre la femme à leur influence.

Or, qu'il s'agisse des religieuses ou de la cohorte des âmes ferventes, un paradoxe a été, à juste titre, souligné : « la hantise et le refus du corps, écrit Jean-Pierre Peter, finissent par installer en maîtres dans les cloîtres, le désir menaçant [...] le corps honteux, incompris, martyrisé, et de ce fait omniprésent, envahissant[56] ». « En voulant rejeter l'emprise du corps, assure pour sa part Odile Arnold, on finissait par lui donner une place incroyable, à longueur de journée[57]. »

Dans une perspective d'ordre plus anthropologique, Jeanne Andlauer relève un paradoxe du même type. Arrêtons-nous un instant sur son analyse. À l'issue d'une minutieuse enquête menée sur les religieuses contemplatives des XIXe et XXe siècles, elle écrit : « La vie conventuelle où le corps doit être abandonné, pour renforcer la vie de l'esprit et celle de l'âme, est pourtant le lieu d'une présence quotidienne, vive et symbolique de la corporéité[58]. » Ce constat paradoxal, qui renforce et nuance le précédent énoncé par Jean-Pierre Peter et Odile Arnold, se fonde sur la confection d'objets dévotionnels, en une prière des mains « qui est un travail sur le corps autant qu'un travail du corps ». Dès lors, ajoute Jeanne Andlauer, « l'art du couvent est indissociable de la chair » ; certains objets confectionnés parlent « d'incorporation, d'incarnation, remènent au terrain de l'organique[59] ».

Lors de la cérémonie de prise d'habit – la vêture –, les cheveux de la postulante, libérés en mèches éparses, sont coupés et recueillis dans un bassin d'argent. Avec ce matériau, tout au moins jusque vers 1880, les religieuses confectionnent une série de petits objets : croix, guirlandes, bijoux, chaînes de montre. Certaines réussissent même à dessiner des paysages.

L'enquête ethnographique révèle que la religieuse, au moment de prononcer ses vœux, confectionne une poupée qui la symbolise. Il s'agit de la fabrication d'un corps voilé à jamais, dont le visage de cire reflète la chair inaltérable, idéalement inanimée. En habillant un corps nu, destiné à n'être jamais dévêtu, la moniale signifie la perte de sa fonction génésique. Souvent, la poupée est installée dans une « boîte de solitude » qui figure la cellule ; ce qui permet, au besoin, d'y exhiber les instruments de mortification.

Une des attributions traditionnelles des femmes cloîtrées, parallèlement à la confection de la dentelle, symbole de la virginité, est d'habiller des reliques, notamment des fragments d'os, afin d'introduire des traces corporelles à l'intérieur même des images vénérées. Ce souci de figurer la présence corporelle culmine dans les effigies grandeur nature, vêtues de véritables habits, abritant des parties de squelettes et présentées dans une châsse de verre à l'intérieur des églises [60]. Ainsi furent montrés les restes du curé d'Ars, après sa béatification en 1905. Catherine Labouré, à la chapelle de la rue du Bac, Bernadette Soubirous, Thérèse de l'Enfant-Jésus et de la Sainte-Face ont été présentées sous des traits peu personnalisés et angéliques, « comme endormies, les yeux fermés, la tête légèrement penchée sur le côté [61] », les mains posées l'une sur l'autre ou serrées sur un chapelet. Ce travail, qui participe de la vogue de la céroplastie au cours du XIXe siècle [62], démontre, mieux que tout, au spectateur fasciné la prégnance du corps dans l'imaginaire des chrétiens fervents de ce temps.

Bien entendu, il est très difficile – et ce n'est pas ici notre propos – de pénétrer les affres des individus trop faibles pour supporter la rigueur des couvents. On sait, à ce propos, avec quelle insistance la littérature érotique, depuis la publication du *Portier des Chartreux. Histoire de dom Bougre écrite par lui-même* (1741) ou de *La Religieuse* de Diderot, pour ne rien dire des écrits de Sade, avait tenu à installer ses héroïnes à l'intérieur de ces clôtures. La transgression suprême – puisque aux yeux des théologiens le commerce de la chair est en ces lieux un sacrilège – avait bien entendu pour but d'exacerber l'émotion du lecteur ; tout comme les scènes relatant le saccage collectif de la virginité (*Les 120 Journées de Sodome*).

De patientes recherches menées dans les archives montrent que la sexualité était effectivement présente dans les couvents de femmes de l'Ancien Régime, mais non avec l'éclat conféré par cette littérature. À titre d'exemple, Gwenaël Murphy relève, au XVIIIe siècle, seize déclarations de grossesse et quatre viols de religieuses enregistrés dans l'ensemble des sept couvents de femmes de la ville de Niort ; et l'auteur conclut que, pour la majorité de celles qui se sont mariées sous la Révolution, la relation charnelle a été une découverte, à les entendre peu désirée. En effet, parmi les 356 religieuses mariées, une seule a, par la suite, déclaré avoir été mue par le désir sexuel [63]. En revanche, 30 % des prêtres mariés sous la Révolution ont déclaré l'avoir fait par amour [64].

Philippe Boutry, heureux lecteur des archives d'Ars, a présenté le cas de la sœur Marie-Zoé qui permet d'entrevoir plus simplement, et de manière moins provocante, ce que pouvait être, en ce lieu, les combats d'un corps sensuel [65]. Cette étude de cas est pour nous l'occasion de rappeler, en préalable, des données plus générales sur l'aveu à l'intérieur du confessionnal – en sachant par ailleurs que ce type de meuble ne s'est installé que peu à peu dans les églises. Le XIXe est le grand siècle de la confession, qu'il s'agisse de la confession ordinaire ou de la confession générale qui permet d'effectuer un retour sur soi de plus large portée. Depuis les instructions de Massillon, énoncées à l'aube du XVIIIe siècle dans son sermon sur le sacrement de pénitence, d'une extrême pénétration psychologique, les pratiques de l'examen et l'écoute des pulsions du corps que celui-ci implique s'étaient diffusées, notamment au sein de la population féminine et fervente. Les précises distinctions infusées par la théologie morale entre péché mortel et véniel, entre péché d'occasion, péché de récidive et péché d'habitude étaient devenues plus familières. Une histoire du corps et de la vie sexuelle, que nous aborderons plus loin, ne peut faire l'économie de ce processus d'acculturation.

L'exemple de la sœur Marie-Zoé, qui expose au curé d'Ars, dans ce qui peut être considéré comme une consultation, ce qui la conduit à penser qu'elle est en train de se damner, permettra de mieux faire saisir les distinctions en usage chez les théologiens. Religieuse dans une communauté de Vannes, elle accumule, souligne Philippe Boutry, plusieurs catégories de péchés de luxure. À quatorze ans, elle a perdu son innocence, du fait d'un oncle abusif. Elle lui cède à nouveau, à l'âge de seize ans, après deux années passées dans un pensionnat. Mal à l'aise chez ses parents, elle décide d'entrer au couvent. Or, un prêtre la séduit durant son noviciat. Une confession générale lui permet de rompre avec ce qui, par trois fois, n'avait été que des péchés d'occasion. Elle prononce ses vœux mais de « malheureuses habitudes », incorrigibles, font qu'elle ne respecte pas la règle de sa communauté. Ce péché d'habitude ne le cède même pas aux confessions générales. Bref, au cours de sa vie de jeune fille, de novice puis de religieuse, Marie-Zoé n'a jamais respecté la pureté requise. Pis, elle confie au curé d'Ars son péché le plus lourd, celui qui transforme l'aveu en plaisir. « J'ai dit souvent mes fautes, confie la sœur Marie-Zoé, parce que j'éprouvais un certain plaisir à parler de ces tristes choses [66]. » La confession, en effet, peut être une occasion de trouble corporel pour le prêtre comme pour la pénitente. Les manuels recommandent, à ce propos, la plus grande prudence au confesseur et certains parents se plaignent de ce que celui-ci en apprend trop aux jeunes filles qui recourent à son ministère.

Nous savons bien, notamment grâce aux travaux de Claude Langlois, que la majorité des religieuses vivaient dans le cadre de congrégations actives : enseignantes, hospitalières, charitables, à la dévotion des pauvres ou des vieillards. Or, en ce milieu, quand il s'agissait, notamment, de soulager le corps de l'autre, les religieuses ne cherchaient pas à transmettre le vécu de leur propre corps. Il convient, ici, de distinguer deux sphères. La sollicitude en vue d'atténuer les souffrances du patient, l'assistance, venu le moment de l'agonie et la préparation à une bonne mort, la diffusion d'un message d'espérance et de consolation dessinent un ensemble de pratiques qui révèlent une vision harmonique de l'être, différente du dualisme obsédant qui régnait à l'intérieur des couvents de contemplatives.

Notons qu'un conflit pouvait se dérouler au chevet de l'agonisant. La compagnie de religieuses, la présence insistante du prêtre, soucieux du salut de ses ouailles, le rituel de l'extrême-onction, qui consiste à oindre différentes parties du corps, entrait, parfois, en compétition avec les procédures de cette médicalisation croissante de la mort, récemment retracée par Anne Carol[67], ou, plus rarement, avec le militantisme des libres-penseurs.

V. LES POSTURES DU RECUEILLEMENT ET DE L'ADORATION

Peu de choses ont été dites, à notre connaissance, sur la manière dont la pratique du culte catholique, en dehors même de toute mortification, a influencé la culture somatique. Certaines postures, certains gestes ont marqué directement les corps. La génuflexion double et prolongée : à l'office, lors de la préparation à la confession, pendant les séances d'adoration perpétuelle, à l'occasion des punitions infligées dans les institutions catholiques, durcit les genoux, peut aller jusqu'à les rendre calleux. Cet agenouillement habitue à la tolérance d'une posture et à des étirements qui n'ont rien de naturel mais qu'il ne faudrait pas trop vite inclure, exclusivement, dans ces mesures disciplinaires dénoncées par les historiens. L'agenouillement, ou génuflexion double, s'accorde à la prière, signifie la soumission à la divinité, accompagne l'imploration. On le retrouve alors dans nombre de pratiques sociales, celle de la séduction, celle de la demande de grâce, etc.

Moins prégnante sans doute mais non négligeable est la génuflexion simple qui oblige à un exercice musculaire, à un redressement périlleux pour les personnes âgées obligées de prendre appui, qui tord le pied, courbe les souliers du prêtre, à la suite des multiples flexions qui scandent la célébration des offices.

Plus largement, la pratique du culte catholique, en dehors même des couvents, induit une maîtrise des gestes, un contrôle des modalités de l'attention et de l'accueil des messages sensoriels. Le signe de la croix effectué par la main droite trempée dans le bénitier prépare au recueillement à l'intérieur de l'église ou de la chapelle. Là s'impose le *mezzo voce* dont Philippe Boutry a signalé la difficulté pour les populations rurales habituées à s'exprimer à voix très haute[68]. La célébration du culte est elle-même – en dehors de toute discipline monastique – école de la pratique du silence, enjointe dès la plus tendre enfance. Il n'est sans doute pas de moment d'inculcation d'une plus stricte discipline somatique. Les petits ont appris à joindre les mains. Ils ne doivent pas courir dans l'église, ni dans son voisinage; à plus forte raison s'il s'agit d'enfants de chœur, habitués à la maîtrise du corps exigée par la scénographie de la cérémonie. Les mouvements des adultes se doivent d'être ralentis. Le contrôle des élans se manifeste jusque dans la gestion du regard. La prière impose un recueillement dont témoignent les attitudes du corps. Plus nettement encore, les postures de l'adoration abattent toute agitation, manifestent, par l'immobilité, la concentration intérieure. Le cheminement vers la Table Sainte implique un art du déplacement dans le recueillement, une fermeture particulièrement accentuée aux messages sensoriels. Sur tous ces points, les injonctions énoncées à destination des religieuses constituent des modèles. La diffusion de l'adoration perpétuelle, l'habitude de la communion fréquente ont, sans doute, approfondi ces disciplines pendant la seconde moitié du siècle.

Les signaux qui scandent le temps cérémoniel[69] apprennent les ordres collectifs et l'obéissance aux injonctions posturales. Le déroulement des processions – un des grands enjeux de la lutte anticléricale – manifeste la réussite de ces disciplines. Ces démonstrations collectives de la foi sont, à ce propos, à mettre en regard des cortèges et des manifestations plus désordonnés qui se multiplient dans les villes de la fin du siècle[70].

La pratique de la prière et du culte catholique suggère des attitudes qui culminent dans ce que l'on désigne sous les termes d'onction sacerdotale. Les prêtres, plus encore que les fidèles, ont intériorisé les éléments de cette culture somatique. Le mystère de la transsubstantiation* qui s'opère par leur ministère, la lecture quotidienne du bréviaire, les déambulations qui, souvent, l'accompagnent, les gestes de l'offrande et de l'oraison, à l'autel, ceux de la bénédiction et de l'absolution imposent une concentration et une retenue qui modèlent les attitudes; pour ne rien dire du maintien du geste clérical de l'éloquence de la chaire ou de l'offrande négligente de l'anneau à baiser par le prélat en représentation.

* Dogme selon lequel la substance du pain et du vin se transforme, dans l'eucharistie, en la substance réelle du corps et du sang de Jésus-Christ.

VI. COMPASSION ET ATTENTE DU MIRACLE

Le catholicisme, enfin, selon le message évangélique, enjoint au fidèle de considérer avec compassion le corps souffrant ou miséreux, de ne point s'offusquer de ses stigmates et d'oublier les risques que pourraient faire courir les attitudes secourables. Le lavement des pieds par les plus hauts dignitaires du clergé et par le pape lui-même, lors des cérémonies du jeudi saint, symbolise cette attention et cette compassion à l'égard du corps des plus humbles.

À partir de 1862, la charité qui s'expose à Lourdes, grand théâtre du miraculeux, l'emporte, par son retentissement, sur les autres formes de compassion manifestées par les catholiques fervents. C'est qu'ici les malades et les agonisants, d'ordinaire relégués en marge de la société et dissimulés à la vue, occupent le devant de la scène [71].

Dès le lendemain des apparitions, s'inscrivant dans la tradition du recours populaire aux saints guérisseurs et à l'eau miraculeuse des « bonnes fontaines » [72], les malades affluent vers Massabielle. Il faudra du temps pour que l'Église reconnaisse la réalité des apparitions (1862), et plus encore celle des miracles accomplis. Ceux-ci, initialement enregistrés, avec plus ou moins de précision, par les frères de Garaison, sont, à partir de 1883, passés au crible des médecins du Bureau des constatations.

Pour ce qui nous concerne, l'essentiel est que Lourdes se fait, dès lors, rassemblement inouï d'infirmes, de malades, voire d'agonisants, amenés de partout, le plus souvent en trains spéciaux, dans l'espoir d'une guérison miraculeuse. Cet afflux sans précédent fait parfois ressembler l'esplanade à l'hôpital d'un champ de bataille au lendemain du carnage. Quelle que soit leur pathologie, les malheureux, de toute condition, ont souffert de la chaleur et de la fatigue du voyage. De la gare, ils sont transportés à dos d'hommes, dans des brouettes, sur des brancards, au mieux à l'intérieur de chariots de la compagnie des chemins de fer ou de charrettes à bras, et dirigés vers des hébergements, souvent de fortune. Des messieurs et des dames charitables les portent vers les piscines, dans l'eau froide et trouble desquelles ils les plongent, nus, frissonnants, angoissés mais habités par l'espérance. Au sortir de ce bain, les malades et les infirmes s'efforcent de conserver le plus longtemps possible l'eau de la source sur leur corps.

Bref, tout se passe comme si, dans leur désir d'accréditer le miraculeux, les organisateurs souhaitaient exposer les corps et les difformités de ces malades, à l'égard desquels la science s'était révélée impuissante et qui manifestaient avec éclat le besoin de l'aide surnaturelle de Dieu, apportée à l'humanité souffrante. De leur côté, nombre de pèlerins, cloués sur leur grabat, « usaient leurs ultimes forces afin d'imiter la Passion en prenant la position du Christ en croix [73] ». Les brancardiers, quant à eux, en immergeant les malades, « côtoyaient la douleur physique intense et le malheur [74] » ; et l'on ne saurait, fait remarquer Ruth Harris, surestimer l'effet psychologique d'une telle expérience.

En ce temps de la révolution pastorienne, le manque d'hygiène de la piscine indigne les anticléricaux. Il faut dire que, dans les foules de Lourdes, nombreux sont alors les victimes d'ulcères ou d'abcès purulents et les malades dont le corps est couvert de pustules. Aidées des *Petites sœurs de l'Assomption*, les bonnes dames de *Notre-Dame de Salut*, bien souvent recrutées au sein de l'aristocratie, bravent le dégoût et la contagion. Elles sont incitées à des prouesses d'abnégation par l'atmosphère du pèlerinage. Elles s'astreignent, ici, à des tâches qui, tout en confortant les rôles féminins et en prolongeant les gestes ordinaires de la philanthropie, manifestent un éphémère renversement des rôles. En effet, le traitement des souillures qu'elles assument à Lourdes est généralement réservé à la domesticité, en charge, au sein de la famille, de tout ce qui relève du corps [75]. Ces femmes, écrit Ruth Harris, étaient mues par la « vision idéalisée d'une collectivité chrétienne organique, intensément physique et souvent extatique dans sa spiritualité [76] ». Les hommes, pour leur part, notamment ceux de l'*Hospitalité de Notre-Dame de Salut*, se spécialisent dans le transport et l'immersion des malades.

À Lourdes, « la douleur [...] mettait le monde la tête à l'envers, fût-ce brièvement ». Partout, sur ce théâtre, « la foi s'exprimait à travers le corps » [77]. En outre, bien des acteurs avaient à l'esprit des formes de solidarité et d'harmonie sociale qui s'accordaient au message de Léon XIII et à l'esprit de l'encyclique *Rerum novarum*.

L'essentiel n'en reste pas moins la guérison. Celle-ci survient principalement à l'occasion de l'immersion dans l'eau glacée de la source et au cours de la procession eucharistique. La présence de miraculés des années précédentes, que ce soit dans les trains ou à l'intérieur des cortèges, avive l'espoir de ceux qui souffrent.

La guérison miraculeuse concerne au premier chef l'histoire du corps. Elle fait « appel à toutes les ressources émotionnelles et physiques des individus concernés ». La façon dont les paralytiques « se remet[tent] à marcher après des années d'immobilité et de souffrance conduit l'historien à affronter le corps non comme une abstraction philosophique ou linguistique mais comme une réalité intense »[78]. En outre, les guérisons, parfois survenues à distance, se présentent, le plus souvent, comme des phénomènes collectifs qui engagent la famille, l'entourage, voire le groupe de pèlerins tout entier. À la différence des hystériques qui, à l'intérieur des hôpitaux, se trouvent alors relégués au statut d'objets passifs, soumis au regard des médecins, les malades et plus encore les miraculés de Lourdes suscitent la compassion, l'admiration, voire une forme de vénération.

Le Bureau des constatations exige, pour la qualifier de miraculeuse, que la guérison soit radicale, instantanée, durable, indépendante de toute cause antérieure ; en bref, qu'elle signifie un moment de transformation physique qui échappe aux lois de la nature. Pour les bénéficiaires, elle constitue la grande expérience somatique de leur existence, à l'issue de laquelle ils se sentent renaître, comme s'ils avaient été ressuscités ; désormais, ils sont, en quelque sorte, tenus d'acquérir des habitudes toutes nouvelles.

Par bonheur, nombreux sont les récits d'un tel saisissement. Notons que l'évolution de la rhétorique de la guérison met, par ailleurs, en évidence la relativité culturelle de la notion. Le dépouillement des documents d'archive, effectué notamment par René Laurentin puis par Ruth Harris, permet d'entrevoir ce bouleversement du corps qui s'effectue instantanément, souvent au travers d'une douloureuse expulsion, comparable à celle qui accompagne l'exorcisme d'une possession démoniaque[79].

Bien entendu, les apparitions, les guérisons, ainsi que toutes les pratiques des pèlerinages locaux, diocésains et nationaux, ont été les objets de critiques, de sarcasmes, de débats qu'il serait trop long d'analyser ici. Remarquons, tout uniment, que les apparitions de Lourdes sont contemporaines de la grande vogue du spiritisme et de l'apogée de l'influence d'Allan

Kardec. Plus important : la scénographie du miracle se déploie alors même que triomphent le scientisme, la médecine expérimentale, que Charcot exhibe, à la Salpêtrière, les corps des hystériques en crise et que la libre pensée établit son emprise[80]. Lourdes se pose donc comme un défi à la science du XIXe siècle. Nombre de médecins, et Zola à leur suite dans son grand roman de 1893, perçoivent les événements des bords du Gave comme l'immense théâtre d'une hystérie collective. Le déroulement de la procession de 1897, au cours de laquelle une quarantaine de grabataires répondent à l'appel du père Picard qui leur ordonne de se lever et de le rejoindre, fournit des arguments aux contempteurs du pèlerinage.

Cela dit, les attitudes évoluent à l'extrême fin du siècle. Les documents qui traitent de la guérison miraculeuse viennent alors s'ajouter aux volumineux dossiers alimentés par l'hypnose, la suggestion, et par tout ce que l'on qualifie alors d'inconscient. L'étoile du naturalisme pâlit. Le sens des expériences religieuses et spirituelles suscite de nouvelles interrogations. Nombre de savants en viennent à estimer que les guérisons de Lourdes relèvent de processus mystérieux qui amènent à reconsidérer les rôles respectifs du psychologique et de l'organique, ainsi que la nature du lien qui les unit.

À l'issue d'une patiente analyse des dossiers de « miraculés » de Lourdes, Ruth Harris discerne une fascinante remise en cause des schèmes alors dominants de l'union du corps et de la psyché ; découverte à joindre à tous les travaux consacrés[81] aux péripéties de l'histoire du « moi » au cours de la seconde moitié du XIXe siècle.

3

Le regard des artistes

HENRI ZERNER

Le 5 octobre 1855, Delacroix, qui se trouve en villégiature à Dieppe, et qui a apporté un dossier de photographies et de dessins pour alimenter ses réflexions, note ceci dans son journal :

> Je passe en revue les dessins que j'ai apportés ; je regarde avec passion et sans fatigue ces photographies d'après des hommes nus, ce poème admirable, ce corps humain sur lequel j'apprends à lire et dont la vue m'en dit plus que les inventions des écrivassiers.

Sans nous soucier ici de la place que la photographie a pu tenir dans la pensée de Delacroix, on notera deux choses. Tout d'abord, Delacroix s'abandonne complètement à la transparence de la photographie. Au cours même de la phrase, il commence en regardant des photos et à la fin il voit des corps. La photographie n'est pour lui qu'un substitut de la chose photographiée. Deuxièmement, l'artiste est passionné par le corps humain : ce corps humain est un corps d'homme (on verra qu'à cette date Delacroix est un peu rétrograde) et en soi il constitue déjà un « poème ». C'est un corps lisible et en soi expressif.

Au tournant du XXe siècle encore, le jeune Paul Klee, qui tient aussi un journal, consigne avec précision l'intensité de son expérience :

> Nous passâmes le 6 mars [1902] aux pieds de Cléo de Mérode, sans doute la plus belle femme que l'on puisse voir. Chacun connaît sa tête. Mais il faut avoir vu son cou dans la vie. Mince, assez long, lisse comme le bronze, pas

> trop mobile, aux fins tendons, les deux tendons près du sternum. Ce sternum et les clavicules (se concluant sur le thorax nu). Son ventre étroitement enveloppé, de sorte qu'il s'harmonise bien avec les parties dénudées. Ce qui est plus regrettable, c'est que nous soyons frustrés de la vue de ses hanches, car, à la faveur de sa virtuosité de mouvement, des effets d'une singulière logique doivent se manifester à cet endroit-là, par exemple lorsqu'elle compense le poids de son corps. En revanche elle offre ses jambes pour ainsi dire nues, de même aussi ses pieds, ornés avec un goût raffiné. Les bras sont classiques, si ce n'est un peu plus fins, avec plus de variations, grâce à la vie, à quoi s'ajoute le jeu des articulations. Dans les proportions et le mécanisme des mains se retrouvent encore une fois, dans le détail, la beauté et la sagesse du grand organisme.
> Il faut voir cela avec précision, il ne suffit pas d'en indiquer les grandes lignes, et pour l'exprimer tout équivalent d'ordre pathétique ferait défaut. (Elle fait une impression non sexuelle.) La danse consiste à développer doucement les lignes du corps. Point d'âme, point de tempérament, rien que la beauté absolue[1].

On sent bien sous la forme de notations spontanées tout un substrat intellectuel. L'émoi du jeune homme devant ce corps illustre est sûrement sincère et viscéral, mais, dans la formulation, des termes comme « la beauté absolue » ou « la sagesse du grand organisme » trahissent la présence sous-jacente d'un fonds d'idées longuement élaborées dans la tradition. À travers la Renaissance, l'époque moderne a hérité de l'image grecque du corps comprise comme la seule vraie et fidèle à la nature. Or cette image d'un corps clairement articulé, mise au point en Grèce au Ve siècle avant notre ère, est une création de l'esprit, le résultat d'une analyse, la mise en forme d'observations faites sur le vivant mais guidées par une conception spécifique, à la fois organique et mécanique, du corps, qui n'est en aucun cas la seule possible. Il suffit pour s'en rendre compte de se promener dans les salles récemment installées dans le Louvre pour représenter l'art des civilisations les plus étrangères à l'Occident.

Il est permis de se demander si l'attitude des artistes du XIXe siècle envers le corps a une originalité quelconque. Après tout, le corps a toujours joué un rôle capital dans l'art de l'Occident, et le concept même de « peinture d'histoire », dont l'origine remonte jusqu'à Leon Battista Alberti et au rôle essentiel qu'il accorde à l'*historia*, est fondé sur ce primat de la figure humaine. Il nous semble néanmoins que le corps acquiert une expressivité nouvelle à partir du XVIIIe siècle finissant. Redécouverte ou invention ? À la Renaissance, le corps fait l'objet d'une excitation intense. Les grands nus vénitiens, de Giorgione à Tintoret, en marquent l'apogée, mais la *Bethsabée* de Memling, ou l'*Adam et Ève* de Dürer, pour ne pas parler des investigations anatomiques de Léonard ou de l'humanité imaginée par Michel-Ange, manifestent une effervescence générale. Observation et fantasme se combinent pour faire du corps un lieu privilégié de l'imagination. Mais, passé ce temps, un corps appris remplace le plus souvent pour les artistes un corps découvert. Ce corps codifié est le support soit d'idées, soit d'actions ; il fait partie, sans doute est-il même au centre, d'un arsenal de moyens, mais il n'a que rarement une valeur en soi (ce qui n'empêche pas la *Vénus* de Vélasquez, le *Samson* de Guido Reni ou *Het Pelsken* de Rubens de compter parmi les grands poèmes du corps).

L'artiste de l'époque moderne héritait d'une très lourde tradition qui accumulait un fonds gréco-romain et une surcharge judéo-chrétienne. D'une part, le corps est un microcosme, véritable représentation du monde en miniature. D'autre part, étant formé à l'image de Dieu, il est comme un souvenir de l'apparence divine. Mais, dans la tradition chrétienne, il faut compter aussi avec l'idée d'incarnation, qui propose le corps comme signe de la temporalité, de la contingence du sujet humain et de sa déchéance ; en revanche, le dogme de la résurrection des corps a conduit les théologiens à l'idée de « corps glorieux », c'est-à-dire échappant à la corruption, et cette notion a sans doute affecté de façon plus ou moins inconsciente la constitution du concept de « belle nature » et du nu comme genre dans l'art depuis la Renaissance.

C'est peut-être ce poids de la tradition, cette surcharge symbolique, et l'anxiété qu'elle pouvait générer, qui fait l'originalité de la vision du corps chez les artistes du XIXe siècle. En d'autres termes, on assisterait à une mise en cause de la conception traditionnelle du corps ; longtemps implicite, cette mise en cause devient manifeste à la fin du siècle chez un artiste comme

Gauguin. On se souvient de l'exclamation prêtée à Manet, exaspéré par les conditions d'étude dans l'atelier de Couture: « Tout au moins l'été, on pourrait faire des études de nu dans la campagne, puisque le nu est, paraît-il, le premier et le dernier mot de l'art[2]. » Authentique ou non, cette boutade montre bien la place obsessionnelle qu'avait prise la représentation du corps indépendamment de toute narration. Pour comprendre cette situation, il faut remonter jusqu'à Winckelmann et à Lessing.

I. MISE EN PLACE THÉORIQUE

Il n'est pas question de revenir ici en détail sur les idées de Lessing, véritable fondateur du formalisme, mais de rappeler son parti pris contre la narration dans les arts plastiques. Sans l'exclure tout à fait, il en admet la légitimité uniquement dans la mesure où une action (l'*historia* d'Alberti) permet d'introduire de la diversité dans un art comme la peinture que son formalisme risquait de condamner au statisme et à la monotonie: la narration permet de justifier la présence de corps d'âges et de conditions divers. Sa critique de la narration picturale, et surtout l'idée qu'il lança du « moment prégnant », stimulèrent vivement la discussion, en France particulièrement, mais le résultat pratique fut, momentanément au moins, une intensification de la narration. Pour Lessing, néanmoins, l'idéal de l'art était la représentation d'un corps parfaitement beau: le portrait d'Hélène par Zeuxis, tableau perdu, bien entendu, et par conséquent imaginaire. Il n'est pas impossible que cette proposition soit restée au moins vaguement dans les mémoires; en tout cas, le nu féminin, sur lequel il faudra revenir plus longuement, allait devenir un des thèmes centraux du XIXe siècle[3].

Alors que Lessing donnait pour modèle un tableau inaccessible et pour ainsi dire hypothétique, Winckelmann, dont l'œuvre est complémentaire, proposait aux artistes des exemples bien concrets: le Torse du Belvédère (probablement un Hercule) et surtout l'Apollon dont il a laissé une description qui reste un tour de force étonnant, le modèle de l'*ekphrasis* moderne. S'il est possible de voir dans l'énorme popularité du nu féminin au

XIXe siècle une résurgence de l'idéal de Lessing, le discours de Winckelmann sur le corps masculin eut un retentissement immédiat. Esprit original et personnage séduisant, il va, dès la publication des *Réflexions sur l'imitation des œuvres grecques dans la peinture et la sculpture*, alimenter un débat qui se renouvelle tout au long du XIXe siècle[4]. Winckelmann n'est pas seulement un théoricien à l'origine de l'histoire de l'art comme discipline, il a aussi marqué l'art même par la puissance de son imagination. Ses idées ont hanté la pensée artistique bien au-delà de ce qu'on appelle, peut-être un peu injustement, le néoclassicisme[5].

On comprendra à quel point l'idéal grec de Winckelmann, qui se cristallise autour du corps masculin, est affaire d'imagination si l'on rappelle que les *Réflexions* furent écrites à Dresde, à une époque où l'esthète n'avait encore vu, en fait d'art antique, que les rares œuvres conservées dans la capitale saxonne. La Grèce restera toujours pour lui une Utopie, et même plus tard, lorsqu'il se sera fixé à Rome, il ne verra en fait aucun original grec de la grande époque, ce qui ne l'empêchera pas de faire une distinction radicale entre l'art grec et l'art romain, et de proclamer la supériorité de celui-là sur celui-ci. Ce jugement restera durablement dans les mémoires, malgré les protestations d'un Piranèse, dont le parti pris pro-romain reposait sur des bases tout aussi purement idéologiques puisqu'il n'avait pas non plus accès aux œuvres grecques de référence (sauf les temples de Paestum qu'il considérait comme étrusques et partant italiens).

Winckelmann donc a développé dans ses écrits une véritable mystique de la beauté du corps masculin dans l'art grec. Il faut insister ici sur un point qui eut, comme on va le voir, un grand retentissement : il s'agit de la distinction entre la beauté sévère et la beauté gracieuse, entre le corps puissant et, disons, masculinisé de l'homme mûr tel qu'il se présente dans le Torse du Belvédère, et la beauté gracieuse dont l'Apollon est pour Winckelmann le parfait exemple[6]. Il appréciait la variété des types de beauté due aux âges différents, « cependant, écrivait-il, la beauté s'associe de préférence à la jeunesse : de là, le plus sublime de l'art, c'est de rendre les formes du bel âge ».

Winckelmann ne se contentait pas de proclamer la supériorité de l'art grec, il en donnait aussi une explication. Il voyait dans le climat de la Grèce et dans la tradition de la visibilité totale du corps masculin, en particulier à l'occasion des jeux Olympiques, l'une des causes de la supériorité des artistes grecs. Mais il supposait aussi une plus grande perfection physique chez les Grecs que dans les sociétés modernes, perfection qu'il associait à la liberté politique du régime athénien. Ces idées sont déjà esquissées dans les *Réflexions*, dont il vaut la peine de citer un assez long passage.

> Le corps le plus beau parmi nous ressemblerait peut-être au plus beau corps grec aussi peu qu'Iphiclès ressemblait à Hercule, son frère. L'influence d'un ciel doux et pur se faisait sentir chez les Grecs dès le plus jeune âge, mais les exercices corporels, pratiqués de bonne heure, donnaient à cette première ébauche la forme noble. Prenez un jeune Spartiate mis au monde par un héros et une héroïne, qui n'a jamais dans son enfance été serré dans des langes, qui a, depuis sa septième année, dormi sur la dure et s'est exercé dès l'enfance à la lutte et à la natation. Placez-le à côté d'un jeune Sybarite de notre époque, et jugez ensuite lequel des deux l'artiste choisirait pour modèle [*Urbilde*] d'un jeune Thésée, d'un Achille, ou même d'un Bacchus. Un Thésée fait d'après le modèle moderne serait un Thésée élevé au milieu des roses ; fait d'après le modèle antique, il serait un Thésée élevé au milieu des muscles, selon le jugement porté par un peintre grec sur deux représentations différentes de ce héros [7].

Dans son *Histoire de l'art dans l'Antiquité*, il développera plus largement ces idées en insistant sur la beauté gracieuse et sur le lien entre cette beauté et la liberté [8]. Ces ouvrages, tout de suite traduits en français, eurent une large circulation et engagèrent un débat dont les répercussions furent durables.

II. LE NU

Si le costume est là, en principe, pour protéger et cacher le corps, il sert aussi à le dessiner et à le révéler [9]. De fait, la représentation du corps vêtu sait transmettre une expérience de la chair de façon beaucoup plus vive que le nu qui est toujours plus ou moins idéal. David semble jouer délibérément de ce contraste un peu paradoxal pour bien marquer la distinction des genres : la nudité, bien distincte du déshabillé, convient à la peinture d'histoire et le costume est de mise dans le portrait, que le peintre a pratiqué avec génie durant toute sa carrière. Considérons le portrait de Joubert (Montpellier, musée Fabre) : les chairs excessives pressent le vêtement ; la veste et le gilet tirent sur les boutons ; les grosses cuisses remplissent totalement la culotte dont les plis rayonnent en éventail autour de la braguette ; tout cela suggère un poids, une consistance, tous les attributs d'un corps vrai soumis aux conditions ordinaires de la vie. Les corps dans *Le Serment des Horaces*, sans être nus, sont beaucoup plus visibles que celui de Joubert dont seul le visage et les mains sont découverts ; mais ils ne produisent pas la même impression de vie précaire. Le reproche, adressé en général moins à David lui-même qu'à ses épigones, de peindre des statues plutôt que des hommes serait injuste ; on sait au contraire que David tenait à ce qu'on peignît toujours d'après le modèle vivant, et son exécution dans les *Horaces* arrive à faire sentir le sang qui circule sous la peau. Mais en même temps l'idée de la « belle nature » est bien présente et l'on pourrait dire que ce sont des nus habillés : ce sont des corps irréels de perfection ; corps vivants, mais d'une vie idéale. Ce qui distingue le portrait de la peinture d'histoire chez David n'est pas simplement l'individualisation des traits et de la physionomie, en un mot l'effet de ressemblance, mais une conception fondamentalement différente de l'être.

L'idée de guerriers combattant nus (sauf le casque, le baudrier et les sandales !) montre à quel point la vision du corps dans la peinture d'histoire est fantasmée. Dans *Léonidas*, tableau le plus « grec » du peintre, où l'homoérotisme est explicite entre hommes et éphèbes, l'artifice qui consiste à cacher les parties sexuelles se présente comme une litote. David n'observe pas un interdit sur l'exhibition des parties : le sexe de Léonidas n'est qu'à moitié caché par la gaine de son épée, et l'éphèbe qui attache ses sandales au premier plan montre tout. Pourtant, un autre éphèbe, justement celui qui, à droite du tableau, échange des caresses avec son aîné, a le sexe entièrement couvert de façon ostentatoire par la gaine de son épée, cachant/suggérant ainsi un sexe en érection. Tout cela en tout bien tout honneur parce que les corps de la peinture d'histoire sont des corps transfigurés, non soumis aux interdits de la vie ordinaire. Le nu est pour ainsi dire l'emblème de la peinture d'histoire, à laquelle il se réfère nécessairement, au risque de tomber dans l'inconvenance.

Le nu n'a jamais été aussi cultivé qu'au XIXe siècle qui fut par excellence l'époque de la pudibonderie[10]. Dans la vie courante, en revanche, le corps n'avait jamais été aussi soigneusement caché, surtout celui de la femme. Non seulement on cache le corps, mais on semble même assister à une culture de la laideur physique, au moins dans la sphère masculine. Léon de Laborde décrit un état d'esprit qui est comme le négatif de ce que Winckelmann avait imaginé dans la Grèce antique :

> L'homme du monde et l'homme d'affaires consentent à être obèses, lourds, embarrassés dans leur démarche, emboulés dans leur paletot ; ils admettent cette déformation comme un attribut de leur position sociale ; être moins complètement laids leur semblerait déroger. – Conséquences pour l'art. – Les formes humaines sont quelque chose de plus inconnu que les formes du mastodonte. – C'est un cercle vicieux, car dès lors le nu, au lieu d'être vu avec indifférence, impressionne, et de légitimes scrupules de moralité s'opposent à l'étude du corps humain[11].

C'est à cause de ce danger que se développe alors dans toute sa force le contraste entre le nu et le déshabillé. Est-il nécessaire de rappeler qu'un corps figuré n'est jamais un corps réel ? En même temps, la représentation se réfère à notre expérience vécue, et cette expérience n'est pas seulement visuelle, mais occupe tous les sens ; un corps a une odeur, un poids, une consistance. Je rappellerai seulement ici la description de Voltaire au début de *Candide* : « … Cunégonde, âgée de dix-sept ans, était haute en couleur, fraîche, grasse, appétissante. » L'artiste qui représente un corps a un éventail de possibilités : il peut faire appel plus strictement à la vue, mais il peut aussi suggérer une expérience plus complète de la chair par divers artifices. La théorie classique insiste sur la distance entre la représentation et le référent, mais cet idéal va se trouver confronté au cours du XIXe siècle à une volonté de diminuer cette distance, de rapprocher l'image de la réalité, l'art et la nature. L'idéal romantique sera d'effacer la limite entre l'art et la vie : le spectateur devrait avoir les mêmes réactions en présence de l'image qu'au contact de la réalité. De Girodet à Gérôme, la légende de Pygmalion qui thématise l'effacement possible entre la représentation et le réel a surtout intéressé, et inquiété, ceux des artistes pour qui il était particulièrement important de bien respecter la distance entre l'art et le vécu.

Le nu comme genre prit une importance imprévue dans l'entourage de David : la production d'une « académie » peinte, c'est-à-dire la représentation d'un modèle nu d'après nature, était une obligation des pensionnaires de la villa Médicis où l'Institut envoyait les lauréats du prix de Rome. Certains donnaient un titre à leur toile, comme David lui-même qui intitula *Hector* son académie présentée en 1778. Drouais, l'élève favori de David, soumit en 1784 un morceau particulièrement ambitieux connu sous le nom d'*Athlète mourant* ou encore sous celui de *Guerrier blessé*, une figure virile dans une pose tendue exprimant la douleur de façon tout à fait remarquable. Bien plus qu'une simple démonstration de savoir, on se trouvait là devant un véritable tableau où, sans référence littéraire ou narrative précise, un corps suffisait à l'artiste pour s'exprimer. Le fait que la blessure soit négligeable, ou en tout cas très peu apparente, ne fait qu'augmenter la force communicative de cette figure dont tout le corps exprime une douleur qui semble plus intérieure que physique[12]. Avec son *Endymion* peint en 1791 et exposé avec un énorme succès au Salon de 1793, Girodet imposait un nu winckelmannien qui allait avoir une nombreuse suite dans la peinture. Il s'agit bien encore une fois d'un exercice d'école, d'une « académie », mais plus radicalement transformée en tableau puisque le peintre a introduit une seconde figure, un Éros déguisé en Zéphyr. Esprit littéraire, ayant joui d'une éducation poussée, Girodet n'a pas seulement donné un titre mythologique à son académie, il a élaboré une version nouvelle et profondément originale d'un sujet assez souvent visité par les peintres et en particulier par Poussin auquel Girodet se mesurait ainsi. Séléné (c'est-à-dire Diane, la déesse lunaire) amoureuse du beau berger Endymion vient le contempler la nuit dans son sommeil. L'invention, géniale, de Girodet fut de ne représenter la déesse que par les rayons lunaires qui viennent caresser le corps alangui d'Endymion abandonné dans le sommeil. Déguisé en Zéphyr, Éros, qui a inspiré cet amour à la déesse, écarte les branchages pour laisser passer les rayons. Cet Endymion féminisé, aux formes ondoyantes, à la peau lisse, aux contours moelleux, est une figure voluptueuse d'un type nouveau qui pousse à ses limites l'idéal winckelmannien de la beauté gracieuse. Tourné vers le spectateur, il s'abandonne à lui autant qu'à la lumière enveloppante de la déesse sous le sourire entendu d'Éros [13].

Ce type d'éphèbe allait avoir une grande fortune. David lui-même y eut recours dès 1793 avec *La Mort de Bara* où le thème éthico-politique de la liberté, qui remonte à Winckelmann, est pleinement réaffirmé. D'autres exemples sont plus troubles et semblent bien constituer les symptômes d'une crise de l'identité sexuelle dans ce qu'on pourrait appeler la mouvance davidienne. En excellent élève, le jeune Ingres en donne un précis complet dans *Achille recevant les ambassadeurs d'Agamemnon*, qui lui valut le grand prix de Rome en 1801. La femme, Briséis, qui est l'enjeu de la querelle entre les héros est reléguée dans l'ombre du fond, simple rappel narratif, tandis que tout se joue entre hommes au premier plan. Ingres a parfaitement différencié les types de corps, depuis le jeune homme presque adolescent jusqu'au vieillard. On notera en particulier le hanchement presque caricatural de Patrocle qui ne laisse aucun doute sur la féminisation du type de l'éphèbe. Ainsi, comme l'a bien souligné Solomon-Godeau, la différenciation des rôles sexuels est restituée à l'intérieur d'une société masculine dont les femmes sont écartées [14].

L'école de David ne fut pas le seul creuset pour le renouvellement de l'art à la fin du XVIIIe siècle. John Flaxman, sculpteur anglais, publia en 1793 un recueil de gravures d'après ses dessins illustrant l'*Iliade*, suivi en 1795 de l'*Odyssée* puis d'autres suites d'après les grands textes de la tradition classique jusqu'à Dante. Les recueils de Flaxman eurent un énorme retentissement européen. Ce sont des gravures d'un genre tout nouveau, appelé « gravure au trait ». Flaxman s'est inspiré de la peinture des vases grecs, où tout est rendu par le contour, sans ombres ni modelé. Comme dans l'art classique grec, les indications de lieu sont réduites au strict minimum : les figures sont tout, mais chez Flaxman elles sont insubstantielles ; ce sont des abstractions, des idées de corps. Werner Busch a justement fait remarquer qu'une conséquence importante de cette sorte de vide que Flaxman instaure au centre de la représentation est d'ouvrir la porte à l'imagination et au fantasme[15]. C'est bien là la force de l'art très particulier qui se développe en Angleterre avec le peintre suisse Heinrich Füssli, propagateur de la pensée de Winckelmann, ami et traducteur de Lavater, et avec le poète et artiste William Blake.

Blake en particulier apporte quelque chose de très nouveau à la vision du corps : dans la grande tradition du mysticisme, il cultive une sorte de sensualisme spirituel. Le linéarisme de son art est aussi rigoureux que celui de Flaxman, mais, là où Flaxman laissait un vide à l'imagination, Blake le remplit d'une étrange sensualité, d'une sorte de matière qui n'est pas celle de la nature mais sa création à lui : corps glorieux d'une humanité héroïque à la fois abstraits et musclés, corps angéliques éthérés, corps primitifs, parfois presque bestiaux comme ce Nabuchodonosor qui se déplace à quatre pattes. Le monde de Blake est peuplé d'êtres de pure invention mais doués d'une étrange énergie et parfois même d'une sensualité intense et troublante. L'articulation du corps héritée de la Grèce antique, cette analyse dessinée qui définit pour l'œil un corps intelligible, Blake la libère de son ancrage original dans l'observation de la nature pour en faire un langage entièrement à lui. De même qu'il invente dans ses écrits toute une mythologie très complexe qui lui est personnelle (que les exégètes travaillent encore à démêler), de même, il libère le langage graphique du corps du recours au modèle pour le mettre au service d'une imagination sans frein.

Ingres a plus contribué que quiconque à placer le nu féminin au centre de l'art du XIXe siècle, au point d'en faire comme l'emblème du beau. Une fois en possession d'une formation très forte à l'école de David, il prit vite ses distances au point d'apparaître comme un rebelle aux yeux des institutions artistiques. Bien qu'il eût obtenu le prix de Rome dès 1801, son départ pour la villa Médicis fut retardé de cinq ans, les caisses étant vides. Lorsqu'il quitte enfin Paris, ce jeune homme de vingt-six ans n'est plus un débutant : son art est déjà très individualisé et il va choquer ; à Rome, ses maîtres sont d'autant plus inquiets que sa forte personnalité lui donne un ascendant sur ses condisciples. Chacun de ses exercices académiques apparaît comme une provocation. Comme académie peinte, il soumet *La Baigneuse Valpinçon* (du nom d'un propriétaire de l'œuvre). Non seulement il n'était pas d'usage de faire une académie féminine, mais le traitement de ce nu de dos, peu articulé, aux lignes fluides, sans ombres bien accusées et donc presque sans modelé, bousculait les attentes et les habitudes de l'école. La composition originale qu'Ingres présenta comme envoi marquant la fin de ses études fut pire encore : le sujet de *Jupiter et Thétis*, soit une femme câlinant un homme pour obtenir une faveur, fut jugé tout à fait impropre pour un grand tableau d'histoire. Quant au traitement – linéarisme outré, déformations anatomiques intolérables, mépris total de la perspective –, il ne pouvait qu'aliéner plus encore les juges académiques. L'indépendance, pour ne pas dire l'excentricité, d'Ingres est concentrée dans la figure féminine ; le cou bizarrement développé (goitre, a-t-on dit) de Thétis, l'aplatissement de la figure de sorte que jambe droite et gauche se confondent, tout concourt à en faire un corps abstrait, distant, étrange et en même temps étrangement sensuel. C'est, en un mot, l'inscription même du désir. Cette vision personnelle du corps féminin, Ingres va la réitérer dans des versions toujours nouvelles, et toujours semblables, pendant cinquante ans, en passant par *La Grande Odalisque* ridiculisée au Salon de 1819, l'*Odalisque à l'esclave* en 1840, jusqu'au célèbre *Bain turc* de 1863 où l'octogénaire comblé d'honneurs venge sa jeunesse persécutée en citant sa propre *Baigneuse*, autrefois bafouée, au centre d'un enlacement de corps. On peut voir dans ce fantasme libidineux d'un monde tout féminin comme l'inversion systématique du *Léonidas* de David.

Bien qu'ils aient des points communs, Ingres ne procède pas du tout comme Blake qui tourne systématiquement le dos à la nature et au modèle vivant. Malgré l'extravagance apparente de ses figures, Ingres, au contraire, est toujours resté très attaché au travail d'après le modèle et à l'observation exacte. Lui-même déclarait : « Je n'idéalise pas. » En effet, il ne recherche pas un corps idéal dans le sens d'une standardisation, d'une sorte de nature régularisée. Il accentue au contraire les particularités, les distille, les exagère au besoin. Observateur passionné, il répudiait l'étude de l'anatomie qui enseigne des généralités. Aussi fut-il l'un des plus grands portraitistes. On se rend peut-être mieux compte de sa démarche dans le cas d'une figure masculine où il fantasme moins que devant le corps féminin. Dans *Romulus vainqueur d'Acron*, le corps du vaincu est repris presque exactement d'une figure des *Sabines* de David, dans un esprit de compétition évident ; Ingres a

Le regard des artistes

1. Jacques Louis David, *Portrait de Philippe-Laurent de Joubert*, XVIIIe siècle, Montpellier, musée Fabre.

Ce portrait d'un financier languedocien est resté inachevé, vraisemblablement à cause de la mort du modèle en 1792, bien qu'on l'ait parfois daté d'un peu plus tôt. Malgré cet inachèvement, la présence physique de cet homme corpulent soulignée par le costume qui le contient à peine, est puissamment évoquée.

2. Eugène Delacroix, *Nu féminin dit « Mademoiselle Rose »*, XIXe siècle, Paris, musée du Louvre.

Cet exercice académique, rare dans l'œuvre de Delacroix, est d'une grande finesse dans le rendu du corps féminin.

3. Jacques Louis David, *La Mort de Joseph Bara*, XVIIIe siècle, inachevé, Avignon, musée Calvet.

Demandée par la Convention, cette représentation d'un des martyrs de la Révolution est décidément restée inachevée, mais il n'y a pas de raison de penser que David ait eu l'intention d'habiller ce corps nu d'adolescent qui correspond parfaitement à l'idéal de Winckelmann.

4. En haut, Anne Louis Girodet-Trioson, *Le Sommeil d'Endymion*, 1791, Paris, musée du Louvre.

Ce tableau célèbre, exécuté par Girodet-Trioson comme un exercice académique (« envoi de Rome » d'un pensionnaire de la villa Médicis), fut exposé au Salon de 1792 avec un immense succès et établit un nouvel idéal du corps masculin.

5. Alexandre Cabanel, *Naissance de Vénus*, 1863, Paris, musée d'Orsay.

Achetée par Napoléon III au Salon de 1863, cette toile fut une des œuvres les plus célèbres de l'art académique ; la même année, Manet exposait *Le Déjeuner sur l'herbe* au Salon des refusés et peignait *Olympia*, succès de scandale du Salon de 1865.

6. Jean-Auguste-Dominique Ingres, *Achille recevant les ambassadeurs d'Agamemnon*, 1801, Paris, École nationale supérieure des beaux-arts.

Ce tableau, qui valut à Ingres le prix de Rome, est comme un résumé de l'enseignement davidien et de sa vision néoclassique du corps inspirée par Winckelmann.

7. D'après Théodore Géricault, *Têtes coupées*, Rouen, musée des Beaux-Arts.

Il s'agit d'une copie un peu réduite mais très fidèle d'une composition extrêmement étrange dont l'original est conservé à Stockholm. Peinte par Géricault alors qu'il travaillait au *Radeau de la Méduse* en 1818-1819, elle a été copiée plusieurs fois, probablement par de jeunes peintres de son entourage.

8. Jean-Auguste-Dominique Ingres, *Jupiter et Thétis*, 1811, Aix-en-Provence, musée Granet.

Ce tableau était l'exercice final des années d'études du peintre. Taxé d'excentricité, il fut très mal reçu par les juges officiels qui lui reprochaient en particulier les déformations physiques de Thétis, mais, avec les années, Ingres sut imposer son idéal féminin.

9. William Blake, *Nabukadnedzar*, 1795 pour la gravure et vers 1805 pour cette épreuve, eau-forte imprimée en couleurs avec reprises à l'aquarelle, Minneapolis, Institute of Art.

Le personnage biblique (Daniel IV, 31-33) est représenté par Blake comme un corps à demi bestial symbolisant sans doute une humanité esclave des sens.

10. James Gillray, *La Barque de Charon, ou le dernier voyage du « Tous Talents »*, 1807, Oxford, Courtesy of the Warden and Scholars of New College.

La déformation des corps de personnages reconnaissables est une violence symbolique parfaitement adaptée à la caricature politique, que Gillray a pratiquée avec un brio inégalé.

11. Gustave Courbet, *Les Casseurs de pierres*, 1849, détruit en 1945, Dresde, Gemäldegalerie Alte Meister.

Présenté au Salon de 1850-1851, ce tableau est une des œuvres les plus radicales du réalisme de Courbet.

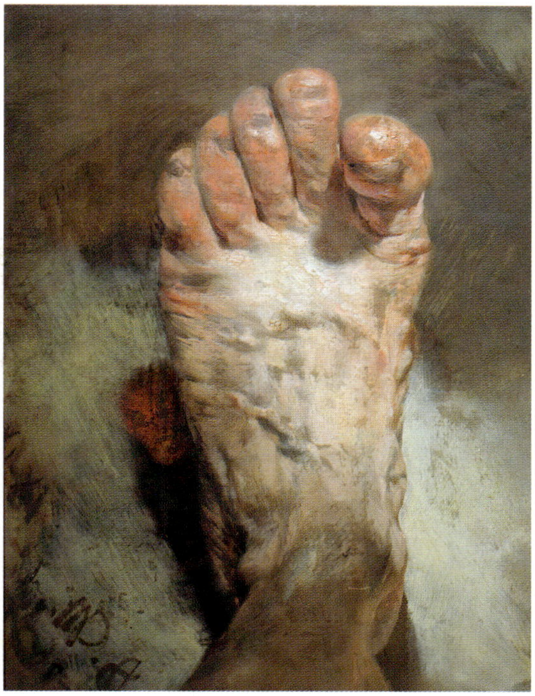

12. Adolph von Menzel, *Le Pied de l'artiste*, 1876, Bochum, Kunstvermittlung.

Menzel donne ici une vision pour ainsi dire phénoménologique de son propre pied. Il en a fait une des plus intenses expressions corporelles du XIXe siècle.

13. Jean Delville, *L'École de Platon*, 1898, Paris, musée d'Orsay.

Il y a quelque chose de sensuel et d'immatériel à la fois dans cette vision onirique caractéristique du mouvement symboliste.

14. William Holman Hunt, *Chrétiens protégeant un prêtre de la persécution des druides*, 1850, Oxford, Ashmolean Museum.

L'observation minutieuse de l'anatomie et le rendu presque hallucinatoire des surfaces sont caractéristiques du « réalisme » des premières années du préraphaélisme.

15. Ford Madox Brown, *Adieu à l'Angleterre*, 1860, université de Cambridge, Fitzwilliam Museum.

L'émotion de ce dernier regard sur l'Angleterre des émigrants vers l'Australie s'exprime dans le langage d'un réalisme optique où toute la particularité des choses est notée avec un excès recherché de détails.

16. Wilhelm Bendz, *Un sculpteur (Christen Christensen) dans son atelier*, 1827, Copenhague, Statens Museum for Kunst.

Mort très jeune, Bendz s'est particulièrement attaché dans plusieurs œuvres à rendre les conditions spécifiques de l'expérience de l'artiste dans l'atelier.

Les images sociales du corps

1. Eugène Delacroix, *La Liberté guidant le peuple*, 1830, Paris, musée du Louvre.

Autour de l'allégorie de la France-Liberté, Delacroix représente la foule du peuple sur les barricades en recourant au système des typologies romantiques, dont il reprend les conventions tout en les brouillant.

2. Ch. Kreutzberger, page de titre de l'*Histoire de la caricature moderne* de Champfleury, Paris, Dentu, 1865.

L'encadrement de ce frontispice inspiré par la tradition des grotesques et des singeries met en scène les types de la trinité bourgeoise de la monarchie de Juillet – Robert Macaire, Mayeux et Joseph Prudhomme – que Champfleury associe à trois caricaturistes modernes, Daumier, Traviès et Monnier.

3. Anonyme, *Les Occupations journalières de M. Mayeux*, Paris, Genty, s.d. [autour de 1832], imagerie populaire de la rue Saint-Jacques. Paris, musée Carnavalet.

Cette planche est un exemple des variations sur le type de Mayeux qu'offre, pour un public élargi, l'imagerie populaire parisienne.

4. En bas, à droite, Grandville, *Mayeux à la procession de la Fête-Dieu*, 1830, Nancy, musée des Beaux-Arts.

Grandville est l'un des premiers dessinateurs à avoir représenté Mayeux, qui deviendra le type favori de Traviès. Le héros se distingue ici de la foule des spectateurs de la procession religieuse par sa silhouette bossue caractéristique et sa petite taille que souligne le point de vue de profil. La conjonction du personnage et du tonneau est empruntée à la caricature de l'époque révolutionnaire et restera l'une des formules de présentation satiriques des personnages populaires figurés en pleine rue.

5. Charles-Joseph Traviès de Villiers, *Charles, Louis, Philippe, Henry Dieudonné Mayeux. Né à Paris, le 7 fructidor an 2, décoré du lys et de la croix de Juillet, membre du caveau moderne et de plusieurs autres académies savantes*, 1831, Paris, musée Carnavalet.

Traviès met ci-dessus en évidence la silhouette caractéristique de Mayeux sous le règne du « bourgeois absolu », en parodiant la formule du portrait royal officiel en pied. Il dote son personnage du costume et des attributs du roi-bourgeois : l'habit noir et la cravate, la canne et le chapeau haut de forme à cocarde.

6. Grandville, *La Barque de Caron*, planche illustrant le chapitre « L'Enfer de Krackq pour faire suite à l'Enfer de Dante », dans Taxile Delord, *Un autre monde*, Paris, Fournier, 1844.

Dans cette variation personnelle sur le thème du tableau de Delacroix *La Barque de Dante*, Grandville rassemble les grands types de la *commedia dell'arte* et des spectacles de rue ; au premier plan au centre, il inclut Mayeux, entre son autoportrait caricatural et le personnage d'Arlequin.

7. Henry Monnier, *Autoportrait en Monsieur Prudhomme*, 1869.

Cet autoportrait à la plume, qui met en évidence le rapport entre la formule du type et celle du portrait bourgeois en pied, montre combien la personnalité d'Henry Monnier, acteur amateur, finit par s'identifier à celle de son personnage Joseph Prudhomme, bien reconnaissable à sa silhouette replète, à sa posture satisfaite, à son costume bourgeois et à son visage au regard cerclé de lunettes... sans oublier l'ombre portée en forme de poire.

8. Étienne Carjat, *Henry Monnier en Monsieur Prudhomme*, 1870, Paris, musée d'Orsay.

Comme dans l'illustration 7, c'est Monnier-Prudhomme que montre la photographie de Carjat. La pose assise du personnage (même s'il est vu de trois quarts), sa stature pyramidale, l'abstraction du fond accusent la référence au *Portrait de monsieur Bertin* par Ingres.

9. Honoré Daumier, *– Bertrand, j'adore l'industrie...... si tu veux, nous créons une banque, mais là, une vraie banque !... Capital, cent millions de millions, cent milliards de milliards d'actions. Nous enfonçons la banque de France, nous enfonçons les banquiers, les banquistes etc. nous enfonçons tout le monde ! – Oui, mais les gendarmes ? – Que tu es bête, Bertrand, est-ce qu'on arrête un millionnaire ?*, planche 1 de la série *Caricaturana*, *Le Charivari*, 20 août 1836.

Comme à la parade des spectacles de saltimbanques, la première planche de la série de Daumier présente le couple bien reconnaissable de Robert Macaire et Bertrand. Par le dialogue de la légende qui met en évidence les caractères, la lithographie devient un véritable spectacle inspiré par le souvenir de Frédérick Lemaître.

10. Ci-contre, Honoré Daumier, *C'est tout de même flatteur d'avoir fait tant d'élèves !... Mais c'est embêtant... y en a de trop... la concurrence (...)*, planche 76 de la série *Caricaturana*, *Le Charivari*, 11 mars 1838.

Vers la fin de la série *Caricaturana*, Robert Macaire et Bertrand observent les types des passants en pleine rue, et se réjouissent de voir la société entière « macairisée ».

revu la figure méticuleusement sur le modèle dans un de ses dessins les plus étonnants, et le résultat dans la peinture est à la fois plus abstrait – moins palpable, plus linéaire, plus géométrique – et plus individualisé dans les formes que chez son maître.

III. LE MODÈLE

Lorsqu'en 1831 Balzac écrit la première version du *Chef-d'œuvre inconnu*, l'école de David agonise, le Romantisme triomphe, et c'est autour du nu féminin que s'organisent les idées sur la création artistique. Dans la fable racontée par Balzac, Frenhofer est un Pygmalion manqué qui meurt de n'avoir pas réussi à faire vivre sa création. L'un des points forts de l'histoire est le rôle du modèle ; toute l'aventure commence du fait que le vieux peintre cherche un modèle, un corps de femme parfait, pour porter à sa perfection *La Belle Noiseuse*, un nu qui est l'œuvre de sa vie et qu'il n'arrive pas à terminer. Balzac est sensible à l'économie du désir, au rapport entre pulsion sexuelle et création artistique. Gillette, la maîtresse du jeune Poussin, qui lui sert aussi de modèle, accepte de poser pour le vieux Frenhofer qui, de son côté, consent à montrer sa *Belle Noiseuse*, sa maîtresse à lui, qui n'a jamais été souillée d'un autre regard que le sien. Gillette sait d'emblée qu'accepter c'est renoncer à son amour pour Poussin. Quant au vieux peintre, faute d'avoir su être un nouveau Pygmalion, il mourra après avoir détruit ses toiles.

Tout au long du XIXe siècle, le modèle jouera un grand rôle dans la pratique artistique et dans l'imaginaire de l'époque, et ce sera une figure récurrente de la littérature. Émile de La Bédollière a fait le portrait de ce personnage familier du monde artistique parisien[16]. La demande étant considérable, vu l'augmentation spectaculaire du nombre d'artistes concentrés à Paris, poser pour les artistes était devenu une véritable profession. Les modèles les plus recherchés étaient prisés pour leur physique exceptionnel, bien sûr, mais aussi pour leur expérience et leur intelligence du métier, et certains se considéraient même comme de véritables collaborateurs de l'artiste. Nombreuses sont les anecdotes illustrant les inconvénients du métier ou les déconvenues des artistes. On nous montre Ingres allant implorer un modèle féminin de revenir après qu'exaspéré il l'eut brutalement renvoyée.

Ce sort fait au modèle n'est pas surprenant. Il ne s'agit pas seulement pour l'artiste de regarder les formes exactes, mais aussi de l'excitation que cause la proximité du réel. Géricault a exprimé cela à propos d'un cheval plutôt que d'un modèle humain, mais on sait le fort rapport affectif qu'il avait avec cet animal. Lorsqu'il travaillait à son *Hussard chargeant*, on lui amenait chaque jour un cheval à l'atelier. Il ne lui était pas d'un grand secours pour son tableau mais, disait-il, « je regardais et cela me remettait du cheval dans la tête »[17]. Dans son journal de jeunesse, Delacroix a parfois noté ses bonnes fortunes à l'issue des séances de pose. La superbe académie féminine du Louvre dite *Mlle Rose*, tableau d'une délicatesse frémissante, est le résultat de cette intimité, de cette complicité, entre peintre et modèle. Plus tard, Delacroix évitera de peindre d'après le modèle vivant. Il avait acquis assez d'expérience pour intérioriser toute une humanité très personnelle, surtout un type féminin un peu mélancolique aux yeux noyés, que son imagination mettait librement en scène. Mais, à peu d'exceptions près parmi lesquelles il faut mettre *La Liberté guidant le peuple*, ses personnages ne produisent pas l'effet de présence que le travail d'après le modèle favorise, mais qui nuit souvent à l'intégration de la figure dans l'ensemble. Ainsi les *Femmes d'Alger* font trop complètement partie de leur intérieur pour donner une forte impression de présence corporelle ; malgré l'exotisme, la femme n'y est guère érotisée.

Un tableau de Wilhelm Bendz, peintre danois de grand talent mort prématurément à vingt-huit ans, thématise le rapport triangulaire entre artiste, modèle et œuvre avec une singulière intensité : *Un sculpteur (Christen Christensen) travaillant d'après le modèle vivant dans son atelier* (1827, Copenhague, Statens Museum for Kunst). Le modèle, peut-être un jeune militaire plutôt qu'un modèle professionnel, est dans une pose de pugiliste pour une sculpture posée sur le chevalet. Le peintre a disposé la scène de façon à ce que l'œuvre et le modèle soient vus sous des angles très différents. Les proportions de la statue s'écartent un peu de celles du modèle, mais l'identité de pose ne permet aucun doute quant à la dépendance de l'un par rapport à l'autre. Le corps exemplaire mais vivant du modèle et sa transmutation à la fois inerte et immortelle en œuvre font un fort contraste avec le corps dégingandé du jeune sculpteur (Christensen, 1806-1845, était plus jeune encore que Bendz) qui semble en train de corriger la pose. D'autre part, un mannequin articulé et partiellement drapé posé sur un établi à l'extrême droite propose un étrange écho à la silhouette du sculpteur, mais ce mannequin féminin est aussi en dialogue avec un moulage (ou une copie) de la Vénus Médicis. Bendz introduit en outre le contraste entre l'antique et la modernité : un buste bien en évidence sur une étagère et qui dans une esquisse avait un aspect vaguement antique est devenu dans le tableau définitif un portrait agressivement contemporain. Dans ce tableau complexe, où l'art est mis en opposition à la fois avec la nature et l'artificiel, il ne s'agit pas seulement de marquer la distance entre le modèle et l'œuvre, mais aussi de transmettre la plénitude de l'expérience du réel. En le montrant non pas nu comme dans tant de tableaux représentant un atelier d'artiste, mais déshabillé à moitié, sa chemise pendant sur son pantalon, le peintre a su communiquer l'émotion que provoque la chair vivante du modèle.

IV. IMAGINER LE RÉEL

La démarche d'Ingres était seulement une des voies possibles du Romantisme ; d'autres artistes, tout aussi caractéristiques de ce grand mouvement de la culture occidentale, ont infléchi leur art dans le sens du « réalisme ». Malgré tout ce que ce terme a d'ambigu et de problématique, il reste indispensable. L'expérience du réel, informe en soi, ne peut se fixer en image que par l'intermédiaire d'une imagination.

Théodore Géricault a largement ouvert la voie dans ce sens, et il est resté un exemple revisité tout au long du siècle. *Le Radeau de la Méduse*, qui n'a jamais quitté les cimaises du Louvre depuis son acquisition peu après la mort de l'artiste en 1824, reste fidèle à la tradition de la peinture d'histoire dans la foulée de David. Mais, outre le sujet très peu orthodoxe – il s'agit de la fin lamentable d'un désastre maritime qui avait tourné au scandale politique –, l'originalité de Géricault consiste surtout à pousser très loin l'impression de présence physique, de corps humains vrais, qu'ils soient morts ou vivants. L'extrême vigueur du modelé, l'observation exacte, le refus d'adoucir les contours, l'impression de proximité produite par les corps grandeur nature (ou un peu plus ?) du premier plan, tout contribue à produire un puissant effet de réel. Pourtant, on a souvent fait remarquer que ces superbes corps athlétiques n'étaient guère vraisemblables, alors que les naufragés avaient été privés de nourriture pendant treize jours et soumis aux conditions les plus atroces. Le peintre lui-même était probablement sensible aux contraintes de la peinture d'histoire et du grand style auquel il se conforme dans son vaste tableau d'exposition. Dans des œuvres moins monumentales qui datent de l'époque où il travaillait au *Radeau*, il propose une vision du corps plus radicalement novatrice, et très déconcertante. Les *Têtes coupées* de Stockholm, les *Fragments anatomiques* de Montpellier, peintures beaucoup trop élaborées pour qu'on puisse les réduire au rôle d'exercices, résistent puissamment à toute interprétation qui les ferait rentrer dans le rang des habitudes artistiques de l'époque. En tout cas, ces véritables tableaux récusent la bienséance que le peintre du *Radeau de la Méduse* respecte, peut-être à contrecœur, dans son grand tableau. La chair humaine rappelle ici de façon inéluctable la viande des natures mortes traditionnelles.

Courbet est l'héritier légitime de la modernité conçue par Géricault. Il a déclaré lui-même qu'on ne pouvait vraiment faire l'histoire que de son propre temps. Plus important encore, cette histoire, elle, n'est pas le fait des héros et des gouvernements, mais de tous et de chacun. Ce programme, simple en apparence, est d'une extrême difficulté et même paradoxal si, comme Courbet, on ne renonce pas à une tradition élitiste de l'art, à sa monumentalité, à sa panoplie de moyens d'expression appropriée à une conception héroïque et idéaliste de l'« histoire ».

On pourrait faire ici un parallèle avec Honoré Daumier qui entreprend, dirait-on, une histoire « du peuple, pour le peuple, par le peuple ». Encore une telle formule serait-elle assez spécieuse, puisque Daumier se situe de façon bien ambiguë entre le peuple au nom duquel il entend s'exprimer et la bourgeoisie qui le fait vivre. La caricature telle qu'il la pratique est un enfant de l'époque révolutionnaire en France et de la révolution industrielle en

Angleterre, un genre nouveau qui a un profond enracinement dans l'imagerie populaire, mais aussi une connivence évidente avec les « beaux-arts », à témoin les nombreuses citations de tableaux ou de statues tant chez les caricaturistes anglais comme Gillray que chez les Français, Daumier en tête. *Les Horaces de l'Élysée* de Daumier ou l'étonnant *Hercule vainqueur* de Traviès ne sont vraiment drôles que si l'on est conscient de la référence au tableau de David ou à l'Hercule Farnèse du musée de Naples. Pour être comprises, ces citations nécessitaient une culture dont les classes populaires étaient dépourvues.

Du reste, Daumier prend ses distances par rapport à certains aspects de la caricature. Au tournant du siècle, Gillray dessine des corps presque toujours aberrants, soit obèses, soit squelettiques, de sorte que son art se situe clairement en contrepoint de l'art néoclassique dont il est l'envers burlesque. Daumier déforme beaucoup moins et beaucoup plus rarement le corps ; c'est un chroniqueur sans indulgence, d'autant plus crédible qu'il exagère à peine. Il sait camper un personnage parfaitement plausible non pas en recourant à une description précise et détaillée, mais parce qu'il a un sens infaillible du mouvement juste qu'il sait rendre sans hésitation en quelques traits d'une façon qu'on dirait instinctive et spontanée, mais qui suppose une connaissance approfondie du corps humain qu'il a intériorisée. Il profite de la licence d'un genre mineur pour rendre toutes les laideurs, toutes les contorsions humaines, et produire un art critique qui est loin d'être sans ambition. En fait, *Rue Transnonain, le 15 avril 1834* n'a rien de satirique ou d'humoristique. La scène est tragique, rendue d'une façon bouleversante par le puissant crayon de Daumier. Ce cadavre étendu appartient à la rhétorique du grand art ; l'artiste s'est sans doute souvenu de celui que Delacroix avait disposé peu avant dans *Le 28 juillet 1830. La Liberté guidant le peuple*, son hommage à la révolution de Juillet. Mais Daumier fait un corps plus tangible, plus sculptural, plus proche en esprit de Géricault. Du reste, se sentant à l'étroit dans les limites du journalisme lithographique, il consacrera une partie de son génie à la peinture, mais de façon presque entièrement privée, ce qui le libère des contraintes habituelles de cet art. Son œuvre peint est un œuvre posthume.

Le réalisme de Courbet, cet autodidacte qui a certainement regardé Daumier de près, ne consiste pas simplement à tenir une chronique visuelle, mais à élaborer un équivalent métaphorique d'une grande complexité parce qu'il n'est pas exclusivement mimétique. Dans les années strictement réalistes, cette « phase » de sa carrière que *L'Atelier* se propose de définir, la figure humaine, le corps, a un primat tout aussi incontesté que chez David. Courbet se propose de montrer l'homme physique dans les conditions ordinaires de l'existence. Faire du beau avec du laid, ou pire encore avec du quelconque, sans l'embellir, est peut-être l'entreprise la plus difficile qu'on puisse proposer à un peintre qui ambitionne visiblement de prendre sa place à la suite des David, des Ingres et des Delacroix. Le tour de force qu'essaie Courbet est d'abolir la distance, non seulement de donner à voir en décrivant, mais de communiquer la plénitude de l'expérience des choses.

En peignant *Les Casseurs de pierres*, Courbet renoue avec l'art de Géricault et va plus loin. Le format de la peinture d'histoire est mis au service d'un sujet beaucoup moins acceptable encore que celui, au moins dramatique, du *Radeau*. Courbet a campé sur sa grande toile deux figures de cantonniers, grandeur nature, côte à côte, ostensiblement et même ostentatoirement sans composition. Ils sont sans visage, anonymes : simple constat de misère. Ici, pas de chemise un peu entrouverte pour révéler une belle anatomie, un morceau de nu. L'effet de présence corporelle, essentiel au sens du tableau, est suggéré par la tension, l'effort visible du gamin de gauche, tandis qu'on sent un corps frêle et usé sous le vêtement rapiécé du vieil homme.

Le tableau des *Baigneuses*, exposé au Salon de 1853, est beaucoup plus retors ; Courbet ne cache pas son intention de montrer un corps déshabillé plutôt qu'un nu, accrochant à une branche le costume par trop contemporain et familier de cette dame qui n'est décidément pas une déesse. « C'est moins une femme qu'un tronc de chair, un corps en grume », écrivait Edmond About[18]. Pourtant ce corps de femme, sans être distingué ni proche de l'idéal classique, n'est pas si différent de ce que propose parfois Rubens. La différence est moins dans les formes que dans quelques détails comme l'indication trop explicite des tissus adipeux ; elle se manifeste surtout dans le scénario et dans la facture. La facture de Rubens, suivi en cela par Delacroix, est transparente, les touches font l'effet d'une coulée de lumière colorée. Courbet peint avec une matière opaque, comme une croûte de peinture que l'on sent palpable. Il fait aussi un usage immodéré du couteau à palette, de sorte que les contemporains l'ont comparé à un maçon travaillant à la truelle. Dans l'institution académique, le tableau est décidément la forme prépondérante de l'expression artistique, mais la peinture comme acte de peindre, de déposer de la matière colorée sur un support, y est considérée comme secondaire et presque obscène. Jusqu'en 1863, l'École des beaux-arts, sous le contrôle de l'Institut, n'enseigne pas la peinture, mais seulement le dessin, considéré, lui, comme l'activité intellectuelle de l'artiste. Tout ce qui dans le tableau rappelle ou insiste sur l'acte de peindre, sur la présence physique du peintre et la matière picturale est suspect. Le réalisme de Courbet consiste à valoriser ce côté abject de la peinture. Il en résulte une sorte de métaphore, comme si la matière picturale, le corps de la peinture, était représentatif de la matérialité du corps figuré.

Bien sûr, il n'y a pas que cela dans *Les Baigneuses*. Il faut compter avec l'ironie qui fustige la grande peinture ; notre grosse bourgeoise qui est allée se tremper dans un pauvre ruisseau est accompagnée par une servante avachie près d'elle et il se noue entre ces deux personnes un échange de gestes, échange que Delacroix, choqué, se refusait à comprendre. « Que veulent dire ces deux figures ? » Daumier, lui, a compris. Dans l'une de ses satires des visiteurs du Salon, un personnage que son costume désigne comme un artiste prend à partie un visiteur affublé de l'emblématique haut-de-forme : « Voyons ne soyez donc pas bourgeois comme ça... admirez au moins ce Courbet[19] ! » Les gestes sont ceux des *Baigneuses*, mais vus sous un angle un peu différent. Chez Courbet, la servante s'exclame d'admiration devant sa maîtresse qui répond par une protestation de modestie. Il s'agit évidemment pour Courbet d'une parodie de la gestuelle déclamatoire de la « grande peinture », parodie attendue dans une lithographie de Daumier, mais déconcertante chez Courbet parce que le format – grande toile, nu grandeur nature – est précisément celui de cette grande peinture qu'il ridiculise tout en s'emparant de ses moyens.

Les Lutteurs exposés au même Salon de 1853 sont comme le pendant masculin des *Baigneuses*, mais la stratégie est différente puisqu'il n'y a pas le même effet parodique. C'est du reste la seule fois que Courbet s'intéresse particulièrement au nu masculin ; il reviendra en revanche souvent sur le nu féminin avec des approches très variées ; même les deux tableaux peints pour

Khalil-Bey, ce diplomate turc qui avait aussi acheté *Le Bain turc* d'Ingres, sont très différents l'un de l'autre. *L'Origine du Monde* est un constat presque clinique de l'organe féminin. Tout autre est *Le Sommeil*, qui pourrait s'appeler « Luxe, calme, et volupté ». Les amours lesbiennes qui s'y étalent sont un *topos* des fantasmes masculins de la littérature et de l'art érotiques. Du reste, pour rendre ces magnifiques corps voluptueusement enlacés (quelle différence avec la grosse baigneuse de 1853 !), Courbet, tout en signalant des pilosités que la bienséance officielle proscrit, se rapproche de la facture académique lisse et léchée ; en revanche, les accessoires, luxueux et agressivement contemporains, sont traités avec plus d'empâtement, mais à petites touches précises, et présentent une intensité chromatique qui produit un effet comme hallucinatoire.

Degas est le véritable continuateur de cette tradition réaliste du corps ; personne mieux que lui n'a fait sentir la mécanique corporelle, que ce soit la tension des mâchoires dans le bâillement ou la pression des bras des lingères appuyant sur leur fer à repasser. Les danseuses sur lesquelles son regard revient constamment l'ont passionné, leur mécanique mais aussi leur fatigue et cette espèce d'ennui physique qu'il a su exprimer dans les moments d'inaction. Ce sont surtout ses nus féminins des années 1880 et au-delà qui offrent une vision inédite de la femme. Il s'agit de filles occupées aux soins de leur propre corps dans de bien pauvres intérieurs ; pas d'indulgence ou d'attendrissement, pas non plus de fantasmes exotiques ; le regard du peintre est sans indulgence, mais non dépourvu de sympathie, lorsqu'il met en évidence la dure réalité de femmes dont le corps est le seul capital. Aussi sont-elles très conscientes de ce corps qu'elles palpent, caressent ou frottent. Les positions (il ne s'agit pas ici de pose) et les points de vue totalement étrangers aux conventions ordinaires du nu donnent de ce corps une vision parfois très déconcertante, mais toujours intelligible. Les arabesques les plus inattendues, les plus bizarres, sont le résultat de gestes familiers parfaitement compris et sentis. Degas a poussé l'étrangeté du quotidien à ses limites. Il préfère généralement la matière opaque et poudreuse du pastel à la peinture à l'huile. Cette facture très personnelle attire l'attention et s'interpose entre le spectateur et l'objet de la représentation : comme chez Courbet, cette franchise des moyens est garante de la réalité du représenté.

V. RÉALISME OPTIQUE ET PHOTOGRAPHIE

Cet art de la matière n'était pas, au milieu du siècle, la seule façon d'imaginer la réalité du corps. On trouve une autre sorte de réalisme que l'on peut appeler réalisme optique ou rétinien, et qui au lieu d'insister sur la matérialité et sur l'opacité du signe joue au contraire la carte de la transparence. Le spectateur est invité à voir la chose représentée sans être conscient, ou le moins possible, du moyen de représentation.

L'invention et le développement rapide de la photographie à partir de 1839 ont immédiatement et profondément affecté les habitudes artistiques et visuelles. L'enregistrement chimique de l'image produite par la chambre noire fut très vite chargé de valeurs à la fois négatives et positives. Après un premier moment, très bref, de surprise et d'émerveillement, ou parfois de doute, la communauté artistique refusa toute valeur d'art à des images produites mécaniquement ; en même temps, l'inhumanité apparente du procédé conféra à l'image photographique une valeur de vérité positive et indiscutable, une transparence parfaite au réel. On peut dire, en simplifiant, qu'il en est résulté deux choses : d'une part, la photographie peut constituer pour l'artiste une sorte de substitut de la nature ; d'autre part, la surface lisse, continue, détaillée du rendu photographique devient le signe de la fidélité au réel.

Le premier point est particulièrement sensible en ce qui concerne la représentation du corps et nous avons vu Delacroix lui-même examiner des corps à travers des épreuves photographiques. Dès le milieu du siècle, on s'est mis à produire d'innombrables photographies de modèles tant masculins que féminins qui vont de la pornographie pure et simple à des clichés comme ceux de Gaudenzio Marconi, produits à l'École des beaux-arts même et s'adressant principalement aux rapins [20]. Au-delà des années d'apprentissage, les peintres se serviront souvent de photographies pour simplifier leur travail et éviter les dispendieuses séances de pose du modèle vivant ; mais il s'agit d'une pratique honteuse, et cachée [21].

Le second point n'est pas moins significatif. Nous sommes bien conscients aujourd'hui qu'une photographie n'est pas l'enregistrement neutre du visible, mais le produit d'un dispositif inventé spécifiquement pour fixer et organiser visuellement certains aspects, et certains aspects seulement, du monde extérieur. En outre, l'opérateur fait des choix et prend nombre de décisions (choix du motif, du cadrage, de l'optique, de l'émulsion, du temps de pause, sans parler de tout ce qui concerne le tirage des épreuves) dont dépend l'image photographique. Néanmoins, lorsque la photographie est apparue, on y a vu un constat indéniable de ce qui est, une vérité positive. Cette confiance fut si inconditionnellement accordée à la photographie et à son rendu particulier que la peinture en fut elle-même affectée. Des peintres se sont mis parfois en compétition avec la nouvelle technique sur son propre terrain de la finesse du rendu et de la précision du détail. Mais ce genre de représentation, qu'il soit le résultat du dispositif photographique ou d'une technique entièrement manuelle, n'aboutit pas forcément à donner une impression de présence physique réelle, mais bascule facilement dans une sensation hallucinatoire ou fantasmagorique, l'impression d'une pure apparence sans substance. C'est seulement lorsque par la construction de l'image l'artiste implique la matérialité d'un spectateur et un équivalent des conditions corporelles de la perception qu'une telle méthode de représentation arrive à transmettre une expérience du réel.

Vers 1850, au moment où Courbet s'engage dans sa période réaliste, les préraphaélites anglais et leurs sympathisants cherchent à retrouver le réalisme de l'art du XVe siècle, l'impression qu'il donne de découvrir la réalité du monde en en donnant une description « naïve », c'est-à-dire sans conventions, comme on peut imaginer la vision du nouveau-né. Ces jeunes gens (John Everett Millais n'a que vingt et un ans en 1850 et William Holman Hunt en a vingt-trois) produisent alors des œuvres fortes où chaque détail est minutieusement étudié sur nature. Leurs personnages, tant dans les sujets historiques comme *Jésus-Christ dans la maison de ses parents* (1850) de Millais ou *Une famille anglaise convertie soustrayant un prêtre chrétien à la persécution des druides* (1850) de Hunt que dans les scènes de genre comme *Le Mauvais Berger* (1851), sont des portraits pris parmi leurs proches, ce qui leur donne une étrange force de conviction. Ford Maddox Brown, leur aîné de quelques années, qui n'appartenait pas à la confrérie, est peut-être celui qui a le plus de puissance dans ce genre où tout est décrit dans le plus grand détail de façon obsessionnelle. *The Last of England*, qu'on peut traduire par « Dernier regard sur l'Angleterre », est une image saisissante d'émigrants qui s'embarquent pour l'Australie ; non seulement le moindre détail est rendu avec la plus grande exactitude, mais les personnages semblent pressés contre notre espace.

Cette façon d'évoquer la réalité par l'apparence exacte, en évoquant aussi les qualités de surface des choses, un peu comme dans la peinture eyckienne ou dans la peinture hollandaise du XVIIe siècle, s'est développée aussi en France avec un artiste comme Meissonier qui est un virtuose du minuscule ; ce goût du petit format confère à ses tableaux une distance poétique que les collectionneurs ont avidement appréciée, mais en même temps cela signifie que ses personnages n'ont pas de vraie présence. L'Allemand Adolf von Menzel peint d'une manière assez semblable, mais avec des résultats plus convaincants. Dans ses dessins, en particulier, Menzel obtient une tension visuelle étonnante en composant la page avec souvent des motifs disjoints, chacun traité avec un modelé vigoureux et suggestif, vus souvent de points de vue inattendus, de sorte qu'on a l'impression que ces personnages empiètent sur notre espace comme de vrais corps. L'une de ses œuvres les plus étonnantes, sorte de tour de force phénoménologique, est une représentation de son *Pied*, un pied horriblement atteint par la goutte ; l'exactitude clinique détaillée, jointe au point de vue qui est immanquablement celui de l'artiste sur son propre corps, produit une impression de douleur intolérable et évoque ainsi par des moyens strictement descriptifs l'expérience vécue du corps.

Mais de telles œuvres sont extrêmement rares, en général ce genre de rendu minutieux est devenu une convention facile et s'est transformé en ce qu'on appelle parfois réalisme académique.

VI. « ENCORE DES VÉNUS, TOUJOURS DES VÉNUS... »

1863 est, on le sait, une date clé dans l'art du XIXe siècle, date de la mort de Delacroix, de la réforme de l'École des beaux-arts, du Salon des refusés. On assiste alors à une véritable bataille des nus. C'est l'année où Manet expose *Le Déjeuner sur l'herbe* au Salon des refusés, l'année aussi où il peint, sans l'exposer encore, *Olympia.* Au Salon, la *Vénus* de Cabanel, que l'empereur achète, est le plus remarqué de toute une série de nus académiques. Daumier fera des gorges chaudes de ces nus – une bonne femme qui n'a rien d'une déesse interpelle sa commère : « Cette année encore des Vénus... toujours des Vénus !... Comme s'il y avait des femmes faites comme ça[22] !... » Ingres avait donné le modèle de ces corps lisses, sans la moindre aspérité ni pilosité, aux orifices soigneusement scellés. Cette vision de la femme inaccessible, emblématique du désir, fut adaptée et codifiée au sein de l'académie. Ce qui était chez Ingres une vision toute individuelle et excentrique fut généralisé, et devint un idéal commun. La différence réside surtout dans l'exécution : les peintres de l'académie ont adapté le réalisme optique ou photographique pour domestiquer leurs fantasmes ; les tableaux d'Ingres, aussi lisses fussent-ils, étaient d'une facture très tendue. Avec des moyens très différents, ils maintenaient une forte opacité du signe qui ne permettait pas un accès facile à l'espace représenté. Du reste, son art fut longtemps considéré comme difficile et réservé aux connaisseurs, son immense popularité ne venant qu'assez tard et grâce surtout à la reproduction qui simplifiait et facilitait ses œuvres un peu comme une glose. Les Cabanel n'ont pas d'états d'âme, ils trafiquent franchement de l'irréel pour une clientèle qu'on devine masculine, bien nourrie et satisfaite. Sa Vénus est allongée sur l'eau verte comme sur une ottomane ; elle a les yeux presque, mais pas tout à fait, fermés ; consciente d'être regardée, elle ne gêne en rien le regard du visiteur auquel elle offre un corps à la fois irréel et matériellement sensuel. Le peintre ne manque pas de savoir-faire, ni même d'invention : la couleur très claire et légère était nouvelle et piquante. Dans les parties secondaires, la touche est large et vive ; le dessin assez savant ; la pose rappelle les grands nus historiques, en particulier l'*Odalisque à l'esclave* d'Ingres, mais Cabanel a visiblement retravaillé sa figure sur le modèle : l'articulation du corps est convaincante et le détail piquant. Cabanel sait trouver un savant équilibre entre la convention et l'observation afin d'évoquer à la fois la lointaine déesse de l'amour et un modèle d'atelier bien disponible.

L'*Olympia* de Manet propose au client un corps tout autre : pas de rondeurs, pas de langueur, mais un corps nerveux, un peu anguleux, où l'on sent l'ossature de la cage thoracique sous des chairs fermes mais peu abondantes, corps blanc, urbain, moderne ; corps pourvu aussi d'un vrai visage où l'on pouvait reconnaître Mlle Victorine. La référence à la *Vénus d'Urbin* de Titien est inéluctable, mais le sens de cette référence n'est pas si clair ; je ne pense pas qu'il faille y voir une parodie de l'œuvre de la Renaissance, mais plutôt une critique de la tradition académique qui prétendait en être l'héritière. Il est difficile de dire à quel moment exactement on a, en comparant la *Vénus d'Urbin* à la *Vénus endormie* de Giorgione, affirmé que Titien avait peint là le portrait d'une courtisane. Il n'est pas du tout impossible que Manet ait été au courant d'une telle interprétation : il fait en somme ce que Titien eût fait s'il avait vécu en 1863. Admis au Salon de 1865, le tableau provoqua des réactions extrêmement violentes et connut un énorme succès de scandale : à l'exception de quelques rares défenseurs comme Émile Zola, on se partageait entre l'hilarité et l'indignation.

Avec *Olympia*, le conflit entre l'art académique et l'art indépendant atteint son paroxysme. Il faut bien souligner que le débat est idéologique et qu'il est articulé en termes qui sont éthiques tout autant qu'esthétiques. C'est au nom de la vérité que Manet peignait comme il le faisait. Deux ans après le scandale d'*Olympia*, à l'occasion de son exposition personnelle en marge de l'Exposition universelle de 1867, Manet fit imprimer du papier à lettre à la devise « Faire vrai et laisser dire ». Lorsqu'on examine les attaques contre *Olympia*, on trouve que la représentation y est considérée comme fausse, sale, déformée. Le tableau choqua à cause de ce qui apparaissait à beaucoup comme sa fausseté alors que les Vénus des Baudry et des Cabanel semblaient plus vraies. Avec le temps tout a basculé dans l'autre sens. Qu'en penser ? La représentation de l'*Olympia* est-elle objectivement plus vraie ? Les principaux critères sont de deux ordres, d'une part la forme ou le dessin et de l'autre la facture et le rendu. En ce qui concerne la forme, le corps d'Olympia est plus individualisé, et donc sans doute plus fidèle à l'apparence du modèle (dans ce cas Victorine Meurand), mais les tenants de la théorie classique diraient que la vérité et la réalité accidentelle ne sont pas nécessairement synonymes. Pour ce qui est de la facture, le fini académique se rapproche du rendu photographique qui dans ces années est considéré comme vrai. Quant à la couleur, il serait difficile de dire lequel des deux systèmes est le plus vrai, car, même si le peintre arrivait à reproduire exactement la teinte de la peau du modèle, son œuvre n'apparaîtrait pas nécessairement juste de ton. La représentation en peinture est un système complexe d'équivalences dont l'effet sur le spectateur dépend des rapports de tons intérieurs à l'œuvre autant ou plus que du rapport entre un pigment et un ton local particulier perçu dans la nature. Il est clair qu'il s'agit là de deux systèmes de représentation également conventionnels qui s'affrontent et donc d'une différence idéologique ; cela n'implique pas, bien au contraire, que les deux soient d'égale valeur. En revanche, la réception, c'est-à-dire la façon dont l'œuvre est perçue, dépend évidemment des dispositions et des habitudes visuelles du spectateur, de son équipement mental (c'est pourquoi l'on distingue bien aujourd'hui la perception visuelle, soit l'équipement physiologique de la vision, de ce qu'un récent vocabulaire anglo-saxon appelle *visuality*, soit la vision telle qu'elle est conditionnée par les habitudes culturelles). Les visiteurs du Salon habitués à une peinture lisse et apparentée au fini photographique ont été choqués par ce qui s'en écartait violemment. Le public actuel, habitué à la peinture impressionniste comme règle, trouve la peinture académique de l'époque artificielle, même si elle lui plaît. Cela implique que la façon dont nous voyons le corps dans l'expérience quotidienne est affectée elle-même par nos habitudes culturelles, c'est-à-dire en particulier par notre culture visuelle.

Cette situation de rupture entre un art indépendant et vivant et la culture officielle est le résultat de la conception romantique de l'art comme moyen de régénération en opposition au pouvoir établi. Mais cette idée elle-même est assez vite devenue un mythe officiel, d'où la situation très ambiguë de l'art au XXe siècle où les avant-gardes sont très vite cooptées par la culture dominante, sauf dans les systèmes totalitaires.

VII. LE CORPS SYMBOLISTE

Le Symbolisme, qui a fortement marqué la fin du XIXe siècle et laissé une empreinte décisive sur l'esthétique du XXe, est en partie au moins une résurgence de l'idéalisme romantique. Ce mouvement, dont Mallarmé est le théoricien et le représentant le plus complet, a des contours assez précis comme école littéraire, mais, lorsqu'on aborde les arts plastiques, les choses sont beaucoup moins nettes. On peut tout de même définir certaines idées ou certaines tendances. Le Symbolisme résulte sans doute d'une certaine déception face à l'espoir qu'on avait pu placer dans la connaissance positive. Pour les Symbolistes, la présence matérielle des choses et des êtres n'est qu'une apparence ; la réalité, de nature spirituelle, serait cachée, secrète, n'existerait que derrière ces apparences et ne serait pas directement accessible. L'esthétique du Symbolisme est une esthétique de la suggestion plutôt que de la description ou de la désignation. Pour l'artiste symboliste, l'émotion, l'intuition priment la perception. On fait confiance au rêve plutôt qu'à la raison. Quant au corps, il ne peut être qu'un masque, que le signe d'une réalité mystérieuse et inaccessible.

On distingue deux pôles dans la grande diversité des artistes qui appartiennent à la mouvance symboliste, l'un de caractère qu'on peut appeler littéraire parce qu'il s'attache aux sujets souvent un peu ésotériques traités en général avec les moyens de l'art académique, courant dont Gustave Moreau est le parfait exemple, et d'autre part un courant issu de l'avant-garde réaliste et qui est plus intéressé par la recherche plastique, mais il ne s'agit là que d'une généralité. Un artiste comme Odilon Redon, dont l'invention est avant tout plastique, donne des titres très littéraires à ses visions. Pour lui le corps est un langage. Il n'hésite pas à séparer les parties du corps pour représenter une fonction. Dans sa première œuvre majeure, une suite de lithographies intitulée de façon significative *Dans le rêve* (1879), une planche intitulée « Vision » montre un œil immense et radieux planant dans le ciel. Souvent une tête non pas coupée mais séparée, indépendante, signifie la pensée. De tels motifs ne sont pas sans rapport avec le fragment romantique, mais ici la métaphore l'emporte sur la métonymie (les *Têtes coupées* de Géricault suggèrent une amputation alors que les têtes séparées de Redon sont une image presque linguistique de la pensée, bien que leur forte expressivité leur évite de tomber dans la vacuité d'une sorte de rébus).

En Angleterre, les préraphaélites et les artistes de leur mouvance ont souvent abandonné le réalisme antiacadémique des années 1850 pour un art qu'on peut appeler symboliste. Burne-Jones, en particulier, est caractéristique d'une peinture qui met une technique descriptive minutieuse au service d'un art fondamentalement antinaturaliste (linéarisme, stylisation du dessin, palette iridescente très arbitraire) où le corps est pour ainsi dire désincarné : ses êtres à la fois irréels et crédibles évoluant dans une atmosphère onirique furent un des modèles du symbolisme européen. De nombreux artistes, certains affiliés à la Rose-Croix, ont ainsi exploité la tradition « illusionniste » du réalisme académique pour évoquer un monde intérieur. Je mentionnerai, un exemple parmi bien d'autres, *L'École de Platon* du peintre belge Jean Delville (1898, Musée d'Orsay), un groupe de longs et sinueux adolescents androgynes assemblés autour d'un Platon christique. La matière picturale de cette immense toile semble aussi étiolée que les personnages sont irréels. Le retour à l'allégorie et au mythe, caractéristique de ces artistes symbolistes à tendance littéraire, a toutefois mobilisé chez certains des moyens plastiques plus solides. Gustave Moreau et Puvis de Chavannes en France, Ferdinand Hodler en Suisse développent une vision très personnelle et expressive du corps. Chez Hodler en particulier, les femmes aux hanches excessives, les éphèbes un peu efflanqués au regard intense sont des figures très singulières et en même temps très présentes : une certaine étrangeté permet à l'artiste d'intimer la présence d'un mystère immanent aux choses et aux êtres.

Certains comme Paul Gauguin se dirigent vers un art de moins en moins mimétique, ou plus précisément antiphotographique, le réalisme optique ne captant que l'apparence des choses par opposition à leur réalité. Pourtant ces artistes d'avant-garde sont les héritiers du Réalisme et ont un sens de la matérialité qui s'oppose aussi à la pure apparence. En cherchant des modèles en dehors de la tradition « illusionniste » de l'art occidental, Gauguin aboutit à une vision du corps qui échappe aux canons traditionnels, mais qui en même temps suggère le poids, la tangibilité du corps. Remplacer la description par la suggestion est au cœur du programme symboliste. Inspirés par le modèle de la musique instrumentale qui agit directement sur l'auditeur pour provoquer des émotions, les artistes d'avant-garde se dirigent vers une abstraction de plus en plus radicale. À la limite, il ne s'agira plus de représenter un corps dont l'image agira sur le spectateur, mais, par des moyens purement plastiques (formes, lignes, couleurs), d'agir directement sur le spectateur, sur son corps à travers ses réactions sensuelles, pour induire en lui des états intérieurs. Ce sera au XXe siècle à tirer ces dernières conséquences de la théorie symboliste.

VIII. RODIN

Il a été peu question de sculpture dans ces quelques pages, bien que le corps soit le principal sujet de la statuaire. Le XIXe siècle a connu une énorme production de sculpture. On aurait dû, selon un mot attribué à Degas, mettre des pancartes dans les jardins publics: « Il est interdit de déposer des statues sur la pelouse. » Le fait est que, malgré son prestige académique, la sculpture de l'époque pâlit à côté de la peinture. Baudelaire la considérait du reste comme un art trop matériel, trop inerte, pour exprimer le sentiment moderne. La sculpture du XIXe siècle touche peu le grand public d'aujourd'hui malgré les efforts récents pour la redécouvrir. Quelques œuvres méritent pourtant d'être citées: au moment où le courant réaliste prend forme, la *Femme piquée par un serpent* de Clésinger (musée d'Orsay) fit scandale au Salon de 1847, l'artiste étant soupçonné d'avoir utilisé un moulage sur le vif. La statue, d'une sensualité un peu vulgaire, n'est pas vraiment une œuvre marquante, mais la question du moulage est intéressante. En effet, l'empreinte de corps vivants, dont la pratique est ancienne, fut perfectionnée au XIXe siècle et eut une vogue certaine pour conserver le souvenir fragmentaire de personnages célèbres, que ce fussent les jambes de la divine comtesse de Castiglione, le pied de Rachel ou la main de Victor Hugo. Si cette fabrication de reliques laïques ne posait pas de problème aux contemporains, l'utilisation artistique des empreintes par les sculpteurs a souffert du même discrédit que la photographie: celui d'un moyen mécanique honteux. La redécouverte d'œuvres saisissantes faites selon ce procédé, en particulier celles de Geoffroy de Chaume, montre qu'il est possible de faire preuve d'imagination dans la pratique du moulage[23]. Par le découpage du corps qui ne peut être moulé entier, par la position parfois insolite, par la précision troublante de l'empreinte qui enregistre jusqu'au grain de la peau, ces productions du sculpteur arrivent à exciter l'imagination mieux que ses œuvres plus traditionnelles qui nous laissent froids [24].

Le Génie de la Danse de Carpeaux, commandé par Charles Garnier pour la façade de l'Opéra, causa lors de sa mise en place en 1869 un scandale aussi retentissant que celui d'*Olympia* [25]. À l'époque, la sensualité de ces corps trop vrais, trop charnels (noter par exemple le détail de la main qui appuie sur le dos et fait céder la chair), fut jugée inadmissible pour un monument public accessible à tous les regards. L'œuvre fut vandalisée par le jet d'un encrier qui fit une grosse tache. Le groupe fut condamné à disparaître de la façade de l'Opéra et un autre, plus convenable, commandé pour le remplacer. Mais en fin de compte l'œuvre de Carpeaux ne quitta jamais son socle et cette *Danse* si vivante, ces femmes voluptueuses qui font une ronde si entraînante autour de l'élancement vertical du Génie éphèbe sont restées gravées dans la mémoire collective. L'œuvre n'a jamais disparu du canon de l'art moderne.

Pourtant, malgré quelques réussites exceptionnelles, c'est seulement avec Rodin que la sculpture reprit le devant de la scène artistique. Cela ressort bien du texte de Rilke qui fut, rappelons-le, le secrétaire du sculpteur. Si la longue incantation du poète publiée en 1903 peut sembler par trop littéraire, elle n'en est pas moins informée par un patient examen et une analyse pénétrante de l'œuvre qu'il situe dans une longue perspective historique :

> Sa langue était le corps... Et ce corps ne pouvait être moins beau que celui de l'Antiquité, il devait être d'une beauté encore plus grande. Durant deux millénaires de plus la Vie l'avait gardé dans ses mains, avait travaillé à lui, l'avait martelé et ausculté. La peinture rêvait de ce corps, elle l'ornait de lumière, le pénétrait de crépuscule, elle l'entourait de toute sa tendresse et de tout son ravissement, elle le palpait comme un pétale et se laissait porter par lui comme sur une vague – mais la plastique, à qui il appartenait, ne le connaissait pas encore [26].

Rilke considère donc Rodin comme le premier véritable sculpteur du corps depuis l'Antiquité, mais d'un corps différent, moderne, longuement travaillé à la fois par la vie et par l'art.

Rilke a évoqué en termes extatiques la multitude des êtres qui évoluent dans *La Porte de l'Enfer* : « des corps qui écoutaient comme des visages et qui prenaient tout leur élan comme des bras pour lancer ; des chaînes de corps, des guirlandes et des sarments, et de lourdes grappes de formes humaines dans lesquelles montait la sève sucrée du péché, hors des racines de la douleur [27] ». Le poète a bien marqué aussi le rapport nouveau des sexes dans ce monde imaginaire où la femme n'est pas cantonnée dans son rôle d'objet de désir : « C'est toujours encore l'éternelle bataille des sexes, mais la femme n'est déjà plus l'animal dompté ou docile, elle est pleine de désirs et éveillée comme l'homme, et l'on dirait qu'ils se sont mis ensemble, pour chercher tous deux leur âme [28]. »

Le corps reste le principal, presque l'unique sujet de Rodin. Entre *L'Âge d'airain* (ou *Le Vaincu* selon son premier titre) qui signale la maturité du sculpteur et la statue de Balzac refusée par la Société des gens de lettres en 1898, Rodin dessine une trajectoire qui résume bien l'évolution de l'art indépendant du Réalisme au Symbolisme.

Avec *L'Âge d'airain*, Rodin renouvelle la tradition du corps expressif comme l'avait fait Drouais un siècle plus tôt en peinture ; on sait que le sculpteur avait cherché un modèle non professionnel afin de ne pas tomber dans la convention ; un ami militaire qui commandait une compagnie de télégraphistes lui avait proposé neuf jeunes gens parmi lesquels Rodin choisit Auguste Neyt, un Flamand, garçon intelligent avec lequel il put travailler comme il l'entendait ; dès cette époque, plutôt que de poser le modèle dans une attitude déterminée d'avance, le sculpteur préférait le faire évoluer librement et l'observer afin de capter le corps dans des aspects inédits. L'œuvre terminée fit sensation. Le modelé était si frémissant et si précis, le résultat si vrai que, lorsque la statue fut exposée au Salon de 1877, Rodin fut soupçonné d'avoir utilisé un moulage sur le vif (comme l'avait été Clésinger en 1847) ; il dut s'en justifier, ce qui nous a valu une précieuse série de photographies par Marconi, commandées par Rodin lui-même pour sa défense, du modèle dans la position exacte de la statue permettant de constater le travail de l'artiste. À ce point de sa carrière, on a l'impression que Rodin reprend l'art du *kouros* tel que l'avaient conçu les Grecs, en explorant les limites à la fois de l'exactitude et de l'expressivité.

Plus tard, le sculpteur dépassera ce réalisme un peu littéral et il en viendra à effacer la distinction entre esquisse ou étude et œuvre terminée, comme l'avait déjà fait la peinture avec Manet et bien avant lui Constable. À l'origine, *L'Homme qui marche* était une étude pour la statue de *Saint Jean Baptiste prêchant* à laquelle Rodin a travaillé dans les années 1878-1880, juste après *L'Âge d'airain.* Selon Rodin lui-même, l'idée de cette figure si animée lui est venue d'un paysan italien du nom de Pignatelli qui était venu à Paris chercher du travail. Rodin l'aurait amené à l'atelier et fait monter sur le socle. Sans aucune expérience, l'homme se planta sur ses deux jambes comme les branches d'un compas (c'est-à-dire toutes deux portantes, sans le contraposto traditionnel encore très sensible dans *L'Âge d'airain*). Rodin l'aurait arrêté dans cette position anticlassique, y voyant un homme en train de marcher (alors qu'en fait c'est une position qui empêche le mouvement). Le sujet religieux aurait été appliqué *a posteriori.* Quant à la figure d'étude sans bras ni tête, ce n'est que plus tard qu'agrandie et un peu adaptée elle devint une œuvre indépendante[29]. Rodin a délibérément laissé les marques du modelage très apparentes, et cette facture fonctionne un peu comme le vêtement sous lequel la réalité du corps se devine si bien, alors que le rendu de l'épiderme semble presque toujours factice.

Entre-temps, Rodin avait conçu le monument à Balzac, commandé par la Société des gens de lettres en 1891. Rodin se confrontait là à des problèmes interminablement discutés depuis le XVIIIe siècle: fallait-il montrer Balzac dans une nudité héroïque, lui dont le physique s'y prêtait si mal? Fallait-il lui laisser son costume moderne, généralement jugé mesquin et trivial, ou le draper de façon conventionnelle? Rodin y travailla longtemps, se servant de modèles vivants, même pour le visage dont il existait pourtant des daguerréotypes. Parmi les nombreuses études modelées de l'ensemble et des parties (tête, buste, etc.), l'une des plus remarquables, qui fait figure d'œuvre indépendante, est le Balzac nu, les bras croisés, planté dans une attitude comme de défi, qu'on a comparée à celle d'un lutteur; ce petit homme râblé et corpulent donne une impression d'énergie et de présence physique étonnante, un peu comme si on avait déshabillé le portrait de Joubert par David.

Pour arriver à une solution définitive, on sait comment en fin de compte Rodin habilla son étude du corps d'une robe de chambre trempée dans le plâtre et drapée autour des épaules: la statue était trouvée. Le coup de génie est justement d'avoir renoncé au fini, d'avoir agrandi le résultat de cette expérience à la taille du monument, avec sans doute un travail considérable de mise au point, mais en conservant toute la force de suggestion qui appartient à l'esquisse, justement parce que rien n'y est arrêté. L'effet est celui d'une présence à la fois physique et spirituelle très forte, comme un immense surgissement d'énergie. Ce corps véritablement transfiguré, qui exprime si bien l'inspiration, s'écarte radicalement des données physiques du petit homme corpulent et un peu grotesque qui se prêtait mieux à la caricature qu'à l'apothéose monumentale. Vision idéale à sa façon, mais bien différente de celle d'un Canova : aucune œuvre ne marque mieux le passage du XIXe siècle au XXe.

4

Les images sociales du corps

SÉGOLÈNE LE MEN

Au Salon de 1831, Delacroix exposait un grand tableau qui fit tout à la fois sensation et scandale[1], *La Liberté guidant le peuple*[2] ; escaladant une barricade, sous laquelle gisent les cadavres d'un homme à demi nu, d'un garde suisse et d'un cuirassier de la garde royale, une allégorie féminine, la Liberté, accompagnée d'un homme en chapeau haut de forme armé d'un fusil et d'un gamin de Paris qui brandit un pistolet, marche droit sur le spectateur, entraînant derrière elle les insurgés. Réponse militante d'un grand artiste à la Révolution de Juillet, la peinture de Delacroix relève de la nouvelle peinture d'histoire de l'école de 1830 et elle présuppose un système sémiotique fondé sur le langage des corps – celui de la représentation du peuple de Paris par une pluralité de types réunis autour du personnage féminin qui incarne l'idée de nation. Mais Delacroix brouille aussi la lisibilité des types : l'homme au gibus qui porte un tablier de cuir est-il un bourgeois ou un ouvrier ? La Liberté coiffée du bonnet phrygien, rapprochée par les critiques de la « forte femme aux puissantes mamelles » des *Iambes* d'Auguste Barbier, a du poil aux aisselles, ce qui ne convient ni à une allégorie, ni à l'éternel féminin… la façon dont son visage se détache sur la nuée évoque l'effet d'une projection fantasmagorique[3]. Dans le tableau, le gamin, personnage que l'on retrouve au même Salon dans *Les Petits Patriotes* de Jeanron (Caen, musée des beaux-arts), est placé non loin des tours de Notre-Dame, visibles au loin, ce qui ne manque pas d'évoquer l'écolier Jehan Frollo dans le roman historique de Hugo.

La grille visuelle de lecture sociale et politique sur laquelle repose la peinture de Delacroix, en connivence avec son public, et qu'il détourne déjà, a été lentement élaborée au cours de la première moitié du XIXe siècle. Elle s'est imposée au théâtre, dans la peinture, dans la littérature, et d'une manière générale dans les mentalités, selon une formule que les caricaturistes et les illustrateurs ont progressivement instaurée dès les années 1820 et qui recourt à toutes sortes de métaphores optiques. La seconde moitié du siècle l'exploite et la perpétue : c'est ainsi que, pour poursuivre l'exemple du tableau de Delacroix, le gamin devient, dans *Les Misérables*, Gavroche… et qu'ensuite Gavroche se transforme en Poulbot, sur les hauteurs de Montmartre. Le « type » devient personnage de roman, et se solde en cliché de presse fin de siècle. Pour illustrer la fabrique des « types » en tant que construction d'un nouveau langage corporel distinct du système iconologique traditionnel et fondé sur l'observation du costume, de la physionomie et de la silhouette des contemporains, je choisirai trois types caricaturaux masculins apparus dans la première moitié du XIXe siècle : Mayeux, Prudhomme et Macaire [4].

Alors que la « Poire » dépersonnalise Louis-Philippe, le roi-bourgeois, au point de le faire passer dans le règne végétal, le procédé inverse, celui de l'individualisation, souligne l'apothéose du « bourgeois absolu » sous la monarchie de Juillet, selon la formule de Henry James [5] reprise par T. Clark [6] : c'est ainsi que naissent, en quelques années, Mayeux, Joseph Prudhomme et Robert Macaire, dotés d'une pleine identité et d'un nom propre, ce qui les rapproche des personnages de roman, parmi lesquels s'imposent alors à l'imaginaire collectif celui de Quasimodo [7], qui est contemporain de Mayeux, et bientôt, dans l'illustration romantique à caractère caricatural, celui de Don Quichotte, le héros de Cervantès réinterprété par Rowlandson, Johannot, Grandville, Nanteuil et Doré, et repris par Daumier comme type allégorique héroï-comique de l'artiste dans un vaste cycle pictural sous le second Empire.

Ces « types » inventés ressemblent à des portraits-charges individuels. Après les jeux d'illusion et les effets fantasmagoriques de la Poire, ils ont le relief de personnages réels, rendus comiques par la caricature, ce à quoi contribue leur appartenance tant au monde du théâtre qu'à celui de la scène de mœurs lithographique et satirique. L'intensité de leur présence tient à ce qu'ils sont à la fois des « caractères » et des « caricatures », pour reprendre la distinction esthétique proposée par Hogarth en 1743 dans sa planche *Characters and Caricatures*[8]. Le critique d'art et théoricien du Réalisme Champfleury[9] a attiré l'attention sur leur triade : « Quoi qu'il arrive, et bien que d'autres figures satiriques soient appelées à succéder un jour à *Mayeux*, à *Macaire* et à *Prudhomme*, ces trois types subsisteront comme la représentation la plus fidèle de la bourgeoisie pendant vingt ans, de 1830 à 1850 », écrit-il dans l'*Histoire de la caricature moderne* de 1865[10], et c'est autour d'eux, et de leurs inventeurs, Traviès, Monnier et Daumier, qu'il organise le plan de son ouvrage. Coiffés d'une auréole, tous trois figurent dans l'encadrement de la couverture illustrée de son livre au-dessus des singeries qui s'y déploient.

Cette présentation des trois « saints patrons » de la bourgeoisie sous la monarchie de Juillet montre comment la caricature s'insinue dans le domaine de l'imagerie patronale d'inspiration chrétienne, dont elle singe les procédures pour s'en inspirer et s'en moquer. En continuité avec l'imagerie des « types » qu'héroïse la monarchie de Juillet, elle transpose dans le registre de la caricature la fonction d'identification individuelle (à travers l'image de piété vouée au prénom personnel tiré du calendrier) et collective (à travers l'image populaire des corporations) assumée par le saint patron dans la société traditionnelle. Tous masculins, ces trois personnages bien reconnaissables physiquement mettent en évidence la prépondérance des classes moyennes et aisées dans les représentations de la société qui circulent alors. Chacun d'eux personnifie une fraction distincte du groupe social très large de la bourgeoisie, dont la Poire offre le signe allégorique le plus général et le plus indéterminé, qui, du portrait du roi, s'est étendu à tous les sujets.

Leur invention, devenue inséparable des trois artistes qui les ont popularisés, place la caricature et la lithographie dans le registre de la comédie, et même de la *commedia dell'arte*, au moment où Callot, l'artiste des *gobbi* et des *balli* qui avait introduit Scapin et Pantalon dans la gravure française, redevient à la mode. En effet, figures d'identification ou de répulsion selon les cas, ils représentent les rôles sociaux par des emplois théâtraux, et la métaphore de Scapin est vite introduite par les critiques à leur propos[11].

Ce que partagent ces trois emplois par-delà les positions sociales distinctes qu'ils représentent, c'est leur visée générale, leur caractère de modèle pour l'interprétation globale d'une société que critiquent les caricaturistes – dernier trait qui les rapproche de « la maladie de la Poire ».

I. MAYEUX ET LA BOSSE

Premier apparu, Mayeux, le nain bossu et lubrique à l'aspect simiesque, est celui qui se prêta au plus grand nombre de variations, mais dont la durée de vie fut la plus courte. Cette présence éphémère est rappelée dans la « nécrologie » du *Livre des Cent-et-un*[12], qui proclame la mort de Mayeux : commencée en 1829, sa biographie s'interrompt en 1832, l'année où naît la Poire, même si le personnage demeure longtemps encore dans les mémoires et les croquis. Selon Champfleury[13], c'est à la création de Robert Macaire, pourtant introduite un peu plus tard dans la caricature, qu'il doit sa disparition. Il est probablement plus exact de considérer que, dans les journaux satiriques, la mode des Mayeux est remplacée par celle des poires pour les uns, et pour les autres par les portraits-charges politiques de la guerre de Philipon contre Philippe.

Mayeux, même s'il est associé au nom de Traviès, reste une création collective[14]. Le personnage qui prend soudainement vie résulte de la rencontre entre l'« atelier » de caricatures de Philipon et le milieu des spectacles populaires, des cris de la ville et des grimaciers[15]. Pour Baudelaire, qui tire rétrospectivement de l'invention de Mayeux une sorte de poème en prose inspiré par sa propre théorie du comique et du rire, l'idée de Mayeux fut suggérée à Traviès par le spectacle du grimacier Leclaire, transposition populaire de la tradition académique des têtes d'expression : « Il y avait à Paris une espèce de bouffon physionomane, nommé Leclaire, qui courait les guinguettes, les caveaux et les petits théâtres. Il faisait des *têtes d'expression*, et, entre deux bougies, il illuminait successivement sa figure de toutes les passions. C'était le cahier des *Caractères des passions de M. Lebrun, peintre du roi*. Cet homme, accident bouffon plus commun encore qu'on ne le suppose dans les castes excentriques, était très-mélancolique et possédé de la rage de l'amitié. En dehors de ses études et de ses représentations grotesques, il passait son temps à chercher un ami, et quand il avait bu, ses yeux pleuraient abondamment les larmes de la solitude. Cet infortuné possédait une telle puissance objective et une si grande aptitude à la grimace, qu'il imitait à s'y méprendre la bosse, le front plissé d'un bossu, ses grandes pattes si maigres et son parler criard et baveux. Traviès le vit : on était encore en plein air dans la grande ardeur patriotique de Juillet ; une idée lumineuse s'abattit dans son cerveau : Mayeux fut créé, et pendant longtemps le turbulent Mayeux parla, cria, pérora, gesticula dans la mémoire du peuple parisien [16]. »

Si l'on prête attention [17] à la chronologie de l'entrée en scène de Mayeux, il est clair que l'impertinent petit bossu, perçu comme la création de Traviès, a été façonné par plusieurs mains. Nabot grivois, vêtu, en petit-bourgeois, de la redingote et du chapeau haut de forme propres à « l'époque sans nom [18] », Mayeux, dont un antécédent par Isabey est repérable dans une caricature antinapoléonienne de 1820 [19], trouve ses premières évocations lithographiques en 1829-1831 dans *La Silhouette* et *La Caricature* chez Traviès [20], Grandville [21] et Philipon [22], sa première analyse sous la plume de Balzac [23], et donne lieu à une riche production imagée [24], textuelle [25] et théâtrale. Comme l'indique Champfleury, « l'esquisse de cette création passa de main en main, se précisa, prit cette personnalité très déterminée, et chez Traviès et chez Grandville se limita au point de paraître avoir vécu, et avoir été un être connu, palpable, tel que sa physionomie n'eût pu être changée sans dérouter la galerie [26] ». Le phénomène de Mayeux apparaît bien comme un effet du virage qui s'amorce vers une culture d'images extensive : c'est la démultiplication du même personnage sous la plume de nombreux dessinateurs et dans des registres d'expression variés qui lui permet d'apparaître aux yeux des contemporains comme un personnage réel, prêt à en croiser d'autres [27].

La saison des Mayeux coïncide avec celle du Romantisme le plus intense, de la création d'*Hernani* puis du *Roi s'amuse*, et avec le grand succès, en 1831 et 1832, de *Notre-Dame de Paris*. Mayeux fut un « enfant du siècle », que Musset décrivit superbement dans la monstruosité d'un corps grotesque qui, comme celui de Quasimodo, est un défi à toutes les normes du beau idéal : « M. Mayeux est un type : c'est lui qui, cette semaine, est en position de faire rire les badauds : voyez cette tête monstrueuse ! ces bosses approuvées par Lavater ! Il eût pu être directeur de spectacle ou préfet de police. Comme la Vénus de Cléomène fut formée de toutes les beautés des jeunes Athéniennes, ainsi ce type difforme et hideux est composé de toutes les aberrations de la nature. L'œil lubrique du crapaud, les longues mains du singe, les jambes frêles du crétin, tous les vices ignobles, toutes les monstruosités morales ou physiques, voilà Mayeux. C'est le Diogène des temps modernes ; c'est la corruption idéalisée, accroupie au coin des murs, roulant sur une table en désordre un pied sur les genoux d'une fille de joie, l'autre dans la sauce d'une dinde aux truffes ; c'est un père de famille sortant avec une figure hâve et plombée d'un mauvais lieu ; c'est un garde national à qui un banquet patriotique inspire la pensée du meurtre, misérable reptile, que les hommes écrasent sans l'apercevoir, qui vit au cabaret pour mourir sur la borne [28]. »

Celui que Musset décrit tour à tour « père de famille », nouveau « Diogène » et « garde national » apparaît chez Grandville sur un tonneau au milieu de la foule mélangée qui assiste à la procession de la Fête-Dieu ou bien fait irruption dans un salon parisien, où son entrée intempestive est tolérée parce qu'il est à la mode [29]. Mis en situation de façon répétée dans les contextes les plus divers, Mayeux, personnage gouailleur, sert d'exutoire collectif et tient lieu de figure de projection à tout un pan de l'imaginaire de la monarchie de Juillet : « Mahieux est un type ; Mahieux, c'est vous, c'est moi. C'est nous tous, avec nos cœurs jeunes et notre civilisation vieillie, nos perpétuels contrastes, vainqueurs sans victoires, héros du coin du feu, montant sur la pointe de nos pieds pour nous faire grands, tirant des coups de fusil avec des lunettes ; sublimes fous, géants étiques, paillasses graves, sauteurs éternels, bouffons sérieux, ouvrant la bouche jusqu'aux oreilles, montrant les dents pour rire et ne jamais mordre [30]. »

Par sa plasticité difforme, Mayeux permet de symboliser la théorie romantique du grotesque, et personnifie, d'une certaine manière, la caricature elle-même, par le procédé d'animalisation introduit pour son personnage, par le recours aux couples mal assortis des charivaris, et par son appartenance à une famille de types apparentés au Punch – *Charivari* et *Punch* désignant alors les principaux journaux de caricatures.

Son allure simiesque joue sur le rapport entre l'homme et l'animal conformément aux codes de la physiognomonie et de la phrénologie, dont les enjeux traditionnels sont alors renouvelés par l'anatomie comparée et l'histoire naturelle enseignée au Muséum. Elle contribue à la constance du personnage dans son aspect physique et moral : Traviès, dont le frère illustrateur était dessinateur au Jardin des Plantes, « ne dota pas seulement Mayeux du masque simiesque, mais encore d'une lubricité considérable, car le bossu n'apportait guère plus de pudeur dans le langage que le singe dans ses actes publics[31] ». Les yeux ronds, vifs, grands ouverts, et l'air rieur ou narquois, le nez court, épaté, des touffes de poils au-dessus des oreilles, Mayeux se satisfait de son corps sans élégance ni prestance.

Sa silhouette, qui est accouplée souvent à de gracieuses jeunes femmes, tirées des gravures de mode, est tout à l'opposé de celle du dandy. La paire que forment Mahieux et la grisette[32] est celle des couples mal assortis, cibles traditionnelles des charivaris et des caricatures de mœurs. Le comique des planches de Mayeux est souvent scatologique, ou pornographique, dans la tradition de l'imagerie érotique du XVIIIe siècle dont le marché est lié à celui des caricatures[33]. Cette surcharge d'énergie sexuelle apparaît comme la marque d'un besoin vital pour faire face à l'épidémie de choléra qui en 1832 rend la mort omniprésente. De fait, c'est dans le même carnet de croquis, où il note aussi des listes de jeux de mots (sur le modèle, entre autres, de « l'abbé-tise »), que Grandville compose sa danse macabre et dessine le squelette désarticulé de Mayeux[34].

Contemporain de Triboulet, le bouffon du *Roi s'amuse*, et de Quasimodo, le héros « bossu, borgne et boiteux » de *Notre-Dame de Paris*, Mayeux croise enfin la marionnette de Polichinelle, équivalent français du « Pulcinella » napolitain. « Pulcinella, Polichinelle, Punch sont peut-être le fils de deux pères : Maccus et Priape ; de cette génération difforme, facétieuse et cynique, me paraît descendre Mayeux, dont jusqu'ici Traviès avait été regardé comme le père[35]. » Hugo, qui s'en inspire dans sa bande dessinée sur Pista en 1832[36], en parle comme d'un Ésope[37], et Grandville l'installe parmi d'autres types universels dans « la barque à Caron », sa propre variation sur *La Barque de Dante*[38].

Enfin, Mayeux joue avec les caricatures, qui le fustigent et qui le rendent illustre et populaire : débonnaire, il les laisse faire, selon Balzac qui le présente dans un premier article de *La Silhouette*[39], alors que dans les représentations lithographiques se retrouve l'ambiguïté constitutive de Mayeux : dans l'une il déchire les caricatures qui l'attaquent[40] tandis que dans l'autre il se fait lui-même caricaturiste.

Figure ambivalente, il a le pouvoir des bossus, qui se chargent des défauts de la terre, dans les croyances populaires, mais il est aussi celui qui a « la bosse », ce qui peut se comprendre de maintes façons à l'époque de la manie phrénologique. Il est, à la manière des nains de cour et des bouffons, tour à tour celui dont on se moque et celui qui se moque : il inaugure ainsi l'emploi du clown, d'origine anglaise, dans la culture française[41]. Il est ridicule et il a le privilège de dire le vrai, en toute circonstance, dans un langage vert et cru qui le rattache au père Duchêne des textes révolutionnaires[42]. De part et d'autre de la révolution de Juillet, Mayeux permit une première prise de parole collective, par l'entremise d'un « type », dont Élisabeth Menon a montré les multiples dimensions. Commentateur de l'actualité et du quotidien, il se mêle de tout, il est partout ; ce désir de parole comble un vide, au moment où les caricaturistes s'occupent avant tout du Roi en Poire ou des célébrités du Juste Milieu, et marque la présence d'un nouvel acteur, dont le type reste encore indécis et dont les opinions sont versatiles.

Cette polysémie constitutive est tout à la fois la richesse et la limite de Mayeux, dont le personnage est pourvu d'une identité fondée sur l'art de l'expressivité et de la caricature, mais dont la signification varie trop amplement. Dans une lithographie, il singe le portrait du roi-bourgeois, selon les conventions du grand portrait officiel[43]. Dans une autre, la lorgnette à la main, il devient le petit caporal au haut de la colonne Vendôme[44]. Ailleurs, et le plus souvent, il représente le peuple de Paris, ce peuple des barricades qui, grugé par Louis-Philippe[45], devient « poiricide »[46].

Cette dernière incarnation, en tant que héros de parole populaire, demeure la plus fréquente : il est l'un des premiers types à personnifier à lui seul (car les cris de la ville forment série) l'homme de la rue, comme le gamin de Paris, son contemporain, et comme le chiffonnier, qui deviendra le thème d'élection de Traviès par la suite. C'est ainsi que bien des caricatures le concernant montrent au sol les pavés, au coin de la rue la borne, dont l'aspect fait écho à son corps bossu, tandis que les murs sont placardés d'affiches, qui rappellent la bigarrure de ce lieu dont une autre représentation métaphorique est donnée par Harlequin [47].

Ce caractère repoussant et cette ambivalence d'un personnage que caractérisent laideur, bestialisation et difformité permettent de situer Mayeux à proximité des représentations caricaturales des types sociaux associés aux quartiers populaires de Paris auxquels s'attache aussi Traviès [48]. Dans les deux cas, le public aisé des lithographies recourt au comique de la caricature comme un moyen d'exprimer son trouble et son inquiétude.

II. MONSIEUR PRUDHOMME

Tout à l'opposé du bossu Mayeux, dont l'interprétation, devenue la spécialité de Traviès, ne suffit pas à rendre cohérent le personnage au fil de ses reprises par différents auteurs et artistes, Monsieur Prudhomme est un personnage toujours reconnaissable, dont l'identité ne s'altère pas et finit par s'imposer à celle de son inventeur, Henry-Bonaventure Monnier (1799-1877), dont il accompagnait l'existence depuis 1830. Dans la notice nécrologique de Monnier, Paul de Saint-Victor fit ce constat digne d'une nouvelle fantastique: « Ce type était d'une telle puissance qu'il dévora son inventeur, se l'assimila et ne fit plus qu'un avec lui. À force de jouer Monsieur Prudhomme, de le figurer, de le débiter, Henry Monnier s'était amalgamé et fondu en lui. Le masque avait mangé le visage, la *pratique* avait avalé la voix naturelle. La nature lui avait donné la tête d'un empereur romain, le buste d'un Tibère ou d'un vieux Galba; mais cette effigie césarienne, tourmentée par les tics de sa caricature habituelle, en était venue à ressembler, trait pour trait, au *facies* magistral, si souvent crayonné par lui, de Joseph Prudhomme. Même démarche grave; même nez majestueux tombant sur un menton important, même basse-taille caverneuse; même air de réflexion creuse et d'autorité débonnaire. Que ce fût mystification permanente ou possession véritable, il semblait avoir pris les idées de son personnage et parler sérieusement sa langue. Sans sourciller, sans se dérider, avec un sang-froid qui déconcertait, il vous lançait au visage des périodes et des aphorismes [...].

Comme le magicien de la ballade allemande, l'évocateur téméraire était subjugué et assujetti par le fantoche absorbant qu'il avait créé [49]. »

Cette métamorphose de Monnier devenu son personnage, ce double qui l'avait habité pendant près d'un demi-siècle, semble s'être imposée à lui comme une idée fixe. Champfleury décrit ainsi le phénomène vécu par Monnier en tant qu'acteur, en tant qu'écrivain, et en tant que dessinateur : « Le comédien portait avec lui, partout, la gestation d'un personnage appelé à figurer sur un piédestal plus important. Ce type était devenu une obsession ; il s'emparait de la main comme de l'esprit de l'artiste. Le professeur d'écriture, depuis son entrée dans la vie jusqu'à l'apothéose de sa carrière comique, resta le personnage favori d'Henry Monnier, son compagnon, son sosie, son second lui-même. L'écrivain avait conscience d'avoir créé une figure ; le comédien l'avait jouée tous les soirs ; le peintre ne se lassait pas de reproduire sa physionomie. »

À la différence des autres artistes mentionnés jusqu'ici, Monnier n'était pas un artiste de métier, mais il tirait de sa propre existence professionnelle et de sa vie privée la matière de son art. Selon Anne-Marie Meininger [50], Prudhomme serait une trouvaille de café, d'un de ces cafés de la Restauration où se côtoyaient des milieux divers et que fréquentaient les artistes, en particulier Gavarni, et le public des drames romantiques.

Quelles qu'aient pu être les circonstances de son invention, Monsieur Prudhomme, maître d'écriture de son état, fait son entrée en 1830 dans la part théâtrale de l'œuvre de Monnier avec les *Scènes populaires*, où il figure parmi les personnages de la première d'entre elles, *Le Roman chez la portière* ; dans la distribution, il s'intercale entre le chien AZOR (« Carlin de quatorze ans ; surchargé d'embonpoint ; exhalant après dîner une odeur fétide ; commençant fort à grisonner ; libertin... ») et UN FACTEUR (« Livrée de la poste, peu de manières »), et se trouve ainsi décrit : « M. PRUDHOMME. – *Professeur d'écriture, élève de Brard et Saint-Omer, expert assermenté près les Cours et tribunaux.* – Étranger à la maison ; cinquante-cinq ans, pudique ; toutes ses dents ; de belles manières ; cheveux rares et ramenés ; lunettes d'argent ; parlant sa langue avec pureté et élégance. – Habit noir ; gilet blanc, les jours fériés ; bas blancs, pantalon noir, souliers lacés » [51].

Ce signalement campe un croquis rapide du bourgeois grisonnant et banal qu'incarne le personnage, avec ses lunettes rondes qui accroissent sa ressemblance avec Thiers[52], et sa mise correcte et soignée de la tête aux pieds qu'évoquent l'habit noir, le faux-col et les lacets noués. Les italiques citent les propres paroles de Prudhomme, puisque, à chaque entrée, celui-ci décline son identité[53] par cette formule qui lui tient lieu d'épithète de nature, et dont tous les contemporains savent par cœur la ritournelle[54].

Le personnage revient dans d'autres « scènes » du livre, et son importance est mise en évidence dans le sous-titre de cette édition originale par l'annonce du portrait : *Scènes populaires dessinées à la plume par Henry Monnier, ornées d'un portrait de Monsieur Prudhomme et d'un fac-simile de sa signature*[55]. La vignette de titre, seule forme d'illustration sur bois en 1830, est un petit portrait de profil du personnage. Le fac-similé de la signature, en regard de la page de titre, apparaît comme un autoportrait du personnage, qui, tel Monnier lui-même[56], se définit comme une « belle main ». Dans son autobiographie, Monnier prétend que cette qualité lui a ouvert sa carrière d'employé dans l'administration : « Entré à une époque où toutes les issues étaient ouvertes, on tenait aux belles mains : aussi ma belle main fut-elle la cause de mon admission et de ma sortie. Jamais on ne m'eût fait passer à un emploi supérieur, toujours par cette même raison que les belles mains deviennent de plus en plus rares[57] », et Champfleury ajoute une note sur l'écriture très correcte et l'honnête calligraphie de Monnier, qu'il conserva sa vie durant[58].

Les fioritures de la signature indiquent l'autosatisfaction du personnage qui se lit aussi sur son visage, dans la vignette-portrait, à l'échelle d'une empreinte digitale, de la page de titre. Tenant lieu d'autoportrait emblématique, cette signature manuscrite est gravée, reproduite en fac-similé, et elle concilie les deux fonctions du signe d'identité[59], comme validation autographe par l'auteur et signe personnel, et comme marque de propriété commerciale : au-dessus de la signature, apparaît la formule qui en interdit la contrefaçon, et donne l'ouvrage comme authentique dans la mesure où il en est revêtu.

L'année suivante, Monsieur Prudhomme faisait son apparition dans *La Famille improvisée* dont la première, le 5 juillet 1831, rassemblant au théâtre du Vaudeville « toutes les illustrations littéraires et artistiques », fut triomphale selon Dumas qui s'en souvient avec émotion dans son *Journal*. L'acteur principal était Monnier lui-même qui jouait cinq personnages aussi différents que possible, un peintre, une vieille coquette, un marchand de bestiaux, un Mayeux et Monsieur Prudhomme [60]. Et la pièce fut jouée jusqu'en décembre.

Le caractère fascinant de ce spectacle comique, qui « ouvrait une nouvelle source de rire et d'intérêt », reposait d'une part sur l'aptitude de Monnier à mimer tous les milieux, d'autre part sur la condensation en un seul acteur d'une succession de personnages différents, et sur la surprise du spectateur à reconnaître chaque fois la même personne sous un personnage nouveau. Monnier semblait par là même mettre en scène les idées de Diderot sur l'acteur énoncées dans le *Paradoxe sur le comédien*, texte demeuré inédit jusqu'en 1832. C'était le ressort même de *La Famille improvisée* qui présentait, face au déjà célèbre Mayeux, Joseph Prudhomme. Dans la planche de *La Silhouette*, apparaissent en frise cinq personnages, qui sont chaque fois joués par Henry Monnier, et le comique repose toujours sur le jeu de l'acteur, en tant que tel, sans que Prudhomme prenne encore le pas sur les autres.

Mais l'étendue de son succès met aussi en évidence la fascination collective pour le monde du spectacle, qui engage la conviction que toute identité sociale n'est rien d'autre qu'un rôle, qu'un emploi théâtral. Après cette triple entrée littéraire, graphique et théâtrale, Prudhomme se confondit avec Monnier, parfois lassé de toujours reproduire ce personnage qui collait à lui et qu'il dessinait « de chic ». Monsieur Prudhomme, le personnage créé par Monnier, intervient en *personnage reparaissant* dans plusieurs scènes de son œuvre théâtrale (selon le procédé introduit par Balzac dans *La Comédie humaine* et par Töpffer dans le cycle des « albums Jabot » publiés en France par l'éditeur de caricatures Aubert), et finalement Henry Monnier écrit une sorte d'autobiographie, les *Mémoires de Monsieur Joseph Prudhomme*, en 1857, la seule de ses œuvres non dialoguée. De nombreux portraits de Prudhomme par Monnier subsistent, composés avec une surprenante continuité pendant une trentaine d'années [61]. Tantôt il les livre aux albums des dames [62], tantôt il les trace pour l'édition lithographique au cours de ses tournées d'acteur en province. Vieillissant, Monnier utilisa dans cette tâche devenue son gagne-pain, puisqu'il produisait à la demande ses aquarelles, et qu'on lui réclamait souvent des Prudhomme, les ressources de la photographie pour répéter son Monnier-Prudhomme :

> Nature exacte et précise, douée d'un œil de machine, de photographe avant que le daguerréotype fût trouvé, le dessinateur comprit l'utilité de la découverte et s'en servit pour des besoins particuliers. Qu'il eût à jouer la comédie ou à peindre une aquarelle, Henry Monnier allait chez un photographe et posait avec des mouvements de corps, des attitudes de tête, des détails de physionomie qu'il savait garder sur les planches ou lorsqu'il peignait.
> Devant la machine, il se transfigurait par un effort de volonté, et il arrivait ainsi à se donner des expressions si variées que son masque, suivant sa fantaisie, pouvait représenter jusqu'à une figure de vieille femme. Lui et l'objectif se comprenaient, Monnier imprimant sa propre vitalité à la machine et la forçant de le suivre dans des poses et des attitudes non pas guindées ni froides, mais vivantes et mouvementées [63].

Champfleury livre ici un témoignage intéressant sur l'usage de la photographie par l'acteur qui travaille par ce moyen ses poses et ses expressions comme il le ferait devant le miroir – non sans référence à la perception du médium photographique comme image dans le miroir fixée ; il rappelle aussi les particularités « pré-photographiques » du style de Monnier, que certains critiques tenaient pour sec, et qui sut, après l'invention de la photographie, l'utiliser d'une façon originale.

De cette personnalité prudhommesque qu'il incarne par l'écriture, par le dessin et par le jeu de l'acteur, Monnier tire enfin sa carte de visite. Le petit carton qu'offre le visiteur en souvenir de son passage est un signe d'identité dont l'usage, une tradition d'abord perçue comme provinciale, s'est répandu au XIXe siècle dans les sphères parisiennes avec la mode des visites du jour de l'an [64]. Pour Monnier, la carte de visite est toujours un portrait de Prudhomme : « ces croquis de Joseph Prudhomme lui servaient de cartes de visite pour prendre congé, et malgré les embarras de sa vie nomade, toujours Monnier reproduisait la silhouette du bourgeois personnage avec le même soin et la même précision », écrit Champfleury qui insiste aussi sur ce « désir de répandre à de nombreux exemplaires son type favori». Si je cite à nouveau son témoignage, c'est parce qu'il est sans équivalent, puisque le critique d'art et biographe de Monnier est alors l'un des seuls à s'intéresser aux nouveaux usages sociaux de l'image et à les décrire avec attention dans une économie d'ensemble des pratiques visuelles totalement bouleversée par l'émergence de l'image photographique [65]. Monnier offre ainsi un cas singulier d'autoédition du type, dans l'acception numismatique du terme; il cherchait à donner cours à son personnage en le faisant circuler par tous les moyens possibles [66].

Monnier avait introduit différents univers dans son œuvre de dessinateur et de dramaturge: celui des employés et des mœurs administratives qui l'avait fait connaître dans les albums de la Restauration, mais aussi celui de la portière, et, par la suite, celui des bagnes et des exécutions publiques... Mais Monsieur Prudhomme détient dans son œuvre une stature particulière parce que ce «Monsieur» – la désignation a son importance – est collectivement adopté et reconnu comme «ce type si parfait du dieu bourgeois», selon le mot de Perlet en 1836 [67]. En témoignent les variations et réinterprétations proposées par d'autres, à commencer par Daumier dans les années 1860 et par Balzac, dont les liens avec Monnier sont complexes. Il lui doit la notion, mi-lithographique, mi-théâtrale, de «scènes» [68], et il eut plusieurs projets inaboutis de collaboration avec Monnier: ainsi, un *Monsieur Prudhomme en bonne fortune* (évoqué dans la correspondance avec Mme Hanska en février 1844) et un *Monsieur Prudhomme chef de brigands* [69], auxquels s'ajoutent d'autres titres, comme *Le Mariage de Mlle Prudhomme*, *Prudhomme parvenu*, *se mariant*, ou même *bigame*... Prudhomme fut encore en 1852 le héros d'une comédie de Vaez montée à l'Odéon après la mort de Balzac, avec un titre balzacien, *Grandeur et décadence de Joseph Prudhomme*. Le dessinateur se trouve lui-même incorporé à *La Comédie humaine* à travers le personnage à clé de Bixiou dont il est l'inspirateur; et, pour l'édition illustrée de *La Comédie humaine*, c'est à Monnier que Balzac demanda l'illustration du «type» de Bixiou; bien que vexé de se trouver ridiculisé à mots couverts sous la plume de Balzac, le dessinateur accepta de fournir cette image [70].

Le type de Prudhomme a ceci de particulier qu'il appartient à tous les registres de l'œuvre de Monnier, et surtout qu'il se fonde sur une confusion entre l'art et la vie qui aboutit à une identification de l'homme à son personnage. Cette quête autographique s'apparente à la démarche de Töpffer, par l'autographie, puis à celle de Flaubert, par le goût du cliché. Ce qui est propre au phénomène Monnier-Prudhomme est cette conformité consentie à une identité moyenne, bourgeoise, et totalement vouée à n'être qu'un type banal, et à tirer de ce jeu un art.

Il synthétise le vœu collectif des classes moyennes à accéder au portrait, prérogative traditionnelle des grands commanditaires d'œuvres d'art, à laisser la marque de soi, à se faire représenter par sa propre image, ce que stigmatise Baudelaire en 1859 dans son horreur de la photographie : « La société, comme un seul Narcisse, se rua sur son image immonde. » C'est aussi Baudelaire qui fait apparaître la limite du style autographe de Monnier, dans un développement critique sur le « chic ». Sans citer Monnier, Baudelaire fait implicitement référence au personnage de Joseph Prudhomme identifié à son paraphe et au tour de main du maître d'écriture : « Le *chic* peut se comparer au travail de ces maîtres d'écriture, doués d'une belle main et d'une bonne plume taillée pour l'anglaise et la coulée, et qui savent tracer hardiment, les yeux fermés, en manière de paraphe, une tête de Christ ou le chapeau de l'empereur [71]. »

La même critique d'un artiste qui, jusque dans son style, est intégralement bourgeois est formulée dans le développement que Baudelaire consacre à Monnier dans *Quelques caricaturistes français* : après avoir rappelé le succès de Monnier « dans le monde bourgeois et dans le monde des ateliers, deux espèces de villages », Baudelaire en propose deux raisons : « La première est qu'il remplissait trois fonctions à la fois, comme Jules César : comédien, écrivain, caricaturiste. La seconde est qu'il a un talent essentiellement bourgeois. Comédien, il était exact et froid ; écrivain, vétilleux ; artiste, il avait trouvé le moyen de faire du chic d'après nature. » Il rapproche ce talent du « charme cruel et surprenant du daguerréotype », et termine sur ces mots : « c'est la froideur, la limpidité du miroir qui ne pense pas et qui se contente de réfléchir les passants ».

III. ROBERT MACAIRE

Troisième héros de la triade présentée par Champfleury, Robert Macaire est celui qui introduit dans son *Histoire de la caricature* l'œuvre de Daumier, que Baudelaire admire autant que lui et qu'il oppose à Monnier : Daumier fait de la caricature, selon le poète, « un art sérieux », à la fois « comme artiste » et « au point de vue moral » : « son dessin est abondant, facile, c'est une improvisation suivie ; et pourtant ce n'est jamais du *chic*. Il a une mémoire merveilleuse et quasi divine qui lui tient lieu de modèle » ; et, « quant au moral, Daumier a quelque rapport avec Molière ».

Ces deux éléments, « l'improvisation suivie » et « le rapport avec Molière », entrent en ligne de compte dans la création de Robert Macaire, type transposé du monde du théâtre à celui de la lithographie et du dessin, auquel Daumier confère la consistance d'un personnage perçu comme vrai que les contemporains peuvent reconnaître de planche en planche et qui vit sa vie comme un rôle. Robert Macaire se distingue des deux types précédents en ce qu'il est perçu comme un mystificateur et une crapule, quelle que soit la situation. Pourtant, ces trois héros masculins partagent certains traits de personnalité : l'autosatisfaction, exprimée par une silhouette un peu ventripotente et par le goût de la pose, et le besoin de s'imposer en prenant la parole. Bien que Baudelaire présente Robert Macaire comme une création pure, sans modèle (alors que Mayeux avait selon lui pour modèle le grimacier Leclaire et Prudhomme Monnier lui-même), la genèse du personnage, telle qu'elle s'est produite, apparaît comme le résultat d'un travail collectif, parachevé par l'interprétation de Daumier, et prolongé ensuite par de nouvelles variations.

L'origine du personnage remonte à un spectacle joué sous la Restauration : le mélodrame de Benjamin Antier, Saint-Amand et Paulyanthe[72] *L'Auberge des Adrets*, monté au théâtre de l'Ambigu-Comique en 1823, était l'histoire grand-guignolesque d'un brigand de la forêt de Bondy qui mourait en se repentant de ses crimes. Jeune acteur de vingt-trois ans, Frédérick Lemaître avait créé le rôle de Robert Macaire qu'il aurait, selon le témoignage de Banville[73], tiré d'un passant original qui mangeait une galette en pleine rue :

> Beau comme Antinoüs ou comme le jeune Hercule, cet inconnu, ce mangeur de galette portait sur sa magnifique chevelure, coiffée en coup de vent, un chapeau gris défoncé. L'un de ses yeux était caché par un bandeau noir. Il étalait, arrangé comme ces cravates longues qui, selon la mode du temps, cachaient entièrement la chemise, mais cette fois, cachant l'absence de chemise, un cache-nez en laine de couleur vermillon, qui montait jusque sur son menton, comme les cravates à la Barras. Sur son gilet blanc se balançait, suspendu à un cordon noir, un lorgnon arrondi, moitié strass, moitié chrysocale et emmanché d'un double S. D'une des poches de son habit vert aux longues basques, orné de boutons, mais plus usé et effrité que les murailles de Ninive, s'échappait en cascades jaunes et rouges un amas de déchirures qui avait été un foulard.
> L'inconnu avait sur sa main droite [...] un fantôme de gant blanc en pièces qu'il semblait montrer avec orgueil, et de l'autre main, restée nue, il étreignait une de ces cannes énormes, contournées et bizarres comme celles dont se paraient les incroyables du Directoire [74].

La description se poursuit par l'évocation du « chef-d'œuvre », le pantalon militaire devenu collant, des bas blancs et « des cothurnes de satin car l'inénarrable mangeur de galette était chaussé avec des souliers de femme ». « Frédérick était resté ébloui, muet [...]. Il ne lui demanda rien, il ne lui dit rien [...] il se bornait à le contempler, à le remercier tout bas dans son cœur [...]. Le ciel avait mis sur son chemin [...] l'être qu'il devait, poète et comédien, introduire dans le monde idéal, celui que Daumier devait dessiner, celui qui devait être le Cid et le Scapin de la comédie moderne, Robert Macaire. »

L'invention de Robert Macaire montre l'attrait des passants croisés dans la rue pour l'observateur, qui donne lieu autour de 1840 à la littérature panoramique et à la mythologie du flâneur. L'interprétation du personnage par Frédérick Lemaître allait transformer le « sinistre bandit » en « un personnage hautement comique, héroïquement bouffon, faisant du tout une formidable parodie burlesque dont le succès, au grand ahurissement des auteurs, allait dépasser toute attente » [75]. Son acolyte Bertrand était joué par l'acteur Firmin.

« Robert Macaire avec un chapeau sans fond, placé sur le côté, [porte] un habit vert rejeté en arrière, un pantalon rouge rapiécé, un jabot de dentelle et des souliers de bal éculés. Il marche la tête haute, la figure épanouie, entourée de gros favoris, un bandeau sur un œil, le menton enfoncé dans les replis d'une énorme cravate [...]. Sa parole est douce, son geste énergique. Il est grave, souriant, cauteleux, il séduit par son éloquence. Il s'avance suivi par Bertrand, revêtu d'une houppelande grise aux flancs de laquelle on a suspendu d'énormes poches extérieures démesurément larges, les deux mains en croix sur un inséparable parapluie[76]. »

En pleine possession de son talent, le grand acteur romantique reprit sous la monarchie de Juillet le personnage dans une autre comédie de Benjamin Antier, *Robert Macaire, ce sinistre Scapin du crime*, en 1834, avec un nouveau partenaire dans le rôle de Bertrand. La pièce connut un grand succès, soutenu par Méry et Gautier, dont témoignent ses nombreux dérivés : elle fut reprise par une lithographie d'illustration musicale de « scène comique chantée », tandis que les deux protagonistes se trouvaient édités en têtes de pipes...[77]. Gautier en parle comme du « grand triomphe de l'art révolutionnaire qui succéda à la Révolution de Juillet », et considère la pièce comme « l'œuvre capitale de cette littérature de hasard, éclose des instincts du peuple et de l'impitoyable raillerie gauloise » : « Frédérick Lemaître, écrit-il, avait créé pour le personnage de Robert Macaire un genre de comique tout à fait shakespearien, gaîté terrible, éclat de rire sinistre, dérision amère, raillerie impitoyable ; sarcasme qui laisse bien loin en arrière la froide méchanceté de Méphistophélès, et par-dessus tout cela, une élégance, une souplesse, une grâce étonnante, qui sont comme l'aristocratie du vice et du crime. » La référence à Molière (à travers Scapin dans le titre de 1834), à Shakespeare et à Goethe (à travers Méphisto) est une façon d'intégrer Robert Macaire, cette création moderne, au patrimoine littéraire européen et de le rapprocher de l'art romantique. La pièce attaquait la monarchie de Juillet, et fut interdite par la censure en 1835 ; lors de la dernière représentation, l'acteur se grima en Louis-Philippe, comme il devait le faire en 1840 à la première de la pièce de Balzac inspirée à son tour par le thème de Robert Macaire combiné au souvenir de l'ancien forçat Vidocq, *Vautrin*, avec le même résultat...

De la genèse théâtrale de Robert Macaire, retenons qu'il est, comme Joseph Prudhomme, avant tout un rôle tragi-comique créé par un acteur qui fait corps avec son personnage : mais, alors que Monnier finit par vivre à l'ombre de sa créature, Lemaître est au contraire la vedette qui confère au personnage d'un mauvais mélodrame sa pleine dimension.

On ignore si Daumier, à quinze ans, avait vu la pièce à sa création en 1823, mais, fils d'un ouvrier dramaturge, il avait le goût du théâtre et avait fait peu avant ses débuts en lithographie. En revanche, il est certain qu'il assista à la reprise de 1834 qui donna lieu, quatre mois après la première[78], à l'entrée lithographique de Robert Macaire dans son œuvre, avec une planche politique du *Charivari*, publiée le 13 novembre 1834, où Macaire et Louis-Philippe s'embrassaient, tout en se faisant mutuellement les poches[79]. Dans une autre lithographie, Thiers-Robert Macaire se trouve entre les « juges des accusés d'avril » Sémonville et Roederer, le 30 juillet 1835. Le chapeau cabossé masquant un œil, le visage à demi caché par la cravate, les deux jambes écartées, la main sur la hanche appuyée sur la canne et dégageant les basques de la redingote, l'autre bras tendu vers le spectateur, la main ouverte, Robert Macaire, solidement planté face au public, est joué par Thiers, dont on reconnaît la silhouette replète et trapue, le visage rond à petites lunettes grimaçant un sourire.

La référence au jeu de l'acteur, qui permet de superposer le rôle théâtral au personnage réel caricaturé, et, par là même, d'introduire la métaphore dans la rhétorique de l'image, fait partie de la technique de surexposition propre à l'art de Daumier lithographe qui introduit des résonances d'une œuvre à l'autre, parfois à de très longs intervalles. En l'occurrence, ce Thiers-Robert Macaire préfigure la pose de Ratapoil, dont les lithographies et la statuette datent de la IIe République.

Dans cette planche, l'*habitus* corporel de Robert Macaire, ce personnage que Banville décrit comme un « forçat moraliste, un dandy en guenilles, un fantoche féroce, charmant et insensé faisant tenir dans le cadre de sa vulgaire tragédie une vaste satire littéraire et politique[80] », entre en mémoire dans l'œuvre de Daumier, avec un relief tout particulier[81]. C'est donc en dessinateur de presse, qui réagit à l'actualité et en intègre les thèmes à son œuvre, que Daumier plaque Robert Macaire sur deux de ses cibles politiques.

L'appropriation par Daumier se fait plus complète lorsque Robert Macaire devient le héros d'une série de lithographies qui débute en 1836, *Caricaturana*, dont Philipon compose les légendes. Ce mot-valise combine d'une part l'art graphique de la caricature et d'autre part la référence aux *-ana*, recueils d'anecdotes tirées de la conversation qui étaient prisés au XVIIIe siècle[82]. La lithographie, par la conjonction entre image et texte, et par la forme dialoguée de la légende, devient une image qui parle dans les séries de mœurs du *Charivari* ; qu'elles soient l'œuvre de Gavarni ou de Daumier, elles sont toujours proches de la conversation et de la vie de société et complètent l'allure physique du personnage par une présence renforcée par l'acte de parole. Pour le public, le personnage se laisse d'emblée reconnaître par son allure, par ses paroles et par le couple qu'il forme avec Bertrand, de sorte qu'il est inutile d'indiquer son nom au lecteur, et la légende de la première planche le laisse parler en interpellant son comparse : *Bertrand, j'adore la finance… si tu veux, nous créons une banque, mais là, une vraie banque !… Capital, cent millions de millions, cent milliards de milliards d'actions. Nous enfonçons la banque de France, nous enfonçons les banquiers, les banquistes etc. nous enfonçons tout le monde ! – Oui, mais les gendarmes ? – Que tu es bête, Bertrand, est-ce qu'on arrête un millionnaire ?* Le rapprochement entre une photographie de Carjat (certes plus tardive et regravée) et cette planche inaugurale[83] montre combien Daumier s'est inspiré de Lemaître dans l'apparence corporelle, le costume et la gestuelle de son personnage, qui peut aussi s'interpréter comme un véritable hommage à l'acteur par la présence que son dessin parvient à lui conférer[84]. Les jambes écartées, la silhouette un peu cambrée qui pousse le ventre en avant, tenant d'une main son gourdin, Robert Macaire prend la pose, et parle à la cantonade ; la bouche cachée par son foulard, l'œil sous le bandeau, l'autre noirci par l'ombre de son chapeau cabossé, il a presque l'air d'un gangster de bande dessinée avec son visage masqué[85] ! La légende transcrit ses paroles qui disent son amour de « l'industrie » et sa volonté de devenir millionnaire, malgré l'objection de Bertrand inquiet de la police. Ainsi, la planche devient un véritable spectacle, avec des personnages qui dialoguent sur la scène lithographique : ces personnages de papier, œuvre d'un dessinateur, sont dotés d'une présence complète qui excède le pur domaine du visible, grâce au style de Daumier; la légende, par l'entremise de Philipon, coauteur de la série[86], contribue à l'effet d'oralité conféré à l'image.

Ce que stigmatise la série, c'est le règne nouveau du commerce, du capitalisme bancaire et des industries de la réclame. La conduite de Robert Macaire, flanqué de son acolyte Bertrand, semble mettre en images la formule de Guizot: « Enrichissez-vous. » Toutes les transformations financières, économiques et sociales qui étaient en train de se produire sous les yeux de Daumier et de ses contemporains se trouvaient transposées en filouteries et en mystifications, à travers une suite de saynètes qui traversaient l'ensemble des milieux sociaux. La première planche l'indique d'emblée, par ce cri du cœur de Robert Macaire, « J'adore l'industrie », que complète l'assimilation, d'ailleurs étymologiquement juste, du banquier au banquiste[87], rappelée par la légende. C'est ainsi que la planche 6, *L'Assemblée d'actionnaires*, reproduit le schéma de la scène de l'escamoteur, ce charlatan des rues dans lequel Daumier avait parfois transformé Louis-Philippe, pour le transposer au cadre plus austère de l'assemblée des actionnaires d'un journal « monarchique » fondé par Macaire avec des capitaux qu'il a entièrement consommés.

Cette nouvelle interprétation de Robert Macaire, en escroc saltimbanque, est celle qu'apporte « l'atelier du *Charivari* » au personnage, tel que Daumier le recompose, et qu'il convient de rapprocher, non seulement de la pièce jouée par Frédérick Lemaître, mais aussi d'un roman pour enfants dont il a été quelques mois plus tôt l'illustrateur, *Les Aventures de Jean-Paul Choppart*, petit livre d'étrennes réédité par Aubert en janvier 1836 qu'avait écrit en 1832 Louis Desnoyers[88], directeur du *Journal des enfants*, contributeur du *Livre des Cent-et-un* et l'un des rédacteurs en chef du *Charivari*[89]. Illustrée par Daumier, la scène de la « bagatelle de la porte », c'est-à-dire celle de la parade qui annonce le spectacle, semble une première pensée en direction des Robert Macaire[90], et on peut la rapprocher par exemple de la lithographie *Voulez-vous de l'or* (LD 436)[91] où apparaît le leitmotiv de l'annonce[92] et de la parade, accompagnée du boniment forain et rythmée au son de la grosse caisse: ici, Daumier, tout en approfondissant un thème qui lui est cher[93], s'en prend aux annonces illustrées par l'invention desquelles Girardin, le directeur de *La Presse*, était parvenu à abaisser le prix d'abonnement du journal à quarante francs. Daumier s'est englobé, lui et son milieu professionnel, dans ce panorama critique du capitalisme d'édition dont l'un des maîtres est son propre éditeur Aubert. Il se met en scène, aux prises avec son éditeur Robert Macaire, dans une planche où son héros s'introduit dans l'atelier du lithographe et vient l'interpeller : *Monsieur Daumier*[94]. Dans un coin, le panneau qui indique le tirage des ABC à 40 000 exemplaires fait allusion à l'une des bonnes ventes de l'éditeur, une collection lancée depuis 1835 pour les petits et les grands, les « abécédaires en bandes »[95], dont le concept préfigure celui des physiologies. Elle est la cible explicite d'une autre planche de la série, où, parmi les avatars de Robert Macaire, prend place l'éditeur du *Charivari*, en homme-sandwich, marchand d'abécédaires clamant sa marchandise en pleine rue[96].

L'un des constats de cette série qui marque l'avènement de la publicité moderne, du « puff » et de la réclame, dont se moquera Grandville en 1844 dans *Un autre monde*, est la disparition des cris de la ville au profit de l'affiche murale (ici portée par l'homme-sandwich, qui se fait panneau publicitaire). Elle met en évidence le transfert de l'oralité populaire à une nouvelle sphère propre à l'aménagement urbain de la grande ville, vouée à l'image et à ses attraits. Dans la seconde moitié du siècle, l'affiche devient le grand vecteur des types, et ce sont alors des images féminines, particulièrement celle de la Parisienne, qui l'emportent et se substituent aux types masculins qui dominent l'horizon des représentations de la première moitié du siècle ; la marchandise multicolore des rêves remplace la dérision en noir et blanc de la trivialité quotidienne.

En ces années où apparaissent simultanément le roman-feuilleton (dans le journal) et la livraison illustrée (dans le livre romantique) qui fractionnent le récit en épisodes successifs liés par la permanence des personnages, Töpffer invente en Suisse la bande dessinée dont Aubert est pour la France tout à la fois l'un des premiers introducteurs et un contrefacteur. La série des *Robert Macaire* peut s'interpréter comme une forme primitive de bande dessinée, qui exploite, après Traviès et Monnier, et après l'équipe des caricaturistes face aux célébrités du Juste Milieu et à la Poire, mais avant Balzac lui-même, le procédé romanesque balzacien du « personnage reparaissant ».

La structure itérative reproduit toujours le même schéma, celui d'un jeu de dupes dont profite Robert Macaire flanqué de son acolyte : d'un bout à l'autre des planches, le couple comique et contrasté des héros affronte de nouvelles situations, tout en rejouant la même scène. La satire vise les hommes d'affaires, alors dénommés en mauvaise part des « industriels », et les sociétés en commandite et par actions qui bernent les actionnaires comme des « gogos », ainsi que l'indique le titre d'une autre série de Daumier[97].

Dans la comédie aux cent actes divers dont Robert Macaire était le héros, le protagoniste endossait toutes sortes de rôles et côtoyait tous les milieux. Chapeau de guingois et foulard au cou, le costume mi-élégant mi-dépenaillé, il déambulait en compagnie de son acolyte Bertrand, l'air toujours satisfait, le torse bombé et le ventre rebondi, clamant à ses dupes de grands discours que transcrivaient les légendes de Philipon. Robert Macaire, banquier, avocat ou agent de change, ne représentait pas seulement le monde des hommes d'affaires ; en toute circonstance, il était le floueur qui ne pensait qu'à l'argent et transformait en affaires d'argent toutes les scènes de la vie, ce qui était le ressort comique des situations représentées : il vendait du bitume à un travailleur des rues, proposait à la mère en deuil un monument sur catalogue pour la tombe de l'enfant qui venait de mourir, extorquait des bijoux contre une mèche de cheveux à l'objet de ses vœux...

C'est la bourgeoisie, sous le règne du roi-bourgeois, qu'a stylisée le personnage de Robert Macaire (comme Ingres l'a fait dans le portrait de *Monsieur Bertin*, perçu comme une caricature par son commanditaire, directeur du *Journal des débats*), tout en offrant, à quelques années de l'essor de la littérature physiologique, la vaste panoplie des conditions sociales et des métiers contemporains dont Daumier et Philipon dressent la galerie. Le mot de la fin revient à Robert Macaire, qui montre avec satisfaction à Bertrand la foule pressée des passants en pleine rue, tous métamorphosés en l'un des deux, qu'ils soient peintres, avocats, bourgeois ou dandys. Tous les types énumérés par le flâneur se réduisent à un seul couple, Robert Macaire et Bertrand, qui ont réussi là leur meilleur stratagème[98] : celui de « macairiser » la société contemporaine, que le roi-poire avait précédemment rendue « poiréiforme ».

Mayeux, Prudhomme et Macaire sont tous les trois issus d'une rencontre entre théâtre, société et dessin. Le cadre de la lithographie cerne des tréteaux imaginaires, et la référence à Molière, en particulier à travers son type comique, Scapin, dont Daumier devait s'emparer, exprime cette appartenance constitutive à un univers théâtral qui procède des techniques de la pantomime expressive et du système des types de la *commedia dell'arte*. Elle les exploite en vue d'un nouveau public, désormais le public des classes moyennes, celui des lecteurs des journaux de caricatures et des rieurs.

De même envergure par la portée symbolique et signifiant tous trois le règne de la bourgeoisie, ces trois héros tragi-comiques sont bien distincts pourtant. Ils endossent trois degrés ou trois faces de la classe sociale qu'ils représentent : la petite bourgeoisie proche du peuple pour le nain risible Mayeux, la bourgeoisie moyenne des employés pour Prudhomme, et la grande bourgeoisie financière pour Macaire. Le protocole comique utilisé pour chacun d'eux induit différemment la position du spectateur par rapport au personnage : une position de supériorité pour Mayeux, une relation d'identification et d'autodérision pour Prudhomme dans lequel s'est moulé son inventeur, et une relation de dénonciation et de critique politico-sociale pour Macaire, qui est à la fois perçu comme un grand bourgeois et comme une crapule.

Ils ont aussi une individualité comique qui prend en compte leur existence en triade, ce qui à nouveau est proche de la *commedia dell'arte*, et aucun d'entre eux n'empiète sur le registre comique de l'autre. Cette différenciation permet qu'ils soient utilisés comme des marionnettes ou des pantins, par des manipulateurs différents, pourvu que ceux-ci sachent en tirer les ficelles : c'est ainsi que Mayeux passe de main en main, et que Daumier s'est approprié dans les croquis comiques des années 1860 le type de Monsieur Prudhomme, tandis que Gavarni, pour illustrer le spéculateur dans *Les Français peints par eux-mêmes*, compose un type à la manière du Robert Macaire de Daumier. Enfin tous ces personnages restent des rôles de papier, des êtres du dessin. Mayeux n'a pas suscité de façon de dessiner, de style particulier, de là son relatif échec, qu'exprime le franc jugement esthétique de Béraldi : « Comme qualité, les lithographies des Mayeux sont généralement nulles. Elles peuvent former un recueil curieux, mais rien de plus[99]. » Les deux autres, animés sous le crayon de Daumier et Monnier, se font reconnaître avant tout par le style de leur dessinateur. Le Macaire de Daumier est le plus personnel et le plus remarquable, et c'est par le dessin de ce personnage que Daumier est apparu comme le plus grand dessinateur contemporain, le seul comparable à Ingres et Delacroix selon Baudelaire.

DEUXIÈME PARTIE

Plaisir et douleur : au cœur de la culture somatique

LE TEMPS FORT D'UNE HISTOIRE DU CORPS EST BIEN CELUI DE L'EXAMEN DU PLAISIR ET DE LA DOULEUR, DANS UNE PERSPECTIVE DIACHRONIQUE. IL CONVIENT DONC DE DÉMÊLER LES MODALITÉS DE LA STIMULATION DU DÉSIR ET DE L'EXERCICE DES PLAISIRS, LES AFFRES DES CORPS MASSACRÉS, SUPPLICIÉS, VIOLENTÉS ET, SELON UN AUTRE TEMPO, LES MISÈRES DES VICTIMES DE L'USURE ET DE L'ACCIDENT, EN CE SIÈCLE DE L'ÉLABORATION DE L'ANESTHÉSIE ET DE REMISE EN CAUSE DES REPRÉSENTATIONS ANCIENNES DE LA DOULEUR.

1

La rencontre des corps

ALAIN CORBIN

I. LES LOGIQUES DU DÉSIR ET DE LA RÉPULSION

Le corps contemplé, le corps désiré, le corps caressé, le corps pénétré, le corps comblé constituent un ensemble d'objets historiques obsédants au siècle qui vit s'élaborer la notion de sexualité. Il y a plus d'un quart de siècle que Michel Foucault[1] a souligné la prolifération des discours concernant le sexe, en ce temps naguère considéré comme celui de la répression des pulsions. La jouissance solitaire et juvénile, l'homosexualité, alors désignée sous les termes de comportement antiphysique, l'hystérie féminine alimentent, en effet, un intarissable discours qui s'accorde à la multiplicité des procédures d'aveu. Il soumet le corps à une insatiable volonté de savoir qui, tout à la fois, stimule le désir et assure son contrôle selon une subtile technologie de pouvoir.

Depuis l'exposé de cette manière de lire la sexualité du XIXe siècle, l'abondance des traces discursives n'a pas été remise en cause, tant sont alors nombreux les ouvrages médicaux, les écrits normatifs, les statistiques morales, les pamphlets de toute nature traitant de l'onanisme, de la puberté féminine, du mariage réussi, de la natalité, de l'attentat aux mœurs, du péril vénérien, avant même l'essor d'une protosexologie qui s'efforce de cataloguer les perversions. Krafft-Ebing, Hirschfeld outre-Rhin, Havelock Ellis en Angleterre, Féré, Binet, Magnan, en France, illustrent la fécondité de cette discipline nouvelle. Thomas Laqueur a, toutefois, reproché à Michel Foucault de ne pas avoir souligné le lien qui unissait le désir sexuel à l'essor de la marchandise et aux nouveaux comportements du consommateur[2].

Ce qui revient à se demander si l'économie de marché et la révolution industrielle ont favorisé la répression sexuelle ou permis une libération des pulsions. À ce propos, les avis divergent. Deux processus contradictoires, en effet, sont à l'œuvre. Que la notion même de civilisation ait été antagoniste de la libre satisfaction du désir et que le progrès se soit accompagné de sacrifices en ce domaine se trouve attesté par nombre d'indicateurs. La hantise suscitée par la masturbation est alors à son apogée. En Angleterre, une *Société pour la répression du vice* est fondée dès 1802 ; des ligues de ce type se multiplient jusqu'à la fin du siècle dans toute l'Europe occidentale. Wesley prêche le célibat et bien des pasteurs prônent l'abstinence. Dès les années 1840, on s'efforce outre-Manche de substituer aux distractions juvéniles spontanées des « récréations rationnelles » jugées plus rassurantes. C'est dans ce but que sont alors promues des activités sportives. En France, le rigorisme de nombreux membres du clergé, à l'image de celui du curé d'Ars, s'accorde mal à l'idée d'une libération sexuelle.

Toutefois, plusieurs arguments militent en faveur de la thèse d'Edward Shorter[3] qui discerne alors une première étape de cette révolution sexuelle qui triomphe au milieu du XXe siècle. À Londres, dès les années 1820, certains radicaux, tel Richard Carlile, auteur de l'*Every Woman's Book* (1828), prônent la libération des passions, le contrôle des naissances, voire la lecture des ouvrages pornographiques. Carlile propose l'établissement de temples de Vénus à l'intérieur desquels les jeunes gens des deux sexes pourraient s'ébattre librement, sans risquer la maladie ou la conception non souhaitée. Il espère endiguer, de cette façon, la masturbation, la pédérastie, la prostitution et toutes les pratiques considérées comme contraires à la nature[4].

L'exode rural et, en Grande-Bretagne surtout, l'afflux dans les manufactures tendent à desserrer le contrôle exercé sur les pratiques sexuelles par la famille et par la communauté. La prostitution est en expansion dans toute l'Europe occidentale. Peter Gay a, pour sa part, montré combien la vision d'une morale triomphante s'accorde mal, au XIXe siècle, à l'hypocrisie de bourgeois qui, fascinés par la fugue sociale et par l'animalité supposée du corps des filles du peuple, fréquentent les prostituées, entretiennent des cousettes et se délectent de la littérature érotique. Il donne à penser que les relations conjugales, elles-mêmes, étaient alors plus ouvertes aux raffinements du plaisir, qu'elles étaient plus heureuses et plus variées que l'on ne l'avait longtemps pensé[5]. Cela dit, l'analyse serrée des taux de naissances illégitimes ne semble pas confirmer, en Grande-Bretagne notamment, la thèse d'une libération libidinale des femmes de la classe ouvrière. Ils ne sont pas plus élevés dans les régions industrielles que dans les zones rurales. Le contrôle exercé par les communautés n'était pas inexistant dans les quartiers de la grande ville.

Le désir et le plaisir des corps ne laissent que des traces évanescentes, qui rendent difficile de trancher de tels débats. La sensualité échappe à la statistique. Ainsi, la démographie historique et ses procédures quantitatives les plus raffinées ne permettent pas d'estimer l'évolution du nombre moyen de coïts auxquels se livraient les couples légitimes. En effet, les modifications du régime alimentaire, qui retentissent sur les rythmes de l'ovulation, rendent très aléatoire la saisie des modifications. Quoi qu'il en soit, en cette aube du troisième millénaire, la recherche historique tend à minimiser les bouleversements des comportements sexuels durant les deux premiers tiers du XIXe siècle, sans nier, j'y insiste, cette prolifération des discours qui dessine une nouvelle économie du désir.

Incapable de mesurer l'intensité des pulsions dans une perspective diachronique, gêné dans le repérage des pratiques, l'historien se trouve moins démuni quand il s'agit de discerner l'évolution des images du corps et celle des ressorts du désir. Considérons donc ces objets plus accessibles.

1. Le corps et l'histoire naturelle de l'homme et de la femme

Il y a beau temps que les historiens ont disséqué les textes du docteur Roussel[6], de Virey et de bien d'autres Idéologues dont les écrits ont pesé sur les représentations des corps, sur l'attrait qu'ils exercent et, probablement, sur la nature des émotions. Plusieurs logiques sont, à ce propos, simultanément à l'œuvre. La première est bien connue. Le corps de la femme et celui de l'homme ont été construits par la nature en vue de la perpétuation de l'espèce. Toute leur morphologie en découle. Les deux sexes, dans cette perspective, diffèrent non seulement par la configuration de leurs organes génitaux mais par toute leur constitution physique et morale.

Pour bien comprendre ce dimorphisme, un retour en arrière est ici nécessaire[7]. Depuis plus de mille ans, conformément aux écrits de Galien, l'idée s'était imposée selon laquelle les organes sexuels de la femme étaient de même structure que ceux de l'homme. Ils étaient situés à l'intérieur du corps afin qu'ils se trouvent protégés et que puisse être assuré le bon déroulement de la gestation. Aristote pensait que la femme n'était qu'un vase destiné à recevoir la semence masculine. En revanche, selon la tradition hippocratique, rien n'accède à l'existence en l'absence de plaisir. La jouissance apparaissait donc indispensable à la conception ; les frictions du vagin et du col de la matrice suscitant l'échauffement nécessaire à l'émission d'une semence interne. Chez la femme, pensait-on, la chaleur montait moins rapidement que chez l'homme ; de ce fait, le plaisir était moins intense mais plus soutenu ; à moins que la jouissance ne survienne au moment de l'éjaculation masculine. Ce modèle hippocratique et galénique des deux semences reflétait l'ordre cosmique. L'apogée du plaisir féminin, moment de l'émission de la liqueur séminale, pouvait, croyait-on, être déclenché par une friction imaginaire. C'est ainsi que les jeunes filles pubères se trouvaient comblées de plaisirs nocturnes et solitaires et que les veuves pouvaient être amenées à décharger une semence visqueuse, parce que trop longtemps contenue.

Ces convictions conduisaient à considérer l'orgasme féminin comme le signe de la bonne circulation des humeurs et de l'ouverture de la matrice, dès lors accessible à la semence de l'homme. Le plaisir était perçu comme le résultat d'une coction de même nature que celle qui affectait les autres fluides. Pour réussir la conception, il semblait donc nécessaire d'échauffer le corps jusqu'à ce que la partie la plus subtile du sang fût concoctée en semence, puis éjectée en un mouvement épileptiforme. Ainsi s'établissait, tout naturellement, une relation logique entre le plaisir et la fertilité, entre la frigidité et la stérilité. Les prostituées, pensait-on, privées de l'échauffement né du désir et du plaisir, ne risquaient pas de concevoir.

À l'homme, par conséquent, de préparer la femme trop lente afin d'obtenir l'émission simultanée des deux semences. Chez sa partenaire, le plaisir sexuel compensait, à l'avance, le mal-être de la grossesse et les souffrances de l'accouchement. Sans cette satisfaction préalable, la femme eût été encline à se refuser ; c'est-à-dire à cesser d'assurer la perpétuation de l'espèce. L'attention croissante portée au clitoris n'empêchait pas le maintien de la croyance en l'homologie des organes sexuels dans la mesure où il semblait un équivalent du pénis.

Depuis la Renaissance mais surtout au cours du XVIIIe et au début du XIXe siècle, la nouvelle biologie remet en cause l'ensemble de ces convictions. Peu à peu, la science médicale cesse de considérer l'orgasme féminin comme utile à la génération ; la conception étant désormais perçue comme un processus secret, qui ne nécessite aucune manifestation de signes extérieurs. L'orgasme féminin, souligne Thomas Laqueur, se trouve, ainsi, évacué à la périphérie de la physiologie humaine. Il devient simple sensation, forte mais inutile. Dans le même temps, nous y reviendrons, la croyance en l'homologie de structure et de fonctionnement des organes sexuels se trouve contestée de plus en plus fortement. Ce qui distingue les deux sexes ne cesse, dès lors, d'être souligné comme naturel. Une série de contrastes, qui affectent le corps et l'âme, le physique et le moral, sont décrits de manière plus nette que ceux qui l'étaient quand triomphait la médecine humorale, laquelle opposait la chaleur et la sécheresse masculine à la froideur et à l'humidité de la femme. En effet, il ne faut pas oublier que le paradigme humoral, lui-même, impliquait une naturalisation de la différence des sexes et qu'ainsi les chairs, la peau, la pilosité, la voix et jusqu'à la forme de l'intelligence voire du caractère de la femme étaient mis en relation avec la nature de ses humeurs. L'accentuation de la divergence a souvent été mise en rapport avec l'ébranlement de l'ordre social et l'ascension du libéralisme.

Ce nouveau modèle engendre, tout à la fois, une représentation neuve du féminin et une peur inédite de la femme. Sa jouissance, aux yeux de médecins adonnés à l'observation clinique, semble d'autant plus redoutable qu'elle n'est plus nécessaire. Les manifestations épileptiques de l'orgasme féminin, leur proximité avec l'hystérie, dont la menace s'accentue et se transforme, suggèrent le risque d'une libération de forces telluriques.

L'ensemble des relations établies entre les hommes et les femmes se trouvent dès lors redéfinies. Les partisans de la subordination féminine recourent à la biologie. Jean-Jacques Rousseau, déjà, dans le cinquième livre de l'*Émile*, avait souligné les différences, jugées naturelles, qui distinguent les deux sexes. Le mâle, actif et fort, n'est mâle qu'à certains moments. La femme est femme à chaque instant de sa vie. Tout, en elle, lui rappelle son sexe. Il est donc nécessaire de lui procurer une éducation particulière. La croyance selon laquelle les progrès de la civilisation accentuent la différence entre l'homme et la femme ancre solidement la divergence des rôles. Cet écart doit, pense-t-on, ordonner tout le commerce social, notamment le discours et le jeu amoureux. La femme découvre le désir lorsqu'elle focalise ses sentiments sur un individu. L'homme peut être submergé par un besoin de femme que pourra satisfaire une partenaire de rencontre. Cette différence radicale dans les modalités du désir fonde le double standard de la morale.

Le bouleversement des représentations et des normes se trouve progressivement conforté et accentué par les découvertes de la biologie[8]. Les savants ne cessent d'explorer ce qui, dans son anatomie et sa physiologie, distingue la femme de l'homme. À l'aube du XIXe siècle, on découvre que certains mammifères ovulent spontanément durant des périodes de chaleur récurrentes et régulières. En 1827, Karl Ernst von Baer met en évidence ce processus chez une chienne ; il estime toutefois que la relation sexuelle demeure nécessaire à son déclenchement. La véritable révolution se produit quelques années plus tard. Theodor L.W. Bischoff (1843) prouve l'ovulation spontanée chez la chienne, indépendamment de toute saillie et de toute manifestation de plaisir. En 1847, Pouchet, dans sa *Théorie positive de l'ovulation spontanée et de la fécondation des mammifères et de l'espèce humaine*, affirme – avec raison mais sans preuve – que l'ovulation chez la femme est, elle aussi, indépendante du coït et de la fécondation. Les ovaires, dès lors, définissent l'essence de la féminité et l'orgasme de la femme apparaît inutile à la procréation. Ces découvertes signent l'arrêt de mort de l'antique physiologie du plaisir et, plus encore, de la doctrine de l'homologie anatomique.

Dans ce contexte, le sang des menstrues revêt une importance capitale. Selon Bischoff, en effet, l'équivalence entre les règles de la femme et la chaleur des femelles animales constitue une évidence. Celle-ci résulte du simple bon sens. Ce qui pousse Michelet à écrire : « L'amant qui saura exactement de la femme de chambre les époques de sa maîtresse peut d'autant mieux dresser ses plans. Que serait-ce si Lisette disait indiscrètement : Venez, Mademoiselle est en rut[9] ? » Reste qu'il est des adversaires de cette équivalence. La gynécologie de Pouchet a des implications métaphysiques et politiques. Elle revêt un caractère militant, en ce temps ou l'anticléricalisme se déchaîne. La découverte de l'ovulation et la croyance en son caractère spontané opèrent une naturalisation radicale de la femme. La science semble triompher de la religion. Elle contribue à émanciper le corps féminin de l'influence du confesseur. La portée du débat dépasse donc la biologie.

Quoi qu'il en soit, l'importance désormais accordée aux « orages utérins », à ces blessures périodiques, se révèle considérable jusqu'à la fin de ce XIXe siècle que Michelet perçoit comme « celui des maladies de la matrice ». Une telle conviction suscite des impératifs culturels. Elle limite les compétences de la femme. Elle la soumet plus étroitement que naguère aux aléas somatiques. Elle réduit l'union sexuelle à un acte physiologique, de même statut que la miction ou la défécation. En revanche, ces mêmes certitudes libèrent l'esprit de la femme d'un corps automatique ; l'influence de la civilisation et de la culture morale qui la définit étant, précisément, de vaincre les injonctions de la nature.

Reste à mesurer la diffusion de telles convictions scientifiques dans la profondeur sociale. Comment constater l'éventuelle étanchéité ou, plutôt, comment mesurer l'inégale perméabilité selon les catégories ? Ainsi, la lecture des ouvrages érotiques de vulgarisation, tel le *Dictionnaire* publié par Alfred Delveau en 1864 [10], montre la persistance d'anciennes convictions. La figure d'une union sexuelle gouvernée par la chaleur et par l'excitation de l'homme actif et puissant, qui, par sa rythmique et par l'abondance de sa semence, déclenche automatiquement l'émission de celle de la femme, ordonne tout l'ouvrage. Il appartient à celle-ci, pour son plus grand bénéfice, de stimuler et de faire se reproduire cette chaleur par le moyen de la fellation, de la masturbation ou des oscillations du ventre. Dans cette littérature, compilation des *topoi* de diverses époques, les rôles sexuels sont clairement établis mais l'écho des théories médicales récentes est fort peu perceptible. L'*ars erotica* semble, ici, se perpétuer en marge des trouvailles de la biologie. Il faut dire que la passivité sans inconvénient, le contrôle des signes de l'émotion féminine induits par les observations récentes, sans compter la pathologisation des manifestations du plaisir, ne pouvaient que contredire la visée d'excitation masculine qui ordonne la littérature érotique.

Les dictionnaires les plus largement diffusés, résultat de l'assemblage du disparate, opèrent, eux aussi, difficilement le tri entre les convictions scientifiques des différents âges et des diverses écoles. En bref, nous retrouvons à propos de l'union sexuelle cette sédimentation des convictions, des attitudes et des comportements qui fonde la complexité de l'histoire culturelle. Celle-ci, faite d'inertie, de décalage et d'assemblages de contraires, ne saurait se réduire à l'histoire des sciences. Aux médecins eux-mêmes, dont Jacques Léonard a montré les incertitudes et l'éclectisme, s'impose alors de bricoler. La tâche de l'historien est bien, désormais, de ne pas se contenter d'une histoire des idées mais de tenter de percevoir comment s'effectuent ces combinaisons de croyances et de convictions, souvent intermittentes, qui, en dernier ressort, déterminent les pratiques. Songeons au lecteur, plongé, le même jour, dans le *Dictionnaire* de Delveau et dans des ouvrages médicaux. Comment estimer la pesée de modèles aussi différents sur ses comportements amoureux ?

Afin d'aider à répondre à une telle question, nous aurons souvent recours, dans les quelques pages qui suivent, au *Grand dictionnaire universel du XIXe siècle*. Celui-ci constitue une somme qui permet d'entrevoir quel savoir était alors accessible au plus grand nombre des lecteurs cultivés, à l'aube de la IIIe République. Cette compilation, dont le but est de faire le point sur les connaissances acquises, présente un tableau différent de celui que l'on pourra trouver dans les ouvrages des historiens des sciences. Mais, encore une fois, elle répond mieux que ces derniers à notre interrogation.

Chez les mâles, assure l'auteur de l'article « Sexe », les forces vitales sont plus développées que chez la femme. Le corps, d'une « forme carrée », a de la densité. Les épaules sont plus larges, plus épaisses et plus fortes. Les membres sont mieux musclés. Les systèmes osseux et pileux se trouvent plus développés que ceux de la femme. L'homme a des « os plus compacts et plus robustes, une peau plus rugueuse et plus terne, une chair plus ferme, des tendons plus durs, une poitrine plus large, une respiration forte [...], une voix plus grave et plus retentissante, un pouls plein et plus lent [...] un cerveau plus ample et plus étendu. L'épine dorsale et la moelle épinière sont plus volumineuses chez le mâle que chez la femelle[11] ». De ce fait, « le système nerveux cérébro-spinal a plus d'activité et de vigueur chez l'homme », alors que le système sympathique domine chez la femme.

Celle-ci a des formes arrondies et gracieuses[12]. Ses hanches et son bassin sont larges, évasés. Ses cuisses sont fortes et plus écartées que celles de l'homme ; ce qui gêne la marche. Bien entendu, les mamelles – on parle alors peu des « seins » dans les ouvrages d'anatomie ou de physiologie – sont beaucoup plus développées et plus saillantes que la poitrine masculine. La peau de la femme est douce, lisse et blanche ; sa voix plus tendre. Le sexe féminin – le sexe par excellence – fait preuve d'une sensibilité qui le porte à l'amitié, le prédispose aux joies de la famille et, d'une manière générale, aux « affections morales du cœur ». L'homme, quant à lui, « est propre aux actions fortes[13] », affirme Virey. Sa virilité tient à la sécrétion du sperme – nous y reviendrons.

La logique de ces deux constitutions fait que le mâle et la femelle sont portés l'un vers l'autre par une force irrésistible. Les amants, dans leur quête, tendent à se neutraliser. La recherche du « complément indispensable » vise à rétablir « dans sa pureté primitive le type altéré de l'espèce ». Les Grecs l'avaient compris ; et la référence à la culture antique, à ce propos, est omniprésente. À côté des formes moelleuses et charnues de la Vénus « aux vastes hanches » sont les morphologies « fermes et musculeuses de l'Hercule Farnèse », aux bras robustes. L'une et l'autre constituent « les types des fécondes beautés de la matière humaine »[14].

On le voit, ce système de représentations valorise l'union et le plaisir des sexes, au moment où, par ailleurs, la biologie s'emploie à nier que le second soit indispensable à la fécondation. L'intensité sans égale de ce plaisir, le plus souvent baptisé jouissance ou volupté, constitue le leitmotiv qui structure la pensée de ce temps sur ce que nous appelons la sexualité. Cette force incomparable est reconnue par tous : médecins, moralistes, membres du clergé, polygraphes. Malthus lui-même la constitue en base de sa réflexion. Toutefois, un paradoxe est abondamment souligné : la souffrance causée par la non-satisfaction de l'instinct sexuel est loin d'être en rapport avec l'intensité du désir. La privation, en ce domaine, provoque des douleurs moins vives que celles qui résultent de la soif ou de la faim.

Les métaphores abondent – la foudre, l'éclair, le clairon… – pour évoquer l'intensité de la jouissance. Cette « hallucination d'une volupté ineffable[15] », qui laisse « l'âme haletante », précède la décroissance de la flamme, puis la désillusion. L'animal est triste après le coït. Le vocabulaire fait une large place à l'ivresse, à l'extase, à l'aveuglement des sens, à la mort. Celle-ci guette dans le plaisir extrême. La femme, notamment, la côtoie dans l'excès de sa jouissance, devenue inutile. Le danger est dénoncé par les médecins. Il constitue un thème littéraire récurrent, que l'on trouve, à titre d'exemple, dans l'œuvre de Barbey d'Aurevilly (*Le Rideau cramoisi*) comme dans celle des frères Goncourt (*Germinie Lacerteux*).

L'instinct qui soumet le corps se manifeste par un besoin périodique, par une « crise de rapprochement » dont l'intensité et la périodicité varient selon le climat, la saison et la position sociale de l'individu. La forme et l'activité des organes génitaux varient, en outre, selon les tempéraments ; cette conviction persiste jusque vers 1880, en France tout au moins. Les femmes nerveuses, notamment, sont soumises à l'excès. Il leur arrive d'être « prises d'une ou de plusieurs attaques successives d'hystérie après un coït très voluptueux[16] ». Le danger est d'autant plus grand que les progrès de la civilisation favorisent la multiplication de ce type de constitution. Les individus sanguins « jouissent également d'une grande énergie des organes génitaux », mais, chez eux, cette action « plus soutenue et plus régulière », ne comporte pas les mêmes risques. Paradoxalement, les athlètes « ont leurs organes génitaux proportionnellement plus petits que le reste du corps » et leurs fonctions sont moins actives ; remarque qui s'accorde à la logique de ces « distractions rationnelles » qui misent sur le sport pour calmer les pulsions sexuelles.

Il existe, assure-t-on, un tempérament proprement génital. Les individus qui en sont dotés se caractérisent par la fréquence et la vivacité des appétits vénériens, par la coloration intense de la peau, des yeux, de la chevelure, par une « odeur de transpiration spécifique et particulièrement exaltée ». Les femmes de ce tempérament sont prédisposées à la nymphomanie et les hommes au satyriasis.

Le comble concerne les crétins. Ceux-ci sont généralement dotés d'organes génitaux très développés. Ils font preuve d'un irrésistible penchant à la lubricité. Tout à l'opposé figurent les individus au tempérament froid. Ils se caractérisent par la petitesse et la flaccidité de leur sexe, par la rareté des érections et, d'une manière générale, par l'indifférence à l'égard du coït.

Cela dit, le tempérament ne fait pas tout en la matière. L'habitude joue son rôle. La continence entraîne la flétrissure et l'atrophie des parties, tandis que la masturbation, nous le verrons, accentue la fréquence des désirs et entraîne un « volume considérable de la verge, des testicules ou du clitoris ». Le climat, lui aussi, exerce son influence : les individus qui habitent les régions méridionales sont ardents. Les populations du Nord, indifférentes et froides ; c'est qu'une température élevée favorise l'action des organes sexuels. Malgré cela, le printemps constitue la saison la plus favorable à l'union des corps.

Reste le genre de vie, essentiel en ce domaine. Cabanis a ressassé la concurrence établie entre la main et le cerveau, entre le travail du corps et l'activité de l'esprit. Dans le domaine qui nous occupe, la logique est quelque peu différente : la tension cérébrale, ainsi que les travaux manuels qui exigent une grande force donc une intense dépense musculaire, diminuent l'activité des fonctions génératrices. De ce fait, les hommes de lettres et les savants sont souvent victimes d'une « impuissance hâtive »[17]. Le génie, voire le simple talent littéraire, est célibataire. Les hommes les plus intelligents sont soumis à un pénible dilemme : « des livres ou des enfants ». En revanche, les oisifs, ceux dont l'esprit reste inactif, tout comme les idiots et les crétins, sont soumis à des « désirs effrénés ».

Cet ensemble de croyances, voire de convictions scientifiques, se trouve, répétons-le, condensé dans les encyclopédies et dans les ouvrages de vulgarisation ; ce qui élargit leur diffusion. Toutes ces considérations s'accompagnent souvent de réflexions sur les mécanismes du plaisir et les ressorts du désir. À ce propos, assure-t-on, le toucher et l'odorat jouent un rôle déterminant dans la stimulation. La seule caresse de la main sur les hanches, l'épaule, la « gorge », les cuisses de la femme suffit à faire éprouver à l'homme des « impressions » qui se concentrent sur ses parties sexuelles. Une chaleur douce appliquée sur les lombes, la flagellation facilitent l'érection. Avec des verges, des lanières de cuir, des cordelettes, des orties, « une brosse rude avec laquelle on frappe à plat[18] », on guérit l'impuissance et la frigidité. Les débauchés et les libertins de tous les âges et de tous les pays le savent bien. « La sensibilité des muqueuses génitales est tellement exaltée au moment de l'érection, que le frottement le plus léger est mieux senti par ces parties que par les organes spéciaux les plus délicats du sens du toucher[19]. »

L'odorat et le goût, répète-t-on, exercent, eux aussi, une action directe sur les organes génitaux. Cabanis l'a souligné. « L'odeur qu'exhalent les parties génitales et particulièrement celle du smegma de la vulve et du gland excite certains individus à la lubricité », lit-on encore dans l'austère *Grand dictionnaire universel du* XIX*e siècle* de Pierre Larousse. Les lèvres se gonflent et se colorent quand monte le désir ; et les baisers passionnés provoquent l'érection. L'ouïe, comparée à ces trois autres sens, ne semble guère active. Tout au plus souligne-t-on, dans la compilation de textes des cliniciens qui constituent notre corpus, l'effet d'une conversation libidineuse ou celui de la voix de la partenaire. On sait, toutefois, l'attention portée par les agents de la police des mœurs à toute manifestation auditive du plaisir quand celle-ci déborde de la sphère du privé pour assaillir les voisins ou les passants.

Bien entendu, médecins et moralistes soulignent l'effet immédiat sur les organes génitaux des images de la volupté, du spectacle de la danse ou de la scène ; ce qui conduit à surveiller les jeunes filles pubères et à leur interdire ces plaisirs de l'œil. Enfin, assure le scripteur du *Grand dictionnaire universel* : « La vue de ces mêmes organes [génitaux] dans un état particulier qui dénote le besoin de rapports sexuels [...] manque rarement son but. »

Tous ces auteurs sont persuadés des terribles risques de l'excès. On ne soulignera jamais assez cette hantise qui s'accroît avec la menace de l'hystérie et le retrait de la croyance en la nécessité du plaisir. Elle nous impose un effort afin d'adopter une optique compréhensive.

L'abus de l'excitation, outre le priapisme, le satyriasis, l'hystérie et toutes les formes de « névroses génitales », risque, pense-t-on alors, de conduire à la folie. Cabanis assurait que celle-ci siège parfois dans les organes de la génération. Les vapeurs guettent la femme, la chlorose la jeune fille. La fatigue sexuelle se marque sur le corps. Elle « abat les joues ou les creuse, éteint l'œil ou l'ensanglante, avachit la lèvre ou la tord, épate le nez ou l'enfièvre [...] puis le corps entier tombe de fatigue ou se trémousse et saute, fiévreux et exaspéré ; la cervelle danse dans la tête et le sang se gâte dans les veines [20] ! » Il n'est point de bête brute plus dégradée et plus odieuse que l'individu abandonné à la lubricité. C'est l'excès qui a fait s'écrouler dans la fange l'empire romain et qui « dégénère » les races efféminées de l'Orient.

Le débauché se constitue ainsi en type qui vient s'ajouter à tous ceux construits, durant le premier XIXe siècle, au fil de la publication des ouvrages de la littérature panoramique et des physiologies. La naturalisation du vice conduit à l'animalisation.

Une seconde logique ordonne cette phénoménologie : celle d'une économie spermatique. Selon une conviction ancienne, liée à la médecine humorale et que les découvertes médicales les plus récentes n'effacent pas véritablement avant le dernier tiers du siècle, un subtil échange s'opère au niveau des testicules, qui met en jeu les « vaisseaux absorbants ». Ces derniers font refluer vers le sang une partie du sperme ainsi bonifié et travaillé. Celui-ci irrigue les diverses parties du corps et stimule l'ensemble des fonctions physiologiques. De ce fait, toute déperdition excessive de sperme affaiblit, voire supprime, ce « mécanisme de retour ». « La virilité de l'homme, conclut le scripteur du *Grand dictionnaire universel du XIXe siècle*, tient à la sécrétion du sperme ; et plus celui-ci est répandu avec abondance, plus les facultés viriles sont affaiblies [...] personne n'ignore l'affaissement qui succède à la copulation [21]. » En outre, « chaque nouveau plaisir » – cette fois, pour l'homme comme pour la femme – « est une nouvelle saignée du système nerveux, et l'exténuation n'est pas moins grande que celle qui succède à une forte hémorragie ». Chez l'homme, l'éjaculation paraît, dans ses symptômes et dans ses effets, comparable à une convulsion, voire à une crise d'épilepsie.

On comprend, dès lors, la nécessité de la modération masculine ; d'autant que les capacités de jouissance de la femme apparaissent de beaucoup supérieures à celles de son partenaire. Elle l'épuiserait donc si celui-ci ne savait maîtriser ses transports. Ainsi, pendant la nuit de noces et les semaines qui suivent, le jeune marié se doit, tout à la fois, de résister à la perte excessive et d'éviter à son épouse des plaisirs violents, trop souvent répétés. Il lui faut la modérer, de peur de solliciter les forces telluriques qui menacent de la dévaster lorsqu'elle se trouve abandonnée à la satisfaction totale de ses désirs. À ce propos, les femmes ménopausées et, plus encore, les femmes stériles, qu'aucune crainte de conception ne freine, apparaissent, dans les traités médicaux, des partenaires particulièrement redoutables. Le débauché et l'onaniste constituent les figures délabrées du dérèglement de l'économie spermatique. Ajoutons que, dans une perspective augustinienne, la création de l'habitude conduit au drame, tant le souvenir des jouissances passées se trouve exagéré par l'imagination.

Le jeune homme, futur époux et futur père, doit se montrer soucieux de préserver sa capacité de génération. Il lui faut éviter les terribles méfaits de la prodigalité et de la dissipation du sperme qui compromettraient l'équilibre même du foyer dont il rêve. L'épargne spermatique assure le bonheur futur. Quant à la jeune fille, outre la nécessité morale de la virginité conservée, elle doit être informée des risques que fait courir l'imprégnation spermatique.

Beaucoup demeurent, en effet, convaincus, jusqu'à la fin du siècle, quoique cela soit objet de discussion, que la femme reste imprégnée du sperme de son premier partenaire. De ce fait, les enfants conçus avec d'autres hommes ressembleront à l'amant initial. Le professeur Alfred Fournier cite, à ce propos, le cas d'une femme qui mit au monde des enfants noirs parce que son premier coït s'était déroulé avec un individu de couleur [22]. Philippe Hamon [23] a bien montré l'écho de cette croyance persistante dans la littérature romanesque. On le retrouve dans les œuvres de Germaine de Staël, de Goethe, de Mérimée, de Barbey d'Aurevilly, de Léon Bloy, de Catulle Mendès, de Zola surtout (cf. *Madeleine Férat*). Atténuée, cette imprégnation peut se traduire, croit-on, par de simples marques sur la peau de l'enfant. D'une façon plus générale, le ventre de la femme, véritable plaque sensible, garde, développe, duplique ce que l'homme qui l'a pénétrée imprime dans son mouvement, à l'image du soleil capable de marquer les corps.

2. Les figures du dérèglement : la masturbation et les pertes séminales

Les notations qui précèdent contribuent à expliquer la hantise inspirée par le vice solitaire depuis l'aube du XVIIIe siècle. Michel Foucault associe, quelque peu abusivement, la masturbation aux autres thèmes dont la confluence forme la marée discursive qui, peu à peu, constitue la sexualité. À dire vrai, la dénonciation du plaisir solitaire précède de près d'un siècle l'abondant discours consacré aux autres objets désignés par le philosophe [24]. *Onania or Heinous Crime of Self Pollution*, ouvrage anonyme, paraît en 1707 ou 1708. Ajoutons que la lutte contre le vice d'Onan ne résulte pas seulement de la nécessaire économie spermatique. Pourquoi, dans ce cas, aurait-on, avec une vigueur égale, dénoncé les pratiques masturbatoires des jeunes filles et des garçons prépubères ? Reprenons les éléments du débat. La pastorale tridentine, depuis des siècles, s'attaquait à la mollesse, c'est-à-dire à la délectation de sa propre chair à laquelle s'abandonnait l'individu, avec le cortège de représentations et les modes de stimulation de l'imagination induits. Graduellement, le coït interrompu et la pollution volontaire étaient devenus les premiers péchés à confesser. Aux yeux des théologiens, le mal résidait moins dans l'acte lui-même que dans la pensée vicieuse, la « délectation morose », la complaisance à l'égard de la chair, dans l'accord entre les représentations de l'âme et les mouvements du corps conduisant à l'orgasme. Cela dit, la croisade contre la pollution l'avait peu à peu emporté sur celle qui visait la *delectatio* ; et les théologiens associaient le vice de mollesse à la sodomie et à la bestialité dans une condamnation globale des pratiques contre nature. Quant à la littérature médicale classique, elle était peu loquace sur ce sujet.

En 1760, l'ouvrage du médecin suisse Samuel Auguste Tissot accentue l'opprobre et recompose la diatribe ; le vice solitaire devient objet d'une obsession phobique et il est, désormais, clairement distingué du coït interrompu. La médecine invente son propre péché. Elle établit la liste des sanctions qui le frappent. Elle se livre, à son propos, à une véritable prédication visant, tout à la fois, à dénoncer le risque et à épouvanter.

Dans la logique de l'économie spermatique que nous avons évoquée, la masturbation apparaît plus dangereuse que le coït, alors qu'*a priori* les deux occasions d'éjaculation sont physiologiquement équivalentes. Dans le cas de la pratique onaniste, l'émission n'est pas sollicitée par la nature mais par l'imagination. De ce fait, la perte est injustifiée. Elle se fait atteinte à l'économie des humeurs. Elle fatigue le cerveau. La masturbation dérègle l'économie de l'énergie nerveuse. La fréquente répétition d'actions convulsives provoquée par une activité mentale qui ne connaît pas de limites crée le pire des dangers. En 1818, A.P. Buchan souligne que la principale menace résulte de l'absence d'objet. L'imagination, intensément sollicitée, doit fournir un effort qui conduit à un plaisir décevant, auquel la société ne peut imposer de frein. La jouissance est, ici, fille de la chimère, de l'illusion. Elle est de l'ordre de l'artifice. Elle s'apparente à une machine sans gouvernail qui désintègre l'esprit et le corps. La quête acharnée du plaisir se déroule sans qu'aucun partenaire ne puisse la modérer. Elle s'accomplit en privé, sans bruit, au plus profond du secret. Le sexe est, en l'occurrence, désocialisé. À sa manière, le vice solitaire s'apparente à la lecture du roman.

Celle-ci peut, elle aussi, entraîner des perturbations somatiques, comme on l'a remarqué à propos des lecteurs de *La Nouvelle Héloïse*. Le fait que *L'Onanisme* de Tissot se présente assez largement sous une forme épistolaire et que l'ouvrage soit structuré sur le modèle du roman érotique s'accorde au discours qui s'en prend au lecteur, implicitement suspect de masturbation. En dernier ressort, celle-ci est bien maladie de la civilisation, résultat de l'esprit enflammé par un monde où triomphe l'artifice. Cette atteinte à l'économie de l'énergie nerveuse explique la perte de mémoire, parfois la paralysie ou les convulsions. En bref, le discours contre le vice solitaire entre dans le procès de l'imagination, de la civilisation et de la littérature.

La lecture des traités consacrés à la masturbation et au vice solitaire permet de discerner d'autres éléments de la diatribe, mineurs ceux-là. Au lieu de constituer un besoin épisodique, comme celui qui incite à la copulation, le vice solitaire devient vite une habitude ; sa fréquence augmente régulièrement. Les organes génitaux s'épuisent. Ils cessent de fonctionner correctement. Des pertes séminales apparaissent du fait du relâchement des parties qui laissent échapper la précieuse semence. Le masturbateur, assure-t-on, sans trop de preuves sans doute, opère généralement debout ou assis [25]. Il se fatigue davantage que l'amant couché sur sa partenaire. Contrairement à ce qui se produit dans l'étreinte, il n'y a pas d'échange de sueurs au cours de la masturbation. Or, ce commerce demeure longtemps considéré comme nourricier et fortifiant. Celui qui se livre au vice solitaire ignore la joie, l'exaltation, le délire réparateur que connaissent les amants. Enfin, la masturbation s'accompagne vite de l'« horreur des regrets ». En vertu des liens qui unissent l'âme et le corps, ceux-ci empoisonnent – au sens littéral du mot – celui qui s'adonne à l'onanisme.

Après avoir ainsi défini le « crime » – Tissot n'emploie plus le terme de « péché » – contre la nature et contre la collectivité, les médecins établissent, selon une implacable logique, la liste des méfaits du vice solitaire. La perte de sperme entraîne tout d'abord des troubles de la nutrition. Le masturbateur dévore mais il n'assimile plus. Il pourrit. Il est pris de diarrhées ; d'où sa maigreur. Suit le dérèglement de la respiration. Le malheureux onaniste est enroué. Il tousse. Il s'étouffe. Plus grave se révèle la dégradation du système nerveux, ébranlé par les convulsions répétées. Dans certains cas, il s'emballe ; c'est alors la folie, l'épilepsie. Dans d'autre cas, il s'affaisse ; c'est alors la stupeur et l'imbécillité. Bien entendu, tout cela s'accompagne d'un affaiblissement prodigieux des organes génitaux. Au cours du XIXe siècle, le tableau ne cesse de s'étendre, de se ramifier. Certes, la conviction d'un déversement du sperme dans le sang s'estompe avec le déclin de la médecine humorale. Mais la croyance en la nature inflammatoire des maladies, en la métamorphose morbide, en l'existence de sympathies entre les organes s'accorde aux logiques antérieures. Surtout, l'accent est mis, désormais, sur la surchauffe de l'imagination, sur la tristesse, sur l'épuisement qui résulte de la fréquence des pertes séminales. Bref, le tableau dramatique de la déchéance du masturbateur demeure.

Celui-ci est peint sous des traits – maigreur extrême, teint blanc, gris ou jaune, yeux cernés, présence de boutons – qui côtoient la tératologie ; comme ce sera le cas, à partir des années 1880, de l'hérédosyphilitique. Dès lors, le malheureux qui se livre au vice solitaire se sent, peu à peu, glisser dans la peau d'un monstre ; et il tremble d'être reconnu comme tel. Le musée de cire du docteur Bertrand, installé à Paris puis à Marseille, met sous les yeux des visiteurs le portrait d'un jeune homme conduit à l'agonie par la masturbation et celui d'une jeune fille menacée du même sort mais qui « eut le bonheur de se corriger par le mariage [26] ». L'une des gravures qui illustrent l'ouvrage du docteur Rozier [27] présente une « jeune personne que l'on est contraint d'attacher ». On assure que la visite du musée de Bertrand se révéla d'une grande efficacité et qu'elle convertit plusieurs onanistes.

Les tactiques d'évitement – mains sur la table à l'école et sur les draps au dortoir – ou de contention – corsets antimasturbatoires, lacets de toute sorte – ont été souvent présentées. Nous ne nous attarderons pas sur ces formes de traitement des corps qui s'accordent à l'orthopédie corrective du temps. Ajoutons que les médecins prônent, au besoin, une gamme étendue de remèdes : douches, compression de la région du périnée, ligature, cautérisation, électrisation du pénis, sonde dans l'urètre, absorption de belladone voire de bromure. Éducateurs et hygiénistes conseillent, par ailleurs, l'éclairage et l'inspection des dortoirs ainsi que la pratique de la gymnastique. Ils demandent aux parents d'exercer un strict contrôle des corps, d'observer ce qui se déroule dans la chambre des jeunes gens, la nuit, de passer en revue les objets personnels et de surveiller les correspondances.

Reste à se poser la question de la fréquence des pratiques. Elle demeure opaque. La série des cas médicaux présentés suggère toutefois la profondeur de l'angoisse. Celle-ci ne tenaille pas seulement les masturbateurs. Elle pèse aussi sur les victimes de pertes séminales involontaires et nocturnes. Ces malheureux se pensent, en effet, menacés des mêmes désastres que ceux qui se livrent au vice solitaire. C'est ainsi qu'Amiel, accablé par son incapacité à endiguer ses éjaculations spontanées, se voit obligé de dormir sur un fauteuil, après application de compresses de vinaigre.

On aurait tort de croire que les foudres des médecins et des théologiens n'atteignent que les pratiques du vice solitaire. Les mêmes logiques conduisent les uns et les autres à s'en prendre aux « fraudes conjugales » et à la masturbation réciproque à laquelle se livrent les époux. C'est ainsi que la dénonciation de l'onanisme s'en vient conforter la lutte contre le contrôle des naissances et l'érotisation des couples – coït interrompu, masturbation, fellation, sodomie. Le docteur Bergeret, praticien en la petite ville d'Arbois, s'est fait l'apôtre de la croisade contre le fléau. À lire son livre, intitulé *Des fraudes dans l'accomplissement des fonctions génératrices* (1868), la plupart des pathologies de ses patientes résultent des raffinements honteux de la débauche – « hémorragies effrayantes », tumeurs, « hyperesthésie utérine », stérilité, sans oublier l'essentiel : les dérèglements du système nerveux dus à des plaisirs excessifs, répétés sans risque. Chez l'homme, que « le coït frauduleux rend particulièrement triste, les ignobles services qui précipitent les mouvements du cœur et lancent violemment le sang dans le cerveau peuvent provoquer des attaques d'apoplexie[28] » ; sans compter les atteintes au poumon et aux organes de la digestion. Or, assure le praticien d'Arbois, dans sa clientèle de province, le « coït buccal » est « loin d'être rare ». Quant à la pénétration de l'anus, elle se rencontre « même chez les campagnards ». « La plupart des femmes que j'ai vues sombrer dans l'adultère, assure le docteur Bergeret, avaient des maris fraudeurs. » Tout cela, conclut-il, conduit « notre société à l'abîme». Il dénonce les fraudes apprises à l'école. La lecture du livre révèle l'effroi d'un homme devant le constat de la fréquence et de l'intensité du plaisir féminin. Son ouvrage contient 118 observations de femmes «victimes du spasme vénérien». Ce qui contredit un stéréotype bien ancré. À toutes ces patientes, la prescription du docteur est la même: une grossesse.

Dans un premier temps, la lecture de l'ouvrage de Bergeret pourrait prêter à sourire ou, du moins, donner à penser qu'il s'agit d'un praticien marginal et sans doute excessif. Or, l'ouvrage fut abondamment traduit. Émile Zola le prit très au sérieux. Le livre constitue l'une des principales sources de son *Évangile: Fécondité* (1899). Ce roman touffu, exalté, est emporté par une logique nataliste. Hormis l'héroïne principale, Marianne, mère de douze enfants, toutes les femmes évoquées dans l'ouvrage sombrent dans le drame pour avoir voulu éviter la maternité, pour s'être livrées à des «fraudes conjugales», donc à des plaisirs excessifs mais incomplets, ou pour s'être soumises à une ovariectomie.

Tout ce qui précède conduit à prôner une morale sexuelle du juste milieu, ordonnée par la visée génératrice et la modération: maîtrise du jeune célibataire qui épargne son sperme, maîtrise de la jeune fille pubère qui garde sa virginité, ébats maîtrisés des jeunes mariés qui évitent l'excès et les risques de l'hystérie, sexualité sage mais épanouie des époux dont le désir de procréation avive le plaisir. Pour Zola, la jouissance la plus intense est celle qui foudroie l'homme viril et la femme aux formes épanouies quand ils sont terrassés par un désir d'enfant, en harmonie avec la fécondité de la nature ambiante.

Cette modération, interrompue par l'extase simultanée des époux à dates périodiques, plonge, en fait, ses racines dans un lointain passé. Elle s'accorde au succès maintenu du bon vieux traité de Nicolas Venette, sans cesse réédité. Cet ouvrage, qui date de 1687, renseigne son lecteur sur la conformation des organes génitaux et sur les signes de la virginité. Il indique des aphrodisiaques. Il prescrit des remèdes contre l'impuissance et la stérilité. Il fournit des recettes de callipédie [29] – art de faire de beaux enfants et d'obtenir à volonté des garçons ou des filles. Il constitue un véritable traité de la conception, de la grossesse et de l'accouchement. Jusqu'à la fin du siècle, toute sorte de manuels et de «Bible des jeunes époux» paraissent, qui ressassent les mêmes conseils : que les hommes abandonnent ou raréfient les plaisirs vénériens passé la cinquantaine, que les femmes y renoncent après la ménopause, que l'époux copule de préférence le matin, qu'il procure du plaisir à sa femme et qu'il la prenne à genoux s'il désire qu'elle conçoive. La position dite du missionnaire reste toutefois considérée comme la plus voluptueuse puisque c'est elle qui met en contact la plus grande surface des corps qui s'étreignent.

On aura remarqué combien le naturalisme, issu des Lumières, aboutit à prôner des comportements qui s'accordent, finalement, sous une forme laïcisée, à la longue histoire de la théologie morale, si précisément étudiée. L'intensité du plaisir, soulignée par les médecins, n'était pas, elle-même, sans rappeler la conviction augustinienne de la force de la sensualité, toujours menaçante à l'intérieur du cœur humain le plus aguerri. La longue histoire de la théologie morale, les méandres de la casuistique n'avaient fait que moduler à l'infini cette conception de l'homme. L'influence d'Alphonse de Liguori, qui, à titre d'exemple, modère le rigorisme initial d'un curé d'Ars, reste néanmoins un processus historique de premier plan en ce qui nous concerne. Elle a contribué à adoucir quelque peu l'attitude des membres du clergé du XIXe siècle, sans pour autant remettre en cause leur hostilité à l'égard de l'« onanisme conjugal » et de toutes les pratiques anticonceptionnelles.

3. Érotisme et « lubricité »

Face à ce tableau, dont nous nous sommes efforcé de montrer les logiques, il est un autre système imaginaire qui, alors, agit sur les ressorts du désir. Je fais allusion à tout ce qui ressortit à l'érotisme et à la pornographie, à tout ce qui relève de ce qui était conspué sous les termes de « débauche » et de « lubricité ». Les hommes de ce temps, du moins ceux qui appartenaient à la bourgeoisie, étaient en effet déchirés entre « les postulations angéliques et les exploits de bordel[30] ». C'est ce second versant de la sensualité qu'il nous faut à présent exposer.

Tentons tout d'abord de définir ce que pouvaient alors représenter l'érotisme et l'obscénité avant de tracer les limites de leur extension sociale. Compte tenu de la relative pauvreté de la sollicitation visuelle en ce domaine pendant la première moitié du XIXe siècle – peu de théâtre pornographique, tout juste quelques publicités de femmes vénales[31], quelques pauvres mises en scène de bordel sur lesquelles il nous faudra revenir –, c'est le livre, associé à la gravure, qu'il convient surtout de considérer. Ce qui nécessite un bref retour au XVIIIe siècle, inventeur, en ce domaine, de modèles érotiques et pornographiques qui ont inspiré les auteurs des décennies suivantes.

Évoquer cet objet dans une histoire du corps est tout à fait justifié si l'on songe aux effets physiologiques produits par ce type de lectures. Celles-ci participent pleinement de la culture somatique. « L'imaginaire de la pornographie, impliquant [alors] le voyeurisme de la jouissance mécaniste, repose sur le corps, ses postures et ses accouplements, ainsi que sur une crudité de mots qui contourne les tabous langagiers[32]. » « Tout, dans le roman pornographique, déclare Jean-Marie Goulemot, est corps, à l'excès[33]. » Le lecteur est assigné au positionnement du voyeur fasciné. La mise en scène de la jouissance gestualisée, sonorisée, fait naître, en lui, physiquement, le désir irrépressible et produit un « trouble strictement corporel », plus intense que celui que pourrait susciter la lecture d'une scène de massacre ou de terreur. En l'occurrence, la confusion s'opère intensément entre la fiction et la réalité. La scène pornographique n'est pas la propriété de l'auteur qui l'a mise en texte. Chaque lecteur peut se l'approprier. La situation physiologique induite est prête à circuler par l'écrit. La transgression, de ce fait, tient, ici, à la lecture autant et plus qu'à l'écriture ; ce qui, fait remarquer Jean-Marie Goulemot, bouleverse la hiérarchie entre le geste d'écrire et celui de lire.

Or, l'imaginaire du sexe, de la jouissance, de l'interdit et – donc – de l'obscène n'échappe pas à l'histoire. Il oscille, selon l'élévation ou l'abaissement des seuils de la tolérance collective et selon la perception morale de ceux qui consomment l'obscénité comme de ceux qui la condamnent. Il ne saurait s'analyser indépendamment du maquis des discours sur le sexe ; et c'est bien cette confrontation que nous tentons, après avoir brossé notre toile de fond. Le surgissement du récit obscène au XVIIIe siècle accompagne l'ascension de l'âme sensible, la constitution de l'intime et du privé, la montée des discours sur l'onanisme, les vapeurs, les maladies de femmes et leurs « fureurs utérines »[34], ainsi que le renforcement du primat du visuel. Jean-Marie Goulemot estime qu'« en prêtant aux corps disponibilité et possibilité infinies d'activité, [la pornographie littéraire du XVIIIe siècle] participe, à sa façon, d'une idéologie du progrès, d'une croyance à la perfectibilité indéfinie de l'être humain [35] ». Mais, dans le même temps, l'obscène contredit la mystique de l'utilité ; c'est que « la jouissance n'est pas ici un agréable supplément » mais la part unique. À l'évidence, la pornographie n'appartient pas au monde de la bourgeoisie, comptable et vertueuse, mais à celui de l'aristocratie de la dépense et de l'excès. Elle relève d'abord du ludique. Elle contredit radicalement les injonctions de l'économie spermatique, sa contemporaine. Elle prend son essor alors que le licite se rétrécit, que l'expression publique de la sexualité se réduit, qu'il s'agisse des gestes, des regards, des paroles. En ce domaine de l'histoire culturelle, des processus contradictoires sont simultanément à l'œuvre ; ce qui disqualifie toute affirmation simplificatrice.

La mise en scène textuelle de l'obscénité présente une fête du moi. Elle porte l'individu hors de lui. L'excès des sensations voluptueuses délivre de l'identité sociale et « ouvre au grand monde de la nature ». L'éjaculation, dès lors, n'est que la variété sexuelle du mouvement général d'extériorisation qui domine les forces naturelles. Elle s'apparente à l'éruption du volcan. Le plaisir est de l'ordre du choc. Il se modèle sur la décharge électrique. Dans l'œuvre de Sade – mais celle-ci n'est pas représentative de l'ensemble de cette littérature –, il atteint son maximum quand culmine la différence de potentiel entre le corps actif, condensateur d'énergie, et le corps victime.

Dans cette perspective, la scène essentielle paraît être celle de l'entre-deux, lorsque le corps, engagé par-devant et par-derrière, est à la fois agent et patient ; lorsqu'il se fait le lieu d'une convergence, d'une circulation, d'un échange. Dans la littérature sadienne, le plaisir obéit aux lois de la mécanique. Il naît du frottement, du mouvement et de la compression du membre viril. Dans la posture de l'entre-deux, c'est le corps tout entier qui, « frotté, serré, comprimé », se trouve identifié à une verge. Cette convergence autorise le fantasme de la circulation de la semence entre les partenaires. « Plus que par le jeu des pénétrations, écrit Guy Poitry, la petite communauté close des amis est soudée par les échanges de bons procédés [...]. Être au centre, c'est donc concentrer sur le moi toutes les énergies qui l'entourent, les absorber, n'ayant donné que pour mieux recevoir, pour mieux attirer autrui à soi [36] » ; cette « aimantation » met hors de soi ; elle brouille la distinction entre l'intérieur et l'extérieur.

À trop souligner le terrible discours des médecins désignant les méfaits de la masturbation, on risque d'oublier que, dans le même temps, la littérature pornographique, imprégnée d'épicurisme et du sensualisme longtemps dominant, prône cette pratique, considérée comme naturelle, notamment de la part des jeunes filles pubères dont elle est supposée calmer les ardeurs par un plaisir initiatique, facile et très intense. Thérèse, l'héroïne de Boyer d'Argens, reçoit les leçons de son directeur de conscience : « Ce sont des besoins de tempérament, aussi naturels que ceux de la faim et de la soif, assure-t-il [...] il n'y a nul inconvénient à vous servir de votre main, de votre doigt, pour soulager cette partie par le frottement qui lui est alors nécessaire [...]. Ce même remède contribuera bientôt au rétablissement de votre santé chancelante, et vous rendra votre embonpoint. » En effet, confie Thérèse, « je nageai pendant près de six mois dans un torrent de volupté, sans qu'il m'arrivât rien [...]. Ma santé s'était entièrement rétablie [37] ». Le roman paraît en 1748, quelques années avant la publication de l'ouvrage de Tissot, qui inversera le scénario. À la suite de l'aveu auquel se livre Rousseau dans les *Confessions*, la masturbation, conçue comme « supplément à la nature » et comme thérapeutique, a fait l'objet d'un interminable débat qui se prolonge tout au long du XIXe siècle [38]. Notons, en outre, que Boyer d'Argens, comme nombre d'auteurs libertins de ce temps, se tient fort éloigné des scènes d'humiliation, de domination et, finalement, d'insatisfaction qui ordonnent l'œuvre du marquis de Sade.

Nous nous sommes attardé quelques instants sur ces données car nous savons que les élites cultivées du XIXe siècle étaient friandes des livres de second rayon hérités du XVIIIe siècle. Les ouvrages plus anciens, notamment le vieil Arétin, étant relativement passés de mode. En outre, avant même que la protosexologie commence de se constituer, l'*ars erotica* de l'Inde, du monde arabe et de l'Extrême-Orient se diffuse au sein des élites cultivées, par une série de transferts culturels qu'il serait trop long de retracer ici. Le *Kama-Soutra*, les écrits du Cheikh Nefzaoui, propagés par les soins de Maupassant [39], constituent des éléments de cet enrichissement de l'imaginaire érotique, en un temps que l'on dit, trop vite, soumis au contrôle des pulsions [40]. On comprendrait mal l'attrait exercé par les nudités vénales et l'ostentation des exploits de bordel si l'on ne tenait pas compte des structures de l'imaginaire érotique des clients. Les efforts d'un Parent-Duchâtelet et le zèle de la police des mœurs visant à réduire la maison close à un simple « égout séminal », protégé de tous les raffinements, s'expliquent par la menace que fait peser, à l'arrière-plan, cet imaginaire de l'obscénité, conforté par le modèle de la débauche aristocratique de la fin de l'Ancien Régime.

Tout au long du siècle, se mène, en outre, une lutte contre l'écrit pornographique et l'objet obscène, dont Annie Lamarre a bien retracé les multiples épisodes[41]. Durant le dernier quart du siècle surtout, des sociétés de moralité se créent dans toute l'Europe occidentale, souvent à l'initiative de protestants. Les « entrepreneurs moraux » sont particulièrement actifs en Suisse et en Belgique. En France, le sénateur Bérenger se montre lutteur infatigable ; et plus encore Émile Pourésy qui, en pleine guerre mondiale, s'efforcera, par ses conférences, de convertir les soldats des tranchées à une saine morale sexuelle. Au Royaume-Uni, Josephine Butler multiplie les campagnes que nous ne pouvons ici qu'évoquer. En Italie, Rudolfo Bettazzi se consacre très activement à la même croisade[42].

Il est d'autres textes, alors plus accessibles, qui contribuent à la stimulation du désir. La littérature romanesque du XIXe siècle, notamment celle de sa seconde moitié, a inventé un nouveau regard, qui déborde le corps, tout en l'englobant. Ce temps, écrit Philippe Hamon, « découvre que l'image, installée dans la mémoire, filtre notre accès au réel lui-même, qu'elle n'est pas seulement objet extérieur au regard du spectateur, mais qu'elle est dans le sujet regardant[43] ». Or, le roman supplante peu à peu le théâtre dans la description des corps, de leurs postures et de leurs gestes, notamment après qu'à Paris la pantomime, qui avait vu le triomphe de Dubureau, s'est épuisée.

L'omniprésence de la « chair en texte » est désormais frappante dans le roman. Le corps, dans l'abondance de ses mises en scène, est saisi « comme tableau par un tiers voyeur ». Les Rougon-Macquart illustrent cette profusion. Les hommes réunis chez la comtesse Muffat (*Nana*) s'interrogent sur l'ampleur éventuelle et la fermeté de ses cuisses. Le patron Herbeau (*Germinal*), au retour de son bureau, est assailli par le spectacle ou par le fantasme des corps de ses ouvriers et de ses ouvrières réunis dans une commune ivresse.

Les romans naturalistes, notamment, sont autant de « boîtes noires à secrets d'alcôve[44] ». Les scènes de chambre abondent chez Zola. Certes, la censure impose des masques rhétoriques qui empêchent d'effacer totalement le mystère. L'effet sur le lecteur n'en est pas aboli pour autant. L'atelier du peintre constitue un autre lieu privilégié de la scène romanesque de l'exhibition des corps (*L'Œuvre* de Zola, *Manette Salomon* des frères Goncourt). C'est qu'il est, comme le salon du bordel, un lieu de confrontation des corps nus et des corps habillés, un lieu où celui de la femme s'exhibe et se met en morceaux – tête, torse, mains, ventre –, un lieu où le statut du personnage féminin et les postures induites sont rendus très complexes parce que s'y mélangent, au besoin, l'artiste, son modèle, la maîtresse, l'épouse. Pour le lecteur, comme pour le visiteur du musée, le décryptage de ces corps vêtus ou dévêtus constitue un jeu subtil qui n'est pas sans solliciter sa sensualité.

D'autres procédés stimulent son imagination. La littérature du XIXe siècle, remarque encore Philippe Hamon, comparaison faite avec le roman des Lumières, présente un corps « plus imaginatif et neuronal qu'humoral[45] », un corps socialisé, mis en spectacle, formé de boîtes anatomiques empilées – la maison, le vêtement, la peau. Surtout, un corps marqué par son passé, parsemé de signes et d'indices qui disent la passion, le plaisir, la souffrance. Cela vaut particulièrement pour le corps féminin dont la peau, par ses taches, ses rides, ses creusements, par tout un jeu de pâleurs, de rougeurs, de frissons signifie l'histoire du sentiment et garde l'empreinte des voluptés anciennes.

Dans le même temps, le texte et la gravure perdent le monopole de l'obscénité. L'imaginaire est alors révolutionné par la profusion des images et par la photographie. À ce propos, il convient de distinguer l'exposition publique et la circulation clandestine. Peter Gay a naguère souligné le rôle de la visite du musée et de la contemplation des œuvres d'art dans la connaissance du corps, notamment de la part des enfants et des jeunes filles. Le désir sexuel de nombre d'adolescents de ce temps a d'abord été stimulé par le regard porté sur la nudité des Vénus ou sur le buste décolleté des femmes représentées. Barbey d'Aurevilly a ainsi confié ses premiers émois suscités par les seins généreux d'un portrait féminin installé dans le salon de ses parents. La découverte de la nudité, fût-elle partielle, contredisait la sévérité des enveloppes du corps.

La sculpture et la peinture n'ont cessé, jusqu'à la fin du siècle, de jouer ce rôle d'apprentissage. La nudité offerte des « idoles de la perversité[46] » fin de siècle, toutes ces blancheurs sauvages, étalées, rampantes, lovées sur un lit de feuilles, entrelacées de fleurs et de plantes, unies à des serpents ou à des tigres, associées à des machines, poussaient au plus haut point cette sollicitation érotique. La fascination exercée par les femmes-sphinges, par les sirènes aux chevelures ondulantes comme les vagues, entraînant leurs amants au plus profond des gouffres aquatiques, ou bien encore par ces corps roux contenus dans des espaces fermés qui, selon Bram Dijkstra, suggéraient les mystères du plaisir solitaire féminin, a déterminé des fantasmes dont, malheureusement, nous ne pouvons mesurer ni l'intensité ni l'extension sociale. Quoi qu'il en soit, la contemplation de ces nudités approfondit le désir des corps féminins éclatant de blancheur, de blondeur ou de rousseur – que l'on songe aux préraphaélites, aux modèles préférés de Dante Gabriel Rossetti – que nous savons être alors particulièrement aptes à stimuler le désir masculin.

Cette présentation des corps demeurait soumise à des codes. L'idéalité des formes, l'harmonie plastique résultaient d'une série de stratagèmes. Ces corps lisses, et en quelque sorte glorieux, étaient soigneusement épilés. Les fourrures abdominales étaient escamotées et la vulve soigneusement dissimulée. Jusqu'à la fin du siècle, la substance diaphane du nu académique, la plénitude sculpturale du corps dénudé demeurent des exigences. Une mise à distance temporelle ou géographique accentue l'étrangeté, tout en suscitant le rêve. La mythologie, l'exotisme de la chair, les transpositions qui consistent, par exemple, à représenter des scènes de bordel idéalisées sous le prétexte de butins barbares concourent à la légitimité de cette nudité affriolante des corps.

Ces topographies aseptisées ne sont que des fictions, « parmi d'autres hallucinations possibles […] ; [des] simulacres corporels qui exorcisent l'inquiétante inconnue du corps en lui substituant des images, une objectivation fictive [47] ». Ces mises en ordre maintiennent l'illusion qu'il peut être saisi, maîtrisé ; manière d'abolir le corps sensible, le corps vivant.

La photographie elle-même, quand elle n'était pas clandestine, s'efforçait de répondre aux mêmes impératifs. Les nus photographiques du milieu du siècle, ceux d'Eugène Durieu ou ceux d'Auguste Belloc par exemple, sont, le plus souvent, soumis à une même idéalisation, à la prégnance des modèles de l'Antiquité ou de l'orientalisme. La femme est étendue, nue, « dans une pose mettant en valeur les courbes des seins et des cuisses, les yeux fermés ou détournés, feignant l'abandon ou le sommeil[48] ». La langueur, la passivité se trouvent accentuées par le jeu des miroirs. À partir des années 1870, le décor s'alourdit. La femme, dont le corps se détache souvent sur le drapé de riches tissus et se charge de bijoux, est représentée en un lieu qui évoque le boudoir. À la fin du siècle, la mode du pictorialisme flou, du symbolisme de nus enveloppés de brume se répand. Les photographies de Guérin constituent un bon exemple de cette évanescence nouvelle. Mais, dans le même temps, comme l'a montré Vanessa Schwartz[49], l'attrait des effets de réalité s'accentue dans la société parisienne. Il nous faut considérer les racines de cette exigence nouvelle.

Auparavant, il convient d'éviter un piège et de considérer que la photographie obscène pouvait susciter le désir avec une force sans égale. Il est convenu aujourd'hui de déprécier les nudités académiques ; et le risque est grand de minimiser la charge érotique de ces corps, certes idéalisés, mais dans lesquels il était facile de reconnaître la sensualité des modèles du temps. Bref, rien ne prouve, nonobstant le scandale, que l'*Olympia* de Manet ou que la nudité partielle du modèle de *L'Atelier* de Courbet ont davantage excité les hommes de ce temps que la *Vénus* de Cabanel ou que les nus de Bouguereau. Notre propos n'est pas de participer, ici, à une histoire de l'art, mais de prolonger la réflexion de Peter Gay sur ce qui constitue le musée et le Salon en hauts lieux d'élaboration du désir et de constitution d'un imaginaire de l'autre.

Reste que la photographie a bien révolutionné le regard porté sur la nudité des corps. Le nouveau régime scopique, le nouvel ordre visuel, la création d'un nouveau spectateur en ce siècle décisif de l'histoire du regard ont fait l'objet de nombreux travaux, notamment de ceux de Jonathan Crary[50]. L'optique géométrique des XVIIe et XVIIIe siècles laisse la place à une optique physiologique centrée sur le sujet de la perception.

En ce qui nous concerne, cela se traduit par un nouveau type de nudité, par une forme désenchantée, désublimée, « d'une chair livrée à l'excès et à la déréliction de sa contingence[51] ». Or, la photographie autorise un « voyeurisme de l'exactitude ». Elle place le spectateur dans une position frontale en un théâtre de l'évidence. Évacuant tout recours possible à l'illusion, elle dénude sèchement et soumet le spectateur à « la présence obsédante et insignifiante » du corps, à sa « pure présence », assure Jean Baudrillard [52]. On sait l'influence exercée par ce nouveau régime scopique sur la peinture. Les historiens de l'art ont longuement analysé cette crise du nu et des modèles iconiques du corps dont l'*Olympia* de Manet [53], le nu fendu de *La Femme aux bas blancs* ou *L'Origine du monde* de Courbet constituent les exemples majeurs [54] ; c'est que ces artistes ont osé se débarrasser du corps sophistiqué, discipliné, idéalisé, que nous venons d'évoquer, et qu'ils ont imposé une nouvelle relation entre l'évidence de la femme nue et le spectateur du tableau.

En matière d'obscénité, la photographie autorise un nouveau rituel exhibitionniste. Par son intensité, son évidence spectaculaire, elle confère une présence sur-visible au corps dénudé, exposé dans toute sa vérité. Elle soumet le spectateur-voyeur du XIXe siècle à une fascination nouvelle. Ainsi, « le sexe – qui ne peut être dissimulé – est circonscrit à sa matérialité génitale [55] », notamment le sexe masculin dont l'état, non simulable, se donne à voir, dans l'érection, sous l'emprise d'un désir, voire d'un plaisir incontestables. La photographie, désormais, illustre les remarques d'Henri-Pierre Jeudy. L'obscénité, qui surgit de la transgression, unit la répulsion la plus profonde à la force du désir. Le sentiment de l'obscénité est pudeur révoltée et angoisse face aux excès de visibilité du corps ; comme si, dans sa totale exhibition, celui-ci perdait scandaleusement tout secret, toute énigme. Mais si « le regard est attiré par la face du monstre, c'est qu'il attend déjà d'en subir les effets sur son propre corps [56] ».

Ces remarques concernent alors une photographie clandestine, frappée d'interdit. Initialement, le cliché obscène présente un caractère bon enfant. Les scènes grivoises restent, le plus souvent, des scènes coquines qui suggèrent une « concupiscence maligne ». « Les protagonistes, écrit Alan Humerose, posent avec une complicité avouée et un plaisir apparent dans un décor aux drapés voluptueux et au mobilier aussi nappé de vie quotidienne que les sexes de nudité. » Les « femmes nues accroupies ou couchées toutes jambes écartées, [sont] saillies en levrette dans un boudoir, fessées dans une classe d'école ménagère », elles pratiquent une « fellation furtive chez l'officier d'état civil, ou encore, en extérieur bucolique [...]. Toujours les visages des acteurs sont non seulement présents, mais à proprement parler sympathiques »[57]. Les personnages adressent des clins d'œil au spectateur. Le décor est éclairé. Le cadrage demeure largement ouvert et l'acte sexuel n'occupe qu'une assez petite surface de la photographie. « Il se passe toujours quelque chose de théâtral entre les protagonistes. »

Ce type de cliché apparaît vers 1843. En France, il se banalise à partir de 1850. Les premières scènes érotiques, posées, sont parfois coloriées à la main afin de rendre les chairs plus évocatrices. À cette époque, les auteurs demeurent le plus souvent anonymes. La clientèle, limitée, est constituée d'hommes riches. Quant aux modèles, ce sont alors fréquemment des jeunes filles et de jeunes garçons, parfois non pubères. Vers 1850, la stéréoscopie accentue l'attrait de l'obscénité. Les clichés et les appareils sont vendus chez les opticiens ou dans les bordels de luxe. Ils ne sont jamais exposés en vitrine. À partir de 1865, les photographies sont disponibles chez les vendeurs d'impressions et chez les papetiers fantaisie ; mais il est interdit de les expédier par la poste.

Peu à peu, l'obscénité s'intègre à une culture de masse. Le marché en devient énorme et les saisies spectaculaires. Elles atteignent jusqu'à 100 000 exemplaires – un registre de la préfecture de police de Paris qui répertorie les images confisquées atteste, sous le second Empire déjà, l'intensité de ce commerce. Il suggère l'aisance avec laquelle circule l'obscénité dont la consultation cesse d'être confidentielle[58]. À partir de 1870, l'usage de l'instantané permet de conférer davantage de vie aux accouplements représentés. Vingt ans plus tard, la similigravure permet la diffusion de la photographie érotique par le moyen de la carte postale, du calendrier et du livre. À cette date, des réseaux de diffusion internationale se sont structurés. En Italie, les cartes obscènes sont vendues en séries. Le problème paraît, alors, étroitement lié à la traite des blanches et à la prostitution des mineurs. Depuis 1860, le nouvel État italien, soucieux de se fonder sur un ordre moral, attache une importance particulière à la lutte contre toutes les formes de commerce du corps[59].

En outre, la révolution technique et l'avènement d'une pornographie-marchandise autorisent une surenchère naturaliste qui repousse les limites du regardable. La photographie banalise les dévoilements de l'intimité corporelle. Elle évoque la possibilité d'un « certain bonheur paillard dans un décor bourgeois [60] ». À ce moment, plus qu'au XXᵉ siècle, semble-t-il, sa contemplation est liée au plaisir solitaire ; c'est que la pudeur d'éventuelles partenaires féminines s'en trouverait offusquée.

Notons toutefois que le resserrement du cadrage, le rapprochement de l'épiderme, le passage du dévoilement à la démonstration, de l'amateurisme au professionnalisme ne s'opéreront qu'au XXᵉ siècle. Alors l'image d'un désir satisfait le cédera à la représentation des organes isolés et de la chair pénétrée en gros plan.

Reconnaissons que ce qui précède concerne principalement la stimulation du désir masculin. Nous nous trouvons donc confrontés au mystère presque insondable du désir et du plaisir féminins, quêtés dans la profondeur historique. La pudeur – et une censure extérieure – a raréfié à l'extrême les témoignages directs émanant de femmes. Ce sentiment mérite toutefois que l'on s'y arrête un instant, tant il a pesé lourdement sur les comportements féminins. L'ambiguïté de ce « tact de l'âme » (Joubert) a été bien souvent soulignée. La pudeur soustrait l'intimité au regard d'autrui, « au risque de le séduire plus encore ». En un temps où la réserve peut se faire aveu de vulnérabilité et signifier une réticence panique, l'indécidable des signes invite à la subtilité du jeu des attitudes. « Rougissements, regards qui se croisent et s'évitent, tremblements et pâlissements sont anxieusement déchiffrés [61]. » Ce qui justifie la crainte de rougir, alors baptisée eurotophobie.

Du même coup, l'union conjugale – voire la simple liaison – crée une rupture forte dans le quotidien des comportements ; ce qu'un homme ou une femme du troisième millénaire se représente difficilement. La proximité obligée, l'étrangeté de l'impudeur nouvelle profanent l'aura de la femme. C'est, en profondeur, la perception de soi et de l'autre qui se trouve bouleversée. Le prix accordé à la pudeur féminine par l'homme amoureux fait peser sur l'union conjugale le risque du dégoût. À ce point de vue, la scène du déshabillage après le bal est à mettre en regard de celle de la nuit de noces.

Mais revenons aux sources du désir et du plaisir féminins. Les *Memoranda* de Louise Colet, qui relatent plusieurs expériences sexuelles et des confidences d'amies, quelques lettres enflammées de George Sand à Michel de Bourges, les aveux indirects de Virginie Déjazet à son amant, l'acteur Fechter, révélant les masturbations auxquelles elle se livre à la pensée de leurs ébats, en s'imaginant – puisqu'il le dit – que son amant s'adonne, de son côté, à la même pratique, stimulée par le souvenir[62], ne concernent que de rares cas, sans doute non représentatifs. L'écriture féminine demeure très prude, jusque dans la fiction. Les romans de George Sand sont chastes ; à moins que celle-ci ait participé à l'écriture de *Gamiani*. Tout au plus relève-t-on dans *Lélia* les confidences de l'héroïne faites à sa sœur, sur les affres de sa frigidité et sur ses ardeurs impuissantes à la vaincre dans les bras de son mari.

Les jeunes filles, dans leurs journaux intimes, osent, tout au plus, évoquer la découverte de leur corps, les frôlements et les émois du flirt. En bref, nous sommes contraints de nous contenter, pour l'essentiel, du désir et du plaisir féminins tels qu'ils ont été observés ou supposés par l'homme, c'est-à-dire à la tension qui s'instaure entre la certitude d'un plaisir intense, insatiable, sans limite, et un désir plus rare, moins automatique et plus aisément résistible. Tableau qui culmine dans l'imaginaire masculin du saphisme.

La peur de la femme, qui taraude l'homme de ce temps, se traduit par le regard fasciné porté sur l'hystérie, que l'on pense spécifiquement féminine jusque dans l'avant-dernière décennie du siècle. Ce mal[63], qui pèse si lourdement sur les représentations de la femme, de la fin du XVIIIe siècle jusqu'au triomphe des théories freudiennes, se donne à voir essentiellement comme une rhétorique du corps, « traversé d'instincts et de passions ». Bien avant le tableau des quatre phases repérées par Charcot et l'établissement du théâtre de la Salpêtrière qui exhibait les corps en proie à la grande crise, l'hystérie est convulsion, cri, contracture, toux, anesthésie ou hyperesthésie.

Certes, depuis la fin du XVIIe siècle, l'antique théorie qui attribuait le mal aux mouvements d'un utérus considéré comme autonome s'était effacée. Les progrès de la dissection, l'observation des ligaments avaient rendu obsolète une telle étiologie. La théorie humorale n'en avait pas moins son explication sur les vapeurs, résultat de la corruption de matières séminales et de son effet sur le cerveau. En ce qui nous concerne, l'histoire de l'hystérie débute à l'aube de la période étudiée dans ce volume. En 1769, Cullen emploie le terme de « névrose ». Dans la perspective de Hoffmann ou de Stahl, les savants considèrent dès lors l'hystérie comme une maladie du système nerveux.

Entre 1800 et 1850, l'école anatomo-clinique française domine le terrain. Selon sa conception organiciste, la maladie possède son siège à l'intérieur du corps. Les uns proposent la thèse neuro-génitale. Ainsi, selon Louyer-Villermay – mais aussi Broussais guidé par sa conception de l'irritation –, l'utérus demeure le lieu originaire du mal. Trousseau et Piorry considèrent même que la jouissance féminine, convulsive, est toujours de nature hystérique. Tout au long du siècle, il est des médecins qui continueront d'exprimer de telles convictions.

Selon d'autres praticiens, il s'agit d'une maladie neuro-cérébrale dont le siège est le cerveau. Georget, dès 1821, Brachet (1837), puis Briquet (1852) proposent cette thèse qui rend la malade moralement recevable et socialement acceptable. Le succès de la théorie neuro-cérébrale conduit à souligner la fragilité de la femme, à considérer comme pathologiques une série de comportements somatiques qui, jusqu'alors, semblaient normaux, à dispenser des conseils concernant l'éducation et à prôner le mariage comme thérapeutique stabilisante. Toutefois, selon cette même théorie, la compression de l'ovaire, la titillation du clitoris, l'orgasme ainsi provoqué cessent de figurer les remèdes appropriés, puisque le mal est, selon Briquet, essentiellement lié à l'impressionnabilité.

Nicole Edelman a bien montré le décalage des convictions. Tandis que nombre de savants innocentent ainsi la jeune fille et la femme hystériques, la littérature de fiction, notamment entre 1857 et 1880, associe, plus que jamais, ce mal aux détraquements du sexe. Il suffit de songer aux romans de Flaubert, des Goncourt et de Zola. Dans le même temps, historiens et anthropologues plaquent le même système de représentations sur les errements des foules violentes. C'est alors que le qualitatif d'hystérique revêt la portée d'une injure.

Entre 1870 et 1880, l'accent, répétons-le, est mis sur la violence spectaculaire d'un mal qui tord les corps et les désaxe ; ce qui diffuse largement une représentation du féminin, défini par l'outrance, l'excès, la démesure. L'identification est dès lors vite opérée entre les hystériques, les perverses, les simulatrices.

Mais, à la Salpêtrière déjà, se trouve souligné le rôle du choc initial, associé à une émotion intense. Entre 1890 et 1914, l'hystérie – qui n'est plus spécifiquement féminine – cesse d'appartenir à l'objet étudié dans ce livre. Elle est devenue maladie psychique liée à un traumatisme et résultat de la tension entre le désir insatisfait et la contrainte sociale.

On a souvent remarqué que cette profusion de discours sur l'hystérie était masculine et que, par ce biais, tout en exprimant leur angoisse face aux manifestations du désir et du plaisir féminins, les hommes avaient œuvré en vue d'assigner la femme à la maternité, à la génitalité, tout en prétendant se faire les véritables détenteurs du savoir sur sa sexualité.

La peur masculine se nourrit des fantasmes de dévoration et de submersion par l'Ève tentatrice, maîtresse des tactiques de stimulation du désir masculin, capable de tous les déchaînements par le fait qu'elle s'identifie à la nature et qu'elle risque, de ce fait, de révéler, à tout moment, son animalité.

La découverte de l'automaticité de l'ovulation, la fascination suscitée par l'observation du cycle de la menstruation et du fonctionnement de la matrice n'ont pas atténué les symptômes masculins, au sein des élites tout au moins ; c'est-à-dire la relative fréquence du fiasco, qui ridiculise Stendhal, Musset, Flaubert, comme les frères Goncourt. L'inaccessibilité du corps féminin, protégé par la multiplicité de ses enveloppes, explique l'inhibition qui bouleverse le partenaire et gêne son érection quand se dévoile enfin la femme désirée, offerte dans sa nudité blanche et pulpeuse. La littérature romanesque ressasse cette expérience douloureuse, évoquée à mi-mot. Il est difficile au lecteur du XXIe siècle de bien saisir la spécificité de l'émotion – et de la déception – qui caractérise l'amant longtemps confronté à l'inaccessible et soumis, au fil de son éducation sentimentale, à ces « disciplines de l'amour » finement analysées par Gabrielle Houbre [64]. La fréquentation des nudités de bordel, l'autre pôle de la sexualité masculine du temps, loin de préparer à l'assaut du corps de l'aimée rend plus difficile encore d'imaginer par quel étonnant cheminement l'ange désiré pourra se muer en cette femme animale, prête à toutes les postures de la volupté qu'imposent les souvenirs de la maison close. « Il y a quelques jours tu étais une divinité », écrit Baudelaire à Mme Sabatier au lendemain de sa conquête. « Te voilà femme maintenant [65]. »

Les romans de Jules et d'Edmond de Goncourt, notamment *Germinie Lacerteux*, *La Fille Élisa*, *Madame Gervaisais* et *Chérie*, ainsi que leur journal, reflètent avec une particulière clarté cet imaginaire masculin hanté par le désir et le plaisir féminins. Mais il n'est guère d'œuvre de fiction qui, alors, n'en témoigne ; et il est inutile d'entamer ici un trop long catalogue.

4. Le portrait de « l'antiphysique »

Dans quelle mesure ce tableau de l'imaginaire de la relation sexuelle, en ces multiples logiques telles que nous nous sommes efforcé de les exposer, peut-il aider à interpréter le discours alors consacré à l'union des corps d'un même sexe ? Ce sujet a été traité, il y a un quart de siècle, dans les talentueux écrits de Michel Foucault, de Jean-Paul Aron, de Christian Bonello, de Marie-Jo Bonnet, de Michael Pollack... Depuis, les travaux qu'on lui a consacrés ont été fort nombreux ; en témoignent ceux de Florence Tamagne, de Didier Éribon et de tous les chercheurs se réclamant du mouvement *Queer* (Monica Wittig, Marie-Hélène Bourcier), qui traquent l'ensemble des processus de naturalisation dans l'histoire des sexualités [66]. Toutefois l'essentiel, me semble-t-il, a été discerné et dit au cours des années 1970, tout au moins en ce qui concerne l'histoire des corps au milieu du XIXe siècle. À cela près, cependant, que les auteurs de cette décennie n'ont peut-être pas suffisamment prêté attention à la spécificité de la rhétorique de la médecine légale, alors en voie de constitution, et à l'emphase rendue nécessaire par le discours de l'expertise. Récemment, Frédéric Chauvaud a bien mis en évidence ce qui relevait d'un art convenu de la description et de la narration des traces de l'attentat aux mœurs. D'où il ressort qu'attribuer à l'ensemble du corps social la phénoménologie d'un Ambroise Tardieu – tant utilisée par Jean-Paul Aron et Roger Kempf – risque de soumettre l'historien à un effet de source préjudiciable [67].

Quoi qu'il en soit, il nous faut, dans cette synthèse, rappeler en quelques lignes le tableau que, vers le milieu du siècle, l'expertise trace du pédéraste ou de l'« antiphysique », puisqu'il convient d'éviter l'anachronisme du vocabulaire. Commençons par la diatribe. Dans la mesure où elle contrevient à la nature et ne répond pas à la visée de reproduction, l'union de deux corps masculins, jusque dans les plus communs des dictionnaires, est présentée comme monstrueuse, comme une passion « épouvantable », une « débauche effrénée » qui suscite le dégoût. Mais il faut, à ce propos, faire la part de la nécessaire attitude distanciée que le scripteur est obligé d'adopter aux yeux de son lecteur lorsqu'il aborde alors un tel sujet.

À en croire Ambroise Tardieu, l'expert par excellence au cours des années 1850, la pratique de l'amour antiphysique marque le corps. Elle gouverne toute l'apparence. « Les cheveux frisés, le teint fardé, le col découvert, la taille serrée de manière à faire saillir les formes, les doigts, les oreilles, la poitrine chargée de bijoux, toute la personne exhalant l'odeur des parfums les plus pénétrants et, dans la main, un mouchoir, des fleurs ou quelque travail d'aiguille [68] » : l'ensemble dessine une « physionomie étrange, repoussante », une apparence soignée qui contraste avec une « malpropreté sordide ». Non seulement l'antiphysique brouille la distribution sexuelle des apparences, mais il cherche à dissimuler son abjection.

Le tableau est plus intense encore lorsque l'expert découvre la nudité. Tardieu, ici, distingue soigneusement la « pédérastie active » de la « pédérastie passive ». La première se traduit dans la conformation de la verge, généralement très grêle, mais exceptionnellement très volumineuse. « La forme, quand la verge est petite, rappelle absolument celle du même organe chez le chien. Elle est large à la base et va en s'amincissant jusqu'à l'extrémité, où elle est très effilée. » Lorsque le pénis est très volumineux, l'extrémité du gland en est « allongée démesurément... », « en outre, la verge est tordue sur elle-même dans le sens de la longueur » ; cela est dû à la forme de l'anus, « sur lequel [elle] se moule en quelque sorte ». La torsion de la verge est « produite par la résistance du sphincter anal que, trop volumineuse, [elle] ne peut traverser que par un mouvement de vis ou de tire-bouchon ».

La pédérastie passive, quant à elle, se trahit par le développement excessif des fesses, par la déformation de l'anus, par le relâchement du sphincter, par la dilatation extrême de l'orifice anal, l'incontinence, les ulcérations, les fistules ; sans oublier les cicatrices des blessures produites par les corps étrangers et les stigmates de la blennorragie rectale ou de la syphilis.

La pratique de la fellation fait que les « pédérastes », assure encore Ambroise Tardieu, ont « une bouche de travers, des dents très courtes, des lèvres épaisses, renversées, déformées ». Compte tenu de la fréquence des rapports et de l'intensité des plaisirs, Thoinot de renchérir : « l'usure des dents, le renversement des lèvres par l'onanisme buccal, cela paraît dépasser la mesure de l'imagination en médecine légale[69] ».

La violence du tableau résulte, en partie, de l'extrême précision imposée à l'expert mais on aura relevé la pesée d'une phénoménologie préexistante dans l'esprit de l'observateur. La médecine clinique trouve ici ses limites. Nous reprendrons plus loin l'analyse de cette volonté de naturalisation et de création d'une espèce qui succède à l'inquiétude suscitée, au XVIIIe siècle, par la constitution d'une sociabilité de « pédérastes », d'« infâmes », de « fats » – on emploie peu, désormais, le terme de « sodomites » –, jugée de plus en plus menaçante. Réservons pour plus tard l'examen de l'attitude des médecins à l'égard de ce qui devient l'« homosexualité » masculine et féminine. Remarquons seulement que Michel Foucault a sans doute sous-estimé l'importance du processus de spécification entamé, à la marge, au cours du XVIIIe siècle et négligé l'influence du néoclassicisme en ce domaine. Il faut, enfin, souligner l'échec de toute tentative d'étiologie. La naissance du désir homosexuel est attribuée tantôt à la société et au dégoût provoqué par l'abus des femmes, tantôt à la privation absolue de relations féminines.

II. LA DIFFICILE HISTOIRE DES PRATIQUES DE PLAISIR

Sur ce socle de représentations que nous nous sommes efforcé de reconstruire à grands traits et qui ne se trouve guère ébranlé avant la fin des années 1860, nous pouvons tenter d'esquisser un tableau des pratiques. Mais, répétons-le, l'entreprise est sans grand espoir. Nous disposons, tout au plus, de maigres sources qui relèvent de l'écriture de soi – journaux intimes, correspondances, autobiographies ; or, celles-ci ne concernent que l'étroite élite formée d'individus capables de laisser des traces de leur existence intime. À cela s'ajoutent les archives judiciaires qu'Anne-Marie Sohn, notamment, a interrogées au cours d'une enquête dont l'ampleur reste sans égale[70]. Malheureusement, le contexte d'énonciation qui est celui de l'instruction, la difficulté de l'aveu, la crainte de la sanction gênent l'exposition de pratiques qui, de toute manière, relèvent de l'exception, puisqu'elles sont révélées à l'occasion d'un attentat.

La prolixité de la littérature médicale consacrée à la puberté féminine, à ses mécanismes, à ses risques, aux précautions qu'elle impose – il suffit de songer à l'énorme traité du professeur Raciborski [71] –, tout au moins aux jeunes filles qui appartiennent à l'élite, la fréquence de ce thème dans le roman naturaliste – à titre d'exemples, *Une page d'amour* et *La Joie de vivre* d'Émile Zola – s'accordent à certains développements de journaux intimes féminins. L'ensemble donne à penser que le regard attentif porté par la jeune fille sur l'épanouissement de son corps se diffuse, aidé par la prolifération des miroirs qui permettent de se voir en pied. Jean-Claude Caron souligne avec raison cet épisode qui marque l'existence juvénile [72]. La lecture des textes consacrés au sang des femmes par Thérèse Moreau conduit à la même hypothèse [73].

On comprendrait mal la sexualité féminine de ce temps sans prendre en compte le prix accordé à la préservation de l'hymen dans les perspectives du salut comme de la réussite matrimoniale. Le capital d'honneur ainsi préservé est d'une importance égale à celle du capital biologique que constitue la bonne santé et à celle du patrimoine, formé de la dot et des « espérances ». Le corps de la jeune fille, en ses qualités reproductrices plus ou moins manifestes, s'apprécie dans la mesure où il est intact, préservé de toute souillure, de tout risque d'imprégnation ou de contamination et, surtout, de la découverte du plaisir que l'époux doit être le premier à lui révéler en faisant d'elle une femme accomplie (cf. p. 161).

Au cours des dernières décennies du XIXe siècle, assure Fabienne Casta-Rosaz, s'opère la lente diffusion du flirt [74] ; que celui-ci s'inspire des pratiques de masturbation réciproque construites sur le modèle du maraîchinage de Vendée [75] ou qu'il subisse l'influence permissive des jeunes Américaines, passagères des transatlantiques et friandes de badinages éphémères, qu'il résulte de l'accroissement de la fréquentation des villes d'eaux et de toutes les distractions qui accompagnent l'oisiveté de la villégiature, qu'il se soit trouvé favorisé par la pratique féminine du sport, notamment de la bicyclette, de l'équitation et du tennis, ainsi que par l'allégement du vêtement que celle-ci implique, le fait est là : les journaux intimes féminins, sans oublier le témoignage du sexologue Forel[76], montrent bien que le personnage de la demi-vierge proposé par Marcel Prévost n'appartient pas à la seule fiction. Les frissons procurés par l'insistance des regards, par les délicats frôlements, par les étreintes de la valse, les baisers, les caresses et les effleurements du sexe apprennent à la jeune fille, voire à la femme mariée, à laisser son corps vibrer, serait-ce jusqu'à l'orgasme, sans, pour autant, s'autoriser la pénétration. Ce sont tous les canaux de l'éducation sentimentale et sexuelle de la jeune fille puis de la nouvelle épouse qui s'en trouvent modifiés. Par ailleurs, la pratique ascendante du voyage de noces à Venise, en Algérie ou le long des fjords de Norvège concourt à la réussite sensuelle de l'union conjugale, que la lecture des romans psychologiques à la manière de Paul Bourget incite à pimenter.

Mais l'essentiel n'est pas là. Le recours à la prostituée était quasi général de la part des hommes du XIXe siècle[77]. C'était à l'intérieur de la maison close, dans la chambre de la fille soumise ou de la clandestine, que l'homme apprenait à connaître le corps féminin, et à en jouir. Les nudités offertes du bordel, savamment réparties selon la couleur des cheveux, l'ampleur des formes, le tempérament ou l'origine géographique afin de satisfaire la diversité des fantasmes, répondaient de moins en moins aux exigences de l'égout séminal voulu par Parent-Duchâtelet. Il ne s'agissait plus tant de rendre à sa famille ou à son épouse un homme intact, rapidement soulagé. À ce propos, tous les témoignages du second XIXe siècle concordent : les prostituées s'abandonnent plus volontiers que naguère aux raffinements érotiques. Il en va ainsi jusque dans les maisons de l'Ouest catholique étudiées par Jacques Termeau[78]. À Château-Gontier, rapporte le docteur Homo en 1872[79], les jeunes clients de la maison ont appris les plaisirs de la fellation, qu'ils exigent désormais de leurs épouses. L'érotisation de l'alcôve sous l'influence de la débauche hante les écrits des témoins : médecins, publicistes, clients des prostituées. C'est aux filles de noce que l'on attribue la diffusion des techniques de l'amour sans risque, de la masturbation réciproque et de la sodomie, en bref, de tout ce que les moralistes qualifient alors d'« ignobles services ». C'est d'elles que l'on attend la diffusion, qui en France resta limitée, des préservatifs et des pessaires prônés par les militants néomalthusiens[80], sans oublier l'apprentissage des toilettes intimes. Tout cela participe de la grande histoire de la caresse en Occident qui, malheureusement, reste à faire.

Sur tous ces points, il faut toutefois s'avancer avec prudence : la rapidité de l'évolution et l'ampleur de la novation pourraient être exagérées par une visibilité accrue des pratiques. Le desserrement des interdits langagiers, l'abaissement des seuils de la pudeur, la libération et la laïcisation des procédures de l'aveu faussent, sans doute, l'estimation du changement. Quoi qu'il en soit, tout ce qui précède, répétons-le, se réfère à un ensemble de normes et de comportements qui concerne les élites. Les travaux d'Anne-Marie Sohn [81], qui dévoilent les pratiques populaires, jettent une autre lumière sur la sexualité au cours du dernier tiers du siècle. Il ne semble pas, en effet, que la littérature médicale, tant ressassée par les historiens, ait fait alors sentir son influence en dehors de la clientèle privée des praticiens. Les archives judiciaires révèlent – mais, encore une fois, il convient de tenir compte de la structure de l'échantillon – des comportements plus simples, qui apparaissent indignes et brutaux aux observateurs éclairés.

En milieu rural, nonobstant ce que les ethnologues ont décrit des raffinements de la courtisanerie et de la surveillance exercée par les communautés juvéniles, le corps des filles semble plus accessible qu'à la ville. Ici, on laisse sans vergogne le garçon jouir du « haut du sac », c'est-à-dire de la caresse des seins. L'effleurement de la vulve et du clitoris semble moins indécent que le baiser profond ; ce qui ne laisse pas d'étonner le lecteur du XXIe siècle. Les garçons n'hésitent pas à exhiber leur membre viril et à réclamer une fellation. Les lieux de la séduction et des étreintes furtives, hors mariage, sont dispersés dans l'espace : les champs, la grange, l'écurie, la meule de foin, l'escalier. Les archives judiciaires autorisent, çà et là, un inventaire des positions. Les relations illicites et furtives répertoriées par Anne-Marie Sohn se déroulent debout, sur une chaise, sur une table, quand les amants ne sont pas « accotés » à un meuble. L'entrepreneur de Moulin-la-Marche (Orne) affectionne de prendre son épouse sur la huche à pain… ou dans la cave.

Les pratiques de bestialité ne semblent pas exceptionnelles, et telle paysanne se plaint de ce que son mari porte tort à ses poules. En 1916, encore, Jean-Pierre Baylac Choulet, pâtre de la vallée de Campan, note ses exploits dans son journal intime. Le 9 septembre, il écrit : « Jour de brume. Le matin je vais aux brebis au Cat de la Gouterre, je vois une brebis seule. Je la çaouque, puis je veux la tuer pour voir sa may [matrice] [82]. »

L'enquête menée par Anne-Marie Sohn conduit à quelques conclusions solides : contrairement à ce que donnait à entendre Michel Foucault, les médecins, ceux de province tout au moins, demeurent, en majorité, très prudents lors de leurs consultations, lorsqu'ils abordent ce qui concerne la sexualité. Beaucoup n'osent pas pratiquer l'examen des parties sexuelles de leurs clientes ; et la virginité suscite de leur part d'infinies précautions.

Très peu de femmes osent alors se déshabiller et s'exhiber totalement nues aux yeux de leurs maris ou de leurs amants. Cela évoquerait trop nettement une scène de bordel. La lumière crue et la nudité totale, conclut Anne-Marie Sohn, sont incompatibles avec la relation sexuelle. Lorsque les femmes se livrent en plein jour, elles conservent leurs vêtements.

L'interdit de la relation durant les règles résiste jusqu'en 1914 et la sexualité de groupe fait l'objet d'un rejet presque général. La résistance féminine à la sodomie demeure farouche jusqu'à cette date. Anne-Marie Sohn a, tout au plus, noté cette pratique chez quelques ouvriers des grandes villes. Les préliminaires, qui consistent essentiellement en la caresse des seins puis des cuisses, sont admis mais dans le respect des rôles sexuels : les hommes proposent et les femmes disposent. Évidemment, la hantise de l'éventuelle grossesse gêne les élans et freine le plaisir. Dans les archives judiciaires, notamment en ce qui concerne les campagnes, l'homosexualité n'apparaît que sous sa forme pédérastique. Les « hideuses relations », les « abominables turpitudes » poursuivies concernent, pour la plupart, des instituteurs ou des membres du clergé.

La manière de nommer les organes et les gestes semblent souvent très crus et ne révèlent guère de gêne de la part des filles et des femmes, sans doute habituées à les entendre et à les constater. Les parties sexuelles sont désignées sous les termes de « verge », de « vagin » et de toutes sortes de vocables qui appartiennent aux parlers vernaculaires. L'usage du mot « sexe » est très tardif. L'emploi de « coït » demeure réservé aux élites cultivées. On ne parle pas d'orgasme dans les milieux populaires avant 1940. Le terme « cul » est grossier mais il n'est pas obscène. Quand on s'adresse au magistrat, on dit qu'un homme « habite » une femme, qu'il « la possède ». L'expression « coucher avec » s'emploie de plus en plus pendant le dernier quart du siècle et le terme « baiser » devient très fréquent après 1900, ainsi que la formule « jouir d'une femme». Alors que les hommes, familiers du langage des bordels, disent avoir «tiré un coup», «déchargé», «empli» la partenaire, les femmes avouent avoir «succombé», s'être «abandonnées», avoir «accordé leurs faveurs». Le dimorphisme du langage correspond à celui des rôles sexuels.

La révélation de cet univers du sexe complète avec une précision jusqu'alors inconnue ce que, grâce aux ethnologues, nous savons de telle ou telle pratique locale: maraîchinage de Vendée déjà évoqué, libres relations prénuptiales à l'intérieur des «cabinets» du Nord[83], mariage à l'essai des Landes et de la Corse, fréquentation nocturne des jeunes gens du pays Basque, ébats des Pyrénéens[84], au crépuscule, le long des sentiers de montagne ou, la nuit, à la fin des veillées, libertés laissées aux fiancés de Ouessant, concours d'érection auxquels se livrent les garçons du Poitou... sans oublier la maladresse des approches: les jets de pierres, les pincements, les bourrades, les torsions de bras voire les coups de poing par lesquels les garçons de la campagne déclarent leur flamme à la fille convoitée[85]. Tout cela, bien entendu, étant modulé selon la position sociale. Les «héritières» des *ostals* du Gévaudan se laissent plus difficilement approcher que les domestiques, surtout lorsque ces dernières sont des filles de l'assistance sur lesquelles les cadets, privés d'héritage, jettent leur dévolu, souvent brutalement[86]. Ce sont les servantes de ferme qui fournissent les gros contingents d'infanticides car il leur est difficile de résister aux avances du maître[87]. Les pensionnaires hébergés dans les corons du Nord semblent avoir contribué à défaire l'harmonie des couples de mineurs. Nous n'en finirions pas de moduler ainsi les comportements selon les régions et les positions sociales.

III. LA RÉVOLUTION DES DERNIÈRES DÉCENNIES

1. L'émergence d'une science du sexe

Les dernières décennies du siècle correspondent aux prémices d'une révolution dans l'ordre des représentations de la sexualité dont on n'a pas encore tenté de discerner la cohérence. Or, cet objet historique revêt d'autant plus d'importance qu'il prépare la mutation des pratiques qui s'est lentement opérée tout au long du siècle suivant. C'est durant cette courte période, qui précède la diffusion des œuvres de Freud et l'identification du sujet à son corps, que s'épanouissent une psychologie expérimentale et une thérapeutique en cabinet, dont Pierre Janet est, en France, le plus pur représentant, et que les protosexologues s'emploient à définir et à décrire les perversions.

Arrêtons-nous un instant sur la pratique de l'auto-observation prônée par les tenants de la psychologie pathologique et par ceux de la psychologie-physiologie. Elle bouleverse les procédures de l'introspection, désormais objectivée par la mesure, par le test, par l'expérimentation et par l'assistance d'un tiers. La pratique de la confession physiologique constitue un épisode important de l'histoire du corps. Nous nous contenterons d'un exemple : celui d'Émile Zola qui confie ses penchants et son comportement sexuels au professeur Édouard Toulouse, au fil d'une série de tests et de mesures. Le médecin conclut en ces termes : « L'instinct de la reproduction est, chez M. Zola, un peu anormal dans son activité, mais nullement dans son objet. » S'il « a toujours été très olfactif dans ses sympathies sexuelles », il n'est pas un pervers et « le fétichisme en amour lui est inconnu »[88].

Quelques années plus tôt, Zola s'était demandé, à l'occasion de la rédaction de l'ébauche d'un roman jamais écrit, quelles étaient les limites de l'observable et du dicible en matière de plaisir sexuel. Il s'agissait, pour lui, de l'aboutissement de la démarche de l'écrivain naturaliste. Comment rendre compte d'une nuit d'amour « au coup par coup » – il imagine qu'il y en a sept ? Zola évoque sa jouissance ou celle qu'il prête à un éventuel personnage, on ne sait. « Faire attention à ceci, écrit-il. Si j'analyse trop, je n'ai plus l'air de jouir sérieusement. Les premiers coups sans analyse. Ce n'est que plus tard, lorsque je bande moins, que je puis analyser. L'autre homme qu'on a en soi et qui regarde[89] » ; tentative fascinante de l'auteur qui tente de traduire le crescendo et le decrescendo du désir masculin en faisant alterner le langage de l'action et celui de l'introspection, en effectuant un passage de la première à la troisième personne. Zola nous donne, ici, à regretter l'abandon de ce roman et, plus largement, celui d'une telle écriture de soi.

C'est alors que, dans ce contexte d'émergence d'une science du sexe, la littérature érotique tente de se renouveler, comme en témoigne la publication de *La Vénus à la fourrure* de Sacher-Masoch. Il nous est, ici, malheureusement impossible de nous attarder sur ces données bien connues. Le plus intéressant, dans le cadre de l'objet qui est le nôtre, est de tenter de repérer l'évolution des modes de stimulation du désir masculin, sans pouvoir toujours distinguer clairement, répétons-le, ce qui relève de la novation de ce qui résulte de la libération du langage.

Un processus paraît certain : celui qui transforme l'attrait de la femme vénale. L'exhibition sauvage, en quelque sorte, le pêle-mêle indistinct des corps à l'intérieur du bordel attirent moins le client que naguère. La nudité offerte, étalée, vautrée, souvent immobile, le cède au prestige de la femme en mouvement, dans le jeu d'ombre et de lumière du boulevard de la grande ville, à l'attrait de la chanteuse de « caf-conçs », aux formes soulignées par la lumière du gaz. L'homme recherche, pour le moins, un simulacre de séduction ; et cette évolution des formes de son désir détermine la mutation du marché de la sexualité vénale. Les maisons de rendez-vous, à l'intérieur confortable, dessiné sur le modèle du salon bourgeois, connaissent un grand succès. C'est qu'ici l'artifice est porté à son comble, puisque la partenaire vénale est présentée au monsieur, plus ou moins dupe, comme une femme du monde friande d'adultère [90].

Autre raffinement désiré : la mise en scène des corps féminins à l'intérieur de ces temples des perversions que constituent les grands bordels de luxe de la Belle Époque. Ce qui nous ramène à des comportements, souvent anciens, qui sont désormais catalogués et, en quelque sorte, codifiés par les protosexologues. Il n'est pas question ici de résumer le contenu de leurs œuvres. La seule *Psychopathia sexualis* de Krafft-Ebing ne compte pas moins de six cents pages. Sélectionnons le plus évident et tentons de repérer ce qui, alors, semble particulièrement exacerber le désir masculin. Plus qu'au cuir, dont le pouvoir était depuis longtemps souligné – que l'on songe à Restif de la Bretonne –, il faut faire la part belle à la chevelure de la femme, capable de faire chavirer de plaisir le partenaire masculin. Sa rousseur ravageuse hante le préraphaélisme et la peinture symboliste. La chevelure ruisselle, à la manière des vagues ; elle s'enlace et se perd dans les lianes qui entourent les femmes de Mucha. Maupassant consacre l'une de ses nouvelles à son pouvoir d'incitation à la masturbation. Dans les grands magasins – et ailleurs –, des coupeurs de cheveux, munis de ciseaux, opèrent subrepticement et rapportent chez eux les abondantes chevelures qui feront leurs délices.

Le linge procure le même type d'émotion [91]. Nous avons ailleurs tenté de montrer toute la charge érotique qu'il revêt alors. La multiplication des dessous, les obstacles qu'ils opposent au déshabillage, les interdits qui gênent la contemplation de la nudité féminine, les étreintes qui se déroulent le plus souvent dans un flot de tissus dessinent une conjoncture favorable à la fixation des fantasmes sur la lingerie intime. Les sexologues Binet, Krafft-Ebing, Moll soulignent, tous, son efficacité dans le déclenchement de l'excitation et du plaisir. Ils notent que certains hommes ne peuvent pratiquer le coït sans qu'un léger tissu ne voile, au moins partiellement, la nudité de la partenaire. Pour d'autres, alors plus nombreux, la possession du linge de la femme désirée suffit à la volupté. Dans toute l'Europe, sévissent alors les voleurs de dessous féminins. Le tablier, qui laisse présager une facile intimité, suscite un type particulier de fétichisme, celui qui fait agir les séducteurs des petites bonnes, tel le Trublot imaginé par Émile Zola. Les voleurs de mouchoirs sont légion. Le policier Macé a décrit les agissements de ceux qui opèrent au cœur de la foule des grands magasins. Le corps de la repasseuse alimente, lui aussi, les fantasmes. Obligée de se dénuder partiellement le torse dans la moiteur des ateliers, elle symbolise la charge érotique qui émane des travailleuses du linge.

La photographie obscène, comme nous l'avons vu, en révélant les rondeurs du corps féminin, avive le désir de saisir ou de piquer les fesses des acheteuses, à l'intérieur du magasin. À la cour de Napoléon III, tandis qu'à partir de la taille le vêtement féminin construit un corps fantasmatique superposé au corps réel, le décolleté profond, qui met en évidence la nudité de la poitrine, est de rigueur ; l'impératrice, en effet, exige cette ostentation. Flaubert, dès 1851, dans une lettre à Louis Bouilhet, s'arrête avec délectation sur les jouissances inépuisables que lui procurent les seins des femmes, dont il détaille la variété. À partir de ce milieu du siècle, comme le montre une étude récente [92], la valeur érotique de cette partie du corps de la femme s'accentue ; ce qui suscite un sentiment nouveau d'indécence devant le débraillé de la mère nourricière ; comme si le plaisir féminin de l'allaitement se teintait d'une vergogne naguère inconnue. La *scientia sexualis* souligne, en effet, la relative analogie entre cette offrande du sein et l'acte sexuel. Havelock

La rencontre des corps

1. École française, *La Nuit de noces*, 1820, Paris, musée Carnavalet.

Les formes gracieuses de la jeune épouse, la promesse érotique du sein nu, l'émotion empressée et respectueuse du mari, la sollicitude de la mère, le soin avec lequel les servantes ou les compagnes règlent la température, tamisent la lumière d'un espace intime et veillent au confort douillet de la literie exaltent l'imminence de la rencontre sensuelle et en suggèrent le caractère sacré.

2-3. Samuel Auguste André David Tissot, *L'Onanisme ; ou Dissertation physique sur les maladies produites par la masturbation*, Paris, 1836.

Au milieu du XVIIIe siècle, le docteur Tissot décrivait et dénonçait les horribles conséquences de la masturbation, inaugurant ainsi une phobie qui culmine, malgré quelques critiques, durant la première moitié du siècle suivant. Les illustrations d'une édition de son livre, datant de 1836, rendent manifeste le dépérissement du corps de la masturbatrice au moment de la puberté.
En moins d'un an, le vice solitaire dessèche le corps, bloque l'épanouissement que la jeune fille connaît normalement à cet âge et conduit celle-ci au bord du tombeau.

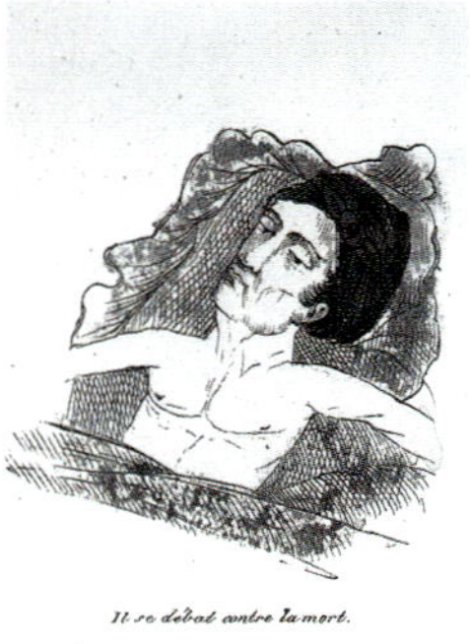

4-5. Samuel Auguste André David Tissot, *L'Onanisme ; ou Dissertation physique sur les maladies produites par la masturbation*, Paris, 1836.

Il en va de même du jeune et bel onaniste qui perd sa santé en quelques mois. La lecture de l'ouvrage de Tissot, la visite de certains musées, tel celui du docteur Bertrand, qui exposaient le triste destin des masturbateurs, ont dissuadé, assure-t-on, bien de ceux qui, jusqu'alors, se livraient au vice solitaire, les préservant ainsi d'un sort funeste.

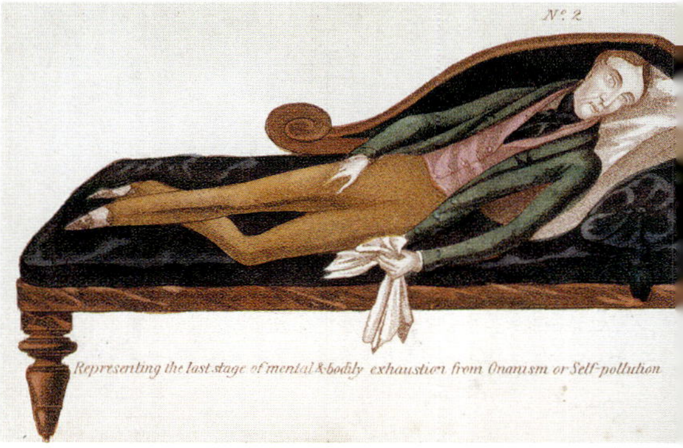

6-7. *The Secret Companion*, Londres, 1845.

La dénonciation du fléau concerne tout l'Occident ; ici, un ouvrage anglais, datant de 1845, illustre avec précision les ravages exercés par le vice au sein des élites. La progressive débilité qui gêne la marche, courbe le corps, fléchit les jambes, avant d'empêcher toute locomotion, révèle au grand jour le « compagnon secret » de celui qui se livre à la débauche solitaire.

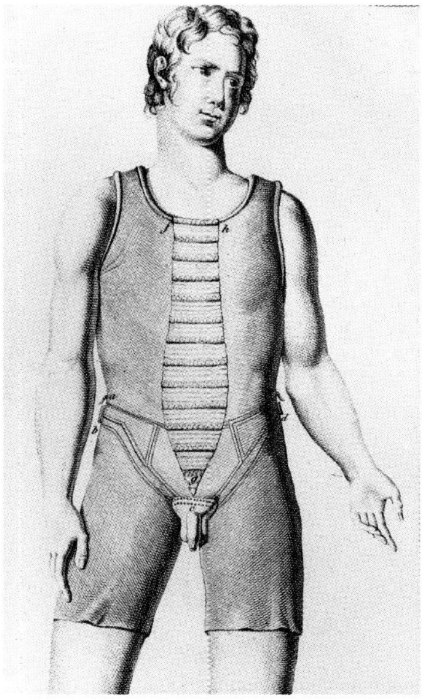

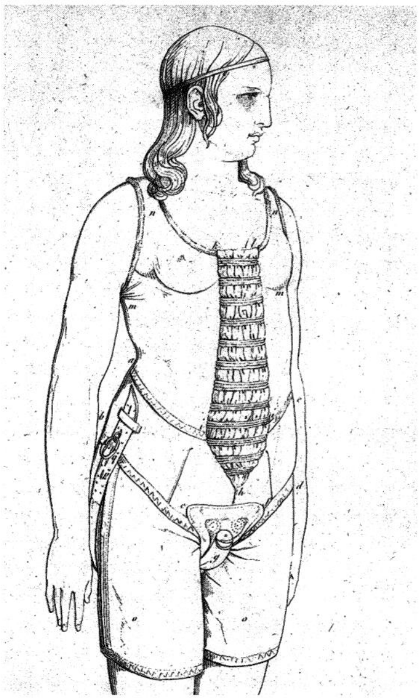

8-9. École française, *Corset contre l'onanisme*, extrait des *Considérations sur la confection de corsets et de ceintures*, par Jalade-Lafond, 1818, Paris, bibliothèque de la Faculté de médecine.

L'orthopédiste Jalade-Lafond s'était fait une spécialité des corsets destinés aux garçons et aux filles afin de les empêcher, notamment la nuit, d'accéder aux organes génitaux et aux zones érogènes dont la titillation suffisait à déclencher l'orgasme, épuisant les uns par la perte de sperme et les autres par la fatigue nerveuse.

Cela dit, la plupart des cliniciens préoccupés du problème soulignent la partielle insuffisance de tels corsets, les plus furieux des masturbateurs réussissant à se procurer la jouissance par de simples frictions externes et les masturbatrices par d'habiles manœuvres et serrements de cuisses.

10. John Laws Milton, *Sur la pathologie et le traitement des spermatorrhées*, Londres, 1887.

Assez vite, la dénonciation des pertes séminales involontaires relaie et aggrave l'angoisse. Afin de les endiguer, les orthopédistes imaginent des appareils capables d'empêcher toutes les formes de spermatorrhée. Celui-ci, qui date d'une période où la dénonciation du fléau a fortement décliné (1887), mise sur la douleur consécutive à une éventuelle érection.

11. *Invocation à l'amour. Chant philosophique*, vers 1825.

La crainte de la grossesse, la quête érotique conduisent nombre de couples à pratiquer l'« onanisme conjugal » ou les « fraudes conjugales », vivement dénoncés par les membres du clergé et par les médecins. Le docteur Bergeret considérait que ces « horribles manœuvres » entraînaient la plupart des maux dont souffraient les femmes mariées, épuisées par les plaisirs sans limites procurés par des maris fraudeurs.

12. Antoine Wiertz, *La Liseuse de romans*, 1836, Bruxelles, musées royaux des Beaux-Arts de Belgique.

Antoine Wiertz fait plus que suggérer, en 1836, ce qui lie, chez la femme, la lecture des romans et la montée du désir. La nudité épanouie et sensuelle de la lectrice comme les draps chiffonnés traduisent les fantasmes érotiques qui l'assaillent pour le plus grand bénéfice, sans doute, du pourvoyeur de livres dont on aperçoit la main, discrètement posée sur le rebord du lit.

13. *La Philosophie dans le boudoir*, coll. part.

La mécanique sadienne des corps a inspiré une multitude de représentations figurées. Cette illustration de *La Philosophie dans le boudoir*, qui souligne les plaisirs procurés par la position de l'entre-deux, et donc par les échanges de services et de liquides corporels qu'elle implique, appartient à l'imaginaire sadien plus qu'elle ne se réfère aux plaisirs de l'orgie romantique.

— 48 —

INSTRUMENTS DE FLAGELLATION

1. Le Tawse écossais.
2. La verge de bouleau.
3. Le gant de massage.
4. Le martinet.
5. La cravache.
6. La canne de bambou.
7. Le knout.
8. La discipline des moines (Cordeliers).

14. Docteur Fowler, *Instruments de flagellation*, coll. part.

La flagellation, omniprésente dans la littérature érotique de ce temps, n'est pas que raffinement du plaisir. Tous les médecins spécialistes amenés à traiter l'impuissance la recommandent à leurs patients, à dose modérée, sans craindre de stimuler ce qui est alors désigné sous le terme d'algophilie (amour de la douleur).

15. Anonyme, *Scène d'orgie*, vers 1840, Paris, Bibliothèque nationale de France.

Les libations et l'ivresse, le déshabillage partiel des filles invitées à cette partie fine, amenées à s'exhiber le cul nu, semblent assez bien correspondre à l'ambiance des orgies auxquelles participent Mérimée, Musset, Stendhal ou Delacroix. On notera que l'artiste varie les scènes de prémices, de masturbation et de copulation, mais que la fellation est absente de la représentation.

16. Jules Joseph Lefebvre, *Marie Madeleine dans la grotte*, 1876, Saint-Pétersbourg, musée de l'Ermitage.

Le message religieux de la pénitente semble n'être qu'un prétexte. La charge érotique de ce corps éclatant dont la blancheur se détache sur une flamboyante chevelure, dans la solitude d'une grotte, en une posture qui est déjà promesse d'union charnelle, correspond à des modes de stimulation du désir masculin caractéristiques du second XIXe siècle, l'art du nu fournissant un alibi de respectabilité.

17. Gustave-Henri-Eugène Delhumeau, *Femme nue allongée sur une chaise longue*, XIXe siècle, Londres, Gavin Graham Gallery.

La femme offerte dans son sommeil demeure un thème insistant jusqu'à la fin du siècle. Delhumeau présente ici un bel exemple de nu académique, une fiction de corps, soigneusement épilé, à la vulve comme aux aisselles, et dont les formes, moins amples que naguère, se détachent sur des coussins soyeux et un épais tapis qui accentuent la promesse de volupté.

18. Gioacchino Pagliei, *Les Naïades*, 1881, Nottingham, musées et galeries de Nottingham.

La richesse de cette œuvre symboliste ne se réduit pas à la beauté des corps sertis d'une coquille de nacre, en butte aux assauts d'un vol de mouettes. L'alliance onirique des chairs pulpeuses de la femme et des formes graciles de celle qui pourrait être sa fille mais dont la pose et l'expression trahissent l'éveil de la sensualité suggère les plaisirs proposés par les différents âges de la femme.

19. École française, *Nu allongé*, 1850.

Longtemps, la photographie érotique s'est calquée sur la peinture du nu académique ; en témoigne cette page d'album. La douceur de l'expression, la timidité de l'invite contrastant avec le déploiement sensuel de la chevelure et la torsion du corps qui permet d'exhiber la richesse des seins, des fesses et des cuisses laissent supposer qu'il s'agit d'un modèle expérimenté.

20. Anonyme, *Femme exhibant son corps*, vers 1860, Paris, Bibliothèque nationale de France.

Marie-Eulalie Focquet, lingère âgée de vingt ans, pose nue, le 5 septembre 1860, chez le photographe Castaing ; ce qui lui vaut d'être inquiétée par la police. La photographie impose ici, d'une manière frontale, la réalité sans apprêt du corps de la femme qui exhibe son sexe.

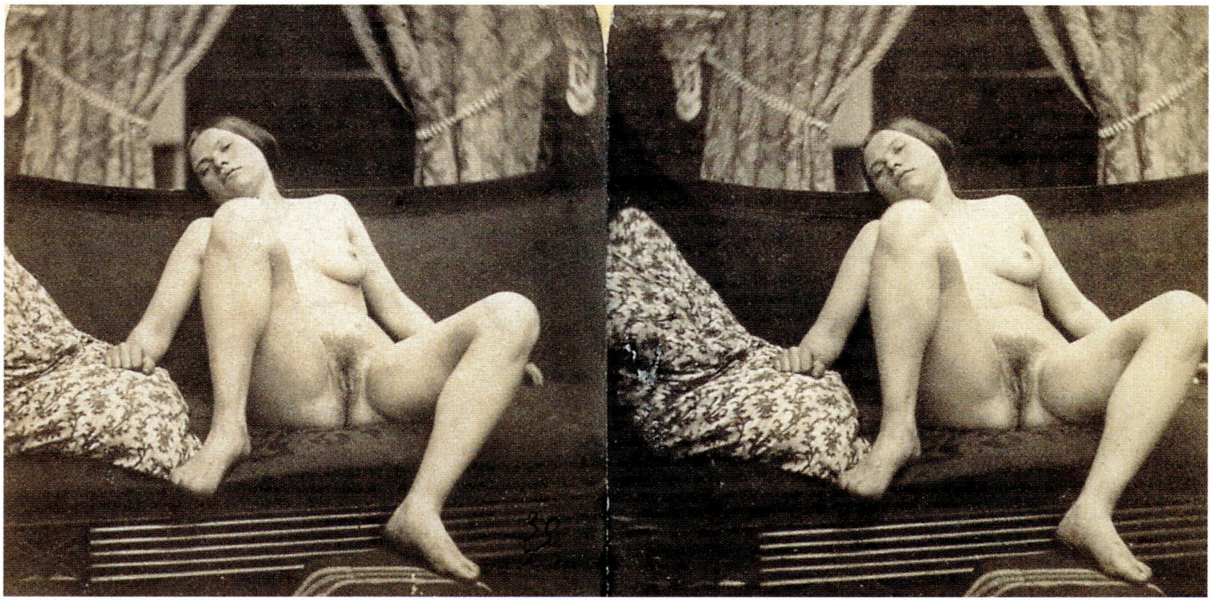

21. *Pornographie bon enfant de la Belle Époque.*

La photo érotique du XIXe siècle se complaît aux scènes simplement coquines. Les acteurs, loin d'ignorer l'objectif, se comportent comme s'ils se savaient sur une scène de théâtre. Ils semblent adresser un clin d'œil, complice sinon moqueur, et comme une invitation au spectateur, sans doute plus amusé qu'excité.

22. *Carte postale érotique de la fin du siècle,* Berlin, coll. part.

Le photographe saisit l'instant du laçage du corset dans un intérieur bourgeois de la fin du siècle. Cette scène intime et quotidienne permet l'exhibition des seins ; elle participe de l'érotisme souriant qui caractérise une série de cartes postales alors destinées à une grande diffusion.

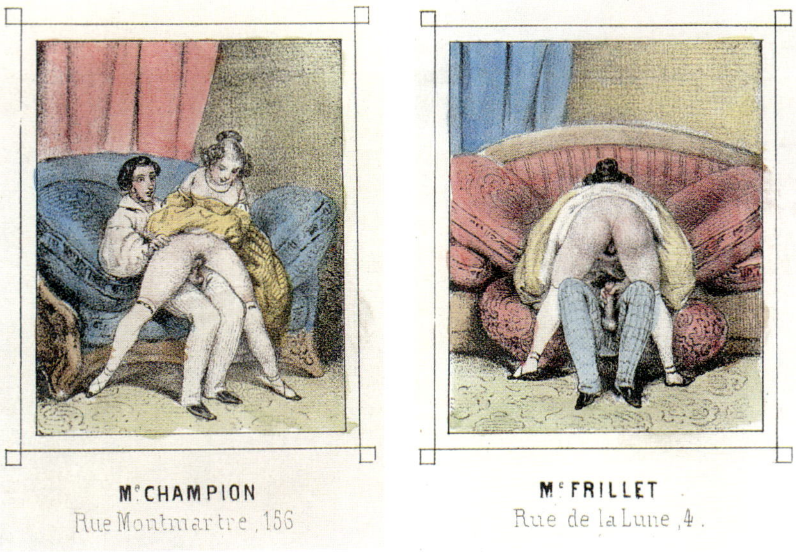

23-24. *Cartes de visite de prostituées*, vers 1830, Paris, Bibliothèque nationale de France.

Les prostituées du début du siècle diffusaient des sortes de cartes de visite, indiquant leur adresse et leur spécialité. Ici, Mme Frillet, 4 rue de la Lune, et Mme Champion, 156 rue Montmartre. Les journaux intimes et les correspondances enregistrent nombre de copulations effectuées sur une chaise, un fauteuil ou un sofa, la femme étant souvent assise malgré l'encombrement de ses robes.

25. Attribué à Achille Devéria, *Scène érotique*, vers 1830, Paris, Bibliothèque nationale de France.

Devéria a multiplié les images érotiques mettant en scène des individus du meilleur monde. L'acte sexuel s'y accompagne des poses théâtrales de l'éducation sentimentale. Les ébats se déroulent dans des intérieurs luxueux. Le déshabillage partiel des partenaires indique la scène de séduction, la rencontre furtive ou, tout au moins, l'irruption de la femme venue provoquer le désir de l'époux.

26. Jean-Baptiste-Jacques Augustin, *Deux jeunes hommes*, 1803-1804, Paris, musée Marmottan.

Rien n'assure que cette œuvre réponde à l'intention d'évoquer le désir de deux jeunes hommes l'un pour l'autre ; d'autant que l'attirance suggérée semble davantage relever de l'« inversion » de la fin du siècle que du portrait de l'« antiphysique ». Le discours stigmatisant qui vise ce dernier ne doit pas toutefois occulter l'existence de sentiments et de pratiques dont il gêne l'aveu.

27. Jean-Louis Forain, *Une scène galante*, 1885, Londres, Sotheby's.

L'élégante indifférence de l'homme, en attente de la nudité de la jeune femme, dont le vêtement suggère une fausse candeur, l'air songeur, le peu d'empressement de la partenaire à se déshabiller, la différence des âges, les regards qui se fuient, la solitude psychologique des acteurs suggèrent la visite à une fille entretenue ou la rencontre à l'intérieur d'une maison de rendez-vous.

28. Jose Gallegos y Arnosa,
Dans le harem, 1884, coll. part.

La peinture orientaliste ressasse, tout au long du siècle, l'érotisme du harem. La nudité alanguie, la profusion des femmes enfermées en attente de l'homme s'allient ici à l'exotisme des tapis et des tentures. Mais, tandis que décline l'Empire ottoman, et que des scènes nouvelles redessinent le territoire de l'exotisme, le message a perdu la force qui était celle des œuvres d'Ingres ou de Delacroix.

29. Albert, *L'Algérie pittoresque, Mauresque*, 1900, coll. Monas Hieroglíphica, Milan.

L'irruption du corps colonial modifie en profondeur les canons de l'érotisme durant la seconde moitié du siècle. La Mauresque aux seins nus, dont les attitudes et la cigarette témoignent d'une volonté d'occidentalisation, s'efforce de répondre ainsi à l'attente du touriste en quête d'aventure sensuelle. Pour celui-ci, les femmes du Maghreb sont toutes des prostituées en puissance.

30. École anglaise, *Fidjienne*, XIXe siècle, coll. part.

Cette photo anglaise, qui date de la fin du XIXe siècle, montre combien la découverte de la planète et l'aventure coloniale se tissent d'érotisme. Le désir d'aller à la rencontre de femmes aux corps inconnus – ici, une jeune Noire des Fidji – révèle aussi les manques des Occidentaux en quête d'émotions inédites et d'un exotisme dont l'aire géographique ne cesse de s'étendre.

31. Anonyme, *Étude de nus de deux femmes*, 1855, Los Angeles, The J. Paul Getty Museum.

Sur ce daguerréctype de 1855, la douceur de la caresse et de l'échange des regards illustre parfaitement la manière dont on se représente alors l'éveil du désir lesbien. Reste que ce cliché anonyme, qui se pose comme une étude de nus et qui révèle deux splendides corps de femmes, était sans doute destiné, avant tout, aux spectateurs masculins.

32. Victor Adam, *Reste calme*, 1830, Paris, Bibliothèque nationale de France.

La séduction saphique au cours de la promenade champêtre participe de ces tableautins qui imposent, en 1830, une image sucrée des ébats entre femmes. Malgré la plénitude des formes qui révèlent des jeunes filles pubères, la scène évoque encore les amours de pensionnaires ; à ceci près que l'insistance de la séductrice confère à l'épisode un caractère libertin.

33. *La Baraque des stéréoscopes*, 1868, tirage Verneuil, Paris, Bibliothèque nationale de France.

Définir la gamme de ce qu'il était licite aux femmes de regarder constituait l'un des enjeux des relations entre les sexes. Tout donne toutefois à penser qu'elles trouvaient, durant la seconde moitié du siècle, de nombreuses occasions de voir ce qui leur était naguère interdit. En témoigne l'afflux des femmes du peuple dans une baraque de stéréoscopes, en 1868.

34. Organes de femme. Mannequin en cire, Paris, musée Dupuytren.

Parmi les plus sévères interdits opposés au regard des femmes figurait celui qui leur refusait la contemplation des organes internes destinés à la gestation ici dissimulés. C'est pourquoi la fréquentation des musées anatomiques ainsi que celle des baraques de foire qui exhibaient toutes sortes de Vénus en morceaux sont longtemps restées interdites au public féminin.

Ellis estime ainsi que « la mamelle gonflée correspond au pénis en érection, [que] la bouche avide et humide de l'enfant correspond au vagin palpitant et humide, [que] le lait représente le *semen*[93] » ; écho d'un fantasme balzacien puisqu'en 1842, déjà, l'auteur des *Mémoires de deux jeunes mariées* faisait dire à Renée de Lestorade, décrivant les plaisirs de l'allaitement : « je ne saurais t'expliquer une sensation qui du sein rayonne en moi jusqu'aux sources de la vie ». *Fécondité* de Zola ressasse cette scène érotique et lui confère une portée cosmique. Le lait de Marianne coule de son sein découvert, dans le pré, comme ruisselle l'eau qui féconde les champs de son époux Mathieu.

2. L'imaginaire érotique colonial

À partir du milieu du XIXe siècle, se construit l'imaginaire érotique colonial qui élargit considérablement la gamme des fantasmes. Il s'agit là d'un bon indicateur pour qui vise à saisir l'histoire des modalités du désir et de la répulsion. « L'importance que l'on accorde au corps de l'autre [étranger], écrit Philippe Liotard, ne se comprend qu'en référence à notre propre histoire et à nos propres [in]certitudes identitaires. » Les fictions du corps « organisent un monde imaginaire qui met en scène les angoisses et les désirs d'une collectivité »[94]. Le corps colonial le prouve à l'envi.

Compte tenu des prestiges de l'orientalisme au cours du premier XIXe siècle et de la précocité de la conquête de l'Algérie, l'Afrique du Nord et, plus largement, l'Empire ottoman constituent les territoires privilégiés au sein desquels s'est élaboré l'érotisme colonial. Ils constituent les théâtres les plus révélateurs des fantasmes et des désirs inassouvis du Blanc d'Occident.

Les « femmes au Maghreb », les « prostituées au Maghreb » sont omniprésentes dans les récits de voyages rédigés au tournant des deux siècles. Il s'agit d'une construction dont Christelle Taraud relate des étapes. Suivons-la dans sa démarche généalogique[95]. En 1857, paraît *Un été dans le Sahara* d'Eugène Fromentin. L'imaginaire du désert se trouve considérablement enrichi par l'ouvrage ; mais là n'est pas notre propos. La découverte des « femmes partagées », c'est-à-dire offertes comme complément à l'hospitalité de certaines tribus, impose l'image de partenaires accessibles que, spontanément, l'Européen considère comme autant de prostituées.

La vogue de l'orientalisme constitue dès lors l'Empire ottoman en territoire de la quête des plaisirs charnels. Istanbul évoque, depuis des décennies – que l'on songe aux *Odalisques* d'Ingres –, la profusion des femmes dans une nudité voluptueuse ; femmes inaccessibles, réservées, gardées et toutes à la disposition du mâle – le sultan – que l'on imagine accablé par la lubricité. Ces épouses multiples, perpétuellement en attente du désir de l'homme, préparées au commerce de la chair, baignées, parfumées, offrent la blancheur de leurs formes épanouies, mollement alanguies sur des sofas et des coussins. Elles provoquent le spectateur ou le lecteur masculin à une identification envieuse à l'époux indolent. Le harem suggère des plaisirs antithétiques de ceux que pourrait procurer la sexualité de groupe, c'est-à-dire l'orgie. Les plaisirs de l'homme y sont ordonnés par la succession. La splendeur du corps des femmes donne à penser que, de leurs ébats qui les délivrent de l'attente, naîtront de beaux enfants, reflets de copulations en série. Il serait abusif, en ce sens, de trop vite assimiler l'imaginaire du harem à celui du bordel. Le premier associe la profusion féminine au fantasme de l'ivresse érotique accentuée par le désir de la procréation ; contrairement à la maison peuplée de femmes vénales, le harem s'accorde, à sa façon, aux normes qui ordonnent le commerce sexuel.

On sait, néanmoins, la force du désir suscité chez Flaubert, comme chez Maxime Du Camp, par les prostituées d'Égypte, du Liban ou de Constantinople. « Il n'y a rien de plus beau, écrit le premier à propos du "quartier des garces" de Keneh, que ces femmes vous appelant. » Ce jour-là, il s'est refusé. « Si j'eusse baisé, ajoute-t-il, une autre image serait venue par-dessus celle-là et en aurait atténué la splendeur[96]. » Ici semblent se brouiller les images du harem et celle du bordel, la possession de l'almée et celle de la prostituée.

Au cours du voyage en Orient, l'étreinte de la femme exotique, au corps d'odalisque, s'intègre à la fête des sens. Elle s'accorde aux enchantements – parfois aux déceptions – nés des splendeurs du paysage, de la touffeur et de la force des senteurs ambiantes. Elle participe du dépaysement que procurent les nouvelles expériences tactiles et les ébranlements de la cénesthésie. L'union se déroule en des lieux étranges, sur des couches aux parfums inconnus. « De retour à Benisouef, écrit Flaubert, le 13 mars 1850, nous avons tiré un coup dans une hutte si basse qu'il fallait ramper pour y entrer [...]. On baisait sur une natte de paille, entre quatre murs de limon du Nil sous un toit de bottes de roseaux, à la lumière d'une lampe posée dans l'épaisseur de la muraille[97]. »

« À Esneh », confie-t-il à Louis Bouilhet, « j'ai en un jour tiré cinq coups et gamahuché trois fois » – sur « son lit fait de cannes de palmier » – Kuchuk Hanem, « une impériale bougresse, tétonneuse, viandée, avec des narines fendues, des yeux démesurés, des genoux magnifiques, et qui avait en dansant de crânes plis de chair sur son ventre. Sa gorge sentait une odeur de térébenthine sucrée [...]. Je l'ai sucée avec rage [...]. Quant aux coups, ils ont été bons. Le troisième surtout a été féroce, et le dernier sentimental. Nous nous sommes dit là beaucoup de choses tendres, nous nous serrâmes vers la fin d'une façon triste et amoureuse[98]. »

Ce témoignage, rare, sur les exploits de bordel suggère la hantise de la fuite du désir qui succède à la série des orgasmes ; et plus encore le besoin de vantardise qui justifie l'arithmétique des jouissances. À Beyrouth, le directeur des postes a proposé des « tendrons ». Gustave proclame : « j'ai foutu trois femmes et tiré quatre coups ». Il précise : « trois avant le déjeuner, le quatrième après le dessert [...]. Le jeune Du Camp n'a tiré qu'un coup ». Parmi ses partenaires vénales qui, lui assure-t-on, appartiennent à la « Société » et sont, aussi, attirées par la perspective du plaisir, Flaubert distingue une fille « à cheveux noirs crépus, qui avait une branche de jasmin dans les cheveux et qui m'a semblé sentir bien bon (de ces odeurs qui portent au cœur) au moment où j'éjaculai en elle »[99].

Dans la perspective de l'érotisme bordelier des « garçons », lequel reflète les *topoi* de la pornographie vulgarisée quelques années plus tard par un Alfred Delveau, la jouissance féminine n'est pas décrite, pas plus que l'éventuelle subtilité des caresses ou des manœuvres ayant pour but de conduire la femme au plaisir. Celui de la partenaire, fût-elle de ces femmes vénales, n'a pas besoin d'être dit. Il va de soi, compte tenu de la morphologie, de l'énergie, de la rage de l'homme et de ses performances.

Les agissements de Flaubert et, plus nettement encore, ceux de Maxime Du Camp, son jeune compagnon, qui se fait masturber par des fillettes de onze ans ou qui se laisse tenter par l'offre de jeunes garçons, inaugurent un tourisme sexuel qui ne sera révélé au grand jour que plus tard.

À la fin du XIXe siècle et au cours des décennies suivantes, une ample littérature populaire et coloniale, nombre de cartes postales et de photos obscènes concourent à « une construction sociale du désir et de la nudité des autres qui met l'accent sur un primitivisme et sur une vision orientalisante de la chair [100] ». C'est alors que s'élaborent plusieurs types ethniques de femmes, dénudées – mais voilées dans la réalité –, telles la Mauresque, la Berbère, la Moukhère. L'accent est mis sur l'animalité supposée de leur sexualité ; chaque femme indigène étant perçue comme une prostituée potentielle.

Les images de l'Afrique noire et celles de l'Extrême-Orient commencent, dans le même temps, de participer à la fabrication du désir du corps colonial. Il faut, à ce propos, bien comprendre la grille de lecture, racialiste, qui est alors celle des sociétés africaines. Les Occidentaux soumettent le continent noir à un ordonnancement anthropométrique et esthétique. « Ils arpentèrent [alors] les corps des populations rencontrées, en évaluèrent les nuances chromatiques – il s'agit de l'essentiel –, expertisèrent les formes de crânes, de nez, mesurèrent les angles faciaux, et procédèrent à différents examens biochimiques [101]. » À partir de cette « topographie des corps », des classements s'opèrent. Une hiérarchie des races s'élabore, qui ordonne la stimulation du désir sexuel. « L'histoire, la culture, la singularité, écrit David Le Breton, sont neutralisées, gommées au profit du fantasme de corps collectif, subsumé sous le nom de race [102]. »

Il serait intéressant de référer de telles procédures à celles qui ont conduit à l'élaboration des types dans la société du premier XIXe siècle, dans la mesure où Ségolène Le Men nous a dit l'importance du corps dans cette construction.

L'imaginaire des races est ancré au plus profond de la population. En France, le vulgarisateur Louis Figuier publie, en 1880, *Les Races humaines.* Le savant géographe Élisée Reclus diffuse les mêmes convictions et nombre de romans de Jules Verne, certains revus par son fils Michel, nous assurent de l'adhésion commune à cette vision. On peut citer, outre *Cinq semaines en ballon*, *L'Étrange Aventure de la mission Barsac* et, mieux, *Le Village aérien.* Mais il n'y est en rien question d'érotisme.

Pour bien saisir notre propos, il convient d'effectuer un nouveau détour. Les Occidentaux ne se contentent pas d'observer et de classer ; ils fabriquent des architectures corporelles. En ce qui concerne le continent noir, trois grands types se distinguent. Certaines peuplades ressortissent au nègre « ordinaire » : « nez épaté, lèvres épaisses, front bas, type brachycéphale », silhouette trapue, jambes courtes ; ce qui implique une « âme lourde, simple et passive »[103]. Au-dessous, dans l'échelle des êtres, figurent les Pygmées et toutes les populations pygmoïdes, à la face considérée comme quasi simiesque, au système pileux très développé. Ces deux ensembles ne suscitent pas le désir.

En revanche, il est des Noirs élancés, au corps bien proportionné, aux articulations déliées. Leurs mains sont fines, leurs lèvres minces. Leur port de tête, la forme de leur crâne, leur profil, qualifié d'aristocratique, suggèrent la noblesse. Ce sont, en quelque sorte, des « Blancs négritisés », des races de contact. On les perçoit « cuivrés ou olivâtres, voire seulement bronzés plutôt que noirs ». Ils semblent, comme les Maghrébins, résulter d'une coulée blanche. Leurs femmes sont désirables, comme le sont les mulâtresses.

Avant même l'essor de la littérature coloniale, la femme noire est présentée comme ignorante des tabous, soumise à la puissance de l'instinct, « à la solide et animale recherche du rut[104] », à des « transports inconnus partout ailleurs », en accord avec la chaleur du climat, la tiédeur des nuits, la luxuriance de la nature plus qu'avec la subtilité de l'érotisme. Les descriptions insistent davantage sur son corps sculptural que sur son visage. Les auteurs s'arrêtent avec complaisance sur les seins et les fessiers. On pense que les organes génitaux sont surdimensionnés. Les colonies permettent en outre la libération du fantasme de la possession de très jeunes filles et de garçons impubères.

En 1881, Pierre Loti, après l'aventure orientaliste d'*Aziyadé*, publie *Le Roman d'un spahi*[105]. Le livre décrit la relation amoureuse nouée entre un soldat français et Fatou, une jeune femme Wolof. L'homme l'a désirée, bien qu'il ait le sentiment qu'elle demeure proche de l'animal. Ainsi, Fatou ne lui épargne pas ses « minauderies de ouistiti amoureux ». Mais on peut aussi supposer que cette proximité constitue un attrait. Dans une Afrique peuplée de fauves, que traquent les « grandes chasses », la femme noire, dans l'imaginaire masculin de ce temps, peut sembler s'apparenter à la panthère aussi bien qu'à la guenon. Quoi qu'il en soit, le spahi est conscient, nous certifie l'auteur, que cette liaison constitue une profanation de lui-même. La rupture venue, il a l'impression de retrouver « sa dignité d'homme blanc souillé par cette chair noire ». L'important est que cette aventure et son dénouement n'aient pas choqué des générations successives de lecteurs ; c'est que Loti ne faisait que reproduire les convictions ambiantes. Au début du XXe siècle, l'attrait sexuel exercé par les femmes Tutsi du Rwanda, comparé au dédain manifesté à l'égard des Hutu, illustre à l'envi la construction des hiérarchies que j'évoquais. L'intériorisation de ces clivages par les populations noires a conduit, en l'occurrence, aux drames que l'on sait.

En bref, odalisques, Mauresques, Berbères, femmes Wolof, Peul, Tutsi, sans oublier les Tonkinoises et les vahinés qui mériteraient, elles aussi, un long développement, constituent autant de métaphores des manques des Occidentaux. Le corps des femmes des colonies offre un complément au désir inspiré par les Européennes. Il propose, à bon prix, un exotisme de la chair qui renouvelle profondément les fantasmes. On ne peut malheureusement pas mesurer le nombre d'Occidentaux qui ont ainsi noué commerce avec ces femmes. Il était toutefois indispensable d'évoquer, ici, ce dépaysement sensuel.

Ajoutons que l'influence de la vie aux colonies sur le corps de l'Européen dépasse de beaucoup la sphère de l'érotisme. E.M. Collingham [106] a magistralement montré l'« indianisation » du corps des Anglais installés sur le sous-continent ou, plutôt, la constitution d'un corps anglo-indien. Les disciplines somatiques, les soins et les plaisirs du corps se sont ainsi trouvés transformés, jusqu'à la dissolution de ce modèle à la veille de la Seconde Guerre mondiale.

3. Les personnages de l'inverti et de la lesbienne

Entre la fin du XVIIIe siècle et le cœur des années 1860, nous l'avons vu, au fil d'un intarissable discours dominé par l'étonnement, l'union sexuelle entre des hommes – ce que le Hongrois Benkert baptise homosexualité en 1869 –, jusqu'alors perçue comme un péché, avait, dans l'imaginaire, revêtu la figure d'un mal étrange frappant une espèce d'individus. L'élaboration du type antiphysique, en son pittoresque « carnaval de l'apparence », répondait à ce désir de destruction des confusions des êtres par l'affinement de l'analyse des signes, qui caractérisait l'enquête sociale du premier XIXe siècle. Il s'intégrait aussi vaguement au processus de pathologisation de la vie sociale qui était alors à l'œuvre.

Durant le second XIXe siècle s'impose le personnage de l'inverti. Celui-ci quitte la simple sphère du vice et de la description somatique. Il devient objet d'une analyse psychologique[107] ; ce qui, selon Michel Foucault, a permis la création de l'homosexualité ; thèse qui, aujourd'hui, fait l'objet de débats, présentés par Didier Éribon. Bien entendu, comme toujours dans le domaine de l'histoire culturelle, la rupture n'est pas nette. L'affinement du portrait de l'espèce se poursuit. On trouve chez Thoinot et Féré, par exemple, l'écho de la taxinomie antérieure élaborée par le policier Canler ou par le docteur Ambroise Tardieu. Reste que l'essentiel est ailleurs.

En 1870, Westphal fait paraître *L'Inversion congénitale du sentiment sexuel avec conscience morbide du phénomène*… Il inaugure le déplacement du portrait physique vers l'analyse psychologique. Désormais, on sollicite le discours des homosexuels, on quête l'aveu de ce qu'ils ressentent. En effet, si aucun écrivain du XIXe siècle n'a confessé ou revendiqué publiquement un choix homosexuel dans un texte autobiographique, nombreuses sont les confessions pathétiques obtenues par les médecins à partir des années 1860[108]. Ce recours à l'aveu provoqué s'accorde ou s'intègre à la pratique plus large des récits de vie enjoints par les spécialistes de l'anthropologie criminelle. Les traités consacrés à l'homosexualité prennent ainsi la forme de montages d'extraits ordonnés par le questionnement de l'auteur. Havelock Ellis sera le premier, mais plus tardivement, à enquêter sur l'« inversion » au sein d'un milieu social ; en l'occurrence, la haute société anglaise.

L'homosexualité s'intègre à la classification des perversions. En 1844 déjà, Heinrich Kaan avait fait paraître sa *Psychopathia sexualis* ; titre repris en 1868 par Krafft-Ebing, dans son ouvrage majeur. Dès lors, sous l'influence croisée des disciples de Galton, des membres de l'école clinique allemande, des adeptes de l'anthropologie criminelle lombrosienne et de lecteurs de Morel ou de Magnan, les protosexologues désignent comme autant de symptômes de régression atavique ou de dégénérescence des conduites jusqu'alors considérées en elles-mêmes et simplement désignées, par exemple, sous les termes de « sodomie », « tribadisme », « pédérastie », « bestialité ». Aux yeux des élites, les « perversions » nouvellement codifiées représentent un danger social. Entre la déviance, le crime et la folie, les échanges apparaissent constants. Le fétichiste se transforme aisément en voleur, l'« inverti » en assassin, le zoophile en terreur des campagnes. L'amour entre partenaires masculins, quant à lui, est perçu comme un prologue à toutes ces manifestations morbides. À ce propos, une distinction[109] s'opère entre l'homosexualité congénitale et l'homosexualité acquise, la seule inexcusable puisque les invertis-nés ne paraissent pas disposer d'un réel pouvoir sur eux-mêmes. Charcot, Magnan, Féré, Hirschfeld reconnaissent l'origine héréditaire du cas et les premiers l'associent à la dégénérescence. Certains épisodes de la vie intra-utérine ou de la sexualité infantile sont évoqués pour expliquer l'origine du mal.

Tout l'être en est empreint : l'intelligence, la sensibilité comme la morphologie du corps. L'inverti a le teint blême, l'air maladif. Il souffre de troubles du système nerveux. Soumis à un désir irrésistible, il est souvent, par surcroît, onaniste. Envieux, vindicatif, sujet aux larmes, passionné comme l'atteste sa correspondance, il se révèle inconstant et volage. L'homosexualité peut se combiner à d'autres maladies mentales. Selon Moreau de Tours, ses victimes sont candidats à la folie. L'exhibitionnisme, le fétichisme, le masochisme, assurent les spécialistes, sont fréquents chez les invertis. En eux, les perversions confluent. Hirschfeld, par la suite, affine l'analyse en portant sur l'homosexualité un regard de sympathie et en s'efforçant de la rendre respectable. Lui aussi considère que des traits physiologiques spécifiques constituent le socle biologique d'une psychologie différente de celle des hétérosexuels.

Bien que cette protosexologie se montre plus soucieuse de nosographie que de thérapeutique, une gamme de recours est évoquée, sinon mise en œuvre. Appel peut être fait à l'hypnose, au commerce avec la prostituée-thérapeute, à la gymnastique, à la vie en plein air... mais aussi à la castration (Krafft-Ebing). Bien entendu, le mariage entre dans la série des remèdes, comme en tout ce qui concerne le dérèglement supposé du désir sexuel au XIXe siècle. Certains prônent la chasteté, le rachat par l'abstinence.

La réflexion sociologique s'ajoute désormais à l'observation clinique et à l'analyse psychologique. Généralement, l'homosexualité est perçue comme venant d'ailleurs. Ainsi, les Français la considèrent comme un mal allemand, ou britannique; conviction accentuée par l'affaire Oscar Wilde. Depuis très longtemps, la sodomie était appelée «le vice italien». Chevalier et Riolan assurent que l'homosexualité se trouve particulièrement répandue chez les ouvriers en fleurs, les modistes, les repasseurs, les blanchisseurs, les couturiers, les tapissiers. Havelock Ellis la juge fréquente chez les coiffeurs, les médecins, les peintres, les hommes de théâtre.

Au dire des praticiens, l'homosexualité masculine paraît toutefois frapper surtout les classes élevées: les membres de la bourgeoisie oisive, les artistes, les gens de lettres. On la dit rare chez les paysans qui passent leur vie active au grand air. À ce propos, Thoinot, Moll, Mantegazza sont, il est vrai, moins catégoriques. La longue enquête menée par Anne-Marie Sohn conduit, en effet, à mettre en question le tableau présenté par les médecins. À considérer l'effectif des prévenus, les ouvriers, les domestiques, les commis voyageurs, les soldats fournissent les plus forts contingents d'homosexuels – qui sont rarement décrits comme efféminés; et les paysans ne sont pas absents de l'effectif.

La distorsion entre le discours médical et les sources judiciaires s'explique: l'homosexualité paraît peu compatible avec le modèle de virilité selon lequel se construit alors l'image de la classe ouvrière. Comme la prostitution, elle a partie liée avec la fugue sociale. De ce fait, elle abolit les frontières établies entre les classes et les races. L'homosexuel effraie parce que, précisément, son désir le rend capable d'une telle subversion. Restent des évidences: son espace géographique est celui de la grande ville et de son entassement. L'homosexualité menace tous les milieux où règne un sévère contrôle de la mixité: l'école, la caserne, le navire, la prison, l'hôpital, la congrégation. Dans l'introduction à sa recherche monumentale consacrée à l'étude comparée de l'homosexualité en Grande-Bretagne, en Allemagne et en France, Florence Tamagne consacre, à ce propos, de longs développements à la culture élaborée au sein des *public schools* anglaises[110].

Cette nouvelle étape de l'histoire des représentations de l'homosexualité ne peut se comprendre sans référence au contexte de sa constitution. La hantise de la dégénérescence et de la régression liée au progrès de la civilisation, la crainte de la dénatalité, la terreur inspirée par le péril vénérien, l'idée que le féminisme en ascension conduit à la multiplication des ventres inutiles, la crise de l'identité masculine, mise en évidence par Anne-Lise Maugue[111], à l'issue d'un siècle au cours duquel l'homme n'avait jamais été fier de son corps, le besoin d'ancrer, *a contrario*, le modèle de l'hétérosexualité, la conviction diffuse d'un affaissement de l'ordre moral à partir du milieu des années 1890 et, en ce qui concerne l'Hexagone, la crise allemande de la pensée française qui fait suite à la défaite constituent un ensemble de données auxquelles le nouveau dessin de l'homosexualité fait écho.

Notre objet concerne exclusivement l'histoire du corps ; il ne nous est donc pas possible, ici, de traiter globalement de celle de l'homosexualité. Soulignons seulement qu'enserrés dans ces représentations sociales et culturelles, alors que le regard des sexologues s'appesantit sur eux, les homosexuels commencent de se construire, en cette fin de siècle, une identité spécifique, épanouissante, soit par référence à la culture antique, soit, comme de la part de Magnus Hirschfeld, par la revendication de l'appartenance à un troisième sexe ; cela dit, ce n'est qu'après la période étudiée dans ce volume que se déploieront, avec l'ampleur que l'on sait, ce processus identitaire et l'investigation des subjectivités homosexuelles.

Comparé à celui qui concerne l'« inverti », le discours médical consacré au corps de la lesbienne paraît très apaisé. Cependant il hante l'imaginaire de la fin du siècle. Les protosexologues s'efforcent de décrire et, d'une certaine façon, d'inventer l'homosexuelle en la constituant, elle aussi, en espèce psychopathologique construite sur le modèle d'une hétérosexualité déguisée, additionnée d'une hypersexualité. On retrouve, à propos de cette « inversion », les procédures taxinomiques qui concernent l'homosexualité masculine. Une hiérarchie est établie selon le degré de transgression des normes de genre, entre les lesbiennes d'occasion, les hermaphrodites psychiques et les véritables homosexuelles qui dérivent vers la viraginité et qui culminent dans la gynandrie. Une tension s'instaure chez ces observateurs entre la thèse biologique de l'innéité et celle de caractères acquis à la suite de l'initiation, de la séduction, donc de la découverte tardive des plaisirs lesbiens.

Depuis toujours, répète-t-on, la lesbienne a cherché à imiter l'homme. Désormais, elle entend jouir de son autonomie[112]. Toute petite fille, assure Féré, elle joue au soldat et monte aux arbres. Elle aime les jeux de garçons, déclare Magnan. Chevalier, quant à lui, souligne son goût pour le sport. Morel remarque qu'elle aime fumer et revêtir des vêtements masculins. Les lesbiennes ont des rêves érotiques invertis. Quand elles aiment, note encore Magnan, c'est avec une violence extrême et une fureur insatiable. Riolan souligne l'intensité de leur jalousie. Selon Krafft-Ebing, l'homosexuelle se définit selon son degré de masculinité. Havelock Ellis, pour sa part, distingue avec une insistance particulière les vraies lesbiennes, masculines, et les pseudo-lesbiennes dont les pratiques sont le résultat du rejet par l'homme ou de la séduction. Quoi qu'il en soit, à ses yeux, comme, plus ou moins implicitement, à ceux de ses confrères, le couple lesbien reproduit le couple hétérosexuel.

Cela dit, mis à part l'hypertrophie du clitoris, le corps de ces femmes semble moins marqué que celui de l'homosexuel. Bien que leurs rapports soient perçus par les hommes comme échevelés, convulsifs, l'énergie des ébats, la sexualité débridée qui les mène d'orgasme en orgasme semblent rassurantes. Tout cela prouve l'inassouvissement dû à l'absence de la semence masculine, seule capable de conduire la femme à l'apaisement. Certes, les relations des femmes entre elles sollicitent intensément l'imaginaire masculin. Les hommes évoquent avec complaisance l'excès, les débordements de « la convulsive », de la performante boulimique qui fait jouer toute la lyre[113]. Le *Gamiani* de Musset porte à son comble cette lecture échevelée des plaisirs entre femmes. Baudelaire évoque la « brûlante Sappho »... Mais, dans le même temps – et cela ne va pas sans paradoxe –, la lesbienne conserve, dans l'imaginaire masculin, quelque chose de la grande gamine, de l'éternelle pensionnaire. On se représente aussi ses ébats comme autant de tableautins de corps désirables. Les jouisseurs, tel le duc de Morny, y voient l'occasion d'un apprentissage sensuel dont l'homme pourra, plus tard, profiter. Que l'une des partenaires tente d'usurper le rôle du mâle apparaît comme un simple simulacre. C'est qu'il est rassurant pour l'homme de considérer que le plaisir entre femmes ne constitue pas une fin en soi. En outre, la seule image de plaisirs lesbiens convoque celle de la profusion féminine en l'absence du mâle, donc celle du harem. Tout compte fait, le clitorisme ou le saphisme – car les médecins distinguent l'habitude des frottements du clitoris et l'échange des caresses buccales – permettent aux filles sensuelles de conserver à bon compte leur virginité physique ; et l'homme trompé de cette manière par sa femme ne se sent pas véritablement cocu.

Il faut donc se garder de penser que l'histoire des représentations de l'amour entre femmes et des convictions scientifiques qu'il suscite reproduit simplement celle de la relation entre les hommes. Jusqu'à l'extrême fin du XIXe siècle, le discours sur le saphisme est masculin. Il demeure sans référence à la réalité de l'expérience lesbienne. Il se charge des fantasmes et de l'angoisse des hommes. Il est exploration inquiète de l'insondable mystère du désir et du plaisir féminins. Il reflète la fascination exercée par l'idée de jouissances inusitées et, surtout, illimitées dans le temps, qui échappent au decrescendo du désir que l'homme éprouve après l'orgasme. Cette figure de l'extase lesbienne éperonne, chez celui-ci, le besoin de l'imaginer et de la dire afin d'en exorciser le mystère et donc le danger. La lesbienne, ténébreuse et fatale, telle qu'elle apparaît dans les textes masculins du premier XIXe siècle, illustre, tout à la fois, l'angoisse suscitée par la sexualité et la quête d'une beauté mystérieuse[114].

Cette fascination pour l'opacité du plaisir de l'autre fonde le succès des scènes de masturbation féminine et d'étreinte saphique qui émaillent les romans érotiques du XVIIIe et du XIXe siècle, comme les films pornographiques de notre temps. Les hommes ont régulièrement l'occasion d'observer le plaisir qu'ils provoquent chez leurs partenaires mais seules l'effraction oculaire ou la lecture peuvent leur faire entrevoir le plaisir féminin, à l'état pur en quelque sorte, c'est-à-dire celui qui se déploie sans eux.

Dans cette perspective, le discours masculin et savant sur l'homosexuelle s'accorde à celui qui se construit sur la femme hystérique ; à cela près que Charcot et ses collègues de la Salpêtrière peuvent faire parler le corps des femmes et enregistrer leur délire – qui revêt la forme d'un désir hétérosexuel –, alors que les protosexologues sont tenus de se contenter de fragments de récits de vie. Reste que, dans les deux cas, les hommes se sentent investis de la mission d'explorer les mécanismes du désir féminin et de transmettre ce savoir aux femmes. La proximité relevée entre les discours sur l'hystérique et sur la lesbienne est illustrée par un même portrait de la femme à la sexualité exacerbée.

Ainsi, en 1806, Louyer-Villermay (dans sa *Théorie utérine...*) considère comme particulièrement sous l'emprise de son sexe, donc dangereusement menacée par l'hystérie, la jeune femme au « tempérament utérin et sanguin, brune au teint coloré, aux yeux noirs et vifs, à la bouche grande, aux dents blanches, aux lèvres d'un rouge incarnat, aux cheveux abondants, au système pileux fourni et couleur de jais, aux règles abondantes[115] ». Dans les scènes d'apprentissage du lesbianisme qui prolifèrent au tournant des deux siècles, les séductrices, initiatrices du cunnilingus, sont, le plus souvent, présentées comme des brunes à l'allure masculine et leurs victimes comme des blondes jusqu'alors innocentes.

Les arts plastiques traduisent à l'envi la relative indulgence masculine à l'égard des ébats entre femmes ; et, curieusement, les risques nosologiques qui guettent la lesbienne sont moins vivement dénoncés par les praticiens que ceux qui menacent la femme abandonnée aux « fraudes conjugales ». Cela dit, il est arrivé que l'on envisage comme remède la résection du clitoris ; c'est que la « masturbation précoce » est considérée comme un regrettable prélude à l'inversion chez la jeune fille. La mauvaise éducation apparaît comme la source principale du lesbianisme.

Depuis l'aube du XIXe siècle, le discours masculin associait le saphisme à des groupes déjà marginalisés : prostituées, prisonnières, actrices, femmes offertes ou déchues. Quant au portrait élaboré par les écrivains – que l'on songe à la publication de *La Fille aux yeux d'or* de Balzac en 1835 –, il tendait à faire de la « tribade » une femme fatale et séductrice, en attendant la construction du mythe de la lesbienne décadente, identifiée à l'hystérique et à la névrosée. Le désir lesbien « n'était envisagé qu'en négatif, comme complexe de castration ou comme inversion congénitale[116] ».

L'enquête menée par Anne-Marie Sohn conduit, une fois de plus, à réviser profondément le tableau qui précède et qui constitue avant tout un témoignage sur les désirs et les frustrations des hommes. Les médecins, souligne avec raison cette historienne, calquent leur portrait de la lesbienne sur celui de la femme émancipée, qui nourrit leur angoisse. Au sein de l'effectif étudié, les homosexuelles ne sont pas travesties et elles n'apparaissent pas sous les traits de garçons manqués.

Quoi qu'il en soit, depuis la création de l'aristocratique secte des anandrynes à la fin du XVIIIe siècle, le saphisme était vécu comme un espace de liberté, protégé des exigences du désir masculin, à l'intérieur duquel la solidarité féminine pouvait s'exercer. Mais il faut attendre le lendemain de la

Première Guerre mondiale pour que prenne véritablement forme une identité homosexuelle féminine et que cesse l'invisibilité sociale du désir lesbien.

4. Risques et dommages de la visibilité du corps

Tout ce qui précède nous l'a montré : l'histoire du corps est indissociable de celle du regard que l'on porte sur lui. Nombre de chercheurs anglo-saxons se consacrent à cet objet, aux multiples facettes. Jonathan Crary, Christopher Prendergast, Jann Matlock, Emily Apter, Vanessa Schwartz, Hazel Hahn[117], pour n'en citer qu'un petit nombre, scrutent, les uns l'évolution du statut de l'observateur et les modes d'éducation de la vue, d'autres la rhétorique de la visibilité, c'est-à-dire le discours consacré aux effets, aux dangers de la vision et aux limites du regardable, à tout ce qui rythme le débat entre la censure et la hardiesse de l'œil. D'autres encore étudient l'histoire des émotions du spectateur, liée à la subjectivité croissante. En bref, si l'on y ajoute le progrès des sciences et des techniques de l'optique ainsi que l'évolution des modes de construction des apparences, cette histoire des nouvelles manières de voir apparaît d'une extrême complexité.

De l'ensemble de ces travaux, en ce qui nous concerne, ressort un acquis : l'énorme importance accordée à l'acte de regarder, notamment le corps. D'autre part, la certitude que la vue recèle bien des dangers, en particulier pour les femmes, parcourt tout le siècle, de la Révolution française à l'émergence de la psychanalyse. La mise en garde s'accentue entre 1847 et 1857, quand se dessinent ces nouvelles manières de regarder et d'observer que l'on désigne sous le terme de « réalisme ».

L'histoire du regard est déterminée par de multiples facteurs ; et, tout d'abord, par les progrès de l'optique. Sous la monarchie censitaire s'impose, en France, la mode du lorgnon, puis l'usage de la lorgnette de théâtre et celui de l'ophtalmoscope, en attendant la stéréoscopie. Chacune de ces inventions a partie liée avec la sphère érotique, voire obscène. Kaléidoscopes, télescopes et autres instruments sont souvent vendus dans des boîtes qui exhibent le corps féminin. L'image pornographique ressasse le thème de la femme en train de regarder dans un instrument d'optique, comme s'il s'agissait pour elle d'inverser le dimorphisme sexuel des tactiques de l'effraction oculaire.

L'histoire du regard est aussi indissociable de celle de la censure et, plus largement, de la diatribe continue qui dénonce les dangers, voire « l'irrémédiable dommage » de la visibilité et de la représentation. La peur de souiller le regard, celui des femmes pour l'essentiel, hante cette littérature. Elle traduit la crainte que celles-ci puissent contempler ce que l'on pense devoir être tenu à l'abri de leur vue. Elle révèle, en outre, la fascination masculine pour la femme en train de regarder. C'est que, compte tenu de sa nature, voir, c'est pour celle-ci risquer de s'imprégner et de reproduire.

L'exhibition des différences du corps de chacun des deux sexes suscite une crainte particulière ; surtout s'il s'agit de l'ostentation des détails anatomiques. Il en va de même, dans le domaine littéraire, de la peinture de la scène de séduction qui guide l'imagination vers les plaisirs du lit, quand bien même ceux-ci ne sont pas décrits. Ici se reflète la force de l'imaginaire du trou de la serrure, alors ressassé par la caricature.

Certains lieux concentrent alors l'inquiétude ; les collections d'anatomie tout d'abord. Il en est ainsi du musée Dupuytren, ouvert à Paris en 1835, en face de l'École de médecine, et bientôt riche de plusieurs milliers de cires. Le musée de céroplastie prévu par Bertrand Rival, qui entendait en exclure les femmes, étant, quant à lui, demeuré à l'état de projet. En 1856, s'ouvre le grand musée anatomique du docteur Spitzner, avant qu'en 1885 cette collection ne parte sur les routes, à la suite d'un incendie. Le musée Hartkopf du professeur Schwartz ouvre en 1865, passage de l'Opéra. Dans celui du docteur Spitzner, un ensemble de quarante pièces détachables permet au visiteur masculin d'explorer les organes intimes de la femme. Il renferme, en outre, des cires qui montrent l'évolution de la gestation, de la conception à l'accouchement ; sans compter plusieurs images de la région pelvienne. Nous avons déjà rencontré le musée du docteur Bertrand consacré aux monstruosités suscitées par la masturbation.

Jusque vers la fin du siècle, d'innombrables baraques de foire exposent des cires anatomiques des secrets, « des beautés, des horreurs et des infirmités humaines [118] ». Seuls les premiers compartiments sont accessibles aux femmes. Ceux qui dévoilent la nudité sont réservés aux hommes de plus de vingt ans désireux de compléter leur information sexuelle en contemplant des Vénus de toute sorte. En 1875, le musée d'anatomie du docteur J. de Groningue exhibe, boulevard de Sébastopol à Paris, une « femmes de race circassienne, démontable en trente-deux pièces». En 1888, à la foire de Neuilly, un présentateur en blouse blanche explique la dissection d'une Vénus anatomique en morceaux. Plus simplement, les visiteurs masculins peuvent parfaire leurs connaissances par l'examen de fœtus conservés dans le formol ou de peaux humaines tannées; sans oublier la tératologie: les hermaphrodites moulés, les frères siamois ou la Vénus tétramaze.

À partir de 1880, le succès des baraques qui présentent des cires anatomiques décline sur les champs de foire. En 1905, la préfecture de police décide la suppression des «musées secrets accessibles à une catégorie spéciale de visiteurs». Les réunions marchandes perdent leur rôle pédagogique et les collections anatomiques sont vendues aux enchères.

À tous ces établissements s'ajoutent, ici et là, des musées qui exposent les collections les plus diverses. Le Museo Borbonico de Naples comprend une salle inaccessible au public jusque dans les années 1860. Elle contient les plus érotiques des pièces archéologiques enlevées à Pompéi. Le musée de peinture et de sculpture, nous l'avons vu, joue alors un très grand rôle dans l'extension des limites du regardable. Cela ne va pas sans déterminer des réactions de défense de la part de femmes dont la pudeur se trouve offusquée. Baudelaire se montre étonné de voir Louise Villedieu, qui l'accompagne au Louvre, rougir, se couvrir le visage et s'indigner que l'on ose y montrer tant d'obscénités.

Le théâtre populaire, le roman participent, répétons-le, de la définition nouvelle de la sphère du regardable et de l'imaginable. Mais la censure veille. En 1840 déjà, le procès de Mme Lafarge avait été aussi celui des *Mémoires du diable* de Frédéric Soulié[119]. Beaucoup étaient en effet persuadés que cette lecture avait perverti l'imagination de l'empoisonneuse présumée. En 1847, Anthony Méray est attaqué en justice pour avoir fait paraître *La Part des femmes*, qui comporte une scène de séduction, jugée graveleuse. Judith Lyon-Caen a montré l'intensité de la diatribe contre la littérature romanesque sous la IIe République[120]. En 1857, on traîne, à son tour, Flaubert devant les tribunaux. La chair comblée de Bovary, au lendemain de sa nuit de noces, semble une allusion trop évocatrice; et la scène d'amour dans un fiacre, fût-elle voilée, paraît intolérable; tout cela avive le scandale suscité par l'extrême-onction administrée à l'héroïne. En toutes ces occurrences, choquent particulièrement les détails lascifs. C'est qu'un simple adjectif suffit, pense-t-on, à mettre en marche l'imagination féminine.

Qu'en est-il de l'évolution des attitudes ? La thèse la plus fréquemment avancée, celle de Tamar Garb par exemple, est de considérer que, tout au long de ce XIXᵉ siècle, les femmes ont été interdites de vision sur les détails du corps, qu'on les a mises à l'abri de « tout excès de vérité » ; le voyeurisme – au sens large – étant réservé à un cercle masculin, d'ailleurs assez restreint si l'on considère l'ensemble de la société française ; de la même manière que lui était réservé le regard sur les photographies obscènes.

Jann Matlock est plus nuancée. Elle souligne un progressif apprentissage par les femmes, une lente appropriation des pouvoirs que confère la possibilité de regarder ou, si l'on préfère, un élargissement incontestable de l'expérience du regard ; et, du même coup, une extension de l'habitude de penser en prenant appui sur une expérience visuelle. Lent accès à la visibilité qui, selon elle, grandit sous la IIIᵉ République grâce à une plus grande permissivité.

Le dossier de Jann Matlock se révèle assez convaincant. Tout au long du siècle, assaillies par une marée d'images, comme le souligne Philippe Hamon, les femmes n'ont pas été préservées du regard porté sur les caricatures de la presse populaire et sur les dessins de toute sorte qui circulaient ; sans oublier les planches d'anatomie figurant dans des ouvrages et des brochures destinés au lectorat populaire. Les femmes fréquentaient les musées, les Salons de peinture, les expositions, et les Parisiennes assimilaient cette culture du boulevard dont Hazel Hahn a montré la prégnance à la fin du siècle. Après qu'on a habillé les cires les plus suggestives, le public féminin a été autorisé à visiter le musée Dupuytren, longtemps interdit. Exclues des classes d'anatomie de l'École des beaux-arts jusqu'en 1897, les femmes n'en étaient pas moins admises dans les écoles privées. À partir du second Empire, elles eurent accès à la faculté de médecine.

Il serait par ailleurs possible d'esquisser une histoire du regard masculin posé sur le corps des femmes en ce même XIXᵉ siècle. On sait la vogue du voyeurisme dans les grands bordels parisiens de la fin du siècle et la fréquence des cabinets d'optique dans ces établissements. Il faudrait aussi faire une large place, initialement, aux deux regards successifs scrutant les ballets romantiques : celui qui, à l'aide de la lorgnette, se pose sur les corps diaphanes, tout en élan, en ascension, grâce à l'utilisation nouvelle des pointes, quand les danseuses sont en scène, et le regard posé sur la chair offerte après que les hommes se sont introduits dans les coulisses et à l'intérieur du foyer. Cette histoire impliquerait aussi de souligner l'importance d'un corps féminin dénudé, érotisé dans une posture muette : celui du modèle à la disposition de l'artiste[121].

5. Le tragique nouveau

À la fin du siècle, tandis que le discours médical se diffuse, que les regards et les gestes s'émancipent, que monte l'hédonisme, qu'une sexualité fondée sur l'érotisme tend peu à peu à se juxtaposer à l'amour physique et à la procréation, l'union des corps se colore d'un tragique nouveau.

Nous avons, ailleurs, longuement analysé la manière dont le péril vénérien s'impose alors, à côté de l'alcoolisme et de la tuberculose, comme l'un des trois grands fléaux qui tendent à monopoliser une anxiété biologique naguère plus diffuse[122]. C'en est désormais fini de la relative désinvolture avec laquelle un Gustave Flaubert accueillait ses chancres vénériens. L'essor, à partir de la publication des travaux du savant anglais Hutchinson, de la croyance en une hérédosyphilis dont on ne cessera désormais d'amplifier les affres et la durée fait peser sur la relation sexuelle une terrible menace. Le plaisir, désormais, se teinte de tragique. Initialement, le corps de la victime de l'hérédité vénérienne se voit simplement marqué par une triade morbide : iritis (inflammation de l'iris), dent en tournevis, tibia en lame de sabre. Mais, bien vite, la médecine échafaude le portrait fantasmatique de l'hérédo.

En France, le professeur Alfred Fournier, baptisé pape de la syphiligraphie, consacre sa carrière à l'affinement de cette silhouette nouvelle. Dès leur naissance, les « hérédos » revêtent l'apparence de petits vieux. Ces « avortons », à l'aspect simien, sont maigres, écrit-il en 1886, « ils n'ont qu'un système musculaire faiblement développé. [...] leur teint est pâle, et plutôt encore grisâtre que pâle. Leur peau est d'une couleur sombre, grise, et d'un gris sale presque terreux [...] ils ont grandi lentement [...] ils ont marché tard[123] ». Leur dentition est retardée ; petits, « grêles de forme », ils apparaissent comme « étriqués dans tout leur être ». Leurs testicules sont « rudimentaires», leur barbe rare et tardive, leur virilité «lente à s'accentuer». Souvent, ils semblent «ratatinés, rabougris, atrophiés». Les seins des filles ne se développent pas. Les «hérédos» peuvent, en outre, être victimes de toutes les dystrophies. Ils relèvent parfois de la tératologie. Dès la seconde génération, leurs traits dégénérés sont désormais immuables. La naturalisation de la faute est accomplie.

La terrible vérole, qui ravage les corps, condamne la descendance au fil de deux, trois, voire sept générations. Les symptômes du mal, assure-t-on, peuvent parfois ne se déclarer que dans le grand âge. Nul ne peut donc se considérer comme exempt de la tare. Le vice, monté de la rue ou descendu du sixième étage des domestiques, détruit le capital biologique des élites. La terreur nouvelle, qui s'ajoute à la crainte de la syphilis en nature, se traduit dans la littérature hantée par la copulation morbide et cloacale. Elle provoque les cauchemars de Des Esseintes, le héros d'*À rebours* de Huysmans. Elle inspire les tableaux de Rops. L'hérédité pèse sur les *Revenants* d'Ibsen. Brieux impose le qualificatif d'«avarié» pour désigner les syphilitiques et remporte un grand succès sur une scène parisienne. Plus terrible: la maladie détruit Maupassant, Alphonse Daudet, Nietzsche. Le tabès – stade tertiaire de la syphilis – peuple certaines villes d'eaux. Cette rançon du plaisir habite les esprits. Il s'agit là d'une page importante de l'histoire du corps désiré.

La hantise de l'hérédité morbide est ici, sans doute, portée à son comble mais elle évoque bien d'autres menaces. Depuis la publication des travaux de Prosper Lucas et, plus encore, celle du grand livre de Bénédict-Augustin Morel, *Traité des dégénérescences physiques, intellectuelles et morales de l'espèce humaine* (1857), c'est tout le regard porté sur les corps qui se trouve peu à peu changé. Le succès du cycle des Rougon-Macquart a puissamment contribué à ancrer l'angoisse; notamment par l'illustration de la métamorphose des terribles effets de la tare initiale de la tante Dide – alcoolisme, névropathies, épuisement dégénératif...

Deux fantasmes antithétiques ordonnent, alors, l'imaginaire de l'hérédité: celui de la dégénérescence et celui de la régression. L'un et l'autre risquant d'affaiblir, dans la perspective néodarwinienne, l'adaptation du groupe et de le condamner à l'anéantissement. Tout cela ne relève pas directement de notre propos mais il était indispensable de l'évoquer sous peine de ne pas comprendre le regard désormais porté sur son propre corps et sur celui de l'autre.

Une nouvelle et insidieuse tératologie ordonne la vision, perpétuellement en attente du stigmate de la tare. Tandis que Charcot monte le spectaculaire théâtre de la Salpêtrière, qui tord le corps des femmes soumises aux phases convulsives de la grande hystérie, ceux de toutes les Vénus hottentotes ou circassiennes que l'on vient exposer fascinent les masses dans l'Occident tout entier. La crainte de l'épuisement de la race incite à surveiller les fréquentations juvéniles, notamment celles des conscrits. Le corps de la prostituée symbolise ce tragique nouveau que l'on ressent alors même que se déploie, nous l'avons vu, l'érotisme fin de siècle. Souvent vénérienne, presque toujours alcoolique, pense-t-on, particulièrement menacée par la tuberculose, cette femme, que nombre de médecins présentent comme hystérique et dégénérée, semble concentrer en elle toutes les menaces qui pèsent sur les corps[124].

C'est alors que l'avortement devient un problème social de tout premier ordre. Cet épisode de l'histoire du corps de la femme impose que l'on s'y arrête. Il est étroitement lié, bien entendu, à la pratique de la contraception. En France, celle-ci était fort ancienne. Contrairement à l'Angleterre, le préservatif n'y était guère en usage[125]. C'est le coït interrompu qui limitait les naissances, une fois atteint le nombre d'enfants désirés. Dans les campagnes, notamment celles du Sud-Ouest, les hommes, pour reprendre les termes de proverbes recueillis par Françoise Loux et Philippe Richard[126], « arrosaient le gazon » ou « descendaient du train en marche ». Les fraudes conjugales et tous les « ignobles services » que nous avons évoqués, dénoncés par le clergé et par les médecins – ce dont témoignent, par exemple, les foudres de Mgr Parisis, évêque d'Arras, et celles des pasteurs du diocèse de Belley –, complétaient la gamme des pratiques ; en revanche, le coït restreint – copulation sans éjaculation – était peu en honneur dans l'Hexagone ; tout comme la continence périodique, alors peu efficace, fondée sur l'observation du cycle féminin.

Durant la seconde moitié du siècle, l'essor de l'individualisme, la densification des sentiments à l'égard de la femme et de l'enfant, l'ascension des coûts de l'éducation, l'effet décalé du relatif laxisme de la théologie morale, écho de la diffusion des écrits d'Alphonse de Liguori, l'extension des comportements érotiques, sans oublier le rôle des théories pastoriennes et celui des pratiques d'hygiène induites qui amènent certaines femmes à une conscience nouvelle de leur propre corps, concourent à l'accentuation de la contraception. C'est alors que la propagande néomalthusienne, qui prône l'utilisation d'éponges de sûreté, de pessaires, de suppositoires de quinine considérés comme spermicides, d'injections vaginales, crée le scandale. Mais Francis Ronsin a bien montré la faiblesse de son influence[127].

L'avortement, en revanche, dernière ligne de défense contre l'enfantement, moyen proprement féminin de contraception, devient un recours ascendant. Durant les deux premiers tiers du siècle, cette intervention demeure le fait de prostituées, de maîtresses entretenues, de filles séduites et de veuves à la veille d'être déshonorées. L'avortement se cantonne dans la sphère de la « sexualité réprouvée », pour reprendre des termes empruntés à Parent-Duchâtelet.

Au lendemain de la victoire des théories pastoriennes – que l'on peut situer à la fin des années 1880 –, l'opération commence de présenter moins de risques. Dès lors, l'avortement devient un recours pour les épouses désireuses de limiter le nombre de leurs enfants. À ce moment, en milieu ouvrier surtout, une solidarité nouvelle se manifeste entre les femmes qui s'échangent les adresses de « médecins marrons » et de « faiseuses d'anges »[128]. Spontanément, se dessine un « féminisme domestique » dont l'efficacité contraste avec la timidité dont font preuve, sur ce sujet, les vedettes du féminisme déclaré. Reste qu'il convient d'être prudent. En ce tournant du siècle, adversaires et défenseurs de l'avortement avaient intérêt à exagérer l'ampleur du nombre des interventions. Les spécialistes de démographie historique sont, en ce qui concerne la France, désormais enclins à penser que 150 000 avortements, tout au plus, étaient alors pratiqués chaque année sur l'ensemble du territoire national. Quant à l'ovariectomie, effectuée sans autre but que celui du plaisir sans risque, malgré les terrifiantes évocations de cette opération dans *Fécondité* de Zola, il est raisonnable de ne lui accorder qu'une portée très limitée.

Au moment où Pierre Janet commence de pratiquer une nouvelle psychiatrie de cabinet et où Freud élabore une œuvre qui ne sera véritablement connue en France qu'à la veille de la Première Guerre mondiale, une tension extrême s'instaure entre la quête du plaisir et les représentations terrifiantes du risque morbide couru par celui qui s'y adonne. C'est un autre rapport au corps désiré qui guide les conduites. La transgression a cessé de ne concerner que l'interdit moral. Le plaisir porte en lui la mort.

2

Douleurs, souffrances et misères du corps

ALAIN CORBIN

I. LE CORPS MASSACRÉ

Bien qu'il dérive d'un mot arabe qui désigne l'abattoir, le terme de « massacre », dans la langue française, concerne initialement la vénerie. Il signifie la mise à mort simultanée d'un ensemble de victimes sans défense par des groupes de chasseurs respectueux d'un rituel qui ordonne une cérémonie de caractère dionysiaque[1]. Le terme de « curée » est ici sous-jacent. Transposé à l'homme, le massacre s'oppose au supplice et à l'exécution, lesquels font suite à une décision de justice ; il se distingue de la fusillade, qui exclut, le plus souvent, la participation joyeuse de la foule à la mise à mort collective.

Dans l'ordre animal, le massacre diffère profondément de l'abattage qui n'est que réification, transformation en viande du corps de la victime, sans chasse préalable, sans déploiement de formes de sociabilité ludiques, sans véritables émotions collectives. La découpe de la bête n'est plus alors une procédure rituelle, mais une simple technique.

La compréhension de la spécificité des pratiques et des figures du massacre humain au XIXe siècle impose de se référer à un bouleversement de la culture sensible, de nature anthropologique, qui s'enracine, pour le moins, dans le XVIIIe siècle médian et qui détermine, depuis, l'interminable débat sur la cruauté relative des divers épisodes de la Révolution. À l'évidence, il s'impose aujourd'hui de renoncer au verdict de l'historien, à cette pesée comparée des actions de bons et de méchants, dont la fonction est tout autant de dessiner des camps antagonistes que de comprendre le passé.

La Révolution a, tout à la fois, relancé l'ancienne pratique du massacre – ne serait-ce que par la création ou l'activation de chaînes vindicatoires – et conduit à en réaménager les procédures. L'été 1789, les mois de juillet, d'août (en province) et de septembre (à Paris) 1792, le printemps de 1793 (en « Vendée ») constituent les principaux moments de ce déchaînement. Alors se libère une violence-spectacle accordée, par certains traits, à la théâtralité du supplice. Elle est le fait d'une foule qui se donne à elle-même une représentation sanglante, qui entend, par sa détermination, attester la légitimité de ses actes, jouir de leur efficacité présumée et rétablir, par le moyen de la punition spontanée, un équilibre qu'elle juge menacé. Ces scènes dramatiques sont entretenues par le jeu de l'imitation et par le sentiment d'une menace sourde qui induit l'engagement collectif dans lequel se diluent les responsabilités. Le massacre est libération violente qui a parfois pour but d'inscrire dans la réalité de la chair l'existence de camps imaginaires, de préciser des frontières au dessin jusqu'alors trop flou et d'inaugurer délibérément des cycles vindicatoires.

Ces massacres sont l'objet de lectures différentes, qu'il s'agisse d'estimer le poids du modèle de la jacquerie, de mesurer ce que ces drames doivent au supplice et aux fourches patibulaires, de repérer leurs similitudes avec les scènes du carnaval. Quoi qu'il en soit, ces violences collectives se définissent par des caractères spécifiques. Elles se déroulent dans l'espace public – la rue, la place, le port –, en plein jour, souvent sous le soleil de l'été. Cette visibilité s'accorde à la fréquence de l'alarme sonore. Le tocsin est lié au massacre, qu'il active. En ces terribles occurrences, le son de la cloche confère à la rumeur l'épaisseur du vrai. Il fait exister la menace du complot [2].

Le déchaînement de la violence se caractérise aussi par une apparente spontanéité, voire par une certaine invention scénique, dans le domaine du geste comme dans celui du langage. La liesse, que cette créativité traduit, apparente le massacre à la fête. Elle aurait pour fonction de relancer l'énergie révolutionnaire par le plaisir que procure le spectacle du démembrement et de l'éventration de l'ennemi ; en bref, par la démonstration de l'adéquation de celui-ci au corps métaphorique du monstre qui permet à la Révolution de se percevoir, de se penser et de se dire [3].

On retrouve, dans le déroulement du massacre des premières années de la Révolution bien des éléments des scènes paroxystiques qui ont ensanglanté la fin du XVIe siècle[4]; à cela près que le sens de certains gestes semble s'être perdu, à la suite d'un complexe transfert de significations. Considérons, à titre d'exemples, car des travaux récents leur ont été consacrés, les massacres de Machecoul et de La Rochelle (mars 1793)[5]. Le drame est alors le fait d'une « multitude », d'une « populace ». Il se déclenche quand le groupe devient foule, quand l'agrégat se mue en rassemblement; condition indispensable au passage à l'acte. À La Rochelle, c'est un ensemble de quatre cents personnes qui participe ou assiste au massacre, le 21 mars. Il ne s'agit pas d'un ramassis de criminels, de gens sans aveu, d'« étrangers ». La foule terrible est ici composée de gens ordinaires: des artisans de la ville, des femmes, pour un quart.

La mise à mort est théâtralisée; par l'annonce verbale tout d'abord. Un tissu de dialogues entrelacés, un catalogue d'incantations, qui évoquent celles d'un chœur de la tragédie antique, commence de constituer le massacre en spectacle. La foule semble avoir besoin de ce temps d'entraînement à la violence. Le défi, la scansion de « jurements » non blasphématoires nourrissent ce premier temps du drame. La fréquence de l'usage du mot « foutre » conforte les pages qu'Antoine de Baecque consacre au transfert de « l'énergie foutative » du monarque impuissant à l'Hercule populaire surpuissant. Les incantations du chœur (« un ensemble de voix » crie: « La Mort », un groupe: « La tête à bas ») laissent des interstices à la vantardise individuelle (le matelot Bellouard: « Je les hacherai à morceaux »)[6], laquelle prépare le commentaire héroïsant qui suivra le massacre.

C'est au fil du cheminement – on songe ici aux haies macabres organisées par les septembriseurs à la sortie des salles d'audience[7] – que s'effectue la mise à mort proprement dite, ce qui facilite l'usage ultérieur de la métaphore du chemin de croix. Les victimes sont assommées à l'aide d'une masse ou d'un tisonnier – les femmes utilisent de préférence des bûches. On emploie, pour les saigner, un couteau, parfois emmanché à l'extrémité d'un bout de bois, ou bien un rasoir; en bref, un instrument d'usage domestique courant. Il convient de le souligner: la mort est rapide. Le massacre n'implique pas cette économie de la souffrance qui était encore celle du supplice de Damiens. En cela, il répond bien au modèle de la vénerie.

L'essentiel du rituel concerne le traitement du cadavre, sans que l'on sache trop s'il s'agit d'un simple réaménagement du massacre ancien ou de pratiques dérivées de celles de la tuerie animale. Le geste s'accompagne en permanence de la parole. Celle-ci invite à l'imitation ; elle relance l'entrain par le défi. Il convient de souligner le primat de la décollation, alors que séparer la tête du tronc n'entrait pas dans les procédures essentielles du supplice. Au cours des massacres qui se sont déroulés durant les premières années de la Révolution, il s'agit, d'abord, d'« abattre le col ». Ce geste suffit le plus souvent. Sinon, il convient en outre d'ouvrir le ventre de la victime et, au besoin, – mais plus rarement, semble-t-il – d'en extraire le cœur. Quel est ici le poids des souvenirs des guerres de religion ? Dans quelle mesure la quête de la bête hérétique, tapie à l'intérieur du corps de la victime, se trouve alors simplement transposée ? Il est bien difficile de le dire. Il convient toutefois de rappeler, à ce propos, l'intensité du discours qui prend alors pour cible le monstre aristocratique.

L'éventration se double parfois de cette découpe dont les gestes millénaires ont été récemment étudiés par des préhistoriens [8]. On arrache une touffe de cheveux, on coupe les oreilles, on détache des lambeaux de chair, on prélève les organes génitaux. « Darbelet leur a ouvert le ventre avec son rasoir et leur a coupé les couilles avec un couteau [9] », rapporte un témoin rochelais. Plus qu'une volonté de profanation ou qu'une visée d'exploration tératologique, ces gestes ultimes semblent indiquer le désir de se constituer des trophées sanglants. Ceux-ci sont exhibés, ou plutôt brandis au bout d'une pique, d'une fourche, d'un bâton. Ainsi procèdent les septembriseurs parisiens en 1792. Le trophée ouvre un cortège, qui est, tout à la fois, ostension, promenade, cavalcade, fête sauvage. Le lien est ici évident avec le carnaval. À La Rochelle, on se grime, on se déguise pour le massacre, on se jette des morceaux de chair. Le temps de la cruauté (1789-1793) est aussi celui de la persistance du rire, et de sa politisation, à l'intérieur de la fête révolutionnaire [10].

Reste l'éventuelle dégradation des restes de la victime. À La Rochelle, les corps ont été traînés par des chariots, mais rien ne nous dit qu'ils ont été emmenés à la voirie. Claudy Valin souligne, pour sa part, l'omniprésence du fantasme de dévoration. Paolo Viola a su magnifiquement analyser, dans la perspective de l'anthropologie historique, le sens et la portée des gestes de l'incorporation, de la manducation réelle ou symbolique. Peut-être cette conduite participe-t-elle aussi du simple désir de donner une représentation de l'ogre des contes. Moins étudiées, mais tout aussi importantes, se révèlent les procédures de la conservation de morceaux (la tête, le cœur, les organes génitaux) à domicile, dans l'espace privé. Albert, le vendeur de vins de La Rochelle, suspend ainsi deux têtes de prêtres sur sa cheminée, comme s'il s'agissait de trophées de chasse[11].

À l'issue de la journée, à en croire les commentaires, les massacreurs – cela se retrouve, en 1870, dans le village de Hautefaye[12] – ont conscience d'avoir, bien ou mal, accompli une besogne.

Il est difficile de distinguer les procédures utilisées par les blancs et par les bleus. Ce qui, répétons-le, ne constitue pas notre propos. Les massacres égrenés, les 11 et 12 mars 1793, dans Machecoul envahi par les insurgés, se révèlent, en leurs procédures, fort proches des scènes rochelaises des 21 et 22 de ce même mois[13]. Il conviendrait, en revanche, de savoir combien de massacres de ce temps ont été précédés, ou non, de « parlage », de négociations avec les autorités ou de parodies de justice, comme ce fut le cas à Paris, en septembre 1792.

Le plus intéressant reste toutefois le repérage et la mesure du sentiment d'horreur face à la scène sanglante. Nous entendons par cette expression la révolte de l'être qui provoque un sentiment, plus ou moins fugitif, de désolidarisation, et qui constitue le massacre en spectacle ; la conscience et le refus, étroitement liés, d'une proximité avec l'animal et le monstre ; la découverte terrifiante de la virtualité de l'ignoble en soi. Claudy Valin s'est livré, en ce domaine, à une intéressante tentative d'analyse. Au cours des massacres rochelais des 21 et 22 mars 1793, se forment des îlots d'humanité, des alvéoles d'horreur à l'intérieur des scènes sanglantes. Plusieurs individus éprouvent le besoin de se mettre à distance du spectacle, des odeurs et des cris. Le plus intéressant est qu'il ne s'agit point, cette fois, d'âmes sensibles appartenant à l'élite ; ce ne sont pas des Chateaubriand, des Roland, des Pétion révoltés par la sauvagerie du peuple de Paris, en 89 ou en 92. C'est une fille à gage, Marguerite Boursiquet, qui est saisie d'horreur à la vue des têtes chez le citoyen Albert ; ce sont deux individus appartenant au peuple,

Joseph Guyonnet et Madeleine Jaulin, qui disent leur sentiment « d'horreur à la vue de [ces] quatre cadavres hachés et assommés »[14].

Certes, cette rhétorique de la sensibilité est celle du témoignage. Elle répond donc à une stratégie de disculpation. En outre, la procédure de l'interrogatoire individuel impose l'élaboration d'un récit du drame vécu et une mise en scène rétrospective du soi. En bref, la procédure judiciaire suscite la désolidarisation du groupe et l'individualisation des comportements qui n'ont peut-être pas été vécus comme tels. Quoi qu'il en soit, des témoins disent leur haut-le-cœur. Ils dessinent, ce faisant, une échelle rhétorique des réactions, qui détaille et distingue le frémissement, les pleurs, le saisissement, l'évanouissement, le vomissement, l'incapacité de se tenir debout. À La Rochelle, le sieur Choparmaillot, en état de choc, doit se coucher et une femme enceinte avorte d'horreur.

Intéressante serait aussi l'analyse du jeu des influences qui se dessinent, en la matière, entre Paris et la province. Les massacres de 1789 ont pour principal théâtre la capitale et, secondairement, l'Île-de-France. Ceux des mois de juillet et d'août 1792 concernent d'abord des petites villes et des bourgs. Ils influencent ou tout au moins suggèrent les massacres parisiens de septembre. En retour, l'exemple de la capitale pèse sur les drames rochelais que nous venons d'évoquer.

Après que le massacre proprement dit a presque disparu, entre l'été 1793 et la chute de l'Empire, la Terreur blanche – nous sommes cette fois en plein XIXe siècle (1815) – se définit, dit-on, par sa réitération[15]. À dire vrai, la similitude est moins évidente qu'il n'y paraît. Il faut éviter de se laisser piéger par une facilité de langage. Certes, la Terreur blanche se caractérise, ici et là, par la reprise de cycles vindicatoires. Colin Lucas l'a parfaitement démontré. En ce sens, elle se noue aux premières années de la Révolution. On voit alors resurgir des éléments du rituel ancien : la dégradation du corps du maréchal Brune en Avignon ; ou la découpe de celui du général Ramel à Toulouse ; corps en vie, cette fois, ce qui relie l'épisode à des pratiques du supplice monarchique, antérieures à la Révolution. Mais les excès de la Terreur blanche – et cela éloigne de la référence à la Terreur proprement dite – sont, pour l'essentiel, le fait de bandes préconstituées, menées par des chefs sanguinaires (Trestaillon, Quatre-taillons...) qui évoquent la figure des brigands. C'est que, dans l'intervalle, la guerre civile a revêtu cette forme. Les auteurs des violences de la Terreur blanche utilisent le feu, comme naguère les « brigands » du Directoire. Ils brûlent parfois leurs victimes à l'intérieur de granges. Ils emploient le fusil. En bref, nous sommes, ici, loin du massacre évoqué initialement.

Le XIXe siècle français est une période d'incessante réitération de la guerre civile. Cette récurrence fascine les historiens anglo-saxons. Mais ce temps se caractérise, avec non moins d'évidence, par la quasi-disparition du massacre, c'est-à-dire de la mort inopinée, brutale, collective donnée, en plein jour, dans l'espace public par une foule en liesse. En un mot, l'histoire de la violence est soumise à l'efficacité de l'horreur.

Les quelques épisodes qui évoquent alors le massacre ancien en diffèrent, en fait, assez profondément. Ils concernent des victimes isolées, le plus souvent identifiées et préalablement honnies des tueurs. La fonction symbolique de ce qu'il conviendrait désormais d'appeler des lynchages[16] et non plus des massacres a, elle aussi, évolué. Certes, comme naguère, la foule, par la violence, décharge son angoisse, exorcise la menace du complot ou de l'agression prévisible. Mais elle rassemble sa colère et s'acharne sur un individu – puis sur son cadavre – unique, qu'elle constitue en bouc émissaire. Le corps est lardé de coups ; tous les acteurs, ou presque, s'efforcent de participer à la mise à mort. Au-delà, le rituel s'interrompt le plus souvent. Les procédures de profanation et de dégradation s'estompent, puis disparaissent. Il en va ainsi de l'assassinat de passants à Paris lors du choléra de 1832, du « meurtre » du fils Chambert à Buzançais en 1847, de celui du gendarme Bidan à Clamecy en 1851, sinon de celui d'Alain de Moneys à Hautefaye[17] en 1870. Ce dernier épisode, par sa polysémie, semble en effet rassembler en faisceau des procédures d'âge différent.

À dire vrai, des îlots de massacre se dessinent, ici et là, dans le cadre d'affrontements plus larges ; mais cette récurrence de la violence populaire au cœur de la guerre civile diffère, du fait de son environnement militaire, des pratiques de la fin du XVIIIe siècle. Il en est ainsi de la fusillade des religieux, rue Haxo, en 1871 ; bien que cet événement évoque les massacres de membres du clergé qui ont ensanglanté les premières années de la Révolution.

Il convient toutefois d'être prudent. Le primat d'une histoire des représentations, qu'elle soit héroïsante ou qu'elle s'emploie à susciter l'horreur, a, nous y reviendrons, paradoxalement gêné notre connaissance des pratiques violentes qui se sont déployées au cours des guerres civiles parisiennes du XIXe siècle. Ainsi, nous ignorons bien des scènes tragiques qui se sont, sans doute, déroulées à l'abri des barricades.

Quoi qu'il en soit, nombre de données concourent à rendre compréhensible cet affaissement des anciennes modalités collectives de la mise à mort. Considérons tout d'abord l'évolution des techniques du maintien de l'ordre. Le massacre ancien impliquait l'isolement d'un groupe de victimes potentielles, son accessibilité dans la vacuité d'un espace public suffisamment vaste pour autoriser la théâtralité de la scène. Au XIXe siècle, la présence des forces de l'ordre – bien qu'il convienne de ne pas en exagérer la densité avant le second Empire – rend cette occurrence moins fréquente, serait-ce durant les périodes de transition du pouvoir.

Les techniques de l'affrontement évoluent. Au fil des décennies, le combat à distance l'emporte, dans ces guerres de rues que sont devenues les guerres civiles, sur le corps-à-corps et sur le maniement de l'arme blanche. En outre, la technique de ces affrontements s'affine peu à peu, avant même que l'urbanisme haussmannien ne rende le canon plus efficace.

Ce qui précède pourrait donner à croire que nous tentons de dessiner une image apaisée de ce siècle sanguinaire. Il n'en est rien. Les révolutions parisiennes de ce temps ont fait des milliers de victimes. Quoi qu'en aient pensé les acteurs – notamment les vainqueurs –, il s'est bien agi de guerres civiles. Mais ces tueries sont spécifiques. Répétons-le : elles ont pour seul théâtre la grande ville, et presque uniquement la capitale. Elles sont donc totalement détachées des pratiques et de l'imaginaire de la jacquerie. Il ne s'agit pas d'une dispersion de massacres sporadiques, égrenés dans le temps, mais de terribles hécatombes qui ensanglantent des quartiers précis de la capitale, au cours d'événements violents qui se construisent, plus ou moins vite, en révolutions (28-30 juillet 1830, 22-25 février 1848) ou qui sont réduits au simple statut d'insurrections, à la suite de leur échec (juin 1832, avril 1834, juin 1848, décembre 1851, mars-mai 1871).

Ces accès sont donc périodiques. Frédéric Chauvaud y voit la réitération d'une procédure de décimation. D'autres historiens y perçoivent la reprise sporadique d'un même processus révolutionnaire. J'ai naguère suggéré le rôle fondateur de ces drames, puisque tous les régimes du XIXe siècle ont eu besoin d'un bain de sang parisien, au lendemain de leur instauration, elle-même violente, avant de trouver leur assise et de s'installer dans la durée (juin 1832-juillet 1835 en ce qui concerne la monarchie de Juillet, juin 1848 pour ce qui est de la IIe République, décembre 1851 pour le second Empire, mars-mai 1871 pour la IIIe République).

Tous ces épisodes violents sont désormais militarisés et prennent la forme de véritables guerres urbaines. Le massacre revêt, de ce fait, une nouvelle acception. Celui des habitants d'un immeuble de la rue Transnonain par les soldats, le 14 avril 1834, se fait, à ce propos, véritable archétype. Le massacre du XIXe siècle tend à prendre la forme de l'exécution sommaire, procédure fondamentale de cette guerre de rues. La tension sémantique qui caractérise cette expression est évidente. Ces deux termes associés impliquent, tout à la fois, le déroulement d'une procédure judiciaire, son caractère expéditif et l'immédiateté de l'exécution de la sentence.

Dans ce tableau nouveau des formes de la violence collective, la barricade se détache. On comprend maintenant pourquoi la Révolution occupe si peu de place dans la généalogie de ce monument des guerres civiles européennes, au XIXe siècle. Celui-ci s'enracine dans les combats de rues de l'aube des Temps Modernes : combats de la Ligue au XVIe siècle, de la Fronde au XVIIe siècle. En revanche, le déroulement de la guerre civile urbaine diffère radicalement, par ses procédures, de la journée révolutionnaire de la fin du XVIIIe siècle, à laquelle l'apparentent, toutefois, les modalités de son déclenchement, ses cibles privilégiées (les Tuileries, l'Hôtel de Ville...) et les lendemains de son triomphe. L'utilisation du vocable de Trois Glorieuses – sous-entendu, « journées » – pour désigner la révolution de juillet 1830 ne doit pas abuser et induire le sentiment d'une fallacieuse similitude.

La barricade ordonne les pratiques et les représentations du massacre durant les trois premiers quarts du XIXe siècle. Au sein de l'espace urbain, elle situe clairement l'affrontement. Dans le domaine de l'imaginaire, elle est, pour les uns, la frontière qui délimite un espace de liberté et de fraternité ; qui crée une aire de sublimité, laquelle se mue souvent en territoire du sacrifice. La barricade, hantée par les promesses de l'avenir, est un édifice éphémère ; elle se transforme vite en une tombe, en un espace hors du temps, où semble s'être jouée une cérémonie funèbre ; puis elle devient la stèle imaginaire sur laquelle vient s'inscrire le martyrologe et le monument de mémoire qui entretient le souvenir de l'épopée. Pour les autres, nous y reviendrons, la barricade symbolise l'orgie et la saturnale, elle concentre la sauvagerie ; elle suscite la tentation de l'autodestruction. À propos de nul autre espace funèbre ne se laisse mieux percevoir la tension qui s'instaure alors entre l'expérience tragique et panique de la mort collective, prévisible avant d'apparaître inéluctable, et l'oubli de la réalité ou, si l'on préfère, la dérive ultérieure vers l'imaginaire induite par la violence de l'anathème ou les prestiges de l'héroïsation.

Dans l'intervalle des guerres civiles, le Paris du XIXᵉ siècle fait aussi l'expérience de la tuerie par l'attentat. Malheureusement, cette pratique a été fort peu étudiée, tout au moins dans la perspective qui est ici la nôtre. L'attentat contre Bonaparte, la machine infernale de Fieschi, la bombe d'Orsini causent de véritables hécatombes et suscitent l'horreur dans l'âme des témoins. Le spectacle produit apparente ce type de drame au massacre de naguère : la tuerie est instantanée, massive, confuse. Cependant, la violence est ici individuelle, quand elle n'est pas anonyme. En outre, elle est aveugle. Elle ne vise pas à l'élimination des victimes qu'elle produit. Celles-ci, d'emblée perçues comme innocentes, sont immédiatement héroïsables.

La stratégie du tueur, qui est d'en appeler au souverain ou à l'opinion publique autant et plus que de causer la mort collective, l'instrumentalisation de ces drames par le pouvoir en place sont autant de données nouvelles. Il en va de même de la portée ambiguë de certains de ces massacres, lesquels sont estimés selon la valeur attribuée à l'idéologie de référence et non selon l'ampleur des souffrances infligées. Dès lors, le sang des victimes n'est guère que l'encre qui sert à l'écriture du message. Le monstre Fieschi n'a trouvé personne pour le défendre, mais le terrible Orsini a suscité de la pitié, voire de la sympathie, jusque dans l'esprit du souverain, sa victime désignée. De ce fait, les morts de 1835 ont été héroïsés et ceux de 1858 sont tombés dans l'oubli. Ainsi s'élabore au siècle dernier une attitude qui nous est familière, habitués que nous sommes à voir les âmes médiatiquement sensibles préférer s'émouvoir des tracas infligés aux tueurs qui se réclament de valeurs partagées que de verser des pleurs sur le sort tragique de victimes à l'évidence insignifiantes.

La topographie de la guerre civile parisienne et le primat de la barricade ordonnent les procédures du massacre – en la nouvelle acception du terme – accompli par les forces de l'ordre. Les pratiques de la Terreur, l'expérience des cours prévôtales de la Restauration entrent, pour partie, dans la généalogie des tueries de fin d'insurrection. C'en est alors fini de la violence-spectacle ; ce qui, par ailleurs, modifie la texture du témoignage recueilli au cours de l'instruction ou de l'audience. Ainsi se trouve compliqué le travail de l'historien. Les tueries sont alors crépusculaires ou nocturnes ; à moins qu'on ne choisisse le petit matin pour procéder à une élimination en série. Celle-ci, qui a perdu sa théâtralité, semble souvent déterminée par un tri préparatoire. Elle s'accompagne presque toujours d'un évident souci d'effacement de la trace ; ce qui ajoute aux difficultés de la reconstitution historique. À la barricade correspondent de nouveaux espaces de la tuerie : les cimetières (le Père-Lachaise, en 1871), les carrières (celles d'Amérique, cette même année), les cours de caserne (celle de la caserne Lobau), les terrains vagues, le pied des murs, appelé à devenir l'un des deux lieux majeurs de la symbolique de l'insurrection (le mur des Fédérés).

Robert Tombs [18], qui défend de manière convaincante la thèse du tri préparatoire effectué lors de la répression de la Commune de Paris, évoque les manières de faire de Galliffet et celles des agents de Monsieur Claude. Ceux-ci sont venus trier, ou plutôt flairer, les « enragés » qu'il convient d'éliminer ; c'est-à-dire les meneurs, les étrangers, les ivrognes, les concubins, les jeunes gens de moins de dix-neuf ans, sans oublier les « physionomies révoltantes » que la physiognomonie et la phrénologie, certes déclinantes, incitent à pourchasser.

Cependant, la procédure de mise à mort s'est simplifiée ou plutôt unifiée : au XIXe siècle, on fusille. La manière de traiter et d'éliminer les cadavres s'est, elle aussi, systématisée. Le désir de profaner et de dégrader s'est estompé. Il est devenu anachronique. Désormais, la tuerie massive pose d'abord un problème sanitaire aux responsables de l'hygiène de l'espace public. En 1830, Parent-Duchâtelet – instruit par les lendemains de la bataille du 30 mars 1814 –, se voit ainsi confier la gestion des cadavres, que l'on enfouit sur place ou que l'on évacue, au fil de la Seine, après les avoir entassés dans une péniche remplie de chaux. Au cours de la semaine sanglante, apparaît – du moins semble-t-il, car cette histoire des modalités de la mise à mort demeure fort obscure – la pratique qui consiste à creuser préalablement – ou à faire creuser par les victimes – une tranchée dans laquelle viennent tomber les corps des fusillés. Une telle façon de faire, dont on mesure le caractère prémonitoire, diffère radicalement, par ses visées, par la systématisation qu'elle indique, de l'enfouissement des corps en vie pratiqué, semble-t-il, par les insurgés vendéens au siècle précédent. En 1871, le supplice vise moins à infliger une lente souffrance physique qu'à épouvanter par la froide confrontation à la mort inéluctable[19].

Cette remarque me conduit, pour terminer, à évoquer les liens qui nouent les manières de massacrer à celles de faire de l'histoire ; en bref, à détecter la pesée de l'appréciation de la violence sur la logique de la construction de l'événement.

Globalement, les historiens[20] ont fait silence sur le traitement des corps au cours des révolutions parisiennes du XIXe siècle. Tout se passe comme si, à la manière des spectateurs, ils avaient été, à proprement parler, saisis d'horreur. Curieux refus, étrange pudeur qui semble dire que l'analyse des manières de massacrer ou d'éliminer impliquerait, quelque part, chez l'historien, une participation, voire un plaisir. Il en va de même, à ce propos, de l'histoire de la transgression sexuelle et de celle de l'ignoble. Or, le chercheur, du fait de cette cécité imposée par le sentiment d'horreur, se prive de l'analyse de ce qui se dit dans le paroxysme et qui ne se dit pas, ou ne peut pas se dire, à un autre moment.

En bref, la majorité des historiens ont reculé devant l'obscénité. Ils ont subi une révolte de la sensibilité qui gêne l'optique compréhensive. Ce refus de la confrontation à l'indicible, ce haut-le-cœur ont induit – il en va de même en matière d'orgie – une histoire universitaire édulcorée, prompte à se réfugier dans l'héroïsation ou à s'en tenir à quelques épisodes symboliques.

Ainsi s'explique le repli sur l'arithmétique des morts, sur cette « éloquence arithmétique » désignée par Robert Tombs. La pureté du calcul exorcise paradoxalement l'horreur[21]. Cette focalisation sur le nombre s'est accordée au primat de la visée d'analyse sociologique qui a longtemps ordonné les études consacrées aux révolutions du XIXe siècle, notamment par les chercheurs anglo-saxons.

Pour bien des historiens – de tous bords –, le silence est justifié par l'innocence décrétée qui induit l'indulgence et conduit à l'héroïsation d'une fraction des acteurs. L'histoire héroïsante vire spontanément au martyrologe. En cédant à cette manière de faire, bien des chercheurs emboîtent le pas aux tenants des régimes successifs qui ont, eux-mêmes, par une série de tactiques qui n'entrent pas dans notre propos, veillé soigneusement à gérer le sang des massacres fondateurs.

Quoi qu'il en soit, comparés aux pratiques de la fin du XVIIIe siècle, le déroulement et les figures des massacres qui se sont déroulés, en France, au cœur des guerres civiles du XIXe siècle, se révèlent spécifiques. Le cas français revêt, à ce propos, une portée européenne – continentale, tout au moins. L'importance de la barricade, les modalités de la guerre de rue qu'elle induit, les procédures de tri et d'élimination se retrouvent sur bien d'autres territoires.

II. LE CORPS SUPPLICIÉ

Pendant le dernier tiers du XVIIIe siècle, on commence de critiquer le traitement pénal du corps. En 1788, la torture – la « question préalable » – est abolie en France. Beccaria, hostile au droit régalien de vie et de mort, se prononce pour la suppression de la peine capitale. Il est loin d'être entendu dans l'ensemble de l'Europe. Les philosophes eux-mêmes ne se rallient pas tous à ses vues. Toutefois, plusieurs despotes éclairés se conforment à la sensibilité nouvelle. La peine de mort est abolie dans la Suède de Gustave III, la Russie de Catherine II et la Prusse de Frédéric II. « Le Code pénal autrichien de 1782, promulgué par Joseph II, supprime le dernier supplice » ; lequel, il est vrai, est rétabli, par étapes, dans l'Empire entre 1796 et 1803 [22].

Ailleurs, les exécutions se font moins fréquentes, signe d'un adoucissement pénal. En Angleterre, on compte 20 pendaisons par an à la fin du

XVIIIe siècle. Leur nombre était de 140 à la fin du règne d'Élisabeth. Depuis 1780, les sentences capitales prononcées par le parlement de Paris sont plus rares. À Genève, le nombre de pendaisons se réduit à partir de 1755. « Les élites ecclésiastiques et judiciaires, écrit Michel Porret, manifestent une répugnance croissante face à la peine de mort [23]. »

Nonobstant ce faisceau de données, qui prouvent la sensibilité nouvelle, la sanction suprême demeure « la clef de voûte du système pénal de l'Europe pré-industrielle ». Le corps supplicié et sa flétrissure restent donc « au centre du régime pénal monopolisé par l'État ». En France comme en Angleterre, le supplice se déroule en public. Celui de Damiens, en 1757, constitue l'exemple le plus spectaculaire de cette cérémonie au cours de laquelle se trouve exhibée la nature atroce du crime. Le théâtre pénal met en scène le forfait inscrit, en quelque sorte, sur le corps du coupable. Il assure, ainsi que l'écrit Michel Foucault, le rétablissement de la souveraineté lésée. Il constitue le lieu central de la liturgie du pouvoir. Le supplice atteste la sacralité du droit. En France notamment, il est la manifestation éclatante de la force et de la supériorité courroucée du roi, que le crime offense dans son corps [24].

Tout cela implique le spectacle de la douleur, « le choc visuel volontaire » que constitue le corps montré, scruté dans son atroce souffrance. Bien entendu, le supplice participe d'une pédagogie de l'effroi. En 1814, Joseph de Maistre l'évoque en ces termes : Le bourreau « saisit (le criminel), il l'étend, il le lie sur une croix horizontale, il lève le bras : alors il se fait un silence horrible, et l'on n'entend plus que le cri des os qui éclatent sous la barre, et les hurlements de la victime. Il la détache, il la porte sur une roue : les membres fracassés s'enlacent dans les rayons ; la tête pend ; les cheveux se hérissent, et la bouche, ouverte comme une fournaise, n'envoie plus par intervalle qu'un petit nombre de paroles sanglantes qui appellent la mort [25] ». La visibilité immédiate de la douleur accentue l'exemplarité et concourt à la prévention du crime.

Au cours du supplice, le temps de la mise à mort est abrégé ou dilaté par le bourreau, détenteur d'un savoir-faire très élaboré. Michel Foucault a souligné l'importance de cette production différenciée des souffrances infligées. Les « tourments » constituent une savante « grammaire de la douleur corporelle », modulée selon la gravité du forfait. C'est ainsi que le régicide est écartelé, que le voleur de grand chemin subit le supplice de la roue, que le parricide a les poings coupés. La résection du nez ou des oreilles, le percement de la langue par le fer rouge participent de ce démembrement anatomisant qui transforme peu à peu le corps du supplicié en une dépouille privée d'humanité. Parfois, la tête, ou une autre partie du corps, sont finalement exposées. Au XVIe et au XVIIe siècle, cette grammaire de la douleur était particulièrement raffinée en Angleterre. Dans ce royaume, le cadavre du supplicié était conduit en chambre d'anatomie. Jusqu'en 1832, les juges ordonnaient la dissection perçue comme un supplément de la peine capitale. Ainsi se trouvait légalisée la dégradation des corps qui, en d'autres circonstances, terminait le massacre.

En référence au bon larron qui, le soir même de la mort du Christ, accédait au paradis, le supplice fournit au criminel l'occasion de son salut. La confession publique du crime, le rituel de l'amende honorable, toute une économie de la honte et de l'humiliation produisent et attestent la repentance. À Genève, le condamné, pieds nus, agenouillé successivement aux carrefours de la cité, corde au cou, torche ardente au poing gagne l'estime de ses semblables avant de mériter le salut par l'expression de son repentir [26]. Le supplice fournit l'occasion d'exhiber le retournement du criminel en martyr. Il peut mettre en évidence le cheminement de la grâce.

Une même logique de l'infamie et de l'éventuelle contrition ordonne la *cicatrice pénale*. La marque sur la peau vise à faire de celle-ci le miroir de l'âme perverse [27]. Elle est incarnation du forfait, signe indélébile de l'identité criminelle. Il s'agit de graver sur le corps une mémoire des méfaits qui, jamais, ne pourra s'effacer ; et cette marque d'infamie, comme la simple fustigation – en particulier à Genève –, est infligée en public, selon une mise en scène qui répète celle du supplice. En France, outre l'inscription d'une fleur de lys, le voleur se voit imprimer sur la peau la lettre V, qui est répétée (VV) en cas de récidive. La lettre G stigmatise le galérien, lequel, en quelque sorte, porte sur le corps son propre casier judiciaire.

L'interprétation du supplice, telle que je viens de la rappeler, a fait l'objet d'une abondante littérature. Thomas Laqueur la juge erronée en ce qui concerne l'Angleterre et partiellement l'Italie [28]. Il doute qu'outre-Manche la peine capitale puisse être, avant tout, considérée comme un théâtre d'État.

C'est qu'au grand étonnement des visiteurs étrangers, notamment de ceux venus d'Allemagne, il n'est pas, ici, d'appareil solennel du supplice. L'État semble n'y prêter guère d'attention. Le rituel de l'exécution n'y est pas strictement contrôlé et le comportement du condamné demeure largement autonome. La localisation des exécutions ne prouve pas une volonté d'exaltation voire de manifestation du pouvoir. En province, les théâtres du supplice relèvent plus d'une ruralité bucolique que de la majesté de la loi.

Ici, l'acteur principal n'est ni l'État, ni le condamné, mais la foule carnavalesque. L'exécution fournit à celle-ci une occasion de liesse. En ce sens, elle s'apparente au massacre. L'expulsion de la souillure hors de la communauté constitue une fête. Nietzsche, rappelle Thomas Laqueur, le soulignait déjà : toute punition suscite un plaisir ; or, à l'occasion du supplice, le petit peut assister à la mort infamante du grand.

En Angleterre, les spectateurs de l'exécution forment une foule bruyante. L'ivresse et le désir sexuel se mêlent à la liesse. Certains médecins recommandent d'ailleurs l'assistance au supplice comme un remède à l'impuissance. La route qui mène au gibet est le lieu d'une foire continuelle qui mêle les âges et les sexes. Les enfants se joignent à la fête, en compagnie des chiens. Le spectacle apparaît plus risible que solennel. L'exécution du coupable tourne à la comédie. Comme le carnaval, elle permet l'inversion des rôles et l'exhibition du corps grotesque du peuple. Parfois, la foule gronde de colère, quand elle désapprouve le déroulement du spectacle. Notons que, dans le Royaume-Uni, la publicité des exécutions a été supprimée en 1868 et que la période de la Révolution française n'a pas, comme sur le Continent, constitué, en ce domaine, une rupture décisive.

Le 25 avril 1792, est inaugurée la guillotine. La machine modifie radicalement le supplice et le traitement pénal des corps[29]. Certes, elle s'inscrit dans la tradition séculaire qui faisait du médecin un technicien du corps supplicié et de l'échafaud le prélude à la dissection. Par sa capacité à tuer en série, elle permet d'éviter le massacre. Elle épargne au peuple d'être « cannibale ». Elle crée, d'autre part, un nouveau rapport entre le déroulement du supplice et le regard que l'on porte sur lui. Désormais, la mort s'inflige en un clin d'œil. La guillotine, de ce fait, annule le rôle du supplicié et le dépersonnalise. Celui-ci cesse de revêtir la figure du mourant dont on suit l'agonie. Il n'est plus qu'un vivant brusquement transformé en cadavre. La guillotine valorise l'instant. Elle exige l'attention maximale. Elle disqualifie donc le savoir-faire du bourreau.

Grâce à la machine du docteur, le théâtre de la souffrance est aboli. « L'individu à corriger est dissocié de l'expérience traumatisante de l'infamie corporelle puisque la peine est censée être indolore[30]. » À sa manière, la guillotine, fille des Lumières, répond aux exigences de l'âme sensible. Elle marque le degré zéro des souffrances du corps. Elle met fin à l'éclat des supplices. Elle instaure une théâtralité inédite, un tempo qui lui est propre, et confère un sens nouveau à l'exécution de la peine capitale.

Du même coup, la machine désacralise la cérémonie. Le théâtre qu'elle institue ne fait plus de place à l'exhibition de la honte et du repentir. La guillotine n'autorise plus la rédemption de la faute par l'acceptation des souffrances. Le modèle de la Passion du Christ et la figure du bon larron se sont estompés.

La guillotine décapite. Le cérémonial se concentre donc sur la tête, qui fascine comme la Méduse. En ce sens, la machine est infernale. Elle est grande productrice de monstres. Elle introduit, en outre, une situation expérimentale singulière, celle de la séparation instantanée de l'âme et du corps. L'échafaud devient la table de dissection qui incite à s'interroger, avec une acuité accrue, sur le siège de l'âme. La tête, ainsi coupée, ne cessa d'obséder le siècle suivant. Nous allons y revenir.

Dans une autre perspective, celle de notre modernité, la guillotine, machine par excellence, autorise la répétitivité de la mort infligée en série. Elle introduit le nombre et donc la banalité sur la scène de l'échafaud. Elle contredit, en cela, l'ascension du sentiment du moi qui caractérise le moment de son utilisation. Elle redouble donc l'intensité de la Terreur. Bien entendu, la guillotine satisfait le désir d'égalité. Elle permet l'uniformité des pratiques pénales sur l'ensemble du territoire national.

Dans l'esprit de ses promoteurs, au pied de la guillotine peut se dessiner une nouvelle figure du peuple assemblé. La machine, productrice mais aussi destructrice de monstres, dispense un message pédagogique ; et le bourreau figure le modèle du citoyen jacobin qui expulse la souillure du corps social en le saignant.

On comprend la force que la machine a revêtue dans l'imaginaire du XIXe siècle. Elle symbolisait une catastrophe d'une nature nouvelle. Aux yeux des royalistes, le théâtre de l'échafaud révolutionnaire, qui participait du sublime, avait produit des martyrs. Il imposait donc l'expiation.

Le XIXe siècle conserve la guillotine – et le XXe jusqu'en 1981 –, mais on ne cesse, dès lors, de réfléchir à la manière dont elle peut s'accorder aux sensibilités et aux intolérances nouvelles. Il ne faut pas se laisser prendre à la similitude du vocabulaire. Les représentations de la peine capitale se sont totalement modifiées. La visée n'est plus l'incarnation de la peine mais la capture de l'âme. « À l'ancienne culture juridique de l'infamie marginalisante répond celle de la réhabilitation individuelle, détachée de la douleur corporelle [31]. »

Certes, de nouvelles « peines obscures » marquent les corps. Tout ce qui relève du carcéral et qui vient s'ajouter à la privation de liberté concerne aussi notre objet. Jacques-Guy Petit a longuement analysé les tortures de la prison du XIXe siècle [32] : le froid pénitentiaire, l'isolement en prison cellulaire, qui conduit au suicide, ou l'excès de travail accompli en silence qui incite à la révolte, le quadrillage des heures, la nourriture infecte procurée chichement par les entrepreneurs, les affres de la promiscuité et les odeurs intolérables, le cachot ainsi que toutes les souffrances infligées par une pesante discipline et, couronnant le tout, l'intense mortalité à l'intérieur des centrales.

Quoi qu'il en soit, les élites sociales répugnent désormais à l'exhibition des corps ; et les supplices publics visent à leur abstraction. La douleur ostensible ne doit plus être qu'une expérience intime. Par la mise en scène de l'exécution, on cherche à « montrer la victoire de l'âme du condamné sur la perversité de son corps [33] ». Les signes de la douleur corporelle inspirent désormais le dégoût. Qu'il ait les yeux hagards dans sa marche au supplice, que son teint et ses traits expriment l'angoisse prouve que le condamné n'a pas réussi, par la force de son âme, à faire abstraction de son corps.

Les réformes qui enregistrent la sensibilité nouvelle varient selon les pays. En Angleterre, les institutions et les procédures ne subissent pas de modifications profondes avant la suppression de la publicité du supplice, en 1868. Notons toutefois l'abolition de l'*Anatomy Act* décidée en 1832. Il était désormais perçu comme contraire à la dignité humaine.

En France, la peine capitale, supprimée le 26 octobre 1795, est rétablie le 12 février 1810. Le Code pénal, cette année-là, revient à l'usage de la guillotine et à la notion de peine publique exemplaire, donc infamante. Les condamnés aux travaux forcés ou à la réclusion subissent le carcan. À Paris, ils sont amenés, entre onze heures et midi, attelés quatre par quatre derrière une charrette, vers des poteaux – appelés piloris – dressés sur la place du Palais de Justice. Jusqu'en 1832, ils sont attachés sur un échafaud par un collier de fer relié par une chaîne à deux bracelets qui retiennent leurs poignets. Un écriteau fixé au-dessus de leur tête indique leur nom, leur domicile, leur profession, la cause de leur condamnation et la peine à laquelle ils ont été condamnés. Un théâtre de l'infamie se constitue. Certains de ces malheureux montrent leur repentir par l'abondance de leurs larmes ; d'autres narguent l'autorité et s'approprient l'échafaud. Ils sourient aux spectateurs, plaisantent avec la foule et prouvent leur insoumission « aux valeurs de la peine ».

L'article 20 du Code pénal de 1810 rétablit la marque au fer rouge, infligée après le carcan, sur l'épaule droite de la victime. La lettre T est inscrite sur la peau des condamnés aux travaux forcés à temps ; les deux lettres TP sont appliquées s'il s'agit de la perpétuité. On ajoute la lettre F si le coupable reconnu est un faussaire et la lettre R s'il est récidiviste. Jusqu'en 1820, on inscrit parfois le numéro de la cour qui a prononcé la condamnation. Les parricides sont conduits en chemise sur le lieu de l'exécution, les pieds nus, la tête couverte d'un voile noir. Ils sont exposés sur l'échafaud, puis on leur tranche le poignet droit avant de les mettre à mort – article 13. À dire vrai, il n'y eut, jusqu'en 1832, que treize exécutions de parricides ; quatre d'entre eux bénéficièrent de la remise du poing tranché. En outre, à en croire les *Mémoires* de Sanson, le bourreau utilisait un appareil qui, en fixant le poignet du patient, y comprimait la circulation du sang pour engourdir la sensibilité ; la décollation suivait avant que celle-ci fût rétablie [34].

En 1825 [35], la loi sur le sacrilège prévoit l'exécution capitale de celui qui s'est rendu coupable de vol de vases sacrés contenant des hosties. En cas de profanation de l'eucharistie, le malheureux devait avoir, en outre, le poing tranché. En fait, cette loi ne fut jamais appliquée sous cette forme.

La monarchie de Juillet, à ses débuts, réforme en profondeur l'ensemble des pratiques et s'éloigne de la tradition du supplice. La loi du 28 avril 1832 abolit la peine qui frappait spécifiquement les parricides. Seul le costume qu'on leur imposait est conservé. L'exposition publique remplace le carcan et la marque au fer rouge. Il s'agit d'une peine facultative, infligée aux individus de dix-huit à soixante-dix ans. Elle ne porte pas atteinte aux corps. À la campagne, on expose les condamnés, les jours de marché, à l'intérieur d'une cage d'osier. À Paris, on les exhibe, place du Palais, les bras liés par une courroie de cuir. Par la suite, on les attache par une sangle au pilori.

En 1832, la guillotine est déplacée de la place de Grève vers la barrière Saint-Jacques. Auparavant, elle fonctionnait au cœur de la journée, devant l'Hôtel de Ville. Une charrette amenait les condamnés de la Conciergerie. Désormais, l'exécution se déroule au lever du jour. Une voiture cellulaire transporte les malheureux de la prison de Bicêtre vers la barrière Saint-Jacques. Ainsi s'inaugure un autre régime de visibilité des corps. La voiture cellulaire correspond au nouveau mode de transport des filles soumises en direction du dispensaire de la police des mœurs, ainsi qu'à celui des carcasses des abattoirs. En 1836, on met fin au théâtre de la chaîne qui se déployait depuis la cour de Bicêtre, où les condamnés étaient ferrés, jusqu'aux bagnes de Toulon, de Brest et de Rochefort. Jusqu'alors, leur passage, les signes de leur infamie, leurs plaisanteries et leurs jurons, les quolibets échangés avec la foule constituaient un spectacle grotesque, désormais jugé indigne.

En avril 1848, l'exposition publique, considérée comme une pratique qui dégrade l'humanité, est abolie à son tour. À partir de 1851, la guillotine fonctionne place de la Roquette, près de la prison à l'intérieur de laquelle a été transféré le dépôt de Bicêtre. En province, les exécutions se déroulent désormais à l'aube. Le décret du 25 novembre 1870 supprime l'échafaud, l'antique tribune du supplice[36]. La guillotine, posée directement sur le sol, perd de sa visibilité. Le détenu, en attendant la mort, n'est plus obligé de porter en permanence la camisole de force qui entravait ses mouvements. À Paris, à partir de 1878, les exécutions se déroulent près du mur d'enceinte de la prison de la Santé ; et l'on maintient désormais la foule à distance de la cérémonie.

En province, la guillotine est installée, de plus en plus souvent, aux portes de la prison. Cela dit, tout au long du siècle, la foule des exécutions demeure dense, sur l'ensemble du territoire national. Maxime Du Camp a précisément relaté celle à laquelle il a assisté. Dans la capitale, il s'agit d'un spectacle qui mêle le peuple, levé de bon matin, aux noctambules du boulevard, qui viennent ainsi terminer la nuit [37]. En novembre 1871, on estime à 2 000 personnes la foule venue assister à une exécution qui se déroule au Mans. En juillet 1872, 10 000 spectateurs se pressent devant la guillotine, à Toulouse [38].

Le retrait de la douleur infligée, les lieux successifs de la peine capitale ne constituent pas les seules manifestations de la nouvelle économie du supplice. La toilette du corps du condamné, qui précède l'exécution, s'y intègre. Elle vise, tout à la fois, à correspondre aux nouvelles normes hygiéniques, à supprimer la capacité que pourrait avoir le malheureux de se mettre en scène et à nier l'identité que le corps pourrait révéler. Quelques instants avant son exécution, le condamné est ligoté par les pieds et par les poignets. Ses bras sont fortement ramenés dans le dos ; ce qui l'oblige à courber la tête. Ses cheveux, qui pourraient protéger la nuque, ont été coupés. On jette une veste sur ses épaules, au moment du départ, afin de masquer ses liens [39].

Au cours des derniers instants, les spectateurs scrutent intensément le corps du condamné. L'exécution se déroule dans un profond silence. C'en est fini de la rhétorique des dernières paroles. Les spectateurs jaugent la fermeté du pas, guettent les tremblements, considèrent la couleur du visage. C'est que le corps doit laisser transparaître l'intériorité du repentir moral [40]. En 1836 déjà, l'attitude de Lacenaire face à la guillotine avait fait l'objet d'un vif débat [41]. On attendait de ses derniers instants la révélation de la vraie nature du monstre double qui n'avait cessé de fasciner depuis l'ouverture de son procès.

La guillotine fournit aux médecins une table de dissection et d'expérimentation singulière, totalement nouvelle. Comme le fait remarquer Vincent Barras [42] : « Une tête séparée de façon instantanée et absolument nette du tronc constitue la situation parfaite, dans les termes de l'époque, pour étudier expérimentalement la relation de l'âme et du corps, permettant en quelque sorte d'isoler, du moins pendant quelques instants, d'un côté le corps, et de l'autre l'âme. » L'intérêt exceptionnel de toute expérience immédiate sur le guillotiné provient, en outre, de ce qu'il s'agit d'un être généralement jeune, en bonne santé et d'un cadavre tout frais lequel, pour reprendre l'expression de Dujardin-Beaumetz, est « entré vivant dans la mort ». Malheureusement, privée de son organe, la tête ne peut communiquer par la voix ; sinon elle parlerait, se déclare convaincu Samuel Thomas Soemmering en 1795. En outre, les médecins expérimentateurs doivent opérer avec célérité, car les restes du supplicié – la tête tombée dans le seau et le tronc enlevé rapidement de l'échafaud – sont emportés au galop, pour être enterrés, à Paris, dans le « champ aux navets », où ils s'en vont rejoindre les cadavres de la morgue, des hôpitaux et des amphithéâtres de dissection.

Initialement, les savants se répartissent en deux camps[43]. Les uns sont partisans d'une *persistance du moi*, c'est-à-dire du maintien d'une forme de conscience. Selon eux, la tête conserve sa « force vitale » ; ce qui se traduit par des clignements de paupières, des « convulsions horribles », des manifestations d'indignation, telles qu'on a pu les discerner sur celle de Charlotte Corday. Du même coup, ces médecins – dont Gelsner, Jean-Joseph Sue, Soemmering – estiment que la tête éprouve une terrible douleur, « la plus violente, la plus sensible, la plus déchirante qu'il soit possible d'éprouver » ; d'autant que, du fait de la résistance des os, la guillotine ne tranche pas véritablement. Elle brise, elle écrase le cou. « Quelle situation horrible », écrit Jean-Joseph Sue – le père du romancier –, « d'avoir la perception de son exécution et, à la suite, l'arrière-pensée de son supplice[44] » (1797). Sans la prise en compte de telles convictions, on estimerait mal l'effroi rétrospectif éprouvé par les familles des victimes de la Terreur.

Il est, d'autre part, des partisans de la mort instantanée, dont Cabanis[45] et Marc-Antoine Petit. Selon ces sommités médicales du temps, l'hémorragie provoquée dans le cerveau est trop brutale pour permettre le maintien de la conscience. Compte tenu des diverses formes de vitalité, les réactions observées ne sont que des mouvements animaux, des phénomènes d'irritabilité dus à l'« élasticité des fibres ». De toute façon, que l'individu puisse penser que sa propre mort a survenu paraît inimaginable[46].

À l'aube du XIXe siècle, les expériences d'électrisation conduisent à un nouvel examen des données. Luigi Galvani prétend que le principe nerveux est de nature électrique ; et qu'un courant se transmet du cerveau vers la moelle, puis vers les faisceaux musculaires. En 1802, Aldini relie deux têtes de suppliciés, de façon que les deux sections du cou communiquent. Puis, il pose une pile sur l'oreille droite de l'une et sur l'oreille gauche de l'autre. Il obtient d'horribles grimaces. Des expériences de ce type sont tentées tout au long du siècle – de Bichat à Virchow. Certains sont fascinés par tout ce qui procure l'illusion du retour à la vie. En 1818, les expériences réalisées sur le meurtrier Matthew Clydsdale, à Glasgow, font s'enfuir les curieux. L'un d'eux perd connaissance. C'est que l'on a obtenu de la victime les plus étranges grimaces qui illustrent la diversité des sentiments humains : rage, horreur, angoisse, désespoir, sourire atroce. Le roman de Mary Shelley, *Frankenstein*, transpose dans la fiction cette fascinante croyance en la création d'une vie ou du retour à la vie du cadavre violemment électrisé. Le corps du monstre hérite des caractères des criminels sur lesquels on procédait à de telles expériences.

L'histoire des convictions et des débats scientifiques concernant cette figure du mort-vivant en son éventuelle douleur a été précisément retracée par Anne Carol. Entre 1800 et 1820, malgré la multiplicité des expériences, les optimistes, c'est-à-dire ceux qui estiment la mort instantanée et totale l'emportent sur leurs adversaires. Après l'intervention de Julia de Fontenelle devant l'Académie de médecine (1833), le doute et l'inquiétude resurgissent. Le renversement résulte d'une incertitude concernant la définition clinique de la mort. Alors monte la croyance en un temps intermédiaire entre la vie et le néant.

De 1850 à 1900, alors que s'autonomise la physiologie et que triomphe la médecine expérimentale, les savants, plus intensément fascinés que jamais, multiplient les tentatives et s'efforcent d'obtenir des cadavres les plus frais possible. « On expérimente rarement au pied de l'échafaud », écrit Anne Carol, mais plus souvent « dans des voitures au grand galop, à la lueur des bougies dans des laboratoires de fortune, près des cimetières » ; qu'il s'agisse d'une simple autopsie, d'une tentative de galvanisation, de la mesure de la persistance de l'excitabilité et de la contractilité ou de l'observation de la digestion.

L'expérience jugée décisive consiste à tenter de faire revivre les parties séparées. En 1851, Brown-Séquard, élève de Claude Bernard, injecte une demi-livre de son propre sang dans l'avant-bras d'un guillotiné. En 1866, Alfred Vulpian propose de tenter l'expérience sur la tête décapitée ; ce qui est réalisé par le docteur Laborde en 1880. Celui-ci obtient, tout au plus, la recoloration du visage du supplicié. À partir de 1884, le même praticien, ainsi que ses disciples, multiplient les tentatives de « revivification ». Paul Bert s'insurge, au nom de la déontologie médicale. Laborde, en revanche, perçoit l'utilité sociale de sa recherche : en cas de réussite, ne pourrait-on pas dialoguer avec la tête décapitée et obtenir des aveux ? Il y a bien longtemps que les médecins avaient songé à communiquer avec la victime de la guillotine. Le 25 juin 1864, Velpeau et Couty de la Pommerais s'étaient entendus avec un condamné à mort pour double meurtre : celui-ci s'était engagé à cligner trois fois de l'œil s'il était demeuré conscient. L'expérience n'avait rien donné.

La question de la mort subite ou différée du guillotiné ne reste pas confinée au cercle des médecins. Elle concerne aussi le public de la grande presse. Le 17 janvier 1870, deux jours avant l'exécution de Troppmann, qui fit le bruit que l'on sait, *Le Gaulois* pose la question à ses lecteurs, se demandant si la guillotine ne constitue pas une torture morale plus encore que physique [47]. L'intérêt alors porté à ces objets macabres ne peut être mis en doute. La foule qui continue d'assister nombreuse aux décapitations se presse au musée Grévin afin de contempler les scènes d'exécution et l'exposition des instruments du supplice en usage à travers le monde. Les sacrifices humains du Dahomey y sont mis en scène, à proximité de la guillotine, du gibet et de la « garrotte » [48].

III. LA PLACE DU CADAVRE

L'histoire du corps englobe tout naturellement celle du cadavre. Cet objet macabre concerne la médecine [49] et la justice. Ainsi, Bruno Bertherat a su retracer, avec la plus grande précision, la généalogie de la morgue parisienne, machine à identifier, à conserver, à expertiser les cadavres et laboratoire privilégié de la médecine légale [50]. Mais le corps du défunt, la manière dont on le perçoit et dont on le traite, ainsi que les traces que l'on s'efforce de conserver, relèvent d'abord de l'histoire des sensibilités. Le cadavre du roi, ceux du grand homme, du héros ou du martyr appartiennent, quant à eux, à l'histoire politique.

La valeur et la dignité nouvelles conférées au corps du défunt résultent de l'émotion croissante suscitée par la mort individuelle. La constitution progressive, depuis le milieu du XVIIIe siècle, et la diffusion sociale d'un culte célébré autour des restes de l'être aimé ou admiré ont été démontrées par Philippe Ariès, Michel Vovelle et quelques autres historiens de premier plan [51]. À partir du Directoire, la question préoccupe l'Institut. À l'issue d'un concours lancé par le ministre de l'Intérieur en 1800, le décret du 23 prairial an XII sanctionne l'évolution des sensibilités [52]. Il codifie, jusque dans le plus petit détail, le traitement du cadavre et les modalités de son inhumation.

Pendant les quelques décennies décisives, qui correspondent à la première moitié de la période étudiée dans ce volume, plusieurs processus sont à l'œuvre qui, tout à la fois, attestent et accentuent l'émotion née du spectacle du cadavre. Le seuil de tolérance à la putréfaction s'élève à la fin du siècle des Lumières. L'emploi des chlorures, notamment celui de la liqueur du pharmacien Labarraque, permet, par la suite, de réduire les nuisances olfactives de la thanatomorphose ; ce qui n'endigue pas la résistance croissante à l'exhibition du corps décomposé, voire à la simple ostentation de la nudité macabre ; et les amphithéâtres de dissection disséminés dans les petites rues du Quartier latin préoccupent vivement les hygiénistes de la monarchie censitaire [53].

Dans le même temps, le sentiment d'horreur à l'égard de toute forme de profanation s'intensifie [54]. La volonté s'affirme de cacher les corps des défunts. Le souvenir des enterrements à la sauvette, des fosses improvisées, des exhumations de dépouilles royales, pour ne rien dire des corps abandonnés à la voirie ou des restes jetés à l'égout, hante les esprits sous la Restauration. Il avive le souci de préservation et de célébration. À Paris, l'usage du cercueil à couvercle se généralise. Il n'est plus de mise de transporter le défunt à visage découvert. C'en est fini des tours de ville destinés à l'ostentation du cadavre. « L'attention portée au drap mortuaire, à la clôture et aux formes du cercueil » témoigne du désir nouveau de sauvegarder l'intimité.

Les autorités du XIXe siècle entendent abolir la mort anonyme. À la morgue [55], les cadavres sont préparés, au besoin maquillés puis exposés au regard de la foule des visiteurs, dans l'espoir d'une identification. Le corps de l'inconnu est désormais considéré comme celui d'un individu digne d'égards. À l'intérieur de l'établissement, on fait en sorte d'éviter l'entassement indistinct des cadavres. Dans l'ensemble de la société, monte le refus de la fosse commune, enregistré par le décret de l'an XII. Tandis que les adeptes de la médecine anatomo-clinique s'efforcent, par la dissection, de découvrir la vérité de la maladie dans la profondeur des cadavres, une résistance paradoxale se fait jour, au sein du peuple parisien tout au moins, à l'encontre de toute expérience effectuée sur les corps à l'intérieur des hôpitaux.

L'intensité du « fantasme conservatoire », qui se déploie dès la fin du XVIIIe siècle, désigne mieux que tout la dignité nouvelle du cadavre. L'accentuation du désir d'éternité accompagne la séduction nouvelle de la mort romantique, conçue comme un sommeil dont la suavité, associée à la présence de l'ange, se fait insidieusement promesse de survie. La sculpture et l'ensemble du décor funéraires traduisent l'espérance implicite et dérivent parfois vers un érotisme macabre. L'embaumement, facilité par le progrès des techniques, répond au souci ascendant de préserver les précieux restes de la décomposition. Comment, de son vivant, penser une représentation de soi n'existant plus que comme une chair morte ? Comment présenter aux autres sa propre décomposition ? Autant de questions particulièrement obsédantes au sein des élites de ce temps. La conviction de l'irreprésentable de la mort, c'est-à-dire la putréfaction, invite à l'esthétisation du cadavre, image d'une vie passée, à la mise en scène de la beauté de la mort. La conservation du corps de Mme Necker dans une corbeille de marbre noir à l'intérieur du mausolée familial constitue un bon exemple des pratiques nouvelles [56]. L'embaumement et la momification sont devenus à ce point fréquents sous la monarchie de Juillet qu'une ordonnance, datée de 1839, en codifie les modalités.

Cependant se déploie la vogue des reliques sentimentales. Certes, la mode n'est plus à l'extraction des viscères. Les rituels de séparation des organes déclinent durant le premier XIXe siècle, malgré la force des images de corps en morceaux dans le champ de l'esthétique et de la spiritualité. L'essentiel, dans le cadre de l'intimité, est désormais le prélèvement de mèches de cheveux. Cette pratique, naguère répandue au sein de l'aristocratie, gagne la bourgeoisie. Le désir de créer une relique imputrescible, qui se fasse auxiliaire du souvenir, incite, dans le même mouvement, à la conservation de morceaux de vêtements ou d'objets divers, familiers du disparu. En cela, la piété à l'égard du mort s'accorde à certaines collections érotiques que les protosexologues de la fin du siècle qualifieront de fétichistes.

Au même souci ressortit la mode des masques puis des photographies mortuaires. On a mis légitimement en relation l'émergence de cette relique avec l'usage de la guillotine, machine à tirer le portrait, selon Daniel Arasse. « Façonner dans le plâtre la belle mort romantique, semblable au sommeil, écrit pour sa part Emmanuel Fureix, c'est immortaliser l'instant fugace du grand passage[57]. » La réalisation du dernier portrait[58], perçu comme un miroir de l'âme, répond à l'esthétique romantique du génie, comme en témoigne la rapide diffusion des masques mortuaires de Schiller ou de Beethoven. Cet usage reflète aussi le succès de la phrénologie. L'empreinte du visage du mort permet, du moins l'espère-t-on, l'exploration intime de son être et le commentaire du savant. Par anticipation, l'impénétrable Lacenaire autorise Dumontier à mouler, de son vivant mais à la veille de son exécution, les formes tourmentées de sa tête[59], puis à la disséquer après sa mort. Rue de l'École-de-Médecine, la Société phrénologique de Paris présente une exposition de crânes ; autre forme d'utilisation scientifique des fragments de corps.

Un épisode d'une importance majeure, qui a pesé lourdement sur les représentations du cadavre, est venu, tout à la fois, conforter et infléchir les processus en cours. Entre la première décapitation par la guillotine (avril 1792) et thermidor an II (juillet 1794), le corps est devenu un lieu politique[60]. Le 21 janvier 1793, le régicide inverse le cérémonial de la mort du roi. Ce jour-là, les patriotes, médusés, ont la joie de contempler la tête du monstre et de voir couler son sang, régénérateur de la République. Les amis du roi, quant à eux, se précipitent pour tremper leur mouchoir dans ce liquide rédempteur dont l'épanchement confère à Louis XVI la figure christique du martyr. À ce moment, le sacrifice suprême redessine la figure du monarque et celle de ses bourreaux.

Le 21 janvier 1793 se situe au cœur de la brève période durant laquelle le code du sublime ordonne le théâtre de l'hommage funèbre. À Paris, le peintre David façonne « l'esthétique terroriste de l'effroi », inaugurée le 20 janvier, à l'occasion des funérailles de Lepelletier. L'apogée de cette scénographie se situe le jour de celles de Marat, le 16 juillet 1793. La mise en scène des cadavres traduit alors le triomphe d'un expressionnisme macabre. L'allégorie le cède à l'ostentation du « corps meurtri des martyrs ». Celui-ci accuse. Il désigne un complot et suggère l'identité des coupables. L'exhibition des plaies se fait message politique. La stratégie émotionnelle qui mise sur l'aspect livide du corps verdâtre de Marat, sur les suintements de la plaie béante et sur l'odeur de putréfaction qui assaille les spectateurs du premier rang s'accorde, répétons-le, à l'emprise du sublime. La présence du cadavre meurtri permet de « visualiser l'épouvante », c'est-à-dire le complot aristocratique. Face à la scène, le spectateur suffoque, et son âme saisie, comme expulsée hors d'elle-même, se trouve dilatée par le désir de vengeance. Ce « paroxysme du sensualisme politique [61] » vise, en effet, à porter au sacrifice.

La Convention thermidorienne abandonne cette stratégie du morbide mais le souvenir n'en sera pas perdu. De telles mises en scène, il est vrai plus spontanées, resurgissent en 1830 et, surtour, en 1848. Lors du déclenchement de la révolution de Février, les cadavres des victimes de la fusillade du boulevard des Capucines sont exhibés, à la lumière de torches, sur une charrette grinçante et promenés dans le Paris nocturne qui commence de se couvrir de barricades.

L'histoire du traitement de la dépouille du grand homme, du héros et du martyr politique ne s'interrompt pas avec la chute de Robespierre. Les régimes qui se sont succédé au XIXe siècle ont tenu à définir leur politique à l'égard du cadavre de ces défunts d'élite ; lesquels se trouvaient, du même coup, « dépossédés de leur corps privé ». Sous l'Empire, tous les grands dignitaires – et non seulement les héros, tel le maréchal Lannes, ou les poètes, tel Delille – ont droit à la panthéonisation après un embaumement partiel de leur corps, prévu par décret (1806). Le cœur de plusieurs officiers de haut rang, morts sur le champ de bataille, est rapatrié. La Restauration, selon une savante stratégie d'expiation, que l'on peut considérer comme obsessionnelle, exhume, honore, célèbre ses martyrs, victimes de la Révolution. En 1820, le corps du duc de Berry, préalablement embaumé, fait l'objet d'une inhumation tripartite. Les entrailles sont portées à Lille. La duchesse exige le cœur de son époux et les restes reposent à Saint-Denis. En 1824, la dépouille de Louis XVIII, désodorisée par Labarraque, est placée au centre d'un cérémonial qui renoue avec l'antique rituel des funérailles royales [62].

Nonobstant la sensibilité à l'égard de la profanation mais en accord avec le succès initial de la médecine anatomo-clinique, le public du premier XIXe siècle tolère la publication des comptes rendus de l'autopsie des grands hommes ; qu'il s'agisse de l'acteur Talma, du général Foy ou de Casimir Perier. Leur corps ouvert devient, en quelque sorte, l'objet d'une appropriation collective. On attend que l'opération réalisée à fin d'observation scientifique soit aussi le moyen d'identifier les qualités morales et intellectuelles du défunt. Quoi qu'il en soit, un tel usage, qui nous semble un archaïsme, ne suffit pas à contredire cette sensibilité nouvelle à l'égard du cadavre qui s'accorde à l'ensemble des affects que nous avons relevés à propos du massacre, du supplice et de la scène opératoire.

IV. LE CORPS VIOLENTÉ

Les travaux consacrés au viol fournissent l'occasion de bien discerner toutes les précautions imposées par une histoire du corps à qui entend éviter l'anachronisme psychologique. La manière dont une société estime la gravité des actes et le préjudice causé est soumise à une série de données qui, elles-mêmes, possèdent leur histoire. On ne peut interpréter les attitudes à l'égard du corps forcé sans les inscrire dans l'univers de la violence environnante. La récurrence du massacre et ses modalités, l'éventuelle mise en scène d'un spectacle de la douleur, la fréquence des viols de guerre, les représentations de la brutalité, l'imaginaire qui identifie la femme au butin, en référence à la littérature antique, composent un régime de sensibilité qu'il faut prendre en compte lorsque l'on tente d'adopter une optique compréhensive.

De la même manière, l'histoire du viol est tributaire de celle des représentations et des pratiques de l'union sexuelle. Les façons d'étreindre, le degré d'insistance de l'imaginaire de la proie, le déroulement de la nuit de noces guident l'interprétation ; et plus encore les schèmes intériorisés par la femme : la nécessité d'opposer, face aux assauts de l'homme, une résistance, tout au moins esquissée, l'impression d'être « prise » et passive dans un échange avec l'énergie masculine, le besoin d'adopter des postures alanguies et pudiques qui s'accordent aux représentations de la femme ensommeillée et offerte. On sait, à ce propos, l'écho de la nouvelle de Kleist, *La Marquise d'O*, à l'aube du XIXe siècle.

Mais tout cela n'est que préambule. Une histoire du viol impose la mesure des seuils de tolérance à la violence sexuelle et l'analyse de leur évolution. Ce qui revient, notamment, à bien percevoir la nature des relations d'autorité au sein de la famille, celles qui soumettent la fille ou la femme au père, au tuteur, au mari ; sans oublier la place accordée à l'enfant et la densité de tous les sentiments à l'intérieur de la sphère privée. En la matière, importent aussi la sociabilité de voisinage et, plus largement, tous les contextes de promiscuité. Ils ordonnent, nous le verrons, bien des conduites violentes.

Non moins nécessaire se révèle l'analyse du sentiment de l'honneur et des exigences que le respect de celui-ci impose à chacun et à chacune, selon son statut et sa position sociale. Cela contribue à expliquer la composition de l'effectif des victimes.

Bien entendu, entre encore en ligne de compte l'évolution des attentions et des savoirs. L'ascension de la médecine légale durant la période qui nous concerne a, elle aussi, par l'affinement de l'analyse des traces et l'élaboration d'une rhétorique de l'expertise, lourdement pesé sur l'histoire du viol. Il en va de même de la constitution d'une psychiatrie et d'une sexologie. Elles ont fait évoluer la saisie des logiques de l'agression et l'estimation de ses séquelles.

Tout cela concerne l'ensemble de la société considérée. Si l'on resserre l'attention sur la victime de l'attentat, la liste des nécessaires préalables s'allonge. L'historien du viol se doit de discerner la flexibilité des normes de la pudeur et des attitudes prescrites à la femme ainsi que l'intensité de leur intériorisation. Le sentiment de honte, de souillure, de culpabilité voire d'infamie, étroitement lié à la nécessaire virginité prénuptiale, contribue puissamment à éclairer les attitudes. De ce fait, l'histoire du viol croise celle de la théologie morale et de son estimation de la gravité du péché de luxure. Elle s'écrit en référence aux représentations de l'Ève tentatrice, à l'imaginaire des provocations féminines et aussi des capacités de résistance de la femme. Avec le temps, le même geste change de sens, au sein de l'opinion. Le soupçon du consentement de la victime possède, lui-même, son histoire. Tout cela nous renvoie à l'un des éléments de l'objet que nous nous efforçons de traquer: l'évolution des formes de la souffrance et de l'angoisse. Ce qui introduit à des processus majeurs qui caractérisent le siècle (1770-1892) étudié dans ce livre: l'évolution de la conscience d'autonomie du sujet, l'historicité de la saisie des risques de la contamination et de l'imprégnation physique ou spirituelle.

En bref, l'histoire du viol, particulièrement brûlante, exige un socle de connaissances qui l'éloigne de la simplicité des indignations rétrospectives. À la lumière de ce qui précède, tentons d'en retracer les grandes lignes, entre la Révolution et la naissance de la psychanalyse. En ce domaine, le XIXe siècle est celui des « déplacements sans éclat », assure avec raison Georges Vigarello[63]. En outre, la juxtaposition de systèmes de représentations et de comportements différents gêne la synthèse. Le Code pénal de 1791 inaugure un transfert de l'interprétation de l'acte violent. Selon l'esprit de la loi, le viol quitte la sphère du péché de luxure. On cesse de se référer à l'insulte au divin, donc au risque que l'attentat fait peser sur le salut de la victime, pour considérer la menace sociale qu'il représente. D'autre part, la déclaration du principe d'autonomie de l'individu confère à la femme violée le statut de sujet. Le préjudice se concentre désormais sur son être privé. Le dol subi par le père, le tuteur ou le mari, par la famille ou par la parentèle s'estompe. Ce basculement de l'univers de l'impudeur à celui de la violence ne sera plus remis en cause. Le Code pénal de 1810, sa révision en 1832, la loi du 18 avril 1863 ne feront que le préciser.

Mais tout cela relève de la loi, dont les effets se sont révélés très lents. En la matière particulièrement, il ne faut pas confondre la norme et la pratique.

Jusque vers 1880, se déroule le temps des « émergences subtiles » (Georges Vigarello). Cette période se caractérise, tout à la fois, par une réévaluation lente des gravités, par un accroissement des exigences, par une interrogation sur le lien établi entre les intentions et les faits et par l'approfondissement de l'analyse des comportements. Alors émergent les notions de brutalité invisible, d'abus d'autorité ou de situation, de chantage exercé par le maître, de délit d'influence.

Plus importante encore se révèle, en la matière, l'élaboration d'une psychopathologie, qu'il s'agisse, à titre d'exemples, de l'érotomanie définie en 1838 par Esquirol ou de la fureur génitale décrite par Marc en 1840. Insensiblement, monte la conviction qu'il existe des idées fixes et des pulsions irrépressibles. Dans le même temps, l'influence des psychiatres grandit à l'intérieur des prétoires, selon un rythme qui varie avec les régions.

Reste que tout cela ressort des écrits des juristes, des médecins, des policiers. Qu'en était-il de l'évolution des pratiques de l'agression et de l'estimation de la gravité par les jurés et, plus largement, par l'opinion publique ? À ce propos, les rapports d'expertise rédigés par les médecins légistes constituent la source principale[64]. La période qui nous concerne est celle, répétons-le, de l'élaboration de cette rhétorique ; qu'il s'agisse de la description des signes ou de la narration des faits. Le tableau associé au récit des brutalités se mue en un véritable genre littéraire. Il est dominé par la quête des traces. Il s'agit, pour le médecin, de faire parler les violences corporelles, par le récit même de leur survenue et de leur déroulement. Ce qui se traduit, tout à la fois, par une extension et une précision accrues des curiosités et des explorations, par une intense acuité visuelle appliquée au repérage des indices. L'attention continue de se porter, avant tout, sur l'hymen et sur la configuration de ses déchirures ; c'est que la défloration demeure l'outrage essentiel. Laurent Ferron le souligne, au terme d'une minutieuse étude des viols perpétrés dans les départements de la Mayenne et du Maine-et-Loire[65]. La victime, lorsqu'elle a déjà perdu sa virginité, est soupçonnée d'avoir joué, plus naturellement, de la provocation. De toute manière, il est, dans son cas, difficile de faire la preuve de l'agression ; d'autant que persiste longtemps, au sein du corps médical, la conviction qu'une femme ne peut être violée par un individu isolé, surtout dans un endroit habité. En 1909, le professeur Brouardel assure encore : « Un homme seul ne peut violer une femme qui fait des mouvements énergiques du bassin. Par conséquent, si l'acte a pu être commis, c'est que la femme ne s'est pas défendue[66]. » Ajoutons que les médecins, à la suite d'Orfila (1823), sont obsédés par l'éventualité de la plainte non fondée, notamment à partir des années 1880, quand se dressent les figures menaçantes de la mythomane et de l'hystérique accusatrice. Cela explique aussi l'attention portée par l'expert à toutes les meurtrissures permettant de mesurer les résistances opposées par la femme et de trancher l'insistante question du consentement, fût-il tardif. Pour le reste, les taches de sperme, la couleur, le goût, l'odeur des liquides sont progressivement pris en compte. Le rapport d'expertise mise sur une rhétorique de l'effroi, qui utilise tous les ressorts de la description et de la narration en vue de tétaniser les jurés.

Toutefois, en matière d'attentat à la pudeur, ces derniers déçoivent les magistrats. C'est qu'ils ont tendance à trancher selon les systèmes de normes en vigueur dans leur région et à estimer les gravités selon les hiérarchies sociales qui ordonnent leur milieu. D'où les interminables doléances des premiers présidents de cour à l'occasion du rapport qu'ils adressent au garde des Sceaux à l'issue de la session. Dans le Gévaudan, étudié par Élisabeth Claverie et Pierre Lamaison [67], le viol des petites filles de l'assistance par les cadets des « ostals » ne semble pas constituer une infraction grave ; c'est que la famille autoritaire réserve le domaine à l'héritier – malgré le Code civil – et prive bien souvent les cadets de l'espoir de fonder un foyer. Dans la Mayenne et dans le Maine-et-Loire, 42 % des affaires d'attentats à la pudeur se terminent par un acquittement [68]. L'effectif des accusés se déduit du statut, de la position sociale, de la situation au sein de la famille et du degré de misère sexuelle. Il s'agit de ces cadets célibataires que je viens d'évoquer, de valets, de journaliers, de bergers, de mendiants.

Chez les victimes se maintient très longtemps – bien au-delà de la période qui nous concerne – la honte d'avoir été violée, avivée par la nécessité de raconter la scène et de paraître à l'audience. Laurent Ferron souligne fortement cette persistance dans le Centre-Ouest. Cela n'a rien de surprenant. À titre d'exemple, Gemma Gagnon a clairement montré, dans le cadre de son étude d'anthropologie historique consacrée au département de la Seine-Inférieure, la portée décisive du maintien de l'honneur au sein de la société rurale [69].

La composition de l'effectif des victimes résulte d'une double logique. Les petites filles abusées – Anne-Marie Sohn le prouve de manière décisive [70] – le sont, en très grande majorité, par des membres de leur famille ou par des proches voisins. C'est l'oncle, par exemple, ou le compagnon en lequel on a toute confiance qui se révèlent les coupables. Les autres victimes sont majoritairement des servantes, des domestiques, des bergères, des glaneuses, des ramasseuses d'herbe dans le bois, des jeunes filles qui se trouvaient momentanément seules, à la maison, au moment du drame. Les veuves constituent une autre fraction non négligeable de l'effectif; c'est qu'on les pense sans protection et sans autorité. On les estime, plus que d'autres, retenues par la crainte qu'on les soupçonne d'avoir consenti. L'étude magnifique d'Annick Tillier consacrée à l'infanticide en Bretagne donne à penser que bien des servantes ont été forcées par le maître, sans pouvoir prendre le risque d'un recours à la justice [71].

De toute manière, dans la France du Centre et du Sud-Ouest, là où règne la famille autoritaire, celle-ci n'intervient qu'en dernier ressort, dans le cadre de conflits familiaux plus larges, après l'échec d'une tentative d'arrangement. La vengeance de l'honneur outragé des filles peut suivre bien d'autres chemins que celui du prétoire : injures, rumeur, bagarres entre cadets, incendies de granges, sans oublier tout ce qui relève de la reprise lignagère, ce qui englobe le meurtre et le viol de la femme de l'autre.

Les dernières décennies du siècle correspondent, en cette matière, à une rupture décisive. Georges Vigarello l'a souligné dans sa brillante synthèse. Laurent Ferron le confirme, à l'échelle régionale. Alors s'opère un profond bouleversement des imaginaires. Une nouvelle estimation des violences sexuelles s'impose sous l'influence d'une série de facteurs. La théorie de la dégénérescence, que nous avons déjà évoquée, la conviction de la naturalisation de la tare obligent à une nouvelle mesure de la responsabilité ; que l'on songe aux vifs débats qui déchirent, alors, l'anthropologie criminelle et qui opposent partisans et adversaires de Cesare Lombroso. Les récits de vie enjoints par Francis Lacassagne participent de cette joute [72]. Le catalogue des perversions établi par les sexologues permet de mieux reconnaître tous les méfaits qui résultent d'une impulsion incontrôlable. L'hédonisme fin de siècle et la littérature qui prône le droit, voire le devoir de volupté ou qui, tout au moins, plaide pour une légitimité accrue du plaisir conduisent à saper la morale sexuelle. Surtout, les nouvelles modalités de la construction sociale du discours sur le crime, l'omniprésence de celui-ci dans la grande presse, la relation établie entre l'encre et le sang font que les violences sexuelles, seraient-ce les plus inouïes, se trouvent sans cesse exposées au lecteur[73]. Elles provoquent un frisson tératologique, celui qu'inspire l'horrible Vacher, criminel sexuel en série, ou bien Jack L'Éventreur. Le grand guignol, qui triomphe à Paris, aiguillonne ce voyeurisme morbide. On comprend que, dans ce contexte, « le violeur gagne en épaisseur » (Georges Vigarello). Judith Walkowitz a bien mis en évidence la manière dont la terreur inspirée par l'éventreur londonien a été socialement construite et instrumentalisée en vue d'endiguer la libre circulation des femmes dans l'*East End*[74].

C'est alors que l'on commence de dire le lent travail effectué par le viol dans la conscience du sujet ; ce qui relègue à l'arrière-plan le discours sur la pudeur forcée. L'estimation du viol, à partir de cette fin du siècle, résulte de l'extension de la place faite à la psychiatrie. On évoque désormais, d'une manière ascendante, le dommage intérieur, le saccage intime, l'intégrité bafouée, l'identité compromise. Le viol est devenu événement traumatique, atteinte à l'accomplissement de soi.

Il convient toutefois d'être prudent. Ces notions ne concernent, pour l'heure, qu'une fraction, sans doute relativement étroite, de la population. Il ne faudrait pas, selon une démarche généalogique abusive, s'imaginer que la sensibilité qui domine à la fin du XIXe siècle était celle de notre temps, obsédé par l'attouchement et par le harcèlement. Un épisode dramatique pourrait, à ce propos, servir de transition. Stéphane Audoin-Rouzeau a su analyser avec précision et interpréter finement l'embarras éthique suscité par la survenue de l'enfant de l'ennemi, durant la Première Guerre mondiale[75]. Ce drame révèle la pesée des viols de guerre sur l'imaginaire. En l'occurrence, les filles et les femmes ont été innocentées par l'opinion et la faute s'est en quelque sorte reportée, aux yeux de beaucoup, sur les malheureux produits de ces unions brutales.

La violence sexuelle, bien entendu, n'épuise pas celle qui s'exerce sur les corps. Annick Tillier a détaillé avec la plus grande précision la manière dont, en Bretagne, la mère infanticide étouffe, étrangle, broie, fracasse le corps de son nouveau-né. Sylvie Lapalus, dans un ouvrage à la portée plus large, puisqu'il concerne l'ensemble du territoire national, a bien analysé le comportement du parricide au XIXe siècle et la façon dont celui-ci traite le corps de sa victime[76].

Immanquablement, c'est la tête qui est visée. Les récits de ces forfaits sont ceux de crânes « brisés, fracturés, fracassés, défoncés » jusqu'à faire jaillir « les cervelles ». Défigurer le père, c'est le priver de son identité, de son pouvoir. Le criminel s'acharne ensuite, frénétiquement, sur le corps avec un couteau, une serpe, comme s'il s'agissait d'effacer toute trace de la victime, « de faire en sorte que celle-ci n'ait jamais existé ». « La mise à mort n'est pas celle d'un être humain, encore moins d'un parent, mais bien plutôt celle d'une chose maléfique qu'il faut réduire à néant[77]. » Le parricide implique un contact physique rapproché. L'instrument de mort est rarement une arme à feu – 16,9 % des cas. Il s'agit d'une pierre ou d'un outil de travail qui tombe sous la main : bêche, cognée, hache, fourche, pioche, pelle, barre de fer, marteau.

Les autorités comptent beaucoup, pour susciter l'aveu, sur la confrontation du parricide présumé avec le corps de sa victime. Elles réussissent souvent, tant cette scène macabre fait peur. Si les aveux tardent à venir, le corps du suspect est scruté inlassablement. Dans sa cellule, on espionne nuit et jour les « souffles de sa respiration », les « plis qui agitent sa figure ». On enregistre les cris inarticulés qui échappent à son sommeil. On compte les battements de son cœur. On mesure son appétit, son humeur.

Lors du procès, le spectacle macabre des pièces à conviction satisfait la curiosité avide du public. « L'arme du crime tachée de sang, le crâne broyé de la victime, ses côtes ou ses entrailles enfermées dans un bocal[78] » sont scrutés avec la plus grande attention. L'attrait exercé par les effets de la réalité tenaille, notamment, les foules parisiennes de la fin du siècle qui se pressent à la morgue et, au lendemain de l'incendie du Bazar de la Charité, à l'exposition des restes calcinés des victimes. Vanessa Schwartz a lié, avec talent, les multiples conduites qui témoignent de ce désir, lequel contraste avec la déréalisation de la violence accomplie par la littérature du crime[79].

V. LE CORPS DU TRAVAILLEUR USÉ, MEURTRI, AU SIÈCLE DE L'INDUSTRIALISATION

1. L'usure du corps de l'ouvrier

D'une manière générale, écrit Caroline Moriceau, « l'agressivité à l'égard du corps est une caractéristique du travail, qu'elle se traduise par la gêne, la douleur, l'intoxication, l'accident, la déformation ou le surmenage[80] ». Pour autant, l'historien doit prendre garde au dolorisme excessif induit par les sources qu'il utilise. Le corps de l'ouvrier, au XIXe siècle, n'échappe pas au cheminement de l'imaginaire social et à ce processus de construction des types décrit plus haut par Ségolène Le Men. Les textes et les images qui le donnent à voir résultent du regard posé sur lui par les élites ; regard soumis à une longue tradition rhétorique et à un ensemble de convictions scientifiques. Ainsi, les rapports du physique et du moral de l'homme, tels que les définit Cabanis, déterminent une série de traits. Les craintes inspirées par les classes laborieuses, détaillées depuis longtemps par Louis Chevalier[81], l'admiration qu'à l'inverse suscitent, sourdement, les travailleurs manuels, le désir de leur assigner une position, de leur enjoindre certains comportements, contribuent au dessin du type. Parler ici du corps du travailleur, c'est déjà s'inscrire dans une certaine manière de lire le social.

Une série de *topoi* définissent alors ce type. En premier lieu, le corps de l'ouvrier manifeste la puissance physique attribuée aux individus qui appartiennent au peuple ; ce que, dans le domaine symbolique, exprime, au début de la Révolution, la prégnance de la figure d'Hercule ; corps puissant mais doté de sens rudimentaires. L'ouvrier apparaît peu accessible au raffinement des messages sensoriels comme à la gêne que ceux-ci peuvent procurer. Le travail de la main a développé chez lui le toucher aux dépens des sens intellectuels que sont la vue et l'ouïe. Le corps de l'ouvrier pèse à l'excès sur l'activité intellectuelle et gêne le progrès de l'esprit[82]. Un même postulat conduit à souligner le primat de l'instinct. C'est ce qui suscite la fascination exercée par le corps de la femme du peuple dont on attend, au sein des élites masculines, une compensation de la perte de vigueur induite par l'abandon du travail physique.

Or, ce corps puissant apparaît, bien souvent, miné, usé par la fatigue, par la durée, l'insalubrité du travail et par une grande vulnérabilité biologique. À propos de la seconde moitié du siècle, encore, David Barnes[83] soutient, non sans raison, que la lutte menée par les ligues philanthropiques contre la tuberculose, l'alcoolisme et le péril vénérien, c'est-à-dire contre des maladies vite qualifiées de populaires, était, nonobstant le dévouement des acteurs, façon d'associer le corps de l'ouvrier à des maux dont il n'est pas prouvé qu'ils frappaient moins durement les élites.

Enfin, ce corps est présenté comme modelé par un travail spécifique des apparences, par des postures privilégiées et des gestes, par un certain savoir. Le port de la blouse ou du tablier, celui de la casquette ou du sabot, la fréquence des tatouages, sans oublier, à la fin du siècle, la vulnérabilité aux stigmates de la dégénérescence, entrent dans le dessin. Comme l'a montré André Rouillé[84], la photographie – en attendant la carte postale friande des « petits métiers » susceptibles d'éveiller la nostalgie – traduit la persistance du type.

Compte tenu de la rareté de la parole ouvrière, il est toutefois difficile de percevoir la réception de l'image ainsi élaborée et d'estimer son influence sur les conduites. À défaut de trace directe, la réponse peut partiellement se lire dans les attitudes. Tout au long du siècle, triomphe en ce milieu l'exhibition de la force et la fierté qu'elle suscite. L'ostentation du muscle, le défi, la joute, le goût pour les formes de violence rapprochées se manifestent dans la rue, à la foire comme à l'atelier ; qu'il s'agisse des compagnons, des travailleurs migrants, des lutteurs de savate dont nous parle Georges Vigarello ou, bien plus tard, des apaches. En ce sens, le corps de l'ouvrier apparaît souvent comme un corps travaillé. De la même façon, la démonstration de l'habileté manuelle se marie à la fierté du savoir-faire. L'étude des outils et des gestes de celui qui les manie démontre la richesse d'une culture somatique, ancrée dans la tradition des métiers, associée à un langage spécifique dont William H. Sewell[85] a montré la richesse. La volonté de prouver l'endurcissement du corps s'accorde à l'attitude démonstrative.

Sur ce socle, ou plutôt sur ce jeu de représentations esquissé à grands traits, se greffent alors deux données liées à l'industrialisation : les nouvelles formes d'usure des corps et la violence provoquée par la brutalité des machines à vapeur. À ce propos, il convient, comme le recommande Alain Cottereau, de prendre en compte les mécanismes de dénégation de l'usure au travail tels qu'ils fonctionnent dans les milieux académiques du XIXe siècle[86], sans oublier que le délabrement physique ne constitue pas la seule forme de souffrance éprouvée par le travailleur. L'optimisme suscité par le désir de ne pas gêner l'industrialisation conduit les experts de la monarchie censitaire, dont le médecin Parent-Duchâtelet et l'ingénieur d'Arcet constituent les meilleurs exemples, à dénoncer l'exagération des plaintes. À leurs yeux, la plupart des ateliers dont on déplore l'insalubrité sont tout au plus jugés incommodes ; et l'accoutumance de l'ouvrier à la nuisance, notamment olfactive, conduit à minimiser l'inconvénient.

Le mode d'attention porté aux conditions physiques du travail possède son histoire. On peut, en simplifiant sans doute abusivement, distinguer trois étapes. Jusqu'à l'aube des années 1840, les experts hygiénistes français s'inscrivent dans la tradition inaugurée en 1700 par Ramazzini dont l'ouvrage consacré aux maladies des artisans est à nouveau publié par Patissier en 1822, sous une forme augmentée. Alors que se développent l'industrie textile puis le travail des mines, l'attention se focalise donc sur les activités artisanales. L'expertise se fonde sur des critères néohippocratiques. La qualité de l'air, de l'eau, du chauffage et de l'éclairage de l'atelier, la nature de la matière travaillée, l'effectif des ouvriers selon l'âge et le sexe suffisent à l'estimation des risques et des méfaits[87].

Entre la parution du *Tableau de l'état physique et moral des ouvriers employés dans les manufactures de coton, de laine et de soie* de Louis-René Villermé (1840) et le milieu du siècle, la tradition ramazzinienne se trouve mise en cause ; particulièrement révélateur est, à ce propos, le mémoire de Thouvenin intitulé : *De l'influence que l'industrie exerce sur la santé des populations dans les grands centres manufacturiers*[88]. Désormais, l'enquête vise les conditions de vie et non plus seulement celles du travail. La qualité du logement, de l'alimentation et du vêtement, le défaut éventuel de soins, la fatigue, la durée du repos et, plus encore, les mœurs de l'ouvrier créent un contexte qui structure l'enquête.

Cette réorientation et cet élargissement du champ de la vision ne constituent pas pour autant un net progrès de l'expertise. Elles facilitent la libération des fantasmes qui ordonnent les représentations sociales au sein des élites : l'imprévoyance, les débauches, l'ivrognerie fondent alors la diatribe. Quoi qu'il en soit, la nouvelle démarche manifeste la prise en compte de l'expérience nouvelle de la démesure du travail. Edward P. Thompson a, depuis longtemps, souligné les effets sur le corps de l'intensité inédite des tâches et de l'accélération des rythmes, c'est-à-dire d'une fatigue et d'une usure désormais considérées comme normales ; ce qui impose à l'ouvrier d'élaborer très tôt un art de gérer au mieux le cours de ce que sera sa vie de labeur. Dès lors, à propos de chaque métier, s'établit « la réputation d'une vitesse d'usure [89] ».

Du milieu du siècle jusqu'au déclenchement de la Première Guerre mondiale, se constitue l'hygiène industrielle, c'est-à-dire un « savoir sur le corps en danger [90] ». Un style hygiéniste s'affirme, fait d'une juxtaposition d'avis, de conseils, de statistiques et d'études de cas souvent assorties d'enquête orale. Ce qui fonde la vogue de la monographie. Cette hygiène industrielle, fidèle à la tradition ramazzinienne réaménagée au fil de la révolution pastorienne, porte grande attention à l'espace de travail, à son aération, son éclairage et son chauffage. Surtout : elle est hantée par l'intoxication, au point d'apparaître comme une véritable toxicologie. Les risques créés par le maniement ou le voisinage du plomb, du mercure et du phosphore, sans oublier le caractère pathogène des poussières qui favorisent, notamment, la propagation de la tuberculose, focalisent durablement l'attention, parallèlement à l'accident du travail sur lequel nous reviendrons. Les spécialistes d'hygiène industrielle affinent peu à peu les procédures de leurs enquêtes, devenues de plus en plus souvent composites. Ainsi, en 1879, Émile-Léon Poincaré, désireux d'expertiser les risques auxquels se trouvent soumis les ouvriers qui manient l'essence de térébenthine, s'entoure d'un réseau d'informateurs. Il se livre à l'observation clinique. Il procède à l'interrogation des acteurs. Il construit des séries statistiques de l'âge au décès et procède à certaines vérifications en laboratoire. À la fin du siècle, la nouvelle discipline croise la physiologie du travail. Sous l'influence de l'Italien Angelo Mosso [91], la mesure des effets des gestes effectués par l'ouvrier permet l'étude expérimentale de la fatigue industrielle. Dans le même temps, les progrès de la microbiologie contribuent à ce que l'enquête déserte l'atelier pour le laboratoire.

Alain Cottereau discerne, parallèlement à cette évolution de l'investigation, l'élaboration, à partir des années 1860, de deux modèles d'usure, distincts selon le sexe[92]. En ce qui concerne les hommes, celle-ci est conçue comme « continue et cumulative », du fait de l'exposition permanente et forcée au marché du travail. L'atteinte au corps des ouvrières est intense au cours de la jeunesse. Ainsi qu'il a été démontré à propos de la Grande-Bretagne, les patrons apprécient particulièrement la main-d'œuvre des filles célibataires quand les tâches n'exigent pas une grande qualification. Par la suite, les femmes disposent plus aisément que les hommes de la possibilité de se retirer du marché du travail à certaines phases de leur existence ; d'autant qu'abandonner l'usine ou l'atelier pour raison de santé est mieux toléré de leur part que de celle des hommes. Cela dit, le retard français en matière de protection de l'ouvrière enceinte est évident[93]. En Prusse, à partir de 1869, les femmes ne peuvent être occupées durant les quatre semaines qui suivent leur accouchement. Elles ne sont admises à reprendre le travail au cours des quinze jours suivants que sur présentation d'un certificat médical. En Suisse, les ouvrières ne sont autorisées à regagner la fabrique que six semaines après leurs couches et à l'issue d'une absence minimale de deux mois. Des mesures du même type protègent les femmes autrichiennes. En France, rien n'est décidé, à ce propos, avant le vote de la loi du 17 juin 1913. N'oublions pas, toutefois, que « l'histoire de la prise en considération – ou du mépris – du corps au travail et du maintien de son intégrité physique transgresse la chronologie suggérée par la succession des lois[94] ».

Deux catégories d'ouvriers ont fait l'objet d'abondants travaux d'historiens : il s'agit des mineurs et des verriers ; les uns et les autres soumis à des conditions de travail particulièrement éprouvantes. Dès 1848, les mineurs de Saint-Étienne et de Rive-de-Gier se plaignent de leur usure exceptionnelle[95]. Ils assurent que leur existence ne dépasse pas, en moyenne, trente-huit ou quarante ans et qu'il est, parmi eux, un grand nombre d'invalides. La doléance est réitérée jusqu'à la fin du siècle. En 1891, le député mineur Basly dénonce à la Chambre l'usure prématurée de ses anciens compagnons. Cette vive conscience des méfaits de la mine sur le corps des ouvriers se trouve confortée par l'attitude des compagnies qui n'embauchent plus au-delà de trente-cinq ans et qui cherchent à se débarrasser des mineurs qui ont atteint la quarantaine. Les calculs auxquels s'est livrée Rolande Trempé concernant la longévité de ces ouvriers prouvent le bien-fondé de leurs doléances.

La respiration de gaz, la chaleur, la pluie, l'humidité qui suinte des galeries, les poussières, l'obscurité, les accidents et, plus que tout, le dur travail d'abattage expliquent l'usure précoce. Les mineurs se plaignent de « rhumatismes » chroniques. On relève, parmi eux, la fréquence de l'ankylose du genou, de la sciatique, de la formation d'une bourse séreuse au niveau du coude. Le tremblement oculaire constitue, ici, un fléau. L'anémie liée à l'ankylostomiase, la silicose – qui ne sera reconnue comme telle qu'en 1915 – achèvent de composer ce tragique tableau nosographique.

Les verriers, eux aussi, souffrent dans leur corps[96]. Selon un rapport qui date de 1911, ceux de Baccarat travaillent, l'été, à une température de 41 degrés quand ils se trouvent à 3 mètres de l'ouvreau. À 25 centimètres, elle est de 80 degrés. Les paravents de bois, utilisés contre le rayonnement et les courants d'air, protègent mal de la chaleur. Nombre d'ouvriers se brûlent les mains et les bras. Les éclats de cristal provoquent des phlegmons. Le maniement du plomb ou de ses composés cause des coliques, de l'anémie, quand ce n'est pas une encéphalopathie mortelle. Les bronchites chroniques abondent en ce milieu, ainsi que la déformation de la main « en crochet ». La phtisie fait des ravages ; sans oublier la maladie vénérienne propagée par l'échange des cannes ; ce qui conduit le professeur Alfred Fournier à ranger les verriers à côté des nourrices et des épouses honnêtes dans l'ouvrage qu'il consacre en 1885 à *La Syphilis des innocents.* Joan W. Scott montre, pour sa part, qu'entre 1866 et 1875 l'âge moyen au décès est de trente-quatre ans chez les verriers de Carmaux. À la fin du siècle, il est encore de trente-cinq ans et six mois ; ce qui correspond à la situation constatée à Baccarat.

Les apprentis sont souvent victimes d'une violence particulière. Martin Nadaud, dans les *Mémoires de Léonard*[97], a précisément décrit celle à laquelle se trouve soumis le jeune maçon, venu du Limousin. L'apprentissage de la verrerie est, à ce propos, tout aussi significatif[98]. Comme l'a fait remarquer Michelle Perrot, tout se passe comme si le maître héritait du droit de punition paternel. Le jeune ouvrier subit une violence tout à la fois verbale et physique. Au cours de son apprentissage du métier, qui est aussi celui de

Douleurs, souffrances et misères du corps

1. D'après H. de la Charlerie, *Le Massacre des prieurs en septembre 1792*, gravure de Charles Maurand, coll. part.

Les premières années de la Révolution ont vu la réitération du massacre, c'est-à-dire de la mise à mort collective, en plein jour, d'un groupe de victimes, dans une atmosphère de liesse, d'entrain et de vantardise ; chacun s'efforçant de participer par la parole et par l'usage d'armes improvisées. Ce fut notamment le cas au cours de l'été 1792, en province, puis à Paris, au début du mois de septembre.

2. École française, *« C'est ainsi que l'on punit les traîtres », sans-culottes portant les têtes de guillotinés*, 1789, Paris, musée Carnavalet.

Avant même l'emploi de la guillotine, la foule, à l'issue du massacre, renouait parfois avec un rituel ancestral de découpe des corps ; et cela, dès le mois de juillet 1789. Sur cette gravure du musée Carnavalet, les têtes coupées forment bien une composite série, mais les attitudes, rigides, des membres du cortège sont loin d'évoquer la liesse collective.

3. Eugène Lami, *L'Attentat de Fieschi, le 28 juillet 1835*, 1845, partie droite, Châteaux de Versailles et de Trianon.

Le 28 juillet 1835, la machine infernale disposée par le monstre Fieschi fit de nombreuses victimes, dont un maréchal d'Empire. Les corps et les vêtements lacérés furent exposés avant d'être inhumés en grande pompe. Le roi Louis-Philippe, échappé par miracle à la mort, attribua sa sauvegarde à la Providence et le sang des victimes lui conféra une sacralité qui, jusqu'alors, lui manquait.

4. H. Vittori, *L'Attentat d'Orsini, le 14 janvier 1858*, 1862, Paris, musée Carnavalet.

L'attentat d'Orsini fut l'un des plus sanglants du siècle. Mais il ne s'agissait que de victimes anonymes. La compassion de l'impératrice à l'égard des blessés, la préservation de l'empereur, la qualité de l'auteur, défenseur de la cause italienne, ont fait oublier quelque peu le carnage. Ainsi s'inaugure la façon d'apprécier l'horreur de l'attentat en fonction de la cause alléguée.

5. Pierre Andrieu, *Hommes transportant un cadavre, le 23 février 1848*, 1848, Paris, musée Carnavalet.

Réinterprétant avec une spontanéité nouvelle les fêtes funèbres de la Révolution, la foule des insurgés, au soir du 23 février 1848, a promené dans Paris, à la lumière de flambeaux, les dépouilles des victimes de la fusillade du boulevard des Capucines. Les insurgés visaient à semer l'indignation dans la capitale et à provoquer l'édification de barricades.

6. Jean-Louis Ernest Meissonier, *Barricade dans la rue de la Mortellerie, juin 1848*, 1849, Paris, musée du Louvre.

Nous savons peu de chose sur le traitement des corps lors des combats de barricades. L'insurrection de juin 1848 fut particulièrement féroce et meurtrière. C'est ce que Meissonier entend faire ressentir au spectateur de son tableau. Au lendemain de tels affrontements, les autorités s'employaient à effacer, avec la plus grande célérité, toute trace des combats.

7. Jacques-Raymond Brascassat, *Tête de Fieschi le lendemain de son exécution, 20 février 1836*, Paris, musée Carnavalet.

À la vue de l'œuvre de Brascassat, on comprend que les âmes sensibles n'aient pu s'empêcher de frémir au spectacle de la tête des décapités. Les médecins effectuaient sur elles des expériences destinées à mieux comprendre les mécanismes de la douleur et de la mort. Certains artistes hantés par les corps en morceaux ont fait de la décapitation l'un de leurs thèmes privilégiés.

8. *Exécution capitale à Frosinone*, 1867, tirage Bénédict, Paris, Bibliothèque nationale de France.

À Paris comme en province, l'exécution capitale par la guillotine était, au XIXe siècle, l'occasion d'un grand rassemblement. Une série de mesures furent prises en vue de lutter contre cet afflux et, surtout, de limiter la visibilité de l'échafaud et des scènes de l'exécution, dont la photographie était par ailleurs interdite. C'est pourquoi il s'agit ici d'une peine capitale infligée en Italie.

9. Attribué à Fougeat, *Pompe funèbre de Marat à l'église des Cordeliers, le 16 juillet 1793*, Paris, musée Carnavalet.

Les funérailles de Marat, le 16 juillet 1793, dessinent un des modèles des fêtes funèbres de la Révolution ; les organisateurs misent sur la théâtralité pathétique, l'exhibition des plaies, l'ostentation du cadavre déjà attaqué par la thanatomorphose pour susciter le paroxysme de la douleur publique et inciter les citoyens au serment de vengeance.

10. École française, *L'Inconnue de la Seine*, XIXe siècle, Paris, Bibliothèque nationale de France.

La principale fonction de la morgue parisienne était l'identification des cadavres anonymes découverts dans la rue ou repêchés dans la Seine. Certains d'entre eux ont suscité une vive compassion ; en témoigne ce plâtre reproduisant, comme il était alors d'usage, le masque mortuaire d'une jeune inconnue qui intrigua particulièrement le public et les autorites.

12. Henri Gervex, *Le Coltineur de charbon*, 1882, Lille, musée des Beaux-Arts.

Le coltineur de charbon présenté par Gervex est, quant à lui, bien loin de représenter un héros du travail, pas plus qu'il n'appartient à la galerie des petits métiers parisiens, empreinte de nostalgie, qui connaît alors un grand succès. La souffrance et la résignation inscrites sur son visage reflètent plutôt la misère du corps de l'ouvrier.

11. Constantin Émile Meunier, *Ouvrier fondeur*, 1902, Helsinki, Museum of Finnish Art.

Plus que les dures conditions du labeur accompli à l'intérieur de cette fonderie et bien que la chaleur et la fumée soient fort bien évoquées, l'artiste entend, avant tout, exalter la puissante musculature et la mâle résolution de ce type de soldat du travail que le XXe siècle ne cessera d'héroïser.

13. *Terrible accident dans la filature à Lille*, in *L'Impartial de l'Est*, 1899.

Parmi les faits divers tragiques dont se repaît la grande presse de la Belle Époque, certains se rapportent à l'horreur du travail féminin. L'accident dont est victime cette jeune ouvrière appartient à la longue série de drames dus aux engrenages et aux courroies des machines de l'industrie textile du Nord.

14. *La Catastrophe de Courrières*, in *Le Petit Journal* daté du 25 mars 1906, coll. part.

La tragédie de Courrières, la plus grande catastrophe minière du xxe siècle en France, fit plus d'un millier de victimes et suscita une immense émotion. Mais le « coup de grisou » ne doit pas faire oublier la dureté du travail quotidien, la fréquence des maladies professionnelles et l'usure prématurée du corps des mineurs.

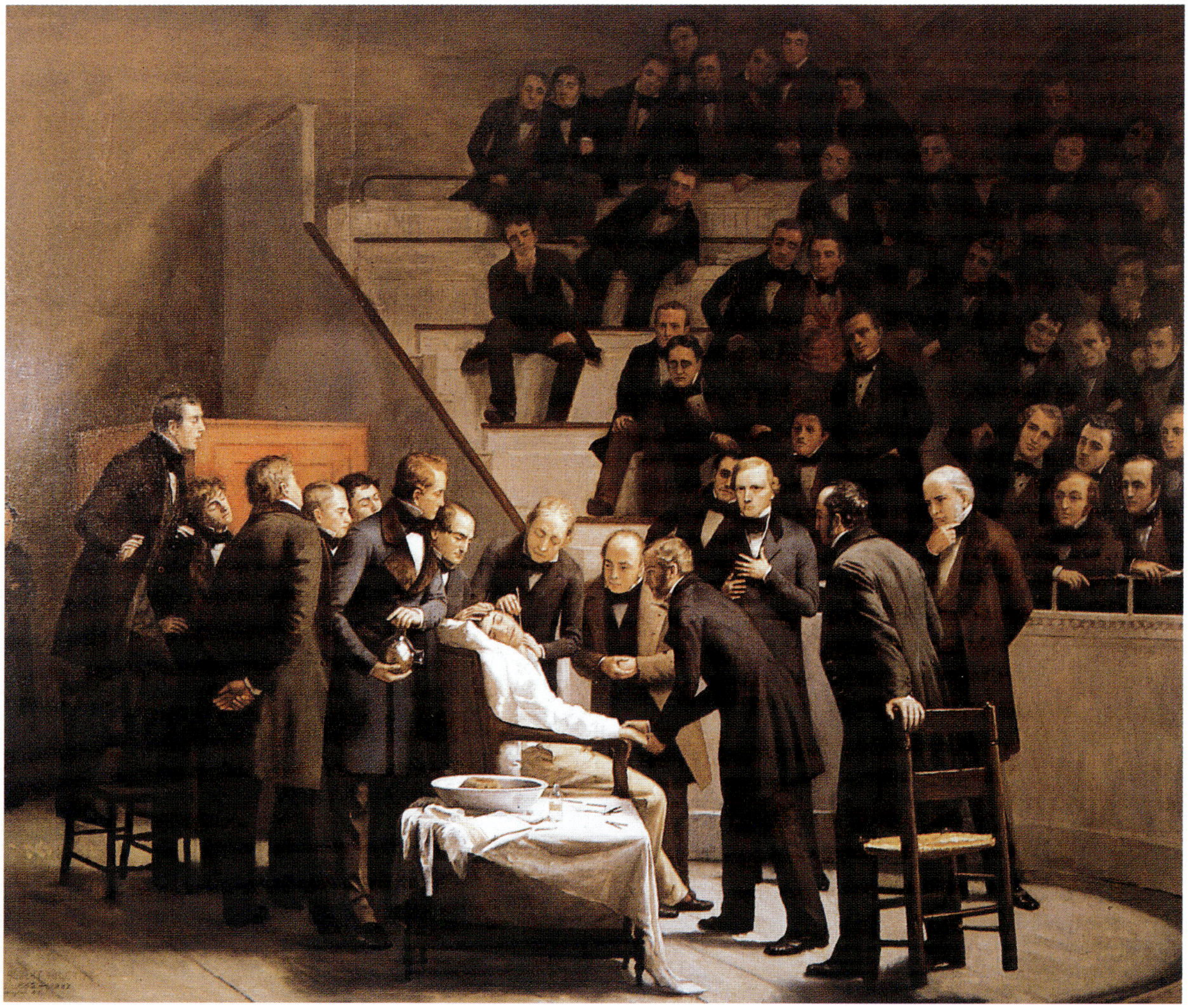

15. Robert Hinckley, *Première expérimentation publique d'une opération sous narcose le 16 octobre 1846 au Massachusetts General Hospital*, 1882.

L'opération effectuée ce 16 octobre n'est sans doute pas la première intervention sous anesthésie ; mais il s'agissait, cette fois, d'une démonstration devant un public averti. À partir de cette date, la nouvelle technique, traversant l'Atlantique, se répandit en moins de trois ans, malgré les résistances multiformes opposées à la suppression de toute douleur opératoire.

l'endurance physique et de la douleur, il subit l'humeur du maître et celle de ses compagnons de travail. Leurs attitudes imposent un véritable rite d'initiation qui peut être considéré, estime Caroline Moriceau, comme un exorcisme collectif des dangers partagés et de la peur qu'ils suscitent.

Reste à expliquer ou, tout au moins, à interpréter l'attitude des ouvriers face à ces atteintes portées au corps. À ce propos, leur parole demeure rare, tout au long du XIXe siècle, à moins qu'elle ne soit enjointe[99]. La volonté « de dompter tout à la fois le corps et la peur commande de faire silence tant sur les souffrances que sur les risques connus du travail effectué[100] ». En 1879, l'hygiéniste Poincaré effectue, nous l'avons vu, des recherches sur les effets des vapeurs d'essence de térébenthine. « La plupart des ouvriers, écrit-il, mettent une certaine gloriole à passer pour ne rien éprouver », surtout quand on les interroge devant leurs compagnons. « Il en est qui hésitent, parce qu'ils s'imaginent qu'il s'agit d'une enquête administrative pouvant apporter des entraves à la liberté de leur profession. D'autres craignent de se compromettre à l'égard du contremaître ou du patron[101]. » Le désir d'être bien noté, le refus d'essuyer les plaisanteries des camarades, le respect humain incitent à la forfanterie.

Depuis l'énoncé de ces quelques remarques, les historiens se sont beaucoup interrogés sur cette sous-estimation de l'usure et des souffrances. L'ignorance, le mépris des « bobos », l'endurance péniblement acquise, la négligence intériorisée à l'égard du corps ont été allégués. D'autres sentiments semblent entrer en jeu : notamment celui de la grandeur du métier justifiée par la brièveté d'une intense carrière[102]. Caroline Moriceau, pour sa part, souligne la fierté d'exercer une profession dangereuse. Beaucoup estiment que ce sont des qualités personnelles qui font confier à l'ouvrier telle tâche pénible, parce qu'on le considère comme plus adroit ou plus robuste qu'un autre. Dans cette perspective, la visite médicale est considérée comme vexatoire. De toute manière, la conviction semble intériorisée « que le travail industriel s'accompagne fatalement de maux et de souffrances[103] ». « À l'idée d'usure apportée par le temps s'oppose celle, fréquemment rencontrée, d'accoutumance qui rend le travail plus léger[104]. » Se plaindre risquerait de rompre les équilibres collectifs institués au sein de la communauté de travail et d'affecter la relation établie entre l'ouvrier et le métier. D'autant qu'un ensemble de « trucs », de ruses, de gestes techniques personnalisés, qui attestent le savoir-faire et entretiennent la fierté, viennent quelque peu atténuer le mal-être.

La parole ouvrière, sur tous ces sujets, n'émerge véritablement qu'au cours des années 1890, sous une forme collective, codée et, somme toute, peu véhémente, par la voix des syndicats[105]. L'ouvrier isolé, quant à lui, ne parle que très peu de son corps. Il est difficile d'estimer comment, dans le for intérieur, s'élabore la manière d'affronter la dure condition. Sans doute devons-nous imaginer, avec Caroline Moriceau, un relatif équilibre entre la sensibilité à la gêne et aux souffrances, la représentation des risques, la recherche du profit maximal, de la rapidité d'exécution et du moindre effort.

2. Les accidents du travail

L'accident industriel, que philanthropes et enquêteurs sociaux commencent de percevoir, au cours des années 1839 et 1840, comme un accident du travail, violente les corps avec une intensité particulière au cours des deux derniers tiers du XIXe siècle. Certes, le travail effectué à domicile ou en atelier, souvent dans le cadre de la pluri-activité qui caractérise la proto-industrialisation, l'emporte alors en importance sur le labeur accompli dans les manufactures et les usines. Il n'en reste pas moins que ces dernières sont des lieux de catastrophes inédites. La première révolution industrielle, celle du charbon et de la vapeur, engendre des machines susceptibles de causer des blessures atroces. Dans l'ordre de la fiction, ces corps dévorant, digérant, excrétant, animés de spasmes, de souffles et de grondements, soumis aux crises et condamnés à une mort tragique, hantent le cycle des *Rougon-Macquart*[106]. La réalité dépasse, bien souvent, ces cauchemars. La seconde révolution industrielle, qui correspond au remplacement progressif de la machine à vapeur par le moteur à explosion puis par le moteur électrique, permettra, comme le suggère Zola dans ses *Évangiles*, un adoucissement des rapports noués entre l'homme et la machine et un retrait du tragique de l'asservissement antérieur.

Dans son livre consacré à la ville de Lille sous le second Empire, Pierre Pierrard a décrit, avec la plus grande précision, les accidents survenus à l'intérieur des manufactures de l'industrie textile[107]. Les statistiques indiquent la fréquence de la déchirure, de l'arrachement et de l'écrasement du corps des travailleurs. Entre 1847 et 1852, 377 individus sont victimes de graves accidents survenus dans 120 manufactures lilloises ; sans compter les blessés que des patrons font soigner à domicile pour dissimuler l'ampleur des catastrophes. Sur ce total, 22 ouvriers sont tués sur le coup, 12 succombent rapidement des suites de leurs blessures, 39 doivent être amputés ou demeurent estropiés à vie.

Pour la plupart, les victimes sont jeunes ; il s'agit le plus souvent d'enfants ou d'adolescents préposés à l'entretien des machines. 27 accidentés ont moins de dix ans, 217 moins de vingt ans. Le carnage résulte de multiples causes : les engrenages, les arbres et les courroies sont rarement protégés ; quand c'est le cas, certains contremaîtres, dans le but de faciliter le travail, ordonnent d'ôter les enveloppes. La plupart des accidents se produisent au cours du nettoyage, de la réparation ou du graissage. Afin de ne pas interrompre les activités, ces opérations s'effectuent sans que l'on arrête les machines. L'exiguïté des locaux, l'encombrement, le vacarme accentuent les risques.

« Dans les ateliers, forêts monstrueuses de courroies et d'arbres de transmission secouées par le bruit assourdissant des métiers et par les saccades de la pompe à feu, chaque mètre carré comptait, comme chaque seconde. [...] Un geste, un pas, une poussée, un courant d'air soulevant une blouse, une quelconque négligence et c'était le drame, presque toujours atroce[108]. » Quand, à l'étage, une main, un bras ou une jambe se trouvent coincés dans un engrenage, enroulés autour d'un arbre ou pris par une courroie, il faut du temps pour ordonner l'arrêt de la machine, installée au rez-de-chaussée, voire dans la profondeur du sous-sol. Le vacarme empêche d'entendre les ordres et les hurlements.

La plupart des traumatismes sont le résultat de l'arrachement ou de l'écrasement. Sur 406 blessés conduits à l'hôpital Saint-Sauveur entre 1846 et 1852, 289 ont été happés par des engrenages, 28 par des courroies, 13 par des roues, 21 ont été victimes des cardes ou de manivelles.

La pire des catastrophes résulte de l'éclatement d'une chaudière. En août 1846, un tel accident cause la mort de quatre ouvriers et en blesse douze autres à Fourchambault. Le 24 novembre 1856, à cinq heures et demie du matin, une explosion de ce type survient à Lille, à l'intérieur de la filature de coton de Verstraete. Parmi les morts, figure le chauffeur dont le corps, déchiqueté, est retrouvé sur le toit d'une maison de cinq étages, à plus de 100 mètres de là. En 1882, l'éclatement d'une machine à vapeur tue 15 ouvriers et en blesse 45 dans une usine de Bordeaux [109].

Pierre Pierrard sait faire ressentir à son lecteur les meurtrissures des corps, à l'intérieur des manufactures du textile. « Prinquette, quarante-sept ans, graisse un rouage ; pris par la courroie, il a le crâne broyé sur l'arbre de couche où son cadavre reste attaché. [...] Vanthuyne, quarante ans, passait près de l'arbre de transmission, portant une botte de foin : celle-ci, happée, s'enroule comme une quenouille, attirant le malheureux dont le pied, séparé de la jambe, est lancé à dix pas ; quand l'arbre s'arrêta, Vanthuyne était mort étouffé par le foin. [...] Cornil, trente ans, est lustreur chez Pourrez ; s'étant appuyé contre l'arbre, il fut pris par la ceinture ; on n'entendit pas ses cris. Après dix minutes, il avait le bas-ventre labouré [110]. » En 1856, Appoladore Daussy, treize ans, bobineur, ayant peur d'être grondé, se décide, en l'absence des ouvriers, à faire passer une courroie sur une poulie fixe ; emporté, il est broyé contre le mur. Le 9 août de la même année, le jeune Hochard grimpe sur le bâti et maintient une courroie avec sa main ; celle-ci est happée. Elle entraîne le corps. On ne peut prévenir le chauffeur de stopper la machine, située au sous-sol. Quand, enfin, elle s'arrête, « c'est un pantin disloqué qui s'écrase dans l'allée [...] la chemise serrée autour du cou avait étranglé l'enfant. Lancé à cent vingt tours à la minute, le corps avait défoncé le plafond avec les pieds » [111]. Le patron ne fut pas inquiété.

Le catalogue est interminable de ces corps arrachés, emportés, écrasés, tel qu'on peut le lire dans les dépôts d'archives et sur les bordereaux d'enquête. L'accident est alors imputé à la négligence ou à l'imprudence des ouvriers, quand on n'incrimine pas leur ébriété. Les coutumes, les habitudes de travail, l'ostentation des savoir-faire incitent au non-respect des règlements d'atelier, mal exposés et peu lisibles. Les blessés ne bénéficient d'aucune assurance. Devenus infirmes, ils restent à la charge de leur famille. Il faut attendre le 9 avril 1898 pour que la loi sur les accidents du travail reconnaisse le risque professionnel.

La quête de la spécificité de la violence subie par les corps au cours du

XIXe siècle imposerait d'étudier celle qui se déploie en temps de guerre. La pauvreté des études consacrées aux carnages qui se déroulent alors sur les champs de bataille, comparée à la richesse des travaux consacrés à la Première Guerre mondiale, incite toutefois à réserver cet aspect de l'horreur au troisième volume de cette série.

Quelle que soit la crainte de l'accident et la conscience de l'usure du corps, force est de constater, à la veille de la Première Guerre mondiale, l'échec de l'hygiène industrielle, tout au moins dans la France de la IIIe République. En ce domaine, la loi du 12 juin 1893 reste sans grand effet. Les ouvriers n'utilisent guère les bains et les lavabos. Ils répugnent même à se rendre aux latrines nouvelles. Surtout: ils refusent les vêtements protecteurs. L'essentiel reste, à leurs yeux, la juste adaptation de l'outil au corps, la possibilité d'exécuter au mieux et le plus rapidement possible les gestes qu'ils estiment requis par la profession. Tout ce qui semble incommode, tout ce qui « n'est pas pratique » se trouve écarté; qu'il s'agisse du port du masque, de celui des lunettes ou des gants. En définitive, à l'heure de la mise en place d'une biopolitique, le corps de l'ouvrier continue d'être le lieu d'exercice d'un pouvoir sur lui-même. La défense du geste professionnel apparaît, tout comme la maîtrise du temps de travail, une manifestation d'autonomie.

VI. LA DOULEUR ET LA SOUFFRANCE *

Tenter une histoire de la douleur, comme du plaisir, revient à faire celle du corps propre. Cet objet historique se dessine à la fin du XVIIIe siècle, permis par l'épanchement de l'âme sensible, l'émergence du récit des souffrances de soi, l'analyse de l'idiosyncrasie puis de la cénesthésie. Le rapport intime à son propre corps dévoilé par Montaigne, à la fin du XVIe siècle, était

* Cet objet a été abordé *supra* par Olivier Faure dans l'optique qui est celle de l'histoire de la médecine. Il sera considéré ici en tant qu'élément majeur d'une histoire des sensibilités.

demeuré une expérience isolée. Dans les *Essais*, en effet, « le corps n'est plus simple prison de l'âme ; il n'est pas transfiguré par l'Imitation de Jésus-Christ, ni magnifié par la beauté qu'il révèle. Il est assumé dans la vérité de ses sensations[112]. » Démontrer l'historicité d'un tel objet constitue mon propos. Celui-ci n'est pas neuf. Ainsi que le remarque Roselyne Rey, il a émergé lentement de travaux consacrés aux parturientes, aux agonisants, à l'usure par le travail, aux souffrances et aux fatigues de la guerre, mais seulement somme signe, comme appendice visant à répondre à d'autres curiosités.

S'agit-il pour nous de traiter de la douleur ou de la souffrance ? « On s'accordera, écrit Paul Ricœur, pour réserver le terme de douleur à des affects ressentis comme localisés dans des organes particuliers du corps ou dans le corps tout entier, et le terme de souffrance à des affects ouverts sur la réflexivité, le langage, le rapport à soi, le rapport à autrui, le rapport au sens, au questionnement[113]. » Marie-Jeanne Lavilatte n'est pas très éloignée de cette distinction lorsque, à l'issue de l'analyse d'un immense corpus de textes médicaux, elle écrit : « la douleur est plutôt spatiale [...] [elle est] plus docile à la réification », « la souffrance est une douleur [...] susceptible d'être vue et regardée »[114]. On peut ainsi estimer l'endurance, la tolérance, la résignation dont fait preuve le patient. Marie-Jeanne Lavilatte met l'accent sur le jeu de l'occultation et du dévoilement. Quoi qu'il en soit, nous ne pouvons pas nous en tenir aux définitions étroites de la douleur proprement physique. « L'homme ne souffre jamais seulement de son corps, il souffre de tout son être. »

Notre objet se décompose en plusieurs éléments : les modes de désignation, de nomination de la douleur, son langage, ses fonctions, le sens qui lui est conféré. Chacun de ces éléments possède son histoire. Celle de la douleur apparaît plus complexe que celle du plaisir. La fonction essentielle de celui-ci paraissait alors d'une telle évidence qu'elle suscitait peu le débat. Seul l'excès de volupté pouvait créer une menace.

La douleur constitue un ébranlement du système sensitif. Mais elle est aussi construction sociale, psychoculturelle, formalisée dès le plus jeune âge. C'est ce qui fonde l'existence des rites de passage. « Les traditions structurent l'être social par l'épreuve du corps[115]. » Le sens conféré à la douleur préexiste à la sensation. La lecture des symptômes, elle-même, est « élaborée par une expérience individuelle, sociale, professionnelle, tissée de valeurs culturelles et de préjugés». L'Église, la médecine, l'institution hospitalière, le milieu du travail, la communauté dans laquelle l'individu se trouve enserré proposent, et souvent imposent, des significations de la douleur et enjoignent des comportements à celui qui l'éprouve. La souffrance se fait alors signe de «pouvoir et de soumission», selon qu'elle est infligée ou subie.

Les modes d'expression de la douleur, son langage propre influent puissamment sur l'expérience et sur la situation du patient. Ici se pose la question de savoir si cette expérience – comme celle du plaisir – est communicable ou si elle relève de la sphère de l'indicible. Son inscription dans le corps est trop forte, estime David Le Breton, pour que nous puissions la verbaliser et, quand il y a langage, il est métaphorique[116]. De toute manière, les signes qui tentent de la révéler – mutisme, plaintes, sanglots ou gémissements, gestes, mimiques, grimaces – ne permettent pas de mesurer l'expérience douloureuse. La vérité de la douleur réside en celui qui souffre. L'historien se trouve donc condamné à travailler à l'aide de traces évanescentes, vestiges d'une expérience presque indicible. C'est pourquoi ces quelques pages de synthèse reflètent davantage l'analyse des discours sur la douleur que celle des témoignages qui la concernent.

La douleur est une expérience subjective, un «événement psychologique» qui s'inscrit dans le corps et en façonne la mémoire. Les pratiques de la douleur de soi, les modalités de son écoute, les façons de l'accueillir et de l'exprimer construisent peu à peu l'identité. À travers elle, c'est l'histoire de l'individu qui se lit. La douleur chronique va jusqu'à structurer la vie. Elle peut paralyser la pensée et modifier les rapports avec les autres[117]. Il arrive que le patient tire pouvoir d'une charge douloureuse s'il sait adopter le code d'énonciation de la plainte susceptible de produire de la compassion[118]. Il se peut, en revanche, que dire la souffrance infériorise; sachant qu'il n'y aura pas de réponse à la sienne, l'individu est incité à ne pas la manifester. En bref, l'énonciation et la réception de la douleur, fait remarquer Arlette Farge[119], constituent un dispositif complet. Si l'on ajoute à cela que le sévice infligé par l'autre peut se muer en plaisir, on mesure la grande complexité de cet objet historique. N'oublions pas, à ce propos, que la première version de la *Vénus à la fourrure* de Sacher-Masoch date de 1862 et que le terme de

« masochisme », au grand dam de l'auteur, a été créé par Krafft-Ebing en 1886.

Le rôle décisif dans l'élaboration de la mémoire du corps impose de tenter l'histoire de la douleur observée et de la douleur ressentie, bien que celle-ci soit, le plus souvent, décrite *a posteriori*. De l'Antiquité à la fin du XVIIIe siècle, les médecins se sont efforcés de distinguer les diverses formes de la douleur ; ce qui aboutit à noyer celle-ci « dans un langage médical qui ne parle plus qu'à lui-même[120] ». Cette « obsession descriptive » a retardé la quête de ses mécanismes. La typologie établie par Galien – IIe siècle après Jésus-Christ – demeure en usage jusqu'à l'époque moderne. Le médecin grec distinguait la douleur pulsative, celle de l'inflammation, la douleur gravative, sensation de pesanteur des organes internes, la douleur tensive, qui résulte de la distension des tissus, et la douleur pongitive, qui évoque celle produite par l'aiguille acérée qui s'enfonce dans le corps. Selon Descartes, la douleur est une perception de l'âme ; c'est pourquoi elle ne concerne pas l'animal-machine ; et Malebranche ne craignait pas de donner des coups de pied dans le ventre de sa chatte grosse. À la fin du XVIIe siècle, Sydenham introduit le schème de l'*homme intérieur*. Celui-ci travaille la pensée médicale jusqu'à l'élaboration du concept de cénesthésie, à l'aube du XIXe siècle (1805), de la notion de « sens interne », présente chez Cabanis, ou de « sensibilité organique », utilisée par Bichat.

Au cours du XVIIIe siècle, la mesure de la sensation et l'analyse des propriétés de la fibre vivante relaient l'effort de dénomination. C'est le temps de la découverte du système nerveux. La sensibilité se trouve, dès lors, « au centre des fonctions qui gouvernent la vie ». Elle se définit par un « régime permanent d'incitations et de réponses, dont les instances sensorielles sont les capteurs, dont le système nerveux est le réseau de transmission et d'effectuation[121] ». « La vie [pense-t-on] ne s'entretient que de ces sollicitations, et des influx qui leur répondent. [...] Vivre, donc, c'est sentir. »

Le principe nerveux lie désormais étroitement le corps et l'esprit. Il gouverne leur usure réciproque. Nombre de travaux, notamment ceux des Idéologues – Cabanis, Maine de Biran, Virey –, sont consacrés à leurs rapports. Les nerfs se trouvent désormais « au centre de toute l'analyse médicale ». Ce qui fonde l'importance accordée à la douleur, à l'interrogation du malade et au récit de ses souffrances. L'histoire de la littérature et celle de la médecine marchent ici d'un même pas. Le récit des souffrances de l'*invalid*, qui emplit son journal de cure, constitue une forme d'écriture de soi qui s'accorde aux confessions et aux épanchements de l'homme de lettres.

Le vitalisme, notamment, transforme « le corps vivant en un espace dynamisé, où de multiples voies de communication et chemins se croisent et se rencontrent[122] ». D'où les bienfaits du choc, de la stimulation, de la perturbation lorsqu'il s'agit de ranimer les forces vitales. La douleur, au besoin, s'inscrit dans cette thérapeutique. Elle permet de réveiller l'énergie. Transformer une douleur chronique en une douleur aiguë, génératrice de crise, peut conduire à la guérison. Mais, dans le même temps, l'âme sensible ressent le besoin de soulager la souffrance par humanité[123].

En ce domaine, le XIXe siècle est temps de grandes découvertes. Les « localisateurs » des premières décennies s'appliquent à l'étude des centres récepteurs et des voies de transmission. Entre les travaux des phrénologues et ceux de Broca, les localisations cérébrales sont peu à peu reconnues avec précision. La découverte des corpuscules tactiles, la révélation de la croisée des sensations dans la moelle épinière, l'élaboration de la catégorie nosologique des névralgies accompagnent ce progrès. Les années 1880 sont marquées par les recherches sur l'architecture du cerveau. Une stratigraphie se substitue à la cartographie élaborée auparavant. La douleur cesse d'être perçue comme une simple sensation. On la conçoit désormais comme un *état émotionnel* qui se traduit, notamment, par une augmentation de la sécrétion d'adrénaline et par une série d'autres réactions du système sympathique.

Telle est l'une des pierres du socle sur lequel est fondée l'histoire de la douleur entre 1770 et la fin du XIXe siècle. Mais il est, alors, une autre logique en fonction de laquelle s'apprécie la souffrance. Jean-Pierre Peter a finement analysé la spécificité du partenariat qui noue la douleur à la culture de l'Occident depuis l'Antiquité et souligné la valorisation de l'endurance extrême, dont témoignent le stoïcisme et l'épicurisme. Le message chrétien s'inscrit avec force dans cette tradition. Après avoir longuement lutté, au cours de sa jeunesse, contre le dualisme des disciples de Mani, Augustin, torturé par le problème du mal, se réfère au dogme du péché originel pour expliquer la présence de la douleur sur la terre. Il est impossible de dissocier le mal du péché, car Dieu est juste. En sa bonté, il a ainsi conçu la souffrance – et d'abord celle de son fils – pour le bien des hommes. Elle jette plus vite en Dieu. Elle prépare au salut. Elle atteste le cheminement de la grâce. La vision augustinienne fonde « l'extériorité mutuelle du corps et de l'âme ». Par conséquent, « pour affirmer le triomphe de l'esprit, il faut mettre en scène ou organiser la défaite de la chair[124] ». La souffrance possède une valeur salvatrice ; elle est expiation et rachat. L'ascétisme et, bien entendu, le martyre, donc la dégradation physique, constituent les voies privilégiées du progrès moral et du salut. *La Légende dorée* et tous les récits de vie des saints sont « emplis de descriptions emphatiques des tourments de la chair ». Or, ils font l'objet d'une abondante littérature pieuse tout au long du XIXe siècle. La négation du corps, le désir de le soumettre à l'âme, tout en espérant la résurrection, le refus du plaisir et toutes les conduites ascétiques qui introduisent à une « destruction minutieuse et prolongée du corps morcelé conduisent à focaliser sur lui et sur sa souffrance l'acquisition d'un mérite sanctifiant ».

La Passion du Christ impose un modèle. Depuis le Moyen Âge, on médite sur les souffrances du corps du Rédempteur (cf. p. 53 *sq.*). Cette anatomie de la souffrance pèse très lourdement sur les âmes pieuses du XIXe siècle. Il faut éviter de croire à une rapide et totale laïcisation des représentations de la douleur. En certaines régions d'Occident, la Réforme catholique culmine paradoxalement au lendemain de la Révolution. Les exercices spirituels, la lecture de l'*Imitation*, l'instauration de la pratique du chemin de croix, la récitation du rosaire, la méditation sur les mystères douloureux, le culte du Sacré-Cœur de Jésus dont les représentations sont peu à peu stylisées attestent la prégnance des conceptions chrétiennes de la douleur.

La sonnerie des cloches rappelle aux fidèles les épisodes douloureux de la vie du Christ[125]. L'image pieuse, omniprésente, ressasse les mystères douloureux et incite à l'ascétisme[126]. L'éducation chrétienne invite les jeunes gens aux menus sacrifices quotidiens. Les règlements des couvents et des séminaires, voire des collèges confessionnels, visent un oubli du corps[127]. Combien de prêtres rigoristes ont pu, à l'image du curé d'Ars, insuffler de telles conceptions aux malades ou dans l'entourage des presbytères, notamment à l'intérieur du cercle des filles pieuses ! Tout cela est bien connu mais se trouve trop souvent cantonné aux ouvrages d'histoire religieuse, alors que ces représentations imprègnent en profondeur de larges pans de la société, fût-ce sous une forme laïcisée.

L'*Imitation de Jésus-Christ* permet de conférer à la douleur du fidèle une signification rédemptrice. La stigmatisation « mimèsis des souffrances du Sauveur »[128], tout au long d'une agonie différée de son serviteur, manifeste au plus haut point cette valeur. Les stigmates, qui reproduisent l'une ou plusieurs des plaies du Christ, saignent abondamment. Ils surgissent spontanément. Ils ne s'infectent pas. Ils ne se cicatrisent pas dans des délais normaux. Ils semblent, dans leur phase initiale, liés à l'extase mystique. Plus qu'un simple spectacle, ils constituent un foyer localisé de souffrance qui marque l'élection divine. Le stigmatisé se mue en victime sacrificielle.

Le cas hante la médecine du XIXe siècle. Les stigmatisées se succèdent. En 1894, le docteur Imbert Goubeyre répertorie 320 cas. Le nombre fut, par la suite, révisé à la baisse. Le plus bel exemple reste celui d'Anne-Catherine Emmerich, dont les souffrances visent à expier celles de l'Église et celles de chacun de ses membres, au lendemain de la Révolution. La malheureuse disparaît en 1824. Après que la Belge Louise Lateau a été atteinte des premiers symptômes, en avril 1868, les plus grands spécialistes du temps se succèdent à son chevet. La thèse de l'hystérie assénée par Charcot et Gilles de la Tourette paraît aujourd'hui insuffisante et la référence au psychosomatique semble bien faible. En un mot, les stigmates demeurent inexplicables.

On comprend que la lutte contre la douleur n'ait pu se déployer aisément, à un rythme rapide. Au XIXe siècle, la théorie aristotélicienne selon laquelle le plaisir et la souffrance ont une même fin, notre conservation, continue d'imprégner les esprits. En 1823, Jacques-Alexandre Salgues perçoit la douleur comme une épreuve salutaire. Inscrite dans l'ordre de la nature, elle est, tout à la fois, nécessaire et inévitable. Dans la perspective de la médecine clinique, alors triomphante, elle constitue un signe, une alarme ainsi qu'un aiguillon. La douleur, incitative, répétons-le, « recèle une énergie qui fait espérer la guérison ». Elle offre au corps l'élan, le ressort. Ce « guide fraternel » « s'inscrit dans le schéma idéal de la bonne maladie, celle qui guérira »[129].

« Il semble, écrit Jean-Pierre Peter, que le système des représentations médicales relatives aux mécanismes et aux fonctions de la douleur, à sa valeur clinique et à ses classifications, ait constitué un barrage conceptuel suffisant pour bloquer le déplacement psychique nécessaire à une évolution concrète que pourtant la sensibilité morale et l'esprit philosophique de l'époque semblaient attendre ou favoriser. » Le grand Dupuytren prône la fermeté et les chirurgiens, ses confrères, obligés d'adopter cette attitude, s'entraînent à l'insensibilité.

L'apologie de la souffrance déborde le cercle des médecins et le clergé. La théorie des effets bénéfiques de l'adversité imprègne alors la société tout entière. C'est la douleur qui constitue le fort, qui ancre la virilité. La valorisation de l'épreuve et du bien souffrir s'inscrit en regard de la dénonciation de la mollesse et de la volupté. Michel Foucault a souligné la gamme des pratiques qui constituent, à ses yeux, la « technologie des endurcissements ». À l'école, les punitions corporelles forgent le caractère. Jean-Claude Caron[130] les a analysées en détail : les gifles, les coups de règle, les agenouillements, le piquet, quand ce n'est pas le cachot, inscrivent « les disciplines de l'esprit dans la mémoire du corps[131] ». L'idée règne selon laquelle la bonne douleur ne saurait faire mal et qu'elle est formatrice.

À l'intérieur des casernes, montre Odile Roynette[132], les soldats sont endurcis par l'exercice et par la discipline corporelle. Dans l'ensemble du corps social, l'appréciation des saisons s'effectue selon des valeurs morales. L'hiver est perçu comme un révélateur[133]. La manière de supporter le froid mesure la vaillance des individus. Jacques Léonard a montré la force de résistance populaire à la douleur[134]. Le paysan et l'ouvrier au travail endurent les blessures légères avec le plus grand stoïcisme, sous peine d'être déconsidérés. L'abondant discours médical consacré au pusillanime symbolise ce système d'appréciation qui triomphe alors que germent l'analgésie, l'antalgie et l'anesthésie.

Des logiques inverses, en effet, induisent une transformation du statut de la douleur et un abaissement des seuils de tolérance. Depuis la fin du XVIIIe siècle, l'élaboration d'une tradition philanthropique et l'avènement de l'âme sensible, nous l'avons vu, rendent peu à peu intolérables le massacre et le supplice anciens. En 1780, Ambroise Sassard publie un mémoire qui s'accorde à la sensibilité nouvelle. Il y présente la douleur comme une ennemie intérieure, accablante, dévastatrice. « Elle oblitère toutes les fonctions de l'âme et des sens[135]. » Cette valeur négative se trouve confortée par la tradition hippocratique selon laquelle la douleur fait courir un risque mortel. En 1847, Velpeau rappelle qu'elle peut être néfaste à la survie. En 1850, Buisson fixe à quinze minutes le seuil de résistance de l'individu à une souffrance intolérable ; au-delà, la mort survient dans 75 % des cas. Il songe, à titre d'exemple, à celle qui est causée par une amputation. En 1853, Yvonneau constate, à son tour, que la douleur, à elle seule, entraîne quelquefois la mort.

Le retrait du vitalisme facilite la diffusion de la conviction selon laquelle la douleur n'est pas utile à la guérison et qu'elle ne constitue par véritablement une force vitale. À cela, s'ajoute la gêne qu'elle occasionne lors des opérations. On comprend mieux, dès lors, la vigueur nouvelle de la lutte, les progrès de l'analgésie, de l'antalgie et, surtout, la « révolution anesthésique »[136].

Pour bien saisir la portée de cette dernière, considérons l'histoire des douleurs opératoires[137]. Avec celles des parturientes, elles sont alors perçues comme les plus intenses. À la différence de celles qui sont causées par la goutte ou par les névralgies faciales – que l'on pense, durant la seconde moitié du siècle, être les souffrances les plus terribles endurées par le malade –, la douleur opératoire, qui résulte de la main de l'homme, est intentionnelle, prévisible, comme celle du supplice. Elle s'inscrit dans une scène opératoire dramatique. Celle-ci atteste, tout au long de la première moitié du XIXe siècle, la persistance d'un ancien régime de la douleur infligée, certes en vue d'un bien. Ce qui explique qu'aux yeux de l'opinion le bourreau et le boucher se posent alors comme des métaphores du chirurgien.

La scène opératoire est bien un spectacle de la douleur, réservé à un petit nombre d'individus ; spectacle sonore ponctué de cris affreux, de hurlements que l'on ne peut modérer, au dire même des chirurgiens ; spectacle visuel alimenté par les contorsions, l'égarement du patient qui ne cesse de se débattre et, plus encore, par l'épanchement de flots de sang ; spectacle de l'angoisse et du désespoir aussi, compte tenu des terribles taux de mortalité postopératoire. La présence des aides, dont le nombre peut s'élever jusqu'à la douzaine, la multiplicité des sangles et des liens, la « lutte sauvage », toute physique, avec le malade que mène un chirurgien tenu à l'insensibilité apparente, à la fermeté, à la parcimonie de la parole et à la virtuosité, confèrent à la scène opératoire un caractère dramatique et condamnent les acteurs à la célérité.

L'accouchement se déroule, lui aussi, dans un contexte tragique. À en croire les médecins, toutefois avares de paroles sur ces sujets, les parturientes crient comme les opérés. Chez elles, les sanglots sont plus fréquents, les sueurs plus abondantes et l'angoisse née de l'impression de devoir mourir dans l'affaire plus clairement énoncée. Il faut dire que le tempo de l'accouchement n'est pas aussi accéléré que celui de l'opération.

Marie-Jeanne Lavilatte a minutieusement analysé le discours que les médecins consacrent aux affres de l'opération. Ils parlent de *douleurs*, au pluriel, suggèrent ainsi la puissance des émotions suscitées par la multiplicité des formes de souffrance. L'emploi du pluriel s'accompagne presque toujours d'un adjectif. Les praticiens évoquent les « vives douleurs », les « souffrances aiguës », les « souffrances atroces », « cruelles », « intolérables ». L'étude des substantifs révèle la fréquence du terme « tortures », au pluriel. *La* torture constituerait une référence trop nette au vocabulaire pénal. Les expressions « tortures chirurgicales » ou « supplice opératoire » constituent des lieux communs.

La résistance à la douleur a-t-elle évolué ? Nous nous trouvons, ici, face à une énigme que l'historien ne peut véritablement résoudre. Le discours médical sur la pusillanimité ascendante semble indiquer une sensibilité nouvelle, celle qui a suscité la demande d'anesthésie. Plusieurs témoignages de chirurgiens désignent un abaissement des seuils de tolérance ; mais, en la matière, le statut de la preuve demeure faible. Ces textes permettent tout au moins de poser le problème et de se lancer à la recherche des indices.

À l'époque napoléonienne, assure, à titre d'exemple, L. Ollier en 1893, « on trouv[ait] partout des hommes que la douleur n'arrêtait pas, et qui savaient tellement la dominer qu'ils ne paraissaient pas la sentir. J'ai eu encore l'occasion d'opérer, au début de ma carrière, quelques survivants de cette forte génération. Ils refusaient l'éthérisation qu'ils considéraient comme une lâcheté et ils restaient immobiles sous le bistouri et impassibles devant le sang qui les inondait [...]. Je suis persuadé que la race n'en est pas éteinte parmi nous [...] mais quand on voit le nombre de névropathes et de neurasthéniques que nous avons à opérer, on ne peut s'empêcher de glorifier l'éthérisation[138] ». L'anesthésie, en effet, a pacifié la scène opératoire.

Une série de facteurs jouent, au XIXe siècle, en faveur de l'analgésie, de l'antalgie et de l'anesthésie. La disparition de la scène du massacre, l'usage de la guillotine, la relégation des abattoirs hors de la vue du public, l'effacement de toutes les scènes d'épanchement du sang, la désapprobation des macérations par certains théologiens créent un contexte qui rend intolérable la scène opératoire. L'ascension des droits de l'individu, l'angoisse suscitée par les taux de mortalité chirurgicale, désormais mieux connus, la croissance de la consommation, le développement du luxe, la transformation de l'*habitus* créée par des exigences inédites de confort, un nouveau souci du corps[139] confèrent une légitimité nouvelle à la lutte contre la douleur et stimulent la demande d'anesthésie. À cela s'ajoute, après que s'est estompée l'atmosphère d'expiation qui avait marqué la Restauration, un relatif effritement de la valeur rédemptrice de la douleur.

L'anesthésie procure au chirurgien un confort nouveau. Le silence, l'immobilité du patient autorisent la rapidité d'intervention. De ce fait, la scène opératoire se trouve désencombrée et vidée des instruments qui évoquaient la torture. Les saignements sont moins abondants depuis que les incisions peuvent être plus tranquillement calculées et les ligatures plus précisément effectuées. Il devient évident que l'anesthésie fait chuter la mortalité post-opératoire.

Les étapes de la révolution anesthésique sont bien connues[140]. En 1800, Humphry Davy propose l'emploi du protoxyde d'azote pour les opérations chirurgicales et, cinq ans plus tard, le docteur John C. Warren se livre aux premiers essais. En 1818, Michael Faraday publie ses recherches sur les vapeurs d'éther et Henry Hill Hickman, utilisant de l'oxyde de carbone, effectue une série d'expériences sur l'animal. En 1828, l'Académie de médecine de Paris, saisie par le roi Charles X, refuse de donner suite à ses expériences. C'est que l'anesthésie fait peur.

Jean-Pierre Peter s'est efforcé de résoudre l'énigme que constitue, à ses yeux, le demi-siècle d'évitement, d'esquive plus que de nette résistance manifestés à l'égard de l'anesthésie. Il évoque la fierté éprouvée par le chirurgien-virtuose, capable d'opérer avec une étonnante célérité. Surtout : il s'arrête sur les grands médecins qui, à l'exemple de Magendie, considèrent la perte de conscience comme dégradante et disent la nécessité de connaître les épreuves de la vie dans la lucidité. Dans cette perspective, il n'apparaît pas souhaitable de réduire, par une sorte d'ivresse, le patient à l'état de cadavre. À cela s'ajoute la conviction que supprimer la souffrance relève du confort du malade plus que de la science médicale[141]. En revanche, comme le fait remarquer Patrick Verspieren, il serait inexact d'attribuer une influence directe aux autorités catholiques. Entre 1800 et 1870, celles-ci n'ont jamais invité les médecins à se désintéresser du soulagement de la douleur.

La novation, de ce fait, vient des États-Unis. En 1819, Stockmann, de New York, avait étudié les effets du protoxyde d'azote. En janvier 1842, William E. Clarke administre les vapeurs d'éther à miss Hobbie, à l'occasion d'une extraction dentaire effectuée par le docteur Elijah Pope. Il s'agit de la première intervention chirurgicale qui s'accompagne d'un recours à l'éthérisation. Dès lors, les essais se multiplient et, le 16 octobre 1846, Morton effectue une démonstration au *Massachusetts General Hospital*. Malgré une certaine agitation du sujet en fin d'intervention, la réunion est un succès.

L'anesthésie, dès lors, franchit l'Atlantique. Le 15 décembre de la même année, Jobert de Lamballe la pratique. La première tentative se solde par un échec mais la réussite suit bien vite. Quoi qu'il en soit, les contemporains attribuent à Malgaigne la première éthérisation couronnée de succès qui se soit déroulée sur le territoire français.

En trois ans[142], la pratique s'installe, non sans susciter de la réticence et un réel embarras éthique. Plusieurs praticiens se demandent si le sommeil des femmes ne sera pas l'occasion pour certains médecins d'abuser d'elles. De toute manière, la pudeur féminine pourrait s'en trouver menacée. La pesanteur de certains schèmes mentaux incite à la précaution. Les menaces d'asphyxie, d'intoxication, de mort subite planent sur les premières anesthésies. Un grave problème philosophique se pose. Il est encore présenté par Francisque Boullier, en 1865, dans son ouvrage intitulé *Du plaisir et de la douleur*. Certains philosophes, à la suite d'Aristote, n'imaginent pas que la vie puisse se poursuivre dans l'absence de douleur. Dès lors, on se demande si l'anesthésie supprime cette dernière ou si elle n'en ôte pas seulement le souvenir. Enfin, certains chirurgiens, qui avaient fondé leur notoriété sur leur virtuosité et leur rapidité d'intervention, se voient dépossédés du prestige conféré par un brillant savoir-faire puisque, désormais, la précipitation n'est plus de mise.

Quoi qu'il en soit, l'anesthésie se diffuse, avec rapidité, outre-Atlantique et dans l'Europe entière, confortée par la découverte de l'antisepsie (1875) et stimulée par les progrès de l'appareillage. Parallèlement, l'analgésie progresse. L'opium et la morphine sont utilisés – chichement – dès 1806. Duchenne de Boulogne s'emploie à soulager les douleurs des rhumatisants par la faradisation. Plus tard, l'hypnose est utilisée, sans pour autant être bien maîtrisée. Surtout, en 1899 – et la date vient clore la période étudiée dans ce volume –, l'aspirine est commercialisée en France.

Le XIXe siècle correspond donc, tout à la fois, à un abaissement des seuils de tolérance, à une transformation profonde du statut de la douleur, perçue désormais comme une complexe construction émotionnelle, et à une lutte efficace menée contre elle par l'analgésie, l'antalgie et l'anesthésie. À cela s'ajoute une attention nouvelle prêtée à la fatigue. Dans le même temps, nous l'avons vu, le plaisir et la volupté cessent de n'être analysés que dans la perspective de la procréation et l'hédonisme, de ce fait, bénéficie d'une légitimité nouvelle. Au total, un nouveau régime de sensibilité s'est donc imposé. Toutefois, des scènes atroces continuent de se dérouler, à l'occasion des guerres, des massacres coloniaux et des accidents du travail.

TROISIÈME PARTIE

Le corps corrigé, travaillé, exercé

PARMI LES PRATIQUES CORPORELLES, NOUS CHOISIRONS DE FOCALISER LE REGARD SUR LE CORPS TRAVAILLÉ, EXERCÉ ; TRAVAIL DES APPARENCES ET HYGIÈNE DU CORPS, ÉVOLUTION DE LA GYMNASTIQUE, GENÈSE COMPLEXE DES PRATIQUES SPORTIVES, NOTAMMENT EN GRANDE-BRETAGNE. LE TABLEAU AINSI CONSTITUÉ NE SAURAIT, BIEN ENTENDU, ÊTRE CONSIDÉRÉ SANS RECOURS AUX DEUX PARTIES PRÉCÉDENTES.

1

Nouvelle perception du corps infirme

HENRI-JACQUES STIKER

Dire « corps infirme » n'a que l'apparence d'une expression claire. S'agit-il simplement du corps qui, dans la visibilité, se trouve déformé, abîmé, diminué et par là plus vulnérable, plus faible que la plupart des autres ? Le singulier de notre titre pose une question : faisons-nous l'histoire des populations concernées par l'infirmité, ou faisons-nous l'histoire du « corps infirme », c'est-à-dire des représentations de l'infirmité ? Nous tenterons de lier le plus possible les deux points de vue. D'autant que le travail historique ne peut pas, ici du moins, se séparer du regard anthropologique. S'il y a bien, dans l'empirique, des corps contrefaits, ou devenus « mal faits », il y a toujours en même temps une façon, selon les époques, de les élaborer, dans l'imaginaire ou le rationnel.

Nous n'échappons pas au « construit social ». Pour être sans doute une banalité, cette remarque prend une importance considérable dans un domaine dont l'une des originalités est d'engendrer des peurs, des fascinations ou des rejets particuliers. Le symbolique, au sens de Marcel Mauss [1], est indissociable et de l'empirique et du « traitement social ».

L'entreprise se complexifie encore car, tant au niveau des individus atteints qu'à celui des représentations, l'infirmité entretient d'étroits rapports avec des faiblesses d'un autre ordre que celles du soma, voire s'y confond : la folie d'une part, la faiblesse mentale d'autre part. Ces troubles se traduisent dans le corps, ou, à l'inverse, une apparence corporelle est interprétée comme une déviance mentale et psychique. La notion même de corps est floue. Le corps infirme ce n'est pas seulement le corps estropié, c'est aussi le corps qui porte les stigmates de toutes sortes d'atteintes et de souffrances. Enfin, le corps difforme ou affaibli s'est trouvé rapproché du corps monstrueux au point d'y être identifié. Percevoir les distinctions établies au XIXe siècle invite à considérer une période qui s'écoule des années 1780 aux années 1920 : entre le moment où l'infirmité, par la voie des déficiences sensorielles, acquiert une première dignité jusqu'à celui où elle apparaît être l'état d'un corps blessé à réparer.

I. LE CORPS INVALIDE DEVIENT ÉDUCABLE

Du célèbre tableau de Pierre Breughel l'Ancien, *La Parabole des aveugles*, aux descriptions peu connues mais tout aussi horrifiantes de Lucien Descaves [2] à la fin du XIXe siècle, il serait donné à croire que l'aspect et le sort des aveugles ne se sont pas modifiés. Ces individus sont encore objet de railleries, à moins qu'on en fasse des emblèmes de la dissimulation, comme dans le conte *L'Aveugle* de Maupassant [3]. C'est que tous les corps infirmes occasionnent peurs et fantasmes. L'apparence hébétée et baveuse des « imbéciles » laissait penser à Locke [4] que l'on avait affaire, dans ce cas, à une espèce intermédiaire entre l'animal et l'homme, tandis que Leibniz [5] hésitait avant de s'en remettre aux « marques intérieures », et non à l'apparence, et d'affirmer leur appartenance à l'humanité. Victor de l'Aveyron fit douter bien des contemporains de Jean-Marc-Gaspard Itard. Quant au sourd, on le disait semblable à une brute ou « à l'homme sans parole des temps préhistoriques, plus arriéré encore puisqu'il n'entend pas [...] tout ce qui est humain lui est étranger [6] ».

Cette longue histoire infortunée du corps infirme doit être nuancée. De saint Augustin (pour les sourds surtout) à Bourneville (pour les arriérés) jusqu'aux discussions sur le rattachement des écoles de sourds-muets et d'aveugles au ministère de l'Instruction publique en 1910, il existe aussi un courant de valorisation des infirmes dépassant les apparences extérieures. Cependant, et c'est pourquoi nous venons de rappeler le débat du début du XXe siècle entre le ministère de l'Intérieur et le ministère de l'Instruction publique, les infirmes font partie des populations impotentes relevant seulement de l'assistance et de la bienfaisance, privée d'abord et partiellement publique depuis la Révolution. Robert Castel[7] parle d'une « handicapologie », catégorie récurrente au long de l'histoire occidentale, constituée de ceux qui ne peuvent subvenir à leurs besoins par le travail, et qui en sont dispensés de droit, où l'on retrouve systématiquement les infirmes. Le lien entre pauvreté et infirmité demeure à la fin du XIXe siècle, cette dernière faisant partie de la question sociale[8].

Ainsi le corps infirme, qu'il soit vu par la rue, par les écrivains, par les savants, ou même par ceux qui s'en occupent, continue d'être repoussant, misérable, fantasmé. Pourtant, une fracture historique vient de se produire à la fin du XVIIIe siècle. Les infirmes commencent à être éduqués, à être regardés autrement que comme des rebuts et à sortir d'une visibilité seulement laide et effrayante.

Diderot, dans sa *Lettre sur les aveugles à l'usage de ceux qui voient* (1749), avait affirmé la parfaite égalité des facultés chez les voyants et les aveugles. La démonstration était à la fois théorique, par le recours à l'origine des connaissances selon Condillac, et pratique, par la preuve des capacités du mathématicien Saunderson et de l'aveugle de Puiseaux. Dans l'addition à la *Lettre*, rédigée bien des années plus tard, et qui met en scène Mélanie de Salignac, Diderot démontre la possibilité pour un infirme sensoriel d'accéder à des compétences égales ou supérieures à celles des autres, dès lors que les moyens adéquats lui sont offerts. Cette immense ouverture intellectuelle et pragmatique déborde la cécité. Elle conduit à écarter les préjugés concernant la prétendue infériorité de nature des infirmes. Elle va permettre, soutenue par la grande idée de l'égalité foncière entre les hommes et par la revendication à l'autonomie – dans laquelle Kant a résumé l'apport des Lumières –, les initiatives bien connues d'éducation des jeunes aveugles par Valentin Haüy, précédées de l'éducation des jeunes sourds par l'abbé de l'Épée, puis des arriérés par Jean-Marc-Gaspard Itard[9]. Ce dernier échoua avec Victor mais il eut des successeurs efficaces en la personne d'Édouard Seguin[10] et de Désiré Magloire Bourneville[11].

Dans le même temps, Philippe Pinel percevait la curabilité des fous.

Dans chaque cas, pour ces « infirmes du signe[12] », les pionniers tentent de mettre au point une technique appropriée : l'écriture en relief, relayée par le braille dans la décennie 1820, le langage par les signes, systématisé sous une première forme par l'abbé de l'Épée (à l'inverse de la technique de démutisation de Pereire), la psychiatrie et ses premières nosographies, une méthode pédagogique spécifique qu'après Édouard Seguin, Maria Montessori généralisa. Dans cette perspective, l'infirme devient essentiellement *éducable*. Certes, son corps est toujours considéré sous l'aspect de sa déficience mais il alimente la grande passion pour l'éducation, enracinée chez Rousseau, Pestalozzi, Basedow, etc., qui se poursuit tout au long du XIXe siècle. Le corps de l'infirme, éduqué parce qu'éducable, participe de la grande histoire du « corps redressé ». Georges Vigarello signale ainsi que « Verdier crée en 1772 un établissement qui ne semble pas avoir d'antécédents, où sont reçus les enfants victimes de quelques difformités[13] ».

Le XIXe siècle est partagé entre une vision misérabiliste et la nouvelle vision éducative. La question des sourds est typique du dilemme qui traverse cette période. Si l'on se place en 1880, date du congrès international de Milan sur l'instruction des sourds-muets, où triomphe la méthode orale contre le langage gestuel (lequel n'aura plus officiellement cours et demeurera cantonné à la clandestinité pendant un siècle), une des questions déterminantes fut d'ordre anthropologique. Est fortement réaffirmée l'idée ancienne que la gesticulation n'est pas digne de l'homme civilisé, dont le propre est de parler la langue orale. Le corps n'a pas à prendre la place de l'esprit ; la mimique est une régression qui manifeste le caractère insupportable de l'infirmité. En faisant accéder les sourds à l'oralité, il serait possible au contraire de normaliser l'infirmité. Normalisation par ailleurs dans l'air du temps puisque se développe alors une approche des faits sociaux et humains par la référence aux « moyennes »[14]. Ce cas permet de saisir les paradoxes dans lesquels le siècle se débat. La méthode gestuelle que l'abbé de l'Épée avait promue afin d'éduquer les sourds faisait maintenant apparaître ceux-ci comme infra-humains, les stigmatisait. Au nom même de la passion éducative, on prônait un oralisme qui allait laisser les malentendants dans une quasi-impossibilité d'accéder à la culture. Les contradictions étaient ainsi portées à leur comble : la vue d'un corps parlant en signes corporels était intolérable à ceux-là mêmes qui visaient à l'éduquer. Tel est le dilemme qui se pose durant tout le siècle : comment conférer une normalité au corps infirme et faire disparaître son apparence choquante tout en soulignant son anormalité ?

Cette analyse se confirme si nous considérons les lieux dans lesquels se trouvaient regroupés les infirmes. Les institutions d'éducation, qui ne s'adressaient par définition qu'aux plus jeunes d'entre eux, sont restées peu nombreuses au cours du siècle. À la date de 1851 [15], l'État n'a encore fondé que deux institutions de sourds-muets (Paris et Bordeaux), trente-sept autres étant privées. Ces trente-neuf établissements donnent l'instruction à 1 675 élèves. Il n'existe qu'une seule institution publique (Paris) destinée aux aveugles. Elle compte 220 élèves. Dix autres en regroupent 307. Or, le nombre total des aveugles en France se situe entre 30 000 et 37 000, dont 2 200 enfants, âgés de cinq à quinze ans. Celui des sourds-muets est estimé à 30 000, dont 5 000 de moins de quinze ans. Il est donc clair que la plupart des infirmes sensoriels sont alors dispersés, soit dans leur famille, où ils sont plus ou moins bien traités, soit dans les hospices ou les hôpitaux, mêlés aux vieillards et aux insensés, soit encore (ou en même temps) dans la rue, où ils mendient [16]. Dans tous ces lieux de misère, les corps infirmes sont laids et pitoyables. Pour fréquenter les établissements d'instruction il faut bénéficier de bourses, sinon les familles doivent payer de leurs propres deniers ; les plus pauvres n'en ont pas la possibilité.

Quant aux infirmes physiques, ceux dont le corps est éclopé, mutilé ou difforme, ils ne disposent pas d'institutions d'éducation spéciale [17]. Ils errent, eux aussi, entre leurs familles, la rue, l'hospice ou l'hôpital. Certains peuvent bénéficier de traitements dans des cliniques orthopédiques, prolongées parfois en écoles professionnelles, telle celle de la rue Basse-Saint-Pierre dans le quartier de Chaillot à Paris, tels également les premiers établissements de Berck ou de Forges-les-Bains destinés aux scrofuleux ou encore les très innovantes réalisations scandinaves de Göteborg, de Helsinki ou de Stockholm [18]. Cette passion orthopédique, qui fait appel à de nombreuses techniques redresseuses – lits, système à poulies, etc., bref, les ancêtres de nos moyens de rééducation et de kinésithérapie –, se répand [19]. Mais ces rééducations coûtent cher ; par conséquent les pauvres en sont exclus. Enfin, il faut poser la question des lieux où l'on rassemble les idiots, les imbéciles, les crétins, les arriérés pour adopter le mot le plus souvent utilisé à l'époque [20].

Jusqu'au vote de la loi d'avril 1909 sur les classes et établissements de perfectionnement, il n'y eut, en France, aucune institution publique destinée à ces populations, dont le corps était profondément marqué. Édouard Seguin, pionnier entre tous, réussit tout au plus à travailler à l'intérieur de Bicêtre, grâce à Bourneville – ce service resta la seule initiative éducative des arriérés jusqu'en 1909 –, et à ouvrir une école indépendante à Paris, laquelle ne survécut pas à son départ pour les États-Unis, qui lui doivent de nombreuses réalisations. Cela dit, la Suisse et l'Angleterre, ainsi que d'autres pays européens, avaient pris des initiatives dès le milieu du siècle [21]. Il faut ajouter qu'en France les enfants arriérés étaient très souvent mélangés avec les sourds-muets et les aveugles, dans des établissements en principe spécialisés, soit que l'arriération accompagne de fait une déficience sensorielle, soit que l'on n'ait pas été très strict dans ces institutions, confessionnelles pour la plupart, fonctionnant avant tout sur le registre de l'accueil charitable.

En bref, le XIXe siècle apparaît déchiré ; la passion éducative et rééducative ne se déploie que lentement et les infirmes peinent à sortir d'une fantasmagorie qui les lie indéfectiblement à l'anormalité radicale. Pour bien saisir cette tension, il nous faut nous reporter à l'histoire englobante des monstres, avant d'évoquer la notion de dégénérescence, qui s'exerce alors que le corps infirme commence d'être objet de la solidarité collective.

II. LE CORPS INFIRME COMME MONSTRUEUX

Jusqu'à la fin du XVIIIe siècle, les discussions théoriques sur le monstre portent sur des corps dont les caractéristiques sont excessives (doublons de certaines parties, expansion démesurée, atrophie importante, etc.). Cela dit, il nous faut souligner l'indistinction entre des réalités fort différentes, qui sera encore le lot du début du XIXe siècle. Dans sa *Lettre sur les aveugles à l'usage de ceux qui voient*, Diderot fait ainsi part de l'opinion reçue selon laquelle les aveugles font partie de la catégorie des monstres [22]. Ce qui, du reste, est cohérent avec cette autre opinion, contre laquelle Diderot se bat, qui lie la cécité (comme la surdité) à une intelligence inférieure. Joseph Boruwlaski, nain qui vécut presque centenaire (1739-1837) et dont la célébrité lui valut d'illustrer l'article du même nom dans l'*Encyclopédie*, écrit dans son autobiographie [23] : « je suis fâché de le dire pour l'honneur de notre espèce... ». Aux yeux de Boruwlaski lui-même, surnommé Joujou et qui, cependant, sortit de sa condition exceptionnelle, le nain fait partie d'une espèce humaine à part. En 1705, Alexis Littré, médecin anatomiste, dissèque une petite fille morte en bas âge et découvre qu'elle a le vagin et la matrice divisés en deux par une paroi [24]. Les savants, tel Fontenelle, discutent de ce cas comme de celui de l'enfant double (deux corps unis par le bassin) né à Vitry-sur-Seine en 1706 et de nombre d'autres. Bien des exemples pourraient être avancés montrant qu'au début du XIXe siècle le monstre est encore mal défini, la catégorie pouvant comprendre des phénomènes hétérogènes. On n'avait guère dépassé les vues d'Ambroise Paré : le monstre est celui qui est « outre le cours de la Nature » dont il perturbe l'organisation hiérarchisée [25] ; le prodige étant celui qui se présente « contre nature ». Monstre et prodige étant souvent perçus, dans une perspective religieuse, comme des signes plus ou moins maléfiques. La catégorie de la monstruosité englobe le rare, l'inhabituel, l'exceptionnel. De là sa capacité à concerner l'aveugle comme les siamois.

1. La représentation savante

Comme Jacques Roger l'a montré [26], un débat se clôt avec la mort de Lémery en 1743 et l'abandon par son adversaire, Winslow, de la doctrine de la préexistence des germes. La présence des monstres humains risque d'enfermer dans le dilemme d'un Dieu ignorant ou méchant, alors qu'il faut affirmer que Dieu est sage et bon. Le débat est avant tout théologique, même si à l'intérieur du créationnisme nous trouvons deux tendances. 1) Pour les uns, les monstres sont déposés comme tels dans les germes ; et l'on se doit d'avoir l'humilité de ne pas prétendre pénétrer les insondables desseins divins (position d'Arnaud comme de Winslow). Les monstres ne nous apparaissent tels que parce que nous prenons l'habituel pour le naturel. Tel était déjà l'avis de Montaigne [27]. 2) Pour les autres, les monstres sont dus à des accidents et relèvent soit du mécanisme cartésien des lois de la nature soit d'un providentialisme qui assume la complexité du monde.

Ce second courant ouvre sur la rationalité, donc sur l'observation et l'analyse des faits. À quoi s'ajoute, bien que hors de la polémique que nous venons de rappeler, la position de Diderot et des médecins de Montpellier affirmant un vitalisme et une surabondance de la vie, une entière spécificité et autonomie de la vie, contre tout relent de cartésianisme. La question est donc celle de l'épigenèse de l'ordre, plus que celle de l'ordre initial. Ainsi, Diderot « pose la préséance de l'écart sur la règle, et du pathologique sur le physiologique [28] », puisque les formes les plus habituelles ne sont que des possibles parmi d'autres. La double problématique de la rationalité des formes et de la luxuriance de la vie habite tout le XIXe siècle.

Ce sont les deux Geoffroy Saint-Hilaire qui, alors, font progresser la pensée. Étienne [29] affirme d'emblée l'appartenance des monstres nés d'humains à l'humanité, ce dont doutaient encore certains de ses contemporains. L'observation prouve, en effet, qu'un monstre n'est pas monstre tout entier : il y a de la régularité d'un côté et de l'irrégularité de l'autre. C'est la même position que celle adoptée par Pinel à propos de la folie. Avec Étienne Geoffroy Saint-Hilaire la monstruosité est ordonnée ; elle obéit à des lois rationnelles qui sont à chercher en tenant Dieu à l'écart.

Cette attitude est patente dès les premières pages du *Traité de tératologie* du fils, Isidore Geoffroy Saint-Hilaire [30]. Le premier, celui-ci donne une définition univoque de la monstruosité à base de critères objectifs, qui, par conséquent, la limitent. « Toute déviation du type spécifique, ou en d'autres termes, toute particularité organique que présente un individu *comparé à la grande majorité des individus de son espèce, de son âge, de son sexe*, constitue ce qu'on peut appeler une anomalie. Le mot monstruosité a souvent été employé comme synonyme d'anomalie [...] au contraire d'autres auteurs n'ont compris sous le nom de monstruosité que les anomalies les plus graves et les plus apparentes, ils ont donné ainsi à ce mot un sens beaucoup moins étendu. Je suivrai dans cet ouvrage l'exemple de ces derniers anatomistes, non seulement parce que je partage la répugnance qu'ils éprouvèrent à appeler monstres des êtres à peine différents de l'état normal mais aussi et surtout parce que la répartition des anomalies en plusieurs grandes sections me paraît commandée par la nature même des relations anatomiques qui existent entre les moins graves, et celles qui le sont plus, ou les monstruosités [...]. La division que j'ai adoptée est basée principalement sur trois considérations: la nature des anomalies, leur degré de complication et de gravité sous le rapport anatomique, et l'influence qu'elles exercent sur les fonctions[31]. »

La monstruosité ne commence qu'avec la réduction à l'unité là où il doit y avoir dualité, par exemple un seul œil au lieu de deux; une partie du cerveau au lieu du tout etc., ou au contraire quand il y a dualité là où il ne devrait y avoir qu'un exemplaire, tous les cas de doubles. « Lorsqu'il y a seulement augmentation ou diminution apparente, l'anomalie ne constitue pas une véritable monstruosité. Lorsqu'il y a augmentation ou diminution numérique réelle, l'anomalie constitue souvent, mais pas toujours, une monstruosité. Enfin il y a des cas où l'on rencontre à la fois une réunion contre nature, et par conséquent la suppression apparente d'un organe, coïncidant avec l'atrophie complète d'un autre organe. Si ces deux anomalies sont liées entre elles, et surtout si l'une peut être considérée comme la cause de l'autre, elles constituent alors évidemment une anomalie complexe, une véritable monstruosité[32]. »

Isidore Geoffroy Saint-Hilaire va jusqu'à se demander s'il faut conserver la catégorie de monstruosité, étant donné sa conception d'une échelle continue entre la normalité et les plus graves anormalités. Il est toujours des lois qui commandent ces dernières et qui les ramènent au fonctionnement ordinaire, habituel.

Il ne saurait s'agir ici de faire l'histoire des conceptions de la monstruosité. Ce qui apparaît décisif pour notre propos, c'est qu'Isidore Geoffroy Saint-Hilaire sépare définitivement le corps monstrueux de l'infirmité en général. Il illustre parfaitement cette phrase lapidaire de Georges Canguilhem: « Au XIXe siècle, le fou est à l'asile où il sert à enseigner la raison, et le monstre est dans le bocal de l'embryologiste où il sert à enseigner la norme[33]. » L'histoire du corps infirme comme corps monstrueux se termine avec Isidore Geoffroy Saint-Hilaire. Pour ce qui est de la pensée savante s'entend. La tératologie ne relève plus de la médecine, mais la délimitation précise de la monstruosité ouvre la voie à la rééducation des anomalies.

Prenons-en pour témoin Jules Guérin[34]. Ses mémoires techniques[35] portent moins sur la monstruosité, au sens que donne à ce mot Isidore Geoffroy Saint-Hilaire, que sur les difformités nommées «anomalies» par ce dernier. Jules Guérin se déclare le premier à fonder une «clinique» des anomalies. Avec lui se dessine la filière de la médecine réparatrice et redresseuse dont nous avons déjà parlé. Il tire la logique des travaux d'Isidore Geoffroy Saint-Hilaire: il y a les anomalies, qu'il préfère appeler difformités (car il s'occupait surtout des déformations du squelette), qui se distinguent des monstruosités, même si les premières éclairent les secondes, et inversement. L'étude et la thérapeutique des difformités deviennent une «spécialité». Par analogie avec la monstruosité, la difformité constitue une famille de faits *sui generis.* «Vous voyez, messieurs, que la seule définition de la difformité, telle que je l'entends, nous donne immédiatement une anatomie, une physiologie, une pathologie et une thérapeutique spéciales... [36]. »

Cette «médecine des difformités» – la présentation de Jules Guérin est proche de celle d'André Grossiord, inaugurant la chaire de médecine physique à Garches en 1948 – s'inscrit dans la même rationalité que la médecine et la science de la normalité. Jules Guérin est bien disciple d'Isidore Geoffroy Saint-Hilaire, mais à cette différence importante près que la distinction entre monstruosité et anomalie lui permet de remédicaliser la seconde.

Les étapes suivantes de la pensée savante de la monstruosité [37] n'ont, présentement, d'intérêt que dans la mesure où elles introduisent à une autre catégorie: la dégénérescence, dominante à la fin du siècle. Camille Dareste (1822-1899), dans son ouvrage plusieurs fois réédité, s'appuyant sur la conception lamarckienne de la transformation des espèces par l'influence du milieu, opère la distinction entre monstruosité et dégénérescence, mais son transformisme le porte à considérer la monstruosité comme une mutation dans l'espèce, ce qui ouvre une tout autre perspective, que pourront exploiter les théoriciens qui prétendent se prononcer sur le caractère plus commun ou plus avantageux des formes de vie. Le débat sera alors d'un autre ordre, que Delage considère comme celui des rapports de la race et de l'individu, renvoyant au social et au psychologique [38]. Face à ces mises au point, et s'en servant parfois [39], l'imagerie populaire allait bon train au cours du XIXe siècle.

Nouvelle perception du corps infirme

1. Pieter Bruegel le Vieux, *La Parabole des aveugles*, 1568, Naples, musée de Capodimonte.

Derrière la description du malheur, et même peut-être la dénonciation de la cécité comme un châtiment, Bruegel fait de ces six aveugles une parabole de l'ensemble de la condition misérable de l'humanité, irrémédiablement destinée à la chute mortelle. L'infirmité est portée à la dignité de nous représenter tous.

2. *L'Abbé de l'Épée et le Langage des signes*, vers 1860.

Il fut le premier, avant Valentin Haüy (jeunes aveugles), Jean-Marc Itard (arriérés), Philippe Pinel (fous), à miser sur l'éducabilité des infirmes, que la *Lettre sur les aveugles à l'usage de ceux qui voient* (Diderot, 1749) avait déjà promue. Les jeunes sourds pauvres, grâce à une langue spécifique que l'abbé de l'Épée élabore, peuvent être instruits collectivement. Figure devenue sans doute trop mythique, « l'Abbé » avait su se gagner la faveur des princes et de Louis XVI lui-même, assurant à son œuvre les plus hauts appuis.

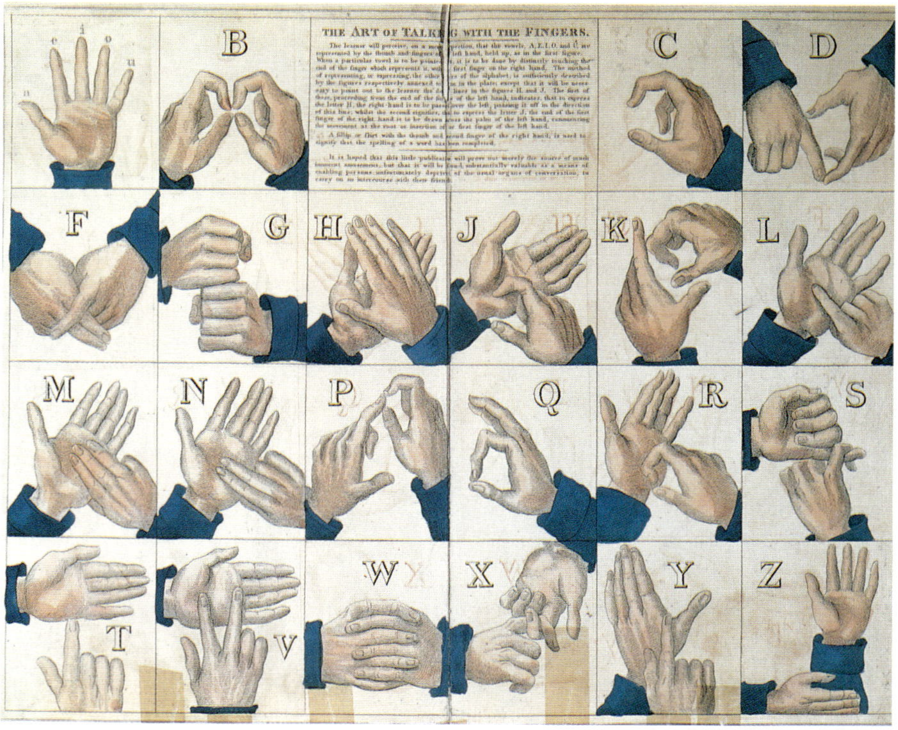

3. École anglaise, *L'Art de parler avec les doigts*, Paris, Institut national des jeunes sourds.

Un alphabet n'a jamais fait une langue. La dactylologie est très ancienne, remontant au Moyen Âge (saint Bonaventure). Mais il fallut attendre l'abbé de l'Épée pour avoir l'intuition, et la première ébauche, du langage gestuel, avec sa double articulation des mots et des phrases. Un système de signes linguistiques, comme le braille, permet une écriture, une transcription d'un système dans un autre, mais la langue par gestes est d'un tout autre niveau, comme toute langue naturelle.

4. Affiche publicitaire pour le cirque Barnum, vers 1895, Washington, Library of Congress. Le cirque *Barnum and Bailey and Ringling Brothers Associated* fut créé par Phineas Taylor Barnum (1810-1891).

La pratique populaire se fait industrie, industrie du spectacle et industrie de production de monstres. Il est vrai que, malgré une tournée du cirque Barnum en Europe au début du XXe siècle, il ne fut guère copié en France.

5. Salvadore Tresca, *Demi-crétine du Valais*, XIXe siècle, Paris, musée d'Histoire de la médecine.

Le crétinisme semble avoir été présent sur tous les continents et à toutes les époques. Une première enquête officielle sur le goitre fut faite dans le Valais par Rambuteau, préfet du premier Empire. Comme pour d'autres états pathologiques, les hypothèses les plus diverses ont été formulées sur ses causes. Dès 1820, le docteur Coindet démontre que l'iode est un principe très actif contre le goitre.

6. Ci-dessus, École anglaise, *Miss Julia Pastrana*, 1862, Londres, Westminter Archive Center.

La femme à barbe fait partie de ces nombreuses anomalies que l'on nomme monstrueuses et qui, tout au long du XIXe siècle, étaient objet d'exposition dans les foires. Outre que ces personnes déformées ou avec des caractéristiques bizarres ou rares rapportaient de l'argent, elles servaient d'exutoire à l'attirance et à la répulsion éprouvées simultanément envers le hors-norme et même l'abjection, projetée sur les déficiences très lourdes.

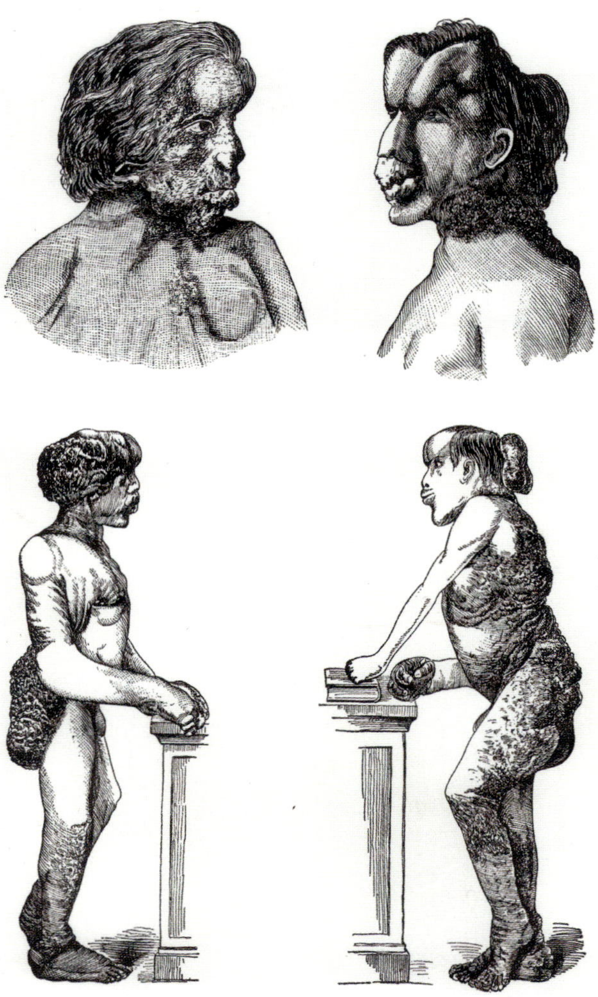

7. École américaine, *John Merrick, l'homme-éléphant*, in *Anomalies et curiosités de la médecine*, XXe siècle, Ann Ronan Picture Library.

Le plus célèbre des hommes-éléphants, à l'épiderme rigide, déformé, dur, John Merrick, dont le récit de la vie fut consigné par le docteur Treues, passa de longues années paisibles à l'hôpital Carr de Londres. Il connut d'abord une existence misérable et exploitée. Le renom que lui donna Treues le fit visiter par toute la haute société londonienne, et il manifesta la plus haute intelligence et la plus grande sensibilité.

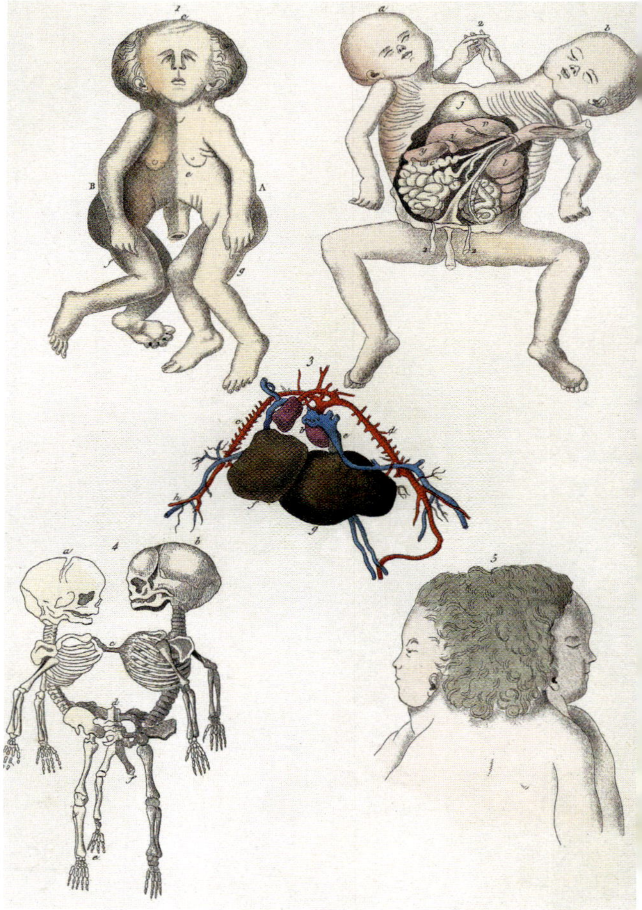

8. Gaspard Joseph Martin-Saint-Ange, *Planche anatomique sur des corps, des squelettes, des cœurs et des têtes de siamois*, vers 1830-1849.

Ce sont sans doute les Geoffroy Saint-Hilaire, père et fils, qui ont donné la meilleure définition de la monstruosité, réservant cette notion au doublement ou à la réduction à l'unité. Quand il y a multiplicité là où il ne devrait y avoir qu'un seul élément (deux têtes pour un seul corps) ou, à l'inverse, quand il n'y a qu'un élément unique là où il devrait y avoir multiplicité (un seul bassin pour deux corps), on peut parler de monstruosité. Dans les autres cas, on ne devrait parler que d'anomalies. Mais le langage commun, appuyé sur des représentations sociales fantasmatiques, ne tient pas compte des essais scientifiques de distinctions opératoires.

Hygiène du corps et travail des apparences

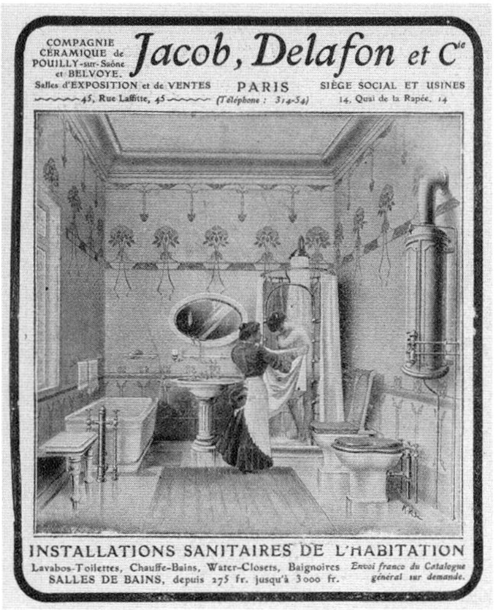

1. *La Toilette*, XIXe siècle, Paris, Bibliothèque nationale de France.

La toilette bourgeoise autour de 1840 : espace peu différencié, cuvette, miroir haut, parfum, éponge, lavage « partiel ».

2. Publicité in *Femina*, 1906.

La salle de bains bourgeoise au début du XXe siècle : espace nettement différencié, chauffe-eau, baignoire et douche, bidet, lavabo, carrelage, lavage par immersion.

3. Jean Henri Marlet, *Les Bains à domicile*, 1921-1923.

Pratique intermédiaire entre la salle de bains privée et le bain public, le « bain à domicile » véhicule eau chaude et baignoire, à partir de 1820, révélant la difficulté des réseaux d'eau comme l'émergence d'une nouvelle sensibilité.

4. *Le Bain de boue*, gravure, 1890, d'après un dessin de Fritz Gehrke.

La baignoire du bain public en Allemagne à la fin du XIXe siècle, le geste du baigneur proche du geste hydrothérapeutique.

5. L. Sabatier, *Le Tub*, 1909.

La présence du tub dans l'appartement bourgeois au début du XXe siècle révèle la rareté durable de la salle de bains, la non-spécificité durable des lieux d'eau, autant que l'exigence croissante de l'ablution intime et « complète ».

6. Coupe du sol sous une rue de Paris, gravure d'après un dessin de E. Renard, 1852.

7. Fred Sheperd, *Les Égouts de Fleet Street*, 1845, Londres, Guildhall Library.

À partir du milieu du XIXe siècle, se construit dans les villes une machinerie hydraulique : le sous-sol de la cité est « capillarisé » par la conduite de l'eau pure et le rejet des eaux usées.

8. Établissement de bains-douches bon marché ouvert à Paris en 1899. Le bain-douche à bon marché à la fin du XIXe siècle : l'hygiène populaire conçue à partir du seul établissement public.

9. *La Piscine du gymnase des Champs-Élysées*, 1850, Paris, musée Carnavalet.

10. *Les Bains de l'hôtel Lambert à Paris*, XIXe siècle, Paris, bibliothèque des Arts décoratifs.

La piscine échelonne ses espaces entre le modeste et le luxueux au milieu du XIXe siècle : elle a été longtemps conçue comme mêlant l'hygiène, l'exercice et l'hydrothérapie.

2. *La représentation populaire*

Le XIXe siècle est plein de corps difformes montrés dans les foires et les fêtes foraines [40]. Certes, l'exposition des « monstres » est aussi vieille que la fausse étymologie qui rattache le monstre au latin *monstrare* [41]. Elle s'accorde à la sortie des familles qui, le dimanche, viennent à Bicêtre contempler les fous enchaînés, hurlants ou asthéniques. L'énumération de la variété des difformités exhibées et des lieux de tels divertissements soulignerait seulement l'importance quantitative de cette pratique. Plus significative est l'analyse de Robert Bogdan [42] qui sépare le siècle en deux, selon la date charnière de 1840, c'est-à-dire celle de la fondation du Musée américain par Phineas Taylor Barnum (1810-1891). La pratique populaire se fait industrie, industrie du spectacle et industrie de production de monstres. Il est vrai que, malgré une tournée du cirque Barnum en Europe au début du XXe siècle, il ne fut guère copié en France où il fallait toujours chercher la femme la plus grosse du monde, les sœurs siamoises ou l'homme-squelette dans certaines fêtes foraines. Sinon, le public se pressait au musée Spitzner [43] dont le catalogue comprenait des moulages représentant maintes monstruosités, à côté d'anomalies et d'infirmités diverses, comme c'était le cas, un peu plus tôt, à la Chambre des horreurs du médecin Curtius, fondateur d'une exposition de tableaux historiques (1776), laquelle deviendra le fonds du musée Tussaud à Londres en 1835. On pouvait encore se rendre à la faculté de médecine, au musée de cire anatomique créé par le doyen Orfila grâce au legs de Dupuytren. À la même époque, le goût du morbide poussait les désœuvrés du dimanche vers la morgue.

Le récit du docteur Treves [44] consacré à John Merrick, l'homme-éléphant, qui se déroule entre 1884 et 1890, donc après la création de Barnum, restitue parfaitement le climat et les pratiques de la seconde moitié du XIXe siècle en Europe. Sans doute faudra-t-il l'invention du cinéma pour que ces monstrations déclinent, avant de disparaître. Le besoin de spectacles étonnants, qui stimulent l'imaginaire, a su être capté par les premières réalisations de Méliès. Mais il ne suffit pas de rappeler que l'exposition publique des cas monstrueux constituait un fait permanent pour analyser, dans sa totalité, le regard porté par le XIXe siècle sur les corps infirmes. Il est instructif de se tourner vers la littérature.

En 1869, Victor Hugo[45] crée le personnage de Gwynplaine, un enfant défiguré par un rictus permanent et grotesque, rendu tel par des trafiquants, les *comprachicos*, qui achètent des enfants, pratiquent une chirurgie faciale ou corporelle, selon la finalité recherchée ou demandée, et les revendent sur le marché des monstres, c'est-à-dire les foires. L'intrigue hugolienne est située au XVIIe siècle mais Guy de Maupassant, pour sa part, illustre le fait que le trafic d'enfants volontairement contrefaits n'était pas chose rare en son temps[46]. Plusieurs traits retiennent notre attention dans le roman de Victor Hugo.

Gwynplaine ne pourra jamais sortir de ce rôle d'amuseur de foire. Même quand, ayant récupéré son titre de pair d'Angleterre, il prononcera un discours enflammé en faveur des pauvres, il demeurera un saltimbanque, un bouffon. Jamais il ne sera pris pour lui-même, sauf de la part de celle qui ne voit pas, Déa. Il n'est que sa difformité : « chose inexprimable, c'était avec sa propre chair que Gwynplaine était masqué. Quel était son visage, il l'ignorait. Sa figure était dans l'évanouissement. On avait mis sur lui un faux lui-même. Il avait pour face une disparition[47] ».

Les spectateurs rient à la baraque d'Ursus mais il s'agit d'une hilarité angoissée, qui se termine dans l'horreur ; Gwynplaine, comme Déa, forment miroir. Dans le roman de Victor Hugo, le pouvoir trouve dans la difformité son envers. Le difforme, situé à l'autre extrémité du corps social, valorise les grands de ce monde, mais, dans le même temps, ceux-ci ont, avec lui, une certaine affinité. Dans leur grandeur et leur pouvoir, ils sont également monstrueux. Eux aussi, journellement, portent des masques. Ce que Gwynplaine est au-dehors, la duchesse (Josiane) l'est au-dedans. Elle se sait monstrueuse, d'autant qu'elle est bâtarde. Le monstrueux externe lui permet de se complaire en elle-même. S'unir au monstrueux c'est s'en défaire, dans un rapport de purification ; d'autant que Gwynplaine est, avec Déa, l'image de la pureté absolue dans un monde visqueux. Josiane dans sa perversité ne considère pas Gwynplaine comme un autre véritable. C'est pourquoi il ne lui sera tout à coup plus rien quand elle apprendra qu'il est pair d'Angleterre, destiné à devenir son mari. Elle n'a rien à faire d'un époux difforme. Gwynplaine n'était révélateur que dans la transgression. Victor Hugo, en établissant un pont entre le bouffon du Moyen Âge[48] et la curiosité du

XIXe siècle, prend en compte la thématique de la monstruosité « morale », dont la monstruosité physique est image[49]. Il annonce le glissement de la notion de monstruosité du corps physique vers les protagonistes des drames terrifiants du XXe siècle (guerre de 1914-1918, nazisme, totalitarisme soviétique…), ou son éloignement dans la science-fiction.

Au moment où le corps monstrueux laisse place à d'autres visions de la monstruosité, un succédané voit le jour : le corps dégénéré.

III. LE CORPS ET LA DÉGÉNÉRESCENCE

La notion de dégénérescence[50], dans un premier temps, ne rencontre pas celle de monstruosité, parce qu'elle naît et se développe dans le cadre de la médecine aliéniste et non chez les biologistes. Elle prétend s'appliquer aux maladies mentales et en provenir, mais le type même du dégénéré est le crétin, l'arriéré ou l'idiot. La principale élaboration de la dégénérescence est due à Bénédict-Augustin Morel (1809-1873)[51]. Celui-ci fut commenté, critiqué, parfois oublié dans la seconde partie du XIXe siècle, mais Jean-Christophe Coffin[52] montre bien que son livre demeura la référence essentielle de la théorie de la dégénérescence. Plusieurs données sont à retenir.

L'existence des dégénérés est un postulat de base, jamais critiqué. À partir de ceux que l'on appelait des crétins, individus déficients sur le plan thyroïdal et le plus souvent goitreux[53], ou des cas de grande maladie psychique et d'arriération intellectuelle, Morel a imposé la catégorie de « dégénéré », comme une catégorie psychiatrique générique. Cette construction de la catégorie, très aléatoire, n'a été possible que parce qu'elle avait une fonction plus générale que d'élaborer la clinique. Il convient de noter sa connivence avec les thèmes nouveaux de l'évolution des espèces et de l'hérédité. Si, en accord avec Morel, on admet les théories créationnistes et si l'on se réfère à un « type primitif » quasi parfait, on aboutit à l'idée d'une dégénérescence possible *de l'espèce* : les dégénérés en sont des signes dangereux ; de plus on a tendance à penser, ethnocentrisme obligeant, que le type parfait est l'homme blanc et à chercher les types dégénérés dans le reste de l'humanité. Ainsi se fait la jonction entre dégénérés et noirs, par exemple. La conclusion est à peu près la même si l'on admet l'évolution sans idée créationniste. Il s'agit ici d'une dégénérescence *dans l'espèce*; certains individus ou groupes humains la représentent; la collusion entre certaines races et certaines affections se produit tout autant. Ici l'hérédité joue un rôle majeur. La dégénérescence dans l'espèce implique que l'on en cherche les racines: l'hérédité offre la solution. Hérédité qui est moins vue comme attachée à une donnée biologique (les idées de Mendel n'ont pas encore pénétré vraiment les milieux scientifiques et encore moins les mentalités) que comme la transmission de tares résultant de certaines circonstances des milieux de vie. Milieux physiques certes, mais aussi milieux sociaux. L'alcoolisme en est le type: on boit dans les milieux pauvres, on transmet la tare à ses enfants, cela provoque des dégénérescences. On peut de cette façon voir assez clairement le parallélisme entre cette conception et ce que l'on dit par ailleurs des « classes laborieuses, classes dangereuses » [54]. La dégénérescence permet ainsi de penser la criminalité. Les bandits et les criminels sont issus de la catégorie des dégénérés, tout comme les dégénérés sont le vivier de la criminalité. Le dégénéré est le concentré de toutes les tares; et celles-ci s'inscrivent toujours dans le corps.

« Le microcéphale, le nain, l'alcoolique confirmé, l'idiot, le cryptorchide (sans testicules), le crétin, le goitreux, le paludéen, l'épileptique, le scrofuleux confirmé, le tuberculeux, le rachitique [55] » relèvent de « l'affection » dégénérescence.

Qui dit maladie dit intervention médicale, et les médecins aliénistes sont de plus en plus souvent appelés comme experts dans les cours de justice. Ainsi s'accroît l'emprise du pouvoir médical sur les corps dégénérés, tandis que se généralise l'idée de « maladie sociale ». On le voit au mieux dans l'œuvre de Lombroso, en Italie, qui centre son attention sur l'épilepsie, dont relèvent aussi bien les génies que les criminels. Selon Jean-Christophe Coffin, « la dégénérescence a accéléré la mise en place d'une médecine sociale de laquelle se dégagent les grilles de lectures, les conceptions culturelles et les leitmotive de l'époque républicaine. L'alcoolisme demeure la tache morale qu'il est devenu au cours du siècle et l'hérédité est pour la médecine ce que l'éducation est à l'idéal républicain: essentielle et incontournable [56] ». Ce qui confirme ce que l'auteur écrit à propos de Morel dont le livre « marque plus une étape dans l'histoire culturelle et sociologique de la psychiatrie que dans la chaîne sinueuse des connaissances liées au mental[57] ».

Il est clair que le succès de la catégorie de « dégénéré » et de la notion de dégénérescence tient au contexte idéologique. C'est ce qui explique leur résistance alors que les médecins ne les considéraient déjà plus comme pertinentes et leur disparition lorsque les représentations sociales se sont modifiées.

« Il n'y a pas de véritable fin de la doctrine des dégénérescences. Outre que dater la disparition d'un concept est un exercice indubitablement plus complexe que de dater la fin d'un événement de type politique, il n'existe pas de véritable volonté d'enterrer officiellement ce qui a été pendant de nombreuses années un phénomène mobilisateur pour les psychiatries française et italienne. En effet, on trouve en ce XXe siècle commençant des opposants, des partisans, et d'autres encore, qui préfèrent feindre d'oublier le rôle et l'influence de cette doctrine sur leurs esprits et leur discipline en général, sans parler de ceux qui cherchent à englober tous les aspects du passé de leur discipline, sans regard critique[58]. »

En fait, il faudra l'influence de la psychanalyse, d'une part, et des traitements psychiatriques, d'autre part – ceux-ci pourtant peu amènes pour les patients (médicaments, électrochoc, etc.) –, pour que le regard médical s'oriente dans d'autres directions.

L'idée de dégénérescence relève d'une conception de l'homme, espèce ou individu, menacé par le risque de la déchéance ; qu'il s'agisse de déchoir d'une origine parfaite ou de déchoir d'un type moyen, peu importe. Or, celui qui déchoit n'est pas indemne de toute responsabilité : s'il déchoit parce que malade, qu'il se soigne et qu'on le soigne, s'il déchoit parce qu'il a fauté (consanguinité, alcoolisme, etc.), qu'on le relève par l'assistance ou qu'il soit puni, s'il représente un échelon arrêté de l'évolution humaine (les « nègres »), qu'il soit soumis au filon plus heureux de l'humanité (les « blancs »). Cette anthropologie que nous avons vue à l'œuvre à travers la notion de dégénérescence, commandée par une défense contre tout germe d'imperfection ou de déviance, qui renouvelle la séparation des bons et des mauvais éléments de la société, qui élève son ethnocentrisme à l'état d'universel, se trouve en échos intimes avec un autre courant : le darwinisme social.

L'influence de la pensée de Darwin est un trop long chapitre d'histoire des idées pour être correctement évoquée ici. Ce qui est clair, semble-t-il[59], c'est que le darwinisme social ne peut se trouver justifié par son livre *De l'origine des espèces par voie de sélection naturelle*[60], bien que l'auteur soit loin d'être indemne de toute ambiguïté, principalement dans des textes postérieurs à l'ouvrage qui l'a rendu si célèbre. Mais l'intéressant est la manière dont est venue s'agréger à la thèse une idéologie sociale, de type racial[61]. En témoigne la préface à la première édition du livre de Darwin, due à la plume de Clémence Royer[62]: « on arrive ainsi, écrit-elle, à sacrifier ce qui est fort à ce qui est faible [...] les êtres bien doués d'esprit et de corps aux êtres vicieux et malingres [...]. Que résulte-t-il de cette protection inintelligente accordée exclusivement aux faibles, aux infirmes, aux incurables... ». Les quarante pages de préface sont de cette eau. Or, Clémence Royer est représentative d'un véritable courant de pensée et d'opinion eugéniste, lequel s'est trouvé accrédité par le thème de la décadence orchestré par Renan et Gobineau[63].

Il est aisé de comprendre comment les corps infirmes, quand ils seront vus sous le seul regard eugéniste et racial, finiront dans les fours crématoires du nazisme. Mais le XIXe siècle gardera l'honneur d'avoir aussi donné naissance à l'idée de réhabilitation et de réintégration des infirmes, considérés à travers le prisme d'une corporéité blessée par la société, d'une corporéité réparable et dont nous sommes collectivement redevables.

IV. LA PRISE EN CHARGE DU CORPS ACCIDENTÉ

Le XIXe siècle finissant découvre les effets destructeurs, en termes d'accident et plus encore de risque, de l'industrialisation. La loi du 9 avril 1898 sur les accidents du travail constitue le point de condensation du débat en cours au sein d'une société qui évolue de la bienfaisance vers une perspective assurantielle et solidaire, d'une responsabilité liée à la faute individuelle et morale à une responsabilité collective et sociale qui réinscrit le mal dans les développements de notre contrat social. Les accidents du travail se trouvent au cœur du basculement entre les anciennes et les nouvelles manières qu'ont les hommes de « s'identifier, de gérer la causalité de leurs conduites, de penser leurs rapports, leurs conflits et leur collaboration, d'engager leur destin[64] ». La loi de 1898 marque le point de départ de l'assurance sociale en France : « La société industrielle, prenant conscience de sa puissance [...] se donnait la possibilité de faire naître des obligations à partir d'elle-même et sans autre référence qu'elle-même. On disposait, avec la notion de risque professionnel, du principe qui ouvrait tout l'avenir des obligations sociales qu'on regrouperait un demi-siècle plus tard sous le titre de sécurité sociale[65]. » On mesure l'avancée. Le droit à la vie va devenir un droit social.

Léon Mirman rend compte de la rupture qui vient de se produire et qui va casser l'ancienne notion de l'invalide comme objet d'assistance. « Lorsqu'un homme ou une femme se présentera à nous en état manifeste d'invalidité permanente et à un âge quelconque, lorsque, par suite de son état physique, son impuissance à gagner désormais par son travail le salaire nécessaire à ses besoins élémentaires sera reconnue, nous leur demanderons simplement, et sans faire d'enquête de police sur leur existence passée, quelles sont leurs ressources présentes, quelle est leur situation actuelle, quels sont leurs besoins évidents, et, parce qu'ils sont membres de la grande famille française, parce que, ainsi, ils sont doublement nos frères, parce qu'ils sont Français et parce qu'ils sont malheureux, nous leur donnerons, non pas comme une aumône, mais comme un droit que, contre notre mauvaise volonté de paiement, ils pourront faire valoir, nous leur donnerons, sans leur demander aucune gratitude, ayant la conscience d'accomplir simplement et très chichement notre devoir[66]. » Toute rhétorique parlementaire mise à part, apparaît ici l'idée d'une solidarité, possible dans un système assurantiel, et de sécurité sociale, à l'échelle d'une nation. La règle de répartition des risques entre ainsi non seulement dans la mentalité mais dans la juridicité, dans la constitutionnalité, avec sa triple dimension de prévention, de réparation et bientôt de compensation. Cette nouvelle donne sociale s'adosse, d'une part, à un recours nécessaire à l'État, devenu « providence », quelles que soient les formes de ses institutions, et, d'autre part, à une normalisation fondée sur une définition de type statistique et probabiliste. La norme n'y est plus un idéal mais l'expression d'une moyenne qui n'indique ni un maximum ni un minimum à atteindre, mais se réfère à un type social : « La théorie de l'homme moyen annonce l'ère où la perfection s'identifiera avec la normalité, où le grand impératif de la morale sociale sera de normaliser[67]. » Il est bien évident que cette problématique a transformé le regard sur l'infirmité et l'anormalité, lesquelles par ailleurs – par le biais du risque professionnel – se trouvent au centre des débats sociaux.

Ce n'est plus d'une identification directe à un modèle ou à un contre-modèle qu'il s'agit, mais d'une identification relative des individus les uns par rapport aux autres en fonction d'une norme sociale et des écarts acceptables et acceptés à cette norme, acceptabilité variable en termes de charge, de menace, de dangerosité, etc. Il s'agit d'ailleurs moins d'affirmer un principe juridique et théorique d'égalité des droits que de tenter une égalisation des chances, de mettre en route des procédures, des pratiques discriminatoires de correction, d'adaptation, de compensation, des détours plus ou moins longs sur la voie d'un retour à la normalité sociale.

Il nous fallait cette analyse sur la révolution tranquille qui s'est produite autour de la question des accidents du travail pour comprendre combien le corps infirme, par la médiation de l'accidenté du travail, allait changer de perspective : il n'était plus le résultat d'un destin, d'une « catastrophe » naturelle, d'une faute, d'une déviance de la vie, il devenait un corps abîmé par les mécanismes sociaux, dont nous sommes collectivement responsables. *Le corps infirme entrait dans la socialisation.* Une dignité nouvelle lui était dévolue : on pourra exhiber la prothèse de la jambe perdue à la guerre, comme on pourra revendiquer en brandissant le bras coupé par une machine. Toutes les infirmités vont progressivement se placer sous cette bannière du droit à l'égalité des chances et à la participation sociale intégrale. Le corps accidenté par le travail, puis par la guerre (de 1914-1918), ne peut plus être monstrueux, dégénéré, voulu par Dieu, naturellement inférieur ; *il est accidenté,* le plus souvent sous l'effet de circonstances sur lesquelles il n'y a nulle maîtrise individuelle. Un cas typique de cette nouvelle donne et de ce nouveau regard sera celui des tuberculeux[68]. Certes la tuberculose appartenait à la catégorie de la maladie et non à celle de l'infirmité. Pourtant Léon Bourgeois proclame à la Chambre qu'il s'agit là d'un « fléau social » et ce seront les tuberculeux principalement qui, dans la décennie qui suivra la « Grande Guerre », prendront les initiatives les plus spectaculaires pour la réintégration des infirmes[69].

Au cours des deux premières décennies du XXe siècle, la représentation et le traitement du corps infirme changent très profondément. Les répulsions et les fascinations troubles ne cessent pas ; ce qu'Erving Goffman [70] appellera la stigmatisation continuera à dévaloriser le corps infirme ; en témoigne l'extermination des déficients intellectuels et psychiques par le régime nazi. La peur inspirée par une image possible de soi-même, la blessure narcissique des individus concernés demeureront. Mais ce qui change radicalement est la prise en charge publique, directe ou indirecte, de l'infirmité, qui annonce la notion de handicap. En conséquence, le corps infirme, à travers le prisme du corps accidenté par le travail ou par la guerre, c'est-à-dire par des circonstances sociales, quitte les rivages de la misère, de l'abandon ou de l'exploitation pour être accueilli sur ceux de la dignité, de la réadaptation, de la participation sociale.

2

Hygiène du corps et travail des apparences

GEORGES VIGARELLO

L'usage hygiénique de l'eau demeure une pratique laborieuse dans l'univers ancien : maîtrise coûteuse des flux, représentations inquiètes du bain, nombre d'obstacles s'opposent à la régularité d'une toilette « liquide ». Circuits difficiles dans un urbanisme encombré, lavages redoutés sur un corps jugé vulnérable, le recours à la baignoire n'est en rien familier : d'autres voies ont pu accroître le raffinement et la propreté, dont le changement de linge, les essuyages, les frottements. Le contact banalisé avec l'eau n'est pas une constante dans l'histoire de l'Occident.

Tout change en revanche avec le XIXe siècle : lente maîtrise des flux, nouvelles images du corps, vision plus construite et plus sensible de l'ensemble du tégument. L'avènement de la propreté contemporaine suppose la conversion de plusieurs représentations. Elle suppose aussi apprentissage, diffusion, instrumentation.

I. LA RARETÉ DU BAIN

L'article « Bain » du dictionnaire encyclopédique de Courtin en 1826 révèle la distance entre les pratiques d'ablution du tout début du XIXe siècle et les nôtres : l'eau y est évoquée comme un milieu complexe, étrange, pénétrant[1]. Les effets du bain, surtout, y sont différenciés selon la température et les mélanges du liquide: plusieurs catégories sont distinguées, six en tout, du plus froid au plus chaud, toutes présentées selon leur efficacité médicale, alors que les thèmes de la propreté ou du bien-être y sont peu, sinon pas, évoqués. Le bain demeurerait encore pratique « spécialisée ». Ses effets relèveraient encore largement d'un principe mécanique, susceptible de provoquer commotions, apaisements ou renforcements selon les températures utilisées. Le bain froid, par exemple, ralentisseur de l'économie, « fortifie la constitution en redoublant l'énergie des organes[2] », alors que le bain « très chaud », pourvoyeur de chocs irritants, permet le « traitement des phlegmasies cutanées chroniques et des rhumatismes[3] ». Autant d'options quasi thérapeutiques, confirmées par les chapitres sur le bain dans les traités d'hygiène du début du siècle: l'immersion semble y relever du thermalisme plus que de la propreté; le « poids de l'eau », son « absorption », son « imbibition[4] » sont quelquefois à prendre davantage en compte que le seul nettoiement.

Les conséquences de cette vision tendent à limiter le bain tiède à ses effets d'ébranlement: l'influence enveloppante sur les organes et la peau. La tiédeur serait d'abord milieu émollient: elle racornit les fibres plus qu'elle ne les renforce, elle exténue le corps plus qu'elle ne le nettoie. Simon de Metz s'attarde par exemple à ces « dangers » dans son « hygiène de la jeunesse », reprochant au bain tiède « d'affaiblir peu à peu ou plutôt de rendre le jeune homme impressionnable[5] ». D'où la nécessité de limiter la fréquence de ce bain conçu pour la propreté: « Il faut en prendre un tout au plus chaque mois[6]. » D'où encore cette inquiétude de Balzac à l'issue d'un travail acharné de plusieurs semaines sur *La Femme supérieure*, alors qu'il ne s'est ni lavé ni rasé, retranché en solitaire dans la maison des Guidoboni-Visconti. L'épisode ne mériterait guère d'attention si Balzac ne commentait lui-même son retour à une vie plus « normale »: « Après vous avoir écrit cette lettre, je prendrai mon premier bain, non sans effroi, car j'ai peur de détendre les fibres montées au dernier degré, et il faut recommencer pour faire *César Birotteau* qui devient ridicule à force de retard[7]. » L'exemple de Balzac est d'autant plus marquant que l'auteur de *La Comédie humaine* révèle lui-même une sensibilité plus grande aux ablutions: il s'est fait construire un cabinet de bains revêtu de stuc blanc, dans le prolongement de sa chambre, pour son appartement de la rue Cassini en 1828[8]. Il a su faire pénétrer la baignoire dans l'espace privé, comme quelques-uns de ses contemporains, rares encore, mais ne peut s'en servir régulièrement et moins encore quotidiennement.

L'eau demeure un milieu mal maîtrisé, susceptible d'ébranler l'organisme. Elle le perturbe, elle l'impressionne, elle l'affaiblit même lorsque, chaude, elle saisit insensiblement ses parties. Deux images convergent : celle du corps, celle du liquide pour aviver cette inquiétude trouble qui rend le bain aussi peu naturel que peu usité. Un corps fait de fibres sensibles aux effets du milieu, modifiables par les vents, les fluides, les climats, une eau faite de force pénétrante, insidieuse, envahissante, censée agir sur le corps en agent modificateur. Les hygiénistes recourent à ces images dans leurs textes du début du XIXe siècle : « Chez les individus qui prennent un bain sans autre besoin que le caprice, il relâche les parties qui ne devraient pas l'être et leur fait perdre leur tonicité [9]. » Moiteur et faiblesse demeurent convergentes. Elles alarment, elles gagnent le cœur même du corps en l'altérant : « Un trop grand nombre de bains énerve, surtout quand les bains sont un peu chauds [10]. »

Plus souterrainement aussi, ce sont les pudeurs qui, sur une grande partie du XIXe siècle, renforcent des résistances insidieuses. Crainte de « l'éveil du désir sexuel [11] » suscité par l'eau chaude. Crainte de l'isolement que permet la baignoire. Certains médecins sont pris de doute : la baignoire est dangereuse parce que suggérant de « mauvaises » pensées. Elle peut pervertir : « Le bain est une pratique immorale. De tristes révélations ont appris les dangers pour les mœurs de demeurer une heure dans une baignoire [12]. » Risques pour les internats en particulier : trop d'abandon pourrait égarer ces corps immergés. Tiédeur et isolement avivent un « mal » que les textes eux-mêmes hésitent à nommer : « Dans les baignoires isolées chaque élève ne peut avoir un surveillant… Il songe au mal dans l'isolement. Il y est excité par l'influence de l'eau chaude. Les bains chauds ne sont bons au collège que pour les malades que l'on ne quitte pas un seul instant [13]. » C'est la natation de l'été en revanche qui fait ici office d'ablution générale. L'image de collégiens conduits aux établissements de la Seine durant juin ou juillet devient assez banale au milieu du siècle. Et *Le Journal des enfants* sait en faire un thème édificateur : « Tous les jeudis, quand il fait chaud, le maître nous conduit aux bains froids [14]. »

Le bain dans la Seine réveillant d'utiles vigueurs s'opposerait ainsi, point par point, au bain des espaces privés favorisant faiblesse et épuisement. Différence si importante qu'elle devient pour certains un enjeu de civilisation. Elle expliquerait même en partie l'échec des Romains, alanguis par le raffinement de leurs thermes : « Dans la période de mollesse et de volupté de l'Empire romain, le bain tiède par la propriété qu'il a de ramollir la fibre animale, de relâcher agréablement les tissus organiques, était le modificateur par excellence de l'économie[15]. » Les effets de la tiédeur, autrement dit, ne concernent pas seulement les individus et leur force, ils concernent les collectifs et leur destin. Quelques projets du début du XIXe siècle n'ont-ils pas attendu de l'installation de bains froids sur la Seine un total renouvellement de « la faible constitution de nos Parisiens[16] » ?

II. LES ABLUTIONS PARTIELLES

Rares, de fait, sont encore les espaces de bain dans les logements du début du XIXe siècle, rares sont les mentions de la pratique dans les Mémoires ou les récits. L'usage demeure largement celui de lavages localisés. Mme Celnart consacre deux lignes à la manière de parfumer les « bains généraux » dans son *Art de la toilette* en 1827, alors qu'elle s'étend bien plus longuement sur les « lavages partiels » : le frottement du « derrière des oreilles avec un morceau de batiste ou d'étoffe de laine[17] », le rincement de la bouche, l'entretien des pieds. Toutes pratiques locales incarnant à ses yeux le cœur de la propreté. Ce sont elles qui font la « fraîcheur », la « pureté », avec leurs conséquences sanitaires et esthétiques, jusqu'à incarner quelquefois même « l'âme de la beauté[18] ».

Références identiques chez George Sand rendant visite, sous la Restauration, à son ancienne maîtresse d'école. Sand se dit frappée par la propreté de cette religieuse déjà âgée, retirée dans son couvent de province. Elle scrute le visage de la vieille dame, note la fraîcheur de ses étoffes, retrouve des parfums oubliés. C'est une propreté excluant le bain, sans aucun doute, que Sand évoque en décrivant cette visite inattendue aux personnages de son enfance : « Je fus agréablement surprise de la trouver d'une propreté exquise et toute parfumée de l'odeur du jasmin qui montait du préau jusqu'à sa fenêtre. La pauvre sœur était propre aussi : elle avait sa robe de serge violette neuve ; ses petits objets de toilette bien rangés sur une table attestaient le soin qu'elle prenait de sa personne[19]. » Références identiques encore pour le *Vocabulaire des enfants* en 1839 où Daumier représente un personnage trempant ses mains dans une cuvette d'un « cabinet de toilette », alors que sur le seuil un domestique hausse les épaules. L'homme en tablier, un plumeau au côté, se moque de ce lavage pourtant limité, signe évident pour lui d'un excès de raffinement et de propreté.

Le médecin du début du siècle confirme l'importance quasi exclusive de ces lavages partiels en insistant sur leur fréquence et leur objet : « Ces ablutions appliquées chaque jour sur certaines parties du corps sont faites une fois seulement, le matin en se levant ; quelques-unes cependant, surtout chez la femme, se renouvellent plusieurs fois par jour. [...] Nous nous contenterons de faire observer que tout ce qui dépasse les bornes d'une hygiène saine et nécessaire conduit insensiblement à des résultats fâcheux[20]. » Le corps serait fait de zones obscures, d'espaces dérobés, sujets à transpiration, à odeurs, lieux plus menacés par le sale que d'autres. Ce sont ces lieux que visent en toute priorité les lavages partiels. Ce sont eux que ménagent les cabinets de toilette de la bourgeoisie du début du XIXe siècle avec leurs cuvettes et leurs bidets : signes de progrès, sans aucun doute, par rapport à d'autres temps où le seul changement de linge semblait prioritaire dans la propreté du corps.

III. L'AIGUISEMENT DU SENSIBLE

Impossible pourtant d'ignorer un accroissement des exigences sanitaires vers le milieu du XIXe siècle. Le poids des références savantes, par exemple, après 1830 : le rôle épurateur donné à l'eau tempérée, le rôle respiratoire donné aux échanges de la peau. Une image se transforme insensiblement : la tiédeur agirait moins sur l'amollissement des fibres que sur la « respiration » des téguments, la force du corps tiendrait moins à la dureté de ses tissus qu'à la qualité de ses énergies. D'où l'importance de la respiration, soulignée avec une conviction nouvelle : la quantité d'oxygène absorbée serait au cœur des résistances et des fermetés.

Or la peau « respire » : le regard sur elle en est transformé. Nombre d'expériences le montrent : celles d'Edwards, entre autres, sur des grenouilles à demi étranglées et enveloppées dans un sac hermétique. Le sac enfermant leur corps et ne laissant émerger que la tête ne contient-il pas du gaz carbonique au bout de quelques heures de survie ? Edwards en 1824, et quelques hygiénistes après lui, n'hésitent guère à transposer du batracien à l'homme[21]. Magendie, en 1816, avait lui-même tranché sur la respiration du tégument : « La peau exhale une matière huileuse et de l'acide carbonique[22]. » Suivent une foule d'expériences sur l'étouffement d'animaux dont la peau aurait préalablement été « obturée » par des enduits artificiels. Suivent surtout une foule de préceptes sur le rôle respiratoire de l'enveloppe et la nécessité de son entretien.

Non que ce rôle soit définitivement démontré ou même que l'échange soit clairement mesuré. L'heure n'est pas encore aux nuances. Elle est plutôt au développement de la vision énergétique d'un organisme d'autant plus « fort » qu'il peut exploiter l'oxygène et le transformer. Il faut insister sur cette vaste modification des représentations du corps : la santé suppose une bonne énergie de combustion. Vision nouvelle, à laquelle l'« équivalent mécanique de la chaleur[23] » découvert par Carnot en 1824 donne une apparente légitimité : le principe appliqué aux machines à feu pourrait l'être aux « machines » organiques. La chaleur exploitée dans un cas pourrait l'être dans l'autre. La peau n'est à cet égard qu'un outil supplémentaire d'efficacité : lubrifiée par le bain, elle affermirait plus que jamais les ressources de santé. Une ablution générale serait même d'autant plus efficace qu'elle concernerait toute l'étendue tégumentaire. Elle agirait, en définitive, plus profondément sur les ressources du corps : « Il est incontestable que cette fonction [de la peau] joue un rôle important dans l'organisme[24] », insiste Becquerel dans le chapitre consacré au bain dans son *Traité élémentaire d'hygiène* en 1851.

Au-delà de ces certitudes théoriques, c'est une nouvelle sensibilité, un avivement des perceptions de la peau surtout, une attention inédite, insistante, qui promeuvent la pratique de l'eau dans le deuxième tiers du

XIXe siècle. Balzac lui-même s'attarde aux vertus d'une eau épanouissante malgré ses propres réticences, déjà évoquées, sur le risque des tiédeurs. La beauté de la comtesse de Restaud par exemple est transfigurée lorsque Rastignac la surprend après le bain : « devenue pour ainsi dire assouplie, semblant plus voluptueuse », alors que sa peau « embaume » dans son « peignoir de cachemire blanc [25] ». De même la baronne de Nucingen est-elle totalement « fraîche et reposée [26] » lorsqu'elle s'étend sur sa causeuse après le bain matérialisé par l'attente de Rastignac dans un boudoir adjacent. Alors qu'Aquilina obtient du caissier Chastenier, prêt à se ruiner pour elle, une salle de bains construite dans son appartement, uniquement conçue pour « qu'elle fût mieux [27] ». L'eau est bien l'objet de commentaires nouveaux avec le siècle : ses avantages seraient ceux du confort et de l'utilité ; son action serait plus simplement efficace comme plus simplement éprouvée.

Bain de privilégié encore, faut-il le dire, il se décrit davantage à partir des années 1830. Il se détaille, s'apprécie : mieux suggéré dans sa régularité, mieux précisé dans ses espaces, sa profusion nécessaire. Eugène Sue par exemple, en 1844, s'attarde aux fastes d'Adrienne de Cardoville, aidée par trois baigneuses avant de se plonger dans une baignoire faite d'argent ciselé où s'entremêlent du « corail naturel et des coquilles azurées [28] ». Le comte Apponyi admire l'ingénieuse machinerie du duc de Devonshire faite pour une eau toujours disponible et épurée : « Un grand bassin de marbre blanc : des marches de la même pierre descendant jusqu'au fond, une eau transparente et claire comme le cristal s'élève et s'abaisse à volonté, elle est toujours chaude, car jour et nuit le feu qui la chauffe est entretenu afin de pouvoir se baigner à toute heure [29]. » Eau luxueuse certes : les très grands hôtels particuliers sont à partir des années 1830-1840 presque tous dotés de cabinets de bains, ce qui n'était pas le cas jusque-là [30].

La véritable originalité de ce deuxième tiers du siècle pourtant est celle d'une nouvelle pensée de l'eau : sa prévision pour le grand nombre en particulier. Victor Considérant en donne une vision utopique en 1834 : projet de phalanstère où la chaleur serait tirée d'un calorifère central servant à alimenter les cuisines, les serres, les bains [31]. Le lavage du corps pourrait et devrait y être quotidien, servi par une totale réinvention des circuits d'eau. Projet d'autant plus important qu'il est au seuil du réalisable : un vaste réseau de tuyaux s'agence du centre vers la périphérie diffusant et banalisant le fluide ; flux entrants et sortants traversent les habitations. Les plans de Victor Considérant ne se concrétisent pas. La vision nouvelle en revanche est amorcée.

IV. LES ITINÉRAIRES DE L'EAU

Autant dire que la ville se transforme au XIXe siècle par la conversion de ses flux [32]. Paris en est un exemple marquant avec l'arrivée des canaux, leur diffusion instrumentée, leur reflux par des égouts lentement associés, au cours de la seconde moitié du XIXe siècle.

Une première phase pour Paris est l'arrivée du canal de l'Ourcq, achevé en 1837, dont on voit l'effet sur un accroissement sensible des établissements de bains. Aucune eau n'arrive encore dans les étages des logements, mais l'alimentation du quartier s'améliore. Au nombre de 16 en 1816, ces établissements de bains sont au nombre de 101 en 1839 [33]. À quoi s'ajoute le déplacement de leur implantation, tout aussi révélateur : ils ne se limitent plus aux seules rives de la Seine, comme au début du siècle. Ils essaiment avec l'amélioration du transport de l'eau ; les zones les plus riches étant les plus desservies : 83 établissements sur les 101 de Paris en 1839 sont établis dans les quartiers rive droite, les plus fortunés et élégants [34].

L'espace de l'hygiène bourgeoise, à la moitié du siècle, est donc repérable : cabinet de toilette pour les ablutions locales, établissements publics pour le bain, avec, dans le cas des plus privilégiés, le bain acheminé à domicile par des entreprises nouvellement créées. Celles que décrit Paul de Kock, par exemple, dans *La Grande Ville*, avec les baignoires installées quelques heures dans un salon, sur des tapis maculés par « les souliers ferrés des porteurs [35] ». Mais il s'agit toujours d'une eau amenée manuellement.

Une seconde phase, l'individualisation de la desserte, est une entreprise originale parce qu'elle surmonte nombre de problèmes mécaniques, et surtout parce qu'elle oblige, plus que jamais, à penser les procédures d'évacuation : aux canalisations d'arrivée doivent correspondre les canalisations de sortie. Il est impossible de maintenir les égouts anciens et leurs stagnations, par exemple ; impossible de maintenir le réseau lacunaire du Paris de Balzac, « couchant dans les exhalaisons putrides des cours, des rues et des basses œuvres [36] ». Seul le Paris haussmannien devient le cadre de telles modifications, après qu'en 1852 les branchements d'arrivée et de sortie ont été imposés aux logements neufs des grands quartiers et alors que se développe l'accroissement des débits : aqueducs menant après 1860 les sources de la Dhuis et de la Vanne au-dessus de la Seine, réservoir de retenue à Montmartre et à Ménilmontant, suffisamment élevés, enfin, pour que soit possible l'accession aux étages par simple inertie [37]. Après 1870, les quantités distribuées sont sans rapport avec celles de 1840 : 114 litres par tête et par jour en 1873, après l'achèvement du réseau de Belgrand, contre 7,5 litres en 1840 [38].

Il faut insister sur la nécessité impérieuse de penser ici les entrées et les sorties. La distribution implique l'évacuation. Mais elle implique aussi un véritable travail sur l'imaginaire, un réaménagement des représentations. D'où ces images et métaphores nouvelles d'une ville « animal » avec ses alimentations et ses rejets, ramifications invisibles pulsant capillarisations et communications : « Les galeries souterraines, organes de la grande cité, fonctionneraient comme le corps humain, sans se montrer au jour ; l'eau pure et fraîche, la lumière et la chaleur y circuleraient comme des fluides divers dont le mouvement et l'entretien servent la vie [39]. » La ville ne peut plus être imaginée comme elle l'était auparavant : l'espace est maintenant drainé, criblé, avec un réseau souterrain où les flux s'accélèrent, se multiplient [40]. Une vie invisible, faite de dynamiques mécanisées et de labyrinthes enfouis.

C'est cette vague liquide, disséminant ses arrivées, qui aide aussi l'installation de la salle de bains dans les logements des privilégiés. Quelques exemples sont notables dans les recensements de Daly, autour de 1860 [41] : les grands hôtels privés, ceux de la rue du Roule ou de Saint-Germain, pour Paris, commencent à disposer d'un cabinet de bains au premier étage, alors qu'un tel cabinet, lorsqu'il existait, était situé au rez-de-chaussée. Mais c'est surtout après 1880 que les immeubles de rapport, avec leurs appartements identiques et superposés, sont insensiblement dotés de salles de bains. Le dispositif devenant, au début du XXe siècle, un signe explicite de « confort moderne ». Tous les immeubles remarquables recensés par Bonnier entre 1905 et 1914 l'ont adopté [42]. Et les établissements Porcher disent, en 1907, avoir vendu 82 000 chauffe-bains pour l'année[43]. Ainsi faudrait-il, comme le suggère Giedon, disposer d'une projection animée « pour rendre compte du cheminement de l'eau à travers l'organisme de la cité, son abord vers des niveaux plus élevés, sa distribution dans la cuisine et, pour finir, dans la salle de bains[44] ».

Le dispositif est d'autant plus important qu'il possède une épaisseur spatiale comme une épaisseur psychologique. Conquête spatiale, d'abord, cette salle de bains apparaît dans quelques immeubles à étages en 1880. Elle « dilate » l'appartement pour se fixer, après divers essais d'emplacement, dans le prolongement de la chambre à coucher. Commodité nouvelle, confort nouveau. Conquête psychologique aussi, l'intimité du lieu s'impose avec une insistance jusque-là inégalée : tout doit y être conçu pour éviter la présence d'un tiers. Un interdit s'énonce sans ambiguïté et avec rigueur : lorsque la femme y entre, en particulier, ce lieu devient « un sanctuaire dont personne, pas même l'époux aimé, surtout l'époux aimé, ne franchit le seuil[45] ». Espace rigoureusement privé, chacun y pénètre seul. Éloignement des contacts indiscrets : certains tiroirs sont mis hors de portée des domestiques. Refus des regards : « On n'y entre pas en société[46]. » Un nouveau temps « pour soi ». L'histoire de la propreté poursuit ici la construction de l'individu. La profusion de l'eau sert le « fors intime » comme le « retrait ».

V. L'EAU « POPULAIRE »

L'eau des privilégiés ne saurait pourtant, seule, leur appartenir. Une insensible dynamique d'égalitarisation en fait un objet mieux partagé au XIXe siècle. Une croissante volonté d'éducation populaire aussi en fait un instrument de pédagogie : la propreté serait édificatrice, autant que protectrice. Manuels et conseils aux populations se multiplient dès les années 1830 : « Il s'agit d'initier les mères et les jeunes femmes aux usages hygiéniques de l'eau[47]. » Projets et plans se multiplient aussi en vue d'atteindre les espaces publics. Une longue correspondance entre le docteur Demeaux et le ministère de l'Instruction publique et des Cultes échafaude par exemple de nouveaux dispositifs après la révolution de 1848: «Jusqu'à ce jour les établissements destinés à l'instruction publique n'ont pas possédé de salles de bains destinées à ce que l'on désigne généralement sous le nom de bain de santé ou plutôt bain de propreté[48].» Demeaux propose la création de salles de douches dans chaque établissement: il évalue les espaces, les dépenses, les quantités d'eau. Seuls à vrai dire quelques établissements, dont le lycée Lakanal à Sceaux, bénéficient de ces locaux. Le projet n'aboutit pas.

Le thème des bains publics en revanche, inspiré des expériences anglaises, est autrement concrétisé. Un premier établissement de bains publics à prix réduits est fondé à Liverpool en 1842. Une loi anglaise, adoptée en 1847, permet aux paroisses d'emprunter pour créer des bains publics. Une loi française, adoptée en 1851, accorde un «crédit extraordinaire de 600 000 francs pour encourager, dans les communes qui en feront la demande, la création d'établissements modèles pour bains et lavoirs publics gratuits ou à prix réduits[49]». L'empereur fait bruyamment annoncer en 1852 qu'il participe personnellement à de telles entreprises en prélevant «sur sa cassette[50]» les dépenses nécessaires à la création de trois établissements dans les quartiers pauvres de Paris.

Ascension lente bien sûr, l'eau «populaire» demeure pour beaucoup une eau rare, y compris durant le XIXe siècle[51]. Les habitants du plateau, à Montfermeil, doivent en 1860 traverser le village avant de puiser l'eau dans les étangs qui bordent le bois[52]. Les garnis parisiens visités par Du Mesnil ou Martin Nadaud en 1883 sont l'objet d'un constat mordant: «Rareté des plombs ou des cabinets d'aisances», présence «de matières fécales sur les rebords des fenêtres et sur les paliers[53]». Les logements de Saint-Nazaire sont l'objet d'un constat tout aussi sérieux en 1908: «Depuis longtemps cette malheureuse ville est si mal approvisionnée en eau qu'on peut dire qu'il n'y a qu'une partie de la population qui ose s'en servir[54].» Dans l'univers d'outre-Atlantique, le témoignage de Nell Kimball oppose les rapides aspersions, «essuyées avec les pans de chemise[55]», des paysans du Missouri au tout début du XXe siècle aux bains «confortables» des bourgeois et même de quelques prostituées de Saint-Louis.

Ascension lente et pourtant sensible que révèlent les hygiénistes dans leur patient décompte des établissements, celui de leur coût, de leurs services, de leur fréquentation : 500 baignoires publiques à Paris en 1816, plus de 5 000 au milieu du siècle [56]. Chiffres plus importants bien sûr au début du XXe siècle avec les 500 bains pris par heure dans le seul établissement de la rue de la Condamine, présenté comme modèle par Will Darvillé [57], ou les 37 000 douches prises par an au 144e de ligne [58], ou les 20 000 bains « de propreté » pris en un an par les élèves des écoles primaires à la piscine du Château-Landon [59]. Décompte minutieux, sans aucun doute, il trahit une forte caractéristique de l'hygiène au début du XXe siècle : le bain populaire demeure impensable en dehors d'un aménagement collectif, fût-il celui de « larges piscines exigeant un matériel plus simple [60] ». Ce que confirme encore le livre scolaire d'hygiène des années 1920, illustrant par des gravures de bains-douches, et non par celles de baignoires privées, son article sur le bain [61].

VI. LA PROPRETÉ « INVISIBLE »

Il faut la découverte microbienne pour que change encore, à la bascule du siècle, l'enjeu donné à la propreté, comme celui donné à l'image du corps : enveloppe assiégée par quelque agresseur imperceptible, transformation du porteur infectieux en menace devenue collective. Les insistances changent avec les risques de contamination : « On ne peut prévoir où s'arrêteront en hygiène les applications de la théorie des germes [62]. » Bains et ablutions combattent, pour la première fois, d'invisibles ennemis : la « peau satinée des élégantes [63] » peut cacher de redoutables dangers, une foule de colonies microbiennes surtout pourraient s'installer dans l'ensemble du tégument. Un hygiénisme plus alarmé [64] transpose ses calculs sur ces présences totalement dérobées : David qualifie d'« innombrables, les microbes vivant dans la bouche de l'homme sain [65] », Remlinger évalue à 1 milliard le nombre de microbes laissés dans un bain par un soldat [66]. La propreté aiguise ses finalités, elle est censée devenir « la base de l'hygiène, puisqu'elle consiste à éloigner de nous toute souillure et par conséquent tout microbe [67] ».

Cette propreté a bien déplacé le regard : elle efface ce qui ne se voit ni ne se sent. La noirceur, l'odeur de la peau, la gêne physique ne sont plus les seuls signes qui imposent le nettoiement. L'eau la plus transparente peut contenir tous les vibrions, la peau la plus blanche entretenir toutes les bactéries. La perception elle-même ne permet plus de déceler le « sale ». Les repères se dissolvent et les exigences s'accroissent. L'hygiéniste suggère pour la première fois une perfection toujours repoussée. Le soupçon s'étend.

Les objets de propreté sont d'ailleurs également visés, transformant insensiblement les emplacements, les espaces, les mouvements : traces mieux ciblées, lavages plus sollicités. Le conseil d'hygiène et de salubrité du département de la Seine décide en 1904 que « le sol des cabines de bains (dans les établissements publics) sera imperméable, les murs et les plafonds seront lisses, revêtus de matières céramiques ou cimentées. Les sièges et le mobilier seront recouverts d'une peinture ou d'un enduit permettant de les laver facilement[68] ». Matériaux lavables, tuyauteries, appareils distributeurs constituent un nouveau registre technique pour les constructeurs à partir de 1880. Celui que les architectes qualifient de « plomberie d'eau[69] » ; ou que quelques techniciens, avec plus d'originalité, qualifient de « génie sanitaire[70] ». Des substances plus étanches, plus lisses, transforment les décors : en Angleterre d'abord, en France aussi, où Jacob parvient à vernisser et à émailler les argiles de Pouilly-sur-Saône en 1886, avant qu'une dizaine de fabricants ne diffusent le produit en 1890[71]. Grès et céramiques se substituent lentement à la fonte et au bois pour les meubles et réceptacles mis au contact de l'eau. Règlements et contrôles assurent les conformités, révélant aussi combien les préventions accroissent avec le siècle le territoire de l'hygiène publique[72].

Autant dire que ces repères peuvent conserver encore, au début du XXe siècle, un ostracisme bien particulier, jusqu'à l'affirmation de quelques hygiénistes peu sensibles aux formes d'inégalité : « Il y a 50 fois plus de microbes dans le logement du pauvre que dans l'air de l'égout le plus infect[73]. » Autant dire aussi que le pasteurisme ne se généralise pas d'emblée, y compris chez les plus « savants », comme le montrent les discussions au sein de la section d'hygiène et de médecine publique de l'Association française pour l'avancement des sciences, dans les années 1880-1900[74], où nombre d'interlocuteurs résistent aux récentes découvertes de la microbiologie. Corps et propreté sont, quoi qu'il en soit, engagés vers de nouvelles représentations, à la fin du XIXe siècle, comme vers de nouvelles pratiques : au bain intime des immeubles fortunés correspond la douche plus instrumentalisée des bains-douches populaires où domine un « fonctionnement rapide et bon marché[75] ».

Les nouvelles pratiques du bain et de l'eau à la fin du siècle supposent une totale conversion de l'imaginaire des villes comme une totale conversion de l'imaginaire du corps. Une profonde redistribution de l'espace aussi : une nouvelle manière de faire traverser le corps par des flux qui l'entretiennent, le « réconfortent », soit dans l'intimité des logements de l'élite, soit dans la fonctionnalité des établissements pour tous.

3

Le corps travaillé

Gymnastes et sportifs au XIXe siècle

GEORGES VIGARELLO

ET RICHARD HOLT *

Les fêtes révolutionnaires ont institué des exercices et des prix largement indépendants des fêtes calendaires. Elles ont retenu des performances et des progrès. Elles ont officialisé des résultats, provoquant même l'existence d'une « Table des vitesses » dans l'*Annuaire de la République française* an IX[1], issue de chronométrages pris sur des « courses à pié ». Registre d'autant plus révélateur qu'il s'accompagne d'un commentaire politique : « Peut-être faut-il attribuer cette plus grande vitesse à cet esprit d'émulation qu'il suffit d'imprimer aux Français pour qu'aussitôt ils s'élancent vers la perfection[2]. » Des performances corporelles ont, pour la première fois, figuré dans des tables étalonnées. Un programme, pour la première fois, pouvait naître de ces résultats, fixant des « chiffres » à atteindre ou à dépasser.

Autant dire que ces compétitions n'ont pas eu de lendemains. Elles ont transposé les jeux traditionnels plus qu'elles n'ont créé un programme. Elles ont côtoyé l'univers de la fête plus que l'univers de l'entraînement. Le sport, avec ses compétitions successives, hiérarchiques, organisées, avec ses institutions centralisées, ses adhérents affiliés, ne pouvait naître d'elles. Nombre de changements pourtant interviennent dès ces années et les années suivantes, imposant insensiblement des règles nouvelles aux pratiques du corps : régulation des violences, techniques de gymnastique, calcul des espaces et des

* Les sections I, II, IV et V de ce chapitre sont de Georges Vigarello. La section III est de Richard Holt.

temps. L'exigence de la mesure, par exemple, laissait une trace évidente. Un nouvel univers du geste et de la performance, une nouvelle influence venue du travail aussi devaient en définitive s'imposer ; l'un et l'autre susceptibles de fournir au sport apparu dans les décennies suivantes des normes corporelles déjà largement révisées. L'exercice devenait un travail corporel d'un nouveau genre : une activité précisément codée dont les mouvements se géométrisent et les résultats se calculent. Le corps travaillé par l'exercice du début du siècle n'est pas celui du sport. Partiellement pourtant il le dessine déjà.

I. TRADITIONS RENOUVELÉES ?

Non que disparaissent bien sûr les jeux traditionnels, loin s'en faut. Les paris, les fêtes, la paume, les quilles ou le palet demeurent pour longtemps encore au centre des pratiques physiques du XIXe siècle. Les références les plus anciennes, celles de l'adresse, de la force ou de la brutalité, composent pour longtemps encore les qualités attendues du mouvement corporel. Les changements semblent d'abord limités : nouveaux seuils de violence, plus grande attention aux techniques de gestes, nouvelles instrumentations des villes, nouvelles répartitions des espaces et des temps. L'exercice n'est pas d'emblée révolutionné. L'horizon du geste en revanche, celui de ses formes et de ses intensités, est insensiblement repensé. Codes et exigences se sont déplacés. Ce qui était possible ne l'est plus.

1. Résistances

La pétition adressée par Paul-Louis Courier à la Chambre des députés en 1820 atteste la résistance des traditions de jeux physiques dans les campagnes françaises au début du XIXe siècle. L'homme de la Révolution et de l'Empire se plaint d'un décret du préfet, un « firman » dit-il, défendant « de danser à l'avenir ni jouer au palet, aux boules ou aux quilles [3] » sur la place d'Azai, son village de Touraine. Paul-Louis Courier récuse la décision, convaincu que « nos pères [étaient] plus dévots que vous [4] », convaincu que

« l'affluence et la joie » sont menacées, désertant une place de village pourtant « propre à toutes sortes de jeux et d'exercices [5] », amputant par leur absence les assemblées, les plaisirs, les marchés. Les mobiles du préfet sont tout autres bien sûr, rejoignant les critiques faites au « désordre et au laxisme moral des fêtes », soupçonnant nombre d'entre elles d'« encourager la superstition et la débauche païenne », comme de pousser « les gens à gaspiller le temps, à boire, à danser au lieu de travailler [6] ». Le préfet revendique l'ordre pour changer les fêtes et les jeux physiques, Courier s'en tient à la tradition.

Ce qui n'empêche en rien le maintien, durant le siècle, des jeux les plus traditionnels, paume, palet, quilles, boules ou mail, associés aux paris et aux sociabilités locales : Agricol Perdiguier décrit durant les années 1830 les joueurs de mail croisés dans la campagne montpelliéraine, « armés de leur petit maillet de bois dur, au long manche flexible [7] » ; tout comme Pierre Charrié encore évoque le jeu de paume pratiqué à Villeneuve-de-Berg ou à Saint-Andéol-de-Berg en bas Vivarais jusqu'au début du XXe siècle [8]. Autant de jeux survivant avec les terroirs, coutumes préservées dans des communautés d'autant plus traditionnelles qu'elles demeurent isolées.

Il faut revenir à l'interdit du préfet de Tours en revanche sur les jeux de la place d'Azai : le texte s'impose d'autant plus inexorablement à terme qu'il vise les violences. Non que disparaissent d'un coup les jeux violents. Souvestre reste témoin en 1836 des soules bretonnes, évoquant leur culte de la force, leurs accidents, leurs effusions de sang : « Quiconque se sent le bras assez ferme et la chair assez dure au corps va se jeter dans la mêlée [9]. » Croiset-Moiset décrit encore pour le milieu du siècle le jet de pierre sur l'oie à Saint-Florentin dans l'Yonne, ce jeu où l'emporte le premier lanceur tuant l'animal entravé. Il évoque ces gestes mêlés aux réjouissances du 14 juillet, le maire effectuant lui-même le premier lancer, ceint de son écharpe et entouré du conseil municipal [10]. Tout comme se pratique encore le jeu des *monihettes* dans les veillées de Saintonge, avec ses bousculades, voire ses coups [11], ou le *baz toztu* dans le Finistère autour de 1830, cette forme de soule jouée avec crosses et balles de bois, jeu que Souvestre dit « avoir été transmis aux Bretons par les Celtes [12] ».

L'offensive des autorités s'accentue pourtant avec le XIXe siècle, visant les plus violents de ces jeux : la soule, les combats de villages, les bagarres rituelles lors des processions. Quatre brigades de gendarmes sont mobilisées en 1851 à Bellou-en-Houlme dans le nord-ouest de l'Orne pour arrêter une soule lors du Mardi gras, une des dernières interventions conduisant à effacer ce « jeu annuel (joué avec une balle de cuir bourrée de son qui pesait quelque 6 kilos) impliquant plusieurs centaines de participants et près de 6 000 spectateurs attirés par sa réputation sanglante[13] ». Une suppression définitive aussi est imposée après 1850 aux traditionnelles courses de chevaux en Bourbonnais : les fêtes étaient suivies de bagarres rituelles depuis longtemps redoutées, sinon interdites, mais se déroulant encore dans les premières décennies du XIXe siècle, avant de laisser place à la seule foire aux chevaux[14]. La puissance civile s'impose dans la seconde moitié du siècle, comme changent les manifestations de violence physique : « Après 1850, la plupart des allusions à ces batailles rituelles attestent qu'on se réjouit du fait que les rixes sanglantes appartiennent désormais au passé[15]. » C'est plus largement, d'ailleurs, la sensibilité à la violence qui change : le jet de pierre sur l'oie entravée a disparu dans la plupart des communes de l'Yonne, en dehors de Saint-Florentin, autour de 1830 ; le jet de pierre sur la chèvre, pratiqué encore dans certaines d'entre elles au XVIIIe siècle, a définitivement disparu. Les actes ne sont d'ailleurs plus tout à fait les mêmes d'un siècle à l'autre. Hypothèse abrupte sans doute, confirmée pour l'univers des pénalités par les chiffres de Mogensen révélant dans le pays d'Auge, entre le début et la fin du XVIIIe siècle, quatre fois moins de crimes violents[16] ; par ceux de Marie-Madeleine Muracciole aussi révélant dans la Bretagne du présidial de Vannes, entre la première et la seconde moitié du XIXe siècle, un passage des atteintes contre les personnes de 37 % à 26 % sur l'ensemble des infractions[17] ; par ceux de Beattie encore révélant dans le Sussex et le Surrey, entre 1740-1780 et 1780-1801, un passage du taux d'accusation pour homicide de 2/100 000 à 0,9/100 000[18]. Autant de signes assertant ce que Paul Johnson appelle *« the end of wilderness*[19] *»* avec le début du XIXe siècle.

2. « *Plaisirs vulgaires*[20] »

Ce qui ne saurait, à l'évidence, signifier l'effacement des jeux brutaux. Leur pratique devient seulement plus contrôlée, plus réglée. Les rixes se déplacent, transitant des espaces de plein vent aux espaces dérobés, quittant les aires rurales pour les arrière-salles de café, les enceintes aménagées, les sites fermés. Les coups se disciplinent, les apprentissages se codifient, les pratiques de combat s'enseignent : des maîtres s'imposent, avec leurs salles, leurs concurrences, leurs leçons. L'art de la savate ou du chausson, par exemple, devient un art repérable à partir de 1820-1825 dans Paris, visible par ses lieux et ses pratiquants, noté dans les mémoires et les récits, un art de combat au corps où coups de poing et coups de pied s'enchaînent successivement pour mieux atteindre l'adversaire. Eugène Sue le met en scène dans *Les Mystères de Paris*, où il évoque un Rodolphe mystifiant ses assaillants, multipliant et diversifiant les assauts, « passant sa jambe [sorte de croc-en-jambe] avec une dextérité merveilleuse et renversant deux fois » un adversaire pourtant de « constitution athlétique et de première habileté dans une sorte de pugilat appelé vulgairement la savate[21] ». Martin Nadaud l'illustre plus encore en décrivant un contexte et un milieu, celui des migrants creusois des années 1830, ces groupes de travailleurs occasionnels, socialement dominés, recherchant dans la savate une supériorité physique sur des Parisiens jugés par eux distants, arrogants, mieux installés : « Nous nous disions qu'il fallait châtier à la force du poignet ceux qui avaient une si pauvre idée des mangeurs de châtaignes de Limoges et de la Creuse[22]. » L'apprentissage mobilise alors une amertume, celle de semi-marginaux réduits à vivre en bandes dans une ville sourdement hostile. Il révèle surtout une nouvelle façon de distribuer le temps, celui du repos et du travail, celui des solidarités vagabondes, des hiérarchies d'atelier, une nouvelle façon de distribuer l'espace aussi avec ces garnis surchargés, leurs sociabilités spécifiques, leur mode de proximité. D'où cette nouveauté d'assauts enseignés et organisés, leurs commentaires, leurs interminables comparaisons, cet investissement sur de lents apprentissages menés loin du travail : « Il découvrit mes côtés faibles et il prit beaucoup de peine pour me perfectionner[23] », dit Martin Nadaud d'un de ses maîtres dont il perçoit estime et attention.

Il en résulte encore une nouvelle façon pour ces milieux populaires de décrire les techniques physiques. Agricol Perdiguier note si scrupuleusement les mouvements du combat qu'il les a, à l'évidence, autant appris que discutés : « Sa tête arrive jusqu'à ma poitrine. Je la lui relève vivement du bras gauche, que je tenais en avant formant un angle droit, et de ma main droite fermée, je l'atteins au visage[24].» Perdiguier suit chaque mouvement du corps, s'attardant aux attitudes, aux déplacements, aux détails: «Mon genou gauche est placé entre ses deux cuisses, mon bras gauche fortement appuyé sur ses deux bras[25].» Exigence plus précise des gestes, allusion plus constante aux muscles, tout indique une plus grande aisance des descriptions physiques: «Vous êtes intrépide, vous avez des muscles d'acier, quoique mince et svelte...[26].» Vision plus technique du corps sans doute, dans ce monde urbain des premières décennies du siècle, suggestive, même si elle reste limitée.

Ce qui ne signifie pas, faut-il le dire, une forte reconnaissance sociale de ces pratiques de combat. Perdiguier les qualifie lui-même de «plaisir vulgaire[27]». Nadaud évoque à leur sujet un sentiment de marginalité sinon de rejet: nombre de ses amis lui reprochent «de fréquenter les salles de chausson et de se battre pour des riens[28]»; son père tente même de convaincre certains maîtres «de ne jamais l'accepter dans leur salle[29]». À quoi s'ajoute une fébrilité particulière entretenue autour d'assauts susceptibles de dégénérer en rixes générales, comme à la Guillotière près de Lyon en 1839, où le commissaire de police doit fermer la salle du «sieur Exbrayat» après plusieurs affrontements et échanges de coups entre les spectateurs[30]. L'art du combat perturbe d'ailleurs à l'occasion de classiques rassemblements populaires, bals, promenades ou boulevards: «Nous nous déplacions par bandes. Au moindre geste, à la moindre parole, nous en venions aux mains[31].» Pratiques mieux contrôlées, violences plus dérobées, la savate et le chausson n'entretiennent pas moins turbulences et tensions dans les villes du début du siècle.

Une pratique plus distinguée existe aussi, autour de 1840, que Théophile Gautier explique par l'interdiction du port de toute arme dans la société du XIXe siècle: «Maintenant que les hommes ne portent plus d'épée; la police défend d'avoir des armes sur soi... Mais vous avez vos poings et vos pieds que l'on ne peut saisir et des poings et des pieds exercés sont des armes aussi redoutables que le lasso des gauchos brésiliens[32].» Le chausson pratiqué par ces maîtres «d'une distinction parfaite» est un art mobilisant pieds et poings pour des offensives dûment étudiées: les coups y sont rapides, projetés en série selon des enchaînements précis, détachés «avec une vigueur rare dans la poitrine ou la figure[33] », inspirés en partie de ceux des boxeurs anglais. Une clientèle de « lions chevelus » ou de « bourgeois proprets » peut fréquenter ces salles dites « d'armes ». Un code de combat s'impose aussi que Théophile Gautier mentionne en quelques mots : retenir les coups sur des combattants ne portant ni masque ni plastron, contrairement à l'épée, crier « Touché bien touché » lorsque le coup est judicieusement ajusté. Le succès de cette agilité très travaillée est incontestable, même si seules les grandes villes en concrétisent la pratique : les membres du Jockey Club ont leur salle, le duc d'Orléans est initié par Michel Pisseux, le maître le plus connu de Paris.

3. La ville et l'eau

Bains et écoles de natation sont un tout autre témoignage des pratiques physiques urbaines renouvelées en ce début de siècle. Ils confirment une lente instrumentation sanitaire des villes, comme un lent développement d'exercices partageant mieux qu'auparavant le loisir et le travail. Le creusement des canaux amorcé sous l'Empire pour conduire l'eau dans Paris transforme à terme sa distribution, rendant possibles de nouveaux emplacements de bains : 22 établissements existent en 1832 contre 10 en 1808[34]. Croissance quasi identique aussi pour une ville comme Lyon repérée aux mêmes dates par Thierry Terret[35]. La rivière encore est autrement aménagée, rendant tout aussi importantes les différences dans le temps : six écoles de natation en 1836 contre deux en 1808[36], auxquelles s'en ajoutent une quinzaine d'autres qui, sans s'intituler « école de natation », sont des établissements de bains froids où le public peut nager entre quelques planches grossièrement disposées le long des berges.

Au-delà de ces chiffres, luxe et rusticité partagent fortement les pratiques : rien de commun entre les bains Deligny au quai d'Orsay et l'École Petit au quai de Béthune par exemple. La piscine Deligny, dès les premières décennies du siècle, compose avec l'excellence : espace d'eau aménagé au centre de bateaux juxtaposés, fond de bois stabilisé sur la rivière, lambris, miroirs et vernis installés sur le bateau accosté. Des cabines s'y louent avec appartement, des salons sont « réservés aux princes », des coffres à bijoux sont prévus pour les objets précieux[37]. L'École Petit comme les « bains à quatre sous » se situe à l'autre pôle du spectre social, « vastes cuves accessibles à toutes les bourses[38]», «grandes cages à canards[39]» dessinées par Grandville, en 1829, avec «la burlesque foule des amateurs parisiens[40]», ou par Daumier, en 1839, avec ces images de corps entremêlés censés rechercher «la fraîcheur et la pureté de l'eau[41]».

Rien n'indique une fréquentation massive, tout indique en revanche une fréquentation nouvelle, une activité largement commentée, illustrée, intégrant insensiblement la nage dans l'horizon des villes[42]. Encore faut-il mesurer la forte spécificité de cette pratique où l'imaginaire de l'eau joue un rôle décisif, prolongeant la vision des hygiénistes de la fin du XVIIIe siècle. L'exercice central est moins le mouvement du corps que la réaction à l'eau, moins la technique physique que la résistance au froid : nager c'est rencontrer un milieu, lutter contre un élément, affronter une hostilité. La piscine, dans ce cas, demeure un établissement thermal, celui dont le prestige grandit avec la société bourgeoise du XIXe siècle. Mais la pratique n'est ni une gymnastique de nage ni un exercice musculaire. L'eau fascine trop encore ici pour que l'emporte le travail du muscle et son calcul. L'image du corps demeure prisonnière de celle de l'élément. Très limité par exemple se révèle le succès du bassin construit dans les années 1820 pour utiliser les eaux de condensation des pompes à vapeur de la Seine. L'univers y est jugé trop mièvre, tiède, affaiblissant : «Il y a eu vis-à-vis de Chaillot, sur la rive gauche de la Seine, une école de natation à l'eau chaude : elle existe peut-être encore, mais franchement nous n'avons jamais pris cet établissement au sérieux, c'est une baignoire monstre[43].» Un mépris discret s'adresse au nageur censé ne fréquenter «l'eau qu'à condition que la température s'élève à une certaine hauteur[44]». Le bain demeure, de fait, une lutte contre une température et un milieu, moins un exercice pour la vigueur des muscles.

4. Tenues bourgeoises

On voit comment les exercices n'ont pas été révolutionnés au début du XIXe siècle, comment certaines traditions ont été maintenues. On voit aussi comment de nouvelles vigilances sur les techniques ou de nouvelles surveillances sur les violences ont infléchi les gestes et leur contrôle. Plus largement, la place faite au résultat en devient aussi différente, l'effet de l'exercice sur les formes du corps, sensible surtout dans les milieux attentifs plus que d'autres à la mise en scène physique. Pratiques rares encore, bien sûr, mais notables, révélant surtout une vision nouvelle de la tenue physique, un déplacement du profil, la manière de porter la poitrine ou le ventre : influence de l'exercice pour la première fois modulante, silhouette du corps pour la première fois longiligne. La tenue du dandy, autour de 1820, est l'exemple extrême de ces formes nouvelles : le profil du « cavalier florentin » d'Ingres, peint en 1823, exhibe une taille retenue, un gilet saillant et coloré[45]. L'effet du gilet, accentué par les épaulettes, rappelle la lente prise de conscience du rôle nouveau donné à la respiration. La poitrine alimente la vie, modifiant la richesse du sang. Les descriptions en font un signe plus marqué de force et de santé. C'est sur elle que s'attarde Edgar Poe en risquant la fiction d'un homme-machine, mécanisme aveugle et vide que la civilisation du fer permettrait de créer : « Sa poitrine était incontestablement la plus belle poitrine qu'il m'eût été donné de voir[46]. » La poitrine se détache sur une silhouette longtemps dominée par le ventre, lui-même longtemps accentué par les lignes de l'ancien pourpoint. C'est toute la différence entre les gravures de Moreau le Jeune, autour de 1770, avec leurs habits à pans évasés ouverts sur le ventre[47], et les gravures des *Modes françaises* en 1820 avec leurs habits ceinturés[48].

Le dandy a une diététique. Byron voyage en Italie en compagnie d'un médecin qui prescrit exercices et repas. Il perd 24 kilos en 1807 après avoir multiplié transpirations et restrictions alimentaires. Les lettres de Byron définissent le « bon état » du corps par la minceur : « Vous me demandez des nouvelles de ma santé. Je suis d'une maigreur tolérable que j'obtiens par l'exercice et l'abstinence[49]. » Byron recourt à la tradition des végétaux, légumes verts et biscuits, à l'eau gazeuse, au thé, il nage aussi et fait de l'équitation. Il rêve bien de maigreur : « Rien ne lui fait plus plaisir que de s'entendre dire qu'il maigrit[50]. » Pour la première fois, la diététique et l'exercice recoupent très explicitement le projet d'entretien et le projet d'apparence. Le dandy substitue une valeur de corps toute physique et personnelle aux valeurs de rang et de condition promues par l'aristocratie traditionnelle. La lutte contre la décadence, l'inquiétude sur le mélange des ordres sociaux, au début du XIXe siècle, le culte de soi qui en résulte sont portés par un investissement dans la tenue et dans la santé, toutes deux étroitement mêlées.

Le dandysme tient dans ce geste pour nous très contemporain, livrant l'individu aux seules exigences de son affirmation personnelle : les qualités d'apparence et de corps.

Un prestige des formes massives existe pourtant dans ces premières décennies du siècle. Le ventre n'a pas perdu toute dignité dans l'élite bourgeoise, bien au contraire : Balzac constate avec insistance que le « notaire long et sec est une exception[51] », celui qu'il décrit est toujours enrobé de graisse onctueuse ; Briffault définit la silhouette empesée du député élu à la Chambre de 1831 comme une certitude de dignité[52] ; Vigny lui-même peut éprouver sa « taille mince[53] » comme un obstacle à la réussite littéraire. Une maigreur « trop » visible reste indice de pauvreté, d'indigence. Les miséreux de Daumier ou d'Henry Monnier se reconnaissent à leur profil famélique et la mise en scène de Monsieur Prudhomme en 1828, bourgeois « imposant, compassé, un rien prétentieux[54] », confirme la force visible de la rondeur.

Autant de signes confirmant la discrétion sinon les limites des renouvellements.

II. L'INVENTION D'UNE MÉCANIQUE

Une rupture avec la tradition pourtant s'invente entre 1810 et 1820, marquante, profonde, initiant des pratiques encore peu diffusées, suggérant un complet renouvellement de la vision de l'exercice, comme un complet renouvellement de la vision du corps : le travail physique totalement inédit proposé dans les quelques gymnases inaugurés à Londres, Paris, Berne ou Berlin ; originalité d'autant plus grande que les actes y sont l'objet d'effets mesurables et calculés, producteurs de forces prévisibles et chiffrées ; d'autant plus grande aussi que ces chiffres sont sans rapport avec ceux obtenus dans les courses et les fêtes révolutionnaires. Le dispositif bouleverse tous les modèles, même si les commencements en sont modestes, la diffusion limitée, la reconnaissance mesurée. Aucun enthousiasme particulier, aucun mouvement de grande échelle autour de cette naissance alors que ses effets transforment à terme les apprentissages de l'école et de l'armée.

1. Corps productif, mouvements chiffrés

La manière dont Clias, le directeur du gymnase de Berne, évoque, en 1815, les résultats réalisés par un de ses élèves illustre, en quelques mots, la nouvelle vision du corps. L'enfant réalise des performances mesurées et comparées dans le temps: « La force de pression de ses mains était doublée [en cinq mois] ; au moyen de ses bras, il s'élevait à trois pouces de terre, et restait ainsi suspendu pendant trois secondes; il sautait trois pieds en largeur, parcourait cent soixante-trois pas dans une minute et portait pendant le même espace de temps un poids de trente-cinq livres sur les épaules », un an après « il franchit avec élan six pieds en largeur et parcourut cinq cents pas en deux minutes et demie[55] ». Constats apparemment sommaires, mais décisifs, permettant pour la première fois d'apprécier non plus seulement des performances mais des capacités corporelles selon des unités de mesure universellement comparables.

Le seul instrument du dynamomètre inventé par Régnier à la fin du XVIIIe siècle permet d'évaluer ici en kilogrammes les forces exercées sur lui: son ressort indéformable et gradué transpose en chiffres la puissance des muscles. Péron avait déjà dressé grâce à lui des tableaux suggestifs durant son voyage autour du monde en 1806: les hommes du continent austral par exemple se montraient inférieurs aux hommes venus d'Europe, les sauvages n'atteignant guère que 50 kilos de pression de mains au dynamomètre alors que les marins anglais ou français atteignaient ou dépassaient 70 kilos[56]. Peu importe à vrai dire le résultat. La nouveauté est dans la comparaison d'unités transposables: ces mesures produites par le travail musculaire. D'autant plus marquantes ici qu'elles ne se limitent plus aux seules capacités de portage comme avaient déjà pu, au XVIIIe siècle, les calculer Désaguliers ou Buffon[57] ou aux seules vitesses des courses comme la table de l'Annuaire de la République l'avait constitué[58]. Elles s'étendent aux catégories les plus variées de mouvement. Celles qu'évoque Amoros, le directeur du gymnase parisien, dans une liste aussi diverse que bariolée: pression des mains, force des reins, forces de traction, d'impulsion, de sustentation[59]. Amoros multiplie les mesures et les comparaisons jusqu'à consigner régulièrement les « performances » de chacun, transposant la vigueur en registres et en tableaux, distribuant notes et jugements. D'où ses conclusions après les apprentissages du duc de Bordeaux fréquentant le gymnase au début de l'année 1830: « Ce progrès des forces est extraordinaire: la somme totale est plus que doublée, nonobstant l'interruption des exercices, à cause du mauvais temps, et que son altesse royale n'a pris que quarante-six leçons [60]. » Phrase courtisane bien sûr, mais recours définitif au chiffre: la force physique doit pouvoir se calculer, ses progrès doivent pouvoir se comparer.

Le dynamomètre gagne en prestige, essaimant au-delà du gymnase au début des années 1830. Il pénètre les foires provinciales, les jeux de campagne, il s'aventure sous les chapiteaux itinérants dressés au cœur des villes. Daumier le représente dans *Les Français peints par eux-mêmes*[61] alors que La Bédollière commente son usage chez les saltimbanques de la monarchie de Juillet: « Frappez sur ce tampon en lignes verticales ou horizontales, appuyez l'épine dorsale contre ce coussin, vous pourrez même voir surgir du dynamomètre un Hercule en bois peint auquel il vous sera loisible de vous comparer [62]. » Ce qui confirme combien se popularise la vision de forces corporelles d'autant mieux comparées qu'elles sont chiffrées, cette attente nouvelle de mesures sur des ressources physiques demeurées longtemps empiriques ou brouillées.

À quoi s'ajoute l'amorce d'un imaginaire énergétique: la comparaison entre la quantité de travail rendu, par exemple, et le type de nourriture absorbée, l'insistance sur le volume des tâches réalisées rapporté au volume du régime carné, en particulier. Les calculs du baron Dupin en 1826, repris par les premiers gymnastes: « Un ouvrier anglais mange plus de 178 kilogrammes de viande par an, tandis qu'un Français n'en mange que 61 ; aussi les premiers travaillent-ils davantage [63]. » Une image nouvelle commande ici le recours au chiffre: celle d'un corps assimilé à un moteur, organes restituant mécaniquement une énergie reçue. L'image que commence à explorer l'économie rurale en évoquant le moteur animal: « La quantité de travail qu'on peut tirer d'un animal dans le cours d'une année, sans altérer sa vigueur et sa santé, dépend principalement de sa masse, de son énergie musculaire et du régime qu'on lui fait suivre [64]. » Image floue encore: les correspondances sont d'autant moins précises que la combustion alimentaire demeure entrevue plus qu'analysée. Image floue aussi parce que le rôle du souffle est davantage souligné qu'exploré. Les vieilles expériences de Lavoisier ne sont ici ni poursuivies ni approfondies[65] : l'échange de l'air n'est pas directement confronté au travail. Amoros sait évoquer la « force d'haleine » ou les « ressources pulmonaires », mais il juge suffisante la pratique du chant pour accroître la résistance du souffle : « Ne pourrait-on pas conclure de tout cela que l'exercice du chant est un vrai moyen de donner de la force aux poitrines délicates de jeunes gens dont les poumons sont affaiblis[66] ? » D'où ces exercices réalisés en psalmodiant des hymnes, ces recueils de « cantiques[67] » accompagnant inévitablement les recueils du gymnaste. D'où cette certitude aussi prêtant une étrange efficacité aux percussions effectuées sur la poitrine comme pour renforcer passivement ses muscles. L'allusion au poumon est présente, insistante même, mais non celle faite à sa fonction. L'allusion au travail aussi est présente, nouvelle avec ses unités produites et ses unités consommées, mais non celle faite à son mécanisme intime : l'énergétique est pressentie plus qu'inventée.

2. Une mécanique des mouvements

Autant le dire, la véritable nouveauté en ce début de siècle tient à l'analyse du mouvement : le calcul des forces produites, on l'a vu, mais aussi celui des vitesses et des temps. Clias évoque le nombre de pas parcourus en une minute pour mieux distinguer les performances : « 900 pas dans une minute et deux secondes[68] », par exemple, pour son meilleur élève en 1818. Amoros organise ses exercices pour accroître toujours davantage le nombre d'actes réalisés par unité de temps : « On fera 200 pas ou mouvements par minute, pour préparer ainsi à faire 4 000 pas en vingt minutes, ce qui produira, à trois pieds par pas, lorsque l'on fera l'application sur le terrain, une lieue de 12 000 pieds ou de poste en vingt minutes et conduira à pouvoir faire trois lieues à l'heure[69]. » Le thème central est bien celui d'une efficacité mesurable, celle traduite par les forces musculaires, celle traduite par les vitesses et les régularités. La gymnastique s'instrumentalise pour multiplier les chiffres, elle s'agence très précisément pour les transformer en performances et en améliorer les indices : le corps doit produire des résultats repérables, étalonnés entre eux, figurables dans la rigueur d'un tableau. D'où cette possibilité totalement nouvelle de transposer chaque performance sur une échelle abstraite, celle d'engager à partir d'elle d'interminables comparaisons.

Le thème de l'efficacité s'approfondit d'autant plus que changent les contenus appris : la gymnastique ne suggère pas seulement des résultats, elle invente des gestes, elle recompose des exercices et des enchaînements. Elle crée en particulier des hiérarchies nouvelles de mouvements : du plus simple au plus complexe, du plus mécanique au plus construit, réinventant de part en part des progressions et des séries. Elle multiplie les gestes quasi abstraits réduits à leur plus simple expression dynamique, celle d'un déplacement de levier, pour les recomposer dans un ensemble toujours plus étendu : « Les mouvements élémentaires sont à la gymnastique ce que l'art d'épeler est à la lecture [70]. » Cette gymnastique nouvelle du XIXe siècle exploite, autrement dit, le « mouvement partiel », celui dont la mobilité se limite à une seule articulation osseuse : extension de la jambe ou du bras, circumduction de l'épaule ou de la hanche, inclinaison de la tête ou du tronc. Ce que les nouveaux manuels traduisent en séries numérotées d'exercices localisés. L'acte n'agit plus directement sur les objets, il ne vise pas d'abord une transformation des choses, il ambitionne une première et exclusive transformation du corps, il est même ce qui perfectionne le muscle avant d'être ce qui perfectionne le geste. D'où cet objectif focalisé sur l'effet spécifiquement organique et moins sur l'effet spatial, cette façon d'orchestrer des déplacements abstraits de membres corporels avant d'orchestrer des actes. « Mouvements simples [71] » chez Pestalozzi, « mouvements préparatoires [72] » chez Clias, « mouvements élémentaires [73] » chez Amoros constituent du coup un interminable programme d'apprentissages séquentiels imposant une nouvelle discipline dans l'univers pédagogique. D'où encore ces techniques nouvelles d'apprentissage, au-delà même des gymnastiques, celles des danseurs par exemple : « Si j'avais à former une école de danse, je composerais une espèce d'alphabet de lignes directes, comprenant toutes les positions des membres en dansant, et je donnerais même à ces lignes et à leurs combinaisons les noms qu'elles ont en géométrie [74]. »

Encore faut-il rapprocher ces changements d'autres plus vastes susceptibles de les éclairer. Ils supposent une lente inflexion de la culture du corps que seul le contexte social ou économique permet de mieux comprendre. Un insensible mais profond bouleversement de l'image du travail en particulier : la volonté plus marquée, entre la fin du XVIIIe siècle et le début du siècle suivant, de calculer des capacités pour mieux les rentabiliser, celle de mesurer des gestes pour mieux les économiser. D'embryonnaires dispositifs industriels imposent déjà une stricte surveillance des mouvements et des coûts : l'inlassable répétition d'actes spécialisés et précis pour réaliser les objets « fabriqués » dont parle le baron Dupin en 1826, dans sa « mécanique des arts et métiers [75] ». Ces travaux réduits plus qu'auparavant « à un petit nombre de mouvements [76] » dont parle l'*Encyclopédie moderne* en 1823. C'est évidemment à une organisation d'ensemble des ateliers que visent de tels projets. Le mouvement humain décomposé fait concourir sa mécanique à une mécanique plus large, l'effort est détaché du tour de main pour être soumis à bien d'autres attentes : « Cet avantage peut être poussé beaucoup plus loin dans les grands établissements [...] où il faut mettre l'attention la plus scrupuleuse à calculer la durée de chaque genre d'ouvrage, pour les proportionner au nombre particulier d'ouvriers qu'on y consacre. Par ce moyen, personne ne reste jamais oisif et l'ensemble atteint le maximum de rapidité [77]. » La gymnastique concourt à ce projet explicite en développant l'« aisance » par une « juste disposition des forces [78] ». Ce qu'avait perçu Pestalozzi au tout début du siècle en proposant l'apprentissage de « mouvements simples » pour favoriser « l'aptitude au travail [79] » et même penser jusqu'à « 1 000 exercices différents pour les bras [80] ». Ce qu'imposent aussi les comparaisons toujours plus fréquentes faites entre l'efficacité des mouvements organiques et celle des mouvements machiniques : la mise en parallèle et la hiérarchie faite entre l'efficacité du scieur de long, par exemple, et celle de la scie mécanique [81]. Les gravures des encyclopédies, leur recomposition à quelques décennies de distance, illustrent ces renouvellements. Les mains de l'ouvrier ou de l'artisan, largement présentes dans les planches de l'*Encyclopédie* de Diderot, au milieu du XVIIIe siècle, ces doigts agiles occupant une partie du tableau pour souligner l'adresse des gestes, s'effacent dans l'*Encyclopédie moderne* de Courtin en 1823 [82]. Le travail mécanique commence à l'emporter sur le travail habile. La physique l'emporte sur la dextérité ; la mesure sur le tact. L'ensemble des registres corporels basculent, favorisant des mouvements géométriques, clairement orchestrés, rigoureusement mesurés et précis.

Le programme gymnastique des années 1820 comporte d'ailleurs, parallèlement à des contenus militaires ou médicaux, une « gymnastique civile et industrielle [83] ».

3. L'invention d'une pédagogie

Le programme comporte encore une « gymnastique orthopédique » tout aussi révélatrice : ensemble de mouvements suffisamment précis, mobilisation de muscles suffisamment individualisés pour prétendre corriger les mauvaises courbures du corps. Ce qui confirme une découverte, celle d'un espace corporel totalement traversé de logiques mécaniques, celle d'actes musculaires totalement pensés selon leur effet localisé : « Il est manifeste que la plupart des difformités étant le résultat, soit de l'affaissement général du sujet, soit de l'inégale répartition des actions musculaires, on doit sûrement les guérir, d'une part, en augmentant l'énergie organique, de l'autre en détruisant par des exercices appropriés les mauvais effets que les habitudes antérieures ont produits[84]. » Le mouvement s'est bien dépouillé, les muscles se sont bien parcellisés au point qu'une orthopédie s'est créée, engendrant gymnases, machines, institutions. Des établissements de soins se constituent à Paris, Lyon, Marseille ou Bordeaux, dans les années 1820-1830, suggérant la possibilité de rectifier l'apparence de ceux dont la nature a disgracié les formes[85].

Caractéristique aussi cette machine inventée par Pravaz en 1827, la « balançoire orthopédique » : l'appareil comprend une série de poulies différemment orientées, tirées par un sujet installé sur un plateau inclinable, dispositif totalement artificiel bien sûr, mais exclusivement pensé pour sélectionner et activer chaque muscle selon le défaut de courbure vertébrale à combattre. La forme des mouvements retenus, le sens donné au chemin des poulies, l'inclinaison imposée à la pose des pieds, à la ligne des hanches, à la tenue des bras se modifient à la demande pour mieux arrêter et différencier les exercices utiles. L'orthopédie dispose brusquement de théories : elle devient une discipline. Entreprise modeste, sans doute, elle montre mieux que d'autres la totale révision possible dans l'organisation des exercices et des mouvements du corps.

Plus largement la gymnastique nouvelle suggère le bouleversement possible des apprentissages scolaires, adaptée comme jamais à l'espace et au temps de la classe, favorisant comme jamais aussi les dispositifs de groupe et les exercices collectifs. Ses principes de morcellement orientent et orchestrent une pédagogie : « Il est indispensable d'établir une discipline et des commandements militaires afin de pouvoir faire exécuter en même temps la plupart des exercices élémentaires[86]. » Les ordres donnés aux élèves sont d'autant mieux réglés que les mouvements sont limités et précis, les programmes sont d'autant mieux définis que les progressions se transforment en séries. La classe devient un dispositif géométrisé dont les pédagogues du milieu du siècle mesurent l'exploitation nouvelle : « Les exercices simultanés n'ont pas seulement l'avantage d'exiger des élèves le plus grand silence, mais encore de leur faire contracter l'habitude d'une attention constante et d'une prompte obéissance, habitude qu'en peu de temps ils conservent dans les classes[87]. » Non que l'école adopte d'emblée la pratique, au moins en est-elle clairement informée avec les années 1830. Le manuel de Maeder en fait une mention soulignée en 1833[88] comme le fait le *Cours normal* de Gérando en 1832, se gardant d'oublier « les pas de marche réglés » ou « les exercices d'ensemble et dans un parfait accord les évolutions diverses[89] ».

4. Une lente diffusion

Aucun doute, un impact social de cette première gymnastique a eu lieu, au-delà des projets scolaires ou des liaisons avec l'armée ou l'industrie. Des expertises flatteuses accompagnent les premières expériences d'Amoros, des signatures d'autorités médicales, militaires ou politiques leur assurent une légitimité : « Tous les vœux se réunissent pour voir [le gymnase] porté à son état de perfection, selon les vues et les plans de M. Amoros, et tous ont applaudi aux premières dispositions du Gouvernement en faveur d'une Institution qui honore autant ses protecteurs que celui qui l'a fondée[90]. » Quelques personnalités fréquentent l'établissement amorosien : Balzac, entre autres, qui évoque « l'agilité, la force [...] peintes sur la porte du Gymnase-Amoros[91] » ou décrit dans *Un ménage de garçons* des héros étonnants de force, quelques jeunes gens d'Issoudun « alertes comme des élèves d'Amoros, hardis comme des milans, habiles à tous les exercices[92] », s'évanouissant par d'impossibles escalades ou d'insaisissables fuites dans les rues de la ville. Amoros parvient d'ailleurs à faire construire un second gymnase, en 1834, au 16 de la rue Jean-Goujon, après avoir été nommé « inspecteur des gymnases régimentaires » en 1831. Ses visites en province confirment l'existence de quelques gymnases militaires dans les années 1830 à Montpellier, Metz, La Flèche ou Saint-Cyr[93]. Les thèmes de la gymnastique pénètrent des textes à usage quotidien, dictionnaires, encyclopédies, livres d'hygiène, elle fait l'objet d'un règlement militaire la rendant obligatoire en 1836, elle triomphe dans les ouvrages d'amusements et de jeux. Elle provoque illustrations et commentaires. Elle séduit. D'où cette insistance de Simon dans son *Traité d'hygiène appliquée à l'éducation de la jeunesse* en 1827 : « Dans tous les pensionnats on devrait avoir un dynamomètre monté de manière que les élèves pussent exercer la force des différents muscles[94]. »

Plus difficile est l'installation concrète de la pratique. Le gymnase civil et militaire perd toute subvention de l'État à partir du 24 janvier 1838. Son directeur est mis en « non-activité[95] », objet de témoignages et de rapports réticents : « On ne peut attendre aucun bien d'un établissement dont le chef se trouve animé d'un tel esprit de désordre[96]. » Des conflits d'autorité émaillent l'existence du gymnase de la place Dupleix ; des démarches intempestives de son directeur, officier espagnol venu en France avec l'armée napoléonienne, ont pu agacer. Un malentendu encore a freiné la compréhension de ces premiers exercices, un recours à des machines massives et coûteuses, mâts, portiques, murs, barres en tout genre, ponts élastiques, plans inclinés[97], tous faits pour accroître la spécificité ou l'instrumentation des espaces gymniques, tous faits pour étonner plus que pour convaincre, alors que la véritable découverte était ailleurs, dans l'analyse et la pratique « anatomique » des mouvements. D'où ce foisonnement instrumental et coûteux, ces montages d'appareils complexes, ce « luxe dispendieux de machines et d'échafaudages dont le but principal semble être d'éblouir les yeux[98] ».

Plus profondément naît une conviction sans que naisse une large pratique. Le gymnase convainc, il impressionne, sans que s'engage, dans les premières décennies du siècle, un véritable déplacement des habitudes et des comportements. Le projet étatique de construire une série d'établissements gymniques se heurte encore à la difficulté d'en assurer les financements et d'en constituer l'administration. Règlements militaires ou scolaires de la première moitié du XIXe siècle annoncent surtout un changement de vision sinon de pratique : une nouvelle manière de mobiliser les collectifs en imaginant un travail physique d'ensemble, d'exercer une influence en masse, d'« assurer, comme le dit Carnot en 1848, le développement physique des classes laborieuses[99] ». L'exploitation pédagogique de l'exercice est plus insistante après 1850-1860 : une « École normale militaire de gymnastique » instruit, à partir de 1852[100], des moniteurs pour les gymnases « divisionnaires » et « régimentaires » alors que l'armée incorpore 40 000 jeunes gens sur les 200 000 à 300 000 atteignant vingt ans en 1856[101] ; la loi Falloux de 1850 rend possible à l'école primaire, mais non obligatoire, l'enseignement « du chant et de la gymnastique ». Les écoles primaires du second Empire sont très directement « encouragées » à créer leur gymnase. Hillairet, qui les visite au nom de l'empereur en 1868, se félicite de quelques initiatives remarquées. Il cite comme une réussite les « 242 gymnases organisés par les écoles primaires du Département de l'Aisne » en dix-huit mois, entre 1867 et 1868[102]. Petites salles, modestes à vrai dire, limitées le plus souvent aux préaux, munies de quelques poids, barres ou bâtons ferrés, elles abritent une leçon nouvelle. Les équipements légers l'ont emporté sur les lourdes machines. Les exercices d'ordre sur les exercices périlleux.

La gymnastique a inventé au XIXe siècle un art du mouvement, introduisant des principes décisifs de calcul et d'efficacité. Cette gymnastique en revanche n'est pas le sport, qui est compétition et affrontement réglé.

III. PREMIERS SPORTS

Les grands sportifs du XVIIIe siècle tendaient à incarner des extrêmes : pugilistes à la musculature puissante ou, au contraire, jockey poids plume. Ils constituaient rarement des exemples pour le reste de l'humanité. D'une manière générale, on ne considérait pas qu'une bonne forme physique fût un devoir à l'égard de soi-même ou des autres. Cette façon de voir changea radicalement au cours de la seconde moitié du XIXe siècle, lorsque le sport devint l'apanage d'une nouvelle catégorie, celle des amateurs. L'élite sociale, qui se fit la championne des sports modernes, exaltait un corps nouveau, un corps que l'on qualifiait d'athlétique selon des normes néoclassiques, faites d'un rapport entre la taille, le poids, le développement musculaire et la mobilité. Le concept central était désormais celui d'équilibre entre les différents éléments de l'anatomie et le moi intérieur, entre le corps et l'esprit, résumé dans l'adage *Mens sana in corpore sano* [Un esprit sain dans un corps sain].

Cessant de n'être qu'un exercice pour le plaisir, le sport répondit à des objectifs moraux, sociaux et idéologiques. L'individu en bonne santé n'était plus simplement celui qui évitait la maladie. La santé impliquait désormais l'efficacité tant physique que mentale. Les nouvelles formes de travail sédentaire déterminaient des types, jusqu'alors inconnus, de stress physique et psychologique au sein des classes moyennes. Le sport eut pour but de permettre à celles-ci de se récréer, de se détendre, de remédier à la pression suscitée par l'étude et par le travail, tout en augmentant leur capacité générale à la compétition. Outre le triomphe de l'éthique du travail protestante, il s'opéra, dans la Grande-Bretagne victorienne, un rapprochement entre la culture de l'aristocratie et celle de la classe moyenne. Si le principe fondamental du sport moderne était la méritocratie, le style et les valeurs de l'amateurisme étaient, pour leur part, empruntés à la noblesse. L'accent mis sur l'élégance, la dignité et l'honneur faisait partie d'un mouvement de réforme plus vaste de l'art de vivre aristocratique. Les enfants de la vieille noblesse terrienne et ceux des nouveaux riches, en se mêlant dans les *public schools*, créèrent une élite plus large, au sein de laquelle les rejetons de la petite noblesse faisaient carrière dans le droit ou le commerce tout autant que dans l'armée ou qu'au sein de l'Église. Ces différents éléments de l'élite se retrouvaient dans le sport, en tant que *gentlemen-amateurs*[103].

Si le sport amateur touchait avant tout la classe bourgeoise au XIXe siècle, le besoin d'offrir aux ouvriers ce que l'époque victorienne appelait des « divertissements rationnels » joua aussi un rôle important dans sa diffusion. En France et en Allemagne, à la fin du XIXe siècle, ce besoin de récréation était largement satisfait par la gymnastique. Les sports modernes faisaient, quant à eux, appel à un usage très différent du corps, et répondaient à un autre objectif social. La gymnastique avait un aspect normatif : elle proposait des exercices soigneusement gradués, qui devaient être exécutés de manière précise. La gymnastique allemande, en particulier, visait à créer une discipline collective du corps à des fins militaires évidentes. La gymnastique excluait l'initiative et la compétition. L'individualisme, qui fait partie intégrante des sports, même collectifs, lui était étranger. Les jeux de ballon, qui ont tellement contribué au succès du sport, permettaient de révéler le talent individuel, tout en encourageant l'effort collectif et l'esprit d'équipe. Le football et le rugby, par exemple, exigeaient une grande variété d'aptitudes, allant d'une grande dextérité motrice à des talents d'anticipation et d'organisation de groupe, en passant par des qualités de vitesse et d'endurance.

Les différents sports exigeaient des aptitudes variées. L'amateurisme prisait la diversité et la plupart des amateurs, qui appartenaient à la nouvelle génération, pratiquaient plusieurs sports : rugby ou football en hiver, cricket, tennis ou athlétisme l'été, parfois combinés au cyclisme ou à la natation. De nombreuses alliances étaient possibles entre sports d'équipe et sports individuels. Tous procuraient au corps une variété de mouvements adaptée aux besoins du nouveau monde urbain ; mais le sport ne tarda pas à prendre d'autres significations, en termes de race, de nation et d'empire. Il incarna littéralement les nouvelles vertus masculines de l'âge industriel : le culte de l'effort et du mérite, la valeur de la compétition pour elle-même, la méfiance pour tout ce qui était purement intellectuel, la croyance absolue en la différence des genres, vue comme naturelle et juste, et une adhésion tout aussi forte à l'idée de la supériorité de l'homme blanc sur toutes les autres races. Le corps du sportif, à la fin du XIXe siècle, était marqué par toutes ces influences à un plus ou moins haut degré, en fonction de l'activité exercée, de la classe et de la nation.

1. Les sports « old English » et le corps

Avant l'ère victorienne, il existait nombre d'activités sportives très diverses qui restent à explorer et à expliquer[104]. Il est clair qu'une très grande partie de la population, toutes classes confondues, participait à des activités sportives de manière occasionnelle. Une ou deux fois par an, se tenaient des manifestations ou des fêtes locales dans lesquelles hommes et femmes de tous âges (et de toutes tailles) pratiquaient un sport. Courses, sauts, lancers, sous des modes très différents d'un endroit à un autre, étaient ouverts à tous, doués ou non, jeunes ou vieux. Les compétitions étaient taillées sur mesure pour répondre aux besoins des participants. Par exemple, en 1790, on organisa une course de 100 yards suivie d'un saut en longueur entre un homme de trente-cinq ans et un autre de soixante-dix. Des individus légers étaient obligés de porter des poids afin de pouvoir courir contre des hommes plus lourds ; parfois le premier coureur partait dans un sens et le second dans l'autre, et ils devaient parcourir des distances différentes. Ces événements étaient conçus non seulement en vue de mettre à l'épreuve les capacités physiques, mais aussi la ruse et le sens stratégique des individus[105].

Le XVIIIe siècle ignorait la spécialisation et la régularité du sport moderne. La majorité de la population s'adonnait au dur labeur de la terre, elle respirait un bon air et n'avait nul besoin d'activités physiques fréquentes et régulières permettant de dépenser gratuitement son énergie. Ceux qui n'avaient pas à travailler dans les champs pouvaient toujours les parcourir à cheval pour prendre de l'exercice et jouir de la campagne. Savoir monter faisait d'ailleurs partie intégrante de l'éducation d'un *gentleman.* Le hobereau, excellent cavalier, constituait le modèle le plus célébré de l'élite sportive. Ses membres ressemblaient rarement à l'idée que l'on se fait de nos jours d'un athlète. Squire Osbaldeston ou John Mytton, deux des plus célèbres chasseurs du début du XIXe siècle, étaient petits et trapus. Ces individus faisaient preuve d'une endurance hors du commun et de remarquables talents de cavalier; ils étaient capables de passer la journée en selle, puis de boire et de manger toute la nuit suivante. Les excès d'une vie débridée, qui faisaient partie de l'image aristocratique du chasseur, furent aussi l'une des raisons de la réforme représentée par le sport amateur. Un chasseur devait être courageux et stoïque; il devait prendre des risques, ne pas hésiter à sauter par-dessus les obstacles; il devait avoir le sens de l'équilibre et savoir guider son cheval; mais il n'avait pas à être lui-même capable de courir ou de sauter.

L'élite sociale, dans ses écoles, pratiquait des jeux bien avant le XIXe siècle. En 1519, le principal d'Eton, William Horman, publia un livre de cours en latin mettant en scène la vie scolaire; il y était notamment question de jouer « avec une balle pleine d'air[106] ». Au XVIIe siècle, deux jeux de ballon étaient pratiqués à Eton: la « balle au mur » et le « jeu de terrain ». Des équipes de onze joueurs s'affrontaient et l'emploi des mains était interdit. Westminster et Charterhouse possédaient leurs propres jeux de « balle au pied », ainsi que Harrow, Shrewsbury et Winchester; cela, bien avant l'invention du sport moderne. Ces jeux pouvaient se révéler très violents; ils étaient l'exemple type de ce que pouvaient faire de jeunes garçons lorsqu'ils établissaient leurs propres règles, inspirées des jeux de rue ou de village.

À la campagne, les jeux de balle au pied étaient pratiqués entre les paroisses, par des équipes souvent très nombreuses. Ces joutes étaient chaotiques et dangereuses, laissant peu de place à l'habileté et à la stratégie. Notons toutefois que certaines parties de ce football primitif étaient jouées selon des règles par un nombre de joueurs limité. Ces sports, surtout pratiqués lors des foires et des fêtes dans la Grande-Bretagne du milieu du XIXe siècle, faisaient avant tout appel aux travailleurs ruraux, dont la vie était rythmée par les durs travaux des champs. La force et l'endurance y étaient essentielles. Vitesse et agilité étaient moins importantes ; qu'il s'agisse de la soule en France ou du football de rue en Angleterre, les réformateurs de la classe moyenne firent pression pour que fussent abolis de tels sports associés aux désordres publics et aux beuveries. Il fallait placer le corps sous contrôle. Il n'était plus question de laisser les hommes donner libre cours à leurs instincts de violence.

En ce sens, le football suivait l'exemple du cricket, devenu le premier des sports estivaux ; celui-ci avait évolué des maisons de campagne aristocratiques aux villages ruraux du sud de l'Angleterre, puis il avait gagné le nord du pays au milieu du XIXe siècle. Le cricket réclamait plus d'adresse et d'agilité que de force. C'était un jeu complexe, impliquant une stratégie, qui exigeait un certain courage compte tenu de la dureté de la balle ; ce n'était cependant pas un sport dans lequel les qualités de force, de puissance ou d'agressivité étaient décisives. Le club de cricket de Marylebone, situé à Londres et qui allait devenir l'institution directrice de ce sport, avait été fondé en 1787 par des aristocrates. En général, des joueurs professionnels, souvent des domestiques ou des artisans, affrontaient des *gentlemen* ; au cours de ces matchs on jouait de fortes sommes d'argent[107].

Il fallut attendre la fin du XIXe siècle pour que le corps du joueur de cricket commençât à ressembler à l'idéal néoclassique ; auparavant, les meilleurs joueurs étaient plutôt des campagnards à la forte corpulence. Alfred Mynn, l'un d'entre eux, était de haute taille et pesait environ 117 kilos. « Alfred le Grand, le lion si courageux, aussi gigantesque de stature que le Goliath de jadis... », vantait un poète de l'époque. Le plus célèbre de tous les sportifs anglais, le joueur de cricket W.G. Grace, avait la stature de Mynn et un corps en forme de poire. Une partie de l'attrait qu'il exerçait tenait à ses proportions hors du commun. Il était l'incarnation d'un type en train de disparaître : « l'homme fort* ». Grace fit sa première apparition en 1865, à l'âge de seize ans, et sa dernière en 1908 (à cinquante-neuf ans !). Il devint le sportif anglais le plus célèbre de tous les temps, mais son physique ne correspondait pas aux nouveaux canons. Sa grande barbe, sa bedaine et son aspect passablement négligé contrastaient vivement avec la silhouette mince et le visage glabre du joueur de cricket de la fin du siècle[108].

Avant le milieu du XIXe siècle, le terme « sport » était la plupart du temps associé à l'idée de féroces compétitions. On misait très souvent de l'argent sur le vainqueur. L'exploitation de l'instinct de certains animaux, en particulier des coqs, des chiens et des taureaux, était encore largement répandue au XVIIIe siècle. Ces combats furent peu à peu supprimés au cours de la première partie du XIXe siècle, notamment à la suite du vote des lois de 1835 et de 1849, appliquées par les nouvelles forces de police. L'interdiction de ces activités avait pour origine les pressions exercées par de nouvelles associations, telle la « Société pour la protection des animaux contre la cruauté ». Celles-ci étaient soutenues par les activistes protestants de la classe nouvellement enrichie dans l'industrie, qui jouissait d'un pouvoir accru depuis le vote du *Reform Bill*, en 1832. L'ancienne élite terrienne aurait pu protéger les sports d'autrefois en bloquant les lois à la Chambre des lords ; mais elle n'en fit rien. Des syndicalistes radicaux dénonçaient, eux aussi, la culture de la violence et du désordre associée aux combats d'animaux. Ce que Norbert Elias a qualifié de « seuil de tolérance » était monté de quelques crans. La brutalité – la perte du contrôle physique, le fait d'infliger des souffrances et des blessures par plaisir – devenait de moins en moins acceptable[109].

La remise en question de la légitimité des combats d'animaux suscita un changement d'attitude à l'égard des combats entre les êtres humains. En 1743, un Londonien, Jack Broughton, après la mort de l'un de ses adversaires, édicta des règles de conduite destinées à réformer la boxe traditionnelle. Les « règles de Broughton » permettaient à l'un des adversaires de profiter de quelques instants de récupération lorsqu'il avait reçu un coup trop rude ; de ce fait, les combats pouvaient se prolonger plusieurs heures. Ils res-

* Type que l'on trouvait encore sous ce nom dans le Québec francophone des années 1950 : briseurs de chaînes, souleveurs de fonte, etc. [*NdT*].

taient d'ailleurs très dangereux. Mais les formes d'agression les plus graves, en particulier les coups de pied et les morsures, étaient désormais interdites, seuls certains coups restaient autorisés. Les combattants devaient, en outre, faire attention à ne pas se faire mal eux-mêmes et à se mettre ainsi hors de combat; si bien que ces matchs étaient plus complexes, et d'une certaine manière moins violents, qu'ils pouvaient le paraître à première vue.

Beaucoup d'Anglais considéraient le pugilat comme un sport valeureux, honorable, patriotique: au lieu de se battre avec des épées et des dagues, comme les étrangers, les Anglais se battaient avec leurs poings. La pugnacité des pugilistes en vint à symboliser la force et la résistance de John Bull, l'Anglais emblématique. L'image du sportif britannique, pendant l'époque révolutionnaire et napoléonienne, était celle d'un homme aux larges épaules, solidement bâti, petit mais d'une force colossale. Le pugilat connut son apogée dans les années 1790, alors que l'Angleterre était en guerre avec la France. Broughton mourut en 1789, mais il eut des épigones: Daniel Mendoza, Jem Belcher et «Gentleman» John Jackson, qui apprit la boxe à lord Byron et servit de garde du corps à George IV lors de son couronnement, en 1821. Les défenseurs du pugilat étaient souvent des conservateurs qui percevaient un lien entre le hobereau chasseur et les combats pour l'argent pratiqués au sein d'un monde interlope. La culture sportive de l'élite terrienne se trouva renforcée par son association avec le *Fancy*, c'est-à-dire avec le monde des combats et des paris, devenu le symbole physique d'une race insulaire appelée à se mobiliser et à se défendre contre les attaques du jacobinisme[110].

Les couches populaires britanniques étaient fascinées par la force en général, mais aussi par les hauts faits d'endurance physique. Des études récentes sur les prouesses athlétiques du XVIIIe siècle en Grande-Bretagne ont ainsi montré à quel point les grandes courses de fond[111] étaient populaires. Le plus célèbre des «piétons», Foster Powell, courut de Londres à York et retour (soit environ 700 kilomètres) à plusieurs reprises pour gagner des paris. En 1792, il accomplit ce trajet, pour la dernière fois, en cinq jours, treize heures et quinze minutes, à l'âge de cinquante-huit ans. La plupart des défis s'accompagnaient de paris sur la capacité de tel ou tel athlète à parcourir une distance en un temps donné. L'un des personnages les plus célèbres du début du XIXe siècle fut, à ce titre, le capitaine Barclay; grand, de stature imposante et d'une force naturelle exceptionnelle, Barclay était d'excellente naissance. Il parcourut 1 000 milles en mille heures consécutives, à Newmarket, en 1809; cet exploit lui rapporta 16 000 livres, à une époque où le salaire d'un ouvrier agricole était d'environ deux livres par mois.

Les anciens sports n'étaient pas codifiés. Ils faisaient partie de la culture villageoise traditionnelle ou bien ils étaient pratiqués lors d'événements exceptionnels. Ils autorisaient, tout à la fois, les divertissements publics, les paris et le profit. On n'éprouvait pas le besoin d'organiser des compétitions régulières. Il n'existait pas de classe spéciale de sportifs, ayant reçu une formation à des jeux et tenus de maintenir leur forme. Il n'existait ni réseau national ou local de transport, ni véritable presse sportive. Il régnait bien une fascination générale pour les performances extrêmes, mais aucun accord n'était établi sur ce qu'aurait dû être le corps athlétique idéal. Aucune norme n'avait été définie avant l'ère du sport amateur. Les sportifs les plus connus étaient soit des géants, soit des individus minuscules. Les jockeys, dont le poids était souvent celui d'un enfant, comptaient parmi les figures les plus emblématiques du sport; ils perdaient souvent la santé à force de purgatifs, de diète et de bains de vapeur qui leur permettaient de réduire leur poids au minimum. Le plus célèbre des jockeys victoriens, Fred Archer, fut champion pendant treize saisons consécutives. Il remporta le Derby de 1880 malgré une très grave blessure au bras (on le lui avait attaché au corps). Courageux et exceptionnellement populaire, il souffrait de dépression et se suicida alors qu'il était au sommet de sa gloire. Si Archer fut un grand sportif professionnel, il était l'antithèse de l'idéal physique du sport amateur – un esprit sain dans un corps sain[112].

2. Le corps de l'amateur

L'idéal d'une vie faite d'oisiveté et de culture, lequel avait influencé la noblesse européenne depuis la Renaissance, fut peu à peu abandonné au cours du XIXe siècle. L'époque victorienne valorisa l'activité pour elle-même. Le sport moderne exigeait une dépense gratuite d'énergie pendant une période prescrite de temps. De plus en plus, on consacrait son loisir à l'exercice. Le sport était une forme de jeu qui exigeait une application de tous les instants ainsi que des efforts réguliers. Le corps humain était perçu comme une machine qu'il fallait faire fonctionner régulièrement afin qu'elle puisse atteindre son potentiel maximum. Objectif auquel ne pouvaient répondre les manifestations sportives occasionnelles organisées dans les villages. Le sport amateur visait à promouvoir la participation. Regarder les autres s'exercer n'avait de valeur que si cela poussait les spectateurs à participer. La médecine, loin de mettre en garde contre les exercices qui exigeaient une grande dépense, s'était mise à les recommander. L'époque victorienne fit sienne l'adage *Mens sana in corpore sano* que nous avons déjà cité. Il devint « un vivant article de foi pour des millions de gens [...], vanté dans la presse, prêché au cours des sermons, recommandé dans les salles de consultation des médecins et partout dans le pays [113] ». Benjamin Brodie, président de la Royal Society, médecin de George IV et de Guillaume IV, croyait que « l'aliénation mentale était en général le résultat de quelque fonction défectueuse du corps [114] ».

Le XIXe siècle vit le triomphe progressif de la division du travail et de la clôture des lieux de labeur. Aux mouvements répétitifs du corps s'ajoutait un manque d'air frais. Les classes moyennes adoptaient des emplois sédentaires, pour lesquels il fallait de plus en plus souvent se soumettre à des examens et à des concours. L'expansion de la classe moyenne victorienne fut très rapide. Ainsi, le nombre des agents de l'administration et des membres des professions libérales passa de 183 000 à 289 000 entre 1851 et 1891 ; pendant la même période, celui des employés de bureau évolua de 121 000 à 514 000 [115]. Ces groupes jouèrent un rôle central dans la création du sport moderne, tout d'abord comme participants, puis comme cadres et dirigeants de clubs.

Les emplois de bureau, au sens que nous donnons à cette expression, apparurent au milieu du XIXe siècle ; avec eux se développa le besoin de faire régulièrement et agréablement de l'exercice. La Grande-Bretagne possédait près d'un millier de parcours de golf à la fin du XIXe siècle, créés pour la plupart au cours des vingt-cinq dernières années. Là, comme le disait le directeur du Stanmore Golf Club, situé dans le nord de Londres, « l'homme d'affaires qui travaille dur peut laisser de côté ses inquiétudes et ses soucis, les amis peuvent se rencontrer dans le cadre d'une cordiale rivalité... [116] ». Déjà, le moraliste bostonien Oliver Wendell Holmes, critiquant les habitudes sédentaires de la nouvelle classe moyenne, avait déploré « la vie végétative de l'Américain » et « la jeunesse habillée de noir, aux articulations raides, aux muscles mous et au teint blafard de nos villes de l'Atlantique[117] ». Les travailleurs de bureau n'avaient ni la robuste constitution, ni les vertus viriles du paysan ou du hobereau de province. De ce point de vue, on peut interpréter la croissance des sports modernes comme le premier antidote prescrit à ce que l'on appelle aujourd'hui « le stress des cadres ».

Des mises en garde similaires sont formulées à Paris, durant les années 1880, à l'encontre du *surmenage intellectuel**, tenu responsable de l'affaiblissement des futures élites et, partant, de l'éventuelle incapacité à rétablir la puissance française, amoindrie au lendemain de la guerre désastreuse de 1870[118]. Les idées de Darwin, en se répandant, engendrèrent la peur, de plus en plus partagée, d'une détérioration physique de la race. Des personnalités de premier plan, dans de nombreuses nations occidentales, étaient persuadées que les races s'affrontaient en vue de la domination politique et économique. Avoir un corps sain et bien entraîné paraissait donc de plus en plus important. Herbert Spencer lança alors son célèbre aphorisme : « Être une nation de bons animaux est la première condition de la prospérité nationale. » Si la Grande-Bretagne, par exemple, voulait maintenir sa richesse et son empire, elle devait produire des générations de jeunes gens physiquement entraînés afin de remporter « le combat pour la vie ». Les revues scolaires étaient pleines d'histoires vantant le sport d'équipe, la meilleure des préparations à une vie d'action et de conquêtes impériales. Le sport rendait un jeune homme apte à séjourner en Afrique ou en Asie, apte à collaborer avec les autres, apte à les commander[119].

Le sport amateur proposait un nouvel usage du corps correspondant aux besoins d'une population urbaine à la croissance rapide. Il est significatif que les premières associations sportives modernes et les premiers clubs aient été créés à Londres, alors la ville la plus peuplée du monde (2 300 000 habitants en 1850). La capitale de l'Angleterre comptait un nombre exceptionnel de commerçants, de fonctionnaires, d'employés de bureau, d'avocats et de comptables ; tous traversaient Londres venant des gares de banlieue pour se

* En français dans le texte [*NdT*].

rendre dans la *City*, « avançant par milliers, penchés en avant, allongeant le pas [...] ils passaient rapidement, et il en arrivait d'autres et d'autres encore, comme les légions silencieuses d'un rêve[120] ». Le romancier victorien George Gissing a beaucoup écrit sur la vie de bureau londonienne. « À midi, aujourd'hui, le soleil inondait les collines du Surrey ; champs et sentiers embaumaient des premiers effluves du printemps [...] mais de tout cela, Clerkenwell ne tenait aucun compte ; ici, c'était un jour comme les autres, comportant de nombreuses heures dont chacune représentait une fraction de son salaire hebdomadaire[121]. » Les nouvelles conditions du travail urbain incitèrent de jeunes Londoniens aisés, qui avaient pratiqué les nouveaux sports pendant leur scolarité, à constituer la Football Association en 1863 et la Rugby Union en 1871. Leur exemple fut repris à Harvard et Yale dans les années 1870, puis par les lycéens du Paris Racing Club et du Stade français dans les années 1880.

La fin du XIXe siècle fut marquée par la croissance de grandes villes nouvelles en Europe. L'exploitation du charbon et du fer, la métallurgie et le textile suscitèrent la création des régions industrielles à forte densité, tel le bassin de la Ruhr, qui comptait plus de 2 millions d'habitants en 1900, ou les grandes conurbations de Manchester, Birmingham et Glasgow. Le chemin de fer transforma la vie urbaine en permettant la création des banlieues possédant des parcs et des espaces disponibles pour la pratique des sports. Le nouveau corps athlétique n'était façonné ni à la campagne, ni au centre des villes, mais à leur point de contact verdoyant, en des lieux comme Blackheath, Twickenham et Wimbledon. L'urbanisation à grande échelle imposait un changement de la ville. De sale, surpeuplée, malsaine et dangereuse, il lui fallait se transformer en un espace civilisé où le corps et l'esprit pourraient se développer harmonieusement[122]. Les hommes des classes moyennes prenaient le train pour se rendre au travail et n'avaient plus guère besoin des talents qui étaient ceux du cavalier des générations passées. Certains, bien entendu, pratiquaient la chasse pour des raisons de prestige social, mais la plupart des représentants des classes moyennes préféraient s'adonner aux sports d'équipe, entre jeunes, et s'affilier à l'un ou l'autre des clubs de tennis ou de golf qui se mirent à fleurir dans presque toutes les banlieues anglaises de la fin du XIXe siècle.

C'est au sein des établissements scolaires du milieu de l'ère victorienne en Grande-Bretagne que s'élaborèrent le nouveau corps athlétique et les valeurs de fair-play et de sportivité. Le plus célèbre de ces jeux nouveaux fut inventé en 1823 par William Webb Ellis. « Avec un élégant mépris pour les règles du football tel qu'on le pratiquait à son époque, il fut le premier à prendre le ballon dans ses bras et à courir avec, jetant ainsi les bases de ce qui allait devenir le jeu de Rugby. » L'authenticité de cette inscription, qui commémore un événement qui se serait déroulé à l'école de Rugby, est des plus douteuses. Ce mythe classique des origines a surtout permis aux grandes écoles de s'approprier le nouveau jeu ; les membres de la classe ouvrière, quant à eux, créèrent une ligue de rugby autonome en 1895. L'école de Rugby n'en fut pas moins importante pour la diffusion de ce sport, même si son célèbre principal, Thomas Arnold, s'en désintéressa : pensant que son devoir était avant tout de former des « *gentlemen* chrétiens », il se souciait davantage de l'intellect que du corps. Cependant, des professeurs plus jeunes commencèrent à comprendre que les jeux d'équipe offraient la possibilité de combiner les anciennes valeurs de courage et d'honneur aux idées nouvelles de compétition et d'effort.

Plusieurs professeurs de Rugby devinrent, par la suite, principaux de grandes écoles. Parmi eux, G.E.L. Cotton, de Marlborough, servit de modèle à l'un des personnages de *Tom Brown's Schooldays*, le classique de Thomas Hughes consacré à la vie des grands établissements scolaires de l'époque. Edward Thring, un sportif accompli de Cambridge, prit la direction de l'obscur lycée d'Uppingham en 1853. Il en fit l'une des plus célèbres écoles d'Angleterre pour sa pratique des sports d'équipe[123]. A.G. Butler, directeur de l'école de Haileybury, n'hésitait pas, quant à lui, à participer à des matchs de football : « en chemise blanche immaculée et bretelles rouges [...] fonçant dans la mêlée pour en émerger en tenant le ballon bien haut, puis, l'instant suivant, renversé dans la boue comme le plus humble des avants[124] ». Le système scolaire, qui s'étendait rapidement, associa la formation classique à de nouveaux modes d'éducation morale et de discipline : les sports, en particulier, étaient censés « former le caractère ». Grâce à eux, faisait observer le romancier chrétien Charles Kingsley, « les garçons acquièrent des vertus qu'aucun livre ne peut leur enseigner ; non seulement l'audace et l'endurance, mais, mieux encore, un (bon) caractère, le contrôle de soi, le sens du fair-play et de l'honneur... [125] ».

Tout cela faisait partie d'une vaste entreprise destinée à remodeler l'idéal du *gentleman.* C'est au cours de l'époque victorienne, en Grande-Bretagne, que se diffusèrent les valeurs des nouvelles classes supérieures – sens du service public, intégrité – associées à l'esprit de compétition et d'efficacité. L'ancienne culture sportive se trouva confinée à quelques activités comme la chasse et l'équitation. L'aviron, la course, la boxe, le cricket et les nouvelles formes de football furent profondément influencés par les valeurs bourgeoises de respectabilité et de compétition honnête. Les élites issues des grandes écoles rejetèrent l'ancienne culture du sport pour en adopter une moralement plus pure, qu'ils appelèrent le « sport amateur ». L'amateurisme* combinait les notions d'honneur et d'effort. L'appât du gain symbolisait désormais les sports anciens ; l'inflation des paris avait conduit à une corruption dégradante et détruit la raison d'être de la compétition. Le sport, dans sa nouvelle acception, ne consistait plus seulement à obtenir des résultats, à perdre ou à gagner, mais à encourager le principe même de la compétition. Celle-ci était nécessaire et source de satisfaction, mais elle était aussi porteuse de germes de désintégration sociale, comme certains critiques contemporains – Carlyle, Marx et Ruskin – le soulignaient.

L'amateurisme célébrait le principe de la compétition en mettant l'accent sur les valeurs morales et sociales de la participation. L'équipe était plus importante que l'individu. Après avoir lutté farouchement pendant une partie, les membres des deux équipes se serraient la main à l'issue du match. Le sportif devait, sur le terrain, faire preuve de raffinement et se comporter en *gentleman* ; c'est-à-dire savoir se contrôler et donner une impression d'élégance et de calme. Le « gouvernement de soi » était la vertu anglaise suprême selon Taine, qui visita Oxford en 1871 [126].

Les garçons, dans les pensionnats, disposaient de beaucoup de temps pour s'entraîner. Les écoles canalisaient l'énergie de leurs élèves vers la pratique quotidienne du sport – qui passait pour avoir l'avantage supplémentaire de leur faire oublier le sexe. On considérait l'homosexuel comme un

* Ce terme est à prendre à son sens premier, et non à celui dérivé et péjoratif de chose bâclée [*NdT*].

être doté d'un corps faible et efféminé, bien éloigné de l'apparence honnête du sportif, dépourvu de la main ferme et des muscles solides de celui-ci. L'Église d'Angleterre se montra de plus en plus favorable à l'idée d'un « christianisme musclé » qui attirerait les jeunes gens et purifierait leur corps par le sport. Cette purification par des exercices virils, de préférence des sports collectifs comme le football et le cricket, devint un dogme solidement ancré dans le système éducatif britannique. En Angleterre, nombre de grandes écoles de la fin de l'ère victorienne furent construites comme des cathédrales, dans un style gothique flamboyant. Elles comportaient des hectares de terrains de sport. Ces grandes écoles luttaient entre elles en vue d'offrir les meilleures installations à leurs élèves. Les vastes terrains étaient conçus pour des compétitions organisées à l'intérieur du même établissement ou entre les élèves de deux institutions. Jouer pour son école était le plus grand des honneurs. L'importance accordée au sport dans les grands établissements de la fin du XIXe siècle, le sérieux avec lequel il était pratiqué expliquaient le très haut niveau de performance atteint par les meilleurs joueurs.

Ce sont d'anciens élèves des grandes écoles, qui travaillaient à Londres et habitaient dans des banlieues verdoyantes comme Barnes, Richmond ou Blackheath, qui constituèrent les premières associations sportives. On avait bien tenté de définir une règle du football dès les années 1840, à l'université de Cambridge, mais il avait été impossible de concilier les partisans du jeu à la main et ceux du jeu au pied. Ceux qui venaient des grandes écoles les plus anciennes et les plus réputées, comme Eton et Harrow, refusaient des règles édictées dans des écoles plus récentes, telle celle de Rugby. À la suite d'une série de rencontres, la Football Association (FA) naquit à la fin de 1863, mais certains clubs favorables au jeu à la main, comme celui de Blackheath (qui datait de 1858), refusèrent de la rejoindre. Les objections de leurs membres ne tenaient pas seulement à la manière de manipuler le ballon, mais aussi au type de contacts physiques acceptables : essentiellement, le droit ou non de donner un coup de pied à son adversaire en dessous du genou afin de lui prendre le ballon. Selon la FA, il était clair qu'il fallait bannir du sport adulte ces mœurs d'écolier. D'autres faisaient cependant remarquer que c'était là enlever « au jeu tout ce qu'il y faut de courage et de cran [127] ».

C'étaient les tenants de l'ancienne culture sportive qui s'exprimaient ainsi ; ils ne réussirent pas à impressionner les jeunes avocats, médecins, journalistes, hommes d'affaires et fonctionnaires qui constituaient les premières équipes. Ceux-ci n'avaient aucune envie de compromettre leur carrière en prenant trop de risques. Le sport devait être une épreuve de robustesse, non de violence dangereuse. On ne pouvait éviter qu'il y eût de temps en temps des blessés. Mais on devait tout autant protéger le corps que le développer. Il fallait établir une frontière bien claire entre ce qui était un contact physique légitime, formateur du caractère, et une conduite violente qui ne l'était pas. La vitesse, la stratégie, le contrôle de soi et l'habileté étaient désormais plus importants que la capacité à subir ou à infliger la violence.

Un effort très net fut aussi accompli afin de minimiser le risque de blessure dans le jeu de cricket, grâce à l'introduction de protège-tibias rembourrés, à la construction de terrains plus plats et à l'entretien d'une herbe soigneusement tondue afin que la balle, très dure, pût rebondir de manière prévisible. Le batteur devait faire preuve de courage puisqu'il lui fallait affronter un lanceur puissant. C'était bien ce qui faisait du cricket un jeu moralement utile. Mais, comme en ce qui concerne le football et le rugby, il fallait limiter les dangers courus par les joueurs ; ce qui signifiait que la balle ne devait pas être lancée comme un caillou, avec un fouetté du bras, mais à bras tendu (*bowled*). La technique du cricket devint très élaborée et les élèves des grandes écoles disposèrent désormais d'entraîneurs professionnels. De tous les sports anglais, le cricket devint le plus prisé par l'élite des grandes écoles. Il s'appuyait sur une étiquette complexe, qui exigeait, notamment, que les joueurs amateurs préfèrent l'attaque et ne remettent jamais en question la décision d'un arbitre. Pour les étrangers, ce jeu devint l'essence même de l'Angleterre ; sentiment que partageaient d'ailleurs les Britanniques. Le cricket s'était cependant exporté en Australie. À partir des années 1880, les matchs disputés entre les deux pays suscitèrent un immense intérêt de la part des publics anglais et australien. Peu à peu, une nouvelle éthique amateur s'instaura ; les joueurs professionnels furent tenus de s'y plier ; elle conduisit, en outre, à l'établissement d'un système d'équipes de comté, dirigé par des comités de *gentlemen*. Cette structure était coiffée par l'aristocratique Marylebone Cricket Club, qui fixa les règles du jeu et organisa le développement général de ce sport depuis le terrain des Lords, à Londres.

La nouvelle élite des amateurs rejetait l'idée d'une préparation physique particulière. Le sport qu'ils pratiquaient était une célébration des qualités naturelles du corps humain. Les anciens champions, et en particulier les pugilistes, avaient mis au point des entraînements compliqués et suivaient des régimes alimentaires spéciaux afin de mettre tous les atouts de leur côté en vue de gagner non seulement le match, mais aussi l'argent qui l'accompagnait. Les amateurs n'avaient que mépris pour ce genre de calcul, qui n'était pas digne d'un *gentleman*. Le plus célèbre de tous les joueurs de la première génération de footballeurs, G.O. Smith de Charterhouse et d'Oxford, se souvenait qu'à son époque personne « ne s'entraînait jamais, et je peux affirmer sans risque, ajoutait-il, que le besoin ne s'en faisait jamais sentir[128] ». La conception de l'amateurisme était fondée sur un équilibre naturel du corps – équilibre des différentes sortes de mouvements et du régime alimentaire. On considérait comme normal de boire de la bière et de fumer. Le nouvel amateur n'entraînait pas son corps à l'aide d'exercices physiques spéciaux, dans le but d'éviter les blessures, d'améliorer ses temps de réaction et de récupération ; il se contentait d'affiner sa technique par la pratique des jeux les plus divers. Seul le cricket imposait de maîtriser les règles élémentaires de la batte et du lancer, mais on ne pouvait pas parler, pour autant, de préparation scientifique.

Le sportif amateur attachait une grande importance à la manière de s'habiller. Les tenues de sport s'inspiraient du style des vêtements de tous les jours portés par les membres des classes supérieures. L'ancienne symbolique de la chevalerie – croix, quartiers, bandes, boucles, sur des chemises de football pouvant comporter un écusson orné d'une devise en latin – venait s'y greffer. On peut voir là un retour à un passé classique et médiéval, comme le prétend Mark Girouard dans *The Return to Camelot*[129]. Les joueurs de cricket des classes moyennes abandonnèrent leurs anciennes tenues décontractées au profit du blanc. Bottes, pantalons, chemises et chandails blancs devinrent l'uniforme des joueurs de première classe à partir des années 1880. Les meilleurs s'enorgueillissaient de ne pas souiller leur tenue, de la garder immaculée, manière de souligner symboliquement la pureté et la beauté de leur sport et de le distinguer de ses formes plus anciennes. Les athlètes amateurs et les joueurs de tennis adoptèrent eux aussi le blanc.

Oxford et Cambridge se distinguaient du lot en adoptant, respectivement, le bleu foncé et le bleu clair. Remporter « un bleu », pour un étudiant, était la plus haute récompense et l'assurance virtuelle de décrocher ensuite un emploi au meilleur niveau. On appelait le Soudan le pays où « les bleus régnaient sur les noirs », tant les athlètes issus d'Oxford y étaient nombreux, en poste dans le service colonial. En France, les membres du Racing Club ne virent pas, dans un premier temps, l'intérêt d'un code de tenue pour les amateurs. Ceux-ci portaient des costumes de jockey lors des épreuves d'athlétisme et prenaient des paris sur les coureurs. Mais cette attitude changea rapidement, et les sportifs français adoptèrent bientôt le style nouveau et élégant qui était celui de l'élite anglaise.

Lorsque les *Old Etonians* perdirent de peu la finale de la Coupe en 1883 contre le *Blackburn Olympic*, une équipe composée d'ouvriers du Nord semi-professionnels, un chroniqueur souligna « la condition supérieure de cette équipe qui s'était systématiquement entraînée [...] ce qui lui avait permis de remporter une courte victoire dans la demi-heure supplémentaire de jeu[130] ». Dès lors, les équipes de football professionnel adoptèrent le principe d'un entraînement léger fait de courses, de dribbles, mais sans pour autant le prendre très au sérieux. Le plus important était de jouer des matchs amicaux de préparation. Même dans l'athlétisme, l'idéal amateur restait attaché aux aspects agréables de l'exercice ; le sport devait être un plaisir plus qu'une peine. Les amateurs britanniques, par exemple, se montrèrent très critiques à l'égard du sérieux de la préparation physique des Américains lors des jeux Olympiques de 1908, qui se tinrent à Londres. L'amateur (anglais) du XIXe siècle avait tendance à penser que les Britanniques étaient naturellement forts, que le sport n'était que la démonstration de cette « supériorité naturelle » et que, par conséquent, il n'exigeait pas d'effort de préparation. Il fallut attendre la guerre des Boers pour que les Britanniques prennent conscience qu'ils ne constituaient pas une race aussi bien adaptée qu'ils se l'imaginaient. D'où l'importance croissante donnée aux victoires remportées lors des compétitions sportives internationales, notamment lors des jeux Olympiques, perçues comme autant de symboles de la virilité nationale.

Le corps athlétique symbolisait aussi le prestige social. L'Amateur Athletic Association (AAA) fut fondée par trois étudiants d'Oxford en 1880. L'Amateur Rowing Association (aviron), créée en 1882, était essentiellement composée de rameurs d'Oxford et de Cambridge, venus d'« écoles d'aviron » célèbres comme l'était celle d'Eton. L'aviron présentait la particularité d'avoir établi une barrière sociale. On y refusait les travailleurs manuels (« mécaniciens, artisans ou paysans »). Les autres organisations sportives, y compris celles où l'on pratiquait le tennis, le hockey, la natation et la boxe, ne présentaient pas ces conditions sociales d'éligibilité. N'importe qui pouvait devenir membre de l'AAA, mais il est évident que le recrutement était différent selon les organisations. Les anciens élèves des grandes écoles s'affiliaient à certains clubs, les employés de chemin de fer ou de banque à d'autres. De cette manière, le sport amateur combinait un accès relativement ouvert à une certaine exclusion. Le sport était l'enfant de l'époque libérale, celle qui avait vu le droit de vote accordé aux travailleurs de sexe masculin par les lois réformatrices de 1867 et 1884, mais le pouvoir restait entre les mains de l'élite[131].

3. L'exemple anglais : l'Europe et l'idéal de l'amateur

Cette transformation de la culture sportive anglaise lui valait l'admiration générale des visiteurs étrangers. Ce fut le cas du jeune baron Pierre de Coubertin, qui fit un séjour dans les grandes écoles et les universités de l'élite en Angleterre, au cours des années 1880. Il repartit bien décidé à « rebronzer la France ». Outre la croisade qu'il lança pour la régénération nationale par la compétition, on relève chez Coubertin une admiration d'ordre aristocratique pour la tradition sportive anglaise et pour la manière dont les Britanniques l'avaient adaptée à leur empire. Cette vision se traduisit concrètement par la renaissance des jeux Olympiques, que Coubertin fonda sur les sports d'athlétisme qu'il avait vu pratiquer dans les grandes écoles victoriennes.

Évidemment, Pierre de Coubertin n'était pas seul. Il régnait un véritable engouement pour les « sports anglais » dans la France des années 1880. Lorsque les élèves d'établissements parisiens prestigieux, tels les lycées Rollin, Condorcet et Carnot, créèrent le Racing Club de France en 1882, ils confondirent, tout d'abord, l'ancienne et la nouvelle culture sportive anglaise. Ils portaient des casquettes de jockey. Ils pariaient et ils concouraient pour de l'argent[132]. Cela ne dura pas longtemps. La crème de la jeunesse parisienne ne tarda pas à être informée, par ceux des siens qui avaient séjourné en Grande-Bretagne comme Georges de Saint-Clair. Elle sut bien vite que les nouveaux amateurs anglais rejetaient toute idée de pari et d'argent selon la vision d'un sport conçu comme une forme d'éducation morale. Cet esprit d'amateur inspira Pierre de Coubertin, lequel, d'ailleurs, eut l'occasion de discuter des vertus du sport avec Gladstone* [133].

Le désir d'une « renaissance physique » faisait l'objet de nombreux articles dans la presse française, ce qui aboutit, en 1888, à la création, par le journaliste Paschal Grousset, de la Ligue nationale d'éducation physique parrainée par de nombreux députés et par des académiciens. L'idée était de donner une identité française aux jeux importés d'Angleterre. On fit, d'autre part, revivre des sports français traditionnels en déclin, à l'occasion de fêtes d'étudiants, tels les « lendits ». La Ligue, cependant, souffrait d'avoir à sa tête des hommes d'âge mûr. Elle ne tarda pas à perdre de son dynamisme[134]. Les seuls progrès décisifs furent accomplis dans le Sud-Ouest. En octobre 1888, Philippe Tissié, un jeune médecin de la région, créa la Ligue girondine de l'éducation physique. Quelques mois plus tard, Coubertin, Saint-Clair et d'autres constituèrent un organisme de direction pour tous ceux qui pratiquaient déjà les sports anglais. Le nouveau message de l'amateurisme fut porté par l'Union des sociétés françaises des sports athlétiques, organisation qui comptait plus de deux cents clubs à la fin des années 1890, presque tous situés dans la région parisienne et dans le Sud-Ouest. Ainsi, le Stade bordelais avait été fondé en 1889 et de nombreux lycées et clubs universitaires faisaient connaître le rugby dans la région. Tissié restait presque unique, à l'époque, par sa volonté de passer de la gymnastique aux sports et de combiner les différentes formes de culture physique[135].

En 1900, les sports anglais avaient établi en France une solide tête de pont qui allait bien au-delà de la communauté des résidents britanniques. Ils se pratiquaient dans des clubs à l'intérieur desquels figuraient souvent plusieurs disciplines : rugby, athlétisme, football, tennis ; seul le cricket, auquel les Anglais attachaient pourtant une importance exceptionnelle, ne put être

* Qui fut plusieurs fois Premier ministre de Grande-Bretagne, notamment en 1880-1885 [*NdT*].

implanté. Le tennis, l'athlétisme et bientôt un nouveau sport, le cyclisme (que les Français firent rapidement leur), offraient une large gamme de pratiques estivales. Reste que la France ne créa pas de jeu de balle qui lui fût propre.

Qu'y avait-il derrière cette adoption enthousiaste des sports anglais par les Français ? La résistance à l'impérialisme linguistique et culturel anglais restait extrêmement forte, et la méfiance comme la suspicion avaient été de règle, pendant des siècles, entre les deux pays (« la perfide Albion »). Les choses avaient commencé à changer dès le second Empire et surtout à partir de 1870, lorsque l'Empire allemand, nouvellement créé sous l'impulsion de la Prusse, était devenu la menace extérieure la plus inquiétante. La germanophobie fit oublier l'anglophobie. Les *Notes sur l'Angleterre* de Taine proposaient une vision toute nouvelle de la Grande-Bretagne. Celle-ci, qui avait vu son économie et son empire croître à une vitesse remarquable, avait aussi, selon lui, réussi sur le plan politique. L'élite britannique avait même gardé le contrôle du pouvoir en privilégiant les « réformes venues d'en haut ». Elle était perçue comme souple et dynamique, sachant trouver l'équilibre entre la tradition et les principes de la compétition. Le sport amateur jouait un rôle significatif dans ce processus plus large et paraissait offrir un modèle prometteur à la noblesse française, alors que venait de s'établir la IIIe République et ses principes démocratiques[136].

En Allemagne, les sports anglais ne furent adoptés ni par l'aristocratie ni par la classe ouvrière. Cette dernière considérait ainsi le football comme trop élitiste. La noblesse, restée fidèle à une conception féodale de la société, ne voulait pas abandonner ses traditions, le duel et l'équitation. L'élite prussienne avait été le fer de lance de la victoire de 1871. Elle ne voyait aucune raison d'adopter les sports anglais, qui proposaient une vision plus libre et plus individualiste du corps masculin que le modèle militariste prussien. En fait, ce sont les classes moyennes allemandes qui se laissèrent séduire par les sports anglais ; d'autant qu'elles étaient exclues des rituels sportifs des sociétés d'étudiants comme des festivals de gymnastique de la classe ouvrière, laquelle considérait le football comme un jeu étranger et bourgeois. C'étaient précisément ces qualités qui attiraient les médecins, les commerçants, les journalistes, les ingénieurs, les architectes et les cadres qui constituaient le gros du Deutsche Fussball Bund, union sportive qui comptait 83 000 membres en 1910 (un quart était encore scolarisé). Ils s'habillaient avec élégance, copiaient le style britannique et donnaient à leurs organisations des noms, souvent latinisés, rappelant ceux des sociétés étudiantes : *Alemania*, *Germania* ou *Teutonia*. L'idée était de créer un nouveau genre d'associations dans lesquelles les idéaux de fair-play et de compétition seraient complétés par un sentiment d'identité nationale[137].

Aux États-Unis, l'élaboration de jeux typiquement nationaux favorisa l'adoption de la nouvelle philosophie anglaise du sport. En tant qu'anciens colonisés, les Américains étaient sensibles à tout ce qui rappelait l'impérialisme culturel. Ils renoncèrent ainsi au cricket, auquel on avait cependant beaucoup joué avant la guerre de Sécession, en particulier dans la région de Philadelphie. La nouvelle République voulait cimenter son union par des jeux qui fussent nationaux et non pas originaires de l'ancienne métropole coloniale. Autrement dit, même si la culture sportive américaine dérivait en partie de la tradition britannique, elle s'édifia finalement en réaction contre elle. L'ancien jeu de balle anglais – le *rounders* – fut ainsi complètement réinventé pour devenir le base-ball ; lequel aurait été mis au point à Cooperstown en 1839, selon son mythe d'origine, par Abner Doubleday. Le nationalisme américain, renforcé par la victoire du Nord à l'issue de la guerre de Sécession, fit du base-ball un jeu purement américain. Les grandes universités comme Yale, Harvard et Princeton inventèrent leur propre variante du football et du rugby dans les années 1870 ; variante connue aujourd'hui sous le nom de football américain. Si bien que les États-Unis se sont enfermés dans un système de sports nationaux, excluant le reste du monde, tout en conservant nombre de valeurs culturelles typiques de l'amateurisme britannique[138]. Partout où les nouveaux sports anglais furent adoptés, on vit émerger un idéal athlétique similaire ; en mettant l'accent sur un corps masculin mince, mobile, il exprimait la nouvelle éthique de la compétition et du mérite, ainsi qu'un idéal esthétique.

4. De l'usage du corps masculin : la multiplicité des sports

L'émergence des sports modernes, loin d'être un phénomène simple et uniforme, présentait une grande diversité. Les jeux de balle ou de ballon étaient très différents des concours d'athlétisme ou des sports de combat. Les seconds ignoraient la solidarité d'un groupe de joueurs imposée par les mouvements d'un objet rond (ou ovale). Mais les jeux avec balle ou ballon étaient eux-mêmes extrêmement différents selon la variété des aptitudes qu'ils exigeaient. Comment comparer, par exemple, une partie de golf et une partie de rugby ? En Grande-Bretagne, le rugby et le golf étaient les sports des classes moyennes et il ne fait aucun doute qu'en prenant de l'âge les rugbymen se mettaient souvent au golf. En tant que forme d'exercice physique, rien n'est pourtant plus différent. Le rugby est une activité violente pratiquée en équipe, exigeant de l'habileté à la main comme au pied, de l'énergie, du courage et un sens de la stratégie. Le golf est un sport individuel, sans aucun contact physique entre les participants, sinon une poignée de main en début et en fin de partie. Le golf exige la maîtrise d'une technique complexe, couplée à un sens aigu de la distance, du sol, des conditions atmosphériques ; il implique un niveau élevé de contrôle physique et psychologique, alors que le rugby est ouvertement agressif. On peut analyser dans le même esprit football et tennis, par exemple, ou bien athlétisme et boxe, cricket et natation, aviron et cyclisme, etc. La plupart des sportifs du tournant du siècle pratiquaient plusieurs sports – jusqu'à cinq ou six, parfois – en fonction des saisons. On jouait au football et au rugby de l'automne au printemps et au cricket pendant l'été, qui était aussi la saison de l'athlétisme. Le golf et le tennis constituaient le délassement estival de la classe supérieure et du sommet de la classe moyenne. On y jouait souvent dans un esprit plus amical que compétitif.

Les jeux de ballon, pratiqués en équipe, étaient les plus populaires. Il s'agissait de ceux qui exigeaient l'utilisation la plus variée et la plus complexe des aptitudes du corps. Leur introduction fut liée à la recherche d'une forme d'exercice praticable l'hiver. L'idée d'une activité constante s'était imposée au cours du XIXe siècle, et cela valait aussi pour les exercices physiques : le nouveau monde urbain n'était pas sensible aux différences de saisons. Les citadins travaillaient toute l'année, et souhaitaient donc pouvoir jouer de même. Il fallait des sports que l'on pût pratiquer par temps froid et sous la pluie afin de bâtir des corps endurcis, capables de supporter la douleur et de bien accomplir leur tâche dans les pires conditions.

Le corps travaillé. Gymnastes et sportifs au XIXe siècle

1. Honoré Daumier, *Un complément de brillante éducation*, Paris, Bibliothèque nationale de France.

L'art de la « savate » et du « bâton » (escrime de pieds et de poings) prend pour quelques hommes des villes du début du XIXe siècle la place qu'avait auparavant pour la noblesse l'art de l'épée.

2. *Une piscine*, 1851, Paris, Bibliothèque nationale de France.

La piscine se développe avec une nouvelle gestion de l'eau dans les villes du début du XIXe siècle : espace d'exercice et d'affrontement au froid plus que lieu de compétition.

3. Frontispice, fin XIXe siècle.

Pour longtemps dans le siècle, l'art de nager demeure autant exercice physique qu'hydrothérapie.

4. *Bains publics féminins*, vers 1890, Berlin.

Les femmes sont plus nombreuses dans les piscines de la fin du XIXe siècle, les maillots plus « découvrants ».

5. Gravure de mode, XIXe siècle, Compiègne, musée de la Voiture.

La nouvelle silhouette masculine du XIXe siècle : la volonté bourgeoise dans le buste saillant et la ceinture serrée.

6. *Exercices gymnastiques*, début XIXe siècle.

Les premiers gymnases, ceux d'Amoros dans les années 1820-1830 : agrès en plein air, privilège donné au risque, à la force, aux mouvements précis.

7. *Séance de gymnastique*, 1858.

Les sangles sont censées mobiliser des muscles très ciblés. La tenue demeure en 1858, et pour les femmes surtout, celle de la ville et de son quotidien.

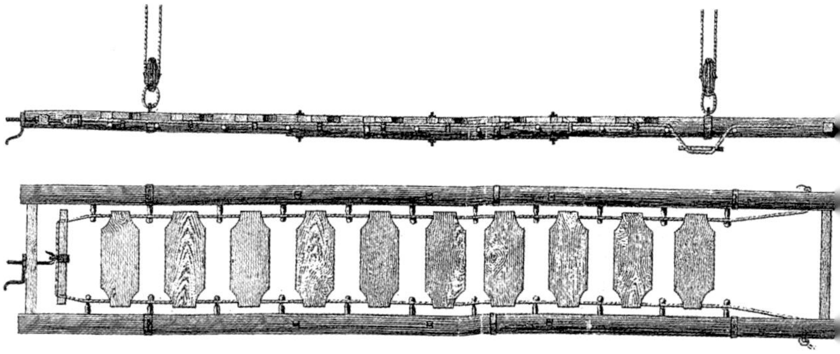

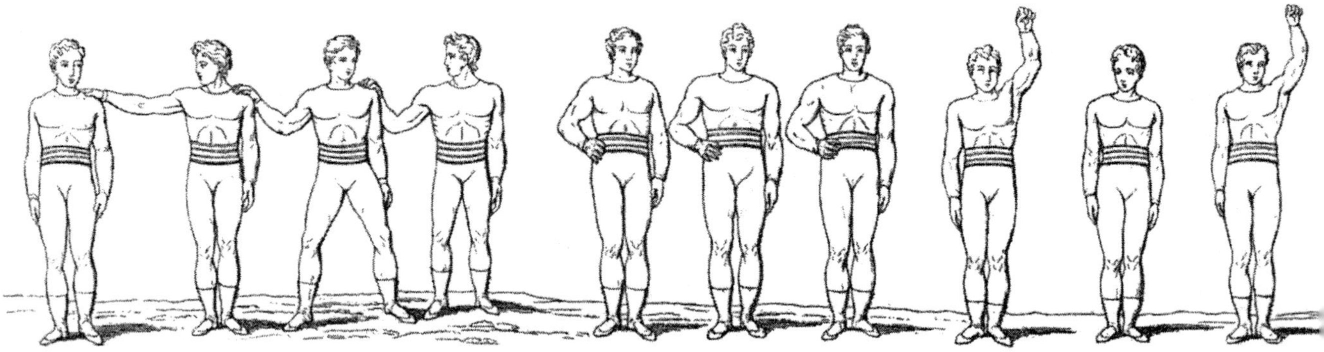

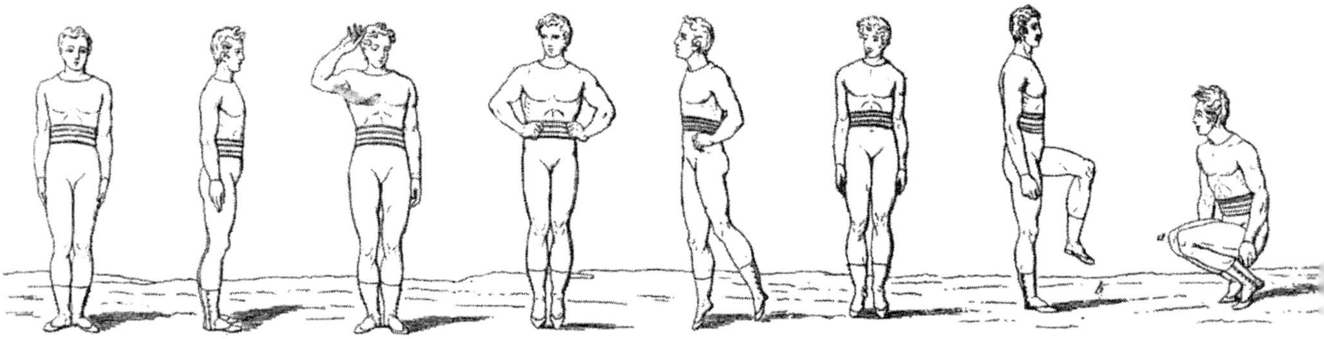

8. *Différents exemples d'exercices d'éducation physique au XIXe siècle*, Paris, Bibliothèque nationale de France.

Les mouvements gymnastiques instaurent au XIXe siècle une décomposition de gestes élémentaires, ainsi qu'une vision toute mécanique de la motricité. La force l'emporte chez l'homme, l'élan et la grâce chez la femme.

9. École anglaise, *Partie de cricket*, XVIIIe siècle, Yale Center for British Art, Paul Mellon Collection.

10. D'après J.F. Weedon, *Joueurs de cricket*, 1887, Londres, Marylebone Cricket Club.

Du XVIIIe au XIXe siècle, le cricket instaure des combinaisons plus géométriques, des mouvements plus techniques et plus précis.

11. George Shepheard, *Joueurs de cricket*, XIXe siècle, Londres, Marylebone Cricket Club.

Analyse encore toute visuelle et non chiffrée du mouvement de la latte au début du XIXe siècle.

12. D'après Robert Cruikshank, *Football*, gravure de George Hunt, 1827, coll. part.

Le football de 1827 tolère affrontement aux poings et promiscuité des corps.

13. La Salle du jeu de paume de la terrasse des Tuileries à Paris en 1873.

14. Horace Henry Cauty, *Joueurs de tennis*, 1885, Londres, Christopher Wood Gallery.

De la paume au tennis : règles simplifiées et universalisables, coups déployés, enceintes ouvertes et dégagées.

15. *Le Club des coureurs*, 1875.

Le club des coureurs : organisation démocratique des clubs contrairement aux sociétés anciennes de jeu ; temps et résultats chiffrés ; insistance sur la performance et le progrès.

16. Théodore Géricault, *Combat entre T. Cribb et T. Molineaux, le 18 décembre 1810*, lithographie, Paris, Bibliothèque nationale de France.

Cribb et Molineaux s'affrontent à poings nus en 1810, l'espace est non balisé, les tenues non réglées, les spectateurs dispersés.

17. T. Blake, *Randall contre Turner*, 1805.

L'espace du combat est réglementé et balisé dans le premier tiers du XIXe siècle, des gants peuvent exister, les coups sont surveillés par l'arbitre, mais l'enceinte demeure aléatoire et le public massé.

18. *Combat de boxe* in *Le Petit Journal*, novembre 1899.

L'enceinte est devenue spécifique à la fin du siècle, et les tenues aussi. Le public est ordonné. Un règlement précis qualifie les durées et les coups.

19. *La Société « Les enfants du Havre » à la « Ligue des Patriotes », Le Havre, 10 juin 1886*, Paris, Bibliothèque nationale de France.

Les sociétés de gymnastique créées en France après 1870 justifient leurs pratiques physiques et leur sociabilité par le seul projet patriotique.

20. *Promenade en bicycle*, gravure, 1870.

Le grand bi, inventé en 1855, est la première « machine » du déplacement individuel. La force appliquée directement sur la roue avant oblige à accroître la circonférence de cette roue, ce qui fragilise l'ensemble.

21. Eadweard Muybridge, *Album sur la décomposition du mouvement*, 1872-1885, Paris, musée d'Orsay.

La chronophotographie permet, dans les années 1870, une analyse totalement transformée du mouvement où temps et espaces viennent à être chiffrés.

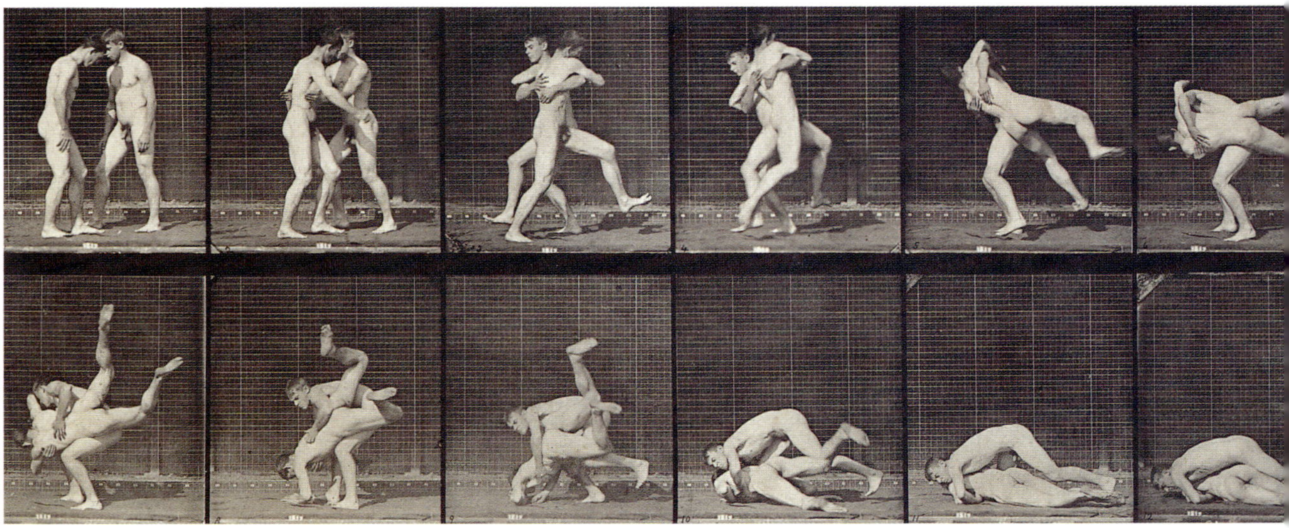

22. *Départ de la course Paris-Brest*, septembre 1891, in *Le Petit Journal*.

La bicyclette, inventée à la fin des années 1880, transforme, avec la transmission par chaîne, le rapport des forces appliquées. On peut désormais imaginer des courses « longues ». Ce qui permet aux journaux qui les racontent d'envisager un nouveau marché.

23. Affiche de l'Exposition universelle de 1900.

L'Exposition de 1900 est l'occasion des jeux Olympiques de Paris. Des jeux encore balbutiants mais dont le croisement avec l'industrie dit déjà la convergence affirmée entre le sport, la technique et le progrès.

Lors d'une partie de rugby, il fallait courir, lancer, shooter, sauter, plaquer. Le football faisait appel à une gamme identique d'aptitudes, le jeu à la main mis à part. Il est beaucoup plus difficile qu'il n'y paraît de savoir maîtriser un lourd ballon de cuir, de réussir à dribbler, à passer et à tirer ; il y faut des années de formation. Dans les premiers temps de la pratique de ces sports, la division du travail n'existait guère. Les joueurs suivaient la balle et s'efforçaient de marquer un but ou un essai. Il leur répugnait de se voir attribuer un rôle précis et ils étaient enclins à jouer de manière individualiste. Lorsqu'on fit le reproche à lord Kinnaird, l'un des premiers footballeurs, de ne pas passer le ballon à ceux de son équipe, il répondit qu'il jouait avant tout pour son propre plaisir et qu'on n'avait pas à lui dire ce qu'il devait faire. Il devint néanmoins très vite évident que, pour gagner, une certaine division du travail était nécessaire. Après le match d'anthologie que nous avons déjà évoqué entre les *Old Etonians* et le *Blackburn Olympic*, lors de la finale de la Coupe, en 1883, il devint clair qu'il fallait utiliser une stratégie beaucoup plus complexe qu'à l'ordinaire, si l'on voulait l'emporter. Un groupe à l'intérieur duquel chaque joueur était capable de passer la balle devait normalement l'emporter sur une équipe d'individus jouant chacun pour soi. Le football et les autres jeux collectifs ne tardèrent pas susciter leur propre logique interne ; les aptitudes corporelles étant utilisées de manière différente de celles prônées par les inventeurs du jeu ; le processus a fonctionné jusqu'à nos jours. Les footballeurs sont des athlètes professionnels qui reçoivent une formation et un entraînement spécifiques[139].

Les sports d'équipe forment un « corps collectif ». Une bonne équipe se compose d'un groupe de joueurs dont les aptitudes, tant physiques que tactiques, sont bien équilibrées. Jouer pour la collectivité ajoute une dimension psychologique et sociale à l'engagement sportif du corps. Il est d'une extrême importance de ne pas « laisser tomber les siens », au point que cette expression est passée dans le langage courant. Ce qui signifie qu'il faut se donner à fond et jusqu'au dernier moment au cours d'un match, même si l'on sait la partie perdue. Éviter l'humiliation joue un rôle important. Perdre est acceptable dans la mesure où tous les membres de l'équipe ont joué aussi bien qu'ils le pouvaient. Ce qui est honteux, c'est d'abandonner ou simplement de ne pas tenter de vaincre. Les joueurs qui possèdent un talent hors du commun mais qui refusent de se donner à fond ou qui attribuent aux autres les raisons d'un échec sont fort mal vus. Les jeux d'équipe exigent de déployer un maximum d'efforts pendant une période donnée, en vue d'une tâche précise. Si la coordination est bonne, l'ensemble devient plus grand que la somme de ses parties.

Les jeux d'équipe créent une dépendance psychologique et physique entre les individus. Cela est particulièrement vrai des sports de contact comme le rugby, le football ou le football américain, mais cela vaut aussi pour le cricket et le base-ball. Un seul joueur doit faire face à la puissance conjuguée des membres de l'équipe adverse s'il veut contribuer à la victoire de son camp. Les sports d'équipe, pour lesquels le langage corporel est essentiel, exigent que soient évoqués avant la partie la forme des uns et des autres, les risques de blessure et la tactique à employer. On s'habille et l'on se déshabille devant les joueurs, on observe leur comportement pendant le match, on réclame le ballon, on manifeste son enthousiasme quand un but ou un essai ont été réussis, on se serre la main ou l'on s'embrasse après le coup de sifflet de l'arbitre. Il est essentiel que les joueurs comprennent comment s'insérer dans la personnalité plus vaste du groupe par l'usage de leur corps. On peut émettre des jugements sur le courage, l'honnêteté, la modestie et la résistance d'un individu au seul vu de sa manière de jouer. Les jeux d'équipe procurent une scène sur laquelle on est libre de déployer ses talents physiques, pourvu qu'on respecte les règles.

Les joueurs ne réussissent pas également dans tous les compartiments du jeu. Certains compensent un manque d'habileté motrice par une détermination farouche. Au niveau auquel jouent la majorité des footballeurs et des rugbymen, il suffit d'un talent relativement modeste. Le système des ligues sportives permet à chacun de trouver sa juste place. Ceux qui sont plus petits et plus vifs sont plus efficaces comme ailiers ; les plus rapides, comme attaquants au centre ; les plus puissants, en défense. Certains joueurs ont un excellent touché, ce qui en fait de bons distributeurs de ballon : leur place est à l'avant ou au demi-centre. Au rugby, les équipes galloises des années 1890 ont montré à quel point il était important de posséder des demis d'ouverture capables de distribuer rapidement les ballons. Les joueurs qui pratiquaient au mieux les feintes de corps, tout en courant à toute vitesse, comme savait le faire Arthur Gould, la star du rugby gallois des années 1890, étaient très admirés. La presse ne tarissait pas d'éloges sur sa « grâce souple et nerveuse ». Un chroniqueur assurait qu'il était « plein de grâce, vif, insaisissable, obliquant à gauche, évitant à droite, sans qu'une main réussisse à se poser sur lui[140] ».

Jadis, certaines activités, qui n'étaient pas à la portée de tous, comme l'escrime, la chasse et l'équitation, constituaient des arts hautement complexes. Les techniques sportives raffinées ne datent pas du XIXe siècle. Le jeu de paume, qui a été pratiqué pendant longtemps, était aussi difficile que le tennis moderne, et tout aussi épuisant. « Le tennis, remarquait le savant Robert Boyle, à la fin du XVIIe siècle, dont nos galants font leur récréation, est beaucoup plus exténuant que ce que font beaucoup d'autres pour gagner leur vie[141]. » On sait que les athlètes et les boxeurs, en particulier, procédaient à une méticuleuse préparation physique dès la fin du XVIIIe siècle. D'une manière générale, le sport devint toutefois plus complexe et plus technique vers la fin du siècle suivant. Bien entendu, la propagation de l'instruction jointe à la codification des formes modernes de sport (en particulier en ce qui concerne le football, le rugby et le cricket en Grande-Bretagne et le baseball aux États-Unis) fournissait un marché aux auteurs de manuels. La publication de ces ouvrages ne cessa de se développer à partir des années 1890.

L'objectif de cette nouvelle littérature sportive était, avant tout, de permettre au futur joueur de participer à une agréable activité sociale. Rares étaient ceux qui s'adonnaient à un sport avec l'espoir de vraiment y exceller. Les archives des clubs de golf, par exemple, où sont comptabilisés les handicaps, nous donnent une assez bonne idée du niveau général des premiers joueurs. La plupart d'entre eux (comme c'est toujours le cas) avaient un handicap élevé et un niveau d'aptitude relativement bas. Rares étaient les clubs qui possédaient des practices. La plupart de ceux qui s'inscrivaient dans un club n'avaient pas pour but de devenir des grands joueurs. Ils souhaitaient faire partie d'une institution sociale au sein de laquelle ils pourraient se livrer à un exercice agréable et nouer des relations avec des individus occupant, *grosso modo*, la même position au sein de la société.

Le corps du sportif était profondément marqué par l'appartenance sociale. Les sports de l'élite tendaient à privilégier l'élégance du mouvement et le raffinement de la technique aux dépens de la force brute et de l'endurance. Bien entendu, il existait des exceptions. Le rugby, sport rugueux par excellence, recrutait ses adeptes les plus enthousiastes aussi bien parmi l'élite qu'au sein des classes populaires. Cependant, les sports bourgeois, en règle générale, prisaient avant tout le style ; que ce fût dans la manière dont on gagnait ou dans l'aura d'élégance qui entourait la partie. La façon dont le golf et le tennis étaient représentés le montre avec évidence. Des jeunes gens, détendus, habillés avec chic, attablés autour d'un verre et bavardant, tandis qu'une partie se déroulait en arrière-plan, telle était l'image familière de ces sportifs à la fin du siècle[142].

À ce titre, le golf est particulièrement intéressant. Frapper une petite balle immobile pour l'envoyer très loin avec beaucoup de précision est beaucoup plus difficile qu'on peut le penser. Le golf exige qu'on aille contre son intuition. Pour envoyer la balle loin, il faut tourner le corps tout en conservant au mouvement un rythme contrôlé et régulier : il s'agit d'un geste technique ardu. Les premiers joueurs tenaient le club n'importe comment et se contentaient de frapper un bon coup dans la balle. Les professionnels de la fin du XIXe siècle développèrent des techniques de jeu qui furent universellement copiées. Le plus célèbre de ces nouveaux golfeurs, Harry Vardon, remporta son premier British Open en 1896 et son dernier en 1912 ; il mit au point une nouvelle manière de tenir le club, de se maintenir droit pour frapper la balle, tout en décrivant un grand arc coulé et élégant. Ce style exerça une très grande influence sur le développement du golf au cours du XXe siècle[143].

Cette capacité du corps humain d'être tout à la fois efficace et élégant était particulièrement manifeste dans le golf, mais se remarquait aussi dans d'autres sports, notamment le tennis. Les techniques du coup droit, du revers et du service commencèrent à être mises au point dès la fin du XIXe siècle. Le lob (passant par-dessus la tête de l'adversaire) et l'amorti (retombant délicatement juste de l'autre côté du filet), combles du raffinement, faisaient déjà partie de l'esthétique des joueurs et la plupart d'entre eux éprouvaient, au moins pendant quelques instants, la joie de sentir leur corps réussir un exercice difficile. Un petit gabarit – homme ou femme – pouvait, grâce à un seul putt, remporter une partie de golf.

L'éventail des joueurs allait des plus incompétents aux plus doués. Souvent, ceux qui n'avaient que peu de dispositions naturelles, enthousiasmés par le jeu, travaillaient dur afin de progresser. La classe moyenne commença à appliquer les principes éducatifs à la pratique du sport. On découvrit qu'on pouvait apprendre à jouer si l'on recevait une bonne formation, et que le talent naturel n'était pas le seul critère. Les dirigeants de clubs de golf, non contents de fournir l'équipement et l'entretien de celui-ci, employaient des moniteurs professionnels. Les grandes écoles s'assuraient des services de joueurs de cricket à la retraite pour enseigner la façon d'utiliser la batte et de lancer. Cela dit, l'intérêt pour la technique était encore balbutiant, si l'on se réfère à l'obsession contemporaine du matériel et de la formation. Ainsi, il n'existait pratiquement aucun enseignement de football. Les garçons apprenaient à jouer dans la rue et dans les parcs. On croyait encore, le plus souvent, que les aptitudes étaient innées. C'était le cas des meilleurs sportifs, tel le joueur de cricket C.B. Fry, un athlète qui garda le record du monde du saut en longueur pendant plusieurs années sans s'être jamais sérieusement entraîné.

En dehors du football et du rugby, la boxe était le spectacle sportif le plus prisé en Grande-Bretagne et aux États-Unis à la fin du XIXe siècle ; il envahit la France à la Belle Époque, jusqu'à ce que Georges Carpentier devienne le premier grand champion français[144]. La boxe est faite d'un mélange particulier de violence archaïque et de sophistication technique. Le pugilat au cours duquel on se battait à poings nus jusqu'à l'abandon de l'adversaire laissa la place, à partir des années 1860, à une nouvelle forme d'affrontement dans le respect des règles qui avaient été établies par le marquis de Queensbury. Les matchs de boxe, au cours desquels on utilisait des gants et durant lesquels seuls certains coups étaient permis, ne duraient qu'un temps limité : tout cela était destiné à réduire la brutalité de ce sport et à en améliorer l'aspect artistique. Mais la boxe restait un spectacle violent qui séduisait surtout les hommes des classes populaires pour lesquels les rixes de rue n'avaient rien d'inhabituel.

La boxe était à la fois primitive et innovante, sanglante et technique, mariant les anciennes et les nouvelles attitudes à l'égard du corps. Les meilleurs boxeurs étaient des hommes qui maîtrisaient la technique du déplacement rapide, des directs du gauche, des parades et des autres éléments de ce que l'on a appelé le « noble art ». Il leur fallait aussi avoir un « instinct de tueur[145] ». Cependant, beaucoup de boxeurs, plus lents, avaient seulement le courage de la brute – celui de prendre une correction et d'en infliger une. La nouvelle boxe s'inscrivait en réaction aux sentiments ambigus du public sur ce qui constituait la virilité sportive. On admirait beaucoup la vitesse et la technique, mais également les anciennes qualités d'endurance et de force brutale. Aux États-Unis, la boxe était, de plus, gangrenée par un climat de profond antagonisme ethnique et de préjugés raciaux. John Sullivan, dit le *fighting Irish*, le premier boxeur à avoir remporté un titre en pratiquant les règles de Queensbury, en 1889, avait une réputation de brutalité. En dépit de son indéniable talent, Jack Johnson, le premier champion poids lourds du monde en 1908-1915, était haï pour la seule raison qu'il était noir. Si un boxeur, grand technicien, pouvait gagner aux points, c'est-à-dire sans assommer son adversaire, la boxe n'en restait pas moins un sport primitif, dans lequel s'exprimaient les pulsions agressives masculines de la manière la plus physique qui fût : rouer de coups son adversaire, le frapper au corps et à la tête[146].

5. Le sport au féminin

L'activité sportive, au XIXe siècle, était presque exclusivement masculine. Elle permettait d'explorer, de définir et de célébrer la puissance du corps de l'homme. Pour l'essentiel, les femmes étaient marginalisées, sinon exclues. Il n'en avait pas toujours été ainsi. Des recherches récentes effectuées sur les athlètes de sexe féminin ont révélé qu'il était courant d'organiser des courses de femmes aux XVIIIe et XIXe siècles, en général dans le cadre d'une manifestation plus vaste, notamment d'une fête[147]. Ces *smock races* (les courses étaient récompensées par des vêtements) attiraient les femmes des classes populaires, qui, parfois, participaient aussi à d'autres épreuves comportant des paris. On signalait encore leur présence dans les années 1820, mais elles semblent avoir disparu pendant la seconde moitié du siècle, du fait du déclin des festivités traditionnelles et du souci plus marqué de la respectabilité féminine.

La médecine de l'époque victorienne libéra le corps masculin, mais corseta celui des femmes de la classe moyenne. Elle soulignait les différences entre les sexes et considérait que les exercices qui exigeaient de la vigueur présentaient des dangers pour les femmes. La bourgeoise était présentée comme faible et hypersensible. On considérait que les sports, qui exigeaient de la force physique et de l'agressivité, étaient impropres à la nouvelle classe d'oisives que représentaient les maîtresses de maison suffisamment riches et disponibles pour prendre de l'exercice. La plupart des autres étaient bien trop occupées à tenir leur ménage, à élever leurs enfants, et/ou à remplir un emploi pour avoir encore de l'énergie à consacrer au sport. Les connaissances scientifiques étaient dominées par une idéologie masculine qui constituait les différences de sexe en stéréotypes de genre et en obstacles à l'activité sportive[148].

Des changements significatifs apparurent toutefois à la fin du XIXe siècle. Les femmes de la classe moyenne, en particulier les enseignantes, rejetèrent de plus en plus fermement la notion d'un corps féminin faible et passif[149]. Les directrices des écoles destinées aux filles, qui avaient été créées au cours de la seconde moitié du siècle, entreprirent d'élaborer leur propre version des sports scolaires, en adaptant certaines activités masculines aux femmes. Tout commença avec la gymnastique suédoise, avant de s'appliquer au tennis et à des sports d'équipe comme le hockey ; sans oublier un jeu nouveau, le *net-ball*, variante britannique du basket-ball américain. Le hockey sur gazon connut tout de suite un grand succès qui conduisit à la formation de la All England Women's Hockey Association ; celle-ci mit sur pied des organisations scolaires et locales et publia son propre journal dès 1901. En tant que sport d'équipe, le hockey ressemblait beaucoup au football ; les contacts physiques y étaient cependant beaucoup plus réduits grâce à l'usage de la crosse.

Les femmes des classes populaires étaient néanmoins exclues, par le mariage précoce et par les maternités, de ces activités, qu'elles n'avaient pas eu l'occasion de pratiquer à l'école. Une éducation physique élémentaire était, certes, fournie aux filles, dans les écoles de l'État, sous la forme de quelques mouvements de gymnastique, mais on n'y pratiquait aucun sport. Des collèges spécialisés en éducation physique s'ouvrirent et formèrent des enseignantes destinées aux écoles privées. Les plus célèbres de ces établissements furent ceux sur lesquels régna l'impressionnante Mme Bergman-Osterberg : le collège privé de Dartford, en 1885, puis celui de Hampstead à partir de 1895. Cette directrice, produit de l'Institut central de gymnastique de Stockholm, était une femme d'une énergie et d'une détermination exceptionnelles. Elle organisa l'enseignement du sport dans ses établissements. Deux de ses élèves, Rhona Anstey et Margaret Stansfield, suivirent son exemple et créèrent chacune un collège. Dorette Wilke, venue de Bavière dans les années 1880, ouvrit sa Chelsea School for Physical Training en 1898. Elle déclara : « J'espère qu'en fin de compte mes filles ne seront jamais obligées d'enseigner ; je veux qu'elles se marient et soient aussi heureuses que possible[150]. »

Le mariage était en effet la « carrière » de la plupart des filles des classes moyennes qui avaient pratiqué le sport à l'école. Ces femmes installaient leur foyer dans les banlieues verdoyantes des grandes villes. Elles avaient les moyens d'engager des domestiques, des femmes de ménage, des cuisinières et des nounous. Leurs maris s'en allaient travailler en train dans le centre, les laissant libres de s'adonner à des activités de loisir, parmi lesquelles le tennis et le golf tenaient une place prépondérante. Les clubs de golf devinrent partie intégrante du réseau social des banlieues et se multiplièrent rapidement à la fin du XIXe siècle. Le Stanmore Golf Club du nord de Londres, par exemple, comportait, dès sa création, une section réservée aux dames, qui disposait de son propre parcours. Les femmes constituaient, selon les années, entre un quart et un tiers de ses membres. Elles occupaient une position subordonnée mais autonome[151]. Créée en 1893, la Ladies Golf Union lança le Championnat féminin, que lady Margaret Scott remporta trois années de suite ; c'était une joueuse exceptionnelle qui avait appris le golf avec ses frères et qui abandonna la compétition pour se marier. Le golf exigeait un mouvement souple et gracieux fait de précision et de rythme beaucoup plus que de force.

Le tennis remportait un succès encore plus grand auprès des femmes. Les clubs étaient plus petits, moins chers à gérer et mieux situés que ceux de golf. On enseignait le tennis dans les écoles privées de filles ; et les doubles mixtes étaient un excellent moyen de faire se rencontrer les jeunes gens à marier. Le tennis féminin de compétition trouva très vite sa place à Wimbledon où Lottie Dod, « la petite merveille », gagna le premier de ses cinq titres en simple en 1887, à l'âge de quinze ans. Lottie Dod, également joueuse de hockey, golfeuse, patineuse et tireuse à l'arc exceptionnelle, fut la première héroïne sportive de l'ère moderne. Elle avait cependant un profil très inhabituel et n'était pas considérée comme un modèle à imiter par les filles de la classe moyenne. En Grande-Bretagne, en France, en Allemagne et aux États-Unis, les professions libérales et l'élite des hommes d'affaires firent du tennis un véritable marché matrimonial. Pour une jeune fille, il était d'ailleurs plus important d'être gracieuse et séduisante sur un court que de bien jouer. « Beaucoup de dames françaises pratiquent le tennis, lit-on dans un guide anglais des sports en 1903, mais on trouve peu de bonnes joueuses parmi elles[152]. » Les femmes portaient encore des robes, des chapeaux et des blouses à manches longues. Leur tenue était davantage dictée par d'autres objectifs que par les nécessités du jeu. Le tennis féminin connaissait un tel succès que les hommes se sentaient parfois mal à l'aise de pratiquer ce sport. « Ce jeu convient bien à un paresseux ou à un faible, lisait-on dans un journal étudiant de Harvard en 1878, mais des hommes qui ont pratiqué l'aviron ou des sports plus nobles rougiraient d'être en train de jouer au tennis sur gazon[153]. » Celui-ci exigeait assez de vigueur physique et de mobilité pour montrer qu'une femme était active et jouissait d'une bonne santé, mais pas au point de menacer son identité de reproductrice et d'objet décoratif.

Les origines du sport féminin remontent donc au tournant du siècle ; mais, outre que celui-ci restait le privilège d'une classe sociale, il n'offrait qu'un éventail réduit de possibilités. L'athlétisme était fermé aux femmes et Pierre de Coubertin se déclara opposé à leur participation aux jeux Olympiques. Leur rôle était de remettre la couronne de laurier au vainqueur, non de concourir. Les femmes elles-mêmes estimaient bien souvent que leur corps et leur personnalité n'étaient pas adaptés à un exercice intense. Ce n'est qu'au cours du XXe siècle que les sportives ont réussi à surmonter cette tradition d'infériorité.

Aux États-Unis, l'éducation physique des femmes se développa dans le même esprit qu'en Grande-Bretagne. Le Vassar College se dota d'un programme de culture physique dès 1865, sous la surveillance d'un médecin de sexe féminin. À la fin du XIXe siècle, les dirigeants d'autres collèges d'élite comme Wellesley, Mont Holyoke et Bryn Mawr élaborèrent un programme de cours spécifiquement destinés à développer le corps féminin, mais sans succès. Comme en Grande-Bretagne, il existait une séparation étanche entre le sport masculin et les organisations qui étaient purement féminines[154]. Les *country clubs* de l'élite, tel le Staten Island Club (réservé aux riches New-Yorkais), procuraient un cadre isolé, discret, aux jeunes femmes qui voulaient profiter des joies de l'exercice après avoir quitté le collège.

En Europe continentale, les obstacles à la participation des femmes étaient encore plus enracinés qu'en Grande-Bretagne et aux États-Unis. Les sports féminins étaient réservés aux dames de l'aristocratie suffisamment riches et puissantes pour pouvoir pratiquer l'équitation et chasser. Quelques artistes de théâtre ou de cabaret montaient à l'occasion à bicyclette ou faisaient la course pour amuser un public masculin. En dehors de cela, le sport féminin était pratiquement inexistant en 1900 ; il fallut attendre 1914 pour que fussent créés quelques clubs de natation et d'athlétisme féminins[155]. C'est durant l'entre-deux-guerres que progressèrent les sports destinés aux femmes, sous l'impulsion d'Alice Milliat, qui avait été quelque temps mariée à un Anglais. Cela ne veut pas dire qu'il n'existait pas d'éducation physique féminine. La crainte du déclin de la population avait conduit la droite à prôner l'exercice féminin, perçu comme le moyen de produire des mères en bonne santé ; mais cette sollicitude restait confinée à une gymnastique spécialement adaptée. Georges Vigarello a montré qu'il existait un accord limité sur la nécessité, pour les filles et les jeunes femmes, de pratiquer une culture physique spécifique afin qu'elles jouissent d'une excellente santé et qu'elles se révèlent bonnes reproductrices. Le sport, quant à lui, était considéré comme physiquement trop dur. La médecine mettait en garde contre le risque d'épuiser les femmes[156]. En Allemagne, jusqu'à la fin du XIXe siècle, le sport féminin se réduisait, là aussi, aux courts de tennis et à une gymnastique spécifique.

Au début du XXe siècle, le sport passait encore pour une invention des Britanniques, pour une bizarrerie bien anglaise. Avec le recul du temps, on aurait tendance à dire que le triomphe des sports modernes fut rapide et qu'il était inévitable. Mais ce serait inexact. Certains sports anglais comme le cricket n'ont jamais traversé la Manche. D'autres ont eu plus de succès, sans toutefois atteindre le même niveau qu'en Grande-Bretagne, pendant l'entre-deux-guerres. Dans la plupart des pays d'Europe, au XIXe siècle, la production systématique d'un corps militaire, permise par la gymnastique, eut le pas sur un usage ludique du corps autorisé par la pratique du sport. Le triomphe de ce dernier fut essentiellement le fait de jeunes représentants de la bourgeoisie urbaine.

Pourquoi les membres des classes moyennes de l'époque victorienne ont-ils rejeté à la fois la culture sportive du passé et les exercices de gymnastique – lesquels étaient bien connus en Angleterre ? Les formes plus anciennes de sport étaient fréquemment violentes, corrompues et passives. Or, l'effort et la compétition se situaient au cœur du sport moderne. Alors que les générations anciennes prenaient plaisir aux combats d'animaux, la nouvelle abolit ceux de chiens et de coqs, au profit d'activités de compétition qui exigeaient une grande participation du corps de l'homme et qui célébraient son potentiel. Un effort physique dur et soutenu, les joies de la compétition, voilà ce qui a motivé les réformateurs victoriens. Les sports modernes étaient des activités soigneusement codifiées. Des règles précises permettaient aux participants de concourir sur un pied d'égalité. Une fois bien établis, les sports de compétition développèrent leur propre logique de performance ; ce qui conduisit à augmenter les efforts physiques demandés aux participants, tout en leur laissant la liberté d'exprimer leur individualité.

Le sport est par principe méritocratique ; il impose le fair-play afin d'assurer l'égalité des chances. Son nouvel objectif n'était pas simplement de produire des gagnants et des perdants, mais de promouvoir un processus plus ambitieux. D'où l'insistance des tenants du sport amateur sur la nécessité d'être « un bon perdant ». Il ne s'agit nullement d'une injonction à perdre ; il s'agit d'accepter le fait de gagner ou de perdre comme deux aspects de quelque chose de plus vaste : la compétition. Si un participant ne peut accepter la défaite, il doit abandonner le combat.

La compétition fait partie intégrante des sports, mais pas de la gymnastique. Se méfiant de l'individualisme, les partisans de cette dernière voulaient encourager une participation de masse. Or, la Grande-Bretagne ne possédait ni armée de terre permanente ni tradition de formation du corps militaire, alors que c'était le cas en Europe continentale. Jahn avait inventé la gymnastique prussienne comme moyen de préparation paramilitaire, au lendemain des victoires napoléoniennes de 1806 ; de la même façon, la gymnastique de Ling était née sous l'influence de la défaite suédoise devant la Russie. Contrairement à la gymnastique, le sport n'est pas prescriptif. Les jeux de balle ou de ballon, en particulier, favorisent la créativité et la liberté dans le cadre de règles. Mais celles-ci ne sont pas destinées à forcer le corps, à effectuer tel ou tel mouvement, de telle ou telle manière. Le football, qui devait devenir le plus populaire des sports modernes, ne comportait initialement que quatorze règles – c'était celui des sports qui en possédait le moins –, avant tout destinées à éviter une violence excessive et à maintenir la fluidité du jeu. Remporter un match de football exige en général plus que de courir et donner des coups de pied dans un ballon. Il y faut de la créativité et le sens de l'improvisation, au niveau individuel et collectif. Le déroulement du jeu y est imprévisible, contrairement à la routine de la gymnastique. Comparée aux autres, chaque partie est à la fois semblable et différente ; la durée, les dimensions du terrain et les règles sont identiques, mais les combinaisons de joueurs, les conditions climatiques, la chance varient constamment.

La gymnastique minimise les différences individuelles, le sport les met en valeur. Les jeux d'équipe, eux-mêmes, comportent un aspect hautement individualiste ; et la course à pied comme le cyclisme peuvent exiger du sportif qu'il réagisse spontanément à des défis soudains. Le sport, c'est l'esprit et le corps travaillant ensemble en vue de battre un adversaire plutôt que la répétition de mouvements précis. Le sport est une forme d'épreuve physique au cours de laquelle un individu ou une équipe affrontent un autre individu ou une autre équipe. La complexité des sports, l'équilibre imposé entre l'individu et le groupe, entre la coopération et la compétition, le tout combiné à la grande variété des aptitudes exigées, permettaient un usage plus varié, plus subtil et plus libérateur du corps que ce que proposait la gymnastique. Voilà ce qui a garanti le succès du sport. Il exprimait ce que devait être l'homme idéal au yeux de la bourgeoisie : vigoureux, décidé, compétitif, stylé, capable de se contrôler et de contrôler les autres, au sein de la famille, sur le lieu de travail et dans la société de manière générale.

IV. LE GYMNASTE ET LA NATION ARMÉE

Il faut plusieurs décennies, à vrai dire, pour que le sport s'impose sur une gymnastique longtemps dominante, en France surtout.

La gymnastique se diffuse aussi dans les comportements privés du XIXe siècle : Paris comptait trois gymnases en 1850, il en compte quatorze en 1860 et trente-deux en 1880. La pratique devient visible, même si elle reste modeste selon les critères d'aujourd'hui. Elle se spécialise aussi : sur cet ensemble d'établissements, quatre déclarent avoir des finalités hygiéniques en 1860, alors qu'ils sont quatorze en 1880[157]. L'établissement de Paz, dont Jules Simon dit avoir suivi les leçons jusqu'à l'âge de cinquante-cinq ans[158], est un des plus caractéristiques : une publicité le dénommant « Grand Gymnase médical », en 1867, lui attribue une fréquentation annuelle de 600 élèves[159], soulignant les soins annexes de massage ou d'hydrothérapie qu'il peut offrir. Ce qui accentue les différences entre une gymnastique conçue pour l'école, les groupes, les dispositifs d'ensemble, avec ses mouvements collectifs et précis, et une gymnastique conçue pour l'élite, plus individuelle, disposant d'appareils coûteux, faits de sangles, d'extenseurs et de potences mobiles pour mieux développer le dessin des silhouettes. Un des changements les plus importants est bien le brusque développement d'une gymnastique à finalité collective, celle que Gréard dit être née « du choc de nos désastres[160] » après 1870, celle que d'autres appelleront encore « le grand mouvement pour fortifier la jeunesse française, soutenu par le livre, le journal, les congrès, etc.[161] ». Rien d'autre qu'une volonté affirmée par des notables fortement plus nombreux d'« introduire la gymnastique dans les mœurs françaises[162] ».

1. Les sociétés de gymnastique

Ce mouvement n'appartient plus seulement aux autorités. Il est plus profond, formulé dans les années 1860 sur le modèle de la gymnastique allemande, exprimant une attente, un regroupement populaire à visée roborative. Nouveau loisir pour un temps de travail devenu plus scandé ? Nouvelle sociabilité pour une ville devenue plus anonyme ? Lieu de rencontre et image d'énergie, la société de gymnastique est, à coup sûr, une forme nouvelle de mobilisation collective. Les premières sociétés parues dans l'Est de la France, après 1860, adoptent le modèle des cercles de la France bourgeoise[163], ceux qu'a rendus possibles la lente avancée démocratique, « statuts, règlements, conseils d'administration[164] ». Elles y ajoutent une référence patriotique en évoquant la défense du sol, une vigueur mise au service de tous : la société de gymnastique de Guebwiller, par exemple, constituée la première, le 5 janvier 1860, dit avoir « pour but de développer la force du corps, de former le cœur et d'élever à la patrie des enfants dignes d'elle[165] ».

L'argument est repris, avec une ampleur et une certitude renouvelées, au lendemain de la défaite de 1871 : « Aussitôt après nos désastres se fondent les sociétés de gymnastique dont la vitalité progresse régulièrement[166]. » Leur nombre correspond à une véritable création : 9 en 1873, 809 en 1899[167]. Leurs statuts confirment la visée patriotique : l'Union des sociétés de gymnastique de France, créée en 1873, « a pour but d'accroître les forces défensives du pays en favorisant le développement des forces physiques et morales par l'emploi rationnel de la gymnastique, l'étude du tir, la natation... [168] ». Sociétés locales aux noms suggestifs – La Sentinelle, La Martiale, La Patriote, L'Estafette, L'Avant-garde... [169] –, elles promeuvent les exercices d'ensemble avec leurs cadences rythmées quelquefois en musique, vastes exécutions collectives aux géométries programmées, elles développent aussi l'usage d'appareils confirmés par la gymnastique sportive de la fin du siècle (barres parallèles, barre fixe, anneaux, cheval-d'arçons, etc.). Le statut de leur fête, surtout, est caractéristique : proche de celui du sport qui s'invente au même moment, confrontant les sociétés locales comme autant de clubs démocratiquement constitués.

Leurs dispositifs en revanche sont spécifiques, différents de ceux du sport, tous faits pour obéir à une « cause », tous faits pour servir la « Nation », visant une finalité militante plus qu'une simple finalité compétitive. D'où cette brusque convergence avec la fête républicaine dans les années 1880, cet entremêlement de la gymnastique avec les oriflammes et les drapeaux : « Aux anniversaires solennels que la Nation célèbre il ne serait plus désormais de fête complète en l'absence des sociétés de gymnastique et de tir[170]. » La visée militaire affleure dans les exercices d'armes et de pas cadencés ; la référence à la patrie affleure dans l'enthousiasme contrôlé des concours. Jusqu'à la décision, lors d'une fête de gymnastique en 1882, de créer la Ligue des patriotes censée recourir à « la propagande et l'organisation de l'éducation militaire et patriotique par le livre, la gymnastique et le tir[171] ». La présence du président de la République, en particulier, s'impose en garant obligé de la fête annuelle de l'Union des sociétés de gymnastique[172], alors que les délégations étrangères invitées le sont au nom de leur propre prestige patriotique. Les Sokols par exemple, « groupements gymniques organisés presque militairement contre l'invasion du pangermanisme[173] », quasiment honorés en frères d'armes, à Nancy, pour la fête de 1892 présidée par Sadi Carnot : « Braves Sokols, chers amis, c'est pour nous un grand honneur et une grande joie de vous recevoir et de rendre à votre étendard le fraternel salut dont vous avez honoré notre drapeau…[174]. » Cette fête gymnique de Nancy est d'ailleurs une des plus illustratives, longuement évoquée par le volumineux témoignage de Goutière-Vernolle : les étapes du président de la République depuis Paris, les discours, le rituel de l'arrivée à Nancy, le passage sous les arcs de triomphe lorrains, le défilé des gymnastes et des militaires, les exercices, les attitudes et les rhétoriques martiales. Tous signes patriotiques l'emportant dans les textes sur les résultats des concours : « Les fêtes de Nancy ont révélé à l'Europe une France nouvelle[175]. » L'apparat républicain a transposé la gymnastique en pratique légitimée. Déroulède prétend dire au mieux sa mission « unanimement » acceptée : « Je bois au jour où vos succès s'appelleront des victoires et où vos prix seront Metz et Strasbourg[176]. »

2. *La gymnastique, discipline scolaire*

C'est encore la gymnastique bien sûr qui est imaginée comme seule pratique scolaire, officialisée par un décret de 1869 dans tous les ordres d'enseignement[177]. C'est la référence militaire aussi qui domine dans cette pratique des écoles et des lycées, maniement des armes, alignements de soldats : « Il ne faut pas dédaigner ce moyen de donner au corps une meilleure tenue et à l'âme plus d'assurance[178]. » L'apprentissage de groupe ne peut être pensé autrement ici qu'à travers celui de l'ordre. L'accroissement collectif d'énergie ne peut être pensé autrement ici qu'à travers celui de l'utilité nationale. L'exercice de l'arme serait même censé rendre plus animés les mouvements formels de la gymnastique : « Qu'on leur mette un fusil dans les mains, tout changera de face[179]. » Un mot l'emporte pour longtemps encore dans ces apprentissages scolaires du corps, celui de discipline : « Nous disons que la discipline des lycées peut gagner quelque chose à ces exercices[180]. »

L'épisode des bataillons scolaires confirme ces rapprochements. La proposition d'Aristide Rey, en 1881, d'« organiser les enfants des écoles municipales en bataillons armés et équipés[181] » est adoptée par le conseil municipal de Paris, s'étend en province, s'impose à la presse, convainc l'opinion : « Le régime militaire appliqué aux écoles s'impose de nos jours. Paris a donné l'exemple. Bientôt tous les lycées et écoles de France marcheront militairement[182]. » Les bataillons sont officiellement créés par un décret de 1882[183] : le thème est celui du « citoyen-soldat[184] », la référence « l'esprit des hommes de la Révolution[185] », chacun devant acquérir à l'école « un dressage préliminaire spécial », « une instruction militaire et civique[186] ».

L'échec guettait inévitablement cette entreprise, au-delà même de l'effondrement boulangiste et de celui d'une droite militariste après 1890. Le mimétisme avec d'impossibles soldats promus par ces bataillons, la certitude d'une « pantalonnade de bambins[187] », celle d'une « parodie qui a trop duré[188] » s'imposaient inexorablement. Les bataillons s'effacent avec les années 1890, alors que la gymnastique scolaire demeure durablement marquée par l'ordre et la référence militaires. Ce que dit encore le *Manuel d'exercices gymnastiques et de jeux scolaires* de 1892 proposant de « donner à l'armée des jeunes gens alertes, vigoureux, hardis[189] ». La mobilisation physique demeure, faut-il le dire, pour une grande part ici, collective et armée.

3. Le gymnaste en homme nouveau

Encore faut-il mesurer combien cette pratique de la gymnastique est pensée sur un mode exclusif, et diffère ici encore de celle du sport même si elle n'en est pas complètement éloignée. Elle se veut totalisante, non pas singulière parmi d'autres pratiques comme celles du saut, de la course ou de l'épée, mais englobante, synthétique, pour mieux former un individu « complet » : « La gymnastique est la culture régulière du corps. Elle est pour lui ce que l'étude est à l'esprit[190]. » Elle est censée couvrir la totalité des exercices physiques hygiéniques ou éducatifs, matérialisant ce qui doit être pratiqué et enseigné : non pas ajout à ce qui existait déjà ; non pas exercice voisinant avec la danse, la course ou la natation, mais ensemble complet parce que seul « rationnel ». Les réinventeurs de la gymnastique assurent avoir découvert une science : « la science raisonnée de nos mouvements[191] ». D'autres évoquent plus modestement un art : « l'art raisonné de nos mouvements[192] ». La plupart, notables ou médecins, responsables des sociétés de gymnastique, définissent un ensemble exclusif, seule pratique fondée et légitimée : « Les mouvements de gymnastique diffèrent des mouvements habituels en ce qu'ils sont pratiqués selon certaines règles déduites de la physiologie et de l'expérience[193]. » L'insistance est mise sur « un changement méthodique et scientifiquement institué[194] ». La certitude est de proposer « une base pour toute éducation collective et privée[195] ». La volonté est de bouleverser les pratiques de tous : « introduire la gymnastique dans les mœurs françaises[196] ».

Que les sociétés de gymnastique annexent nombre d'exercices anciens, que leurs concours combinent avec les mouvements d'ensemble les sauts, la lutte, le tir ou le cheval de bois ne compromet en rien la visée. Le projet englobe des exercices dénommés « gymnastiques » depuis l'Antiquité[197], tout en accordant une place centrale aux mouvements cadencés. Mais, outre qu'il légitime définitivement ce mot de « gymnastique », il y ajoute, on l'a vu, la vision totalement nouvelle de la mécanique, celle des progressions et des séries ; il y ajoute aussi la certitude de former un individu également nouveau, celui dont l'habileté serait mise au service de tous, l'homme éduqué dans la perspective de la revanche, mobilisé physiquement et moralement : « démontrer au pays que le courage et la force des gymnastes peuvent dans plus d'un cas être utiles dans la vie pratique[198] ». D'où ce terme quasi inédit de « gymnaste », celui dont les pratiques certifient robustesse et dévouement, celui dont les apprentissages épousent l'univers patriotique de la fin du siècle : « Nos gymnastes ont prouvé que la France n'est pas la nation efféminée que certains esprits chagrins ont dit et qu'elle compte des fils vigoureux, prêts à la défendre quand l'heure sonnera[199]. » La revue des sociétés de gymnastique s'intitule symboliquement *Le Gymnaste*, certifiant combien la pratique doit conduire à qualifier autrement les acteurs. Les fêtes illustrent également des « gymnastes » devenus entités exemplaires dans la rhétorique des républicains : « Il faut mettre partout, à côté de l'instituteur, le gymnaste et le militaire, afin que nos enfants, nos soldats, nos concitoyens soient tous aptes à tenir une épée, à manier un fusil, à faire de longues marches[200]. » La Ligue des patriotes projette dans le même terme un gage de comportement : « Quel dommage que nous ne soyons pas tous un peu davantage gymnastes en France [201]. » C'est alors la création de gymnases qui deviendrait le garant d'un renouvellement des pratiques physiques en France : non l'aire de jeu mais l'aire couverte, non le stade mais la salle de travail, les murs et le plancher encombrés d'instruments et d'appareils. Un lieu pour la convergence des exercices du corps et du renouveau républicain : « Aujourd'hui les municipalités comprennent toutes ce que la morale et l'hygiène peuvent gagner par la fréquentation assidue des gymnases [202]. »

La volonté est toujours plus manifeste de rompre avec les jeux anciens, ces gestes jugés naturels et spontanés, ceux mêmes dont le sport, avec ses compétitions jouées, pourrait devenir un exemple : proposer autrement dit la gymnastique comme seul univers de pratique physique souhaitable.

4. Les élites et la tenue physique

Non que les gymnastes vivent aussi intensément les références officielles. Leurs plaisirs sont plus immédiats, plus personnels. C'est d'abord des concours et des classements par exemple que se souvient Claudius Favier dans une des rares autobiographies illustrant ces pratiques de la fin du siècle : « je fus classé 10e avec seulement 10 points de moins que le champion [...]. Nous nous sommes classés Lacombe 110e, moi 112e et Terrier 121e [...]. Il prit la 70e place... [203] » ; c'est des voyages aussi, rendus possibles par les fêtes de gymnastique, cette mobilité d'autant plus précieuse que l'univers populaire tend encore à l'exclure : « C'était un événement extraordinaire [...] aller à Genève, visiter la ville, monter une partie du col de la Faucille [204]. » Claudius Favier s'en tient à la langue lisse de l'école primaire pour évoquer sa vie de gymnaste comme une succession de performances, de rencontres et de cartes postales. Ce qui montre combien l'univers du sportif n'est pas loin ici de celui du gymnaste avec l'insistance sur les compétitions et les exploits.

Mais il faut reprendre les attentes des responsables des sociétés de gymnastique pour mesurer toute l'importance donnée au polissage du corps, à l'apprentissage de codes physiques, celui de l'apparence et de la tenue surtout. Rien d'autre que l'influence reconnue de l'élite sur les classes populaires à la fin du XIXe siècle pour contrôler et discipliner les corps : « La gymnastique ne doit pas seulement développer les forces physiques, mais aussi les principes de tenue et de discipline sans lesquels tout citoyen ne peut rendre de véritable service à la patrie[205]. » D'où le travail intense effectué par les gymnastes sur la rectitude corporelle, la surveillance de la poitrine, le maintien du dos : « L'attitude est le premier élément de la gymnastique[206]. » D'où aussi les références sociales présentes dans les textes décrivant ce travail : « Les fils de paysans prennent du mouvement, cela est vrai [...]. Mais ils ne deviennent pas adroits ; leurs formes ne sont pas bien équilibrées, leur aspect est souvent lourd et disgracieux[207]. » Vaste entreprise d'acculturation, c'est à agir sur l'apparence que s'attache d'abord la gymnastique, contribuant « à faire acquérir cette tenue physique à laquelle on reconnaît un homme bien élevé[208] ». Ce qui donne tout son sens au titre du livre de Pierre Arnaud, *Les Athlètes de la République*[209], ceux dont le corps est « polissé » au service de tous, ceux dont la mise en ordre physique sert une mise en ordre politique. Tout son sens aussi au titre de l'article de Pierre Chambat, « Les muscles de Marianne[210] ».

Les corps des gymnastes appartenant aux sociétés sont, de fait, travaillés jusque dans leur image, leur mise en scène imposant une pose uniformément répétée par les gravures et les photographies, ceinture serrée, buste en avant, épaules effacées. Ce que représentent les photos officielles des groupes de gymnastes de la fin du XIXe siècle fixés bras nus, la poitrine barrée d'une écharpe à la couleur de leur société. Ce que commentent aussi les auteurs de traités appréciant la valeur d'une équipe à celle de sa tenue. Tissié par exemple, inspirateur d'une revue de gymnastique à la fin du XIXe siècle, compare longuement en 1901 des photos de groupes de gymnastes suédois et de gymnastes français pour apprécier l'importance respective donnée à l'« amplitude de la poitrine[211] ». Les gymnastes figés devant l'objectif photographique doivent révéler jusque dans leur attitude une mobilisation comme une vigueur potentielles. La République exhiberait, à travers eux, une force directement corporelle.

V. LE GYMNASTE OU LE SPORTIF ?

C'est sur la discipline précisément que devait être contestée la gymnastique à la fin du siècle en France, autant que sur sa vision quasi politique.

Pratique construite à l'horizon de l'armée, pratique ignorant les sports nés au milieu du siècle, sa légitimité devenait inévitablement plus fragile. Pratique fortement adaptée à l'espace et au temps de l'école, elle pouvait en accentuer l'image autoritaire et figée. La polémique conduite par les sportifs contre une gymnastique trop rigide aidait à recomposer les modèles du corps de la fin du siècle. Elle donnait une image plus libre de l'effort soulignant les initiatives et les jeux. Elle donnait aussi une image plus complète de l'énergie, soulignant les dépenses respiratoires, leurs effets de souffle sinon de liberté.

1. La discipline ou les jeux?

Les pratiques sportives s'affirment sur une critique de la gymnastique: « cette funeste occupation qui se fait jour aujourd'hui de préparer les enfants à leurs années de caserne[212] ».

La polémique sur les jeux et leurs « libres » mouvements perturbe, à vrai dire, l'option gymnastique depuis le milieu du siècle. Vernois, qui fait une enquête sur les pratiques des lycées en 1869, veut rappeler déjà la richesse physiologique des jeux: « Je ne connais pas un seul muscle qui ne soit mis, soit seul soit avec ses voisins, en action vive et harmonique dans tous les jeux ordinaires à la jeunesse, et dont je vous épargne l'énumération[213]. » Insensiblement, sur le thème du plaisir et de la détente qu'ils apportent, les jeux gagnent en importance avec la fin du siècle. D'autant plus soulignés qu'ils peuvent servir une prise de conscience antiautoritaire, sensible, dès les années 1880, à ce qu'un discours savant appelle le « surmenage » et son « oubli des lois de l'hygiène[214] ». D'autant plus marquants aussi que nombre d'entre eux s'organisent en institutions nouvelles.

La polémique entre « sportifs » et « gymnastes » peut alors se développer, tenant d'abord à une accentuation du débat sur l'autorité. Les premiers « sportifs » prétendent s'organiser eux-mêmes et ne rien devoir à une quelconque hiérarchie. Les jeunes gens du « club des coureurs » par exemple (un des premiers clubs parisiens à la fin des années 1870) se livrent à une pratique qui n'avait pas de nom en France: les « sports athlétiques[215] ». Ils s'organisent entre eux malgré l'absence de « guide » pour les diriger. Ils mandatent leurs représentants pour des organisations plus vastes. Ils attirent témoins et spectateurs et chronomètrent quelquefois leurs courses. Le modèle serait celui du *self-government*[216], avec la compétition pour objet. Le thème est au centre de la campagne sur les jeux sportifs organisée par le journal *Le Temps* en 1888 : « Ouvrons la cage [...] en plein air, sur de vastes surfaces[217] », insiste Georges Rozet, dans une série de chroniques développées sur plusieurs mois dans le même journal. Le *Manuel d'exercices gymnastiques* des années 1890 est d'ailleurs aussi, et pour la première fois, un manuel de « jeux scolaires[218] ». C'est dans une organisation nouvelle surtout, faut-il le redire, que ces jeux deviennent « sports », en France, à partir des années 1880. Celle constituée par des associations d'« égaux » animant et gérant des compétitions physiques est une organisation toute différente de celle des sociétés gymnastiques avec leur hiérarchie préétablie et leur différence toujours soulignée entre administrateurs et pratiquants. Un des acteurs des années 1880 évoque, très simplement, quelques années plus tard, l'originalité de ces premiers dispositifs : « 1. À la base les athlètes regroupés en sociétés ou Clubs dont ils élisent les dirigeants. 2. Les Comités régionaux ou ligues régionales composées de membres élus par les Clubs [...]. 3. Le pouvoir central représenté par un Comité directeur ou un Conseil composé de Délégués des Comités des Clubs[219]. » Le principe, autrement dit, de la société démocratique.

2. *Un corps énergétique*

Le sport parvient plus encore à suggérer une nouvelle représentation du corps : la place faite au principe « énergétique », le privilège donné aux échanges physiologiques sur les fixations anatomiques des gymnastes.

Depuis longtemps, une accentuation de la référence énergétique pouvait faire apparaître le bénéfice de mouvements plus libres. L'analyse de la respiration, par exemple l'insistance sur l'échange d'oxygène, pouvait mettre en évidence l'avantage du travail musculaire général sur le travail musculaire localisé et spécialisé. Ce que les constats de Lavoisier, avec ses chambres hermétiques et ses analyses des airs respirés, laissaient d'ailleurs entrevoir à la fin du XVIIIe siècle[220].

Les premières gymnastiques du début du XIXe siècle n'exploitaient pourtant pas encore l'image de l'organisme « brûleur » et les ressources de l'entraînement au souffle : le travail du poumon n'y était toujours pas spécifié[221].

Il fallait que changent des repères scientifiques et culturels pour que ce travail du poumon soit autrement analysé et souligné. Il fallait, par exemple, que soit explicitée la formule scientifique de l'énergie, celle de la transposition des calories en travail : cet équivalent mécanique de la chaleur dont le calcul est, pour la première fois, théorisé par Carnot en 1824 [222]. La quantité d'oxygène accumulée y prend un autre sens, susceptible d'« énergétisations » insoupçonnées et de conséquences chiffrables sur le travail : l'accroissement du poumon pouvant accentuer l'accroissement du rendement. Il fallait surtout la diffusion de cette théorie de l'équivalent « travail » de la « chaleur », au milieu du XIXe siècle, son extension dans les milieux des techniques et des industries pour que la formule ait quelque effet sur les pratiques. Le thème de l'entraînement peut alors acquérir une originalité. Le corps n'est pas seulement une morphologie « fermée », simple architecture limitée à un agencement de leviers dont la clé est à trouver dans la mécanique et l'anatomie fonctionnelle (ce qu'illustrerait la gymnastique du XIXe siècle), il est un lieu de passage où se convertissent des énergies dont la clé est à trouver dans la thermodynamique et une science biologique attentive aux travaux des chimistes (ce qu'illustrerait l'entraînement sportif). Les jeux, les sports, peuvent alors être légitimés autrement qu'ils ne l'étaient jusque-là : les exercices dispersés et agités (les sports) gagnent en importance sur les exercices figés et disciplinés (la gymnastique). Les turbulences et les échappées peuvent même l'emporter sur la précision et la fixité. L'argument est au cœur du procès que les sportifs ont intenté aux gymnastes.

Les effets de la course, par exemple, sont autrement interprétés : elle n'agit pas seulement sur les muscles des jambes mais sur l'espace des poumons. D'où cette représentation totalement inédite : le travail des jambes, la durée des courses, leurs répétitions (et non la seule extension figée de la poitrine) pourraient seuls métamorphoser la forme du thorax et le profil du corps. Ce sont eux qui imposent un déploiement particulier du poumon, ce sont eux qui, en modifiant le dispositif respiratoire interne, modifient aussi son emplacement anatomique externe : « Dans le thorax, c'est le volume du contenu qui détermine celui du contenant [223] », affirme fortement le physiologiste Lagrange, orientant vers de nouvelles attentes et suggérant de nouvelles représentations. Ce qui bouleverse la norme des exercices et leurs effets attendus : le travail général et global des poumons peut devenir plus important que la forme et la précision de l'activité demandée. La dépense « sportive » peut devenir plus importante que la géométrie « gymnique ». C'est d'ailleurs vers cette vision des « moteurs » organiques, celle du volume des poitrines, avec ses formes, ses schémas, que se penche en priorité la première commission médicale mise en place lors des jeux Olympiques de 1900 [224].

Le « sportif », autrement dit, ajoute une vision énergétique du corps à la vision plus mécanique du « gymnaste ».

3. Le sport et l'extrême de la santé

Plus largement, le sportif a construit un milieu d'activités auxquelles la société industrielle a donné son sens. Celui de la performance et du record. Ce milieu a progressivement fabriqué un nouvel espace mythique avec ses échappées, ses horizons indéfinis, ses héros. Un univers donné quasiment comme une contre-société, modèle épuré de la nôtre, cultivant égalité, mérite et loyauté. C'est ce mythe de l'exemplaire qui a séduit, drainant insensiblement les foules jusqu'à prendre partiellement la place de la ferveur religieuse déclinante. C'est ce mythe aussi qui a contribué à construire un nouveau monde de représentations et d'objets avec son économie naissante, ses stades, ses rencontres suscitant de sourdes identifications. Rien d'autre d'ailleurs qu'une opposition supplémentaire à la gymnastique, fût-elle complaisante et affectée : « Le sport est davantage ; c'est une école d'audace, d'énergie et de volonté persévérante. Par son essence, il tend vers l'excès ; il lui faut des championnats et des records... [225]. »

Cet univers de la performance a fait, au bout du compte, exister une vision inédite de la santé : impossible de l'ignorer. L'assurance est obscure bien sûr, toute faite de conviction, mais elle traduit le sentiment nouveau de mobilité, celui d'une conquête sur l'espace et le temps, affirmée par l'élite de la fin du siècle : la performance chiffrée du sport est bientôt interprétée comme un perfectionnement sanitaire, alors même qu'elle joue avec le dépassement et l'excès [226]. Un modèle d'accroissement que *Le Temps* commente après chaque épreuve, dans cette année 1888 : « Non seulement les élèves nagent mieux, plus vite et plus longtemps que les années précédentes, non seulement ils font preuve d'une résistance à la fatigue qu'on ne leur avait jamais encore connue, mais leur condition physique est absolument différente de celle qu'elle était il y a 30 mois[227]. » L'existence d'un progrès possible installé au cœur des défenses corporelles. Le sport devient ainsi démonstratif, un signe de modernité, un gage d'essor, au point que les promoteurs de l'Exposition universelle de 1900 le donnent pour preuve d'un renouveau physique. L'Exposition parisienne exploite le symbole. Elle est la première de ces manifestations universelles à utiliser la mise en scène sportive : épreuves exhibées comme le sont les machines, associées à elles, susceptibles comme elles d'un perfectionnement continu. Les concours de course, ceux de saut, de tir, de *lawn tennis*, dispersés autour des pavillons d'exposants ou dans les bois périphériques de Paris, sont l'occasion de commenter la santé collective, son avancée ou son déclin possibles. Le marathon par exemple, effectué autour des fortifications parisiennes, devient un indice parmi d'autres : « Décidément les pessimistes ont tort, la race humaine ne dégénère nullement puisque nos contemporains peuvent accomplir sans danger l'exploit qui coûta la vie au soldat d'Athènes[228]. »

L'originalité n'est pas, d'ailleurs, de passer de la non-santé à la santé, mais plutôt d'approfondir la santé elle-même, d'imaginer son accroissement indéfini. C'est le « sanatorium pour bien-portants[229] », établissement projeté par Pierre de Coubertin dans une de ses fictions à valeur de programme. L'image est économique, orientée vers la « plus-value physique[230] » : régime, exercices, lever à sept heures, coucher à neuf heures, entraînement continu devraient transfigurer la santé jusqu'à déplacer ses frontières. Jamais la normalité sanitaire n'avait à ce point semblé modulable, perfectible, tendue vers le futur et le progrès.

Aucune action sportive de masse pourtant en ce début du XXe siècle. Les nageurs licenciés à la Fédération française de natation sont moins de 1 000 en 1920 et les athlètes licenciés à la Fédération française d'athlétisme sont moins de 15 000 à la même date[231]. La pratique est suffisamment nouvelle, en revanche, pour frapper les convictions. Une assurance que traduit Bergson dans une réponse au *Gaulois littéraire* en 1912 : « Ce que j'estime surtout dans les sports, c'est la confiance en soi qu'ils procurent. Je crois à une renaissance de la morale française[232]. »

Le sport n'incarne pas seulement le renouvellement des représentations du corps, il incarne un renouvellement plus large de culture, une vision toujours plus technicisée de l'espace, une vision toujours plus calculée du temps, une vision toujours plus démocratisée des échanges et de la sociabilité. Il fait participer ce corps, jusque dans ses plus intimes investissements, à ce qui semble, déjà au tout début du XXe siècle, une vision du futur.

Notes

INTRODUCTION

1. Michel Henry, « Le corps vivant », *Prétentaine*, n° 12/13, *Corps*, mars 2000, p. 13. L'ensemble des articles de ce très beau numéro nous ont beaucoup apporté.
2. Jean-Marie Brohm, « Le corps, un référent philosophique introuvable ? », *Prétentaine*, n° 12/13, *Corps*, mars 2000, p. 131.
3. *Ibid.*, p. 134.
4. *Ibid.*, p. 151.

LE REGARD DES MÉDECINS

1. Parmi les plus récents, la somme rassemblée par Mirko D. Grmek (dir.), *Histoire de la pensée médicale en Occident*, 4 vol., Paris, Éd. du Seuil, 1995-1999. Pour notre période, t. II, *De la Renaissance aux Lumières*, 1997, et t. III, 1999.
2. Pour la France, on renverra à l'ensemble de l'œuvre de Jacques Léonard et en particulier à *La Médecine entre les savoirs et les pouvoirs*, Paris, Aubier, 1981.
3. Sur ce point, voir la thèse récente de Philip Rieder, *Vivre et combattre la maladie : représentations et pratiques dans les régions de Genève, Lausanne et Neuchâtel au XVIIIe siècle*, 2 vol., Genève, 2002 [dactyl.].
4. Sur ce point, voir Rafael Mandressi, *Le Regard de l'anatomiste. Dissections et invention du corps en Occident*, Paris, Éd. du Seuil, 2003.
5. Olivier Faure, « Les stratégies sanitaires », *in* Mirko D. Grmek (dir.), *Histoire de la pensée médicale en Occident*, *op. cit.*, t. II, p. 279-296.
6. Isabelle von Bueltzingsloewen, *Machines à instruire, machines à guérir : les hôpitaux universitaires et la médicalisation de la société allemande*, Lyon, PUL, 1997.
7. Othmar Keel, *L'Avènement de la médecine clinique en Europe (1750-1815)*, Montréal/Genève, Presses universitaires de Montréal/Georg, 2002.
8. *Ordre et désordre à l'hôpital : l'internat en médecine (1902-2002)*, Paris, Musée de l'Assistance publique, 2002.
9. Erwin Ackerknecht, *La Médecine hospitalière à Paris (1794-1848)*, Paris, Payot, 1986 (éd. américaine, 1967).
10. Fleury Imbert, *De l'observation dans les grands hôpitaux et spécialement dans ceux de Lyon*, Lyon, Perrin, 1830, p. 5-9.
11. Alain Ségal, « Les moyens d'exploration du corps », *in* Mirko D. Grmek (dir.), *Histoire de la pensée médicale en Occident*, *op. cit.*, t. III, p. 187-196. Tout le paragraphe qui suit lui emprunte beaucoup.

12. Steven J. Peitzman et Russel C. Maulitz, *in* Mirko D. Grmek (dir.), *Histoire de la pensée médicale en Occident, op. cit.*, t. III, p. 169-186.
13. Jacalyn Duffin, *To See with a Better Eye: a Life of R.T.H. Laennec*, Princeton, Princeton University Press, 1998.
14. Patrice Bourdelais, « Définir l'efficacité d'une thérapeutique: l'innovation de l'école de Louis et sa réception », *in* Olivier Faure (dir.), *Les Thérapeutiques: savoirs et usages*, Lyon, Fondation Mérieux, 1999, p. 107-122.
15. Alain Ségal, « Les moyens d'exploration du corps », art. cité.
16. Nicolas Postel-Vinay *et al.*, *Impressions artérielles: cent ans d'hypertension (1896-1996)*, Paris, Maloine/Imhotep, 1996. Id. et Pierre Corvol, *Le Retour du docteur Knock: essai sur le risque cardiovasculaire*, Paris, Odile Jacob, 1999.
17. Patrice Pinell, *Le Cancer: naissance d'un fléau social (1890-1940)*, Paris, Métailié, 1982.
18. Olivier Faure, *Histoire sociale de la médecine (XVIIe-XXe siècle)*, Paris, Anthropos, 1994.
19. George Weisz, « Mapping medical specialization in Paris in the nineteenth and twentieth centuries », *Social History of Medicine*, 1994, p. 177-211. Id., « The development of medical specialization in 19th century Paris », *in* Ann La Berge et Mordechai Feingold (dir.), *French Medical Culture in the Nineteenth Century*, Amsterdam, Rodopi, 1994, p. 149-198. « Medical directories and medical specialization in France, Britain and the United States », *Bulletin of History of Medicine*, 1997, p. 23-68.
20. Tout le passage qui suit doit beaucoup à l'ouvrage de Roselyne Rey, *Histoire de la douleur*, Paris, La Découverte, 1993, et aux travaux de Jean-Pierre Peter, *De la douleur. Observations sur les attitudes de la médecine prémoderne envers la douleur*, Paris, Quai Voltaire, 1993.
21. Marc-Antoine Petit, *Discours sur la douleur*, Lyon, Reymann, an VII, 90 p.
22. Jean-Jacques Yvorel, *Les Poisons de l'esprit: drogues et drogués au XIXe siècle*, Paris, Quai Voltaire, 1992.
23. Sur l'anesthésie, outre l'ouvrage de Roselyne Rey, voir la thèse de Marie-Jeanne Lavilatte, *Le Privilège de la puissance: l'anesthésie au service de la chirurgie française (1846-1896)*, 3 vol., université Paris I, 1999 [dactyl.].
24. Olivier Faure, *Les Français et leur Médecine au XIXe siècle*, Paris, Belin, 1993.
25. Récemment étudié par Chantal Boone dans sa thèse *Engagements et pratiques: Léon Dufour (1780-1865), savant naturaliste et médecin*, 2 vol., Paris, EHESS, 2003 [dactyl.].
26. Voir sur ce point l'œuvre de Norbert Elias. Pour les liaisons entre procès de civilisation et médicalisation, voir Patrice Pinell, « Médicalisation et procès de civilisation », *in* Pierre Aïach et Daniel Delanoë (dir.), *L'Ère de la médicalisation: ecce homo sanitas*, Paris, Anthropos, 1998, p. 37-52.
27. Frederic L. Holmes, « La physiologie et la médecine expérimentale », *in* Mirko D. Grmek (dir.), *Histoire de la pensée médicale en Occident, op. cit.*, t. III, p. 59-96.
28. Jacques Michel (dir.), *La Nécessité de Claude Bernard*, Paris, Klincksieck, 1991.
29. Mirko D. Grmek, « Le concept de maladie », *in* Id. (dir.), *Histoire de la pensée médicale en Occident, op. cit.*, t. III, p. 156.
30. Nicolaas Rupke (dir.), *Vivisection in Historical Perspective*, Londres/New York, 1987.
31. Voir la thèse d'Éric Pierre, *Amour des hommes, amour des bêtes. Discours et pratiques protectrices dans la France du XIXe siècle*, 3 vol., Angers, 1998 [dactyl.].
32. Sur la situation en Allemagne, voir Isabelle von Bueltzingsloewen, *Machines à instruire, machines à guérir, op. cit.*, p. 127-135 et 276-286.
33. *Ibid.*, p. 285.
34. François Magendie, *Leçons sur les fonctions et les maladies du système nerveux*, Paris, Baillière, 1839, cité par Roselyne Rey, *Histoire de la douleur, op. cit.*, p. 158.
35. Sur le paragraphe qui suit, voir Mirko D. Grmek, *Le Legs de Claude Bernard*, Paris, Fayard, 1997.
36. *Ibid.*, p. 127.

37. *Ibid.*
38. Olivier Faure, *Histoire sociale de la médecine (XVII*e*-XX*e *siècle), op. cit.*
39. Id., « L'homéopathie entre intégration et contestation », *Actes de la recherche en sciences sociales*, juin 2002, p. 88-96.
40. Sur ce mouvement, François Azouvi (dir.), *L'Institution de la raison : la révolution culturelle des Idéologues*, Paris, Vrin/EHESS, 1992.
41. Georges Cabanis, *Rapports du physique et du moral de l'homme*, Paris, an X [1802].
42. Jan Goldstein, *Consoler et classifier : l'essor de la psychiatrie française*, Paris, Les Empêcheurs de penser en rond, 1991.
43. Sur la phrénologie, l'ouvrage désormais décisif est celui de Marc Renneville, *Le Langage des crânes : une histoire de la phrénologie*, Paris, Les Empêcheurs de penser en rond, 2000.
44. Antoine Picon, *Les Saint-Simoniens : raison, imaginaire et utopie*, Paris, Belin, 2002.
45. Dora B. Weiner, *Comprendre et soigner : Philippe Pinel (1745-1826), la médecine de l'esprit*, Paris, Fayard, 1999.
46. *Traité médico-philosophique de l'aliénation mentale ou de la manie*, Paris, an IX ; rééd., 1809.
47. Jan Goldstein, *Consoler et classifier, op. cit.*
48. Sur Charcot et l'hystérie, parmi une énorme bibliographie : Jacques Gasser, *Aux origines du cerveau moderne : localisations, langage et mémoire dans l'œuvre de Charcot*, Paris, Fayard, 1995 ; Michel Bonduelle, Toby Gelfand et Christopher G. Goetz, *Charcot, un grand médecin dans son siècle*, Paris, 1996, Michalon ; Marcel Gauchet et Gladys Swain, *Le Vrai Charcot : les chemins imprévus de l'inconscient*, Paris, Calmann-Lévy, 1997 ; Nicole Edelman, *Les Métamorphoses de l'hystérique du début du XIX*e *siècle à la Grande Guerre*, Paris, La Découverte, 2003.
49. Jean-Pierre Goubert (dir.), *La Médicalisation de la société française (1770-1830)*, numéro spécial de *Réflexions historiques/Historical Reflections*, 1982.
50. Id., *Médecins d'hier, médecins d'aujourd'hui : le cas du docteur Lavergne*, Paris, Publisud, 1992.
51. Patrice Bourdelais et Jean-Yves Raulot, *Une peur bleue : histoire du choléra en France*, Paris, Payot, 1987.
52. Sur la vaccination jennerienne, l'ouvrage fondamental est celui de Pierre Darmon, *La Longue Traque de la variole : les pionniers de la médecine préventive*, Paris, Perrin, 1986. Pour une vision plus critique : Yves-Marie Bercé, *Le Chaudron et la Lancette*, Paris, Presses de la Renaissance, 1984, ou encore, sur un exemple local, Olivier Faure, « La vaccination dans la région lyonnaise au début du XIXe siècle : résistance ou revendication populaire », *Cahiers d'histoire*, 1984, p. 191-209.
53. Sur la lutte contre la tuberculose, Pierre Guillaume, *Du désespoir au salut. Les tuberculeux aux XIX*e *et XX*e *siècles*, Paris, Aubier, 1986 ; Dominique Dessertine et Olivier Faure, *Combattre la tuberculose (1900-1940)*, Lyon, PUL, 1988.
54. Alain Corbin, « L'hérédosyphilis ou l'impossible rédemption », *Romantisme*, 1981, p. 131-149. Repris dans *Le Temps, le Désir et l'Horreur. Essais sur le XIX*e *siècle*, Paris, Aubier, 1991 ; rééd., Flammarion, coll. « Champs », 1998. Id., « La grande peur de la syphilis », *in* Jean-Pierre Bardet *et al.* (dir.), *Peurs et terreurs face à la contagion*, Paris, Fayard, 1988, p. 337-347.

L'EMPRISE DE LA RELIGION

1. Nous nous en tiendrons ici à ce qui concerne les représentations du corps selon la religion catholique. L'étude de la diversité des croyances concernant le protestantisme, compte tenu de l'étroitesse relative des effectifs, ne correspondrait pas aux objectifs de cet ouvrage.
   Pour ce qui concerne la France, nous songeons à la sociologie religieuse codifiée par le chanoine Boulard, surtout, et par Gabriel Le Bras, ainsi qu'aux nombreuses études consacrées à des diocèses.
   Pour une synthèse concernant ces acquis, se reporter à trois ouvrages : Gérard Cholvy et Yves-Marie Hilaire,

Histoire religieuse de la France contemporaine, 2 vol., Toulouse, Privat, 1985; François Lebrun (dir.), *Histoire des catholiques en France*, Paris, Hachette, coll. «Pluriel», 1984; et Philippe Joutard (dir.), «Du roi Très Chrétien à la laïcité républicaine, XVIIIe-XIXe siècle», *in* Jacques Le Goff et René Rémond (dir.), *Histoire de la France religieuse*, t. III, Paris, Éd. du Seuil, 1991.

2. À titre d'exemple, en Limousin, région très peu fervente, un grand nombre d'hommes n'en pratiquaient pas moins lors des «bonnes fêtes», notamment le jour de la Toussaint; cf. Alain Corbin, *Archaïsme et modernité en Limousin*, t. I, Limoges, Pulim, 2000, p. 624-625.
3. Claude Savart, *Le Livre catholique témoin de la conscience religieuse en France au XIXe siècle*, thèse, université Paris IV, 1981.
4. Christian Amalvi, *La Vulgarisation historique en France d'Augustin Thierry à Ernest Lavisse, 1814-1914*, thèse, université Paul-Valéry Montpellier III, 1995.
5. Claude Langlois, *Le Catholicisme au féminin. Les congrégations françaises à supérieure générale au XIXe siècle*, thèse, université Paris X-Nanterre, 1982, notamment «L'irrésistible croissance» et «L'invasion congréganiste», t. I, p. 353 *sq.* et 357 *sq.*
6. Claude Langlois et Paul Wagret, *Structures religieuses et célibat féminin au XIXe siècle*, Lyon, Centre d'histoire du catholicisme, 1971, surtout, de Claude Langlois, l'exemple des tiers ordres du diocèse de Vannes, p. 4-115.
7. À titre d'exemple, l'étude de sa diffusion dans le diocèse d'Arras par Yves-Marie Hilaire, *Une chrétienté au XIXe siècle. La vie religieuse des populations du diocèse d'Arras, 1840-1914*, Lille, PUL, 1977, t. I, p. 414.
8. Sur ce pèlerinage, cf. Philippe Boutry et Michel Cinquin, *Deux pèlerinages au XIXe siècle: Ars et Paray-le-Monial*, Clamecy, 1980.
9. Cf. Alain Corbin, *Les Cloches de la terre. Paysage sonore et culture sensible dans les campagnes au XIXe siècle*, Paris, Albin Michel, 1994, et Flammarion, coll. «Champs», 2000, p. 119-125.
10. Cf. Rosemonde Sanson, «Le 15 août: fête nationale du second Empire», *in* Alain Corbin, Noëlle Gérôme et Danielle Tartakowsky, *Les Usages politiques des fêtes aux XIXe-XXe siècles*, Paris, Publications de la Sorbonne, 1994, p. 117-137.
11. Sur tous ces points, René Laurentin, *Lourdes. Historique authentique des apparitions*, 6 vol., Paris, P. Léthielleux, 1961-1964; et, plus récemment, Ruth Harris, *Lourdes. Body and Spirit in the Secular Age*, Allen Lane, The Penguin Press, 1999; trad. fr., *Lourdes. La grande histoire des apparitions, des pèlerinages et des guérisons*, Paris, Jean-Claude Lattès, 2001. Nous nous inspirons de ce beau travail dans les pages qui suivent.
12. René Laurentin, *Vie authentique de Catherine Labouré, voyante de la rue du Bac et servante des pauvres (1806-1876)*, 2 vol., Paris, Desclée de Brouwer, 1980.
13. Ruth Harris, *Lourdes*, *op. cit.*, p. 350.
14. *Ibid.*, p. 15.
15. Cf. Maurice Agulhon, *Marianne au combat: l'imagerie et la symbolique républicaine de 1789 à 1880*, Paris, Flammarion, 1979, et, tout récemment, le colloque tenu sur cet objet à l'université Paris X, 21 février 2004.
16. Alphonse Dupront, *Du Sacré. Croisades et pèlerinages, images et langages*, Paris, Gallimard, 1987, *passim.*
17. Mgr Bouvier, évêque du Mans, membre de la congrégation de l'Index, *Manuel secret des confesseurs* suivi de *Questionnaire à l'usage des confesseurs*, rééd., Paris, Arléa, 1999, ainsi que la citation suivante, p. 14 et 15.
18. Cf., au XVIIe siècle, l'instruction de Bossuet destinée aux religieuses et consacrée à l'exaltation de la virginité.
19. François-René de Chateaubriand, *Génie du christianisme*, Paris, Gallimard, coll. «Bibliothèque de la Pléiade», 1978, p. 502 et 505.
20. Docteur Jean-Ennemond Dufieux, *Nature et virginité. Considérations physiologiques sur le célibat religieux*, Paris, Julien Lanier, 1854, p. 501.
21. François-René de Chateaubriand, *Génie du christianisme*, *op. cit.*, p. 487 et 1688.
22. D'une manière plus générale, sur les représentations romantiques de la femme, cf. Stéphane Michaud,

Muse et Madone. Visages de la femme de la Révolution française aux apparitions de Lourdes, Paris, Éd. du Seuil, 1985.

23. Odile Arnold, *Le Corps et l'Âme. La vie des religieuses au XIXe siècle*, Paris, Éd. du Seuil, coll. « L'Univers historique », 1984, p. 314.
24. Sur ce culte, en ce qui concerne la France, voir le mémoire de maîtrise de Laurence Rey, *Sainte Philomène, vierge et martyre*, université Paris I, 1994. Sur le curé d'Ars et la sainte, voir Philippe Boutry, *Prêtres et paroisses au pays du curé d'Ars*, Paris, Cerf, 1986, *passim*; sans oublier Caroline Ford, « Female martyrdom and the politics of sainthood in the nineteenth-century France. The cult of sainte Philomène », *in* Frank Tallet et Nicholas Atkin (dir.), *Catholicism in Britain and France in 1789*, Londres, Hambledon Press, 1996, p. 115-134.
25. Odile Arnold, *Le Corps et l'Âme*, *op. cit.*, p. 151.
26. Cf. *infra*, p. 185.
27. Cf. Michel Delon, *in* Sade, *Œuvres*, Paris, Gallimard, coll. « Bibliothèque de la Pléiade », t. I, 1990, n. 1, p. 1139.
28. Jean-Louis Flandrin, *Les Amours paysannes, XVIe-XIXe siècle*, Paris, Gallimard/Julliard, coll. « Archives », 1975.
29. Jean Faury, *Cléricalisme et anticléricalisme dans le Tarn (1848-1900)*, Toulouse, Publications de l'université de Toulouse-le-Mirail, 1980, p. 274.
30. Marie-José Garniche-Merritt, *Vivre à Bué-en-Sancerrois*, thèse, université Paris VII, 1982.
31. Tous les traités de médecine légale de la première moitié du XIXe siècle soulignent la difficulté.
32. Alain Corbin, conclusion provisoire d'un travail en cours sur l'histoire des comportements sexuels au XIXe siècle.
33. Élisabeth Claverie et Pierre Lamaison, *L'Impossible Mariage. Violence et parenté en Gévaudan, XVIIe, XVIIIe et XIXe siècle*, Paris, Hachette, 1982.
34. Odile Métais-Thoreau, *Un simple laïc. Léon Papin-Dupont, « le saint homme de Tours », 1797-1876*, thèse, université Paris I, 1991, et Tours, Héraut, 1993; les citations sont extraites des pages 56-58.
35. Sur ce débat, cf. Bernard Plongeron, *Théologie et politique au siècle des Lumières (1770-1820)*, Genève, Droz, 1973, p. 192-198, et, tout récemment, Paul Chopelin, « Le débat sur le mariage des prêtres dans le diocèse de Rhône-et-Loire au début de la Révolution (1789-1792) », *in Chrétiens et sociétés, XVIe-XXe siècle*, n° 10 du *Bulletin du Centre André-Latreille*, 2003, p. 69-94. Nous empruntons à cet article la citation de l'ouvrage de l'abbé Gaudin.
36. Claude Langlois et T.J.A. Le Goff, « Les vaincus de la Révolution. Jalons pour une sociologie des prêtres mariés », in *Voies nouvelles pour l'histoire de la Révolution française. Actes du colloque Mathiez-Lefebvre (1974)*, Paris, 1978, p. 281-312.
37. À titre d'exemple de cette abondante littérature, des thèses du premier XIXe siècle dont les titres, à eux seuls, indiquent clairement le parti adopté : E. Labrunie, *Dissertation sur les dangers de la privation et de l'abus de plaisirs vénériens chez les femmes*, thèse, Paris, an XIV, n° 549 ; A. Cangrain, *Du célibat*, thèse, Paris, 1838, n° 214 ; F.C. Quesnel, *Recherches relatives à l'influence de la continence sur l'économie animale*, thèse, Paris, 1817, n° 201 ; J.M.F. Berthier, *Considérations physiologiques et médicales sur le plaisir*, thèse, Paris, 1821, n° 39 ; J. Bousquet, *Du mariage considéré comme moyen curatif des maladies*, thèse, Paris, 1820 ; J. Verrier, *Dissertation sur l'abstinence prolongée*, thèse, Paris, 1814, n° 201 ; et, à titre d'exemples, parmi les articles du *Dictionnaire des sciences médicales* (Panckoucke) : « Mariage » par Fodéré et « Satyriasis » par Rony.
38. Notamment le cas du curé de Cours près de La Réole, rapporté par Buffon : cf. Rony, « Satyriasis », *loc. cit.*
39. À titre d'exemple, le grand livre cité de Jean-Ennemond Dufieux, *Nature et virginité*, ainsi que les chapitres consacrés à la question par Pierre J.C. Debreyne, *Essai sur la théologie morale considérée dans ses rapports avec la physiologie et la médecine. Ouvrage spécialement destiné au clergé*, Bruxelles, Vanderborght, 1844 (4e éd.), débat sur « l'état de parfaite virginité », p. 99 *sq.*

40. Nous ne pouvons citer l'immense bibliographie des études augustiniennes. Sur ce qui concerne la luxure et le comportement sexuel des époux selon les théologiens du Moyen Âge, voir Carla Casagrande et Silvana Vecchio, *Histoire des péchés capitaux au Moyen Âge*, Paris, Aubier, « Collection historique », 2000 ; et la récente réédition de *De bono conjugali*, traduit par Jean Hamon sous le titre *Le Bonheur conjugal*, Paris, Payot, 2001.
41. Sur le débat concernant les théologiens, la Pénitencerie romaine et la contraception au XIXe siècle, l'ouvrage fondamental demeure celui de Jean-Louis Flandrin, *L'Église et le Contrôle des naissances*, Paris, Flammarion, 1970.
42. Cf. *infra*, p. 166, en ce qui concerne l'accord entre les médecins et les théologiens.
43. Sur ce débat, cf. Pierre J.C. Debreyne, *Essai sur la théologie morale*, *op. cit.*, chap. 5, « De l'onanisme conjugal », notamment p. 184-187.
44. Cf. *infra*, p. 152 *sq.*
45. Alphonse de Liguori, cité par Odile Arnold, *Le Corps et l'Âme*, *op. cit.*, p. 136.
46. Cité par Odile Arnold, *ibid.*, p. 135.
47. *Ibid.*, p. 68.
48. Alain Corbin, « Invitation à une histoire du silence », in *Foi, fidélité, amitié en Europe à la période moderne. Mélanges Robert Sauzet*, Tours, 1995, p. 51-64.
49. Odile Arnold, *Le Corps et l'Âme*, *op. cit.*, p. 121.
50. *Ibid.*, p. 135.
51. George Sand, *Histoire de ma vie*, Paris, Gallimard, coll. « Bibliothèque de la Pléiade », 1970, t. I, p. 965.
52. Odile Arnold, *Le Corps et l'Âme*, *op. cit.*, p. 141.
53. *Ibid.*, p. 87.
54. Cf. *infra*, p. 165.
55. Claude Savart, *Le Livre catholique témoin de la conscience religieuse en France au XIXe siècle*, *op. cit.*
56. Préface au livre d'Odile Arnold, *Le Corps et l'Âme*, *op. cit.*, p. 11.
57. Odile Arnold, *ibid.*, p. 143.
58. Jeanne Andlauer, *Modeler des corps. Reliquaires, canivets et figures de cire des religieuses chrétiennes*, thèse, EHESS, 2002, p. 102.
59. *Ibid.*, p. 281.
60. Yves Gagneux, *L'Archéologie du culte des reliques des saints à Paris. De la Révolution à nos jours*, thèse, université Paris IV, 1997.
61. Jeanne Andlauer, *Modeler des corps*, *op. cit.*, p. 81.
62. Cf. *infra*, p. 000.
63. Gwenaël Murphy, « Les religieuses mariées pendant la Révolution française », *in* Luc Capdevila, Sophie Cassagnes, Martine Cocaud *et al.*, *Le Genre face aux mutations. Masculin et féminin, du Moyen Âge à nos jours*, Rennes, Presses universitaires de Rennes, 2003, p. 243-255, et, plus largement, la thèse du même auteur : *Femmes de Dieu et Révolution française dans le diocèse de Poitiers*, Paris, EHESS, 2003.
64. Sur ce sujet, voir Xavier Maréchaux, *Les Prêtres mariés sous la Révolution française*, 3 vol., thèse, université Paris I, 1996.
65. Philippe Boutry, « Réflexions sur la confession au XIXe siècle », in *Pratiques de la confession des Pères du désert à Vatican II*, Paris, Cerf, 1983.
66. Cité par Philippe Boutry, *ibid.*
67. Anne Carol, *Les Médecins et la Mort*, Paris, Aubier, « Collection historique », 2004.
68. Philippe Boutry, *Prêtres et paroisses au pays du curé d'Ars*, thèse citée.
69. Alphonse Dupront (*Du Sacré. Croisades et pèlerinages*, *op. cit.*) distingue le temps liturgique et le temps cérémoniel, propre à la seule célébration des offices.
70. La ville de Limoges fournit un théâtre particulièrement révélateur de ces contrastes : cf. l'ensemble des tra-

vaux de Françoise Lautman sur les « ostensions » des reliques et le livre de John Merriman, *Limoges la rouge. Portrait d'une ville révolutionnaire*, Paris, Belin, 1990, sur les cortèges qui sillonnent fréquemment la cité.

71. Ruth Harris, *Lourdes, op. cit.*, p. 335.
72. Cf. Paul Leproux, *Dévotions et saints guérisseurs*, Paris, PUF, 1991.
73. Ruth Harris, *Lourdes, op. cit.*, p. 335 et 351.
74. *Ibid.*, p. 382.
75. Anne Martin-Fugier, *La Place des bonnes. La domesticité féminine à Paris en 1900*, Paris, Grasset, 1979.
76. Ruth Harris, *Lourdes, op. cit.*, p. 291.
77. *Ibid.*, p. 381 et 383.
78. *Ibid.*, p. 45-46.
79. *Ibid.*, p. 426 *sq.*
80. Jacqueline Lalouette, *La Libre Pensée en France, 1848-1940*, Paris, Albin Michel, 1997.
81. Voir notamment Jacqueline Carroy, *Hypnose, suggestion et psychologie. L'invention des sujets*, Paris, PUF, 1991.

LE REGARD DES ARTISTES

1. *Journal*, trad. fr. de Pierre Klossowski, Paris, Grasset, 1959, p. 97-98.
2. Ce propos est rapporté par Antonin Proust, *Édouard Manet. Souvenirs publiés par A. Barthélemy*, Paris, H. Laurens, 1913, p. 17.
3. *Laokoon: oder, Über die Grenzen der Mahlerey und Poesie*, Berlin, 1866 ; une traduction française parut à Paris en 1802.
4. Johann Joachim Winckelmann, *Gedancken über die Nachahmung der griechischen Wercke in der Mahlerey und Bildhauer Kunst*, [Leipzig ?] 1755 ; trad. fr. de Léon Mis, *Réflexions sur l'imitation des œuvres grecques en peinture et en sculpture*, Paris, Aubier, « collection bilingue des classiques étrangers », 1954, rééd., 1990.
5. Voir la protestation de Régis Michel contre cette appellation dans *Le Beau idéal*, catalogue d'exposition, Paris, Louvre, 1989, p. 7.
6. Voir à ce sujet l'analyse excellente d'Alex Potts, *Flesh and the Ideal. Winckelmann and the Origins of Art History*, New Haven, Yale University Press, 1994.
7. Johann Joachim Winckelmann, *Réflexions sur l'imitation des œuvres grecques en peinture et en sculpture*, *op. cit.*, p. 99-101.
8. Johann Joachim Winckelmann, *Geschichte der Kunst des Alterthums*, Dresde, 1764 ; trad. fr., Paris, 1766.
9. À ce sujet, voir Anne Hollander, *Seeing Through Clothes*, New York, Viking, 1978.
10. Voir surtout Jean-Claude Bologne, *Histoire de la pudeur*, Paris, Olivier Orban, 1986.
11. Léon de Laborde, *Exposition Universelle de 1851*, Travaux de la Commission française, VIe groupe, XXXe jury, Application des arts à l'industrie, Paris, Imp. Impériale, 1856, p. 991.
12. Comme l'a bien noté Thomas Crow dans son excellente analyse, *L'Atelier de David. Émulation et Révolution*, Paris, Gallimard, coll. « Bibliothèque illustrée des histoires », 1997.
13. Thomas Crow (*ibid.*, p. 163-165) pense que Girodet a conçu son *Endymion* en opposition systématique au *Guerrier blessé* de Drouais dans un esprit de compétition *post mortem*. Il est en tout cas certain que les deux tableaux très contrastés constituent comme les deux pôles du corps masculin : viril et héroïque d'une part, féminisé et voluptueux de l'autre. Rappelons au passage qu'en 1790 Fabre, autre élève de David, avait présenté sous le titre *La Mort d'Abel* une académie masculine alanguie, à la fois idéale et érotisée.
14. Abigail Solomon-Godeau, « Male trouble : a crisis in representation », *Art History*, vol. 16, n° 2, juin 1993, p. 286 *sq.*, et le livre du même auteur et du même titre, New York, Thames & Hudson, 1997.
15. Werner Busch, « Die Neudefinition des Umrisszeichnung in Rom am ende des 18. Jahrhunderts », *in* Id. et Margret Stuffmann (dir.), *Zeichen in Rom, 1790-1830*, Cologne, 2001.
16. *Les Français peints par eux-mêmes*, Paris, t. II, 1843, p. 1-8.

17. C'est Antoine Montfort qui rapporte cela dans ses souvenirs fournis à Clément ; voir *Géricault*, catalogue d'exposition, Paris, Réunion des musées nationaux, 1991, p. 312.
18. Edmond About cité par France Borel, *Le Modèle ou l'Artiste séduit*, Genève, Skira, 1990, p. 148.
19. Lithographie publiée dans *Le Charivari* du 22 juin 1865. Delteil, *Le Peintre-graveur illustré*, n° 3447.
20. Sur ce sujet, voir *L'Art du nu au XIXe siècle. Le photographe et son modèle*, catalogue d'exposition, Paris, BNF-Hazan, 1997-1998 ; voir aussi André Rouillé, *L'Empire de la photographie. Photographie et pouvoir bourgeois, 1839-1870*, Paris, Le Sycomore, 1982. Cet ouvrage tient compte de l'usage scientifique, en médecine particulièrement, de la photographie, qui n'a, lui, jamais été contesté. Les photographies exécutées pour Charcot à la Salpêtrière sont aujourd'hui bien connues.
21. Les cas de peintres se servant de photographies, dont Aaron Scharf (*Art and Photography*, Londres, 1989 ; 1re éd., 1968) citait quelques exemples, sont en fait, on s'en rend compte aujourd'hui, beaucoup plus fréquents qu'on aurait pu croire. Un exemple frappant est celui d'une photographie de Nadar représentant un modèle dans la pose de la *Phriné* de Gérôme, généralement considérée comme une initiative de Nadar à l'imitation de Gérôme, jusqu'à ce que Sylvie Aubenas découvre que le cliché avait été commandé par Gérôme pour confectionner son tableau (S. Aubenas in *L'Art du nu au XIXe siècle*, *op. cit.*, p. 46).
22. Lithographie publiée dans *Le Charivari* du 10 mai 1864 ; Delteil, *Le Peintre-graveur illustré*, n° 3440.
23. Voir le catalogue de l'exposition *À fleur de peau. Le moulage sur nature au XIXe siècle*, Paris, Musée d'Orsay, 2002.
24. Voir *ibid.*
25. La documentation est regroupée dans le livre d'Anne Wagner, *Jean-Baptiste Carpeaux : Sculptor of the Second Empire*, New Haven, Yale University Press, 1986, chap. 6.
26. Rainer Maria Rilke, *Œuvres. Prose*, t. I, Paris, Éd. du Seuil, 1966, p. 378-379.
27. *Ibid.*, p. 395.
28. *Ibid.*, p. 394.
29. En 1905 selon Judith Cladel, dès 1900 selon C. Goldscheider qui ne donne pas de source, mais en tout cas après le *Balzac* et avant 1907 où l'œuvre était déjà coulée en bronze et fut exposée.

LES IMAGES SOCIALES DU CORPS

1. Nicos Hadjinicolau, « *La Liberté guidant le peuple* de Delacroix devant son premier public », *Actes de la recherche en sciences sociales*, n° 28, juin 1979, p. 3-26.
2. Le registre manuscrit des entrées au Salon porte le titre *29 juillet* (archives du Louvre), l'artiste désigne son tableau sous le titre de *28 juillet, la Liberté*, ou *la Barricade*, voir Hélène Toussaint, « *La Liberté guidant le peuple* » *de Delacroix*, catalogue d'exposition, Paris, Éd. de la Réunion des musées nationaux, 1982, p. 45.
3. Jörg Traeger, « L'épiphanie de la Liberté. La Révolution vue par Eugène Delacroix », *Revue de l'art*, 1992, p. 9-26.
4. L'analyse de Robert Macaire a été amorcée dans le catalogue de l'exposition *Daumier 1808-1879*, Paris, Réunion des musées nationaux, 1999 (éd. française) et Ottawa, National Gallery of Art, 2000 (éd. anglaise). Elle a été présentée en juillet 2003 à l'invitation d'Heliana Angotti lors d'une conférence liée à son exposition sur la réinterprétation brésilienne de Robert Macaire en 1844, exp. *A Comedia urbana : de Daumier a Porto-Alegre*, São Paulo, Fundação Armando Alvares Penteado, 2003.
   L'abréviation LD renvoie au catalogue des lithographies de Daumier : Loys Delteil, *Le Peintre-graveur illustré, XIXe et XXe siècles, Daumier*, Paris, chez l'auteur, 1925-1926, t. XX à XXIV *bis*, et 1930, tables, tome XXIX *bis*.
5. Henry James, « Daumier caricaturist », paraît en 1890 dans *Century Magazine*, vol. 17, 1890, p. 402 *sq.* ; repris dans *Daumier Caricaturist*, Emmaus, Pennsylvania, Rodale Press, 1937, rééd., 1954.
6. T.J. Clark, *The Absolute Bourgeois. Artists and Politics in France 1848-1851*, Londres, Thames and Hudson, 1973 ; réimpr., 1982.

7. Sur le rapport entre Quasimodo, dans *Notre-Dame de Paris* (1831-1832), et la théorie de la caricature, telle que Hugo l'exprime en particulier dans la Préface de *Cromwell* (1827), voir mon article sur « Victor Hugo et la caricature », dans les actes du colloque *L'Œil de Victor Hugo*, Paris, Éditions des Cendres, 2004.
8. Cette planche célèbre distingue dans ses deux registres *characters* (les têtes groupées des personnages aux physionomies diverses de la réalité, dans leur laideur comique) et *caricatures* (le dessin en charge auquel s'amusent les artistes depuis Vinci et Carrache) ; elle a servi de feuillet de souscription pour *The Analysis of Beauty*, le traité de Hogarth, qui le premier remonte aux sources primitives du dessin en évoquant le dessin d'enfant et le schéma du bonhomme, prélude à toute caricature.
9. Champfleury (Laon, 1821-Sèvres, 1869, Jules Husson, dit Fleury puis Champfleury), associé à la vie de bohème des années 1840 et proche de Baudelaire et de Courbet, fut l'auteur d'une *Histoire de la caricature* en plusieurs volumes, l'historien des *vignettes romantiques*, de l'imagerie populaire et des faïences révolutionnaires, et devint le conservateur de la manufacture de Sèvres ; romancier et nouvelliste réaliste, il défendit l'œuvre de Courbet et fut le champion du mot « réalisme ». Son témoignage est essentiel parce qu'il connut de près le milieu des caricaturistes dont il écrivit l'histoire. Voir à son sujet : Yoshio Abe, « Une nouvelle esthétique du rire – Baudelaire et Champfleury entre 1845 et 1855 », *Annales de la faculté des lettres* (Tokyo, université Chuo), mars 1964, p. 18-30 ; Luce Abélès, avec la collaboration de Geneviève Lacambre, *Champfleury, l'Art pour le peuple*, Paris, Réunion des musées nationaux, « Les Dossiers du musée d'Orsay », 1990 ; *Champfleury, son regard et celui de Baudelaire. Textes choisis et présentés par Geneviève et Jean Lacambre, accompagnés de « L'Amitié de Baudelaire et de Champfleury » par Claude Pichois*, Paris, Hermann, 1990 (1re éd., 1973) ; Champfleury, George Sand, *Du réalisme. Correspondance*, éd. établie et présentée par Luce Abélès, Paris, Éd. des Cendres, 1991.
10. Champfleury, *Histoire de la caricature moderne*, Paris, E. Dentu, 1865 (et 1878), p. XIV.
11. Par exemple dans l'introduction au développement de Henry Lyonnet sur Mayeux et Prudhomme dans John Grand-Carteret, *Les Mœurs et la Caricature en France*, 1888. Le même auteur écrit dans l'ouvrage sur Robert Macaire et sur les autres types du XIXe siècle, de Madame Angot à Cadet-Roussel.
12. A. Bazin (Anaïs de Raucou, dit), « Nécrologie », *Paris, ou Le Livre des Cent-et-un*, Paris, Ladvocat, 1832, t. III, p. 361. (Ce texte reste l'une des plus précieuses études sur le type de Mayeux auquel l'auteur, historien de Louis XIII, consacre aussi un développement dans *L'Époque sans nom, esquisses de Paris, 1830-1833*, 2 vol. in-8, Paris, 1833.)
13. Qui cite un article de *La Gazette de Paris* de 1859.
14. Comme l'indiquent les incertitudes sur son invention, la variation des orthographes de son nom et l'abondance des formes qu'il a prises sous la plume et le crayon.
15. Cette appartenance au monde des spectacles de rues est soulignée dans le livre de Judith Wechsler qui insiste sur le rapport entre caricature, spectacle et pantomime ; voir Judith Wechsler, *A Human Comedy. Physiognomy and Caricature in 19th century Paris*, Chicago, The University of Chicago Press, 1982.
16. Baudelaire, « Quelques caricaturistes français », dans *Le Présent, revue européenne*, 1er octobre 1857, repris dans *L'Artiste* des 24 et 31 octobre 1858, enfin dans *Curiosités esthétiques*, Michel Lévy Frères, 1868 (version publiée dans la collection « Bibliothèque de la Pléiade »).
17. Comme l'ont fait Clive Getty (*in* Clive F. Getty et S. Guillaume, *Grandville. Dessins originaux*, catalogue d'exposition, musée des beaux-arts de Nancy, novembre 1986-mars 1987) et Elizabeth Menon (*The Complete Mayeux. Use and Abuse of a French Icon*, Berne, Peter Lang A.G., 1998).
18. Voir n. 12.
19. Jean-Baptiste Isabey, [Mayeux et jeune femme], *Album comique*, 1820, repr. par Menon, fig. 28, commenté p. 81.
20. La première lithographie de Traviès est déposée le 27 janvier 1830 (Elizabeth Menon, *The Complete Mayeux*, *op. cit.*, p. 83). En janvier 1831, Traviès commence à publier *Les Facéties de Mayeux*.

21. Dessin légendé « Beau-frère de Mayeux » de 1829, voir Menon, fig. 29.
22. Série *La Mascarade* de Philipon mise en rapport avec la première planche de Grandville sur Mayeux : Getty, p. 82.
23. Balzac, « Statistique individuelle ; M. Mahieux », *La Silhouette*, septembre 1830. Cet article a été commenté par Clive Getty dans sa thèse *The Drawings of J.J. Grandville until 1830*, Stanford University, 1981.
24. Vendues par les éditeurs de caricatures concurrents Aubert et Martinet-Hautecœur, les 300 lithographies sont anonymes ou signées de Traviès, Robillard, Grandville, Delaporte, Daumier, Numa, Bouquet, etc. (Menon, p. 81).
25. Ainsi F.C.B.***, *Histoire véritable, facétieuse, gaillarde, politique et complète de M. Mayeux*, Paris, Terry Jeune, 1831.
26. Champfleury, *Histoire de la caricature moderne*, *op. cit.*, p. 195.
27. Comme le musicien Paganini : « Paganini sorcier », *Le Figaro*, 9 mai 1831, p. 3, cité par Menon, p. 33, n. 38.
28. Musset, « Revue fantastique », *Le Temps*, 7 mars 1831, p. 2, cité par Menon, p. 93, n. 33.
29. Dessins reproduits par Getty, p. 214, n° 167, *Mayeux à la procession de la Fête-Dieu*, 1830, 16,7 x 19,1 Inv 877 637 ; et p. 230-231, n°s 178 et 178 A, dessins préparatoires à une lithographie de *La Caricature* publiée le 16 décembre 1830, *On annonce M. Mahieu…*, planche expliquée par Balzac.
30. « M. Mayeux », *Le Figaro*, 24 février 1831, p. 1, cité par Menon, p. 29.
31. Champfleury, *Histoire de la caricature moderne*, *op. cit.*, p. 195-196.
32. « Pour les femmes. Oh ! Mahieux les adore. Dans un atelier de modes ou de couture, Mahieux est la coqueluche de toutes les grisettes », écrit Balzac dans « Statistique individuelle. M. Mayeux », article d'explication à une lithographie de *La Silhouette* : « Il est un être bien aimable… Du reste, amateur consommé du beau sexe, il le dévore avec son lorgnon. Sacré Dieu ! bon Dieu ! la belle femme ! quelle jambe ! » (*La Silhouette*, IV, 1re livraison, septembre 1830 ; lithographie).
33. Comme l'a montré James Cuno dans sa thèse sur Philipon : James Cuno, *Charles Philipon and la Maison Aubert ; the Business, Politics and Public of Caricature in Paris, 1820-1840*, Ph. D. Dissertation, Harvard University, 1985 (dir. Henri Zerner).
34. Ségolène Le Men, *Grandville au musée Carnavalet*, Paris, Paris-musées, 1987.
35. Champfleury, *Histoire de la caricature moderne*, *op. cit.*, p. 195.
36. Le personnage de Pista s'en rapproche. Victor Hugo, [Pista] : *Pista va chez les filles, Pista convoite une jolie femme, Pista donne un coup de pied au cul à un gamin qui lui a manqué, Pista reçoit le prix de poésie à l'Institut, Pista a la croix d'honneur et crie : vive le rôa !* (avec une poire), *Pista monte la garde et appelle les républicains sacrés cochons*, 1832, six dessins plume et encre brune, 9,5 × 12 cm. BNF, Manuscrits Nafr 13355 fol 24-25. Bibl. : Robert et Journet, p. 35-36. Massin I 42-3. Exp. *Drawings by Victor Hugo*, Londres, Victoria and Albert Museum, 1974 (catalogue par Pierre Georgel), n° 74, p. 98. Exp. Paris, Petit Palais, 1985, n° 84. Exp. *Victor Hugo l'homme océan*, Paris, BNF, 2002 (catalogue sous la direction de M.L. Prévost), n° 74 p. 98.
37. Dans *Les Misérables*, Hugo écrit : « Paris a un Ésope, qui est Mayeux. »
38. Grandville, *La Barque à Caron*, planche illustrant le chapitre « L'Enfer de Krackq pour faire suite à l'Enfer de Dante », in *Un autre monde*, Paris, Fournier, 1844.
39. Balzac, « Statistique individuelle. M. Mahieux », *La Silhouette*, septembre 1830.
40. Hippolyte Robillard, *« Au feu cochons d'artistes !… Au feu canailles !… Au feu nom de D… au feu gredins. Au feu !!!… »*, 1831, repr. par Menon, fig. 34.
41. Le clown sera l'un des personnages clés de la fin du siècle (dans les affiches de Chéret, par exemple) et de la Belle Époque, avant de faire son apparition au cinéma.
42. On retrouve ce ton chez l'anarchiste Félix Fénéon dans certains textes de critique d'art à la fin du siècle.

43. C.J. Traviès, *Charles, Louis, Philippe, Henry Dieu-donné Mayeux. Né à Paris, le 7 fructidor an 2, décoré du lys et de la croix de Juillet, membre du caveau moderne et de plusieurs autres académies savantes*, 1831.
44. C.J. Traviès, « *Tonnerre de D… j'crois qu'ils se f… de moi, avec leur République, je ne la vois pas* », 1831, repr. par Menon, fig. 123 (voir aussi les variantes sur ce thème repr. en fig. 122, où Mayeux remplace la sculpture de Napoléon au sommet de la colonne, et 121, où Mayeux regarde une statuette de Napoléon posée sur le manteau de cheminée de la pièce où il se trouve, et se tâte les bosses du crâne, en se flattant de lui ressembler).
45. Plusieurs caricatures montrent Mayeux près d'une barrique aussi haute que lui, objet symbolique qui rappelle les caricatures de la Révolution (Mirabeau-tonneau), la barricade, et la filiation bachique du personnage.
46. C.J. Traviès, – *Ah scélérate de poire, pourquoi n'es-tu pas une vérité*, 1832, repr. par Menon, fig. 111, planche commentée par Cuno dans sa thèse, *Charles Philipon and la Maison Aubert, op. cit.*
47. Voir, entre autres, le dessin de Grandville, « *Faites donc attention, militaire, il y a un homme devant vous* », 1831, plume et encre sépia sur traits à la mine de plomb, Nancy, musée des beaux-arts.
48. James Cuno, « Satire and social types in the graphic arts of the July Monarchy », *in* Petra Ten-Doesschate-Chu et Gabriel Weisberg (dir.), *The Popularization of Art in the July Monarchy*, Cambridge University Press, 1994, p. 10-36 ; version française : « Violence, satire et types sociaux », *in* Maria Teresa Caracciolo et Ségolène Le Men (dir.) *L'Illustration. Essais d'iconographie. Actes du séminaire CNRS (GDR 712)*, Paris, Klincksieck, 1999, p. 285-309.
49. Paul de Saint-Victor, « Henri Monnier », *Le Moniteur universel*, 10 janvier 1877.
50. Qui a démêlé la genèse du personnage dans l'étude liminaire à son édition des *Scènes populaires* : Henry Monnier, *Scènes populaires. Les Bas-fonds de la société*, éd. présentée et annotée par Anne-Marie Meininger, Paris, Gallimard, 1984, p. 13.
51. *Ibid.*, p. 44.
52. Que Daumier souligne volontiers.
53. Par exemple à la demande du juge dans la scène *La Cour d'assises.*
54. La plupart des articles sur Prudhomme commencent par là.
55. Henry Monnier, page de titre des *Scènes populaires dessinées à la plume par Henry Monnier, ornées d'un portrait de Monsieur Prudhomme et d'un fac-simile de sa signature*, Paris, Levavasseur, Urbain Canel, 1830.
56. Henry Monnier, « Henry Monnier », *Nouvelle galerie des artistes dramatiques vivants*, Paris, Librairie théâtrale, 1853, t. I, portrait et notice p. 13.
57. Voir note précédente.
58. Champfleury, *Henry Monnier, sa vie, son œuvre*, Paris, Dentu, 1879, p. 7-8.
59. Béatrice Fraenkel, *La Signature. Genèse d'un signe*, Paris, Gallimard, 1992.
60. Voir le chapitre XVIII, *Comment fut formé le type de M. Prudhomme*, de Champfleury, 1879, *op. cit.*
61. Henry Monnier, *Monsieur Prudhomme* (à mi-corps, profil tourné vers la droite), 37 x 31 (image 23,5 x 18), plume et encre de Chine sur traits à la mine de plomb, Saint-Denis, musée d'art et d'histoire [NA4420].
62. Sur cette pratique de l'album dont Monnier fut la victime, et que décrit un article du *Livre des Cent-et-un*, voir Ségolène Le Men, « Quelques définitions romantiques de l'album », *Art et métiers du livre*, numéro spécial, *Les Albums d'estampes*, n° 143, février 1987, p. 40-47.
63. Champfleury, *Henry Monnier, sa vie, son œuvre, op. cit.*, p. 137-138.
64. Voir l'analyse du phénomène par Jouy dans *L'Hermite de la Chaussée d'Antin, ou Observations sur les mœurs et les usages parisiens au commencement du XIX*e *siècle*, Paris, Pillet, 1812.
65. Elle-même industrialisée comme carte de visite par le photographe Disdéri et par d'autres. Voir Elizabeth Anne McCauley, *A.E. Disdéri and the Carte de visite Portrait Photographs*, New Haven, Conn., Yale University Press, 1985 (notamment les chapitres 2 et 3 sur l'histoire de la carte de visite).
66. Champfleury, *Henry Monnier, sa vie, son œuvre, op. cit.*, p. 130.

67. Lettre du 10 juillet 1836, citée par Champfleury, *ibid.*, p. 119.
68. Anne-Marie Meininger, « Balzac et Henri Monnier », *L'Année balzacienne*, 1966, p. 217-244.
69. Champfleury, *Henry Monnier, sa vie, son œuvre*, *op. cit.*, p. 124-129.
70. Bixiou, dont la biographie fictive est retracée dans l'index des personnages de l'édition de *La Comédie humaine* dirigée par Pierre-Georges Castex dans la collection « Bibliothèque de la Pléiade », 1981, t. XII, p. 1182-1184, est le héros de la nouvelle *Les Employés*, où son portrait de dessinateur employé spirituel (t. VII, p. 974) évoque la personnalité de Monnier.
71. Baudelaire-Dufaÿs, *Salon de 1846*, Paris, Michel Lévy, 1846, X, « Du chic et du poncif », repris dans *Écrits sur l'art*, t. I, Paris, Le Livre de Poche, 1971, p. 216.
72. Pseudonymes de Chevrillon, Armand Lacoste et Alexis Chaponnier.
73. Pour plus de détails sur l'histoire du type, voir Stanislav Osiakovski, « The History of Robert Macaire and Daumier's Place in it », *Burlington Magazine*, vol. 100, n° 668, novembre 1958, p. 388-392.
74. Théodore de Banville, *Mes souvenirs*, Paris, Charpentier, s.d., texte reproduit et cité dans Delteil d'après le *Daumier* de R. Escholier.
75. Henry Lyonnet, « Robert Macaire et Mayeux », *in* John Grand-Carteret, *Les Mœurs et la Caricature en France*, t. V, p. 251 (sur Robert Macaire, p. 251-254).
76. *Ibid.*, p. 252. Heliana Angotti (*A Comedia urbana : de Daumier a Porto-Alegre*, *op. cit.*, n. 1) a retrouvé une rare représentation lithographique du personnage de Robert Macaire joué par Frédérick Lemaître dans la première adaptation théâtrale.
77. Repr. *ibid.*, p. 251 et 253.
78. Le 14 juin 1834 au théâtre des Folies-Dramatiques, boulevard du Temple.
79. « *Nous sommes tous d'honnêtes gens, embrassons-nous...* », planche 439 de *La Caricature*, n° 210, 13 novembre 1834, LD 95.
80. Théodore de Banville, *Mes souvenirs*, *op. cit.*
81. C'est ce que souligne l'inclusion de Thiers-Robert Macaire lors de sa première occurrence chez Daumier dans une planche à trois personnages, où il est placé entre deux caricatures directement liées au travail de sculpteur de Daumier, qui transposent en lithographie les bustes-charges modelés de mémoire, comme le montre Édouard Papet, *Daumier 1808-1879*, Paris, Réunion des musées nationaux, 1999 (éd. française), et Ottawa, National Gallery of Art, 2000 (éd. anglaise), catalogue de l'exposition présentée de juin 1999 à mai 2000, musée des Beaux-Arts du Canada, Ottawa, Galeries nationales du Grand Palais, Paris, The Phillips Collection, Washington, p. 161.
82. Et bientôt repris par les Goncourt qui notaient dans leur journal les bons mots de Gavarni comme des « Gavarniana ».
83. Ce rapprochement est proposé par Judith Wechsler, *A Human Comedy. Physiognomy and Caricature in 19th century Paris*, *op. cit.*
84. Frédérick Lemaître dans le rôle de Robert Macaire, d'après une photographie de Carjat ; Daumier, « *Bertrand, j'adore la finance...* », planche 1 de la série *Caricaturana*, 20 août 1836, LD 354. La gravure de presse est forcément plus tardive, et il n'est pas exclu que Carjat à son tour ait pensé aux lithographies de Daumier, qui était son ami et dont il publiait les planches dans *Le Boulevard*, alors que Philipon l'avait licencié, ainsi qu'à son illustration de *Vautrin* pour choisir l'angle de sa prise de vue sur la pose caractéristique de l'acteur. Carjat a produit de nombreuses photographies de Frédérick Lemaître dont il a publié le portrait-charge par Durandeau dans *Le Boulevard*, accompagné d'un beau texte de Banville (n° 17, 26 avril 1863). Voir exp. *Étienne Carjat. Photographies d'acteurs*, Paris, À l'image du grenier sur l'eau, 1990.
85. Walt Disney a-t-il regardé les Robert Macaire de Daumier ?
86. Inventeur probable des situations comiques rendues par les planches, ce dernier disputa la paternité de l'œuvre à Daumier, qui pour sa part finit par se lasser d'être connu avant tout comme le dessinateur de Robert Macaire. L. Wolff, *Le Figaro*, 13 février 1879 (cité par Courthion, p. 49) : « Toutes les fois qu'on

parlait, dans un journal, des Robert Macaire de Daumier, vite arrivait une lettre de Philipon qui en réclamait la paternité, parce qu'il avait composé la légende. »

87. Tous deux « font la banque » sur le champ de foire où naissent simultanément les arts forains et l'échange bancaire. Exp. *Jours de cirque*, Monaco, Forum Grimaldi, 2002 (dir. Zeev Gourarier).
88. Ségolène Le Men, « De Jean-Paul Choppart à Struwwelpeter. L'invention de l'enfant terrible dans le livre illustré », *Revue des sciences humaines*, vol. LXXXXVIII, n° 224, *L'enfance de la lecture*, janvier-mars 1992.
89. *Ibid.*
90. Daumier, *La mâchoire de Jean-Paul courait le plus grand danger*, in *Les Aventures de Jean-Paul Choppart*, Paris, Au bureau (Aubert), 1836, illustration du t. II (LD 280), lithographie de Fauchery imprimée par Junca, Paris, Bibliothèque nationale de France, Imprimés.
91. Daumier, *« Voulez-vous de l'or, voulez-vous de l'argent, voulez-vous des diamans, des millions, des milliasses? Approchez, faites-vous servir......... Baoud! Baoud! Baoud-boud-boud!! Voici du bitume, voici de l'acier, du plomb, de l'or, du papier, voici du ferrrrr gallllllvanisé....... Venez, venez, venez vite, la loi va changer, vous allez tout perdre, dépêchez-vous, prenez, prenez vos billets, prenez vos billets!! (Chaud, chaud, la musique.) Baoud! Baoud!! Baoud-Baoud!! Baoud! Baoud!!* », planche 81 de la série *Caricaturana*, *Le Charivari*, 20 mai 1838, lithographie non signée, « par MM. Daumier et Philipon » (d'après la lettre), imp. Aubert et Cie, 23,3 x 22 cm, Paris, Bibliothèque de l'École nationale supérieure des beaux-arts, LD 436 (voir aussi LD 433).
92. C'est un leitmotiv introduit dès le début de la série, dans la planche 2, LD 355, 28 août 1836, *Robert Macaire philanthrope*, reprise par l'affiche de Nanteuil pour la série : on y voit Macaire montrant à Bertrand un immense mur-affiche où il fait la réclame. On retrouve le mur d'affiches annonçant des millions de primes dans la planche 5, *Robert Macaire notaire*, le 28 septembre 1836. Dans la planche 7, *Messieurs et dames, les mines d'argent...*, Macaire est debout sur la grosse caisse des « annonces » (30 septembre 1836, LD 360).
93. *Parade du Charivari*, LD 554. La posture et l'expression de Robert Macaire en aboyeur, la bouche largement ouverte, le buste légèrement penché en avant, seront reprises par Daumier dans les aquarelles postérieures où l'on retrouve le geste du bras tendu, prolongé par la baguette de montreur, vers la « peinture de saltimbanques » de l'arrière-plan.
94. LD 433. La planche montre un artiste, vu de dos, à sa table de lithographe, nommément interpellé par Robert Macaire dans la légende de Philipon. Sur Robert Macaire, voir aussi Nathalie Preiss, *Pour de rire! La blague au XIXe siècle ou la représentation en question*, Paris, PUF, 2002, notamment « Robert Macaire ou la blague dans tous ses états », p. 23-63.
95. Daumier y a lui-même collaboré. Voir Ségolène Le Men, « De l'image au livre : l'éditeur Aubert et l'abécédaire en estampes », *Nouvelles de l'estampe*, n° 90, décembre 1986, p. 17-30.
96. *Société générale des abécédaires*, LD 367, Paris, Bibliothèque de l'École nationale supérieure des beaux-arts (épreuve en *Charivari*).
97. Elle-même inspirée par l'un des personnages du vaudeville *Robert Macaire.*
98. *C'est tout de même flatteur d'avoir fait tant d'élèves!.... Mais c'est embêtant... y en a de trop... la concurrence*, lithographie n° 76 de la série *Caricaturana*, *Le Charivari*, 11 mars 1838, LD 431, Paris, Bibliothèque de l'École nationale supérieure des beaux-arts, carton 2271, pièces 410 à 1004 (épreuve en *Charivari*).
99. Henri Béraldi, *Les Graveurs du XIXe siècle*, Paris, Conquet, 1892, t. XII, p. 148.

LA RENCONTRE DES CORPS

1. Arnold I. Davidson, « Sex and the emergence of sexuality », *Critical Enquiry*, vol. 14, 1987, p. 16-48. Id., *The Emergence of Sexuality. Historical Epistemology and the Formation of Concepts*, Cambridge, Mass.,

Harvard University Press, 2002. Michel Foucault, *Histoire de la sexualité*, t. I, *La Volonté de savoir*, Paris, Gallimard, 1977. L'emploi du terme « sexualité » date, en langue française, du début des années 1840. On atteste son emploi en anglais dès 1800 et en allemand vers 1820. Mais les auteurs français utilisent plus tôt, et très largement, l'expression « vie sexuelle » ; laquelle désigne le même ensemble de données. Certains l'opposent à la « vie individuelle » et à la « vie sociale ».

2. Thomas Laqueur, « Sexual desire and the market economy during the Industrial Revolution », *in* Domna Stanton (éd.), *Histories of Sexuality*, Michigan University Press, 1992, p. 185-215.
3. Edward Shorter, *Naissance de la famille moderne*, Paris, Éd. du Seuil, 1981 (trad. fr. de *The Making of the Modern Family*, 1975).
4. Thomas Laqueur, « Sexual desire... », art. cité, p. 189-191.
5. Peter Gay, *The Bourgeois Experience. Victoria to Freud*, t. I, *Education of the Senses*, New York, Oxford University Press, 1984.
6. Notamment Yvonne Knibiehler et Catherine Fouquet, *La Femme et les Médecins*, Paris, Hachette, 1983, et Yvonne Knibiehler, « Les médecins et la nature féminine au temps du Code civil », *Annales ESC*, vol. 31, n° 4, 1976, p. 824-845, et « Les médecins et l'amour conjugal au XIXe siècle », *in* Paul Viallaneix et Jean Ehrard (dir.), *Aimer en France, 1760-1860*, Clermont-Ferrand, 1980, t. 1, p. 357-366, ainsi que « Le discours médical sur la femme, constance et rupture », *Romantisme*, n° 13-14, 1976, p. 41-56. Parmi les ouvrages de Virey et Roussel : Pierre Roussel, *Du système moral et physique de la femme ou Tableau philosophique de la constitution de l'état organique, du tempérament, des mœurs et des fonctions propres au sexe*, 1775, et, du docteur J.-J. Virey, *De la femme sous ses rapports physiologique, moral et littéraire*, Paris, Crochard, 1823. Sur tout cela, Jean Borie, *Le Tyran timide. Le naturalisme de la femme au XIXe siècle*, Paris, Klincksieck, 1973.
7. À ce sujet, Thomas Laqueur, *La Fabrique du sexe. Essai sur le corps et le genre en Occident*, Paris, Gallimard, 1992, et « Orgasm, generation, and the politics of reproductive biology », *in* Robert Schoemaker et Mary Vincent (éd.), *Gender and History in Western Europe*, Londres, Arnold, 1998. Voir aussi : *The Making of the Modern Body. Sexuality and Society in Nineteenth Century*, Berkeley, University of California Press, 1987, ainsi que Roy Porter *et al.*, *Sexual Knowledge, Sexual Science : the History of Attitudes to Sexuality*, Cambridge, 1994, et Francisco Vazquez García et Andrés Moreno Mengibar, *Sexo y Razón. Una genealogía de la moral sexual en España (siglos XVI-XX)*, Madrid, Akal, 1997. Synthèse qui dépasse le seul cas espagnol.
8. À ce propos, Thomas Laqueur, « Sexual desire... », art. cité, *passim*.
9. Jules Michelet, *Journal*, 5 juin 1857. Voir, à ce propos, Thérèse Moreau, *Le Sang de l'histoire. Michelet, l'histoire et l'idée de la femme au XIXe siècle*, Paris, Flammarion, 1982, et Jean Borie, « Une gynécologie passionnée », *in* Jean-Paul Aron (dir.), *Misérable et glorieuse, la femme du XIXe siècle*, Paris, Fayard, 1980.
10. Une republication récente : Alfred Delveau, *Dictionnaire érotique moderne*, Paris, Union générale d'éditions, 1997.
11. Article « Virilité », ainsi que la citation qui précède et celle qui suit.
12. Article « Sexe », pour ce qui suit.
13. Cité *in* article « Virilité ».
14. Article « Célibataire » en ce qui concerne cet ensemble de citations.
15. Article « Amour ».
16. Article « Génital », ainsi que les citations qui suivent.
17. Article « Génital ».
18. Article « Flagellation ».
19. Article « Génital », ainsi que les citations qui suivent.
20. Article « Débauche ».
21. Article « Virilité », ainsi que la citation qui suit.
22. Alfred Fournier, *L'Hérédité syphilitique*, 1891, p. 51. À ce propos, Alain Corbin, *Le Temps, le Désir et l'Horreur. Essais sur le XIXe siècle*, Paris, Aubier, 1991 ; rééd., Flammarion, coll. « Champs », 1998, p. 147 *sq*.

23. Philippe Hamon, *Imageries. Littérature et image au XIXe siècle*, Paris, José Corti, 2001, p. 212 *sq.*
24. À ce propos, voir Thomas Laqueur, « Onanism, sociability and the imagination », conférence « Foucault and History », université de Chicago, 23-26 octobre 1991, et les longs développements de Francisco Vazquez García et Andrés Moreno Mengibar, *Sexo y Razón, op. cit.*, p. 49-131. Plus récemment, Anne Carol, « Les médecins et la stigmatisation du vice solitaire (fin XVIIIe siècle-début XIXe siècle) », à paraître. Et, plus généralement, outre les travaux de Jean-Louis Flandrin, de Michel Foucault, de Laurence Stone et de Philippe Ariès, se reporter à : Théodore Tarczylo, *Sexe et liberté au siècle des Lumières*, Paris, Presses de la Renaissance, coll. « Histoire des hommes », 1983, et « Prêtons la main à la nature. L'onanisme de Tissot », *Dix-huitième siècle*, n° 12, 1980, p. 74-94 ; Y. Stengerts et A. Van Neck, *Histoire d'une grande peur. La masturbation*, Paris, Synthélabo, 1998, et Didier-Jacques Duché, *Histoire de l'onanisme*, Paris, PUF, coll. « Que sais-je ? » n° 2888, 1994.
25. Cf. Anne Carol, « Les médecins et la stigmatisation du vice solitaire (fin XVIIIe siècle-début XIXe siècle) », art. cité, à paraître.
26. *Ibid.*
27. Docteur Rozier, *Des habitudes secrètes ou des maladies produites par l'onanisme chez les femmes*, 1825.
28. Docteur L.-F. Bergeret, *Des fraudes dans l'accomplissement des fonctions génératrices*, Paris, J.-B. Baillière, 1868, ainsi que les citations qui suivent.
29. Jean-Louis Fischer, « La callipédie ou l'art d'avoir de beaux enfants », *Dix-huitième siècle*, n° 23, 1991, p. 141-158. À ce propos, Jean-Louis Flandrin, *L'Église et le Contrôle des naissances*, Paris, Flammarion, 1970.
30. Expression utilisée par Jean Borie, *Le Célibataire français*, Paris, Sagittaire, 1976.
31. À titre d'exemple, Emmanuel Pernoud, *Le Bordel en peinture. L'art contre le goût*, Paris, Adam Biro, 2001, p. 16.
32. Michel Porret, in *Pornographie*, n° 19 d'*Équinoxe, revue de sciences humaines*, printemps 1998, p. 7.
33. *Ibid.*, p. 19. Nous nous inspirons de l'entretien que Jean-Marie Goulemot a donné à Michel Porret et intitulé « Lumières et pornographie », p. 12-22. Du même auteur, meilleur spécialiste du sujet, voir Jean-Marie Goulemot, *Ces livres qu'on ne lit que d'une main. Lecture et lecteurs de livres pornographiques au XVIIIe siècle*, Aix-en-Provence, Alinéa, 1991, et Paris, Minerve, 1994 ; voir aussi Lynn Hunt (dir.), *The Invention of Pornography. Obscenity and the Origins of Modernity, 1500-1800*, New York, Zone Books, 1996, et, sur un objet plus général mais englobant notre propos, Michel Delon, *Le Savoir-vivre libertin*, Paris, Hachette littératures, 2000. Sans oublier la belle préface de Raymond Trousson (dir.) in *Romans libertins du XVIIIe siècle*, Paris, Robert Laffont, coll. « Bouquins », 1993.
34. Jean-Marie Goulemot, « Fureurs utérines », *Dix-huitième siècle*, n° 12, 1980, p. 97-111.
35. « Lumières et pornographie », art. cité, p. 18 et 19.
36. Guy Poitry, « Sade ou le plaisir de l'entre-deux », in *Pornographie, op. cit.*, p. 75 et 76. Nous nous inspirons aussi d'une conférence donnée par Michel Delon à notre séminaire en 1996 et consacrée au corps dans l'œuvre de Sade.
37. Jean-Baptiste de Boyer d'Argens, *Thérèse philosophe ou Mémoires pour servir à l'histoire du P. Dirrag et de Mlle Eradice*, rééd., Arles, Actes Sud, coll. « Babel », n° 37, « Les Érotiques », 1992, p. 53, 55 et 56.
Sur le rôle et la place de la jeune fille, « machine sensuelle ou statue sensible » (p. 292), manipulable, dans la littérature du XVIIIe siècle, voir Anne Richardot, « Lumières sur les jeunes filles : éloquence et artifices de la physiologie », *in* Louise Bruit *et al.*, *Le Corps des jeunes filles de l'Antiquité à nos jours*, Paris, Perrin, 2001, p. 264-294.
38. À ce propos, Philippe Lejeune, « Le *dangereux supplément.* Lecture d'un aveu de Rousseau », *Annales ESC*, vol. 29, 1974, p. 1005-1032.
39. Cf. *Le Jardin parfumé. Manuel d'érotologie arabe du cheikh Nefzaoui, traduit par le baron R...*, Mas de vert, Philippe Picquier, 1999, assorti du dossier concernant l'intervention de Maupassant.

40. Cf. aussi le livre classique de S. Marcus, *The Other Victorians. A Study of Sexuality and Pornography in Mid-Nineteenth Century England*, New York, Basic Books, 1966.
41. Annie Lamarre, *L'Enfer de la IIIe République. Censeurs et pornographes (1881-1914)*, Paris, Imago, 1990.
42. Bruno P.F. Wanrooij, *Storia del pudore. La questione sessuale in Italia, 1860-1940*, Venise, Massilio, 1990 – sur la lutte contre la pornographie, voir les pages 39-59.
En ce qui concerne le Royaume-Uni et l'action de Josephine Butler : Judith Walkowitz, *Prostitution and Victorian Society. Women, Class and the State*, Cambridge, Cambridge University Press, 1980.
43. Philippe Hamon, *Imageries*, *op. cit.*, p. 28.
44. *Ibid.*, p. 50.
45. *Ibid.*, p. 184.
46. Cf. Bram Dijkstra, *Les Idoles de la perversité. Figures de la femme fatale dans la culture fin de siècle*, Paris, Éd. du Seuil, 1992.
47. Frédéric Baillette, « À contre-corps », *Quasimodo*, n° 5, *Art à contre-corps*, p. 8 ; inspiré d'un entretien avec Michel de Certeau : « Histoire de corps », *Esprit*, n° 62, *Le Corps entre illusions et savoirs*, février 1982.
48. William A. Ewing, *Le Corps. Œuvres photographiques sur la forme humaine*, Paris, Éd. Assouline, nouvelle éd. 1998, p. 22.
49. Vanessa Schwartz, *Spectacular Realities. Early Mass Culture in Fin-de-Siècle Paris*, University of California Press, 1998.
50. Jonathan Crary, *L'Art de l'observateur. Vision et modernité au XIXe siècle*, Nîmes, Jacqueline Chambon, 1994.
51. Jean-Philippe Rimann, « On a touché au corps », in *Pornographie*, *op. cit.*, p. 26.
52. Cité par Arielle Meyer, « Naturalisme, "hardiesse" ou pornographie ? Zola et Barbey. La chair en texte », in *Pornographie*, *op. cit.*, p. 87.
53. À titre d'exemple, Timothy J. Clark, *The Painting of Modern Life : Paris in the Art of Manet and his Followers*, New York, Knopf, 1984.
54. Cf. Emmanuel Pernoud, *Le Bordel en peinture*, *op. cit.*, « Le nu fendu », p. 19-21.
55. Jean-Philippe Rimann, « On a touché au corps », art. cité, p. 35.
56. Henri-Pierre Jeudy, *Le Corps comme objet d'art*, Paris, Armand Colin, 1998, p. 101.
57. Alan Humerose, « L'entonnoir : l'artifice pornographique dénude », in *Pornographie*, *op. cit.*, p. 41-42.
58. André Rouillé et Bernard Marbot, *Le Corps et son Image*, Paris, Contrejour, 1986, p. 73-75.
59. Bruno P.F. Wanrooij, *Storia del pudore*, *op. cit.*, p. 51 *sq.*
60. Alan Humerose, « L'entonnoir... », art. cité, p. 45.
61. Anne Vincent-Buffault, « La domestication des apparences », *Autrement*, n° 9, *La Pudeur, la Réserve et le Trouble*, octobre 1992, p. 127 et 134 ; Joseph Joubert, *Essais, 1779-1821*, Paris, Nizet, 1983.
62. Simone Delattre, *Un amour en coulisses. La liaison de Virginie Déjazet et de Charles Fechter à travers leur correspondance, 1850-1854*, maîtrise, université Paris I, 1991.
63. La bibliographie concernant l'hystérie au XIXe siècle est immense. Nous renvoyons à la mise au point la plus récente : Nicole Edelman, *Les Métamorphoses de l'hystérique du début du XIXe siècle à la Grande Guerre*, Paris, La Découverte, 2003 ; Id., « Représentation de la maladie et construction de la différence des sexes. Des maladies de femmes aux maladies nerveuses, l'hystérie comme exemple », *Romantisme*, n° 110, 2000, p. 73-87 ; G. Didi Huberman, *L'Invention de l'hystérie*, Paris, Macula, 1982. Sans oublier une autre mise au point récente : Francisco Vazquez García et Andrés Moreno Mengibar, *Sexo y Razón*, *op. cit.*, p. 412-426. En ce qui concerne le maintien du rôle de l'utérus selon bien des médecins jusqu'au XXe siècle, cf. Edward Shorter, *From Paralysis to Fatigue. A History of Psychosomatic Illness in the Modern Era*, New York et Toronto, The Free Press, 1992, p. 48 *sq.*
64. Gabrielle Houbre, *La Discipline de l'amour. L'éducation sentimentale des filles et des garçons à l'âge du romantisme*, Paris, Plon, 1997.
65. Cf. Charles Baudelaire, *Correspondance*, Paris, Gallimard, coll. « Bibliothèque de la Pléiade », 1974, t. I, p. 425.

66. Sur cet objet historique aussi, la bibliographie est inépuisable. Jean-Paul Aron et Roger Kempf, *Le Pénis et la Démoralisation de l'Occident*, Paris, Grasset, 1978 ; Christian Bonello, *Discours médical sur l'homosexualité en France à la fin du XIXe siècle. Des années 1870 aux années 1900*, thèse, université Paris VII, 1979 ; P. Hahn, *Nos ancêtres les pervers*, Paris, Orban, 1979 ; Michaël Pollack, « L'homosexualité masculine ou le bonheur dans le ghetto ? », et Philippe Ariès, « Réflexions sur l'histoire de l'homosexualité », *in* Philippe Ariès et André Béjin (dir.), *Sexualités occidentales*, n° 35 de *Communications*, 1982, p. 56 *sq.* ; Marie-Jo Bonnet, *Un choix sans équivoque. Recherches historiques sur les relations amoureuses entre les femmes, XVIe-XXe siècle*, Paris, Denoël, coll. « Femme », 1981, et *Les Relations amoureuses entre femmes (XVIe-XXe siècle)*, Paris, Odile Jacob, 1995 ; Jean-Pierre Jacques, *Les Malheurs de Sapho*, Paris, Grasset, 1981 ; Florence Tamagne, *Histoire de l'homosexualité en Europe. Berlin, Londres, Paris, 1919-1939*, Paris, Éd. du Seuil, 2000, et *Mauvais genre. Une histoire des représentations de l'homosexualité*, Paris, La Martinière, 2001 ; Didier Éribon, *Réflexions sur la question gay*, Paris, Fayard, 1999.
Sur les mouvements contemporains, bonne mise au point dans *Cahiers d'histoire. Revue d'histoire critique*, numéro spécial : *Sexualités et dominations*, n° 84, 2001, notamment les articles de Sylvie Chaperon, « Histoire contemporaine des sexualités : ébauche d'un bilan historique », p. 5-22, et interventions de Marie-Hélène Bourcier, de Didier Éribon, de Michelle Perrot et autres à la table ronde « Sexualité et dominations », p. 73-90. En ce qui concerne la théorie *queer*, voir *Différences*, vol. 3, n° 2, été 1991, « Queer theory, lesbian and gay sexualities ».
Sur les figures de l'homophobie aux XIXe et XXe siècles, Florence Tamagne, « Genre et homosexualité. De l'influence des stéréotypes homophobes sur les représentations de l'homosexualité », *Vingtième siècle*, n° 75, juillet-septembre 2002, p. 61-73.
67. Frédéric Chauvaud, *Les Experts du crime. La médecine légale en France au XIXe siècle*, Paris, Aubier, « Collection historique », 2000.
68. Cité par le *Grand dictionnaire universel du XIXe siècle* de Pierre Larousse et donc assuré d'une grande diffusion – article « Pédérastie » ainsi que les citations qui suivent.
69. Tardieu et Thoinot cités par Christian Bonello, *Discours médical sur l'homosexualité…*, *op. cit.*, p. 79.
70. Anne-Marie Sohn, *Du premier baiser à l'alcôve. La sexualité des Français au quotidien (1850-1950)*, Paris, Aubier, « Collection historique », 1996.
71. Docteur M.A. Raciborski, *De la puberté et de l'âge critique chez la femme au point de vue physiologique, hygiénique et médical et de la ponte périodique chez la femme et les mammifères*, Paris, J.-B. Baillière, 1844, et nombreux ouvrages mentionnés par Jean-Claude Caron dans l'ouvrage cité à la note suivante, p. 175, n. 21.
72. Jean-Claude Caron *in* Louise Bruit *et al.* (dir.), *Le Corps des jeunes filles de l'Antiquité à nos jours, op. cit.*
73. Cf. *supra*, n. 9.
74. Fabienne Casta-Rosaz, *Histoire du flirt. Les enjeux de l'innocence et de la perversité*, Paris, Grasset, 2000, et Marie Bashkirtseff, *Journal* [1887], Paris, Mazarine, 1985.
75. Cf. Jean-Louis Flandrin, *Les Amours paysannes, XVIe-XIXe siècle*, Paris, Gallimard/Julliard, coll. « Archives », 1975.
76. Auguste Forel, *La Question sexuelle exposée aux adultes cultivés*, Paris, G. Steinheil, 1906.
77. Immense bibliographie sur le sujet. Alain Corbin, *Les Filles de noce. Misère sexuelle et prostitution (XIXe siècle)*, Paris, Aubier, 1978, rééd., Flammarion, coll. « Champs », 1982 ; Id., *Le Temps, le Désir et l'Horreur. Essais sur le XIXe siècle, op. cit.* ; Jill Harsin, *Policing Prostitution in XIXth Century Paris*, Princeton University Press, 1985 ; Jean-Marc Berlière, *La Police des mœurs sous la IIIe République*, Paris, Éd. du Seuil, 1992 ; Laure Adler, *La Vie quotidienne dans les maisons closes, 1830-1930*, Paris, Hachette, 1990 ; et Jacques Solé, *L'Âge d'or de la prostitution, de 1870 à nos jours*, Paris, Plon, 1993.
À titre d'exemples, sur l'Angleterre : Judith Walkowitz, *Prostitution and Victorian Society, op. cit.* ; Frances Finnegan, *Poverty and Prostitution : A Study of Victorian Prostitutes in York*, Cambridge, 1979.

Sur le Portugal : Isabel Liberato, *Sexo, Ciência, poder e exclusão social. A tolerância da prostituição em Portugal (1841-1926)*, Lisbonne, Livros do Brasil, 2002.

Sur l'Espagne, voir, de Francisco Vazquez García et Andrés Moreno Mengibar, outre la thèse consacrée à Séville, la belle synthèse dans *Sexo y Razón*, *op. cit.*, p. 277-359.

À propos de l'Italie, voir Bruno P.F. Wanrooij, *Storia del pudore*, *op. cit.*, p. 20 *sq.*

Dans l'ordre des représentations, Charles Bernheimer, *Figures of Ill Repute : Representing Prostitution in Nineteenth Century*, Cambridge (Mass.), 1989, ainsi que l'ensemble des ouvrages de Vern L. et Bonnie Bullough consacrés au sujet.

78. Jacques Termeau, *Maisons closes de province*, Le Mans, Éd. Cénomanes, 1986.
79. Docteur Hippolyte Homo, *Étude sur la prostitution dans la ville de Château-Gontier*, 1872.
80. Cf. Francis Ronsin, *La Grève des ventres*, Paris, Aubier, 1979.
81. Anne-Marie Sohn, *Du premier baiser à l'alcôve*, *op. cit.* Nous empruntons à cet ouvrage les précisions qui suivent. On pourra aussi se reporter à Laure Adler, *Secrets d'alcôve. Histoire du couple, 1830-1930*, Paris, Hachette, 1983.
82. Cité par Jean-François Soulet, *Les Pyrénées au XIXe siècle*, Toulouse, Éché, 1987, t. I, p. 403.
83. Cf. Yves-Marie Hilaire, *Une chrétienté au XIXe siècle. La vie religieuse des populations du diocèse d'Arras, 1840-1914*, Lille, Presses universitaires de Lille, 1977 ; Jean-Louis Flandrin, *Les Amours paysannes*, *op. cit.*
84. Jean-François Soulet, *Les Pyrénées au XIXe siècle*, *op. cit.*, t. I, p. 414-417.
85. Cf. Martine Segalen, *Maris et femmes dans la société paysanne*, Paris, Flammarion, 1980, et « Le mariage, l'amour et les femmes dans les proverbes populaires français », *Ethnologie française*, vol. V, 1975, et vol. VI, 1976.
86. Élisabeth Claverie et Pierre Lamaison, *L'Impossible Mariage. Violence et parenté en Gévaudan, XVIIe, XVIIIe et XIXe siècles*, Paris, Hachette, 1982.
87. À titre d'exemple, Annick Tillier, *Des criminelles au village. Femmes infanticides en Bretagne (1825-1865)*, Rennes, Presses universitaires de Rennes, 2001.
88. Jacqueline Carroy, « Les confessions physiologiques d'Émile Zola », *in* Michèle Sacquin (dir.), *Zola*, Catalogue de l'exposition à la Bibliothèque nationale de France, Paris, 2002, p. 147 et 150. L'auteur cite le manuscrit autographe BNF, NAF 18896 fol1.
89. Cité par Jacqueline Carroy, *ibid.* Zola, ici, d'une certaine manière, se situe dans la ligne de l'érotisme épicurien du XVIIIe siècle pour lequel la jouissance imposait l'exclusion de la conscience et donc la présence intense du corps.
90. Sur tous ces points, Alain Corbin, *Les Filles de noce*, *op. cit.*
91. Cf. Alain Corbin, « Le grand siècle du linge », in *Le Temps, le Désir et l'Horreur. Essais sur le XIXe siècle*, *op. cit.*, p. 45-48.
92. Damien Baldin, *De la mamelle au sein. Contribution à une histoire des représentations du corps et de la culture somatique, 1860-1914*, maîtrise, université Paris I, 2001.
93. Cité par Denise Jodelet, « Le sein laitier : plaisir contre pudeur », *Communications*, n° 46, *Parure, pudeur, étiquette*, 1987, p. 236.
94. Philippe Liotard, « Fictions de l'étranger : le corps soupçonné », *Quasimodo*, n° 6, *Fictions de l'étranger*, printemps 2000, p. 61.
95. Christelle Taraud, « La prostituée indigène à l'époque coloniale », *Quasimodo*, n° 6, *Fictions de l'étranger*, printemps 2000, p. 219 *sq.*, et *Prostitution et colonisation. Algérie, Tunisie, Maroc, 1830-1860*, thèse, université Paris I, 2002.

Sur le harem, l'érotisme et l'imaginaire colonial, voir aussi : Jocelyne Dakhlia, « L'historiographie du harem », *Clio Histoire*, n° 9, *Femmes et société*, 1999, p. 37-55 ; Malek Alloula, *Le Harem colonial : images d'un sous-érotisme*, Paris, Genève, Slatkine, 1981 ; Emily Apter, « Visual seduction and the colonial gaze », *in* Margaret Cohen et Christopher Prendergast, *Spectacles of Realism. Gender. Body. Genre*, University of Minnesota Press,

1995, p. 162-178; Leïla Hanoum, *Le Harem impérial au XIXe siècle*, Paris, Complexe, 2000; Gilles Boëtsch, « La Mauresque aux seins nus : l'imaginaire érotique dans la carte postale », *in* Pascal Blanchard et Armelle Chatelier, *Images et colonies*, Paris, Syros, 1993; et Bertrand d'Astorg, *Noces orientales. Essai sur quelques formes féminines dans l'imaginaire occidental*, Paris, Éd. du Seuil, 1980. Sans oublier l'essai d'Edward Said, plus engagé et de portée plus générale, *L'Orientalisme. L'Orient créé par l'Occident*, Paris, Éd. du Seuil, 1997.

96. Gustave Flaubert, *Correspondance*, Paris, Gallimard, coll. « Bibliothèque de la Pléiade », t. I, 1973, p. 605. Lettre du 13 mars 1850 à Louis Bouilhet.
97. *Ibid.*, p. 603. Lettre citée ci-dessus.
98. *Ibid.*, p. 606-607. Lettre citée ci-dessus.
99. *Ibid.*, p. 668. Lettre du 20 août 1850 à Louis Bouilhet.
100. Christelle Taraud, « La prostituée indigène à l'époque coloniale », art. cité, p. 221.
101. Frédéric Baillette, « Figures du corps, ethnicité et génocide au Rwanda », « L'imagerie coloniale : "nègres blancs" et "noirs ordinaires" », *Quasimodo*, n° 6, *Fictions de l'étranger*, printemps 2000, p. 11-12.
102. David Le Breton, « Notes sur les imaginaires racistes du corps », *Quasimodo*, n° 6, *Fictions de l'étranger*, printemps 2000, p. 53.
103. *Ibid.*, ainsi que l'article cité de Frédéric Baillette pour les citations et les précisions qui suivent.
104. Alain Ruscio, *Le Credo de l'homme blanc : regards coloniaux français, XIXe-XXe siècle*, Paris, Complexe, coll. « Bibliothèque Complexe », 2002, p. 188. Du même auteur : *Amours coloniales : aventures et fantasmes érotiques de Claire de Duras à Georges Simenon*, Paris, Complexe, coll. « Bibliothèque Complexe », 1996.
105. Sur ce qui suit, David Le Breton, « Notes sur les imaginaires... », art. cité, p. 57-59.
106. E.M. Collingham, *Imperial Bodies. The Physical Experience of the Raj (1800-1947)*, Oxford, Polity Press, 2001.
107. Francisco Vazquez García et Andrés Moreno Mengibar considèrent qu'Ambroise Tardieu est précurseur par la place que, déjà, il accorde à la psychologie de l'antiphysique. Cf. *Sexo y Razón*, *op. cit.*, p. 238-240.
108. Cf. Philippe Lejeune, « Autobiographie et homosexualité en France », *Romantisme*, n° 56, 1987, 2, *Images de soi, autobiographie et autoportrait au XIXe siècle.*
109. Sur tous ces points, cf. Georges Lantéri-Laura, *Lecture des perversions. Histoire de leur appropriation médicale*, Paris, Masson, 1979; Christian Bonello, *Discours médical sur l'homosexualité...*, *op. cit.*, thèse à laquelle nous empruntons les précisions qui suivent.
110. Florence Tamagne, *Histoire de l'homosexualité en Europe*, *op. cit.*, *passim.*
111. Anne-Lise Maugue, *L'Identité masculine en crise au tournant du siècle*, Marseille, Rivages, 1987.
112. Cf. Christian Bonello, *Discours médical sur l'homosexualité...*, *op. cit.*, *passim.*
113. Marie-Jo Bonnet, *Un choix sans équivoque*, *op. cit.*
114. Florence Tamagne, *Mauvais genre*, *op. cit.*, p. 76-86. Sur ce qui suit, voir l'intervention de Marie-Hélène Bourcier lors du débat cité dans *Cahiers d'histoire*, *op. cit.*
115. Cité par Nicole Edelman, *Les Métamorphoses de l'hystérique*, *op. cit.*, p. 21.
116. Florence Tamagne, « L'identité lesbienne : une construction différée et différenciée ? », *Cahiers d'histoire*, n° 84, 2001, p. 48.
117. Jonathan Crary, *L'Art de l'observateur*, *op. cit.*, et *Suspensions of Perception : Attention, Spectacle and Modern Culture*, Cambridge (Mass.), MIT Press, 1999; Jann Matlock, « Voir aux limites du corps : fantasmagories et femmes invisibles dans les spectacles de Robertson », *in* Ségolène Le Men (dir.), *Lanternes magiques. Tableaux transparents*, Paris, Réunion des musées nationaux, 1995; Jann Matlock, « Censoring the Realist gaze », *in* Margaret Cohen et Christopher Prendergast (éd.), *Spectacles of Realism : Body, Gender, Genre*, University of Minnesota Press, 1995. Nous nous inspirons de cet ouvrage sans oublier, du même auteur, pour l'ensemble de notre propos : *Scenes of Seduction, Prostitution, Hysteria, and Reading Difference in Nineteenth Century France*, New York, Columbia University Press, 1993; Christopher Prendergast, *Paris in the Nine-*

teenth Century, Oxford/Cambridge, Blackwell, 1992; Nélia Dias, « La fiabilité de l'œil. La vision objet de savoir et d'investigation au XIXe siècle », *Terrain*, n° 33, septembre 1999, p. 17-30, et « Le corps en vitrine : éléments pour une recherche sur les collections médicales », *Terrain*, n° 18, *Le Corps en morceaux*, 1992, p. 72-79; Vanessa Schwartz, *Spectacular Realities*, *op. cit.*; Max Milner, *On est prié de fermer les yeux. Le regard interdit*, Paris, Gallimard, 1991; Tamar Garb, « The forbidden gaze », *Art in America*, n° 79-5, 1991, et, sur le fétichisme fin de siècle, Emily Apter, *Feminizing the Fetish. Psychoanalysis and Narrative Obsession in Turn-of-the-Century France*, Cornell University Press, 1991.

118. Sur ce qui suit : Nicole Saëz-Guérif, *Le Musée Grévin, 1882-2001. Cire, histoire et loisir parisien*, thèse, université Paris I, 2002; Christiane Py et Cécile Vidart, « Les musées anatomiques sur les champs de foire », *Actes de la recherche en sciences sociales*, n° 60, novembre 1985, p. 3-10.
119. Jann Matlock, « Lire dangereusement. *Les Mémoires du diable* et ceux de madame Lafarge », *Romantisme*, n° 76-2, 1992, p. 3-21.
120. Judith Lyon-Caen, *Lecture et usages du roman en France de 1830 à l'avènement du second Empire*, thèse, université Paris I, 2002, notamment « Dans l'ombre de 1848 », t. II, p. 513-548.
121. Cf. les projets de recherche explicités dans une série de diplômes d'études approfondies, université Paris I.
122. Alain Corbin, *Le Temps, le Désir et l'Horreur. Essais sur le XIXe siècle*, *op. cit.*, p. 141-171; Id., « Le péril vénérien au début du siècle : prophylaxie sanitaire et prophylaxie morale », *Recherches*, n° 29, *L'Haleine des faubourgs. Ville, habitat et santé au XIXe siècle*, décembre 1977, p. 245-283; Id., « La grande peur de la syphilis », *in* Jean-Pierre Bardet *et al.*, *Peurs et terreurs face à la contagion : choléra, tuberculose, syphilis, XIXe-XXe siècle*, Paris, Fayard, 1988, p. 328-349.
123. Alfred Fournier, *La Syphilis héréditaire tardive*, 1886, p. 23, et citations suivantes p. 26 et 29.
124. Cf. Alain Corbin, *Les Filles de noce*, *op. cit.*
125. Alain Corbin, « Les prostituées du XIXe siècle et le vaste effort du néant », in *Le Temps, le Désir et l'Horreur. Essais sur le XIXe siècle*, *op. cit.*, p. 117-139.
126. Françoise Loux et Philippe Richard, *Sagesses du corps : la santé et la maladie dans les proverbes français*, Paris, Maisonneuve et Larose, 1978.
127. Francis Ronsin, *La Grève des ventres*, *op. cit.*, *passim.*
128. Cf. Angus Mac Laren, *Sexuality and Social Order*, New York, Holmes and Meier, 1983, chap. 9, p. 136; Agnès Fine, « Savoirs sur le corps et procédés abortifs au XIXe siècle », *Communications*, n° 44, *Dénatalité, l'antériorité française, 1880-1914*, 1986, p. 107-136.

DOULEURS, SOUFFRANCES ET MISÈRES DU CORPS

1. Voir le dictionnaire Robert et le *Trésor de la langue française.*
2. À ce propos, Alain Corbin, *Les Cloches de la terre. Paysage sonore et culture sensible dans les campagnes au XIXe siècle*, Paris, Albin Michel, 1994, et Flammarion, coll. « Champs », 2000.
3. Voir Antoine de Baecque, *Le Corps de l'histoire. Les métaphores face à l'événement politique (1770-1800)*, Paris, Calmann-Lévy, 1993.
4. Voir Denis Crouzet, *La Violence au temps des troubles de religion (vers 1525-vers 1610)*, thèse, université Paris IV, 1988.
5. Jean-Clément Martin, « Histoire et polémique, les massacres de Machecoul », *Annales historiques de la Révolution française*, n° 1, 1993, p. 33-60; Claudy Valin, *Autopsie d'un massacre. Les journées des 21 et 22 mars 1793 à La Rochelle*, Saint-Jean-d'Angély, Bordessoules, 1992. Nous nous abstenons de citer ici certaines références qui figurent déjà dans notre livre *Le Village des cannibales*, Paris, Aubier, 1990.
6. Claudy Valin, *Autopsie d'un massacre*, *op. cit.*, p. 100.
7. Cf. l'ouvrage, désormais classique, de Pierre Caron, *Les Massacres de septembre*, Paris, Maison du livre français, 1935.

8. Claude Masset et John Scheid, « Une rencontre sur la découpe des cadavres », *L'Homme*, vol. XXVIII, n° 108, octobre-décembre 1988, p. 156 *sq.*, et *Anthropozoologia*, numéro spécial, *La Découpe et le Partage du corps à travers le temps et l'espace*, Paris, 1987. Voir aussi, « Divisione delle carni : dinamica sociale e organizzazione del cosmo », *L'Uomo*, vol. 9, n° 1-2, 1985.
9. Claudy Valin, *Autopsie d'un massacre*, *op. cit.*, p. 92.
10. Antoine de Baecque, *Le Corps de l'histoire*, *op. cit.*, p. 303-348.
11. Claudy Valin, *Autopsie d'un massacre*, *op. cit.*, p. 45. Voir aussi les exemples qui figurent dans notre ouvrage cité, *Le Village des cannibales*.
12. Alain Corbin, *Le Village des cannibales*, *op. cit.*
13. Jean-Clément Martin, « Histoire et polémique, les massacres de Machecoul », art. cité, p. 41-42. Notons toutefois que les massacres accomplis à la fin du mois de mars et au début d'avril par les patriotes semblent l'avoir été surtout à l'aide du fusil (p. 46).
14. Claudy Valin, *Autopsie d'un massacre*, *op. cit.*, p. 45 et 95.
15. À propos de la Terreur blanche : Daniel Resnick, *The White Terror and the Political Reaction after Waterloo*, Harvard, Harvard University Press, 1966 ; Colin Lucas, « Themes in Southern violence after 9 Thermidor », in *Beyond the Terror... 1794-1815*, Cambridge, Cambridge University Press, 1983 ; Lewis Gwynn, « La Terreur blanche et l'application de la loi Decazes dans le département du Gard. 1815-1817 », *Annales historiques de la Révolution française*, n° 175, janvier-mars 1964. Sans oublier les livres anciens de Henry Houssaye, *1815*, Paris, Perrin, 1893, et de Félix Ponteil, *La Chute de Napoléon Ier et la Crise française de 1814-1815*, Paris, Aubier, 1943.
16. Mais il convient d'éviter l'anachronisme, puisque le terme « lynchage », du nom d'un juge virginien, est postérieur.
17. Sur tous ces épisodes, cf. Philippe Vigier, *La Vie quotidienne à Paris et en province durant les journées de 1848*, Paris, Hachette, 1982 ; Yvon Bionnier, *Les Jacqueries de 1847 en bas Berry*, maîtrise, université de Tours, 1979 ; Alain Corbin, *Le Village des cannibales*, *op. cit.*, *passim*.
    Et sur ce qui suit : Philippe Vigier, « Le Paris des barricades. 1830-1968 », *L'Histoire*, n° 113, 1988 ; Frédéric Chauvaud, *De Pierre Rivière à Landru, la violence apprivoisée au XIXe siècle*, Turnhout, Brepols, 1991, p. 115-145 ; et Alain Corbin et Jean-Marie Mayeur (dir.), *La Barricade*, Paris, Publications de la Sorbonne, 1997.
18. Robert Tombs, *La Guerre contre Paris*, Paris, Aubier, 1996.
19. On cite toutefois des épisodes isolés qui contredisent cette assertion, cf. William Serman, *La Commune de Paris*, Paris, Fayard, 1986, p. 521.
20. À propos de la Révolution, en revanche, il est des exceptions, de Taine à Pierre Caron et Paolo Viola.
21. On le constate aujourd'hui dans la manière dont notre société traite le massacre automobile.
22. Cf. Michel Porret, « Mourir sur l'échafaud à Genève au XVIIIe siècle », *Déviance et société*, vol. 15, n° 4, 1991, p. 381-405. La citation figure p. 383.
23. *Ibid.*, p. 405. En ce qui concerne la France, cf. Benoît Garnot, *Justice et société en France aux XVIe-XVIIIe siècles*, Paris, Ophrys, 2000, p. 186. En Bourgogne, la décrue est très nette, cf. Benoît Garnot, *Crime et justice aux XVIIe et XVIIIe siècles*, Paris, Imago, 2000, p. 126.
24. Michel Foucault, *Surveiller et punir, Naissance de la prison*, Paris, Gallimard, 1975. Voir le commentaire de Frédéric Gros, « Pouvoir et corps, dans *Surveiller et punir* », *Sociétés & Représentations*, n° 2, *Le Corps à l'épreuve*, avril 1996, p. 231-232.
25. Cité par Michel Porret, « Corps flétri-corps soigné. L'attouchement du bourreau au XVIIIe siècle », in *Le Corps violenté : du geste à la parole*, Genève, Droz, coll. « Travaux d'histoire éthico-politique », n° 57, 1998, p. 115 ; Id., « Le corps supplicié... », *Campus*, n° 28, mai-juin 1995, p. 14.
26. Michel Porret, « Corps flétri-corps soigné... », art. cité, p. 104.
27. *Ibid.*, p. 109, et Michel Porret, « Le corps supplicié... », art. cité, p. 14.

28. Thomas Laqueur, « Crowds, Carnival and the state in English executions, 1604-1868 », in *The First Modern Society. Essays in English History (Honour of Lawrence Stone)*, Cambridge University Press, 1989.
29. Cf., à ce propos, l'ouvrage fondamental de Daniel Arasse, *La Guillotine et l'Imaginaire de la Terreur*, Paris, Flammarion, 1987 ; Michel Vovelle, « La guillotine ou l'instrument de la Terreur », in *Histoires figurales*, Paris, Usher, 1989, p. 155-163.
30. Michel Porret, « Corps flétri-corps soigné... », art. cité, p. 133.
31. *Ibid.*
32. Jacques-Guy Petit, *Ces peines obscures : la prison pénale en France, 1780-1875*, Paris, Fayard, 1990.
33. Laurence Guignard, « Les supplices publics au XIXe siècle. L'abstraction du corps », in *Le Corps violenté, op. cit.*, p. 179, ainsi que pour les précisions qui suivent sur les peines infamantes en France.
34. Sylvie Lapalus, *Pierre Rivière et les autres. De la violence familiale au crime. Le parricide en France au XIXe siècle (1825-1974)*, thèse, université Paris X-Nanterre, 2002.
35. Éric Lamour, *Le Débat sur le sacrilège, 1825*, maîtrise, université Paris I, 1988.
36. Xavier Lapray, *L'Exécution publique de la peine capitale à Paris entre 1870 et 1914*, maîtrise, université Paris I, 1991.
37. Simone Delattre, *Les Douze Heures noires. La nuit à Paris au XIXe siècle*, Paris, Albin Michel, 2000, p. 530-543.
38. Marine M'sili, « Une mise en scène de la violence légitime : les exécutions capitales dans la presse, 1870-1939 », *in* Régis Bertrand et Anne Carol (dir.), *L'Exécution capitale : une mort donnée en spectacle : XVIe-XXe siècle*, Aix-en-Provence, Publications de l'université de Provence, 2003.
39. Cf. Laurence Guignard, « Les supplices publics au XIXe siècle... », art. cité, p. 171.
40. *Ibid.*, p. 172-173.
41. Anne-Emmanuelle Demartini, *L'Affaire Lacenaire*, Paris, Aubier, 2000, chap. VIII, « La mort du monstre », p. 258-288.
42. Vincent Barras, « Le laboratoire de la décapitation », *in* Régis Bertrand et Anne Carol (dir.), *L'Exécution capitale, op. cit.*, p. 64.
43. Sur ce débat, Anne Carol, « La question de la douleur et les expériences médicales sur les suppliciés au XIXe siècle », *in* Régis Bertrand et Anne Carol (dir.), *L'Exécution capitale, op. cit.* Voir aussi le point de vue d'un philosophe, Yannick Beaubatie, *Les Paradoxes de l'échafaud. Médecine, morale et politique au siècle des Lumières*, Périgueux, Fanlac, 2002.
44. Cité par Anne Carol, « La question de la douleur... », art. cité.
45. Pierre-Jean-Georges Cabanis, *Note sur l'opinion de MM. Oelsner, Soemmering et du citoyen Sue touchant le supplice de la guillotine*, 28 brumaire an IV, récemment republié par Yannick Beaubatie, *Les Paradoxes de l'échafaud, op. cit.*
46. En ce qui concerne les précisions qui suivent, Anne Carol, « La question de la douleur... », art. cité, Vincent Barras, « Le laboratoire de la décapitation », art. cité, et Yannick Beaubatie, *Les Paradoxes de l'échafaud, op. cit.* Voir aussi Claudio Milanesi, *Mort apparente, mort imparfaite. Médecine et mentalités au XVIIIe siècle*, Paris, Payot, 1991 (1re éd., 1989).
47. Anne Carol, « La question de la douleur... », art. cité, p. 78.
48. Nicole Saëz-Guérif, *Le Musée Grévin, 1882-2001. Cire, histoire et loisir parisien*, thèse, université Paris I, 2002, p. 474 *sq.*
49. Cf. *supra*, p. 19 *sq.*, et l'ouvrage de Ruth Richardson, *Death, Dissection and the Destitute*, Londres, Penguin Books, 1989.
50. Bruno Bertherat, *La Morgue de Paris au XIXe siècle (1804-1907). Les origines de l'Institut médico-légal ou les métamorphoses de la machine*, 3 vol., thèse, université Paris I, 2002 ; Id., « La morgue de Paris », *Sociétés & Représentations*, n° 6, *Violences*, juin 1998, p. 273-293.
51. Parmi l'abondante bibliographie : Philippe Ariès, *L'Homme devant la mort*, Paris, Éd. du Seuil, 1977 ;

Michel Vovelle, *La Mort et l'Occident de 1300 à nos jours*, Paris, Gallimard, 1983. En ce qui concerne la sensibilité au XVIIIe siècle : Robert Favre, *La Mort dans la littérature et la pensée françaises au siècle des Lumières*, Paris, PUL, 1978. Sur le cimetière au XIXe siècle, un bel ouvrage récent : Jean-Marc Ferrer et Philippe Grandcoing, *Des funérailles de porcelaine. De l'art de la plaque funéraire en porcelaine de Limoges au XIXe siècle*, Limoges, Culture et Patrimoine en Limousin, 2000.

52. Cf. Pascal Hintermeyer, *Politiques de la mort tirées du concours de l'Institut – Germinal an VIII-Vendémiaire an IX*, Paris, Payot, 1981.
53. Alain Corbin, *Le Miasme et la Jonquille. L'odorat et l'imaginaire social, XVIIIe-XIXe siècle*, Paris, Aubier, 1982 ; rééd., Flammarion, coll. « Champs », 1988 ; et introduction à Alexandre Parent-Duchâtelet, *La Prostitution à Paris au XIXe siècle*, Paris, Éd. du Seuil, coll. « L'Univers historique », 1981.
54. Sur ce qui suit, nous devons beaucoup à Emmanuel Fureix, *Les Mises en scène politiques de la mort à Paris entre 1814 et 1835*, thèse, université Paris I. Nous empruntons à cet ouvrage à paraître les citations qui suivent.
55. Cf. Bruno Bertherat, *La Morgue de Paris au XIXe siècle*, *op. cit.*
56. Sur tous ces points, un ouvrage essentiel : Antoine de Baecque, *La Gloire et l'Effroi. Sept morts sous la Terreur*, Paris, Grasset, 1997 ; en ce qui concerne « Madame Necker, ou la poésie du cadavre », cf. p. 217-251. D. Outram, *The Body and the French Revolution : Sex, Class and Political Culture*, New Haven, Yale University Press, 1989.
57. Emmanuel Fureix, *Les Mises en scène politiques de la mort…*, *op. cit.*
58. Emmanuelle Héran, « Le dernier portrait ou la belle mort », in *Le Dernier Portrait*, Paris, Réunion des musées nationaux, 2002, p. 16-24.
59. Anne-Emmanuelle Demartini, *L'Affaire Lacenaire*, *op. cit.*, « L'atelier du portrait posthume », p. 290-300.
60. Abondante bibliographie à ce propos. Notamment : Daniel Arasse, *La Guillotine…*, *op. cit.* ; Antoine de Baecque, *Le Corps de l'histoire*, *op. cit.* ; Id., *La Gloire et l'Effroi*, *op. cit.* ; Annie Duprat, *Le Roi décapité : essai sur les imaginaires politiques*, Paris, Cerf, 1992 ; Claude Langlois, *Les Sept Morts du roi*, Paris, Economica-Anthropos, 1993 ; Jean-Claude Bonnet (dir.), *La Mort de Marat*, Paris, Flammarion, 1986, notamment Jacques Guilhaumou, « La mort de Marat à Paris (13 juillet-16 juillet 1793) », p. 39-80 ; George Armstrong Kelly, *Mortal Politics in 18th Century France*, Waterloo, Waterloo University Press, 1986 ; Lynn Hunt, *Le Roman familial de la Révolution française*, Paris, Albin Michel, 1995. Et, bien entendu, Mona Ozouf, *La Fête révolutionnaire, 1789-1799*, Paris, Gallimard, coll. « Bibliothèque des histoires », 1976, ainsi que la thèse d'Emmanuel Fureix, *Les Mises en scène politiques de la mort…*, *op. cit.*, à paraître.
61. *Ibid.*, ainsi que toutes les citations qui suivent.
62. Pascal Simonetti, « Mourir comme un Bourbon : Louis XVIII, 1824 », *Revue d'histoire moderne et contemporaine*, janvier-mars 1995, p. 91-106.
63. Ouvrage fondamental sur le sujet, auquel nous empruntons beaucoup ici : Georges Vigarello, *Histoire du viol, XVIe-XXe siècles*, Paris, Éd. du Seuil, coll. « L'Univers historique », 1998, et Alain Corbin (dir.), *Violence sexuelle*, n° 3 de la revue *Mentalités*, 1989 (Éd. Imago).
64. Frédéric Chauvaud, *Les Experts du crime. La médecine légale en France au XIXe siècle*, Paris, Aubier, « Collection historique », 2000.
65. Laurent Ferron, « Déconstruction des discours des manuels de médecine légale sur les femmes violées », *Cahiers d'histoire. Sexualités et dominations*, numéro cité, p. 23-32 ; ainsi que « Le témoignage des femmes victimes de viol au XIXe siècle », *in* Christine Bard *et al.* (dir.), *Femmes et justice pénale, XIXe-XXe siècle*, Rennes, Presses universitaires de Rennes, 2002 ; – Alexandra Cordier, *Viols et attentats à la pudeur d'après les comptes rendus des présidents d'assises de six cours royales entre 1821 et 1826*, maîtrise, université Paris I, 1992.
66. Cité par Laurent Ferron, « Déconstruction des discours… », art. cité, p. 24.
67. Élisabeth Claverie, « De la difficulté de faire un citoyen. Les "acquittements scandaleux" du jury dans la France provinciale du début du XIXe siècle », *Études rurales*, n° 95-96, janvier-juin 1984, p. 143-167.
68. Laurent Ferron, « Le témoignage des femmes victimes de viol au XIXe siècle », art. cité.

69. Gemma Gagnon, *La Criminalité en France: le phénomène homicide dans la famille en Seine-Inférieure de 1811 à 1900*, thèse, EHESS, 1996.
70. Anne-Marie Sohn, « Les attentats à la pudeur sur les fillettes et la sexualité quotidienne en France, 1870-1940 », *in* Alain Corbin (dir.), *Violence sexuelle*, n° 3 de la revue *Mentalités*, 1989.
71. Annick Tillier, *Des criminelles au village. Femmes infanticides en Bretagne (1825-1865)*, Rennes, Presses universitaires de Rennes, 2001.
72. Philippe Artières, *Le Livre des vies coupables, 1896-1909*, Paris, Albin Michel, 2000.
73. Dominique Kalifa, *L'Encre et le Sang. Récits du crime et société à la Belle Époque*, Paris, Fayard, 1995.
74. Judith Walkowitz, « Jack l'Éventreur et les mythes de la violence masculine », *Mentalités*, n° 3, *Violences sexuelles*, 1989, p. 135-165.
75. Stéphane Audoin-Rouzeau, *L'Enfant de l'ennemi (1914-1918). Viol, avortement, infanticide pendant la Grande Guerre*, Paris, Aubier, « Collection historique », 1995.
76. Sylvie Lapalus, *Pierre Rivière et les autres. De la violence familiale au crime*, thèse citée à laquelle nous empruntons les précisions qui suivent.
77. *Ibid.*, p. 366 *sq.*
78. *Ibid.*, p. 465.
79. Vanessa Schwartz, *Spectacular Realities. Early Mass Culture in Fin-de-Siècle Paris*, University of California Press, 1998. Sur l'attrait des restes calcinés au lendemain de l'incendie du Bazar de la Charité : Isabelle Fremigacci, *L'Incendie du Bazar de la Charité (mai 1897)*, maîtrise, université Paris I, 1989.
80. Caroline Moriceau, *Les Douleurs de l'industrie. L'hygiénisme industriel en France, 1860-1914*, thèse, EHESS, 2002, p. 441.
81. Louis Chevalier, *Classes laborieuses et classes dangereuses à Paris pendant la première moitié du XIXe siècle*, Paris, Plon, 1958.
82. À ce propos, Alain Corbin, « Histoire et anthropologie sensorielle », in *Le Temps, le Désir et l'Horreur. Essais sur le XIXe siècle*, Paris, Aubier, 1991 ; rééd., Flammarion, coll. « Champs », 1998, p. 227-241.
83. David Barnes, *The Making of a Social Disease. Tuberculosis in Nineteenth Century France*, Berkeley, University of California Press, 1995.
84. André Rouillé, « Les images photographiques du monde du travail sous le second Empire », *Actes de la recherche en sciences sociales*, n° 54, septembre 1984.
85. H. William Sewell, *Gens de métier et révolutions : le langage du travail de l'Ancien Régime à 1848*, Paris, Aubier, « Collection historique », 1983.
86. Alain Cottereau, « Usure au travail : interrogations et refoulements », introduction à *L'Usure au travail*, numéro spécial du *Mouvement social*, n° 124, juillet-septembre 1983, p. 5.
87. Bernard-Pierre Lécuyer, « Les maladies professionnelles dans les *Annales d'hygiène publique et de médecine légale* ou une première approche de l'usure au travail », *Le Mouvement social*, n° 124, juillet-septembre 1983, p. 45-69.
88. *Annales d'hygiène publique et de médecine légale*, vol. 36, n° 1, 1846.
89. Alain Cottereau, « L'usure au travail, destins masculins et destins féminins dans les cultures ouvrières en France au XIXe siècle », *Le Mouvement social*, n° 124, juillet-septembre 1983, p. 79.
90. Caroline Moriceau, *Les Douleurs de l'industrie*, *op. cit.*, ainsi que pour les précisions qui suivent.
91. Cf. Alain Corbin, « La fatigue, le repos, la conquête du temps », in *L'Avènement des loisirs, 1850-1960*, Paris, Aubier, 1995 ; rééd., Paris, Flammarion, coll. « Champs », 2001, p. 275-299.
92. Alain Cottereau, « L'usure au travail, destins masculins... », art. cité.
93. Caroline Moriceau, *Les Douleurs de l'industrie*, *op. cit.*, p. 337 *sq.*
94. *Ibid.*, p. 342.
95. Rolande Trempé, « Travail à la mine et vieillissement des mineurs au XIXe siècle », *Le Mouvement social*, n° 124, juillet-septembre 1983, p. 131-153.

96. Sur les verriers : J.W. Scott, *Les Verriers de Carmaux*, Paris, Flammarion, 1982, et les chapitres consacrés à ceux de Baccarat par Caroline Moriceau, *Les Douleurs de l'industrie*, *op. cit.* ; on trouve dans cet ouvrage une abondante bibliographie internationale sur l'histoire de l'hygiène industrielle.
97. Martin Nadaud, *Mémoires de Léonard ancien garçon maçon*, Paris, Hachette, 1976 (1re éd., 1895) ; Michelle Perrot, « A nineteenth century work experiences as related in a worker's autobiography : Norbert Truquin », *in Representations, Meanings, Organization and Practices*, Ithaca/Londres, Cornell University Press, 1986.
98. Cf. aussi Michel Pigenet, *Les Ouvriers du Cher (fin XVIIIe siècle-1914). Travail, espace et conscience sociale*, Montreuil, ICGTHS-CCEES, 1990.
99. Cf. Alain Cottereau, « Prévoyance des uns, imprévoyance des autres. Questions sur les cultures ouvrières face aux principes de l'assistance mutuelle au XIXe siècle », *Prévenir*, IX, mai 1984, p. 57-69. À propos de la difficulté de la parole dans un autre milieu, celui des vagabonds, voir Jean-François Wagniart, *Le Vagabond à la fin du XIXe siècle*, Paris, Belin, 1999.
100. Caroline Moriceau, *Les Douleurs de l'industrie*, *op. cit.*, p. 441.
101. Cité par Caroline Moriceau, *ibid.*, p. 97.
102. Yves Lequin, dans l'ensemble de ses ouvrages, a insisté sur ce sentiment.
103. Caroline Moriceau, *Les Douleurs de l'industrie*, *op. cit.*, p. 412 *sq.*
104. *Ibid.*, p. 401.
105. Madeleine Rebérioux, « Mouvement syndical et santé en France, 1880-1914 », *Prévenir*, 1er semestre 1989, p. 15-30.
106. Jacques Noiray, « Zola, images et mythe de la machine », *in* Michèle Sacquin (dir.), *Zola*, Catalogue de l'exposition à la Bibliothèque nationale de France, Paris, 2002.
107. Pierre Pierrard, *La Vie ouvrière à Lille sous le second Empire*, Paris, Bloud et Gay, 1965, notamment « Les accidents dans les manufactures », p. 150-161.
108. *Ibid.*, p. 153.
109. Jean Delumeau et Yves Lequin, *Les Malheurs des temps. Histoire des fléaux et des calamités en France*, Paris, Larousse, 1987, p. 480.
110. Pierre Pierrard, *La Vie ouvrière à Lille…*, *op. cit.*, p. 157, ainsi que les citations suivantes.
111. *Ibid.*
112. Roselyne Rey, *Histoire de la douleur*, Paris, La Découverte, 1993.
113. Cité dans l'Introduction au colloque *La Souffrance sociale*, Lyon, décembre 1999.
114. Marie-Jeanne Lavilatte, *Le Privilège de la puissance : l'anesthésie au service de la chirurgie française (1846-1896)*, 3 vol., université Paris I, 1999 [dactyl.].
115. David Le Breton, *Anthropologie de la douleur*, Paris, Métailié, 1995, auquel nous empruntons les considérations qui suivent.
116. *Ibid.*, *passim.*
117. *Ibid.*
118. Jean-Claude Willer, « La prise en charge contemporaine de la souffrance », intervention lors de la journée *Dire la souffrance*, École normale supérieure, 10 juin 1995.
119. Arlette Farge, « Les mots de la souffrance : un défi pour l'historien », communication lors de la journée *Dire la souffrance*, École normale supérieure, 10 juin 1995.
120. Jean-Pierre Peter, « Pour une histoire sociale et médicale de la douleur : un itinéraire de la connaissance et de la méconnaissance », communication lors de la journée *Dire la souffrance*, École normale supérieure, 10 juin 1995.
121. Jean-Pierre Peter, *De la douleur. Observations sur les attitudes de la médecine prémoderne envers la douleur*, Paris, Quai Voltaire, 1993, p. 32 et 33, ainsi que les citations qui suivent.
122. Roselyne Rey, *Histoire de la douleur*, *op. cit.*, p. 148. Également du même ouvrage, les précisions qui suivent.

123. Thomas W. Laqueur, « Bodies, details, and the humanitarian narrative », *in* Lynn Hunt, *The New Cultural History*, Berkeley, University of California Press, 1989, p. 176-204.
124. Pierre Albert, « Le corps défait, de quelques manières pieuses de se couper en morceaux », *Terrain*, 18 mars 1992, p. 33-45 (plus particulièrement p. 34), ainsi que les citations qui suivent.
125. Alain Corbin, *Les Cloches de la terre*, *op. cit.*
126. À ce propos, l'ensemble des travaux de Dominique Lerch et la thèse de Claude Savart, *Le Livre catholique témoin de la conscience religieuse en France au XIX*[e] *siècle*, thèse, université Paris-Sorbonne, 1981.
127. Cf. Odile Arnold, *Le Corps et l'Âme. La vie des religieuses au XIX*[e] *siècle*, Paris, Éd. du Seuil, coll. « L'Univers historique », 1984.
128. Pierre Albert, « Le corps défait… », art. cité, p. 38. Pour les précisions qui suivent : Karel Bosko, « Un vivant crucifix dans un univers désaffecté. La stigmatisation et son lieu », in *Le Corps violenté*, *op. cit.*, p. 295-313.
129. Jean-Pierre Peter, *De la douleur*, *op. cit.*, p. 14, 24 et 29.
130. Jean-Claude Caron, *À l'école de la violence. Châtiments et sévices dans l'institution scolaire au XIX*[e] *siècle*, Paris, Aubier, « Collection historique », 1999.
131. Jean-Pierre Peter, *De la douleur*, *op. cit.*, p. 49.
132. Odile Roynette, *« Bons pour le service ». L'expérience de la caserne en France à la fin du XIX*[e] *siècle*, Paris, Belin, 2000.
133. Martin de La Soudière, *L'Hiver. À la recherche d'une morte saison*, Lyon, La Manufacture, 1987.
134. Jacques Léonard, *Archives du corps. La santé au XIX*[e] *siècle*, Rennes, Ouest-France, 1986, notamment p. 282-311.
135. Jean-Pierre Peter, *De la douleur*, *op. cit.*, p. 14.
136. Serge Jelk, « De la douleur à l'anesthésie, 1800-1850 », *Équinoxe*, n° 8, automne 1992, d'après la thèse de l'auteur : *Avec ou contre la douleur. Évolution des théories médicales de la douleur, de la fin du XVIII*[e] *siècle à l'introduction de l'anesthésie à l'éther (1798-1848)*, Faculté de médecine de Genève, 1992.
137. Pour ce qui suit, Marie-Jeanne Lavilatte, *Le Privilège de la puissance*, *op. cit.* Voir en particulier : « Description de la douleur opératoire » et « Spectacle de la douleur », p. 20-68. On trouve dans cet ouvrage de nombreux développements sur la douleur des parturientes.
138. *Ibid.*
139. Cf. André Rauch, *Le Souci du corps*, Paris, PUF, 1981.
140. Cf. Serge Jelk, « De la douleur à l'anesthésie, 1800-1850 », art. cité ; Marie-Jeanne Lavilatte, *Le Privilège de la puissance*, *op. cit.*
141. Intervention de Jean-Pierre Peter lors de la journée *Dire la souffrance*, École normale supérieure, 10 juin 1995.
142. Marie-Jeanne Lavilatte, *L'Anesthésie, un embarras éthique. Contribution à une histoire mentale de l'anesthésie, 1840-1850*, maîtrise, université de Tours, 1987.

NOUVELLE PERCEPTION DU CORPS INFIRME

1. Marcel Mauss, « Rapports réels et pratiques de la psychologie et de la sociologie », in *Sociologie et anthropologie*, Paris, PUF, coll. « Quadrige », 8e éd., 1983 (p. 294 et 295 par exemple). Voir l'explication de Bruno Karsenti, *L'Homme total. Sociologie, anthropologie et philosophie chez Marcel Mauss*, Paris, PUF, 1997, p. 247 *sq.*
2. Lucien Descaves, *Les Emmurés*, Paris, 1894.
3. Guy de Maupassant, *Contes et nouvelles*, Paris, Gallimard, coll. « Bibliothèque de la Pléiade », t. I, p. 402. Pour tout ce qui concerne l'histoire de la cécité, il faut désormais se reporter à Zina Weygand, *La Cécité et les Aveugles dans la société française : représentations et institutions du Moyen Âge aux premières années du XIX*[e] *siècle*, thèse de doctorat sous la direction d'Alain Corbin, université Paris I-Panthéon Sorbonne, 1998, au *Temps des fondateurs, 1784-1844*, Institut des jeunes aveugles, 1994, et à *Vivre sans voir*, Paris, Créaphis, 2003.

4. John Locke, *Essai sur l'entendement humain*, in *Œuvres philosophiques de Locke*, Paris, Bassange père, éd. revue par M. Thurot, 1832, t. IV, livre IV, chap. IV, § 14 *sq.*, p. 262 *sq.* Par ailleurs, Locke eut une tout autre attitude vis-à-vis des aveugles.
5. Gottfried Wilhelm Leibniz, *Nouveaux essais sur l'entendement humain*, livre III, chap. VI.
6. E. Regnard, *Contribution à l'histoire des sourds-muets*, Paris, 1902, p. 3, cité par Jean-René Presneau, « Images du sourd au XVIIIe siècle », *in* Henri-Jacques Stiker, Monique Vial et Catherine Barral (dir.), *Inadaptations et handicaps. Fragments pour une histoire : notions et acteurs*, Paris, Éd. ALTER, 1996. Pour l'histoire des sourds et de la surdité au XIXe siècle, voir Jean-René Presneau, *Signes et institutions des sourds, XVIIIe-XIXe siècle*, Paris, Champ Vallon/PUF, 1998 ; Harlan Lane, *Quand l'esprit entend. Histoire des sourds-muets*, Paris, Odile Jacob, 1991 ; *Le Pouvoir des signes*, Institut national des jeunes sourds de Paris, 1990.
7. Robert Castel, *Les Métamorphoses de la question sociale. Une chronique du salariat*, Paris, Fayard, 1995, p. 29-30.
8. André Gueslin, *Gens pauvres et pauvres gens dans la France du XIXe siècle*, Paris, Aubier, 1998, p. 54.
9. Nous ne faisons pas ici à nouveau l'histoire de ces fondateurs et de leurs fondations, marquant seulement les clivages qui font bouger les représentations du corps. Nous renvoyons aux ouvrages et thèses cités. En termes de biographie, il faut signaler : Pierre Henri, *La Vie et l'Œuvre de Valentin Haüy*, Paris, PUF, 1984 ; Maryse Bézagu-Deluy, *L'Abbé de l'Épée, instituteur gratuit des sourds et muets, 1712-1789*, Paris, Seghers, 1990.
10. Depuis quelques années on retravaille la vie et l'œuvre de ce fondateur de l'éducation spéciale. Voir, entre autres, Yves Pélicier et Guy Thuillier, *Édouard Seguin, l'instituteur des idiots*, Paris, Economica, 1980. Voir aussi, des mêmes auteurs, *Un pionnier de la psychiatrie de l'enfant, Édouard Seguin (1812-1880)*, Paris, Comité d'histoire de la Sécurité sociale, 1996.
11. Jacqueline Gateaux-Mennecier, *Bourneville et l'enfance aliénée*, Paris, Centurion, 1989.
12. Gladys Swain, *Dialogue avec l'insensé, précédé de À la recherche d'une autre histoire de la folie, par Marcel Gauchet*, Paris, PUF, 1994. Voir notamment « Une logique de l'inclusion, les infirmes du signe », p. 110 *sq.*
13. Georges Vigarello, *Le Corps redressé. Histoire d'un pouvoir pédagogique*, Paris, Jean-Pierre Delarge, 1978, p. 90 ; voir p. 87-107.
14. Voir l'exposé et la mise en perspective de la pensée de Quetelet, par François Ewald, *L'État providence*, Paris, Grasset, 1986, p. 147-161.
15. Statistique comparée des aveugles et des sourds-muets en France, Recensement de 1851, *Annales de la charité*, 1855, p. 172 *sq. Essai statistique sur les établissements de bienfaisance*, 2e éd. par le baron Ad. de Watteville, Paris, Guillaumin et Cie, 1847. Voir également : Baron de Watteville, *Rapport à Son Excellence le ministre de l'Intérieur sur les sourds-muets, les aveugles et les établissements consacrés à leur éducation*, Paris, Imprimerie impériale, 1861.
Nous ne possédons pas de statistiques concernant les infirmes physiques. Cependant on estime, à la fin du XVIIIe siècle, à 15 % des mendiants ceux qui souffrent de maladie et d'infirmité, ces pauvres mendiants atteignant eux-mêmes 15 % de la population générale (Christian Romon, « Le monde des pauvres à Paris au XVIIIe siècle », *Annales ESC*, 37e année, n° 4, 1982, p. 750). En ce qui concerne le XIXe siècle, André Gueslin (*Gens pauvres et pauvres gens dans la France du XIXe siècle*, *op. cit.*, p. 83-89), après avoir discuté les données disponibles, estime à 10 % de la population de la France le nombres des pauvres, c'est-à-dire 4 millions. Si l'on compte à nouveau 10 % de pauvres malades et infirmes, on arriverait à 400 000.
16. Nous pouvons nous en rendre compte soit à travers les archives des hospices, soit, dans l'ordre de la fiction, à travers la littérature, par exemple *Les Mystères de Paris* d'Eugène Sue (épisodes sur Bicêtre ou l'hospice), soit à travers des témoignages, par exemple, au cours d'une séance de la Commission de l'enseignement et des beaux-arts de la Chambre des députés, dans la bouche d'un certain Lavraud le 9 novembre 1904. Les textes d'Eugène Sue fourmillent d'infirmes. La cécité du Maître d'école, dans *Les Mystères de Paris*, constitue le châtiment suprême ; la cécité est pire que la mort ; l'infirmité va de pair avec la méchanceté, comme chez

le jeune Tortillard, tandis que l'épilepsie de Monsieur d'Harville est la chose la plus repoussante et le malheur sans fond.

17. Les infirmes moteurs sont les tard-venus dans l'éducation des déficients, écrit P. Dague dans l'ouvrage de J. Petit, *Les Enfants et les Adolescents inadaptés*, Paris, Armand Colin, 1966, p. 224, cité dans Monique Vial, « Enfants handicapés, du XIXe au XXe siècle », *in* Egle Becchi et Dominique Julia (dir.), *Histoire de l'enfance en Occident*, t. II, Paris, Éd. du Seuil, 1998.
18. L'espace ici imparti ne permet pas d'évoquer ces institutions et leurs traitements comme il conviendrait. Nous renvoyons à notre ouvrage : Henri-Jacques Stiker, *Corps infirmes et sociétés*, Paris, Aubier, 1982, rééd. Dunod, 1997. Voir en particulier le chapitre « Les siècles classiques, le saisissement », p. 95 à 126 de la nouvelle édition.
19. Témoin parmi d'autres, bien que sans intérêt scientifique particulier : Docteur H. Laurand, *Rééducation physique et psychique*, Paris, Bloud et Gay, 1909, où sont passées en revue les méthodes physiques et psychologiques en vigueur.
20. Voir deux études de Monique Vial : « Les enfants anormaux : note sur les nomenclatures au début du XXe siècle », *Cahiers du CTNERHI*, n° 50, *De l'infirmité au handicap : jalons pour une histoire*, avril-juin 1990, et « Enfants "anormaux" : les mots à la fin du XIXe siècle et au début du XXe siècle », *in* Henri-Jacques Stiker, Monique Vial et Catherine Barral (dir.), *Inadaptations et handicaps…*, *op. cit.*, p. 35-77.
21. Voir Monique Vial, « Enfants handicapés, du XIXe au XXe siècle », art. cité, p. 348.
22. Denis Diderot, *Œuvres*, Paris, Gallimard, coll. « Bibliothèque de la Pléiade », 1951, p. 841.
23. Joseph Boruwlaski, *Mémoire du célèbre nain Joseph Boruwlaski, gentilhomme polonais*, Londres, 1788, p. 38. Ce texte représente une source anthropologique d'un grand intérêt sur le nanisme.
24. *Histoire de l'Académie des sciences*, 1705, p. 48-49, cité *in* Jacques Roger, *Les Sciences de la vie dans la pensée française du XVIIIe siècle*, Paris, Armand Colin, 1963 ; rééd., Paris, Albin Michel, 1993 (Préface de Claire Salomon-Bayet), p. 405.
25. Ambroise Paré, *Des monstres et prodiges*, Paris/Genève, Slatkine, 1996, p. 9.
26. Jacques Roger, *Les Sciences de la vie dans la pensée française du XVIIIe siècle*, *op. cit.* Nous citerons la réédition de 1993.
27. Montaigne, *Essais*, II, XXX.
28. Annie Ibrahim, « Le statut des anomalies dans la philosophie de Diderot », *Dix-huitième siècle*, n° 15, 1983, p. 318-319.
29. Étienne Geoffroy Saint-Hilaire, *Considérations générales sur les monstres, comprenant une théorie des phénomènes de la monstruosité*, Paris, Imprimerie Tastu, 1826.
30. Isidore Geoffroy Saint-Hilaire, *Histoire générale et particulière des anomalies de l'organisation chez l'homme et les animaux ou Traité de tératologie*, 2 vol., Bruxelles, Société belge de librairie, Hauman Cattoir et Cie, 1837.
31. *Ibid.*, p. 30-31.
32. *Ibid.*, p. 68.
33. Georges Canguilhem, *La Connaissance de la vie*, Paris, Vrin, 1965 ; éd. de poche, 1992, p. 178.
34. Directeur de l'institut orthopédique de la Muette, chargé du service spécial des difformités à l'hôpital des Enfants malades de Paris, qui écrivit une série de mémoires sur les difformités entre 1838 et 1843, publiés au Bureau de la Gazette médicale (14, rue Racine).
35. Jules Guérin, *Mémoires sur les difformités*, Bureau de la Gazette médicale, 1843, p. 40-41.
36. *Ibid.*, p. 21.
37. Camille Dareste, *Recherche sur la production artificielle des monstruosités ou essais de tératogenèse expérimentale*, Paris, 1877, 1891. Stanislas Warynski et Herman Fol, *Recherches expérimentales sur la cause de quelques monstruosités simples et de divers processus embryogénétiques*, Recueil zoologique suisse, 1884. Yves Delage, *L'Hérédité et les Grands Problèmes de la biologie générale*, Paris, Schleicher Frères, 1903. Étienne Rabaud, *La*

tératogenèse, Paris, Doin, 1914. Au XXe siècle, Paul Ancel et Étienne Wolff prolongeront cette histoire de la conception et de l'« utilité » de la monstruosité. Le travail fondamental sur l'histoire de la monstruosité est dû à Jean-Louis Fischer, *De la genèse fabuleuse à la morphogenèse des monstres, Cahier d'histoire et de philosophie des sciences, Société française d'histoire des sciences et des techniques*, n° 13, 1986. Voir aussi, du même auteur, l'article « Tératologie », *in* Patrick Tort (dir.), *Dictionnaire du darwinisme et de l'évolution*, Paris, PUF, 1996.

38. Jean-Louis Fischer, *De la genèse fabuleuse à la morphogenèse des monstres*, *op. cit.*, p. 80.

39. Il est vrai que le milieu du XIXe siècle voit éclore une profusion de traités de tératologie, les monstres étant à la mode, comme si on retrouvait la préoccupation de la Renaissance italienne. Comme l'écrit Jean Bollet, (« La galerie des monstres », *Bizarre*, n° XVII-XVIII, février 1961) : « *La Nature, Le Magasin pittoresque*, le supplément illustré du *Petit Journal* et le démentiel *Journal des Voyages* se couvrirent alors de gravures effarantes où Jojo, l'homme chien, étalait des charmes d'odalisque, tandis que Rosa-Josepha triomphait au théâtre des Variétés. Les vitrines de la rue de l'École de Médecine se remplirent des recherches sur la production artificielle des monstruosités de Camille Dareste, de l'*Atlas d'anatomie pathologique* de Lancereaux (1871), des *Recherches sur les difformités* de Jules Guérin (1880). L. Martin publiait la même année son *Histoire des monstres depuis l'Antiquité jusqu'à nos jours*, Charcot et Richer, *Les Difformités et les Malades dans l'art* (1890), Cordier, *Les Monstres dans la légende et dans la nature* (1890), Guinard, son *Précis de tératologie*, Blanc, en 1893, *Les Anomalies de l'homme et des mammifères*, etc. C'était la folie à la mode, les monstres faisaient fureur » (p. 7 et 8).
Voir aussi Martin Monestier, *Les Monstres. Le fabuleux univers des « oubliés de Dieu »*, Tchou, 1996. Ouvrage qui manque de rigueur scientifique mais qui présente bien cette fringale de l'exposition des humains exceptionnels au XIXe siècle. La chronique parisienne rapporte plusieurs spectacles forains aux Champs-Élysées, par exemple en 1855 un individu rachitique et microcéphale baptisé « aztèque », en 1873 deux sœurs siamoises, etc.

40. Comme le dit joliment Jean Richepin : « Deux lampions puants que le vent effiloche, / pour orchestre un tambour qu'accompagne une cloche, / douloureuse musique et sinistre a giorno, / dignes de ce qu'on voit derrière le panneau. / C'est l'avorton dont la caboche semble une outre, / l'éléphantiasique avec sa jambe en poutre. / Le centaure, crétin au mufle de jumard ; / l'enfant ayant pour bras des pinces de homard, / quelque monstre enfin, vrai, faux ; car on les imite. / Puisqu'une infirmité fait bouillir la marmite. / On entre. On sort. De là le nom : un entresort. / Et chacun pour deux sous vient y bénir son sort. / Car le plus laid se voit des formes triomphales, / devant ces stropiats et ces hydrocéphales », *Les Types de Paris*, n° 5, poème « Types de fêtes foraines », Paris, Éd. du Figaro, E. Plon, Nourrit et Cie, dessins de J.-F. Raffaëlli.

41. *Monstrum* vient de *monere*, « faire penser ». Le monstre avertit, c'est un prodige au sens religieux du terme.

42. Robert Bogdan, *Freak Show. Presenting Human Oddities for Amusement and Profit*, Chicago et Londres, The University of Chicago Press, 1988. « *Significantly, once human exhibits became attached to organizations, distinct patterns of constructing and presenting freaks could be institutionalized, conventions that endure to this day. The freak show thus joined the burgeoning popular amusement industry, and the organizations that made up that industry, housing as they did an occupation with a special approach to the world, developed a particular way of life. That culture is crucial to an understanding of the manufacture of freaks* » (p. 11).

43. Pierre Spitzner, qui se faisait passer pour médecin, avait installé son musée anatomique au pavillon de la Ruche (place du Château-d'Eau à Paris, devenue place de la République), à partir de la collection Zeiler (1856), mais il a parcouru l'Europe. On compte du reste six à huit attractions du même genre entre 1880 et 1885. Le catalogue Spitzner a été reproduit lors d'une vente aux enchères à Drouot le 10 juin 1985, par maître Henri Chayette, commissaire priseur.

44. Le texte du docteur Treves (*The Elephant Man and Other Reminiscences*, Londres, Casell) n'a paru qu'en 1923. Les quarante années qui séparent l'expérience et le récit ont modifié les événements tels qu'ils s'étaient déroulés. Il n'empêche qu'il atteste que les monstres (humains) étaient l'objet de profit de misé-

rables forains qui les cachaient dans leurs sous-sols. Le récit de Treves a donné lieu à un film de David Lynch en 1980, *Elephant Man*, qui ajoute au caractère romancé de la vie de John Merrick, mais qui contient une polysémie donnant à penser sur la monstruosité au XIXe siècle. Voir Docteur Michael Howel et Peter Ford, *Elephant man. La véritable histoire de John Merrick, l'homme-éléphant*, trad. fr. de Jean-Pierre Laügt, France-Loisirs, 1980 et Paris, Belfond 1981.

45. Victor Hugo, *L'Homme qui rit*, 1869. L'édition dont nous nous servons est celle des *Œuvres complètes* parue chez Flammarion en 1942.
46. Voir le conte « La mère aux monstres », dans *Contes et nouvelles*, *op. cit.*, t. I, p. 842 *sq.*
47. Victor Hugo, *L'Homme qui rit*, *op. cit.*, p. 299.
48. Maurice Lever, *Le Sceptre et la Marotte*, Paris, Fayard, 1983.
49. Anne-Emmanuelle Demartini, *Lacenaire, un monstre dans la société de la monarchie de Juillet*, thèse sous la direction d'Alain Corbin, université Paris I-Panthéon Sorbonne, janvier 1998, et *L'Affaire Lacenaire*, Paris, Aubier, 2000.
50. Un très bon exposé de l'histoire de la notion se trouve dans Claude Bénichou, art. « Dégénération, dégénérescence », *in* Patrick Tort (dir.), *Dictionnaire du darwinisme et de l'évolution*, *op. cit.*, p. 1151-1157.
51. Bénédict-Augustin Morel, *Traité des dégénérescences physiques, intellectuelles et morales de l'espèce humaine*, Paris, Baillière, 1857.
52. Jean-Christophe Coffin, *Le Corps social en accusation : le thème de la dégénérescence en France et en Italie, 1850-1900*, thèse pour le doctorat d'histoire, sous la direction de Michelle Perrot, université Denis-Diderot-Paris VII, 1993 ; *La Transmission de la folie, 1850-1914*, Paris, L'Harmattan, 2003.
53. Pour la définition et les connotations du terme, voir Jean-Louis Korpès, « Crétinisme », *in* Henri-Jacques Stiker, Monique Vial et Catherine Barral (dir.), *Inadaptations et handicaps…*, *op. cit.*, p. 138-145.
54. Jeannine Verdès-Leroux, *Le Travail social*, Paris, Éd. de Minuit, 1978.
55. Article « Dégénérescence », rédigé par Eugène Dally (1833-1887) dans le *Dictionnaire des sciences médicales* d'Amédée Dechambre.
56. Jean-Christophe Coffin, *Le Corps social en accusation*, *op. cit.*, p. 449.
57. *Ibid.*, p. 209.
58. *Ibid.*, p. 535.
59. André Pichot, *Histoire de la notion de vie*, Paris, Gallimard, 1993. André Pichot cite des textes de Darwin un peu troublants (p. 772 *sq.*) ; cependant Patrick Tort a raison de montrer la solution de continuité entre Darwin et ce que l'on nomme malencontreusement le darwinisme social.
60. Charles Darwin, *L'Origine des espèces*, Paris, GF-Flammarion, 1992.
61. Comme l'écrit André Pichot : « Dès le XIXe siècle, les idéologies racistes se sont référées au darwinisme, et ce qu'on a appelé par la suite le darwinisme social a pratiquement toujours été associé à (et souvent justifié par) l'explication darwinienne de l'évolution des espèces, quelles que soient les mises en garde périodiques des biologistes » (*Histoire de la notion de vie, op. cit.*, p. 774).
62. Charles Darwin, *De l'origine des espèces par sélection naturelle, ou des lois de transformation des êtres organisés, traduction de Mlle Clémence Royer*, Paris, Flammarion, 1918, mais la traduction datait de 1862. Voir les pages XXXIV-XXXV.
63. Julien Freund a décrit sous ce point de vue la fin du XIXe siècle dans *La Décadence*, Paris, Sirey, 1984.
64. François Ewald, *L'État providence*, *op. cit.*, p. 9.
65. *Ibid.*, p. 362.
66. *Annales de la Chambre des députés*, 4 juin 1901, p. 244.
67. *Ibid.*, p. 161.
68. Pierre Guillaume, *Du désespoir au salut. Les tuberculeux aux XIXe et XXe siècles*, Paris, Aubier, 1986.
69. Henri-Jacques Stiker, *op. cit.*, p. 146 *sq.*
70. Erving Goffman, *Stigmate. Les usages sociaux des handicaps*, Paris, Éd. de Minuit, 1975.

HYGIÈNE DU CORPS ET TRAVAIL DES APPARENCES

1. Article « Bain », *in* Eustache Marie Courtin (dir.), *Encyclopédie moderne*, t. IV, Paris, 1824.
2. Louis Léon Rostan, *Cours élémentaire d'hygiène*, Paris, 1828 (1re éd.), t. I, p. 513.
3. *Ibid.*, p. 515.
4. François Foy, *Manuel d'hygiène*, Paris, 1845, p. 517-518.
5. Simon (de Metz), *Traité d'hygiène appliquée à l'éducation de la jeunesse*, Paris, 1827, p. 87.
6. *Ibid.*, p. 87.
7. Honoré de Balzac, *Lettres à l'étrangère*, Paris, 1899, t. I, p. 407.
8. Voir Edward Werdet, *Souvenirs de la vie littéraire. Portraits intimes*, Paris, 1879, p. 326.
9. Joseph Morin, *Manuel théorique et pratique d'hygiène*, Paris, 1827, p. 190.
10. François Foy, *Manuel d'hygiène*, *op. cit.*, p. 526.
11. Michel Lévy, *Traité d'hygiène publique et privée*, Paris, 1857 (1re éd., 1840), t. II, p. 178.
12. Séance du conseil général d'hygiène de Nantes en 1852 rapportée par Jacques Léonard, *Les Médecins de l'Ouest au XIXe siècle*, Lille, 1978, t. III, p. 1142.
13. Charles Pavet de Courteille, *Hygiène des collèges et des maisons d'éducation*, Paris, 1827, p. 84.
14. F. de Coucy, « La partie de natation », *Le Journal des enfants*, Paris, 1842, p. 55.
15. François Foy, *Manuel d'hygiène*, *op. cit.*, p. 525.
16. Jacques-André Millot, *L'Art de perfectionner et d'améliorer les hommes*, Paris, 1801, t. I, p. 92.
17. Élisabeth Celnart, *Manuel des Dames ou l'Art de la toilette*, Paris, 1827, p. 63.
18. *Ibid.*, p. 62.
19. George Sand, *Histoire de ma vie*, Paris, Gallimard, coll. « Bibliothèque de la Pléiade », 1970, t. I, p. 969.
20. François Foy, *Manuel d'hygiène*, *op. cit.*, p. 526.
21. William Frederic Edwards, *De l'influence des agents physiques sur la vie*, Paris, 1824, p. 12.
22. François Magendie, *Précis élémentaire de physiologie*, Paris, 1816, t. II, p. 356.
23. Sadi Carnot, *Réflexions sur la puissance motrice du feu*, Paris, 1824.
24. Alfred Becquerel, *Traité élémentaire d'hygiène publique et privée*, Paris, 1877 (1re éd., 1851), p. 525.
25. Honoré de Balzac, *Le Père Goriot* [1834], in *La Comédie humaine*, Paris, Gallimard, coll. « Bibliothèque de la Pléiade », 1951, t. II, p. 893.
26. *Ibid.*, p. 1033.
27. Honoré de Balzac, *Melmoth réconcilié* [1835], in *La Comédie humaine*, *op. cit.*, t. IX, p. 281.
28. Eugène Sue, *Le Juif errant*, Bruxelles, 1845 (1re éd., 1844), p. 119.
29. Rodolphe Apponyi, *Vingt-cinq ans à Paris*, Paris, 1913, t. II, p. 292.
30. Voir Louis Normand, *Paris moderne*, 2 vol., Paris, 1837-1847.
31. Victor Considérant, *Considérations sociales sur l'architecture*, Paris, 1834.
32. Voir Jean-Pierre Goubert, « Le confort dans l'histoire : un objet de culte », *in* Id. (dir.), *Du luxe au confort*, Paris, Belin, 1988.
33. Voir H.C. Emmely, « Statistiques des eaux de la ville de Paris », *Annales des Ponts et Chaussées*, Paris, 1839.
34. Voir Isabelle Backouche, *La Trace du fleuve. La Seine et Paris (1750-1850)*, Paris, EHESS, 2000.
35. Paul de Kock, « Bains à domicile », *La Grande Ville. Nouveau tableau de Paris*, Paris, 1842, t. I, p. 19.
36. Honoré de Balzac, *La Fille aux yeux d'or* [1835], in *La Comédie humaine*, *op. cit.*, t. V, p. 266.
37. Voir Jean des Cars et Pierre Pinon, *Paris-Haussmann*, Paris, Picard, 1991.
38. Louis Figuier, *Les Merveilles de l'industrie*, Paris, 1875, t. IV, p. 351.
39. Alfred Mayer, « La canalisation souterraine de Paris », *Paris Guide*, Paris, 1867, t. II, p. 1614.
40. Voir aussi Jean-Pierre Goubert, *La Conquête de l'eau*, Paris, Robert Laffont, 1986.
41. César Daly, *Architecture privée au XIXe siècle*, Paris, 1864.
42. Louis Bonnier, *Maisons les plus remarquables construites à Paris de 1905 à 1914*, Paris, 1920.

43. Établissements Porcher, *Catalogue*, Paris, 1908.
44. Sigfried Giedon, *La Mécanisation au pouvoir*, Centre Pompidou, 1980 (1re éd., New York, 1948), p. 556.
45. Baronne Staffe, *Le Cabinet de toilette*, Paris, 1892, p. 4.
46. Louise d'Alq, *Les Secrets du cabinet de toilette*, Paris, 1882, p. 1.
47. Julia Csergo, *Liberté, égalité, propreté. La morale de l'hygiène au XIXe siècle*, Paris, Albin Michel, 1988, p. 107.
48. Cité par Julia Csergo, *ibid.*, p. 112.
49. *Loi relative à la création d'établissements modèles de bains et lavoirs publics*, 3 février 1851, art. 1.
50. Alfred Bourgeois d'Orvanne, *Lavoirs et bains publics et à prix réduits*, Paris, 1854, p. 9.
51. Voir Lion Murard et Patrick Zylberman, *L'Hygiène publique dans la République. La santé publique en France, ou l'utopie contrariée, 1870-1918*, Paris, Fayard, 1996.
52. Victor Hugo, *Les Misérables*, Paris, Garnier-Flammarion, 1980 (1re éd., 1862), t. I, p. 407.
53. Octave du Mesnil, *L'Hygiène à Paris. L'habitation du pauvre*, Paris, 1890, p. 55.
54. Citée par Lion Murard et Patrick Zylberman, *L'Hygiène publique dans la République*, *op. cit.*, p. 264.
55. Nell Kimball, *Mémoires*, Paris, Lattès, 1978 (1re éd. américaine, 1970), p. 50 et 85.
56. Voir Ambroise Tardieu, *Dictionnaire d'hygiène publique et de salubrité*, Paris, 1862, art. « Bains ».
57. Will Darvillé, *L'Eau à la ville, à la campagne*, Paris, 1910, p. 574.
58. *Ibid.*, p. 548.
59. Jules Arnould, *Nouveaux éléments d'hygiène*, Paris, 1895, p. 692.
60. Alexandre Lacassagne, *Précis d'hygiène privée et sociale*, Paris, 1885, p. 551.
61. Voir *Notions d'anatomie et de physiologie humaines, notions de microbiologie, hygiène. Classe de troisième*, Paris, 1927, p. 361.
62. John Tyndall, *Les Microbes*, Paris, 1882 (1re éd. anglaise, 1880), p. III. Sur Pasteur, voir Patrice Debré, *Louis Pasteur*, Paris, Flammarion, 1994.
63. Wilfrid de Fonvielle, *Le Monde invisible*, Paris, s.d., p. 120.
64. Voir Serenella Nonnis, « Idéologie sanitaire et projet politique. Les Congrès internationaux d'hygiène de Bruxelles, Paris, Turin, 1876-1880 », *in* Patrice Bourdelais (dir.), *Les Hygiénistes. Enjeux, modèles, pratiques*, Paris, Belin, 2001.
65. Théophile David, *Les Microbes de la bouche*, Paris, 1890, p. 1.
66. Galtier-Boissière, *L'Hygiène moderne*, Paris, 1908, p. 208.
67. Théophile David, *Les Monstres invisibles*, Paris, 1897, p. 2.
68. Voir *Annales d'hygiène et de médecine légale*, Paris, 1904, vol. I, p. 91.
69. Voir « Plomberie d'eau et sanitaire », *in* Étienne Barberot, *Traité des constructions civiles*, Paris, 1895, p. 501.
70. Louis-Auguste Barré et Paul Barré, *Le Génie sanitaire. La Maison salubre*, Paris, 1898.
71. Voir Eugène Richard, *Précis d'hygiène appliquée*, Paris, 1891, p. 140-141.
72. Voir Peter Baldwin, *Contagion and the State in Europe, 1830-1930*, Londres, Cambridge University Press, 1999.
73. Paul Brouardel, *De l'évacuation des vidanges*, Paris, 1882, p. 11.
74. Marc Renneville, « Politiques de l'hygiène à l'AFAS (1872-1914) », *in* Patrice Bourdelais (dir.), *Les Hygiénistes*, *op. cit.*, p. 90.
75. Jules Courmont, *Précis d'hygiène*, Paris, 1914, p. 76.

LE CORPS TRAVAILLÉ : GYMNASTES ET SPORTIFS AU XIXe SIÈCLE

1. Voir Jacques Guillerme, « L'autonomie du moteur animé et les exigences de la mesure », *Travaux et Recherche en EPS*, INSEP, 1980, n° 6.
2. « Extrait du rapport fait au Ministre de l'Intérieur sur la vitesse des courses… », *Décade philosophique, littéraire et politique*, 10 thermidor an VIII, p. 312.

3. Paul-Louis Courier, *Pétition à la Chambre des députés pour les villageois que l'on empêche de danser* [1820], in *Œuvres*, Paris, 1866, p. 141.
4. *Ibid.*, p. 147.
5. *Ibid.*, p. 138.
6. Eugen Weber, *La Fin des terroirs*, Paris, Fayard, 1983 (1re éd. américaine, 1976), p. 544.
7. Agricol Perdiguier, *Mémoires d'un compagnon*, Paris, Maspero, 1977 (1re éd., 1852), p. 147.
8. Pierre Charrié, *Le Folklore en bas Vivarais*, Paris, 1966, p. 274.
9. Émile Souvestre, *Les Derniers Bretons*, Paris, 1843 (1re éd., 1836), p. 118.
10. M.-C. Croiset-Moiset, « Usages, croyances, traditions, superstitions », *Bulletin de la Société des sciences* [...] *de l'Yonne*, 1888, p. 104-106.
11. Raymond Doussinet, *Les Travaux et les Jours de Saintonge*, La Rochelle, 1967, p. 480.
12. Émile Souvestre, *Le Finistère en 1836*, Brest, 1836.
13. Eugen Weber, *La Fin des terroirs*, *op. cit.*, p. 550.
14. Francis Pérot, *Le Folklore bourbonnais*, Paris, 1908, p. 53. Eugen Weber, *La Fin des terroirs*, *op. cit.*, p. 549n.
15. Eugen Weber, *ibid.*, p. 551.
16. Nels Wayne Mogensen, *Aspects de la société augeronne aux XVIIe et XVIIIe siècles*, Paris, 1971 ; thèse citée par Michel Foucault, *Surveiller et punir. Naissance de la prison*, Paris, Gallimard, 1975, p. 91.
17. Marie-Madeleine Muracciole, « Quelques aperçus de la criminalité en haute Bretagne », *Annales de Bretagne*, vol. 88, n° 3, *Criminalité et répression*, 1981, p. 310.
18. John Maurice Beattie, *Crime and the Courts in England, 1660-1800*, Londres, Oxford, 1986 ; voir aussi Hugues Lagrange, *La Civilité à l'épreuve. Crime et sentiment d'insécurité*, Paris, PUF, 1995, p. 65.
19. Paul Johnson, *The Birth of the Modern*, New York, Harper Collins, 1991, p. 165 *sq.*
20. Le nom donné par Agricol Perdiguier à ses exercices de combat, de sauts ou de bâton : *Mémoires d'un compagnon*, *op. cit.*, p. 364.
21. Eugène Sue, *Les Mystères de Paris*, Paris, 1843, t. I, p. 3.
22. Martin Nadaud, *Mémoires de Léonard ancien garçon maçon*, Paris, Hachette, 1976 (1re éd., 1895), p. 146.
23. *Ibid.*
24. Agricol Perdiguier, *Mémoires d'un compagnon*, *op. cit.*, p. 346.
25. *Ibid.*
26. Eugène Sue, *Les Mystères de Paris*, *op. cit.*, t. I, p. 80.
27. Agricol Perdiguier, *Mémoires d'un compagnon*, *op. cit.*, p. 364.
28. Martin Nadaud, *Mémoires de Léonard ancien garçon maçon*, *op. cit.*, p. 147.
29. *Ibid.*
30. Voir Pierre Arnaud, *Le Militaire, l'Écolier, le Gymnaste. Naissance de l'éducation physique en France (1869-1889)*, Lyon, PUL, 1991, p. 75.
31. Martin Nadaud, *Mémoires de Léonard ancien garçon maçon*, *op. cit.*, p. 146.
32. Théophile Gautier, « Le maître de chausson », *Les Français peints par eux-mêmes*, Paris, 1842, t. V, p. 266-267.
33. *Ibid.*
34. Voir Girard, « Sur les établissements de bains publics à Paris, depuis le VIe siècle jusqu'à nos jours », *Annales d'hygiène publique et de médecine légale*, Paris, 1852.
35. Thierry Terret, *Naissance et diffusion de la natation sportive*, Paris, L'Harmattan, 1994, p. 25.
36. Voir Ludovic Antoine Courtivron, *Traité complet de natation*, Paris, 1836 (1re éd. 1823), p. 288 *sq.*
37. Voir Eugène Briffault, *Paris dans l'eau*, Paris, 1844.
38. C. Friès, « Les écoles de natation », *Le Prisme, encyclopédie morale du XIXe siècle*, Paris, 1841, p. 308.
39. Alphonse Karr, « Écoles de natation », *Nouveau tableau de Paris*, Paris, 1834, t. I, p. 245.
40. J.-J. Grandville, *Les Métamorphoses du jour*, Paris, 1849 (1re éd., 1829), p. 82.

41. Honoré Daumier, « Les baigneurs », *Le Charivari*, 26 juin 1839.
42. Le *Nouveau tableau de Paris*, en 1834, *Le Prisme, encyclopédie morale du XIXe siècle*, en 1841, *Le Diable à Paris, Paris et les Parisiens*, en 1846, les grands ouvrages à vocation présociologique de la première moitié du XIXe siècle, ont tous consacré un chapitre aux « écoles de natation ».
43. Eugène Briffault, *Paris dans l'eau*, *op. cit.*, p. 78.
44. Alphonse Karr, « Écoles de natation », art. cité, p. 247.
45. Jean Auguste Dominique Ingres, *Le Cavalier florentin*, 1823 [Courtesy of the Fogg Art Museum, Harvard University].
46. Edgar Allan Poe, *L'Homme qui était refait* [1839], in *Contes, essais, poèmes*, Paris, Robert Laffont, 1989, p. 398.
47. Voir Jean-Michel Moreau le Jeune, *Rendez-vous pour Marly*, env. 1770, B.N. Cabinet des Estampes.
48. Voir « Jeune homme en habit et pantalon clair », *Modes françaises*, 1823, B.N. Cabinet des Estampes.
49. George Gordon Byron, lettre du 15 juin 1811, citée par Gabriel Matzneff, *La Diététique de Lord Byron*, Paris, La Table Ronde, 1984, p. 24.
50. Lady Blessington, citée par Gabriel Matzneff, *ibid.*, p. 29.
51. Honoré de Balzac, « Le notaire », *Les Français peints par eux-mêmes*, *op. cit.*, t. II, p. 105.
52. Eugène Briffault, « Le député », *ibid.*, t. I, p. 185.
53. Alfred de Vigny, *Journal* (année 1831), in *Œuvres complètes*, Paris, Gallimard, coll. « Bibliothèque de la Pléiade », 1960, t. II, p. 937.
54. Henry Monnier, *Les Mœurs administratives* [1828], cité par Ronald Searle, Claude Roy et Bernd Borneman, *La Caricature. Art et manifeste du XVIe siècle à nos jours*, Genève, Skira, 1974, p. 145.
55. Philippe Buchez et Ulysse Trélat, *Précis élémentaire d'hygiène*, Paris, 1825, p. 306.
56. François Péron, *Voyage de découverte aux terres australes*, Paris, 1807, p. 449.
57. Voir le tome I de l'*Histoire du corps*, chapitre « S'exercer, jouer », Paris, Éd. du Seuil, 2005.
58. Voir ci-dessus, p. 313.
59. François Amoros, *Manuel d'éducation physique, gymnastique et morale*, Paris, 1834 (1re éd. 1830), t. I, p. 70 *sq.*
60. *Ibid.*, t. I, p. 327.
61. Honoré Daumier, « Les banquistes », *Les Français peints par eux-mêmes. Les provinces*, Paris, 1841, t. I, p. 130.
62. Émile Gigault de la Bédollière, « Les banquistes », *ibid.*, p. 133.
63. François Amoros, *Manuel…*, *op. cit.*, t. I, p. 362.
64. *Encyclopédie rurale*, t. IV, p. 432.
65. Voir le tome I de l'*Histoire du corps*, *op. cit.*, chapitre « S'exercer, jouer ».
66. François Amoros, *Manuel…*, *op. cit.*, t. I, p. 108.
67. François Amoros, *Recueil de cantiques*, in *ibid.*
68. Performance de 1818 citée dans Peter Heinrich Clias, *Callisthénie ou somascétique naturelle appropriée à l'éducation physique des jeunes filles*, Paris, 1843, p. 74.
69. François Amoros, *Manuel…*, *op. cit.*, t. I, p. 144.
70. *Ibid.*, t. I, p. 127.
71. Marc-Antoine Jullien, *Esprit de la méthode de Pestalozzi*, Milan, 1812, p. 275.
72. Peter Heinrich Clias, *Callisthénie…*, *op. cit.*, p. 53.
73. François Amoros, *Manuel…*, *op. cit.*, t. I, p. 127.
74. Carlo Blasis, *Manuel complet de la danse*, Paris, 1830, p. 103.
75. Charles Dupin, *Géométrie et mécanique des arts et métiers et des beaux-arts*, Paris, 1826, t. III, p. 125.
76. Article « Manufacture », *in* Eustache Marie Courtin, *Encyclopédie moderne*, Paris, 1823, t. XXIII, p. 28.
77. Charles Dupin, *Géométrie et mécanique des arts et métiers et des beaux-arts*, *op. cit.*, t. III, p. 128-129.
78. Peter Heinrich Clias, *Callisthénie…*, *op. cit.*, p. XIV.

79. Cité par Michel Soëtard, *Pestalozzi*, Lausanne, Coeckelberghs, 1987, p. 70.
80. Dominique Laty, *Histoire de la gymnastique en Europe*, Paris, PUF, p. 209.
81. Article « Sciages, scieries », in *Dictionnaire de l'industrie manufacturière, commerciale et agricole*, Paris, 1843, t. X, p. 101.
82. Voir Eustache Marie Courtin, *Encyclopédie moderne*, *op. cit.*, tomes de planches.
83. François Amoros, *Manuel...*, *op. cit.*, t. I, p. X.
84. François Fournier-Pescay et Louis Begin, « Orthopédie », in *Dictionnaire des sciences médicales* (Panckoucke), Paris, t. XII, p. 121.
85. Voir, entre autres, Dr Charles Gabriel Pravaz, *Établissement orthopédique et gymnastique de M. le Dr Pravaz, à Paris*, Paris, 1830.
86. Peter Heinrich Clias, *Gymnastique élémentaire ou Cours analytique gradué d'exercices propres à développer et à fortifier l'organisation humaine par M. Clias [...] Précédé du rapport fait à la Société de médecine de Paris, par M. Bailly [...] et de considérations générales par M.D. Baillot*, p. 44.
87. Guillaume Docx, *Guide pour l'enseignement de la gymnastique des garçons*, Paris, 1875, p. 177.
88. Adam Maeder, *Manuel de l'instituteur primaire*, Paris, 1833, p. 117.
89. Joseph-Marie de Gérando, *Cours normal des instituteurs primaires*, Paris, 1832, p. 43.
90. « Extrait du procès-verbal de la séance générale qui eut lieu au gymnase normal, militaire et civil le 29 décembre 1820 » (François Amoros, *Gymnase normal, militaire et civil, idée et état de cette institution au commencement de l'année 1821*, Paris, 1821, p. 88). Signent, entre autres, ce document, de Jorry, officier général, Begin, chirurgien-aide-major des hôpitaux militaires d'instruction, Morin, directeur de l'école de la rue Louis-le-Grand, Londe, médecin, Fournier-Pescay, secrétaire du conseil de santé des armées.
91. Jacques Defrance, *L'Excellence corporelle. La formation des activités physiques et sportives modernes, 1770-1914*, Rennes, Presses universitaires de Rennes, 1987, p. 67.
92. Honoré de Balzac, *Un ménage de garçons* [1841], in *Œuvres complètes*, Paris, 1867, t. I, p. 25-26.
93. Marcel Spivak, *Un homme extraordinaire, Francisco Amoros y Ondeano, fondateur de l'éducation physique en France*, thèse, université Paris I, 1974, p. 19-20.
94. Simon (de Metz), *Traité d'hygiène appliquée à l'éducation de la jeunesse*, Paris, 1827, p. 219.
95. Voir Archives historiques et administratives du ministère des Armées, dossier individuel du colonel François Amoros.
96. Avis du comte Pujol, commandant la 1re division militaire, 1er octobre 1837, Archives historiques et administratives du ministère des Armées, *ibid.*
97. Voir F. Amoros, *Manuel...*, *op. cit.*, atlas.
98. Charles Londe, *Nouveaux éléments d'hygiène*, Paris, 1847, t. I, p. 431 (1re éd., 1835). Ces réticences de Londe sont d'autant plus importantes que l'auteur était un partisan d'Amoros en 1820.
99. René Meunier, « Éléments pour une histoire institutionnelle de l'éducation physique », *Travaux et recherches en EPS*, INSEP, mars 1980, p. 128.
100. Marcel Spivak, « Francisco Amoros y Ondeano, précurseur et fondateur de l'éducation physique en France », *in* Pierre Arnaud (dir.), *Le Corps en mouvement*, Toulouse, Privat, 1981.
101. Jacques Defrance, *L'Excellence corporelle*, *op. cit.*, p. 61. Raoul Girardet, *La Société militaire dans la France contemporaine (1815-1839)*, Paris, Plon, 1953.
102. Jean-Baptiste Hillairet, *Rapport à Son Excellence le ministre de l'Instruction publique sur l'enseignement de la gymnastique dans les lycées, collèges, écoles normales et écoles primaires*, Paris, 1869, p. 29.
103. Richard Holt, *Sport and the British: A Modern History*, Oxford, Clarendon Press, 1989, en particulier p. 74-116.
104. Pour une présentation générale des débuts du sport moderne, voir Derek Birley, *Sport and the Making of Britain*, Manchester University Press, 1993 ; aussi, Dennis Brailsford, *Sport, Time and Society*, Londres, Routledge, 1991.

105. Je remercie chaleureusement le professeur Peter Radford pour avoir partagé aussi généreusement avec moi le résultat de ses recherches sur le sport au XVIIIe siècle.
106. John Arlott (éd.), *Oxford Companion to Sports and Games*, Oxford University Press, 1976, p. 25.
107. Christopher Brookes, *English Cricket: The Game and its Players*, Londres, Weidenfeld, 1978, chap. 5.
108. Simon Rae, *W.G. Grace*, Londres, Faber, 1998. La biographie la plus récente et la plus complète de ce sportif.
109. Robert W. Malcolmson, *Popular Recreation in English Society, 1700-1850*, Cambridge University Press, 1973.
110. Dennis Brailsford, « Morals and maulers: the ethics of early pugilism », *Journal of Sport History*, été 1985; sur l'émergence du nationalisme britannique, en particulier dans son opposition à la France, voir Linda Colley, *Britons: Forging the Nation 1710-1837*, Yale University Press, 1992.
111. Peter Radford, « Scientific concepts of competitive sport and risk in eighteenth century Britain », 7e Conférence Myc Ostyn, décembre 1997. KU Louvain, Belgique (non publié).
112. Wray Vamplew, étude en cours, Centre international pour l'histoire et la culture du sport, De Montfort University, Leicester; pour une histoire générale des courses de chevaux, voir Wray Vamplew, *The Turf: A Social and Economic History of Horse Racing*, Londres, Penguin, 1976.
113. Bruce Haley, *The Healthy Body in Victorian Culture*, Cambridge (Mass.), Harvard University Press, 1978, p. 24.
114. *Ibid.*, p. 39.
115. K. Theodore Hoppen, *The Mid-Victorian Generation, 1846-1886*, Oxford University Press, 1998, p. 33.
116. Richard Holt, « Golf and the English suburb: class and gender in a London club, 1890-1960 », *The Sports Historian*, vol. 18, n° 1, 1998, p. 80.
117. Steven A. Riess, *Sport in Industrial America*, Harlan Davidson, Ill., 1995, p. 16.
118. Richard Holt, *Sport and Society in Modern France*, Macmillan, 1981, p. 64-65.
119. James A. Mangan, *Athleticism in the Victorian and Edwardian Public School*, Cambridge University Press, 1981.
120. Keith Thomas (éd.), *The Oxford Book of Work*, Oxford University Press, 1999, p. 239.
121. *Ibid.*, p. 508.
122. Paul M. Hohenberg et Lynn Hollen Lees, *The Making of Urban Europe, 1000-1994*, Cambridge, Mass., Harvard University Press, 1995, chap. 8.
123. James A. Mangan, *Athleticism in the Victorian and Edwardian Public School*, *op. cit.*, p. 22-25.
124. Bruce Haley, *The Healthy Body in Victorian Culture*, *op. cit.*, p. 164.
125. *Ibid.*, p. 119.
126. Taine, cité *in* Ian Buruma, *Voltaire's Coconuts or Anglomania in Europe*, Londres, Weidenfeld, 1999, p. 159.
127. Cité *in* Richard Holt, *Sport and the British*, *op. cit.*, p. 86.
128. Edward Grayson, *Corinthian Casuals and Cricketers*, Havant, Pallant, 1983, p. 31.
129. Mark Girouard, *The Return to Camelot: Chivalry and the English Gentleman*, New Haven, Yale University Press, 1981.
130. Charles W. Alcock, *The Football Annual*, 1883, p. 67.
131. Richard Holt, « Amateurism and its interpretation: the social origins of British sport », *Innovation*, vol. 5, n° 4, 1992.
132. Eugen Weber, « Gymnastics and sports in fin-de-siècle France », *American Historical Review*, vol. 76, n° 1, février 1971, p. 82-84; Georges Bourdon, *La Renaissance athlétique et le Racing Club de France* (Paris, 1906) est la recherche classique sur les origines.
133. Pour une discussion détaillée du rôle de Pierre de Coubertin, voir John MacAloon, *This Great Symbol: Pierre de Coubertin and the Origins of the Modern Olympic Games*, Chicago, Chicago University Press, 1981.
134. Pierre-Alban Lebecq, *Pascal Grousset et la Ligue nationale de l'Éducation physique*, Paris, L'Harmattan, 1997.
135. Jacques Thibault, *Sport et éducation physique, 1870-1970*, Paris, Vrin, 1972, p. 125-139; voir aussi Jean-

Paul Callède, « L'éducation physique de la jeunesse au tournant du siècle », *in* Pierre Arnaud et Thierry Terret, *Sport, éducation et art*, Paris, Éd. du CTHS, 1996, p. 158-159.

136. Richard Holt, *Sport and Society in Modern France, op. cit.*, p. 63-64 ; pour les opinions de Pierre de Coubertin, voir *L'Éducation anglaise en France*, Paris, 1889, et *Souvenirs d'Oxford et de Cambridge*, Paris, 1887.
137. Christiane Eisenberg, *« English Sports » und deutsche Burger*, Paderborn, Schoningh, 1999 ; ce livre est une recherche approfondie qui a transformé notre connaissance des sports allemands.
138. Pour une étude récente des travaux américains, voir Steven W. Pope (éd.), *The New American Sports History*, University of Illinois Press, 1997.
139. Tony Mason, *Association Football and English Society, 1863-1915*, Brighton, Harvester, 1979, en particulier p. 207-221.
140. David Smith et Gareth Williams, *Fields of Praise : The Official History of the Welsh Rugby Union*, University of Wales Press, 1980, p. 70.
141. Keith Thomas (éd.), *Oxford Book of Work, op. cit.*, p. XIII.
142. Helen Walker, « Lawn Tennis », *in* Tony Mason (éd.), *Sports in Britain*, Cambridge University Press, 1989, p. 245-275.
143. John Lowerson, *Sport and the English Middle Class*, Manchester University Press, 1993, p. 127-150, comporte une bonne discussion du golf.
144. André Rauch, « Dempsey-Carpentier », *in* Richard Holt, Pierre Lanfranchi, James A. Mangan, *European Heroes*, Londres, Cass, 1996.
145. Stan Shipley, « Boxing », *in* Tony Mason (éd.), *Sports in Britain, op. cit.*, p. 78-115.
146. André Rauch, *La Boxe, violence au XXe siècle*, Paris, Aubier, 1992.
147. Peter Radford, « Women's foot-races in the eighteenth and nineteenth centuries », *in* André Gounot, Toni Niewerth, Gertrud Pfister (éd.), *Welt der Spiele : politische, soziale und Pädagogische Aspekte*, vol. 2, Berlin, Academia Verlag, 1996.
148. James A. Mangan et Roberta J. Park (éd.), *From Fair Sex to Feminism : Sport and the Socialisation of Women in the Industrial and Post-Industrial Eras*, Londres, Cass, 1987.
149. Richard Holt, « Women, Men and Sport in France, 1870-1914 », *Journal of Sport History*, vol. 18, n° 1, printemps 1991, p. 125.
150. Kathleen E. McCrone, *Sport and the Emancipation of English Women, 1870-1914*, Londres, Routledge, 1988, p. 104-120.
151. Richard Holt, « Golf and the English suburb : class and gender in a London club, 1890-1960 », *The Sports Historian*, vol. 18, n° 1, 1998, p. 83-84.
152. Arthur Wallis Myers, *Lawn Tennis at Home and Abroad*, Londres, 1903, p. 263.
153. Steven A. Riess, *Sport in Industrial America, op. cit.*, p. 56.
154. Roberta J. Park, « Physiology and anatomy are destiny : brains, bodies and exercise in nineteenth century American thought », *Journal of Sport History*, vol. 18, n° 1, été 1991, p. 61-62.
155. Pour une recherche récente, voir Pierre Arnaud et Thierry Terret, *Histoire du sport féminin*, 2 vol., Paris, L'Harmattan, 1996.
156. Georges Vigarello, *Histoire culturelle du sport : techniques d'hier et d'aujourd'hui*, Paris, Robert Laffont et EPS, 1988, p. 166-175.
157. *Annuaire du commerce*, Paris, 1860 et 1880 ; voir aussi Jacques Defrance, *L'Excellence corporelle, op. cit.*, p. 106-107.
158. Jules Simon, *La Réforme de l'enseignement secondaire*, Paris, Hachette, 1874, p. 148.
159. « Le grand gymnase dirigé par Eugène Paz », *Almanach formulaire du contribuable*, Paris, 1867, page de couverture intérieure.
160. Octave Gréard, cité par Eugen Weber, « Gymnastics and sports in fin-de-siècle France », art. cité, p. 189.
161. Philippe Tissié, « L'éducation physique », *in* Id. (dir.), *L'Éducation physique*, Paris, 1901, p. XXIII.

162. *Le Gymnaste*, 1873, p. 96.
163. Voir Maurice Agulhon, *Le Cercle dans la France bourgeoise, 1810-1848*, Paris, A. Colin, 1977.
164. Joseph Sansbœuf, « Les sociétés de gymnastique en France », *in* Philippe Tissié, *L'Éducation physique*, *op. cit.*, p. 63.
165. *Ibid.*
166. Philippe Tissié, « L'éducation physique », art. cité, p. XXIV.
167. Joseph Sansbœuf, « Les sociétés de gymnastique en France », art. cité, p. 64.
168. *Ibid.*
169. Voir Pierre Arnaud (dir.), *Les Athlètes de la République. Gymnastique, sport et idéologie républicaine, 1870-1914*, Paris, L'Harmattan, 1998, p. 106.
170. Alfred Collineau, *La Gymnastique, notions physiologiques et pédagogies, applications hygiéniques et médicales*, Paris, 1884, p. 796.
171. Cité par Raoul Girardet, *La Société militaire dans la France contemporaine (1815-1839)*, *op. cit.*, et par Pierre Chambat, « Les muscles de Marianne. Gymnastique et bataillons scolaires dans la France des années 1880 », *in* Alain Ehrenberg (dir.), *Aimez-vous les stades ? Les origines des politiques sportives en France, 1870-1930*, Paris, *Recherches*, n° 43, avril 1980, p. 155.
172. Voir Émile Goutière-Vernolle, *Les Fêtes de Nancy*, Nancy, 1892.
173. *Ibid.*, p. 63.
174. *Ibid.*, p. 69.
175. *Ibid.*, p. VII.
176. Paul Déroulède, *Le Drapeau*, 1883, p. 542.
177. Décret du 3 février 1869, voir Jacques Thibault, *Sports et éducation physique, 1870-1970*, Paris, Vrin, 1972, p. 44.
178. Circulaire du 9 mai 1869, citée par Jacques Thibault, *ibid.*, p. 45.
179. Théophile Gallard, *La Gymnastique et les Exercices corporels dans les lycées*, Paris, 1869, p. 9.
180. Pierre Honoré Bérard, *Rapport sur l'enseignement de la gymnastique dans les lycées*, Paris, 1854, reproduit *in* Ambroise Tardieu, *Dictionnaire d'hygiène publique et de salubrité*, Paris, 1862, t. II, p. 581.
181. Voir Albert Bourzac, « Les bataillons scolaires en France, naissance, développement, disparition », *in* Pierre Arnaud (dir.), *Les Athlètes de la République*, *op. cit.*, p. 57.
182. *L'Événement*, 8 juillet 1881.
183. Voir Albert Bourzac, « Les bataillons scolaires en France... », art. cité, p. 59.
184. *Le Drapeau*, 9 mars 1882 (cité par Pierre Chambat, « Les muscles de Marianne... », art. cité, p. 146).
185. Alfred Collineau, *La Gymnastique...*, *op. cit.*, p. 797.
186. A.N. F[17] 6918, Discours du général Farre, ministre de la Guerre, à l'Assemblée nationale le 14 juin 1881.
187. Louis Parant, « Les bataillons scolaires et leur transformation en sociétés de gymnastique », *Courrier de l'Ain*, 1891, p. 25.
188. *Le Temps*, 21 avril 1891.
189. *Manuel d'exercices gymnastiques et de jeux scolaires*, Paris, 1892, p. 5.
190. Barthélemy Saint-Hilaire, Préface à Napoléon Laisné, *La Gymnastique pratique*, Paris, 1852, p. VIII.
191. François Amoros, *Manuel...*, *op. cit.*, t. I, p. I.
192. Napoléon Laisné, *Dictionnaire de gymnastique*, Paris, Picard-Bernheim, 1882, p. V.
193. Adrien Proust, *Traité d'hygiène publique et privée*, Paris, Masson, 1877, p. 494.
194. Jean-Baptiste Hillairet, *Rapport à Son Excellence le ministre de l'Instruction publique...*, *op. cit.*, p. 33.
195. Adrien Proust, *Traité d'hygiène publique et privée*, *op. cit.*, p. 494.
196. *Le Gymnaste*, 1873, p. 96.
197. Voir à cet égard Hieronymus Mercurialis [Girolamo Mercuriale], *De arte gymnastica*, Venise, 1573 ; repr., Stuttgart, Medicina rara, 1990.

198. *Le Gymnaste*, 1873, p. 76.
199. *Le Gymnaste*, 1888, p. 55.
200. Gambetta, cité par Pierre Chambat, « Les muscles de Marianne... », art. cité, p. 151.
201. Paul Déroulède, cité *in* Pierre Arnaud (dir.), *Les Athlètes de la République*, *op. cit.*, p. 263.
202. *Le Gymnaste*, 1873, p. 158-159.
203. Claudius Favier, « Ma vie sportive à l'alouette des Gaules », *in* Pierre Arnaud (dir.), *Les Athlètes de la République*, *op. cit.*, p. 404.
204. *Ibid.*, p. 402.
205. *Le Drapeau*, cité par Pierre Chambat, « Les muscles de Marianne... », art. cité, p. 163.
206. Adrien Proust, *Traité d'hygiène publique et privée*, *op. cit.*, p. 495.
207. Jules Simon, *La Réforme de l'enseignement secondaire*, *op. cit.*, chapitre sur la gymnastique, p. 135-136.
208. Napoléon Laisné, *Dictionnaire de gymnastique*, *op. cit.*, p. VII.
209. Pierre Arnaud (dir.), *Les Athlètes de la République*, *op. cit.*
210. Pierre Chambat, « Les muscles de Marianne... », art. cité, p. 139.
211. Philippe Tissié, « La gymnastique française », *in* Id. (dir.), *L'Éducation physique*, *op. cit.*, p. 71.
212. Georges de Saint-Clair, *Sports athlétiques*, Paris, 1883, p. XI.
213. Maxime Vernois, *Rapport sur la gymnastique dans les lycées de l'Empire*, Paris, 1869, p. 15.
214. Pierre de Coubertin, *L'Éducation en Angleterre, collèges et université*, Paris, 1888, p. 35.
215. Voir Éole, Frantz Reichel et L. Mazzuchelli, *Les Sports athlétiques*, Paris, 1895.
216. Pierre de Coubertin, *L'Éducation anglaise en France* [1889], in *Textes choisis*, Zurich, Weidmann, 1986, t. II, p. 111.
217. Pierre Daryl, « Les jeux scolaires », *Le Temps*, 3 octobre 1888.
218. *Manuel d'exercices gymnastiques et de jeux scolaires*, Paris, 1892.
219. Frantz Reichel « Organisation du sport en France », *Encyclopédie des sports*, Paris, 1924, t. I, p. 162-163.
220. Antoine-Laurent de Lavoisier, *Mémoires sur la respiration des animaux*, Paris, 1787.
221. Voir, entre autres, le paragraphe sur la « course précipitée » dans Peter Heinrich Clias, *Callisthénie...*, *op. cit.*, p. 74.
222. Sadi Carnot, *Réflexions sur la puissance motrice du feu et les moyens propres à développer cette puissance*, Paris, 1824. Voir R. Vaillard et Maurice Daumas, « La théorie cinétique des gaz », *in* Maurice Daumas (dir.), *Histoire des sciences*, Paris, Gallimard, coll. « Bibliothèque de la Pléiade », 1963, p. 905.
223. Fernand Lagrange, *Physiologie des exercices du corps*, Paris, 1888, p. 273.
224. Voir Daniel Merillon, *Exposition universelle de 1900. Rapport sur les concours internationaux d'exercices physiques et de sport*, 2 vol., Paris, 1901, p. 7.
225. Pierre de Coubertin « Discours à la cérémonie de clôture des Jeux d'hiver (Chamonix, 1924) », in *Textes choisis*, *op. cit.*, t. II, p. 320.
226. Voir à ce sujet la très belle thèse d'Isabelle Queval, *Le Complexe d'Astérix. Généalogie du dépassement de soi dans sa version sportive et dopante*, université Paris V, 2002.
227. *Le Temps*, 16 mai 1891.
228. *La Vie au grand air*, 1900, p. 570.
229. Pierre de Coubertin, *Essais de psychologie sportive*, Grenoble, Millon, 1992 (1re éd., 1913), p. 44.
230. *Ibid.*
231. Voir Georges Denis, *Encyclopédie générale des sports et sociétés sportives en France*, Paris, 1946, p. 33 et 548.
232. *Le Gaulois littéraire*, 15 juin 1912.

Index des noms propres

Les auteurs

Alain CORBIN est professeur émérite d'histoire du XIXe siècle à l'université Paris I et membre de l'Institut universitaire de France. Auteur, entre autres, de: *La Prostitution à Paris au XIXe siècle* (avec Alexandre Parent-Duchâtelet) (Seuil, 1981); *Les Filles de noce. Misère sexuelle et prostitution au XIXe siècle* (Aubier, 1978; Flammarion, «Champs», 1982); *Les Cloches de la terre: paysage sonore et culture sensible dans les campagnes au XIXe siècle* (Albin Michel, 1994); directeur de l'ouvrage collectif: *L'Avènement des loisirs. 1850-1960* (Aubier, 1995; Flammarion, «Champs», 2001).

Olivier FAURE, agrégé d'histoire, est professeur d'histoire contemporaine aux universités de Clermont-Ferrand (1991-1994) puis Jean-Moulin Lyon III depuis 1994. Membre de l'UMR 5190 LARHRA (Laboratoire de recherche historique Rhône-Alpes), il est responsable du groupe «Exclusions, médecine, insertion sociale». Parmi ses principales publications: *Les Français et leur Médecine* (Belin, 1993); *Histoire sociale de la médecine* (Economica, 1994); *Les Thérapeutiques: savoirs et usages* (dir.) (Lyon, Mérieux, 2001); *Histoire sociale et culturelle de l'homéopathie* (en préparation chez Aubier).

Richard HOLT, qui a commencé ses recherches à Oxford sous la direction de Theodore Zeldin, est professeur à l'International Center for Sports, History and Culture, De Montfort University, Leicester, Royaume-Uni. Il est l'auteur de: *Sport and Society in Modern France* (Macmillan, 1981), *Sport and the British* (Oxford University Press, 1989) et *Sport in Britain 1945-*

2000 (Blackwell, 2000, avec Tony Mason). Actuellement, il prépare un livre sur « Sport and the English hero » pour Oxford University Press.

Ségolène LE MEN a longtemps été chercheur CNRS au musée d'Orsay. Elle est actuellement professeur d'histoire de l'art contemporain à l'université Paris X-Nanterre et directrice des études littéraires à l'École normale supérieure. Commissaire de plusieurs expositions, notamment : *Les Français peints par eux-mêmes* en 1992 ; *1848 : l'Europe des images* en 1998 ; et *Daumier* en 1999-2000. Elle a publié, entre autres : *Seurat et Chéret. Le peintre, le cirque et l'affiche* (CNRS, 1994 ; nouvelle éd., 2004) ; *La Cathédrale illustrée, de Hugo à Monet : regard romantique et modernité* (CNRS, 1998).

Henri-Jacques STIKER est directeur de recherches (anthropologie historique) au laboratoire « Histoire et civilisations des sociétés occidentales » de l'université Paris VII. Président de la Société internationale ALTER pour l'histoire des infirmités. Auteur de nombreux ouvrages et articles dont *Corps infirmes et sociétés* (Aubier, 1982 ; Dunod, 1997 ; trad. angl., *A History of Disability*, Michigan University Press [États-Unis], 1999).

Georges VIGARELLO est professeur de sciences de l'éducation à l'université Paris V, directeur d'études à l'École des hautes études en sciences sociales et membre de l'Institut universitaire de France. Auteur de travaux sur les représentations du corps, parmi lesquels : *Le Corps redressé* (Seuil, 1978), *Le Propre et le Sale. L'hygiène du corps depuis le Moyen Âge* (Seuil, 1985 ; « Points Histoire », 1987) ; *Le Sain et le Malsain. Santé et mieux-être depuis le Moyen Âge* (Seuil, 1993, « Points Histoire », 1999) ; *Histoire du viol. XVIe-XXe siècle* (Seuil, 1998 ; « Points Histoire », 2000) ; *Du jeu ancien au show sportif* (Seuil, 2002) ; *Histoire de la beauté* (Seuil, 2004).

Henri ZERNER est professeur d'histoire de l'art à Harvard University. Il a été longtemps conservateur des estampes au Fogg Art Museum. Ses publications concernent surtout l'art de la Renaissance en France et le XIXe siècle, ainsi que l'histoire de l'histoire de l'art : *Romantisme et réalisme. Mythes de l'art du XIXe siècle* (avec Charles Rosen) (Albin Michel, 1986) ; *L'Art de la Renaissance en France. L'invention du classicisme* (Flammarion, 1996 ; rééd., 2002).

Crédits photographiques

CAHIER HORS-TEXTE 1 : LE REGARD DES MÉDECINS.

AKG : 11, 13 ; / Erich Lessing : 5, 12. – **©AP-HP** : 14. – **Bridgeman-Giraudon** / Archives Charmet : 7. – **Jean Vigne** : 2. – **Photo12.com** / ARJ : 4. – **RMN** / G. Blot / H. Lewandowski : 9 ; / Bulloz : 3 ; / Reversement Orsay : 1. – **Roger-Viollet** : 8 ; / Harlingue : 6 ; / N.D. : 10.

CAHIER HORS-TEXTE 2 : L'EMPRISE DE LA RELIGION.

Bridgeman-Giraudon : 1, 15, 17 ; / Archives Charmet : 5, 16 ; / Christie's Image : 14 ; / Peter Willi : 11. – **Kharbine-Tapabor** : 2, 6, 7, 10. – **Musée d'Art sacré du Gard** / Photo Davy : 12, 13. – **RMN** / H. Lewandowski : 3 ; / R.G. Ojeda : 9. – **Roger-Viollet** : 8 ; / N.D. : 4, 18.

CAHIER HORS-TEXTE 3 : LE REGARD DES ARTISTES.

©ADAGP, Paris 2005 : 13. – **AKG** : 9, 12. – **Bridgeman-Giraudon** : 2, 4, 5, 6, 8, 10, 11, 13, 14, 15 ; / Lauros : 1, 7 ; / Peter Willi : 3. – **Statens Museum for Kunst, Copenhague** / Cliché Dowic : 16.

CAHIER HORS-TEXTE 3 : LES IMAGES SOCIALES DU CORPS.

Bibliothèque nationale de France : 2, 6, 9, 10. – **Bridgeman-Giraudon** : 5. – **Musée des Beaux-Arts, Nancy** : 4. – **PMVP** / Cliché Habouzit : 3. – **RMN** / H. Lewandowski : 1, 8. – **Roger-Viollet** : 7.

CAHIER HORS-TEXTE 4 : LA RENCONTRE DES CORPS.

AKG : 22, 27. – **Bibliothèque nationale de France** : 15, 20, 23, 24, 25, 33.

– **Bridgeman-Giraudon** : 16, 17, 18, 26, 28 ; / Archives Charmet : 1, 8, 19 ; / Michael Graham-Stewart : 30. – **Coll. Monas Hierogliphica, Milan** : 29. – **Coll. part.** : 13, 14. – **Corbis / Bettmann** : 32. – **Musées royaux des Beaux-Arts de Belgique** / Photo Cussac : 12. – **Roger-Viollet** / Gaston Paris : 34. – **Sammlung Uwe Scheid** : 21. – **The J. Paul Getty Museum** : 31. – **Wellcome Library, Londres** : 2, 3, 4, 5, 6, 7, 9, 10, 11.

CAHIER HORS-TEXTE 5 : DOULEURS, SOUFFRANCES ET MISÈRES DU CORPS.
AKG : 15. – **Bibliothèque nationale de France** : 8, 10. – **Bridgeman-Giraudon** : 11, 14 ; / Archives Charmet : 2 ; / Lauros : 5, 6, 12 ; / Ken Welsh : 1. – **Kharbine-Tapabor** : 13. – **PMVP** / Cliché Joffre : 4, 7 ; / Cliché Pierrain : 9. – **RMN** : 3.

CAHIER HORS-TEXTE 6 : NOUVELLE PERCEPTION DU CORPS INFIRME.
Bridgeman-Giraudon : 4, 6, 7 ; / Archives Charmet : 3, 5. – **Kharbine-Tapabor** / Coll. Grob : 2 ; / Coll. Jonas : 8. – **RMN** / Bulloz : 1.

CAHIER HORS-TEXTE 6 : HYGIÈNE DU CORPS ET TRAVAIL DES APPARENCES.
AKG : 3, 4. – **Bridgeman-Giraudon** : 7 ; / Archives Charmet : 9, 10. – **Explorer** / L. Bertrand : 5. – **Mary Evans Picture Library** : 2. – **Roger-Viollet** : 6, 8 ; / N.D. : 1.

CAHIER HORS-TEXTE 7 : LE CORPS TRAVAILLÉ. GYMNASTES ET SPORTIFS AU XIXe SIÈCLE.
AKG : 4. – **Bibliothèque nationale de France** : 1, 2, 8, 16, 19. – **Bridgeman-Giraudon** : 10, 11, 14 ; / Phillips, the International Fine Art Auctioneers : 12 ; / Yale Center for British Art : 9. – **G. Dagli Orti** : 22. – **Kharbine-Tapabor** / Coll. Domard : 23. – **L'Illustration** : 15. – **Leemage** / Bianchetti : 13 ; / Costa : 20 ; / Selva 3, 6. – **Mary Evans Picture Library** : 7, 17. – **RMN** / G. Blot : 5 ; / B. Hatala : 21. – **Roger-Viollet** : 18.

Iconographie rassemblée par Khadiga Aglan et Caterina d'Agostino.

Table

DEUXIÈME PARTIE

Plaisir et douleur : au cœur de la culture somatique

TROISIÈME PARTIE

Le corps corrigé, travaillé, exercé

RÉALISATION : PAO ÉDTIONS DU SEUIL
IMPRESSION : NORMANDIE ROTO IMPRESSION S.A.S. À LONRAI
DÉPÔT LÉGAL : JANVIER 2005. N° 22453-4 (114359)
IMPRIMÉ EN FRANCE

DANS LA COLLECTION
L'UNIVERS HISTORIQUE
(extrait)

Pour une histoire politique
sous la direction de René Rémond
1988

Les Juifs en France au XIXe siècle
De la Révolution française
à l'Alliance israélite universelle
par Michael Graetz
1989

L'Homme médiéval
sous la direction de Jacques Le Goff
1989

L'État en France
de 1789 à nos jours
par Pierre Rosanvallon
1989

L'Opinion française sous Vichy
par Pierre Laborie
1990

L'Homme de la Renaissance
sous la direction d'Eugenio Garin
1990

L'Histoire médiévale en France
collectif
1991

L'Orient romain

par Maurice Sartre

1991

Augustin Cochin et la République française

Fred E. Schrader

1992

L'Homme romain

sous la direction d'Andrea Giardina

1992

Fables de la mémoire

La glorieuse bataille des trois rois

par Lucette Valensi

1992

L'Homme égyptien

sous la direction de Sergio Donadoni

1992

Histoire de la France religieuse

sous la direction de Jacques Le Goff et René Rémond

relié, quatre volumes

1992

Gouverner la misère

La question sociale en France. 1789-1848

par Giovanna Procacci

1993

Les Intellectuels, le Socialisme et la Guerre

1900-1938

par Christophe Prochasson

1993

Essais de mémoire

1943-1983

par Philippe Ariès

1993

Le Sain et le Malsain

Santé et mieux-être depuis le Moyen Âge

par Georges Vigarello

1993

La France des années noires

collectif dirigé par

Jean-Pierre Azéma et François Bédarida

relié, deux volumes

1993

L'Homme grec

sous la direction de Jean-Pierre Vernant

1993

Les Fictions du politique chez L.-F. Céline

par Yves Pagès

1994

Aux marges de la ville

1815-1870

par John M. Merriman

1994

La République des universitaires

1870-1940

par Christophe Charle

1994

Histoire des colonisations

Des conquêtes aux indépendances XIIIe-XXe siècle

par Marc Ferro

1994

Histoire de l'industrie en France

du XVIe siècle à nos jours

par Denis Woronoff

1994

La France à l'heure allemande

1940-1944

par Philippe Burrin

1995

La Tragédie soviétique

Histoire du socialisme en Russie, 1917-1991

par Martin Malia

1995

Histoire de l'eugénisme en France

Les médecins et la procréation. XIXe-XXe siècle

par Anne Carol

1995

Une certaine idée de la Résistance

Défense de la France. 1940-1949

par Olivier Wieviorka

1995

L'Homme des lumières

sous la direction de Michel Vovelle

1996

Machiavel et Guichardin
par Felix Gilbert
1996

Histoire des jeunes
1. De l'Antiquité à l'époque moderne
2. L'Époque contemporaine
sous la direction de Jean-Claude Schmitt et Giovanni Levi
1996

Les Intellectuels en Europe au XIXe siècle
par Christophe Charle
1996

Le Temps des Chemises vertes
Révoltes paysannes et fascisme rural. 1929-1939
par Robert O. Paxton
1996

Pour une histoire culturelle
sous la direction de
Jean-Pierre Rioux et Jean-François Sirinelli
1997

Connaissez-vous Brunetière ?
Enquête sur un antidreyfusard et ses amis
par Antoine Compagnon
1997

Histoire de la lecture dans le monde occidental
sous la direction de
Roger Chartier et Guglielmo Cavallo
1997

sous la direction de
Jean-Pierre Rioux et Jean-François Sirinelli
Histoire culturelle de la France
1. Le Moyen Âge
par Michel Sot, Jean-Patrice Boudet, Anita Guerreau-Jalabert
2. De la Renaissance à l'aube des Lumières
par Alain Croix, Jean Quéniart
1997

Histoire du viol
XVIe-XXe siècle
par Georges Vigarello
1998

Paris fin de siècle
Culture et politique
par Christophe Charle
1998

La Société allemande sous le IIIe Reich
1933-1945
par Pierre Ayçoberry
1998

Histoire de l'enfance en Occident, tomes 1 et 2
sous la direction de
Egle Becchi et Dominique Julia
1998

Du Sentier à la 7e Avenue
La confection et les immigrés
Paris-New York 1880-1980
par Nancy Green
1998

La Société policée

Politique et politesse en France du XVIe au XXe siècle

par Robert Muchembled

1998

La Création des identités nationales

Europe XVIIIe-XXe siècle

par Anne-Marie Thiesse

1999

Napoléon, de la mythologie à l'histoire

par Natalie Petiteau

1999

Écrire à Sumer

L'invention du cunéiforme

par Jean-Jacques Glassner

2000

L'Abbé Grégoire

La politique et la vérité

par Rita Hermon-Belot

2000

Histoire de l'homosexualité en Europe

Berlin, Londres, Paris 1919-1939

par Florence Tamagne

2000

Islam et voyage au Moyen Âge

par Houari Touati

2000

sous la direction de

Philippe Contamine, Serge Berstein et Michel Winock

HISTOIRE DE LA FRANCE POLITIQUE

La Monarchie entre Renaissance et Révolution

1515-1792

sous la direction de Joël Cornette

2000

La Noblesse de Paris au XVIIIe siècle

par Mathieu Marraud

2000

La Hiérarchie des égaux

La noblesse russe d'Ancien Régime

XVIe-XVIIe siècle

par André Berelowitch

2001

Les Orphelins de la République

Destinées des députés et sénateurs français

(1940-1945)

par Olivier Wieviorka

2001

La Crise des sociétés impériales

Allemagne, France, Grande-Bretagne, 1900-1940

Essai d'histoire sociale comparée

par Christophe Charle

2001

Histoire de France des régions

La périphérie française, des origines à nos jours

par Emmanuel Le Roy Ladurie

2001

Histoire de l'automobile française
par Jean-Louis Loubet
2001

Histoire de l'Adriatique
sous la direction de Pierre Cabanes
2001

Les Patriotes
La gauche républicaine et la Nation. 1830-1870
par Philippe Darriulat
2001

Ni bourgeois ni prolétaires
La défense des classes moyennes en France au XXe siècle
par Jean Ruhlmann
2001

La Rébellion française
Mouvements populaires et conscience sociale 1661-1789
par Jean Nicolas
2002

Les Fondations de l'Islam
Entre écriture et histoire
par Alfred-Louis de Prémare
2002

L'Amnistie. De la Commune à la Guerre d'Algérie
par Stéphane Gacon
2002

Histoire des paysans français
de la Peste noire à la Révolution
par Emmanuel Le Roy Ladurie
2002

La République anticléricale

XIXe-XXe siècle

par Jacqueline Lalouette

2002

Histoire des peurs alimentaires

du Moyen Âge à l'aube du XXe siècle

par Madeleine Ferrières

2002

sous la direction de

Philippe Contamine, Serge Berstein et Michel Winock

série HISTOIRE DE LA FRANCE POLITIQUE

Le Moyen Âge

Le roi, l'Église, les grands, le peuple

481-1514

sous la direction de Philippe Contamine

2002

L'Invention de la démocratie

1789-1914

sous la direction de Serge Berstein et Michel Winock

2002

Les Origines religieuses de la Révolution française

1560-1791

par Dale K. van Kley

2002

La France espagnole

Les racines hispaniques de l'absolutisme français

par Jean-Frédéric Schaub

2003

L'Occident et l'énigme russe
Du Cavalier de bronze au mausolée de Lénine
par Martin Malia
2003

Histoire de l'avortement
XIXe-XXe siècle
par Jean-Yves Le Naour et Catherine Valenti
2003

Henri Frenay
De la Résistance à l'Europe
par Robert Belot
2003

Le Regard de l'anatomiste
Dissections et invention du corps en Occident
par Rafael Mandressi
2003

Histoire de l'Europe urbaine
I. De l'Antiquité au XVIIIe siècle
II. De l'Ancien Régime à nos jours
sous la direction de Jean-Luc Pinol
2003

Le Modèle politique français
La société française contre le jacobinisme de 1789 à nos jours
par Pierre Rosanvallon
2004

L'Islam en disssidence
Genèse d'un affrontement
par Gabriel Martinez-Gros et Lucette Valensi
2004

La Victoire endeuillée

La sortie de guerre des soldats français (1918-1920)

par Bruno Cabanes

2004

série HISTOIRE DE LA FRANCE POLITIQUE

La République recommencée

1914 à nos jours

sous la direction de Serge Berstein et Michel Winock

2004

La Corse et la République

Vie politique, de la fin du second Empire au début du XXIe siècle

par Jean-Paul Pellegrinetti et Ange Rovere

2004

La France et les Juifs

De la Révolution à nos jours

par Michel Winock

2004

Histoire de la Beauté

Le corps et l'art d'embellir

(de la Renaissance à nos jours)

par Georges Vigarello

2004

Le Siècle de la presse

1830-1939

par Christophe Charle

2004

Une guerre civile

Essai historique sur la moralité dans la Résistance

par Claudio Pavone

2005

sous la direction de

Alain Corbin, Jean-Jacques Courtine, Georges Vigarello

HISTOIRE DU CORPS

Tome I. De la Renaissance aux Lumières

dirigé par Georges Vigarello

2005

Tome II. De la Révolution à la Grande Guerre

dirigé par Alain Corbin

2005